U0901357

2021

江西统计年鉴

Jiangxi Statistical Yearbook

江西省统计局 国家统计局江西调查总队 · 编

总第 39 期

图书在版编目（CIP）数据

江西统计年鉴. 2021 = Jiangxi Statistical Yearbook 2021 : 汉英对照 / 江西省统计局, 国家统计局江西调查总队编. -- 北京 : 中国统计出版社, 2021.9
ISBN 978-7-5037-9542-8

Ⅰ. ①江… Ⅱ. ①江… ②国… Ⅲ. ①统计资料－江西－2021－年鉴－汉、英 Ⅳ. ①C832.56-54

中国版本图书馆 CIP 数据核字(2021)第 139588 号

江西统计年鉴—2021

作　　者／江西省统计局 国家统计局江西调查总队
责任编辑／钟　钰
执行编辑／杨钰婷
装帧设计／郭利平
出版发行／中国统计出版社有限公司
地　　址／北京市丰台区西三环南路甲 6 号
邮政编码／100073
电　　话／邮购（010)63376909 书店（010)68783171
网　　址／http://www.zgtjcbs.com
印　　刷／江西昌和特种票证有限公司
经　　销／新华书店
开　　本／890mmx1240mm 1/16
字　　数／1200 千字
印　　张／35.25　0.75 彩页
版　　别／2021 年 9 月第 1 版
版　　次／2021 年 9 月第 1 次印刷
定　　价／400.00 元　Price:400.00 yuan (RMB)

本书附同版本 CD-ROM 一张，光盘内容以书面文字为准。
如有印装差错，由本社发行部调换。

《江西统计年鉴—2021》编辑部

Jiangxi Statistical Yearbook 2021 Editorial

经济总量
Economic Aggregate

地区生产总值（亿元）
Gross Domestic Product (100 million yuan)

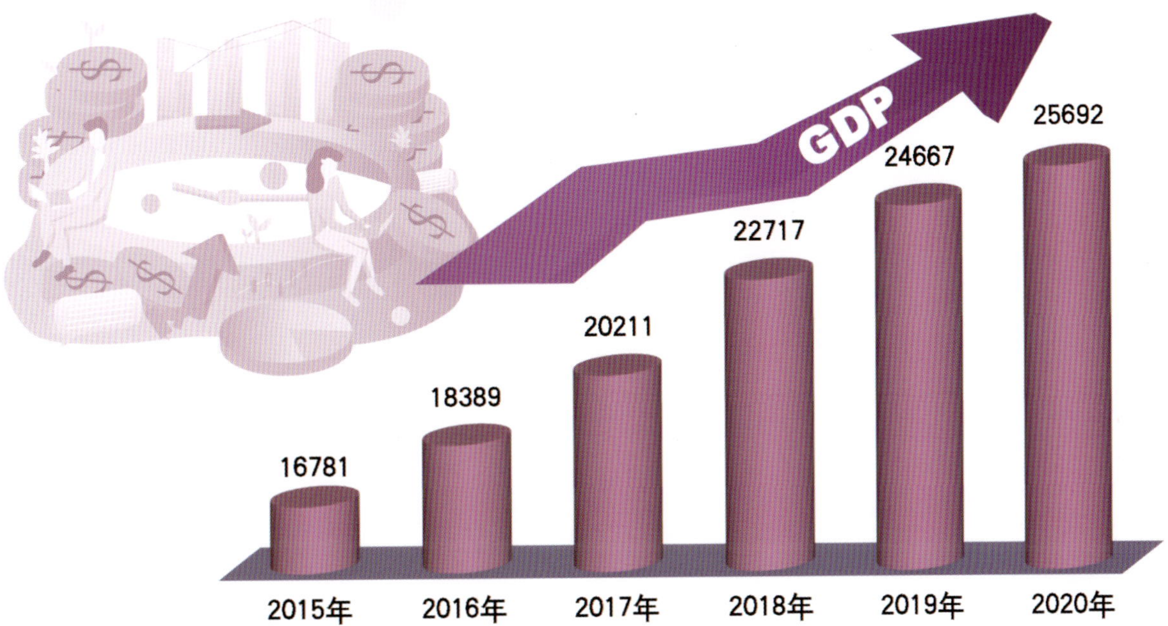

财政总收入（亿元）
Government Revenue (100 million yuan)

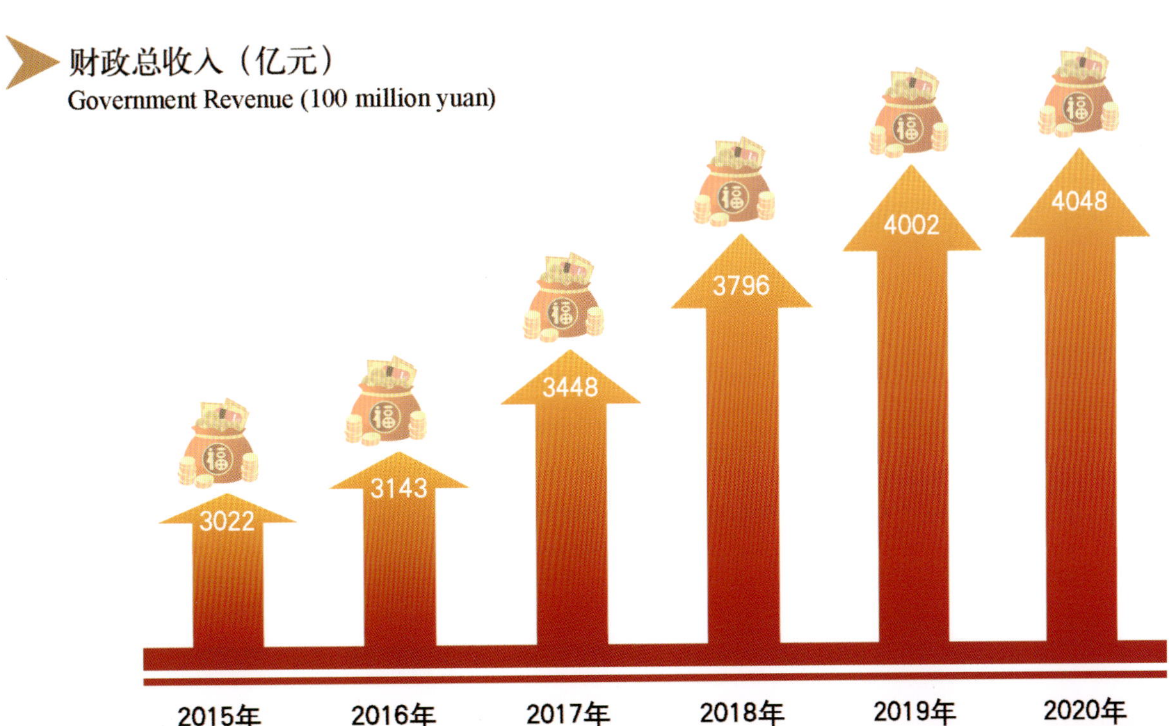

产业结构
Industrial Structure

三次产业结构
Structures of Primary,Secondary and Tertiary Industries

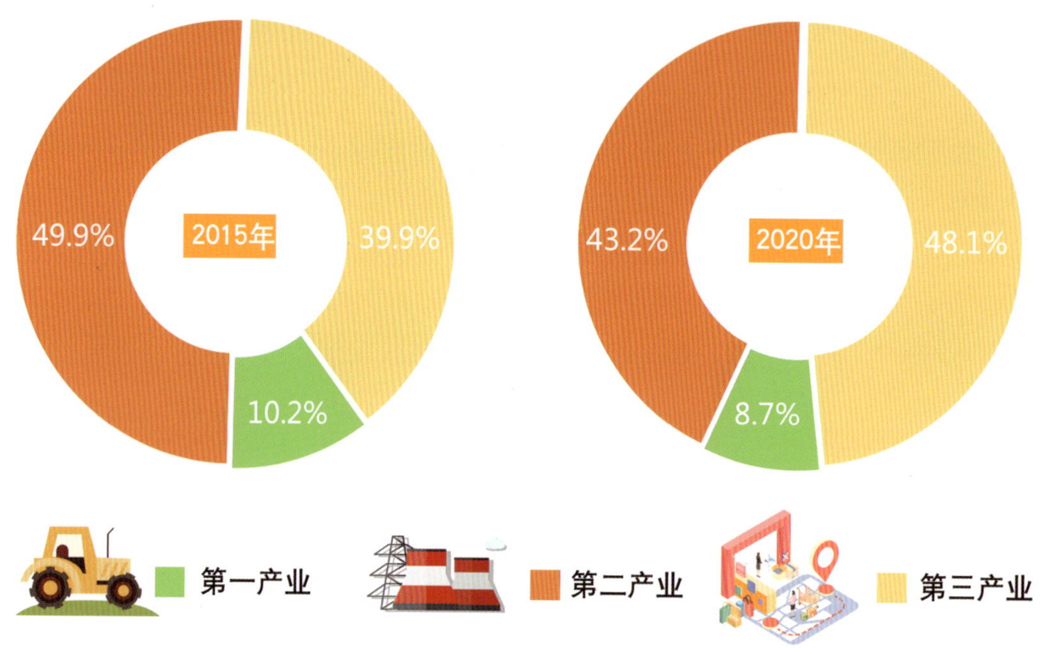

三次产业增加值（亿元）
Value-add of Primary, Secondary and Tertiary Industries (100 million yuan)

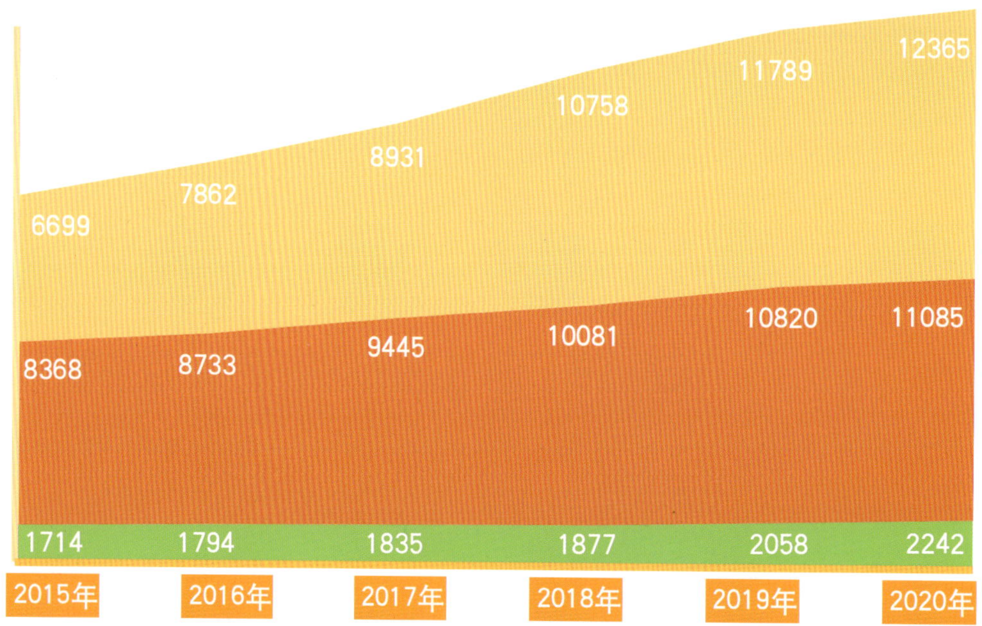

第一产业 第二产业 第三产业

基础设施
Infrastructure Construction

高速公路通车里程及铁路营业里程（公里）
Total Millage and Millage in Operation of Expressway (km)

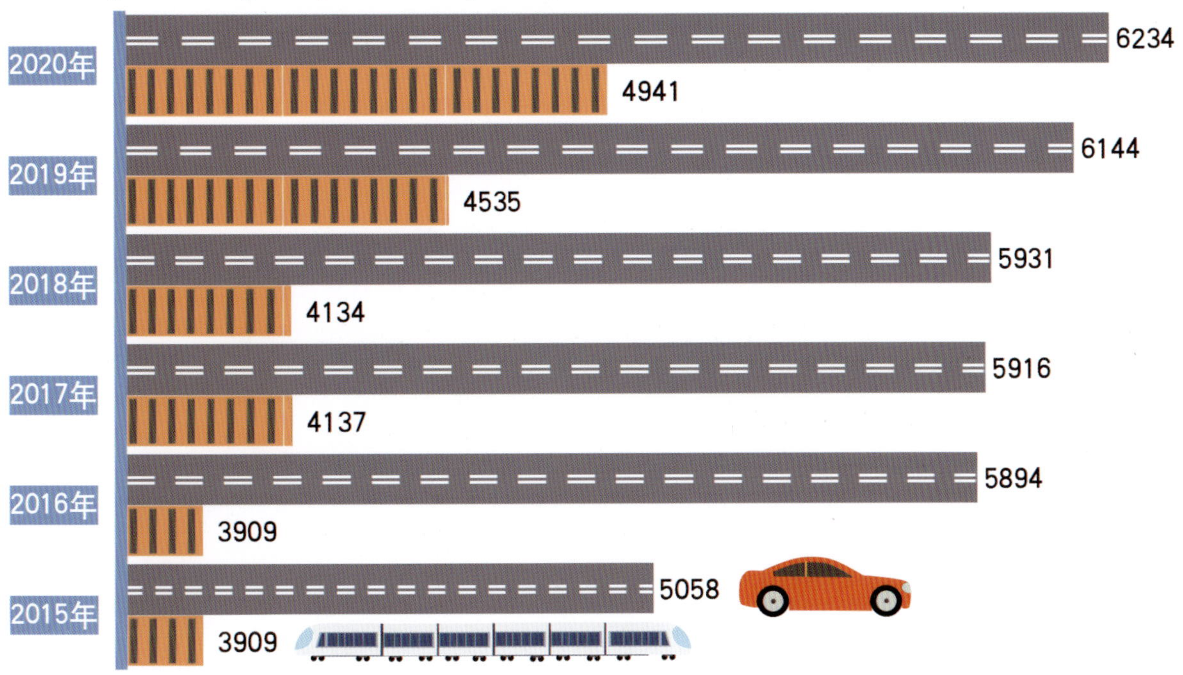

城镇人口及城镇化率（万人，%）
Urban Population and Urbanization Rate (10000 persons,%)

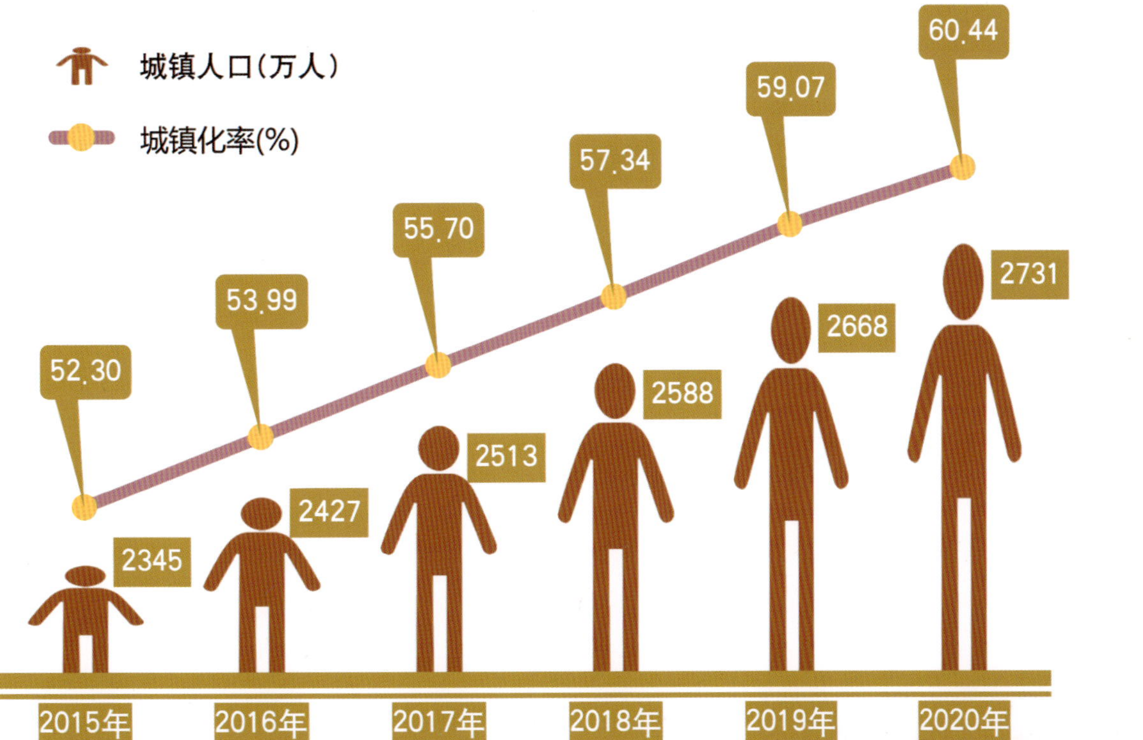

对外开放
Opening to the Outside World

进出口总值（亿元）
Total Value of Imports and Exports (100 million yuan)

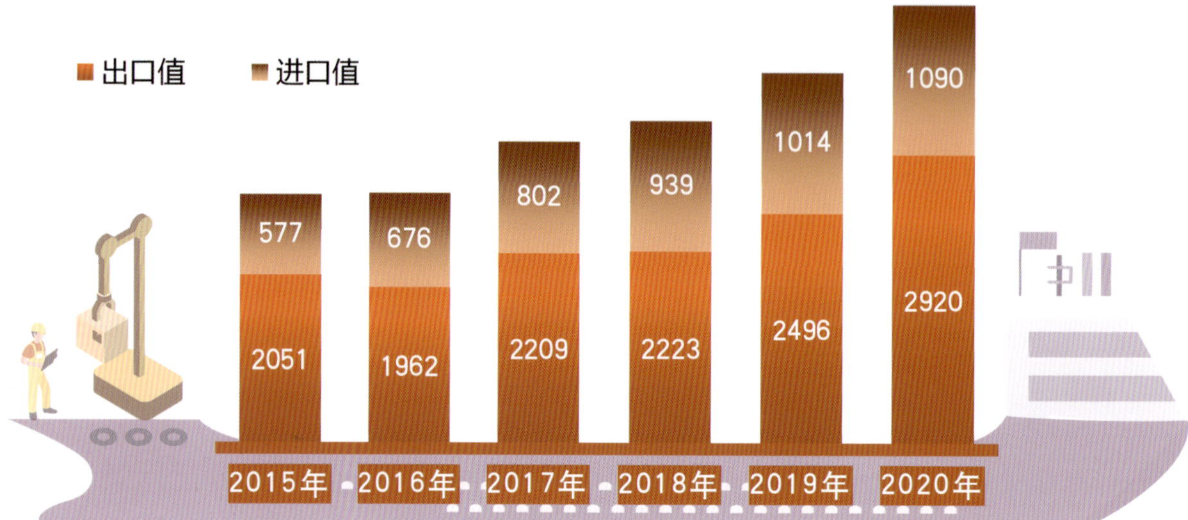

实际利用外商直接投资（亿美元）
Direct Foreign Investments (USD 100 million)

贸易、旅游
Trade and Tourism

社会消费品零售总额（亿元）
Total Retail Sales of Consumer Goods (100 million yuan)

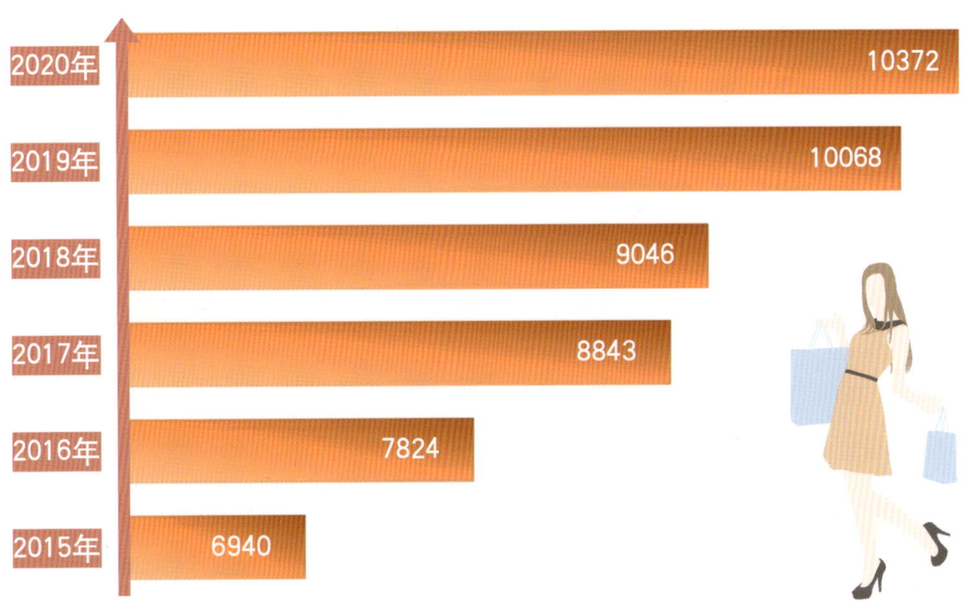

旅游总人数和旅游总收入（亿人次，亿元）
Total Number of Visitors and Total Tourism Earnings (100 million person-times, 100 million yuan)

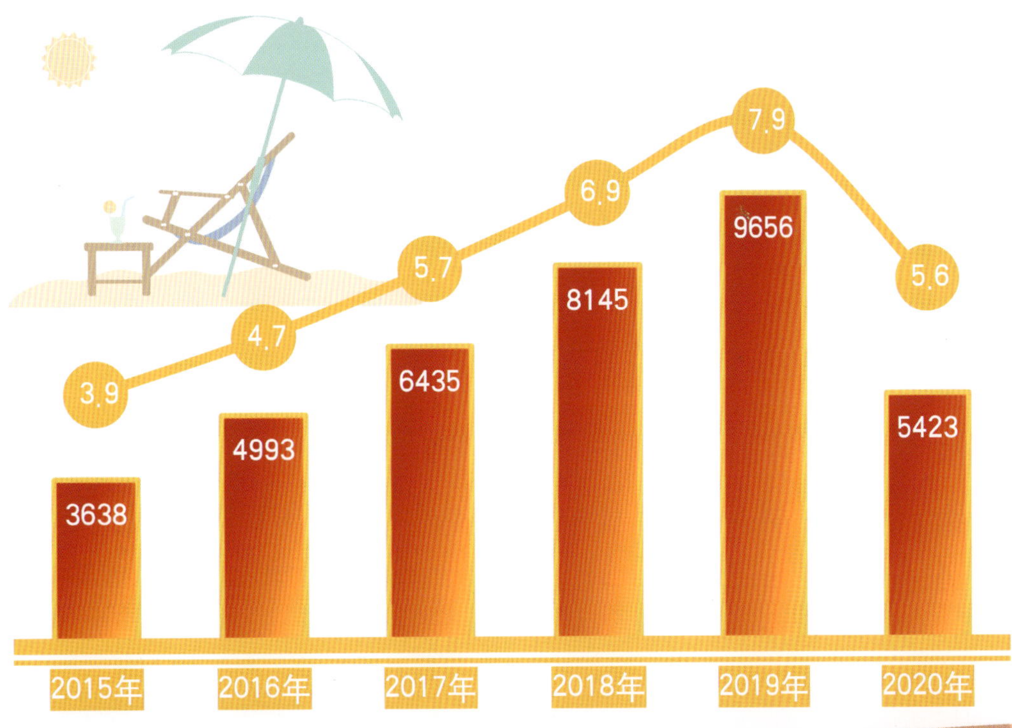

人民生活
People' s Livelihood

城乡居民人均可支配收入（元）
Per-capita Disposable Income of Urban and Rural Households (yuan)

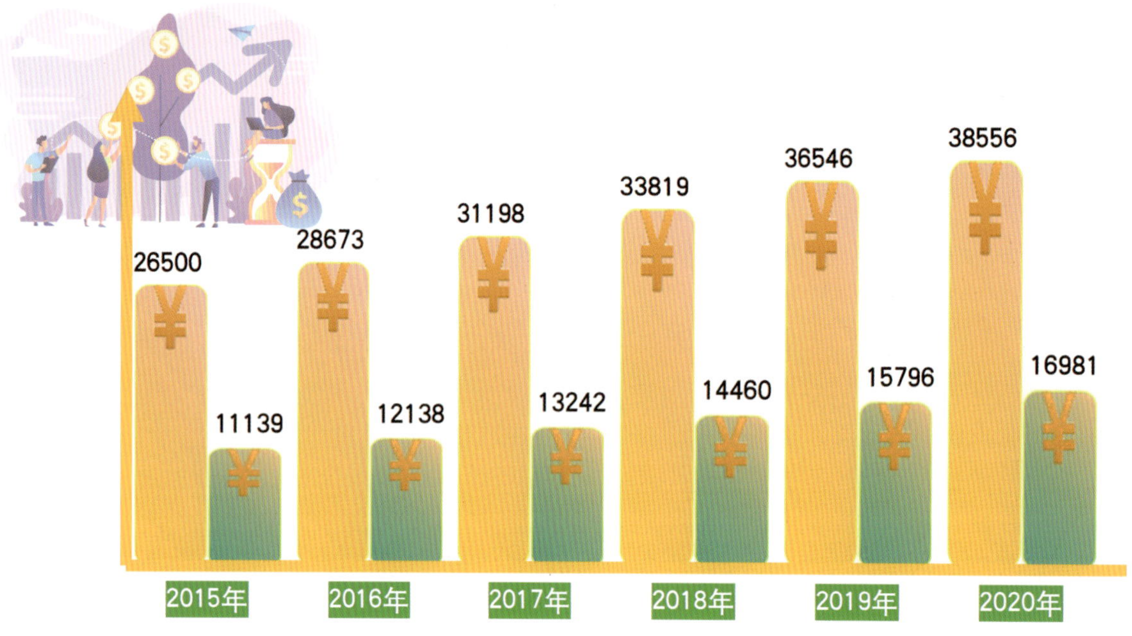

人民币住户存款（亿元）
RMB Savings Deposit (100 million yuan)

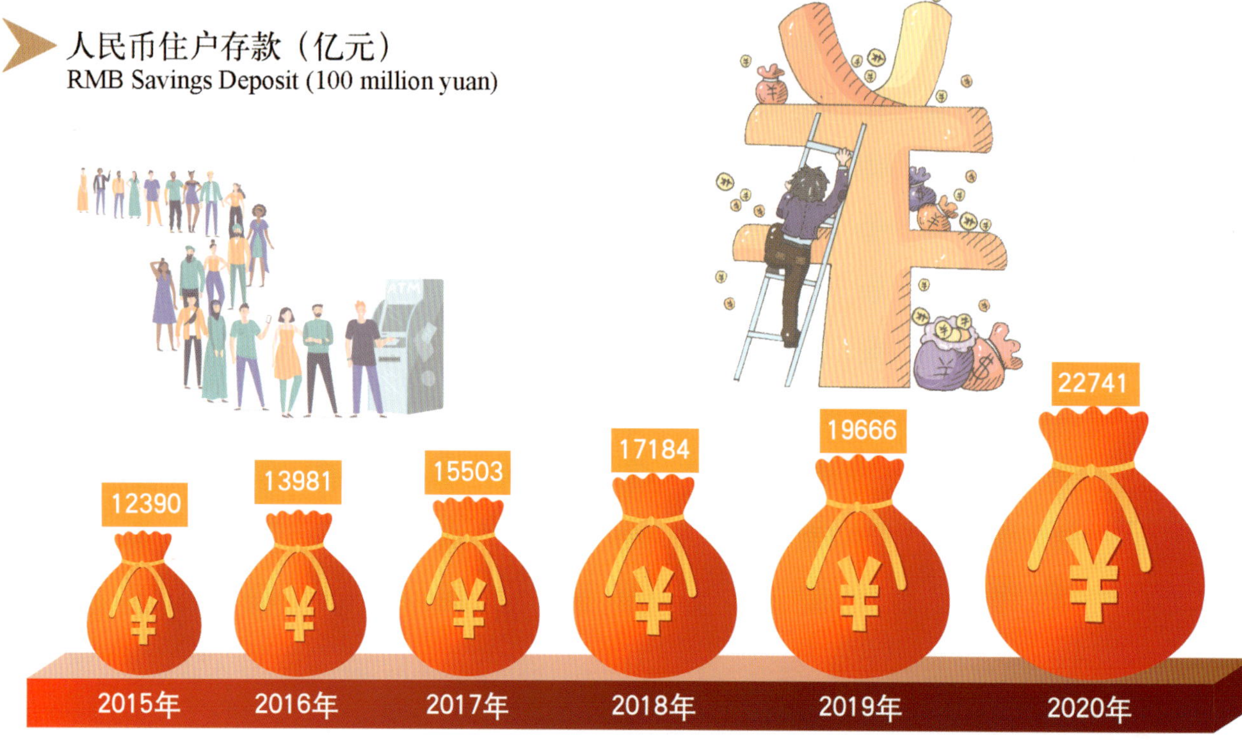

社会事业
Social Undertakings

高等学校在校学生数（万人）
Total Enrollment of Regular Institutions of Higher Education (10000 persons)

卫生技术人员（万人）
Medical Technical Personnel (10000 persons)

生态建设
Ecological Construction

森林覆盖率（%）
Forest Coverage (%)

单位GDP能耗下降率（%）
Descent Rate of Unit GDP Consumption (%)

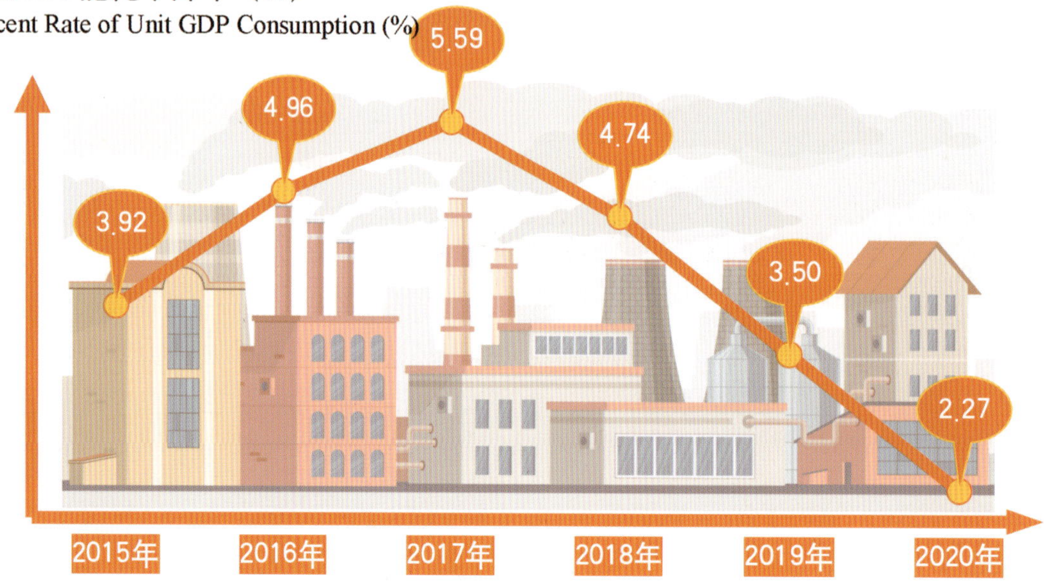

城市污水处理率及生活垃圾无害化处理率（%）
Treatment Rate of Domestic Sewage and Treatment Rate of Urban of Garbage (%)

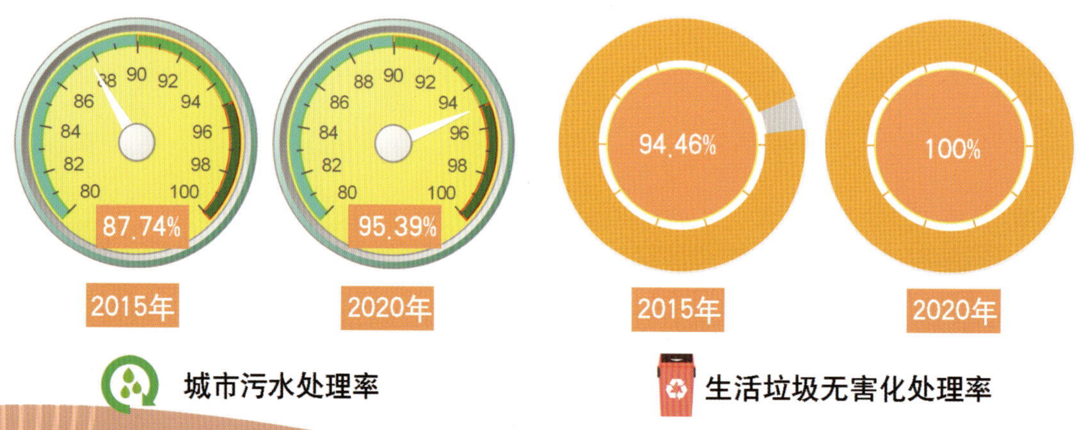

编者说明

一、《江西统计年鉴—2021》系统收录了全省和 11 个设区市 2020 年经济、社会各方面的统计数据，改革开放以来和其它重要历史年份的全省主要统计数据，以及全国各省、市、区部分主要指标数据，是一部全面反映江西省经济和社会发展情况的资料性年刊。

二、本年鉴正文内容分为 21 个篇章，即：综合，人口，就业人员和职工工资，固定资产投资，对外经济贸易，能源，财政，价格指数，人民生活，城市建设，生态环境，农业，工业，建筑业，交通运输、邮电通讯业，国内贸易和旅游，金融业，房地产开发，科技、教育、文化，卫生、体育、社会福利及其他，各省、市、自治区主要经济指标及 2020 年江西统计调查工作大事记。为方便读者使用，各篇章前设有《简要说明》，对本篇章的主要内容、资料来源、统计范围、统计方法等予以简要概述，篇末附有《主要统计指标解释》。

三、本年鉴对以前发表的统计资料重新予以审核，凡与本年鉴资料有出入的，均以本年鉴为准。

四、本年鉴所使用的度量衡单位，均采用国际统一标准计量单位。

五、本年鉴中部分数据合计数或相对数由于单位取舍不同而产生的计算误差，均未作机械调整。

六、符号使用说明:年鉴各表中的“空格”表示该项统计指标数据不足本表最小单位数、数据不详或无该项数据；“#”表示其中的主要项。

I Editor's Notes

I. *Jiangxi Statistical Yearbook 2021* is an annual statistics publication, which reflects comprehensively the economic and social development of Jiangxi province. It covers data for 2020 and some selected data series in historically important years and the most recent forty years at level of province and other provinces and municipalities.

II. The yearbook contains the following twenty-one chapters, General Survey; Population; Employment and Wages; Investment in Fixed Assets; Energy; Price Indices; People's Livelihood; General Survey of Cities; Ecological Environment; Agriculture; Industry; Construction; Transport, Post and Telecommunication Services; Domestic Trade; Foreign Trade and Economic Cooperation; Tourism; Financial Intermediation; Insurance; Real Estate; Education, Science and Technology; Culture, Sports and Public Health; Social Welfare and Other Social Activities; Main Statistical Indictors on provinces, autonomous regions and municipalities and Notes of Jiangxi Statistical Events in 2020. For readers' convenience, in Brief Introduction at the beginning of each chapter, main coverage of this chapter, data sources, statistical coverage, statistical methods and historical changes are concerned. In addition, Explanatory Notes on Main Statistical Indicators are provided at the end of each chapter.

III. This yearbook re-audited statistic data published previously, any data different from this yearbook, take this yearbook's as standard data.

IV. The units of measurement used in this yearbook are internationally standard measurement units.

V. Statistical discrepancies due to rounding are not adjusted in the yearbook.

VI. Notations used in the yearbook: blank space indicates that the figure is not large enough to be measured with the smallest unit in the table, or data are unknown or are not available; "#" indicates a major breakdown of the total.

目 录 Contents

一、综 合 CHAPTER 1 GENERAL SURVEY

二、人 口

CHAPTER 2 POPULATION

三、就业人员和职工工资 CHAPTER 3 EMPLOYMENT AND WAGE

五、对外经济贸易
CHAPTER 5 FOREIAN ECONOMIC RELATIONS AND TRADE

六、能 源
CHAPTER 6 ENERGY

七、财 政
CHAPTER 7 GOVERNMENT FINANCE

十、城市建设
CHAPTER 10 MUNICIPAL CONSTRUCTION

十一、生态环境
CHAPTER 11 Ecological Environment

十二、农 业
CHAPTER 12 AGRICULTURE

十六、国内贸易和旅游
CHAPTER 16 DOMESTIC TRADE AND TOURISM

十七、 金融业 CHAPTER 17 FINANCIAL INDUSTRY

十八、 房地产开发 CHAPTER 18 REAL ESTATE DEVELOPMENT

十九、科技、教育、文化
CHAPTER 19 SCI-TECH,EDUCATION AND CULTURE

二十、卫生、体育、社会福利和其他
CHAPTER 20 PUBLIC HEALTH,SPORTS,SOCIAL WELFARE AND OTHERS

二十一、各省、自治区、直辖市主要经济指标
CHAPTER 21 MAIN ECONOMIC INDICATORS OF PROVINCES,AUTONOMOUS REGIONS AND MUNICIPALITIES DIRECTLY UNDER THE CENTRAL GOVERNMENT

综 合
GENERAL SURVEY

◆ *1/36*

资料整理：杨钰婷　曹淳隽　王　倩　徐荣开　田仁德

简要说明

本篇章由综合资料及国民经济核算资料两个部分组成。

综合资料主要包括国民经济和社会发展综合资料，通过对各篇章主要统计指标及其速度、结构、比例和效益等的加工计算，来反映国民经济和社会发展的总体情况。

国民经济核算资料主要包括地区生产总值及其有关资料。地区生产总值是根据不同产业部门、不同支出构成的特点和资料来源情况而分别采取不同方法计算的。

分设区市的国民经济核算数据由各设区市统计局提供，由于采取分级核算，各设区市数据相加不等于全省总计。

根据第一次第三产业普查结果，对1992年以前全省地区生产总值的历史数据做了调整；2005年根据全国第一次经济普查结果，对1993-2004年的全省地区生产总值历史数据做了调整，本年鉴的数据为调整后数据。

Brief Introduction

This chapter consists of two parts: The summary data and the data on national accounts.

The summary data on the national economy reflect the overall situation of the economic and social development by presenting further processed statistics including growth, structure, ratio and efficiency data derived from other chapters.

The data on national accounts mainly include Gross Domestic Product (GDP) and related data. Data on GDP are calculated with various approaches in accordance with the features of various sectors, various expenditure structures and the data resources.

The data on national accounts by region are provided by the statistical bureaus of various region. The sum of the city data is not equal to the provincial total due to the decentralized accounting approach.

According to the results of the First Tertiary Industry Census, the historical data of the province`s regional GDP before 1992 were adjusted. In 2005, based on the results of the First National Economic Census, the historical data of the province`s GDP in 1993-2004 were adjusted. The data in this yearbook are adjusted data.

自然地理资源

位　置

江西省，简称赣。位于长江中下游交接处的南岸。地处北纬 24° 29′ ~ 30° 04′、东经 113° 34′ ~ 118° 28′ 之间，东邻浙江、福建，南连广东，西接湖南，北毗湖北、安徽。北控长江，上接武汉三镇，下通南京、上海，东南与沿海开放城市相邻近。京九铁路和浙赣铁路纵横贯通全境，交通便利，地理位置优越。

地势、面积

全省东南西三面群山环绕，内侧丘陵广亘，中北部平原坦荡，整个地势，由外及里，自南而北，渐次向鄱阳湖倾斜，构成一个向北开口的巨大盆地。全省面积 16.69 万平方公里。全境以山地、丘陵为主，山地占全省总面积的 36%，丘陵占 42%，岗地、平原、水面占 22%。

山脉、河流、湖泊

主要山脉分布于省境边陲，山峰一般海拔 1000 米左右，少数海拔 2000 余米。省境东和东北有蜿蜒于赣闽、赣浙之间的武夷山和怀玉山；南有逶迤于赣粤之间的大庾岭和九连山；西有耸峙于赣湘之间的罗霄山脉，雄伟的井冈山就在罗霄山脉的中段；西北有盘亘于赣鄂之间的幕阜山，庐山即是它向东延伸的余脉。

全省有大小河流 2400 多条，总长约 18400 公里，大部分河流汇向鄱阳湖，再注入长江。主要河流有 5 条，即赣江、抚河、信江、修河、饶河。赣江全长 751 公里，为本省第一大川，水量为长江第二大支流，它自南而北流贯全省，从赣州至湖口而入长江，通航里程 5000 余公里。

鄱阳湖是全国最大的淡水湖，它是江西最大的聚水盆，长江水量的巨大调节器，也是沟通省内外各地航道的中转站。

气　候

江西气候四季变化分明。春季温暖多雨，夏季炎热温润，秋季凉爽少雨，冬季寒冷干燥。2020 年全省平均气温为 19.0℃，降水量为 1896.8 毫米，日照为 1478.6 小时。全年气候温暖，光照充足，雨量充沛，无霜期长，具有亚热带湿润气候特色。

资　源

2020 年，全省养殖面积 40.54 万公顷。已查明鱼类 203 种，产量较多的有四大家鱼、虾蟹、蚯鳝和龟鳖等。省内还有众多的水禽和珍禽，其中不少是受到世界性保护的珍禽。

江西地下矿藏丰富，是我国矿产资源配套程度较高的省份之一。储量居全国前三位的有铜、钨、银、钽、钪、铀、铷、铯、金、伴生硫、滑石、粉石英、硅灰石等。铜、钨、铀、钽、稀土、金、银被誉为江西的“七朵金花”。

Nature, Geography and Resourcesrief

Position

Jiangxi Province, called Gan for short, lies in the southern bank of the middle and lower reaches of the Yangtze River. It is located at latitude 24° 29′ ～30° 04′ north, longitude 113° 34′ ～118° 28′ east. It borders Zhejiang and Fujian provinces to the east, Guangdong to the south, Hunan to the west, and Hubei and Anhui to the north. Jiangxi dominates the Yangtze River in the north, and connects to three towns of Wuhan in the upper stream, Nanjing and Shanghai in the downstream. And it closes to the coastal opening cities in the southeast. Both Beijing-Kowloon and Zhejiang¬-Jiangxi railways run through the whole province, which provided with the convenient transportation and superior location.

Topography and area

Mountains surround Jiangxi province on three sides. The southern half of the province is hilly with ranges and valleys interspersed; while the middle and northern half is flatter and lower in altitude. Stretching from south to north, the whole land is generally sloping towards Poyang Lake, which has formed a huge basin opening to the north. The total area of the province is 166,900 square kilometers. There are various land forms within it, with mountains and hills dominating. Mountains account for 36% of the province's total area, hills account for 42%, and mounds, plains, and water surface area for 22%.

Mountain ranges, rivers and lakes

The main mountain ranges are distributed by the border of the province, which generally have the altitude of about 1000m, and minority over 2000m. On the east and northeast of Jiangxi there are Wuyi and Huaiyu Mountains winding between Jiangxi and Fujian, Jiangxi and Zhejiang provinces. On the south there are Dayu and Jiulian Mountains wriggling between Jiangxi and Guangdong provinces. In the west there are Luoxiao Ranges standing between Jiangxi and Hunan provinces, where the magnificent Mt. Jinggang is situated at the middle. In the northwest there are Mufu Mountains circling between Jiangxi and Hubei provinces. And its extending part on the east is namely the famous mountain—Mt. Lushan.

There are more than 2,400 rivers of various sizes in Jiangxi province, which have a combined total length of about 18,400 kilometers. Most of them enter Poyang Lake, which in turn empties into the Yangtze River. The five major rivers are Gan River, Fu River, Xin River, Xiu River, and Rao River. The Gan River winds along 751 kilometers, which is the biggest river of the province, and the second tributary of the Yangtze River in water volume. Flowing through the entire length of the province from south to north, it enters Ganzhou to Hukou, and then pours into the Yangtze River, with navigation mileage of over 5000 kilometers.

Poyang Lake is the largest fresh lake in China, and the biggest water assembling basin of Jiangxi province. It is the huge volume moderator of the Yangtze River, and also the intersection of linking up with all shipping lines in-and-out of the province.

Climate

The climate of Jiangxi province is four seasons alternating distinctively: warm with abundant rainfall in spring, hot and humid in summer, cool with little rainfall in autumn, chilly and dry in winter. In 2020, The average temperature of the whole province is about 19.0℃, with the annual precipitation of 1896.8mm and sunshine hours of 1478.6 h. The whole year of Jiangxi has mild climate, with sufficient sunshine, plentiful rainfall and long frost-free period, which belongs to humid subtropical climate.

Resources

In 2020, the provincial aquaculture area covers 405,400 hectares. 203 species of fish have been identified, with large yields of four large fish, shrimp and crab, eel and turtles. There are also numerous birds and cherished ones in province, most of which are world-protected species.

Jiangxi province has a rich reserve of underground minerals, which is one of the provinces with higher matching degree of mineral resources in China. The reserves of Copper, Tungsten, Silver, Tantalum, Scandium, Uranium, Rubidium, Caesium, Gold, and Associated Pyrite etc, ranking the top three of the nation. Among all these minerals, Copper, Tungsten, Uranium, Tantalum, Rare Earths, Gold and Silver are considered "the seven gold flowers of Jiangxi."

1-1 行 政 区 划(2020年末)
Divisions of Administrative Areas (end of 2020)

地　区	Region	设区市 Cities at Prefecture Level	县级市 Cities at County Level	县 Countries	市辖区 Districts Under the Jurisdication of Cities	市、县、区名称	Name of Cities at County Level, Countries and Districts Under the Jurisdication of Cities
全　省	**Total**	**11**	**11**	**62**	**27**		
南昌市	Nanchang	1		3	6	东湖区、西湖区、青云谱区、青山湖区、新建区、红谷滩区、南昌县、安义县、进贤县	Donghu,Xihu,Qingyunpu, Qingshanhu,Xinjian,Honggutan, Nanchang,Anyi,Jinxian
景德镇市	Jingdezhen	1	1	1	2	昌江区、珠山区、浮梁县、乐平市	Changjiang,Zhushan,Fuliang, Leping
萍乡市	Pingxiang	1		3	2	安源区、湘东区、莲花县、上栗县、芦溪县	Anyuan,Xiangdong,Lianhua, Shangli,Luxi
九江市	Jiujiang	1	3	7	3	濂溪区、浔阳区、柴桑区、武宁县、修水县、永修县、德安县、都昌县、湖口县、彭泽县、庐山市、瑞昌市、共青城市	Lianxi,Xunyang,Chaisang, Wuning,Xiushui,Yongxiu, De'an,Duchang,Hukou, Pengze,Lushan,Ruichang, Gongqingcheng
新余市	Xinyu	1		1	1	渝水区、分宜县	Yushui,Fenyi
鹰潭市	Yingtan	1	1		2	月湖区、余江区、贵溪市	Yuehu,Yujian,Guixi
赣州市	Ganzhou	1	2	13	3	章贡区、南康区、赣县区、信丰县、大余县、上犹县、崇义县、安远县、定南县、全南县、宁都县、于都县、兴国县、会昌县、寻乌县、石城县、瑞金市、龙南市	Zhanggong,Nankang,Ganxian, Xinfeng,Dayu,Shangyou, Chongyi,Anyuan,Dingnan, Quannan,Ningdu,Yudu, Xingguo,Huichang,Xunwu, Shicheng,Ruijin,Longnan
吉安市	Ji'an	1	1	10	2	吉州区、青原区、吉安县、吉水县、峡江县、新干县、永丰县、泰和县、遂川县、万安县、安福县、永新县、井冈山市	Jizhou,Qingyuan,Ji'an, Jishui,Xiajiang,Xingan, Yongfeng,Taihe,Suichuan, Wan'an,Anfu,Yongxin, Jinggangshan
宜春市	Yichun	1	3	6	1	袁州区、奉新县、万载县、上高县、宜丰县、靖安县、铜鼓县、丰城市、樟树市、高安市	Yuanzhou,Fengxin,Wanzai, Shanggao,Yifeng,Jing'an, Tonggu,Fengcheng,Zhangshu, Gao'an
抚州市	Fuzhou	1		9	2	临川区、东乡区、南城县、黎川县、南丰县、崇仁县、乐安县、宜黄县、金溪县、资溪县、广昌县	Linchuan,Dongxiang,Nancheng, Lichuan,Nanfeng,Chongren, Le'an,Yihuang,Jinxi, Zixi,Guangchang
上饶市	Shangrao	1	1	8	3	信州区、广丰区、广信区、玉山县、铅山县、横峰县、弋阳县、余干县、鄱阳县、万年县、婺源县、德兴市	Xinzhou,Guangfeng,guangxin Yushan,Yanshan,Hengfeng, Yiyang,Yugan,Poyang, Wannian,Wuyuan,Dexing

1-2 按行业门类和地区分组的法人单位数(2020年)
Number of Legal Entities by Region and Sector (2020)

单位：个 (unit)

项 目	Item	法人单位数 Number of Legal Entities		
		合 计 Total	单产业法人 Single Industry	多产业法人 Multi-Industry
总 计	**Total**	**765843**	**748461**	**17382**
按行业分	**By sector**			
农、林、牧、渔业	Farming, Forestry, Animal Husbandry and Fishery	86027	85829	198
采矿业	Mining	4045	3985	60
制造业	Manufacturing	89411	88141	1270
电力、热力、燃气及水生产和供应业	Production and Supply of Electricity, Heat, Gas and Water	8060	7894	166
建筑业	Construction	54839	51345	3494
批发和零售业	Wholesale and Retail Trades	201734	199409	2325
交通运输、仓储和邮政业	Transport, Storage and Post	24805	24117	688
住宿和餐饮业	Hotels and Catering Services	10151	9803	348
信息传输、软件和信息技术服务业	Information Transmission,Software and Information Technology	31527	31278	249
金融业	Financial Intermediation	2020	1502	518
房地产业	Real Estate	21157	20009	1148
租赁和商务服务业	Leasing and Business Services	86737	85604	1133
科学研究和技术服务业	Scientific Research and Technical Services	27219	26563	656
水利、环境和公共设施管理业	Management of Water Conservancy, Public Facilities and Environment	5182	5111	71
居民服务、修理和其他服务业	Services to Households, Repair and Other Services	12405	12200	205
教育	Education	21670	20322	1348
卫生和社会工作	Health and Social Service	8687	8452	235
文化、体育和娱乐业	Culture,Sports and Entertainment	14443	14256	187
公共管理、社会保障和社会组织	Public Management, Social Security and Social Organization	55724	52641	3083
按地区分	**By Region**			
南昌市	Nanchang	102089	99116	2973
景德镇市	Jingdezhen	28337	27821	516
萍乡市	Pingxiang	34302	33471	831
九江市	Jiujiang	97192	95609	1583
新余市	Xinyu	41830	41449	381
鹰潭市	Yingtan	27073	26567	506
赣州市	Ganzhou	139408	136046	3362
吉安市	Ji'an	74676	72655	2021
宜春市	Yichun	64892	63233	1659
抚州市	Fuzhou	60435	58983	1452
上饶市	Shangrao	95609	93511	2098

1-3 各设区市按专业分组一套表法人单位数(2020年)
Number of Qualified Legal Entities by Region and Profession (2020)

单位：个 (unit)

地区	Region	合计 Total	工业 Industry	建筑业 Construction	批发和零售业 Wholesale and Retail Trade	住宿和餐饮业 Hotel and Catering Services	房地产开发经营业 Real Estate	服务业 Service	其他投资 Other Investment
全省	**Provincial Total**	**42214**	**14341**	**3869**	**5963**	**1594**	**2855**	**4857**	**8735**
南昌市	Nanchang	6471	1642	934	1392	236	558	1061	648
景德镇市	Jingdezhen	1471	416	49	232	89	84	170	431
萍乡市	Pingxiang	1965	621	145	174	63	107	95	760
九江市	Jiujiang	5511	1982	349	577	239	385	524	1455
新余市	Xinyu	1411	510	135	134	33	83	95	421
鹰潭市	Yingtan	1341	389	63	214	51	89	189	346
赣州市	Ganzhou	6246	2332	661	730	208	511	575	1229
吉安市	Ji'an	4594	1662	285	724	227	196	583	917
宜春市	Yichun	4818	1896	432	670	172	266	531	851
抚州市	Fuzhou	2847	976	236	302	64	235	355	679
上饶市	Shangrao	5539	1915	580	814	212	341	679	998

注：其他投资是指未纳入规模以上工业、有资质的建筑业、限额以上批发和零售业、限额以上住宿和餐饮业、房地产开发经营业、规模以上服务业，且在报告期内有计划总投资5000万元及以上在建投资项目的法人单位。

a) Other investment refers to legal entities including 50 million yuan and above construction projects in the reporting period, while the entities are not included in above scale industry, qualified construction industry, above-norm wholesale and retail trade, above-norm hotel and catering services, real estate development business, above scale service industry.

1-4 国民经济和社会发展主要指标与发展速度

指　　标	Item	1978
人口(万人)	**Population (10 000 persons)**	
年末总人口	Population at Year-end	3182.82
#男性人口	Male	1642.78
女性人口	Female	1540.04
#城镇人口	Urban	533.12
乡村人口	Rural	2649.70
就业(万人)	**Employment (10 000 persons)**	
年末社会就业人数	Employment at Year-end	1254.3
#职工人数	Staff and Workers	267.4
年末城镇登记失业人数	Number of Registration Unemployment Persons in Urban Areas at Year-end	21.38
地区生产总值(亿元)	**Gross Domestic Product (100 million yuan)**	**87.00**
第一产业	Primary Industry	36.18
第二产业	Secondary Industry	33.08
第三产业	Tertiary Industry	17.74
人均生产总值(元)	Per Capita GDP (yuan)	276
固定资产投资(亿元)	**Investment in Fixed Assets (100 million yuan)**	
全社会固定资产投资总额	Total Investment in Fixed Assets	
#固定资产投资	Investment in Fixed Assets	
#房地产开发投资	Investment in Real Estate Development	
财政(亿元)	**Government Finance (100 million yuan)**	
财政总收入	Government Revenue	12.22
一般公共预算收入	General Public Budget Revenue	
一般公共预算支出	General Public Budget Expenditure	16.27
能源生产与消费(万吨标准煤)	**Production and Consumption of Energy (10 000 tons of SCE)**	
能源生产总量	Total Energy Production	
能源消费总量	Total Energy Consumption	
价格指数(上年=100)	**Price Indices (preceding year=100)**	
居民消费价格指数	Consumer Price Index	
商品零售价格指数	Retail Price Index	100.1
工业生产者出厂价格指数	Producer Price Index for Industrial Products	
工业生产者购进价格指数	Producer Price Indices for Purchasing Goods	
人民生活	**People's Livelihood**	
城镇非私营单位职工平均工资(元)	Average Wage of Staff and Workers in Urban Non-Private Non-Private Units(yuan)	552
城镇住户人均年可支配收入(元)	Per Capita Annual Disposable Income of Urban Households(yuan)	305
农村住户人均年可支配收入(元)	Per Capita Net Income of Rural Residents (yuan)	141
人民币住户存款年末余额(亿元)	Outstanding Amount of Saving Deposits in Urban and Rural Areas (100 million yuan)	4.16
城镇住户人均住宅建筑面积(平方米)	Per Capita Gross Living Space in Cities (sq.m)	
农村居民人均住房面积(平方米)	Per Capita Net Floor Space of Rural Residents (sq.m)	
城市建设、环境保护	**City Construction ,Environmental Protection**	
天然气供气量(万立方米)	Natural Gas Supply (10 000 cu.m)	
液化石油气供气量(吨)	Total Liquefied Petroleum Gas Supply (ton)	
道路长度(公里)	Length of Roads (km)	
排水管道长度(公里)	Length of Drainpipes (km)	
公共车辆(汽、电车)运营数(辆)	Operating Public Buses (Buses and Trolley Buses) (unit)	
绿化覆盖面积(公顷)	Coverage Area of Afforestation (hectare)	

注：1.地区生产总值、农业总产值、工业增加值的发展速度均按可比价格计算。
2.自1998年起,职工人数为在岗职工人数。自2012年起，职工人数含劳务派遣人员。
3.从2011年起，固定资产投资项目统计起点由过去的计划投资50万元及以上提高到计划投资500万元及以上。
4.2013年起城乡居民调查指标为新口径调查数据，统一为可支配收入指标。

Major Indicators and Growth Rates on National Economic and Social Development

总量指标 Aggregate Data				速度指标 (%) Indices and Growth Rates (%)						
				指数 Index (2020为以下各年) (2020 as Percentage of the Following Years)				平均增长速度 Average Annual Growth Rate		
2000	2010	2019	2020	1978	2000	2010	2019	1979-2020	2001-2020	2011-2020
4148.54	4462.25	4515.95	4519.45	142.0	108.9	101.3	100.1	0.8	0.4	0.1
2157.02	2303.16	2331.00	2332.15	142.0	108.1	101.3	100.0	0.8	0.4	0.1
1991.52	2159.08	2184.95	2187.29	142.0	109.8	101.3	100.1	0.8	0.5	0.1
1148.73	1966.07	2667.57	2731.41	512.3	237.8	138.9	102.4	4.0	4.4	3.3
2999.81	2496.18	1848.38	1788.03	67.5	59.6	71.6	96.7	-0.9	-2.6	-3.3
2060.9	2388.0	2278.0	2264.0	180.5	109.9	94.8	99.4	1.4	0.5	-0.5
291.6	279.6	407.1	412.3	154.2	141.4	147.4	101.3	1.0	1.7	4.0
16.68	26.26	27.49	29.93	140.0	179.4	114.0	108.9	0.8	3.0	1.3
2003.07	**9383.16**	**24667.29**	**25691.50**	**5530.3**	**764.0**	**237.3**	**103.8**	**10.0**	**10.7**	**9.0**
485.14	1147.59	2057.70	2241.59	798.1	242.2	151.5	102.2	5.1	4.5	4.2
700.76	5083.08	10820.30	11084.83	12863.1	1309.0	255.9	104.0	12.3	13.7	9.9
817.17	3152.49	11789.29	12365.08	8045.9	607.3	236.7	104.0	11.0	9.4	9.0
4851	21099	54640	56871	3992.7	725.3	233.6	103.8	9.2	10.4	8.9
				355017.8	5266.1	402.9	108.0	21.5	21.9	15.0
				351227.3	6233.4	416.4	108.2	21.5	23.0	15.3
					5610.7	336.3	106.2		22.3	12.9
171.69	1226.24	4001.56	4048.36	33129.0	2357.9	330.1	101.2	14.8	17.1	12.7
111.55	778.09	2487.39	2507.54		2247.8	322.3	100.8		16.8	12.4
223.47	1923.26	6386.80	6674.08	41020.8	2986.6	347.0	104.5	15.4	18.5	13.2
1293.23	2312.80	1320.31	1255.41		97.1	54.3	95.1		-0.1	-5.9
2505.00	6280.55	9665.15	9808.58		391.6	156.2	101.5		7.1	4.6
100.3	103.0	102.9	102.6		102.3	99.6	99.7		0.1	0.0
98.5	102.7	101.9	101.6	101.5	103.1	98.9	99.7	0.0	0.2	-0.1
101.0	115.3	98.9	98.3		97.3	85.3	99.4		-0.1	-1.6
101.2	111.8	98.2	97.0		95.9	86.8	98.8		-0.2	-1.4
7014	29092	76131	80503	14583.9	1147.7	276.7	105.7	12.6	13.0	10.7
5104	15481	36546	38556	12626.4	755.5	249.1	105.5	12.2	10.6	9.6
2135	5789	15796	16981	12068.8	795.2	293.4	107.5	12.1	10.9	11.4
1243.15	6113.24	19665.87	22741.11	546661.3	1829.3	372.0	115.6	22.7	15.6	14.0
32.4	38.88	50.00	50.47		155.8	129.8	100.9		2.2	2.6
27.79	40.26	62.91	64.64		232.6	160.6	102.7		4.3	4.8
		169840	194417				114.5			
164698	188847	208151	212089		128.8	112.3	101.9		1.3	1.2
3033	5742	11909	12656		417.3	220.4	106.3		7.4	8.2
2074	7340	17590	20023		965.4	272.8	113.8		12.0	10.6
4031	7048	13963	15401		382.1	218.5	110.3		6.9	8.1
20044	48924	77590	84260		420.4	172.2	108.6		7.4	5.6

a) Growth rates of gross domestic product, gross output value of agriculture and gross industrial value-added are calculated at constant prices.

b) Since 1998,number of staff and workers refers to number of employed staff and workers.Since 2012,number of staff and workers includes dispatched laborers.

c) The statistical starting point of the fixed assets investment projects from the previous plan to invest 500 000 yuan and above to plans to invest 5 million and above since 2011.

d) Indicators of urban and rural residents survey are adjusted to disposable income since 2013.

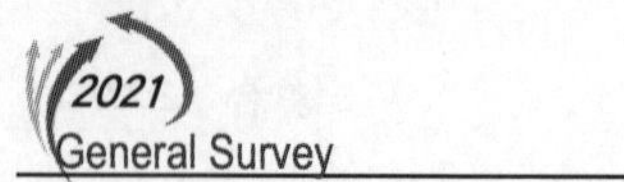

1-4 续表1

指标	Item	1978
一般工业固体废物综合利用量(万吨)	General Industrial Solid Wastes Utilized (10 000 tons)	
一般工业固体废物综合利用率(%)	Ratio of General Industrial Solid Wastes Utilized (%)	
农业	**Agriculture**	
农业总产值(亿元)	Gross Output Value of Agriculture (100 million yuan)	49.29
主要农产品产量	Output of Major Farm Products	
粮食(万吨)	Grain (10 000 tons)	1125.74
棉花(万吨)	Cotton (10 000 tons)	3.48
油料折油(万吨)	Oil-bearing Crops Converted Into Oil (10 000 tons)	6.63
油料(万吨)	Oil-bearing Crops (10 000 tons)	13.49
黄红麻(吨)	Jute and Ambary Hemp (10 000 tons)	4800
烟叶(万吨)	Tobacco (10 000 tons)	0.61
茶叶(吨)	Tea (ton)	8878
蚕茧(吨)	Silkworm Cocoons (ton)	143
甘蔗(万吨)	Sugar Cane (10 000 tons)	68.29
水果(万吨)	Fruits (10 000 tons)	2.92
肉类总产量(万吨)	Total Output of Meat (10 000 tons)	26.27
水产品(万吨)	Aquatic Products (10 000 tons)	5.93
生猪年末存栏(万头)	Number of Hogs on Hand at Year-end (10 000 heads)	944.27
生猪当年出栏(万头)	Number of Slaughtered Fattened Hogs of the Year (10 000 heads)	574.00
工业	**Industry**	
主要工业产品产量	Output of Major Industrial Products	
化学纤维(万吨)	Chemical Fiber (10 000 tons)	0.42
布(混合数)(万米)	Cloth (10 000 m)	20173
机制纸及纸板(万吨)	Machine-made Paper and Paperboard (10 000 tons)	9.26
卷烟(亿支)	Cigarettes (100 million pieces)	19.14
原煤产量(万吨)	Coal (10 000 tons)	1435.50
原油加工量(万吨)	Processed Crude Oil (10 000 tons)	
发电量(亿千瓦时)	Electricity (100 million kWh)	45.31
粗钢 (万吨)	Crude Steel (10 000 tons)	25.64
钢材 (万吨)	Rolled Steel (10 000 tons)	24.50
水泥(万吨)	Cement (10 000 tons)	155.56
汽车(万辆)	Vehicles (10 000 unit)	0.10
照相机(万架)	Cameras (10 000 sets)	1.00
化学肥料(折合100%)(万吨)	Chemical Fertilezers (pure) (10 000 tons)	15.97
化学农药(原药)(吨)	Chemical Pesticide (ton)	13539
规模以上工业企业主要指标(亿元)	Main Indicators of Industrial Enterprises above Designated Size (100 million yuan)	
工业增加值	Gross Industrial Value-added	
资产总计	Total Assets	
营业收入	Revenue from Principal Business	
建筑业(资级企业)	**Construction With Grade**	
建筑业企业人数(万人)	Number of Employed Persons (10 000 persons)	
建筑业总产值(亿元)	Gross Output Value (100 million yuan)	
施工房屋面积(万平方米)	Floor Space of Buildings Under Construction (10 000 sq.m)	
竣工房屋面积(万平方米)	Floor Space of Buildings Completed (10 000 sq.m)	
交通运输业	**Transportation**	
铁路营业里程(公里)	Length of Railways in Operation (km)	1184
公路通车里程(公里)	Length of Highways (km)	30245

注：1.2000年及以后工业产品产量为规模以上产量。
2.公路通车里程从2006年开始包括村道。

continued

总量指标 Aggregate Data				速度指标 (%) Indices and Growth Rates (%)						
2000	2010	2019	2020	指数 Index (2020为以下各年) (2020 as Percentage of the Following Years)				平均增长速度 Average Annual Growth Rate		
				1978	2000	2010	2019	1979-2020	2001-2020	2011-2020
702.24	4379.14	6968.00	5497.56		782.9	125.5	78.9		10.8	2.3
14.64	46.54	53.20	44.98		307.2	96.6	84.5		5.8	-0.3
741.35	1900.58	3481.29	3820.74	790.2	236.2	147.7	102.7	5.0	4.4	4.0
1614.60	1954.70	2157.5	2163.9	192.2	134.0	110.7	100.3	1.6	1.5	1.0
6.80	13.08	6.57	5.29	152.0	77.8	40.4	80.5	1.0	-1.2	-8.7
32.52	36.47	46.33	48.32	728.8	148.6	132.5	104.3	4.8	2.0	2.9
96.73	107.57	120.78	122.70	909.6	126.9	114.1	101.6	5.4	1.2	1.3
4400	1123	68	38	0.8	0.9	3.4	55.9	-10.9	-21.1	-28.7
1.82	3.76	2.26	2.68	438.8	147.1	71.2	118.6	3.6	1.9	-3.3
15703	29808	66778	71603	806.5	456.0	240.2	107.2	5.1	7.9	9.2
3266	7550	6340	6511	4553.1	199.4	86.2	102.7	9.5	3.5	-1.5
136.81	59.10	62.44	61.18	89.6	44.7	103.5	98.0	-0.3	-3.9	0.3
42.34	297.13	474.26	493.21	16890.8	1164.9	166.0	104.0	13.0	13.1	5.2
192.31	287.56	299.79	285.17	1085.5	148.3	99.2	95.1	5.8	2.0	-0.1
127.12	215.34	258.81	262.69	4429.9	206.6	122.0	101.5	9.4	3.7	2.0
1473.50	1756.33	1006.32	1569.85	166.3	106.5	89.4	156.0	1.2	0.3	-1.1
1992.27	2897.54	2546.82	2218.28	386.5	111.3	76.6	87.1	3.3	0.5	-2.6
7.08	17.92	62.92	86.90	20690.5	1227.4	484.9	138.1	13.5	13.4	17.1
21710	80517	103052	77103	382.2	355.1	95.8	74.8	3.2	6.5	-0.4
24.02	186.59	276.24	291.06	3143.2	1211.7	156.0	105.4	8.6	13.3	4.5
50.99	111.80	127.60	630.71	3295.2	1236.9	564.1	494.3	8.7	13.4	18.9
1813.76	2912.22	503.61	281.23	19.6	15.5	9.7	55.8	-3.8	-8.9	-20.8
327.62	468.43	786.60	701.88		214.2	149.8	89.2		3.9	4.1
226.77	637.59	1375.90	1320.58	2914.5	582.3	207.1	96.0	8.4	9.2	7.6
319.86	1834.03	2524.48	2682.07	10460.5	838.5	146.2	106.2	11.7	11.2	3.9
282.90	1951.55	2795.71	3093.92	12628.3	1093.6	158.5	110.7	12.2	12.7	4.7
1382.00	6220.54	9625.05	9769.74	6280.4	706.9	157.1	101.5	10.4	10.3	4.6
13.36	37.28	49.11	45.13	45538.2	337.9	121.1	91.9	15.7	6.3	1.9
17.84	0.58	74.38	30.66	3066.3	171.9	5286.7	41.2	8.5	2.7	48.7
43.43	113.42	29.18	19.63	122.9	45.2	17.3	67.3	0.5	-3.9	-16.1
13796	21213	36829	13553	100.1	98.2	63.9	36.8	0.0	-0.1	-4.4
269.81	3101.89				1823.1	275.5	104.6		15.6	10.7
1835.86	8424.86	26200.80	28392.14		1546.5	337.0	108.4		14.7	12.9
897.00	14196.68	34590.65	37909.17		4226.2	267.0	109.6		20.6	10.3
29.80	86.10	165.88	164.97		553.6	191.6	99.5		8.9	6.7
116.41	1691.47	7944.78	8649.16		7429.9	511.3	108.9		24.0	17.7
2572.30	13669.67	33897.51	34235.47		1330.9	250.4	101.0		13.8	9.6
1359.80	6488.09	14869.30	13911.91		1023.1	214.4	93.6		12.3	7.9
2197	2734.10	4535	4941	417.3	224.9	180.7	109.0	3.5	4.1	6.1
60292	140597	209131	210642	696.5	349.4	149.8	100.7	4.7	6.5	4.1

a) Output of industrial products are above designated size since 2000.

b) The total length of highways have included the village road since 2006.

1-4 续表2

指标	Item	1978
货物周转量(亿吨公里)	Freight Ton-kilometers (100 million ton-km)	128.63
铁　　路(亿吨公里)	Railways (100 million ton-km)	108.48
公　　路(亿吨公里)	Highways (100 million ton-km)	5.14
水　　运(亿吨公里)	Waterways (100 million ton-km)	15.01
旅客周转量(亿人公里)	Passenger-kilometers (100 million person-km)	44.67
铁　　路(亿人公里)	Railways (100 million person-km)	26.73
公　　路(亿人公里)	Highways (100 million person-km)	16.83
水　　运(亿人公里)	Waterways (100 million person-km)	1.13
邮电通信业	**Postal and Telecommunication Services**	
邮电业务总量(亿元)	Business Volume of Postal and Telecommunication Services (100 million yuan)	0.92
函　件(万件)	Number of Letters (10 000 pcs)	7372
移动电话用户(万户)	Number of Mobile Telephone Subscribers (10 000 subscribers)	
固定电话用户(万户)	Fixed Telephone Subscribers (10 000 Subscribers)	5.59
计算机互联网用户(万户)	Number of Internet Services Subscribers (10 000 subscribers)	
内外贸易和旅游	**Domestic Trade , Foreign Trade and Tourism**	
社会消费品零售总额(亿元)	Total Retail Sales of Consumer Goods (100 million yuan)	33.93
海关进出口总额(万美元)	Total Value of Imports and Exports (USD 10 000)	
出口额	Exports	
进口额	Imports	
外商直接投资合同金额(万美元)	Contracted Foreign Direct Investments (USD 10 000)	
外商直接投资实际使用金额(万美元)	Actually Utilized Foreign Direct Investments (USD 10 000)	
旅游总收入(亿元)	Total Tourism Earnings (100 million yuan)	
入境旅游人数(人次)	Number of International Tourists (person-times)	
旅游收汇收入(万美元)	Foreign Exchange Earnings from International Tourism (USD 10 000)	
金融业(亿元)	**Financial Intermediation (100 million yuan)**	
金融机构人民币存款余额	Deposits of National Banking System	
金融机构人民币贷款余额	Loans of National Banking System	
教育、文化、卫生	**Education,Culture and Health Care**	
高等学校在校学生数(人)	Students Enrollment of Higher Education (person)	21847
中等专业学校在校学生数(人)	Students Enrollment of Specialized Secondary Schools (persons)	28926
普通中学在校学生数(万人)	Students Enrollment of Secondary Schools (10 000 persons)	169.20
小学在校学生数(万人)	Students Enrollment of Primary Schools (10 000 persons)	513.77
报纸出版数量(万份)	Number of Newspapers Published (10 000 copies)	14453
期刊出版数量(万册)	Number of Magazines Published (10 000 copies)	378
图书出版数量(万册)	Number of Books Published (10 000 copies)	8495
卫生机构数(个)	Number of Hospitals (unit)	5178
卫生技术人员(人)	Number of Medical Technical Personnels (person)	70247
#医　生	Number of Doctors	30430
病 床 数(张)	Number of Hospital Beds (bed)	72289

注：1.邮电业务总量2000年以前按1990年不变价格计算，2001年以后按2000年不变价格计算,2011年以后按2010年不变价格计算。
2.卫生机构数1996年开始包括个体机构。
3.2007年卫生年报统计口径变动。
4.交通运输数据2008年开始按新口径计算。
5.2009年互联网用户口径变化为宽带用户数。

continued

总量指标	Aggregate Data			速度指标 (%)				Indices and Growth Rates (%)		
				指数 Index (2020为以下各年) (2020 as Percentage of the Following Years)				平均增长速度 Average Annual Growth Rate		
2000	2010	2019	2020	1978	2000	2010	2019	1979–2020	2001–2020	2011–2020
746.93	2738.70	3858.78	4010.79	3118.1	537.0	146.4	103.9	8.5	8.8	3.9
563.82	705.90	563.08	497.30	458.4	88.2	70.4	88.3	3.7	-0.6	-3.4
147.19	1850.20	3040.32	3247.09	63173.0	2206.0	175.5	106.8	16.6	16.7	5.8
35.81	182.41	255.38	266.40	1774.8	743.9	146.0	104.3	7.1	10.6	3.9
453.07	912.76	984.24	631.35	1413.4	139.3	69.2	64.1	6.5	1.7	-3.6
271.91	564.80	739.72	450.29	1684.6	165.6	79.7	60.9	7.0	2.6	-2.2
171.33	330.48	244.25	180.89	1074.8	105.6	54.7	74.1	5.8	0.3	-5.8
1.20	0.32	0.28	0.18	15.6	14.7	56.0	64.2	-4.3	-9.1	-5.6
81.31	698.05	3065.78	3851.14	417830.1	4736.4	551.7	125.6	22.0	21.3	18.6
14010	17971	1684	1184	16.1	8.5	6.6	70.3	-4.3	-11.6	-23.8
140.3	1811.3	4157.1	4249.4		3029.0	234.6	102.2		18.6	8.9
354.1	709.6	457.5	482.4	8629.7	136.2	68.0	105.4	11.2	1.6	-3.8
26.95	253.40	1448.8	1510.5		5604.8	596.1	104.3		22.3	19.5
704.87	2956.21	10068.05	10371.77	30568.2	1471.4	350.8	103.0	14.6	14.4	13.4
162399	2160007	5088978	5802584		3573.0	268.6	114.0		19.6	10.4
119736	1341606	3619295	4205576		3512.4	313.5	116.2		19.5	12.1
42663	818400	1469683	1597008		3743.3	195.1	108.7		19.9	6.9
26478	749447	1083541	1232489		4654.8	164.5	113.7		21.2	5.1
22724	510084	1357905	1460221		6425.9	286.3	107.5		23.1	11.1
134.6	818.32	9656.38	5422.70		4028.8	662.7	56.2		20.3	20.8
163057	1140792	1971659	129658		79.5	11.4	6.6		-1.1	-19.5
6234	34630	86538	3739		60.0	10.8	4.3		-2.5	-20.0
1966.78	11846.18	38952.53	43608.17		2217.2	368.1	112.0		16.8	13.9
1739.87	7757.12	35493.75	41409.15		2380.0	533.8	116.7		17.2	18.2
146411	837797	1179550	1293235	5919.5	883.3	154.4	109.6	10.2	11.5	4.4
160022	238744	241879	292767	1012.1	183.0	122.6	121.0	5.7	3.1	2.1
259.22	273.96	325.60	330.87	195.5	127.6	120.8	101.6	1.6	1.2	1.9
422.68	426.02	411.44	406.31	79.1	96.1	95.4	98.8	-0.6	-0.2	-0.5
39929	70449	79462	75566	522.8	189.3	107.3	95.1	4.0	3.2	0.7
9060	7060	7589	7959	2105.6	87.8	112.7	104.9	7.5	-0.6	1.2
20300	16039	24955	27050	318.4	133.3	168.7	108.4	2.8	1.4	5.4
8048	7172	37029	36716	709.1	456.2	511.9	99.2	4.8	7.9	17.7
123192	154733	267917	286089	407.3	232.2	184.9	106.8	3.4	4.3	6.3
54437	59264	96437	104897	344.7	192.7	177.0	108.8	3.0	3.3	5.9
90930	127915	267187	285797	395.4	314.3	223.4	107.0	3.3	5.9	8.4

a) Business volume of post and telecommunication services before 2000 are calculated at constant prices of 1990 and at 2000 constant prices since 2000, and at 2011 constant prices since 2010.
b) Number of hospitals include individual since 1996.
c) Statistical standards in health report have changed since 2007.
d)The data of transportation are calculated according to new statistical scope since 2008.
e)Internet subscriber is adjusted to DSL subscriber in 2009.

1-5 国民经济主要比例关系
Composition Indicators on National Economic

单位：% (%)

指　　标	Item	1978	2000	2010	2015	2019	2020
地区生产总值	**Gross Domestic Product**						
第一产业	Primary Industry	41.6	24.2	12.7	10.2	8.3	8.7
第二产业	Secondary Industry	38.0	35.0	54.2	49.9	43.9	43.2
工　业	Industry	26.6	27.2	46.1	41.9	35.6	34.8
建筑业	Construction	11.4	7.8	8.1	8.0	8.3	8.3
第三产业	Tertiary Industry	20.4	40.8	33.2	39.9	47.8	48.1
#交通运输邮电业	Transport,Postal and Telecommunication Services	2.9	9.7	4.8	4.5	4.5	4.3
批零贸易和住宿餐饮业	Wholesale and Retail Trades,Hotel and Catering Services	5.6	9.1	9.0	9.3	10.4	10.1
金融业	Financial Intermediation	1.4	4.6	2.6	5.1	6.4	7.0
全省总人口	**Province Total Population**						
城镇人口	Urban	16.8	27.7	44.1	52.3	59.1	60.4
乡村人口	Rural	83.3	72.3	55.9	47.7	40.9	39.6
社会就业人员	**Total Employed Persons**						
第一产业	Primary Industry	77.2	46.6	35.6	27.6	21.5	20.1
第二产业	Secondary Industry	13.0	24.4	29.6	32.4	33.6	33.9
第三产业	Tertiary Industry	9.8	29.0	34.8	40.0	44.9	46.0
农业总产值	**Gross Agricultural Output Value**						
农　业	Farming	74.0	46.5	43.1	48.5	46.7	44.2
林　业	Forestry	11.9	7.8	9.6	9.6	9.8	9.6
牧　业	Animal Husbandry	12.8	29.9	29.8	23.3	25.5	29.5
渔　业	Fishery	1.3	13.5	13.5	14.8	13.7	12.4
服 务 业	Service in Support of Agriculture		2.3	4.0	3.8	4.3	4.3
全社会固定资产投资	**Total Investment in Fixed Assets**						
第一产业	Primary Industry			2.9	2.7	2.3	2.4
第二产业	Secondary Industry			57.5	52.0	48.6	48.6
第三产业	Tertiary Industry			39.6	45.3	49.1	49.0
财政支出	**Government Expenditures**						
一般公共服务	General Public Services					9.3	8.4
教　育	Education	10.6	17.1	15.5	18.0	18.0	18.3
科学技术	Science	0.2	0.5	0.9	1.7	2.9	2.9
社会保障和就业	Social Seaurity and Employment					12.8	13.0
卫生健康	Health and hygiene					9.9	9.6

1-6 主要指标每人年平均水平
Per Capita Average Annual Level of Major Indicators

指　　标	Item	1978	1980	1990	2000	2010	2019	2020
地区生产总值(元)	**Gross Domestic Product (yuan)**	**276**	**342**	**1134**	**4851**	**21099**	**54640**	**56871**
第一产业	Primary Industry	115	149	466	1175	2672	4558	4962
第二产业	Secondary Industry	105	126	353	1697	11430	23967	24536
第三产业	Tertiary Industry	56	67	315	1979	6997	26113	27370
财政总收入(元)	**Government Revenue (yuan)**	**39**	**38**	**107**	**416**	**2757**	**8863**	**8961**
年末居民储蓄存款余额(元)	**Balance of Savings Deposit of Households at Year-end (yuan)**	**13**	**24**	**375**	**2997**	**13746**	**43548**	**50318**
主要农产品产量(公斤)	**Output of Major Farm Products (kg)**							
粮　食	Grain	357.33	381.60	438.86	391.04	439.53	477.87	478.98
棉　花	Cotton	1.10	1.32	1.51	1.65	2.94	1.46	1.17
油料折油	Oil-bearing Crops Converted into oil	2.10	2.09	5.19	7.88	8.20	10.26	10.69
甘　蔗	Sugar Cane	21.68	26.38	51.42	33.13	13.29	13.83	13.54
水　果	Fruits	0.93	1.73	6.17	10.25	66.81	105.05	109.17
肉类总产量	Total output of Meat	8.34	11.71	29.57	46.58	69.30	66.40	63.12
水 产 品	Aquatic Products	1.88	2.32	8.12	30.79	48.42	57.33	58.15
主要工业产品产量	**Output of Major Industrial Products**							
化学纤维(公斤)	Chemical Fiber (kg)	0.13	0.41	0.53	1.71	4.03	139.37	24.66
布(混合数)(米)	Cloth (m)	6.40	9.24	8.09	5.26	18.10	22.83	17.07
机制纸及纸板(公斤)	Machine-made Paper and Paperboard (kg)	2.94	3.91	6.77	5.82	41.96	61.19	64.43
原　煤(公斤)	Coal (kg)	455.65	458.62	536.50	439.28	636.40	111.55	62.25
原油加工量(公斤)	Processed Crude Oil (kg)					1053.31	174.23	155.36
发 电 量(千瓦小时)	Electricity (kWh)	143.82	176.05	321.32	486.95	1387.46	3047.58	2923.13
粗钢(公斤)	Crude Steel (kg)	8.14	11.93	29.67	77.47	412.40	559.17	593.68
钢材(公斤)	Rolled Steel (kg)	7.78	14.36	24.43	68.52	438.83	619.24	684.85
水　泥(公斤)	Cement (kg)	49.38	61.85	124.16	334.71	1398.75	2131.93	2162.55
化学肥料(公斤)	Chemical Fertilezers (kg)	5.07	7.92	8.22	10.52	25.50	6.46	4.34
化学农药(公斤)	Chemical Pesticide (kg)	0.43	0.54	0.14	0.33	0.48	8.16	3.00
主要消费品消费量	**Consumption of Major Consumer Good**							
农村居民食品消费量(公斤)	Living Consumption of Rural Households (kg)							
粮　食	Grain		314.55	340.85	303.61	213.52	148.45	178.21
植 物 油	Vegetable Oils		2.03	4.76	8.73	6.57	11.95	15.15
猪牛羊肉	Pork, Beef and Mutton		6.60	11.99	12.64	12.71	23.09	24.04
蛋　类	Eggs		1.04	1.95	3.26	3.28	7.11	9.29
水 产 品	Aquatic Products		1.54	2.02	3.73	5.23	12.80	13.33
城镇居民消费量(公斤)	Purchase of Urban Households (kg)							
粮　食	Grain						119.74	130.85
油脂类	Oil						13.36	15.60
肉类	Meat						31.85	33.85
禽类	Pouorty						11.76	13.27
蛋类及蛋制品	Eggs and Related Products						8.32	9.71
水 产 品	Aquatic Products						18.07	17.90

注：2013年起城乡居民消费品为新口径调查数据。

a) New statistical caliber is applied in living consumption of urban and rural households since 2013.

1-7 江 西 的 一 天
One Day of Jiangxi

指 标	Item	1978	2000	2010	2019	2020
全省每天创造的财富	**Province Daily Production**					
地区生产总值(万元)	Gross Domestic Product (10 000 yuan)	2384	54879	257073	675816	701954
第一产业	Primary Industry	991	13292	32555	56372	61246
第二产业	Secondary Industry	907	19199	139262	299721	302864
工业	Industry	635	14901	118556	245639	244609
建筑业	Construction	272	4298	20706	54274	58446
第三产业	Tertiary Industry	486	22388	85255	322195	337844
#交通运输邮电业	Transport,Postal and Telecommunication Services	70	5342	12251	29691	30188
批零贸易和住宿餐饮业	Wholesaleand Retail Trades,Hotel and Catering Services	135	4985	23222	69882	71185
金融业	Financial Intermediation	32	2547	6616	42671	49416
财政总收入(万元)	Government Revenue (10 000 yuan)	335	4704	33596	109632	110611
财政支出(万元)	Government Expenditures (10 000 yuan)	446	6123	52692	174981	182352
布产量(万米)	Cloth (10 000 meters)	55	59	221	282	211
机制纸及纸板(吨)	Machine-made Paper and Paperboard (ton)	254	658	5112	7568	7953
原煤产量(吨)	Coal (ton)	39329	49692	77540	13798	7684
原油加工量(吨)	Processed Crude Oil (ton)			12834	21551	19177
发电量(万千瓦小时)	Electricity (10 000 kWh)	1241	5508	16905	37696	36081
粗钢(吨)	Crude Steel (ton)	702	8763	50247	69164	73281
钢材(吨)	Rolled Steel (ton)	671	7751	53467	76595	84533
水泥(吨)	Cement (ton)	4262	37863	170426	263700	266933
汽车(辆)	Vehicles (unit)	3	366	1021	1345	1233
照相机(架)	Cameras (set)	27	489	16	2038	838
全省每天消费	**Province Daily Consumption**					
能源消费(万吨标准煤)	Energy Consumption(10 000 tons of SCE)		6.86	17.41	26.48	26.80
社会消费品零售总额(万元)	Total Retail Sales of Consumer Goods (10 000 yuan)	930	19312	80992	275837	283382
全省每天其他活动	**Province Other Daily Economic Activities**					
货物运输量(万吨)	Freight Traffic (10 000 tons)	12.89	64.66	274.90	413.32	429.42
旅客运输量(万人)	Passenger Traffic (10 000 persons)	17.69	98.14	209.95	163.57	117.99
出版报纸(万份)	Newspapers Published (10 000 copies)	39.60	109.39	193.01	217.70	206.46
出版期刊(万册)	Number of Magazines Published (10 000 copies)	1.03	28.70	19.34	20.79	21.75
出版图书(万册)	Books Published (10 000 copies)	23.27	55.62	43.94	68.37	73.91
邮电业务总量(万元)	Business Volume of Postal and Telecommunication Services (10 000 yuan)	21	2228	19125	83994	105222
邮寄函件(万件)	Letters Delivered (10 000 pieces)	20.20	38.38	49.24	4.61	3.23
邮寄包裹(件)	Packages Delivered (piece)		6767	3321	1178	1011
结婚人数(对)	Number of Marriages (couple)	437	810	989	809	746
离婚人数(对)	Number of Divorces (couple)	28	66	134	316	300

1-8 地区生产总值
Gross Domestic Product

本表按当年价格计算。
Data in this table are calculated at current prices.

单位：亿元 (100 million yuan)

年份 Year	地区生产总值 Gross Domestic Product	第一产业 Primary Industry	第二产业 Secondary Industry	第三产业 Tertiary Industry	农林牧渔业 Agriculture, Forestry, Animal Husbandry and Fishery	工业 Industry	建筑业 Construction
1978	87.00	36.18	33.08	17.74	36.18	23.16	9.92
1980	111.15	48.31	41.00	21.84	48.31	30.84	10.16
1985	207.89	84.06	76.05	47.78	84.06	63.13	12.92
1990	428.62	175.96	133.56	119.10	175.96	116.50	17.06
1991	479.37	183.27	154.77	141.33	183.27	135.82	18.95
1992	572.55	200.81	199.40	172.34	200.81	168.14	31.26
1993	723.04	225.58	282.46	215.00	225.58	233.76	48.70
1994	948.16	314.35	338.23	295.58	316.86	269.16	69.07
1995	1169.73	374.64	403.74	391.35	377.82	314.49	89.25
1996	1409.74	440.00	481.30	488.44	444.22	375.83	105.47
1997	1605.77	475.18	548.84	581.75	480.82	438.98	109.86
1998	1719.87	450.44	608.22	661.21	457.14	477.15	131.07
1999	1853.65	464.40	648.82	740.43	471.56	503.79	145.03
2000	2003.07	485.14	700.76	817.17	492.37	543.88	156.88
2001	2175.68	506.00	786.12	883.56	514.51	603.23	182.89
2002	2450.48	535.98	941.77	972.73	543.72	702.42	239.35
2003	2812.70	551.51	1204.33	1056.87	560.00	863.31	341.02
2004	3398.06	664.52	1505.19	1228.35	673.77	1149.79	355.40
2005	3941.23	717.69	1834.65	1388.89	727.37	1468.68	365.97
2006	4696.80	775.11	2337.59	1584.10	786.14	1923.00	414.59
2007	5777.62	868.60	2950.31	1958.71	902.41	2435.45	514.86
2008	6934.20	1014.54	3518.79	2400.87	1051.83	2936.92	581.87
2009	7629.98	1062.13	3882.65	2685.20	1101.03	3232.49	650.16
2010	9383.16	1147.59	5083.08	3152.49	1188.26	4327.30	755.78
2011	11584.52	1320.49	6338.00	3926.03	1363.29	5462.31	875.69
2012	12807.69	1439.14	6893.33	4475.22	1484.41	5889.24	1004.09
2013	14300.17	1540.65	7661.85	5097.67	1591.73	6523.26	1138.59
2014	15667.78	1626.87	8238.65	5802.26	1682.26	6930.73	1307.92
2015	16780.89	1714.47	8367.65	6698.77	1773.85	7026.22	1343.21
2016	18388.59	1794.12	8732.52	7861.95	1851.94	7349.25	1387.49
2017	20210.78	1835.26	9444.60	8930.92	1898.49	7969.59	1480.00
2018	22716.51	1877.33	10081.16	10758.02	1947.87	8264.23	1823.43
2019	24667.29	2057.70	10820.30	11789.29	2135.83	8774.17	2053.02
2020	25691.50	2241.59	11084.83	12365.08	2327.72	8952.70	2139.11

注：1.三次产业划分1978-1991年按老行业分类标准计算，1992年起全部采用2017年国民经济行业分类和三次产业划分标准计算(后同)。
2.数据的合计数和相对数由于四舍五入取舍不同而产生的误差，均未作机械调整(后同)。

a) The previous editions of industrial classification for national economic activities and division of three strata of industries were adopted in accounting from 1978 to 1991. Since 1992, the latest edition of industrial classification for national economic activities (GB/T4754-2017) and division of three strata of industries are adopted. The same applies to the tables following.

b) Statistical discrepancies on totals and relative figures due to rounding are not adjusted. The same applies to the tables following.

1-8 续表 continued

本表按当年价格计算。
Data in this table are calculated at current prices.

单位：亿元 (100 million yuan)

年 份 Year	批发和零售业 Whlesale and Retail Trades	交通运输仓储和邮政业 Transport, Storage and Post	住宿和餐饮业 Hotels and Catering Services	金融业 Financial Intermediation	房地产业 Real Estate	其他 Others	人均地区生产总值(元) Per Capita GDP (yuan)
1978	4.91	2.54		1.18	1.41	7.70	276
1980	5.78	3.92		1.39	1.67	9.08	342
1985	11.57	12.27		5.60	2.84	15.50	597
1990	19.74	25.18		27.33	7.26	39.59	1134
1991	27.86	26.73		31.17	8.61	46.96	1249
1992	29.69	31.61	6.11	38.83	10.23	55.87	1472
1993	37.05	39.43	7.63	48.44	12.77	69.68	1835
1994	47.90	55.93	9.86	61.71	22.89	94.78	2376
1995	71.11	78.32	11.28	71.84	29.78	125.84	2896
1996	91.89	101.64	16.42	86.32	37.23	150.72	3452
1997	104.60	115.41	20.06	97.40	53.11	185.53	3890
1998	121.18	145.40	22.36	100.50	60.56	204.51	4124
1999	136.92	167.74	24.71	101.15	76.31	226.44	4402
2000	152.58	194.98	29.38	92.97	95.63	244.40	4851
2001	159.39	217.94	32.67	82.02	114.84	268.19	5221
2002	180.99	248.61	33.20	76.51	125.27	300.41	5829
2003	205.39	266.11	37.67	64.31	138.02	336.87	6636
2004	242.21	259.03	54.16	65.10	167.20	431.40	7960
2005	252.43	300.97	67.11	69.55	171.88	517.27	9172
2006	280.42	339.58	79.97	79.75	184.67	608.68	10859
2007	381.25	372.23	92.45	101.34	225.96	751.67	13270
2008	465.26	389.17	131.71	130.57	281.96	964.91	15816
2009	553.89	395.74	167.59	165.10	305.90	1058.08	17277
2010	646.89	447.16	200.71	241.49	340.56	1235.01	21099
2011	781.04	508.57	270.29	357.44	402.51	1563.38	25928
2012	865.94	631.76	310.84	413.07	421.83	1786.51	28624
2013	1005.04	679.48	319.71	542.83	500.57	1998.96	31952
2014	1113.95	710.88	353.48	739.70	522.81	2306.05	34988
2015	1213.51	754.12	354.08	861.65	707.56	2746.69	37436
2016	1397.66	821.42	373.34	1012.30	1008.29	3186.90	40950
2017	1695.02	895.82	386.13	1100.12	1289.35	3496.26	44878
2018	1942.27	1022.51	408.40	1422.64	1740.30	4144.86	50347
2019	2112.18	1106.67	453.38	1583.01	1816.31	4632.72	54640
2020	2176.24	1104.89	429.14	1808.63	1925.09	4827.98	56871

1-9 地区生产总值构成
Composition of Gross Domestic Product

本表按当年价格计算。

Data in this table are calculated at current prices.

单位：% (%)

年 份 Year	地区生产总 值 Gross Domestic Product	第一产业 Primary Industry	第二产业 Secondary Industry	第三产业 Tertiary Industry	农林牧渔业 Agriculture, Forestry, Animal Husbandry and Fishery	工 业 Industry	建筑业 Construction
1978	100.0	41.6	38.0	20.4	41.6	26.6	11.4
1980	100.0	43.5	36.9	19.6	43.5	27.7	9.1
1985	100.0	40.4	36.6	23.0	40.4	30.4	6.2
1990	100.0	41.1	31.2	27.8	41.1	27.2	4.0
1991	100.0	38.2	32.3	29.5	38.2	28.3	4.0
1992	100.0	35.1	34.8	30.1	35.1	29.4	5.5
1993	100.0	31.2	39.1	29.7	31.2	32.3	6.7
1994	100.0	33.2	35.7	31.2	33.4	28.4	7.3
1995	100.0	32.0	34.5	33.5	32.3	26.9	7.6
1996	100.0	31.2	34.1	34.6	31.5	26.7	7.5
1997	100.0	29.6	34.2	36.2	29.9	27.3	6.8
1998	100.0	26.2	35.4	38.4	26.6	27.7	7.6
1999	100.0	25.1	35.0	39.9	25.4	27.2	7.8
2000	100.0	24.2	35.0	40.8	24.6	27.2	7.8
2001	100.0	23.3	36.1	40.6	23.6	27.7	8.4
2002	100.0	21.9	38.4	39.7	22.2	28.7	9.8
2003	100.0	19.6	42.8	37.6	19.9	30.7	12.1
2004	100.0	19.6	44.3	36.1	19.8	33.8	10.5
2005	100.0	18.2	46.6	35.2	18.5	37.3	9.3
2006	100.0	16.5	49.8	33.7	16.7	40.9	8.8
2007	100.0	15.0	51.1	33.9	15.6	42.2	8.9
2008	100.0	14.6	50.7	34.6	15.2	42.4	8.4
2009	100.0	13.9	50.9	35.2	14.4	42.4	8.5
2010	100.0	12.2	54.2	33.6	12.7	46.1	8.1
2011	100.0	11.4	54.7	33.9	11.8	47.2	7.6
2012	100.0	11.2	53.8	34.9	11.6	46.0	7.8
2013	100.0	10.8	53.6	35.6	11.1	45.6	8.0
2014	100.0	10.4	52.6	37.0	10.7	44.2	8.3
2015	100.0	10.2	49.9	39.9	10.6	41.9	8.0
2016	100.0	9.8	47.5	42.8	10.1	40.0	7.5
2017	100.0	9.1	46.7	44.2	9.4	39.4	7.3
2018	100.0	8.3	44.4	47.4	8.6	36.4	8.0
2019	100.0	8.3	43.9	47.8	8.7	35.6	8.3
2020	100.0	8.7	43.2	48.1	9.1	34.8	8.3

1-9 续表 continued

本表按当年价格计算。
Data in this table are calculated at current prices.

单位：% (%)

年 份 Year	批发和零售业 Whlesale and Retail Trades	交通运输仓储和邮政业 Transport, Storage and Post	住宿和餐饮业 Hotels and Catering Services	金融业 Financial Intermediation	房地产业 Real Estate	其他 Others
1978	5.6	2.9		1.4	1.6	8.9
1980	5.2	3.5		1.3	1.5	8.2
1985	5.6	5.9		2.7	1.4	7.5
1990	4.6	5.9		6.4	1.7	9.2
1991	5.8	5.6		6.5	1.8	9.8
1992	5.2	5.5	1.1	6.8	1.8	9.8
1993	5.1	5.5	1.1	6.7	1.8	9.6
1994	5.1	5.9	1.0	6.5	2.4	10.0
1995	6.1	6.7	1.0	6.1	2.5	10.8
1996	6.5	7.2	1.2	6.1	2.6	10.7
1997	6.5	7.2	1.2	6.1	3.3	11.6
1998	7.0	8.5	1.3	5.8	3.5	11.9
1999	7.4	9.0	1.3	5.5	4.1	12.2
2000	7.6	9.7	1.5	4.6	4.8	12.2
2001	7.3	10.0	1.5	3.8	5.3	12.3
2002	7.4	10.1	1.4	3.1	5.1	12.3
2003	7.3	9.5	1.3	2.3	4.9	12.0
2004	7.1	7.6	1.6	1.9	4.9	12.7
2005	6.4	7.6	1.7	1.8	4.4	13.1
2006	6.0	7.2	1.7	1.7	3.9	13.0
2007	6.6	6.4	1.6	1.8	3.9	13.0
2008	6.7	5.6	1.9	1.9	4.1	13.9
2009	7.3	5.2	2.2	2.2	4.0	13.9
2010	6.9	4.8	2.1	2.6	3.6	13.2
2011	6.7	4.4	2.3	3.1	3.5	13.5
2012	6.8	4.9	2.4	3.2	3.3	13.9
2013	7.0	4.8	2.2	3.8	3.5	14.0
2014	7.1	4.5	2.3	4.7	3.3	14.7
2015	7.2	4.5	2.1	5.1	4.2	16.4
2016	7.6	4.5	2.0	5.5	5.5	17.3
2017	8.4	4.4	1.9	5.4	6.4	17.3
2018	8.6	4.5	1.8	6.3	7.7	18.2
2019	8.6	4.5	1.8	6.4	7.4	18.8
2020	8.5	4.3	1.7	7.0	7.5	18.8

1-10 地区生产总值指数
Indices of Gross Domestic Product

本表按可比价格计算。

Data in this table are calculated at constant pieces.

(1978年=100) (year of 1978=100)

年 份 Year	地区生产总值 Gross Domestic Product	第一产业 Primary Industry	第二产业 Secondary Industry	第三产业 Tertiary Industry	农林牧渔业 Agriculture, Forestry, Animal Husbandry and Fishery	工 业 Industry	建筑业 Construction
1978	100.0	100.0	100.0	100.0	100.0	100.0	100.0
1979	115.8	115.4	115.9	116.6	115.4	120.9	104.2
1980	120.7	116.4	129.7	116.1	116.4	138.9	108.1
1981	127.5	128.3	127.7	126.8	128.3	142.2	93.6
1982	139.3	144.1	131.4	143.4	144.1	146.4	96.3
1983	148.7	144.2	150.5	157.0	144.2	165.5	115.2
1984	171.7	157.9	182.4	185.6	157.9	210.9	115.2
1985	197.2	169.1	218.2	225.8	169.1	258.5	123.2
1986	210.5	170.9	234.2	260.0	170.9	284.4	115.9
1987	227.8	186.4	250.2	283.7	186.4	307.9	114.4
1988	253.9	191.4	291.3	331.5	191.4	358.3	133.2
1989	269.4	198.8	304.8	368.2	198.8	370.8	149.4
1990	281.6	211.5	312.5	387.3	211.5	388.8	132.6
1991	304.8	219.0	346.8	434.1	218.9	438.3	131.4
1992	350.1	231.6	423.5	517.5	231.6	513.4	211.2
1993	397.9	235.3	546.1	573.8	235.3	652.6	294.4
1994	432.9	248.7	584.4	657.0	248.7	680.6	356.6
1995	462.5	261.1	601.2	746.7	261.1	686.8	398.0
1996	516.5	283.3	679.4	845.1	283.3	781.5	437.1
1997	579.8	302.6	782.6	963.0	302.6	920.6	455.9
1998	621.2	291.1	865.4	1083.8	291.1	1017.3	505.8
1999	670.0	308.6	921.3	1200.1	308.6	1072.3	563.7
2000	723.9	329.5	982.7	1324.9	329.5	1147.3	592.8
2001	787.2	343.4	1108.9	1430.1	343.4	1271.8	710.1
2002	870.1	358.5	1314.4	1528.4	358.5	1502.0	851.4
2003	982.9	362.8	1633.4	1655.1	368.2	1795.3	1185.5
2004	1112.8	392.2	1937.1	1816.8	397.6	2123.8	1415.5
2005	1256.4	417.9	2270.0	2014.6	423.5	2559.2	1532.7
2006	1410.4	444.8	2640.6	2213.9	451.0	3044.2	1621.3
2007	1595.9	462.9	3101.1	2473.2	469.5	3688.7	1630.9
2008	1807.4	484.7	3632.1	2758.5	492.0	4418.4	1674.4
2009	2045.2	506.6	4254.9	3055.8	514.2	5225.1	1843.6
2010	2330.5	526.8	5026.2	3399.5	534.7	6249.7	1991.9
2011	2620.5	547.6	5791.0	3775.7	556.1	7321.7	2073.9
2012	2907.9	572.5	6554.5	4132.4	581.7	8302.9	2318.6
2013	3201.0	620.0	7347.7	4428.3	607.9	9324.1	2569.0
2014	3511.1	649.2	8152.5	4828.7	636.5	10343.3	2854.2
2015	3829.1	674.5	8915.0	5318.5	675.0	11271.3	3193.0
2016	4175.6	701.9	9668.8	5907.0	702.5	12245.6	3431.8
2017	4545.0	732.7	10452.7	6545.7	733.8	13289.2	3635.2
2018	4938.1	758.0	11462.1	7110.4	760.1	14511.3	4077.5
2019	5325.8	780.6	12366.0	7740.1	783.6	15714.2	4317.7
2020	5530.3	798.1	12863.1	8045.9	802.6	16349.5	4485.7

1-10 续表 continued

本表按可比价格计算。

Data in this table are calculated at constant pieces.

(1978年=100) (year of 1978=100)

年 份 Year	批发和零售业 Whlesale and Retail Trades	交通运输仓储和邮政业 Transport, Storage and Post	住宿和餐饮业 Hotels and Catering Services	金融业 Financial Intermediation	房地产业 Real Estate	其他 Others	人均地区生产总值(元) Per Capita GDP (yuan)
1978	100.0	100.0	100.0	100.0	100.0	100.0	100.0
1979	108.2	141.6	108.2	83.3	116.3	116.3	113.8
1980	106.1	147.1	106.1	98.1	112.5	112.5	117.0
1981	120.5	152.0	120.5	107.3	122.6	122.6	122.1
1982	131.2	202.3	131.2	141.7	130.0	130.0	131.9
1983	149.2	221.7	149.2	155.1	139.2	139.2	139.0
1984	156.6	235.9	156.6	314.2	163.7	163.7	157.9
1985	182.8	303.1	182.8	383.0	198.8	198.8	178.3
1986	210.6	312.5	210.6	514.7	228.4	228.4	187.0
1987	199.8	321.0	199.8	761.8	242.1	242.1	199.2
1988	233.6	375.2	233.6	1077.9	254.9	254.9	218.7
1989	207.7	391.0	207.7	1353.8	296.7	296.7	228.3
1990	136.4	439.0	136.4	1368.7	359.2	359.2	234.5
1991	190.6	407.4	190.6	1467.3	408.3	408.3	249.8
1992	295.3	449.0	295.3	1665.3	518.5	425.8	283.0
1993	297.7	489.4	297.7	1981.8	595.7	487.4	317.5
1994	308.9	580.4	322.5	2271.7	704.6	583.7	341.0
1995	345.4	705.2	350.5	2415.4	810.4	676.5	359.7
1996	404.5	777.9	405.2	2577.7	951.4	780.7	397.5
1997	489.8	912.4	494.3	2786.5	1090.5	864.1	441.6
1998	555.9	1121.4	561.1	2847.8	1319.1	952.7	468.1
1999	647.6	1321.0	643.9	2907.6	1424.0	1023.7	499.5
2000	730.5	1550.8	726.1	2905.7	1604.8	1110.7	550.5
2001	851.1	1721.6	839.5	2907.3	1689.0	1148.3	593.4
2002	913.2	1904.1	900.8	2729.4	1956.2	1201.3	649.8
2003	1020.4	2062.1	971.4	2426.5	2097.8	1356.2	728.4
2004	1147.9	2296.0	1092.9	2155.3	2291.5	1516.3	821.6
2005	1292.7	2578.4	1232.2	2276.0	2469.4	1678.1	921.0
2006	1446.5	2900.7	1384.9	2437.6	2597.8	1829.6	1062.3
2007	1608.5	3266.2	1570.5	2666.7	2816.0	2059.4	1195.1
2008	1843.6	3429.5	1781.0	2954.7	3021.6	2368.7	1344.5
2009	2183.9	3467.2	2014.3	3549.0	3322.9	2630.6	1509.8
2010	2459.0	3900.6	2314.4	4074.2	3366.1	2940.3	1709.1
2011	2746.8	4146.4	2596.8	4518.3	3396.4	3380.7	1912.9
2012	3059.9	4498.8	2737.0	5001.8	3518.7	3737.6	2119.6
2013	3277.1	4795.7	2654.9	6312.2	3962.0	3893.9	2332.7
2014	3496.7	4949.2	2808.9	7618.9	4136.4	4326.2	2557.3
2015	3709.7	5063.0	3056.1	9302.6	4389.1	4805.3	2786.1
2016	4034.5	5110.0	3180.4	11189.9	4996.2	5396.3	3032.8
2017	4500.0	5548.1	3281.7	12336.3	5710.7	6008.3	3291.6
2018	4581.7	5829.0	3459.1	13304.6	6128.0	6812.9	3569.6
2019	4851.1	6173.4	3547.0	14673.3	6582.2	7576.4	3847.6
2020	4969.2	6238.8	3264.4	16134.4	6862.1	7897.6	3992.7

1-11 地区生产总值指数
Indices of Gross Domestic Product

本表按可比价格计算。

Data in this table are calculated at constant prices.

(上年=100) (preceding year =100)

年 份 Year	地区生产总值 Gross Domestic Product	第一产业 Primary Industry	第二产业 Secondary Industry	第三产业 Tertiary Industry	农林牧渔业 Agriculture, Forestry, Animal Husbandry and Fishery	工 业 Industry	建筑业 Construction
1978	113.3	100.3	126.1	128.6	117.6	127.7	122.3
1980	104.2	100.9	111.9	99.6	100.9	114.9	103.7
1985	114.9	107.1	119.6	121.7	107.1	122.5	107.0
1990	104.5	106.4	102.5	105.2	106.4	104.9	88.8
1991	108.2	103.5	111.0	112.1	103.5	112.7	99.1
1992	114.8	105.8	122.1	119.2	105.8	117.1	160.8
1993	113.7	101.6	128.9	110.9	101.6	127.1	139.4
1994	108.8	105.7	107.0	114.5	105.7	104.3	121.1
1995	106.8	105.0	102.9	113.7	105.0	100.9	111.6
1996	111.7	108.5	113.0	113.2	108.5	113.8	109.8
1997	112.3	106.8	115.2	114.0	106.8	117.8	104.3
1998	107.1	96.2	110.6	112.5	96.2	110.5	111.0
1999	107.8	106.0	106.5	110.7	106.0	105.4	111.4
2000	108.0	106.8	106.7	110.4	106.8	107.0	105.2
2001	108.8	104.2	112.9	107.9	104.2	110.8	119.8
2002	110.5	104.4	118.5	106.9	104.4	118.1	119.9
2003	113.0	101.2	124.3	108.3	102.7	119.5	139.2
2004	113.2	108.1	118.6	109.8	108.0	118.3	119.4
2005	112.9	106.6	117.2	110.9	106.5	120.5	108.3
2006	112.3	106.4	116.3	109.9	106.5	119.0	105.8
2007	113.2	104.1	117.4	111.7	104.1	121.2	100.6
2008	113.3	104.7	117.1	111.5	104.8	119.8	102.7
2009	113.2	104.5	117.1	110.8	104.5	118.3	110.1
2010	114.0	104.0	118.1	111.2	104.0	119.6	108.0
2011	112.4	104.0	115.2	111.1	104.0	117.2	104.1
2012	111.0	104.6	113.2	109.4	104.6	113.4	111.8
2013	110.1	108.3	112.1	107.2	104.5	112.3	110.8
2014	109.7	104.7	111.0	109.0	104.7	110.9	111.1
2015	109.1	103.9	109.4	110.1	106.1	109.0	111.9
2016	109.0	104.1	108.5	111.1	104.1	108.6	107.5
2017	108.8	104.4	108.1	110.8	104.4	108.5	105.9
2018	108.7	103.4	109.7	108.6	103.6	109.2	112.2
2019	107.9	103.0	107.9	108.9	103.1	108.3	105.9
2020	103.8	102.2	104.0	104.0	102.4	104.0	103.9

1-11 续表 continued

本表按可比价格计算。

Data in this table are calculated at constant prices.

(上年=100) (preceding year =100)

年 份 Year	批发和零售业 Whlesale and Retail Trades	交通运输仓储和邮政业 Transport, Storage and Post	住宿和餐饮业 Hotels and Catering Services	金融业 Financial Intermediation	房地产业 Real Estate	其他 Others	人均地区生产总值(元) Per Capita GDP (yuan)
1978	128.7	128.3	128.7	122.1	128.4	129.8	110.6
1980	98.1	103.9	98.1	117.8	96.8	96.8	102.8
1985	116.7	128.5	116.7	121.9	121.5	121.5	112.9
1990	65.7	112.3	65.7	101.1	121.0	121.0	102.7
1991	139.7	92.8	139.7	107.2	113.7	113.7	106.5
1992	154.9	110.2	154.9	113.5	127.0	104.3	113.3
1993	100.8	109.0	100.8	119.0	114.9	114.5	112.2
1994	103.8	118.6	108.3	114.6	118.3	119.8	107.4
1995	111.8	121.5	108.7	106.3	115.0	115.9	105.5
1996	117.1	110.3	115.6	106.7	117.4	115.4	110.5
1997	121.1	117.3	122.0	108.1	114.6	110.7	111.1
1998	113.5	122.9	113.5	102.2	121.0	110.2	106.0
1999	116.5	117.8	114.8	102.1	108.0	107.5	106.7
2000	112.8	117.4	112.8	99.9	112.7	108.5	110.2
2001	116.5	111.0	115.6	100.1	105.2	103.4	107.8
2002	107.3	110.6	107.3	93.9	115.8	104.6	109.5
2003	111.7	108.3	107.8	88.9	107.2	112.9	112.1
2004	112.5	111.3	112.5	88.8	109.2	111.8	112.8
2005	112.6	112.3	112.7	105.6	107.8	110.7	112.1
2006	111.9	112.5	112.4	107.1	105.2	109.0	115.3
2007	111.2	112.6	113.4	109.4	108.4	112.6	112.5
2008	114.6	105.0	113.4	110.8	107.3	115.0	112.5
2009	118.5	101.1	113.1	120.1	110.0	111.1	112.3
2010	112.6	112.5	114.9	114.8	101.3	111.8	113.2
2011	111.7	106.3	112.2	110.9	100.9	115.0	111.9
2012	111.4	108.5	105.4	110.7	103.6	110.6	110.8
2013	107.1	106.6	97.0	126.2	112.6	104.2	110.1
2014	106.7	103.2	105.8	120.7	104.4	111.1	109.6
2015	106.1	102.3	108.8	122.1	106.1	111.1	108.9
2016	108.8	100.9	104.1	120.3	113.8	112.3	108.9
2017	111.5	108.6	103.2	110.2	114.3	111.3	108.5
2018	101.8	105.1	105.4	107.8	107.3	113.4	108.4
2019	105.9	105.9	102.5	110.3	107.4	111.2	107.8
2020	102.4	101.1	92.0	110.0	104.3	104.2	103.8

1-12 收入法地区生产总值
Gross Domestic Product by Income Approach

本表按当年价格计算。

Data in this table are calculated at current prices.

单位：亿元 (100 million yuan)

年 份 Year	地区生产总值 Gross Domestic Product	劳动者报酬 Compensation of Employees	固定资产折旧 Depreciation of Fixed Assets	生产税净额 Net Taxes on Production	营业盈余 Operating Surplus
1978	87.00	57.36	8.19	7.62	13.83
1980	111.15	73.40	9.06	9.05	19.64
1985	207.89	134.11	17.82	19.79	36.17
1990	428.62	265.24	33.85	42.61	86.92
1991	479.37	277.58	44.06	45.52	112.21
1992	572.55	374.80	47.83	60.15	89.77
1993	723.04	462.89	61.49	80.65	118.01
1994	948.16	613.87	97.04	106.10	131.15
1995	1169.73	718.54	123.45	100.37	227.37
1996	1409.74	898.92	140.02	120.04	250.76
1997	1605.77	1044.68	192.38	160.07	208.64
1998	1719.87	1081.83	229.54	166.88	241.62
1999	1853.65	1151.31	282.15	180.32	239.87
2000	2003.07	1218.70	351.87	210.86	221.64
2001	2175.68	1274.14	419.36	280.09	202.09
2002	2450.48	1399.72	497.42	316.47	236.87
2003	2812.70	1555.45	567.25	379.52	310.48
2004	3398.06	1900.19	672.64	467.45	357.78
2005	3941.23	1793.11	474.96	487.96	1185.21
2006	4696.80	2093.99	564.63	615.18	1423.00
2007	5777.62	2529.06	680.75	779.18	1788.63
2008	6934.20	2990.43	1153.58	1293.44	1496.75
2009	7629.98	3107.82	1359.86	1483.90	1678.41
2010	9383.16	4228.02	1174.92	1605.18	2375.03
2011	11584.52	5091.98	1591.00	1945.58	2955.95
2012	12807.69	5468.72	1965.06	2091.73	3282.18
2013	14300.17	6211.10	1927.85	2240.86	3920.36
2014	15667.78	6337.37	2239.00	2572.53	4518.88
2015	16780.89	7024.99	2304.17	2744.90	4706.83
2016	18388.59	7764.49	2481.54	2828.22	5314.34
2017	20210.78	8499.61	2734.24	3219.24	5757.69
2018	22716.51	9377.86	3307.93	3584.24	6446.48
2019	24667.29	10814.92	3664.00	3670.00	6518.37
2020	25691.50	11263.96	3816.14	3822.39	6789.02

1-13 支出法地区生产总值
Gross Domestic Product by Expenditure Approach

本表按当年价格计算。

Data in this table are calculated at current prices.

单位：亿元 (100 million yuan)

年份 Year	支出法地区生产总值 Gross Domestic Product by Expenditure Approach	最终消费支出 Final Consumption Expenditures	居民消费支出 Household Consumption Expenditures	农村居民 Rural Household	城镇居民 Urban Household	政府消费支出 Government Consumption Expenditures	资本形成总额 Gross Capital Formation	固定资本形成总额 Gross Fixed Capital Formation	存货增加 Change in Inventories	货物和服务净出口 Net Exports of Goods and Services
1978	87.00	56.88					34.52	29.71	4.81	-4.40
1980	111.15	81.02	68.45	49.22	19.23	12.57	36.34	31.28	5.06	-6.21
1985	207.89	151.31	126.30	90.76	35.54	25.01	68.83	52.05	16.78	-12.25
1990	428.62	310.12	250.02	172.83	77.19	60.10	126.99	78.87	48.12	-8.88
1991	479.37	341.79	270.89	185.27	85.62	70.90	147.60	86.56	61.04	-10.02
1992	572.55	381.98	299.37	196.36	103.01	82.61	219.50	136.93	82.57	-28.93
1993	723.04	460.22	349.29	222.92	126.37	110.93	298.34	222.47	75.87	-35.52
1994	944.75	597.07	471.91	291.17	180.74	125.16	368.62	282.84	85.78	-20.94
1995	1177.26	769.98	629.78	401.86	227.92	140.20	425.44	325.55	99.89	-18.16
1996	1413.70	919.59	758.36	495.80	262.56	161.23	507.63	395.85	111.78	-13.52
1997	1596.56	989.60	796.77	504.29	292.48	192.83	617.03	477.30	139.73	-10.07
1998	1719.01	1053.66	823.03	516.98	306.05	230.63	672.85	520.82	152.03	-7.50
1999	1831.25	1122.56	865.87	532.56	333.31	256.69	715.49	552.67	162.82	-6.80
2000	1982.17	1269.58	989.20	574.63	414.57	280.38	718.29	605.54	112.75	-5.70
2001	2161.75	1357.47	1041.96	578.29	463.67	315.51	800.83	696.70	104.13	3.45
2002	2460.49	1459.65	1114.58	602.72	511.86	345.07	999.28	931.80	67.48	1.56
2003	2815.35	1525.90	1171.27	628.50	542.77	354.63	1321.68	1269.92	51.76	-32.23
2004	3398.06	1780.41	1398.96	727.58	671.38	381.45	1670.97	1608.93	62.04	-53.32
2005	3941.23	2045.59	1587.00	789.38	797.62	458.59	1931.90	1874.03	57.87	-36.26
2006	4696.80	2303.41	1752.49	867.16	885.33	550.92	2444.90	2374.39	70.51	-51.51
2007	5777.62	2770.53	2031.05	968.98	1062.07	739.48	3066.78	2988.76	78.01	-59.69
2008	6934.20	3243.69	2495.33	797.99	1697.34	748.36	3759.11	3675.23	83.89	-68.60
2009	7629.98	3511.91	2725.59	869.72	1855.87	786.33	4171.60	4091.60	80.00	-53.54
2010	9383.16	4432.08	3501.02	1083.87	2417.15	931.06	4845.53	4742.27	103.27	105.54
2011	11584.52	5492.92	4182.23	1401.26	2780.97	1310.69	5969.38	5774.59	194.79	122.22
2012	12807.69	6205.68	4666.10	1498.80	3167.30	1539.58	6485.56	6288.79	196.77	116.45
2013	14300.17	6977.15	5340.70	1700.87	3639.84	1636.44	7249.68	6893.54	356.14	73.34
2014	15667.78	7731.14	5954.94	1915.29	4039.64	1776.20	7950.24	7319.54	630.70	-13.60
2015	16780.89	8390.44	6578.11	2088.12	4489.99	1812.33	8412.41	7820.64	591.77	-21.96
2016	18388.59	9311.32	7284.86	2409.35	4875.51	2026.46	9253.63	8999.49	254.14	-176.36
2017	20210.78	10327.70	8047.13	2579.33	5467.80	2280.57	10127.60	9837.94	289.66	-244.52
2018	22716.51	11689.83	9242.37	2985.61	6256.76	2447.46	11421.12	11092.93	328.19	-394.44
2019	24667.28	12777.68	10436.01	3297.68	7138.33	2341.67	12259.64	11877.96	381.68	-370.04
2020	25691.50	13333.89	10886.84	3440.23	7446.61	2447.05	12820.06	12329.17	490.89	-462.45

注：支出法生产总值不等于前表生产总值是由于计算误差的影响。

a) The gross domestic product by expenditure approach is not equal to gross domestic product on table 1-12 due to statistical discrepancies.

1-14 支出法地区生产总值结构
Components of Gross Domestic Product by Expenditure Approach

本表按当年价格计算。

Data in this table are calculated at current prices.

单位：% (%)

年份 Year	最终消费率（消费率） Final Consumption Rate	资本形成率（投资率） Capital Formation Rate	最终消费支出=100 Final Consumption Expenditures=100		资本形成总额=100 Gross Capital Formation=100		居民消费支出=100 Household Consumption Expenditures=100	
			居民消费支出 Household Consumption Expenditures	政府消费支出 Government Consumption Expenditures	固定资本形成总额 Gross Fixed Capital Formation	存货增加 Change in Inventories	农村居民 Rural Household	城镇居民 Urban Household
1978	65.38	39.68			86.1	13.9		
1980	72.89	32.69	84.5	15.5	86.1	13.9	71.9	28.1
1985	72.78	33.11	83.5	16.5	75.6	24.4	71.9	28.1
1990	72.35	29.63	80.6	19.4	62.1	37.9	69.1	30.9
1991	71.30	30.79	79.3	20.7	58.6	41.4	68.4	31.6
1992	66.72	38.34	78.4	21.6	62.4	37.6	65.6	34.4
1993	63.65	41.26	75.9	24.1	74.6	25.4	63.8	36.2
1994	63.20	39.02	79.0	21.0	76.7	23.3	61.7	38.3
1995	65.40	36.14	81.8	18.2	76.5	23.5	63.8	36.2
1996	65.05	35.91	82.5	17.5	78.0	22.0	65.4	34.6
1997	61.98	38.65	80.5	19.5	77.4	22.6	63.3	36.7
1998	61.29	39.14	78.1	21.9	77.4	22.6	62.8	37.2
1999	61.30	39.07	77.1	22.9	77.2	22.8	61.5	38.5
2000	64.05	36.24	77.9	22.1	84.3	15.7	58.1	41.9
2001	62.79	37.05	76.8	23.2	87.0	13.0	55.5	44.5
2002	59.32	40.61	76.4	23.6	93.2	6.8	54.1	45.9
2003	54.20	46.95	76.8	23.2	96.1	3.9	53.7	46.3
2004	52.39	49.17	78.6	21.4	96.3	3.7	52.0	48.0
2005	51.90	49.02	77.6	22.4	97.0	3.0	49.7	50.3
2006	49.04	52.05	76.1	23.9	97.1	2.9	49.5	50.5
2007	47.95	53.08	73.3	26.7	97.5	2.5	47.7	52.3
2008	46.78	54.21	76.9	23.1	97.8	2.2	32.0	68.0
2009	46.03	54.67	77.6	22.4	98.1	1.9	31.9	68.1
2010	47.23	51.64	79.0	21.0	97.9	2.1	31.0	69.0
2011	47.42	51.53	76.1	23.9	96.7	3.3	33.5	66.5
2012	48.45	50.64	75.2	24.8	97.0	3.0	32.1	67.9
2013	48.79	50.70	76.5	23.5	95.1	4.9	31.8	68.2
2014	49.34	50.74	77.0	23.0	92.1	7.9	32.2	67.8
2015	50.00	50.13	78.4	21.6	93.0	7.0	31.7	68.3
2016	50.64	50.32	78.2	21.8	97.3	2.7	33.1	66.9
2017	51.10	50.11	77.9	22.1	97.1	2.9	32.1	67.9
2018	51.46	50.28	79.1	20.9	97.1	2.9	32.3	67.7
2019	51.80	49.70	81.7	18.3	96.9	3.1	31.6	68.4
2020	51.90	49.90	81.6	18.4	96.2	3.8	31.9	68.1

1-15 支出法地区生产总值指数
Indices of Gross Domestic Product by Expenditure Approach

本表按可比价格计算.
Data in this table are calculated at constant prices.

(1980=100) (year of 1980=100)

年 份 Year	支出法地区生产总值 Gross Domestic Product by Expenditure Approach	最终消费支出 Final Consumption Expenditures	居民消费支出 Household Consumption Expenditures	农村居民 Rural Household	城镇居民 Urban Household	政府消费支出 Government Consumption Expenditures	资本形成总额 Gross Capital Formation	固定资本形成总额 Gross Fixed Capital Formation	存货增加 Change in Inventories
1980	100.0	100.0	100.0	100.0	100.0	100.0	100.0	100.0	100.0
1981	105.6	106.4	107.1	102.6	118.6	104.3	87.8	80.0	105.2
1982	115.4	122.8	121.9	121.8	122.2	129.2	113.0	105.2	145.7
1983	123.2	130.0	129.5	131.3	124.9	133.9	125.1	128.0	77.7
1984	142.2	146.6	141.5	143.5	136.6	180.0	149.0	140.9	163.0
1985	163.2	159.1	154.1	154.0	154.4	192.8	198.5	161.9	315.2
1986	174.1	168.3	158.6	156.0	165.5	233.9	216.4	212.4	204.6
1987	188.6	176.4	166.7	161.1	182.2	240.7	221.2	182.0	324.1
1988	210.1	187.5	177.5	166.4	208.4	252.7	291.8	145.6	815.8
1989	222.9	205.7	181.6	172.4	195.9	362.4	397.7	211.3	904.7
1990	232.9	219.5	193.9	184.8	207.5	385.6	371.8	205.8	811.5
1991	253.6	234.9	205.3	194.8	222.0	430.7	414.6	212.2	1018.4
1992	291.1	257.5	221.9	207.3	248.6	498.3	589.1	313.8	1367.7
1993	331.0	282.0	238.1	220.1	273.0	588.0	705.7	453.8	1131.1
1994	358.8	298.1	255.2	233.3	300.0	588.6	767.1	516.4	1079.1
1995	386.8	318.4	275.6	252.0	324.3	601.0	825.4	568.0	1081.3
1996	430.1	360.7	312.8	293.3	348.6	676.7	884.0	607.2	1164.6
1997	480.4	389.2	330.0	304.4	381.0	793.8	1035.2	700.7	1431.3
1998	516.9	412.6	338.9	310.5	397.0	935.1	1129.4	756.8	1610.2
1999	554.7	441.1	357.2	324.5	426.0	1042.6	1217.5	814.3	1742.2
2000	599.6	498.4	408.3	360.5	514.2	1137.5	1226.0	903.1	1210.8
2001	654.8	534.8	432.0	365.5	575.4	1280.8	1368.2	1040.4	1120.0
2002	726.8	566.9	455.3	375.4	626.0	1385.8	1637.7	1333.8	698.9
2003	821.3	592.4	478.5	389.3	641.7	1420.4	2088.1	1751.3	520.7
2004	929.7	645.7	530.7	424.7	724.5	1458.8	2516.2	2122.6	547.3
2005	1051.5	703.8	585.3	458.3	819.4	1518.6	2928.8	2487.7	507.3
2006	1181.9	777.7	635.7	492.7	898.9	1775.2	3359.3	2855.8	561.6
2007	1337.9	871.1	693.5	523.7	1005.8	2151.5	3839.7	3272.8	595.8
2008	1515.8	971.2	801.7	450.9	1437.3	2142.9	4400.3	3753.9	667.9
2009	1714.4	1080.0	906.7	500.0	1642.9	2247.9	5042.8	4305.7	748.8
2010	1954.4	1212.9	1021.9	565.0	1848.2	2495.2	5753.8	4917.1	826.6
2011	2196.8	1365.7	1149.6	619.3	2103.3	2819.6	6467.3	5531.8	899.4
2012	2438.4	1517.3	1276.0	692.4	2326.2	3146.7	7178.7	6134.7	1022.6
2013	2684.7	1672.0	1408.7	764.4	2568.2	3451.9	7903.7	6760.5	1092.1
2014	2945.1	1839.2	1558.1	843.1	2845.5	3717.7	8670.4	7382.4	1458.0
2015	3213.1	2012.1	1707.6	924.0	3118.7	4044.8	9450.7	8076.4	1369.1
2016	3502.3	2195.2	1869.9	1014.6	3411.9	4348.2	10329.7	9239.4	580.5
2017	3810.5	2390.6	2036.3	1105.9	3715.5	4730.8	11228.3	10052.4	606.6
2018	4142.0	2603.3	2217.5	1203.2	4046.2	5142.4	12205.2	10927.0	657.6
2019	4470.3	2814.6	2400.8	607.0	9395.8	5531.0	13168.0	11785.4	717.3
2020	4642.0	2925.4	2496.7	630.7	9775.2	5736.4	13671.4	12207.2	809.1

1-16 支出法地区生产总值指数

Indices of Gross Domestic Product by Expenditure Approach

本表按可比价格计算.

Data in this table are calculated at constant prices.

(上年=100) (preceding year=100)

年份 Year	支出法地区生产总值 Gross Domestic Product by Expenditure Approach	最终消费支出 Final Consumption Expenditures	居民消费支出 Household Consumption Expenditures	农村居民 Rural Household	城镇居民 Urban Household	政府消费支出 Government Consumption Expenditures	资本形成总额 Gross Capital Formation	固定资本形成总额 Gross Fixed Capital Formation	存货增加 Change in Inventories
1980	104.2	100.2	99.8	97.9	105.3	100.3	93.7	99.3	57.5
1985	114.8	108.5	108.9	107.3	113.0	107.1	133.2	114.9	193.4
1990	104.5	106.7	106.8	107.2	105.9	106.4	93.5	97.4	89.7
1991	108.9	107.0	105.9	105.4	107.0	111.7	111.5	103.1	125.5
1992	114.8	109.6	108.1	106.4	112.0	115.7	142.1	147.9	134.3
1993	113.7	109.5	107.3	106.2	109.8	118.0	119.8	144.6	82.7
1994	108.4	105.7	107.2	106.0	109.9	100.1	108.7	113.8	95.4
1995	107.8	106.8	108.0	108.0	108.1	102.1	107.6	110.0	100.2
1996	111.2	113.3	113.5	116.4	107.5	112.6	107.1	106.9	107.7
1997	111.7	107.9	105.5	103.8	109.3	117.3	117.1	115.4	122.9
1998	107.6	106.0	102.7	102.0	104.2	117.8	109.1	108.0	112.5
1999	107.3	106.9	105.4	104.5	107.3	111.5	107.8	107.6	108.2
2000	108.1	113.0	114.3	111.1	120.7	109.1	100.7	110.9	69.5
2001	109.2	107.3	105.8	101.4	111.9	112.6	111.6	115.2	92.5
2002	111.0	106.0	105.4	102.7	108.8	108.2	119.7	128.2	62.4
2003	113.0	104.5	105.1	103.7	106.9	102.5	127.5	131.3	74.5
2004	113.2	109.0	110.9	109.1	112.9	102.7	120.5	121.2	105.1
2005	113.1	109.0	110.3	107.9	113.1	104.1	116.4	117.2	92.7
2006	112.4	110.5	108.6	107.5	109.7	116.9	114.7	114.8	110.7
2007	113.2	112.0	109.1	106.3	111.9	121.2	114.3	114.6	106.1
2008	113.3	111.5	115.6	86.1	142.9	99.6	114.6	114.7	112.1
2009	113.1	111.2	113.1	110.9	114.3	104.9	114.6	114.7	112.1
2010	114.0	112.3	112.7	113.0	112.5	111.0	114.1	114.2	110.4
2011	112.4	112.6	112.5	109.6	113.8	113.0	112.4	112.5	108.8
2012	111.0	111.1	111.0	111.8	110.6	111.6	111.0	110.9	113.7
2013	110.1	110.2	110.4	110.4	110.4	109.7	110.1	110.2	106.8
2014	109.7	110.0	110.6	110.3	110.8	107.7	109.7	109.2	133.5
2015	109.1	109.4	109.6	109.6	109.6	108.8	109.0	109.4	93.9
2016	109.0	109.1	109.5	109.8	109.4	107.5	109.3	114.4	42.4
2017	108.8	108.9	108.9	109.0	108.9	108.8	108.7	108.8	104.5
2018	108.7	108.9	108.9	108.8	108.9	108.7	108.7	108.7	108.4
2019	107.9	108.1	108.3	108.1	108.3	107.6	107.9	107.9	109.1
2020	103.8	103.9	104.0	103.9	104.0	103.7	103.8	103.6	112.8

1-17 各设区市地区生产总值(2020年)

本表按当年价格计算。
Data in this table are calculated at current prices.
单位：亿元

地 区 Region		地区生产总值 Gross Domestic Product	第一产业 Primary Industry	第二产业 Secondary Industry	第三产业 Tertiary Industry	农林牧渔业 Agriculture, Forestry, Animal Husbandry and Fishery	工 业 Industry
南 昌 市	Nanchang	5745.51	235.28	2676.89	2833.35	241.76	1881.81
景德镇市	Jingdezhen	957.14	68.07	412.84	476.23	70.63	367.55
萍 乡 市	Pingxiang	963.60	76.26	420.31	467.04	77.60	358.84
九 江 市	Jiujiang	3240.50	228.56	1534.10	1477.84	241.34	1358.96
新 余 市	Xinyu	1001.33	68.97	460.01	472.35	74.15	380.28
鹰 潭 市	Yingtan	982.66	73.44	502.63	406.58	75.44	438.68
赣 州 市	Ganzhou	3645.20	414.64	1389.19	1841.37	425.86	1145.34
吉 安 市	Ji'an	2168.83	235.41	960.40	973.02	252.17	818.00
宜 春 市	Yichun	2789.87	323.38	1137.59	1328.90	332.83	994.20
抚 州 市	Fuzhou	1572.51	221.38	588.85	762.28	229.53	415.31
上 饶 市	Shangrao	2624.34	296.20	1002.02	1326.13	306.40	793.75

1-18 设区市地区生产总值指数(2020年)

本表按可比价格计算。
Data in this table are calculated at constant prices.
(上年=100)

地 区 Region		地区生产总值 Gross Domestic Product	第一产业 Primary Industry	第二产业 Secondary Industry	第三产业 Tertiary Industry	农林牧渔业 Agriculture, Forestry, Animal Husbandry and Fishery	工 业 Industry
南 昌 市	Nanchang	103.6	102.2	103.8	103.4	102.3	104.0
景德镇市	Jingdezhen	103.7	101.9	103.5	104.3	102.0	103.4
萍 乡 市	Pingxiang	103.6	102.0	104.1	103.4	102.0	104.0
九 江 市	Jiujiang	103.8	102.0	103.6	104.3	102.1	103.5
新 余 市	Xinyu	103.5	102.3	103.8	103.3	102.5	104.1
鹰 潭 市	Yingtan	104.0	102.4	104.3	103.9	102.5	104.2
赣 州 市	Ganzhou	104.2	102.6	104.2	104.6	102.6	104.1
吉 安 市	Ji'an	104.0	102.3	104.5	103.8	102.5	104.4
宜 春 市	Yichun	103.7	102.1	104.1	103.6	102.2	104.1
抚 州 市	Fuzhou	103.7	102.3	104.2	103.7	102.4	104.0
上 饶 市	Shangrao	104.1	102.1	104.3	104.4	102.1	104.4

Gross Domestic Product by Region (2020)

(100 million yuan)

建筑业 Construction	批发和零售业 Whlesale and Retail Trades	交通运输仓储和邮政业 Transport, Storage and Post	住宿和餐饮业 Hotels and Catering Services	金融业 Financial Intermediation	房地产业 Real Estate	其他 Others	人均地区生产总值(元) Per Capita GDP (yuan)
796.32	445.47	206.00	48.40	624.22	504.27	997.25	92697
45.80	102.95	36.14	21.80	53.49	66.71	192.08	59134
61.52	89.03	25.57	15.53	47.71	59.25	228.56	53302
176.93	362.61	123.24	54.33	140.90	199.87	582.33	70341
80.08	134.86	33.38	13.84	50.33	39.69	194.72	83505
64.10	76.76	37.75	14.61	39.67	59.61	176.05	85263
244.55	280.59	153.00	94.68	279.40	296.64	725.14	40754
142.63	137.95	93.24	36.84	140.09	147.42	400.50	48307
143.97	204.29	206.51	41.31	166.96	191.23	508.57	55452
173.77	116.57	82.69	24.49	108.31	132.39	289.45	43305
209.46	225.16	107.38	63.30	157.56	228.02	533.31	40391

Indices of Gross Domestic Product by Region (2020)

(preceding year =100)

建筑业 Construction	批发和零售业 Whlesale and Retail Trades	交通运输仓储和邮政业 Transport, Storage and Post	住宿和餐饮业 Hotels and Catering Services	金融业 Financial Intermediation	房地产业 Real Estate	其他 Others	人均地区生产总值(元) Per Capita GDP (yuan)
103.0	103.8	96.2	92.0	106.4	105.3	103.1	101.6
103.8	103.4	100.9	92.5	107.1	107.4	104.4	103.7
104.8	103.9	97.1	92.5	104.2	102.2	104.5	104.0
104.8	103.5	100.4	93.4	105.6	106.4	105.3	104.1
102.0	104.3	115.7	92.4	104.3	94.1	101.0	102.9
104.6	104.2	97.4	92.8	110.0	109.6	103.6	103.7
104.9	104.3	106.0	92.9	105.7	106.4	105.0	103.6
104.9	104.0	103.7	92.3	105.2	106.2	103.7	105.0
104.8	104.2	104.6	93.0	104.8	104.9	103.3	104.7
104.9	104.0	103.4	92.5	108.3	108.0	101.7	104.6
103.8	103.5	101.4	92.4	106.6	107.2	105.1	104.3

1-19 各县(市、区)地区生产总值(2020年)
Gross Domestic Product by County (County-level City) (2020)

地 区	Region	绝对值(万元) Value (10000 yuan) 地区生产总值 Gross Domestic Product	第一产业 Primary Industry	第二产业 Secondary Industry	第三产业 Tertiary Industry	比上年增长(%) Rate of Increase over Preceding Year (%) 地区生产总值 Gross Domestic Product	第一产业 Primary Industry	第二产业 Secondary Industry	第三产业 Tertiary Industry
东湖区	Donghu	4075331	6534	322308	3746489	2.5	-5.5	-8.8	3.5
西湖区	Xihu	5924223		1153659	4770564	0.1	-	-3.7	1.1
青云谱区	Qingyunpu	3398189		2302535	1095654	4.0	-	4.5	2.6
青山湖区	Qingshanhu	5370602	2924	3590780	1776898	3.1	0.3	2.6	4.5
新建区	Xinjian	4472792	713988	1822189	1936615	2.3	2.4	3.1	1.1
红谷滩区	Honhgutan	6650956	15531	652723	5982702	5.0	-6.7	6.5	4.9
南昌县	Nanchang	10480235	709012	5592969	4178254	4.7	2.6	4.4	5.7
安义县	Anyi	1092728	149024	425077	518627	3.6	2.7	5.2	2.0
进贤县	Jinxian	2901331	703513	1203330	994488	2.5	2.4	0.7	5.0
昌江区	Changjiang	2367502	59788	1333561	974153	3.6	1.3	3.3	4.3
珠山区	Zhujiang	2252581	8383	459817	1784381	3.8	-0.1	2.7	4.1
浮梁县	Fuliang	1418716	204528	702302	511886	3.9	2.6	3.8	4.7
乐平市	Leping	3532565	407976	1632681	1491908	3.6	1.7	3.5	4.3
安源区	Anyuan	2283509	56962	622898	1603649	3.4	1.4	2.4	3.9
湘东区	Xiangdong	1277248	174726	472336	630186	4.2	1.9	5.7	3.6
莲花县	Lianhua	639563	110202	191472	337889	3.8	2.1	4.5	3.8
上栗县	Shangli	1685243	187317	840879	657047	3.6	2.4	4.0	3.6
芦溪县	Luxi	1153901	226561	461778	465562	4.0	2.3	4.6	4.0
濂溪区	Lianxi	2955975	59478	1286015	1610482	3.7	2.0	3.9	3.5
浔阳区	Xunyang	3500745	975	518113	2981657	3.3	-20.0	3.5	3.2
柴桑区	Chaishang	1775305	204650	790623	780032	4.7	1.8	4.6	5.3
武宁县	Wuning	1750933	222615	741221	787097	3.2	1.6	2.3	4.6
修水县	Xiushui	2570132	295152	1013045	1261935	4.1	2.2	3.0	5.6
永修县	Yongxiu	2506236	263630	1334362	908244	4.5	1.8	4.4	5.2
德安县	De'an	1496411	102813	909560	484038	4.5	2.3	4.1	5.6
都昌县	Duchang	2157941	315077	832017	1010847	3.1	2.1	3.1	3.4
湖口县	Hukou	2453643	160813	1645068	647762	4.3	1.8	4.9	3.3
彭泽县	Pengze	1743111	262089	832019	649003	4.1	2.0	4.1	4.6
瑞昌市	Ruichang	2671546	211473	1530375	929698	4.4	2.1	4.4	4.8
共青城市	Gongqingcheng	1714702	79037	884626	751039	4.8	2.1	3.9	6.6
庐山市	Lushan	1450291	102298	517804	830189	3.6	2.4	2.0	5.0
渝水区	Yushui	8132073	468184	3934335	3729554	3.1	2.2	3.4	2.9
分宜县	Fenyi	1881196	221526	665755	993915	5.0	2.3	6.2	4.9
月湖区	Yuehu	3120367	108902	1244354	1767111	3.5	1.7	3.7	3.4
余江区	Yujiang	1644507	231054	774524	638929	5.0	2.6	5.2	5.6
贵溪市	Guixi	5061692	394451	3007445	1659796	4.1	2.4	4.3	3.9
章贡区	Zhanggong	5219378	39071	1794180	3386127	4.6	2.3	3.3	5.4
南康区	Nankang	3546026	257676	1486708	1801642	4.7	2.3	5.3	4.5
赣县区	Ganxian	2022757	240502	622103	1160152	4.4	2.7	3.1	5.7
信丰县	Xinfeng	2449389	418438	884540	1146411	4.2	2.7	2.8	6.0
大余县	Dayu	1109422	142592	456567	510263	3.5	2.5	5.0	2.2
上犹县	Shangyou	924725	152148	339596	432981	3.7	2.5	3.0	4.8
崇义县	Chongyi	891504	111462	350111	429931	3.8	2.7	4.9	2.9
安远县	Anyuan	921154	216887	228333	475934	3.4	2.4	5.2	2.8
定南县	Dingnan	870712	126622	288381	455709	4.1	2.4	2.4	6.0
全南县	Quannan	869619	158024	336659	374936	4.1	2.4	6.0	2.3
宁都县	Ningdu	2193073	454490	590603	1147980	3.9	3.0	2.2	5.2
于都县	Yudu	2794263	322152	1066091	1406020	4.3	2.6	2.9	6.0
兴国县	Xingguo	2011076	348684	614071	1048321	3.4	2.6	2.8	4.1
会昌县	Huichang	1343492	257978	471507	614007	3.3	2.3	3.3	3.6
寻乌县	Xunwu	1026817	244521	308428	473868	3.7	2.6	2.8	4.9
石城县	Shicheng	844201	181297	237700	425204	3.5	2.4	2.3	4.8
瑞金市	Ruijin	1746884	274303	628603	843978	3.7	2.7	3.2	4.3
龙南市	Longnan	1715248	155774	872662	686812	4.5	2.3	3.3	6.9

1-19 续表 continued

地 区	Region	绝对值(万元) Value (10000 yuan) 地区生产总值 Gross Domestic Product	第一产业 Primary Industry	第二产业 Secondary Industry	第三产业 Tertiary Industry	比上年增长(%) Rate of Increase over Preceding Year(%) 地区生产总值 Gross Domestic Product	第一产业 Primary Industry	第二产业 Secondary Industry	第三产业 Tertiary Industry
吉州区	Jizhou	2385504	94563	824408	1466533	4.9	2.1	5.4	4.8
青原区	Qingyuan	1255046	85782	605134	564130	2.7	2.4	2.4	3.1
吉安县	Ji'an	2089807	297522	1133854	658431	4.4	2.3	5.5	3.1
吉水县	Jishui	1810985	262320	670179	878486	3.8	2.8	4.5	3.3
峡江县	Xiajiang	777848	121316	291169	365363	4.1	2.3	4.9	4.0
新干县	Xingan	1746576	210343	816350	719883	4.2	1.9	5.2	3.7
永丰县	Yongfeng	1909040	231776	832918	844346	4.7	2.4	4.9	5.2
泰和县	Taihe	2023699	279582	934397	809720	3.9	2.0	4.9	3.1
遂川县	Suichuan	1711309	158741	722106	830462	4.1	2.6	4.5	4.1
万安县	Wan'an	930911	135961	319566	475384	4.3	2.7	4.7	4.5
安福县	Anfu	1636890	214683	715141	707066	4.6	2.4	5.0	5.0
永新县	Yongxin	1151307	177841	288915	684551	4.1	2.2	4.8	4.3
井冈山市	Jinggangshan	754733	83711	122341	548681	3.9	2.6	4.9	3.8
袁州区	Yuanzhou	4568093	419739	1538805	2609549	4.0	2.2	5.5	3.1
奉新县	Fengxin	1919721	226715	858350	834656	4.0	2.3	3.7	4.9
万载县	Wanzai	2090137	212117	950937	927083	3.3	2.3	3.1	3.9
上高县	Shanggao	2251701	271985	1018836	960880	2.8	1.6	2.9	3.0
宜丰县	Yifeng	1545490	241195	690060	614235	4.0	2.7	4.9	3.0
靖安县	Jing'an	670439	83006	246849	340584	4.0	2.8	4.1	4.3
铜鼓县	Tonggu	569053	79763	194265	295025	2.2	2.6	2.6	1.8
丰城市	Fengcheng	5352211	785631	2363209	2203371	3.3	2.3	3.5	3.4
樟树市	Zhangshu	4247369	448776	1866288	1932305	4.1	2.5	4.3	4.0
高安市	Gaoan	4684480	464873	1648287	2571320	4.3	1.2	5.1	4.1
临川区	Linchuan	4861386	490692	2207779	2162915	3.6	2.3	5.0	2.1
东乡区	Dongxiang	1859413	264988	788958	805467	4.0	2.2	4.6	3.7
南城县	Nancheng	1529678	189767	548180	791731	3.9	2.7	2.4	5.5
黎川县	Nanfeng	854510	119487	287399	447624	3.7	2.3	4.1	3.8
南丰县	Nanfeng	1423884	336160	343813	743911	3.4	2.1	1.4	4.9
崇仁县	Chongren	1345334	290615	438095	616624	4.2	2.6	3.4	5.4
乐安县	Le'an	760230	114802	224145	421283	3.5	2.5	6.8	1.9
宜黄县	Yihuang	859145	102313	349326	407506	4.1	2.5	4.0	4.5
金溪县	Jinxi	958877	140650	306742	511485	3.9	2.0	2.0	5.6
资溪县	Zixi	449699	43968	121265	284466	3.8	2.3	4.5	3.8
广昌县	Guangchang	822929	120383	272757	429789	3.6	2.4	5.4	2.4
信州区	Xinzhou	3422597	87475	782090	2553032	4.0	1.8	3.1	4.3
广丰区	Guangfeng	4518903	266902	2275648	1976353	4.0	2.3	2.7	6.0
广信区	Guangxin	2898554	225636	1479837	1193081	4.5	1.9	4.8	4.7
玉山县	Yushan	2258661	199440	949713	1109509	4.6	2.3	5.5	4.2
铅山县	Yanshan	1604138	197555	613514	793070	4.2	2.1	5.3	3.7
横峰县	Hengfeng	864442	71221	449554	343668	3.7	2.0	2.6	5.7
弋阳县	Yiyang	1280483	247760	367570	665153	3.8	2.0	5.8	3.1
余干县	Yugan	2082216	470668	604519	1007029	4.0	2.0	3.5	5.5
鄱阳县	Poyang	2558051	669670	755956	1132425	4.4	2.0	5.4	5.1
万年县	Wannian	1742598	205814	846750	690033	4.4	2.3	5.1	4.0
婺源县	Wuyaun	1353222	112569	314364	926290	3.5	2.2	8.6	1.7
德兴市	Dexing	1659581	207239	580715	871628	3.5	2.1	4.3	3.2

主要统计指标解释

生产总值 指按市场价格计算的一个国家（或地区）所有常住单位在一定时期内生产活动的最终成果。地区生产总值有三种表现形态，价值形态、收入形态和产品形态。从价值形态看，它是所有常住单位在一定时期内所生产的全部货物和服务价值超过同期投入的全部非固定资产货物和服务价值的差额，即所有常住单位的增加值之和；从产品形态看，它是最终使用的货物和服务减去进口货物和服务。在实际核算中，国内（或地区）生产总值的有三种计算方法，即生产法，收入法和支出法。三种方法分别从不同的方面反映国内（或地区）生产总值及其构成。

地区收入总值 即国民生产总值，指一个国家（或地区）所有常住单位在一定时期内收入初次分配的最终成果，它等于地区生产总值加上来自国外的劳动者报酬和财产收入减去支付给国外的劳动者报酬和财产收入，与地区生产总值不同，地区生产总值是一个生产概念，而地区收入总值是一个收入概念。

支出法地区生产总值 是从最终使用的角度反映一个国家（或地区）一定时期内生产活动最终成果的一种方法，包括最终消费支出、资本形成总额及货物和服务净出口三部分。计算公式为：

支出法地区生产总值=最终消费支出+资本形成总额+货物和服务净出口

最终消费支出 指常住单位为满足物质、文化和精神生活的需要，从本国经济领土和国外购买的货物和服务的支出。它不包括非常住单位在本国经济领土内的消费支出。最终消费支出分为居民消费支出和政府消费支出。

居民消费支出 指常住住户在一定时期内对于货物和服务的全部最终消费支出。居民消费支出除了直接以货币形式购买的货物和服务的消费支出外，还包括以其他方式获得的货物和服务的消费支出，即所谓的虚拟消费支出。居民虚拟消费支出包括如下几种类型：单位以实物报酬及实物转移的形式提供给劳动者的货物和服务；住户生产并由本住户消费了的货物和服务，其中的服务仅指住户的自有住房服务；金融机构提供的金融媒介服务；保险公司提供的保险服务。

政府消费支出 指政府部门为全社会提供的公共服务的消费支出和免费或以较低的价格向居民住户提供的货物和服务的净支出，前者等于政府服务的产出价值减去政府单位所获得的经营收入的价值；后者等于政府部门免费或以较低价格向居民住户提供的货物和服务的市场价值减去向居民住户收取的价值。

资本形成总额 指常住单位在一定时期内获得减去处置的固定资本和存货的净额，包括固定资本形成总额和存货增加两部分。

固定资本形成总额 指常住单位在一定时期内获得的固定资产减处置的固定资产的价值总额。固定资产是通过生产活动生产出来的，且其使用年限在一年以上，单位价值在规定标准以上的资产，不包括自然资产。可分为有形固定资本形成总额和无形固定资本形成总额。有形固定资本形成总额包括一定时期内完成的建筑工程、安装工程和设备器具购置（减处置）价值，以及土地改良、新增役、种、奶、毛、娱乐用牲畜和新增经济林木价值。无形固定资本形成总额包括矿藏的勘探、计算机软件等获得减处置。

存货增加 指常住单位在一定时期内存货实物量变动的市场价值，即期末价值减期初价值的差额，再扣除当期由于价格变动而产生的持有收益。存货增加可以是正值，也可以是负值，正值表示存货上升，负值表示存货下降。包括生产单位购进的原材料、燃料和储备物资等存货，以及生产单位生产的产成品、在制品和半产品等存货。

货物和服务净出口 指货物和服务出口减货物和服务进口的差额。出口包括常住单位向非常住单位出售或无偿转让的各种货物和服务的价值；进口包括常住单位从非常住单位购买或无偿得到的各种货物和服务的价值。由于服务活动的提供与使用同时发生，一般把常住单位从非常住单位得到的服务作为进口，非常住单位从常住单位得到的服务作为出口。货物的出口和进口都按离岸价格计算。

三次产业 三产业的划分是世界上较为常用的产业结构分类，但各国的划分不尽一致。我国的三次产业划分是：

第一产业是指农业、林业、畜牧业、渔业和农林牧渔服务业。

第二产业是指采矿业、制造业、电力、煤气及水的生产和供应业，建筑业。

第三产业是指除第一、二产业以外的其他行业。

固定资产折旧 指一定时期内为弥补固定资产损耗按照规定的固定资产折旧率提取的固定资产折旧，或按国民经济核算统一规定的折旧率虚拟计算的固定资产折旧。它反映了固定资产在当期生产中的转移价值。各类企业和企业化管理的事业单位的固定资产折旧是指实际计提的折旧费。不计提折旧的政府机关、非企业化管理的事业单位和居民住房是按照统一规定的折旧率和固定资产原值计算的虚拟折旧。原则上，固定资产折旧应按固定资产当期的重置价值计算，但是目前我国尚不具备对全社会固定资产进行重估价的基础，所以暂时只能采用上述办法。

劳动者报酬 指劳动者因从事生产活动而获得的全部报酬。包括劳动者获得的各种形式的工资、奖金和津贴，既包括货币形式的，也包括实物形式的，还包括劳动者所享受的公费医疗和医药卫生费、上下班交通补贴、单位支付的社会保险费、住房公积金等。对于个体经济来说，其所有者所获得的劳动报酬和经营利润不易区分，这两部分统一作为劳动者报酬处理。

生产税净额 指生产税减生产补贴后的余额，生产税是指政府对生产单位从事生产、销售和经营活动以及因从事生产活动使用某些生产要素（如固定资产、土地、劳动力）所征收的各种税、附加费和规费。生产补贴与生产税相反，指政府对生产单位的单方面转移支出，因此视为负生产税，包括政策亏损补贴、价格补贴等。

营业盈余 指常住单位创造的增加值扣除固定资产折旧、劳动者报酬和生产税净额后的余额，它相当于企业的营业利润加上生产补贴，但要扣除利润中开支的工资、福利等。

Explanatory Notes on Main Statistical Indicators

Gross Domestic Product (GDP) refers to the final products at market prices produced by all resident units in a country (or a region) during a certain period of time. Gross Domestic Product is expressed in three different perspectives, namely value, income, and products respectively. GDP in its value perspective refers to the total value of all goods and services produced by all resident units during a certain period of time, minus the total value of input of goods and services of the nature of non-fixed assets; in other words, it is the sum of the value-added of all resident units. GDP from the perspective of income includes the primary income created by all resident units and distributed to resident and non-resident units. GDP from the perspective of products refers to the value of all goods and services for final consumption by all resident units minus the net exports of goods and services during a given period of time. In the practice of national accounting, gross domestic product is calculated from three approaches, namely production approach, income approach and expenditure approach, which reflect gross domestic product and its composition from different angles.

Gross National Income (GNI) also known as Gross National Product, refers to the final result of the primary distribution of the income created by all the resident units of a country (or a region) during a certain period of time. The value-added created by the resident units of a country engaged in production activities is distributed, during the primary distribution, mainly to the resident units of that country, while part of it is distributed to the non-resident units in the form of production tax and import duties (minus subsidies to production and import), labourers remuneration and property income. In the meantime, a part of the value-added created abroad is distributed to the resident units of the country in the form of production tax and import duties (minus subsidies to production and import), labourers remuneration and property income. The concept of Gross National Income is thus developed, which equals to Gross Domestic Product plus the net factor income from abroad. Unlike GDP which is a concept of production, GNP is a concept of income.

GDP by Expenditure Approach refers to the method of measuring the final results of production activities of a country (region) during a given period from the perspective of final uses. It includes final consumption expenditure, gross capital formation and net export of goods and services. The formula for computation is:

GDP by expenditure approach = final consumption expenditure + gross capital formation + net export of goods and services

Final Consumption Expenditure refers to the total expenditure of resident units for purchases of goods and services from both the domestic economic territory and abroad to meet the needs of material, cultural and spiritual life. It does not include the expenditure of non-resident units on consumption in the economic territory of the country. The final consumption expenditure is broken down into household consumption expenditure and government consumption expenditure.

Household Consumption Expenditure refers to the total expenditure of resident households on the final consumption of goods and services. In addition to the consumption of goods and services bought by the households directly with money, the household consumption expenditure also includes expenditure on goods and services obtained by the households in other ways, i.e. the so-called imputed consumption expenditure, which includes the following: (a) the goods and services provided to households by employers in the form of payment in kind and transfer in kind; (b) goods and services produced and consumed by the households themselves, in which the services refer only to the owner-occupied housing; (c) financial intermediate services provided by financial institutions; (d) insurance services provided by insurance companies.

Government Consumption Expenditure refers to the consumption expenditure spent for the provision of public services provided by the government to the whole country and the net expenditure on the goods and services provided by the government to households free of charge or at reduced prices. The former equals to the output value of the government services minus the value of operating income obtained by the government departments. The latter equals to the market value of the goods and services provided by the government free of charge or at reduced prices to the households minus the value received by the government from the households.

Gross Capital Formation refers to the fixed assets acquired less disposals and the net value of inventory, thus including gross fixed capital formation and changes in inventories.

Gross Fixed Capital Formation refers to the value of acquisitions less those disposals of fixed assets during a given period. Fixed assets are the assets produced through production activities with unit value above a specified amount and which could be used for over one year. Natural assets are not included. Gross fixed capital formation can be categorized into total tangible fixed capital formation and total intangible fixed capital formation. Total tangible fixed capital formation includes the value of the construction projects and installation projects completed and the equipment, apparatus and instruments purchased (less those disposed) as well as the value of land improved, the value of draught animals, breeding stock and animals for milk, for wool and for recreational purposes and the newly increased forest with economic value. Total intangible fixed capital formation includes the prospecting of minerals and the acquisition of computer software minus the disposal of them.

Changes in Inventories refers to the market value of the change in the physical volume of inventory of resident units during a given period, i.e. the difference between the values at the beginning and at the end of the period minus the gains due to the change in prices. The changes in inventories can have a positive or a negative value. A positive value indicates an increase in inventory while a negative value indicates a decrease in inventory. The inventory includes raw materials, fuels and reserve materials purchased by the production units as well as the inventory of finished products, semi-finished products and work-in-progress.

Net Export of Goods and Services refers to the exports of goods and services subtracting the imports of goods and services. Exports include the value of various goods and services sold or gratuitously transferred by resident units to non-resident units. Imports include the value of various goods and services purchased or gratuitously acquired resident units from non-resident units. Because the provision of services and the use of them happen simultaneously, the acquisition of services by resident units from abroad is usually treated as import while the acquisition of services by non-resident units in this country is usually treated as export. The exports and imports of goods are calculated at FOB.

Three Strata of Industry Classification of economic activities into three strata of industry is a common practice in the world, although the grouping varies to some extent form country to country. In China economic activities are categorized into the following three strata of industry:

Primary industry refers to agriculture, forestry, animal husbandry and fishery and services in support of these industries.

Secondary industry refers to mining and quarrying, manufacturing, production and supply of electricity, water and gas, and construction.

Tertiary industry refers to all other economic activities not included in the primary or secondary industries.

Labourers Remuneration refers to the total payment of various forms to labourers for the productive activities they are engaged in. It includes wages, bonuses and allowances, which the labourers earn in cash and in kind. It also includes the free medical services provided to the labourers and the medicine expenses, transport subsidies and social insurance, and housing fund paid by the employers. As regards the individual economy, since labourers remuneration is not easily distinguishable from the operating profit, both parts are treated as labourer remuneration.

Net Taxes on Production refers to taxes on production less subsidies on production. The taxes on production refers to the various taxes, extra charges and fees levied on the production units on their production, sale and business activities as well as on the use of some factors of production, such as fixed assets, land and labour in the production activities they are engaged in. In contrast to taxes on production, subsidies on production refer to the unilateral government transfer to the production units and are therefore regarded as negative taxes on production. They include subsidies on the loss due to implementation of government policies, price subsidies, etc.

Depreciation of Fixed Assets refers to the depreciation of fixed assets in a given period, drawn in accordance with the stipulated depreciation rate for the purpose of compensating the wear-and-tear loss of the fixed assets or the depreciation of fixed assets imputed in accordance with the stipulated unified depreciation rate in the national economic accounting system. It reflects the value of transfer of the fixed assets in the production of the current period. The depreciation of fixed assets in various enterprises and institutions managed as enterprises refers to the depreciation expenses actually drawn. In government agencies and institutions not managed as enterprises which do not draw the depreciation expenses, as well as for the houses of residents, the depreciation of fixed assets is the imputed depreciation, which is calculated in accordance with the stipulated unified depreciation rate. In principle, the depreciation of fixed assets should be calculated on the basis of the re-purchased value of the fixed assets. However, currently the conditions in China do not facilitate the revaluation of all the fixed assets. Therefore, only the above-mentioned methods can be adopted at present.

Operating Surplus refers to the balance of the value added created by the resident units after deducting the labourers remuneration, net taxes on production and the depreciation of fixed assets. It is equivalent to the business profit of the enterprises plus subsidies to production, but the wages and welfare expenses paid from the profits should be deducted.

2 人 口

POPULATION

◆ 37/52

资料整理：冷　晴

Ⅰ 简要说明

一、本篇资料的主要内容

本篇资料反映全省2020年及历年人口方面的基本情况，包括全省及11个设区市的主要人口统计数据。

二、本篇的资料来源

资料来源为人口普查和年度人口变动情况抽样调查数据。

表2-1至2-13中的2020年数据均为2020年第七次全国人口普查初步汇总数，时点为第七次全国人口普查标准时点2020年11月1日零时。

表2-1、2-11、2-12中2020年数据国家统计局暂未反馈，以后续编印出版的江西省第七次全国人口普查资料汇编数据为准。

表2-14至2-21为修订后的数据。按照国务院人口普查办公室统一要求，对第六次和第七次全国人口普查之间的2011年至2019年主要数据进行了修订，主要包括常住人口总数、分性别、分城乡、分主要年龄段人口的数据。

Ⅰ Brief Introduction

Ⅰ.Main Contents

Data in this chapter show the basic condition of population in 2020 as well as previous years for the whole province and 11 municipalities.

Ⅱ. Sources of Data

The data sources are statistics of Population Census and Annual Sample Survey on Population Changes.

The data of Year 2020 from Table2-1 to Table 2-13 are preliminary figures from the Seventh National Population Census, with zero hour on November 1st, 2020 as census reference time.

The data of Year 2020 in Table 2-1, Table 2-11 and Table 2-12 are not available yet, which will be released in subsequent publications regarding the Seventh National Population Census of Jiangxi.

The figures from Table 14 to Table 21 are revised data. As required by the Office of the State Council for the Seventh National Population Census, the main data from 2011 to 2019 have been revised, including the resident population, sex composition, urban and rural population, as well as age composition.

2-1 人口自然变动情况
Population Natural Change

年 份 Year	年平均人口(人) Average Population (person)	人口出生率(‰) Birth Rate (‰)	人口死亡率(‰) Death Rate (‰)	人口自然增长率(‰) Natural Growth Rate(‰)	人口密度(人/平方公里) Population Density (person/sq.km)
1978	31504121	27.01	7.39	19.62	191
1979	32058990	20.97	7.23	13.80	193
1980	32495869	18.57	6.38	12.19	196
1981	32870597	20.42	6.54	13.88	198
1982	33261360	19.18	6.07	13.11	201
1983	33714259	21.92	8.23	13.69	203
1984	34261956	25.30	6.80	18.50	207
1985	34838425	20.29	5.39	14.90	210
1986	35427804	24.15	5.53	18.70	214
1987	36040374	22.92	7.23	15.69	218
1988	36580961	19.90	5.80	14.10	221
1989	37150503	23.04	6.26	16.70	224
1990	37784307	24.59	7.54	17.05	228
1991	38376396	21.20	7.13	14.07	231
1992	38888651	19.53	7.07	12.46	234
1993	39395666	20.33	6.89	13.44	238
1994	39907432	19.38	7.00	12.38	241
1995	40389933	18.94	7.28	11.66	243
1996	40840020	17.53	7.02	10.51	246
1997	41278987	17.43	6.56	10.87	249
1998	41707706	16.85	7.05	9.80	251
1999	42111908	16.51	7.02	9.49	253
2000	41289734	15.55	6.07	9.48	249
2001	41671562	15.44	6.06	9.38	251
2002	42040975	14.74	6.02	8.72	253
2003	42383264	14.07	5.98	8.09	255
2004	42688961	13.61	5.99	7.62	257
2005	42974053	13.79	5.96	7.83	258
2006	43251863	13.80	6.01	7.79	260
2007	43537706	13.86	5.99	7.87	262
2008	43842582	13.92	6.01	7.91	264
2009	44161310	13.87	5.98	7.89	266
2010	44472035	13.72	6.06	7.66	267
2011	44680896	13.48	5.98	7.50	268
2012	44747119	13.46	6.14	7.32	268
2013	44755275	13.19	6.28	6.91	268
2014	44776441	13.24	6.26	6.98	268
2015	44821288	13.20	6.24	6.96	269
2016	44900903	13.45	6.16	7.29	269
2017	45035657	13.79	6.08	7.71	270
2018	45124893	13.43	6.06	7.37	270
2019	45147224	12.59	6.03	6.56	271

注：2011-2019年的年平均人口数据为修订后的数据；2020年数据国家统计局暂未反馈。

a) The average population from 2011 to 2019 are revised data. The data of 2020 are not available yet.

2-2 户数和人口数(年末数)
Households and Population (year-end)

年 份 Year	总户数(户) Total Number of Households (household)	总人口(人) Total Population (person)	按性别分 By Sex 男 Male	女 Female	以年末总人口为100 Total Population at year-end=100 男 Male	女 Female
1978	6153908	31828203	16427779	15400424	51.61	48.39
1979	6233041	32289778	16659570	15630208	51.59	48.41
1980	6364176	32701960	16866769	15835191	51.58	48.42
1981	6501985	33039235	17031186	16008049	51.55	48.45
1982	6584978	33483485	17265308	16218177	51.56	48.44
1983	6644902	33945033	17524200	16420778	51.63	48.37
1984	6851758	34578879	17872492	16707000	51.69	48.32
1985	6986097	35097971	18155525	16942000	51.73	48.27
1986	6986097	35757637	18500090	17257547	51.74	48.26
1987	7266117	36323111	18801109	17522002	51.76	48.24
1988	7562209	36838811	19053400	17786000	51.72	48.28
1989	7857618	37462196	19381113	18081083	51.74	48.26
1990	8185762	38106418	19727708	18378000	51.77	48.23
1991	8748781	38646374	19978326	18668148	51.69	48.31
1992	8877008	39130927	20259917	18871010	51.77	48.23
1993	8987115	39660405	20500789	19159616	51.69	48.31
1994	9165092	40154459	20586009	19568450	51.27	48.73
1995	9422399	40625406	20837093	19788313	51.29	48.71
1996	9611344	41054635	21184192	19870443	51.60	48.40
1997	9784924	41503338	21345274	20158064	51.43	48.57
1998	10040894	41912074	21364925	20547149	50.98	49.02
1999	10318396	42311742	21810874	20500868	51.55	48.45
2000	10645841	41485447	21570202	19915245	51.99	48.01
2001	10934368	41857676	21840587	20017089	52.18	47.82
2002	11226475	42224273	21813059	20411214	51.66	48.34
2003	11524786	42542255	21807160	20735095	51.26	48.74
2004	11808762	42835667	22064652	20771015	51.51	48.49
2005	12084036	43112439	21935609	21176830	50.88	49.12
2006	12375753	43391287	22194643	21196644	51.15	48.85
2007	12664544	43684125	22388114	21296011	51.25	48.75
2008	12794161	44001038	22584130	21416908	51.33	48.67
2009	12925542	44321581	22717106	21604475	51.26	48.74
2010	11887821	44622489	23031644	21590845	51.61	48.39
2011	12097969	44739303	23156187	21583116	51.76	48.24
2012	12316056	44754934	23152139	21602795	51.73	48.27
2013	12530776	44755616	23144900	21610716	51.71	48.29
2014	12681522	44797265	23156130	21641135	51.69	48.31
2015	12668476	44845311	23168077	21677234	51.66	48.34
2016	12807837	44956495	23218130	21738365	51.65	48.35
2017	12848772	45114818	23294617	21820201	51.63	48.37
2018	12987331	45134968	23301551	21833417	51.63	48.37
2019	13069386	45159480	23309951	21849529	51.62	48.38
2020	14791970	45188635	23318533	21870102	51.60	48.40

注：2011-2019年的总人口、男性人口、女性人口为修订后的数据；2020年数据为第七次全国人口普查普查时点数。

a) The total population and its gender group from 2011 to 2019 are revised data. The reference time of data on 2020 is zero hour on November 1st , 2020.

2-3 按城乡分的人口数(年末数)
Population by Residence (year-end)

年 份 Year	总人口(人) Total Population (person)	按城乡分 By Residence		以年末总人口为100 Total Population at year-end=100	
		城镇人口 Urban Population	乡村人口 Rural Population	城镇人口 Urban Population	乡村人口 Rural Population
1978	31828203	5331228	26496975	16.75	83.25
1979	32289778	5630294	26660000	17.44	82.56
1980	32701960	6145928	26556032	18.79	81.21
1981	33039235	6298459	26740776	19.06	80.94
1982	33483485	6512538	26970000	19.45	80.55
1983	33945033	6639648	27305385	19.56	80.44
1984	34578879	6801665	27777214	19.67	80.33
1985	35097971	6942379	28155592	19.78	80.22
1986	35757637	7112194	28646000	19.89	80.11
1987	36323111	7264622	29058489	20.00	80.00
1988	36838811	7408285	29430526	20.11	79.89
1989	37462196	7574856	29887340	20.22	79.78
1990	38106418	7754656	30351000	20.35	79.65
1991	38646374	8148201	30498173	21.08	78.92
1992	39130927	8537586	30593341	21.82	78.18
1993	39660405	8944215	30716190	22.55	77.45
1994	40154459	9350367	30804092	23.29	76.71
1995	40625406	9689159	30936247	23.85	76.15
1996	41054635	10092871	30961764	24.58	75.42
1997	41503338	10507815	30995523	25.32	74.68
1998	41912074	10918934	30993140	26.05	73.95
1999	42311742	11333623	30978119	26.79	73.21
2000	41485447	11487320	29998127	27.69	72.31
2001	41857676	12728919	29128757	30.41	69.59
2002	42224273	13596216	28628057	32.20	67.80
2003	42542255	14472875	28069380	34.02	65.98
2004	42835667	15240930	27594737	35.58	64.42
2005	43112439	15994715	27117724	37.10	62.90
2006	43391287	16783750	26607537	38.68	61.32
2007	43684125	17386282	26297843	39.80	60.20
2008	44001038	18198829	25802209	41.36	58.64
2009	44321581	19138059	25183522	43.18	56.82
2010	44622489	19660669	24961820	44.06	55.94
2011	44739303	20468231	24271072	45.75	54.25
2012	44754934	21209363	23545571	47.39	52.61
2013	44755616	21948154	22807462	49.04	50.96
2014	44797265	22645017	22152248	50.55	49.45
2015	44845311	23454098	21391213	52.30	47.70
2016	44956495	24272012	20684483	53.99	46.01
2017	45114818	25128954	19985864	55.70	44.30
2018	45134968	25880391	19254577	57.34	42.66
2019	45159480	26675705	18483775	59.07	40.93
2020	45188635	27310611	17878024	60.44	39.56

注：2011-2019年数据为修订后的数据；2020年数据为第七次全国人口普查普查时点数。

a) The data from 2011 to 2019 are revised data. The reference time of data on 2020 is zero hour on November 1st, 2020.

2-4 各地区户数和人口数(2020年)
Households and Population by Region (2020)

地 区	Region	总户数 (户) Total Number of Households (household)	总人口 (人) Total Population (person)	按性别分 By Sex		以年末总人口为100 Total Population at year-end=100	
				男 Male	女 Female	男 Male	女 Female
全 省	**Provincial Total**	**14791970**	**45188635**	**23318533**	**21870102**	**51.60**	**48.40**
南昌市	Nanchang	2099934	6255007	3274240	2980767	52.35	47.65
景德镇市	Jingdezhen	526514	1618979	838933	780046	51.82	48.18
萍乡市	Pingxiang	561902	1804805	915937	888868	50.75	49.25
九江市	Jiujiang	1589140	4600276	2355145	2245131	51.20	48.80
新余市	Xinyu	421979	1202499	628460	574039	52.26	47.74
鹰潭市	Yingtan	386907	1154223	598095	556128	51.82	48.18
赣州市	Ganzhou	2766625	8970014	4603577	4366437	51.32	48.68
吉安市	Ji'an	1498654	4469176	2303071	2166105	51.53	48.47
宜春市	Yichun	1661339	5007702	2586406	2421296	51.65	48.35
抚州市	Fuzhou	1250094	3614866	1868742	1746124	51.70	48.30
上饶市	Shangrao	2028882	6491088	3345927	3145161	51.55	48.45

注：本表中数据为2020年第七次全国人口普查普查时点数。

a) The reference time of data on 2020 in this table is zero hour on November 1st , 2020.

2-5 各地区按城乡分的人口数(2020年)
Population by Residence and Region (2020)

地 区	Region	总人口 (人) Total Population (person)	按城乡分 By Residence		以年末总人口为100 Total Population at year-end=100	
			城镇人口 Urban Population	乡村人口 Rural Population	城镇人口 Urban Population	乡村人口 Rural Population
全 省	**Provincial Total**	**45188635**	**27310611**	**17878024**	**60.44**	**39.56**
南昌市	Nanchang	6255007	4883763	1371244	78.08	21.92
景德镇市	Jingdezhen	1618979	1052588	566391	65.02	34.98
萍乡市	Pingxiang	1804805	1223774	581031	67.81	32.19
九江市	Jiujiang	4600276	2814240	1786036	61.18	38.82
新余市	Xinyu	1202499	884941	317558	73.59	26.41
鹰潭市	Yingtan	1154223	743407	410816	64.41	35.59
赣州市	Ganzhou	8970014	4961719	4008295	55.31	44.69
吉安市	Ji'an	4469176	2339591	2129585	52.35	47.65
宜春市	Yichun	5007702	2821642	2186060	56.33	43.67
抚州市	Fuzhou	3614866	2058897	1555969	56.96	43.04
上饶市	Shangrao	6491088	3526049	2965039	54.32	45.68

注：本表中数据为2020年第七次全国人口普查普查时点数。

a) The reference time of data on 2020 in this table is zero hour on November 1st , 2020.

2-6 各地区家庭户数和家庭户规模(2020年)
Family Households Number and Family Households Size by Region (2020)

地 区	Region	户 数 (户) Number of Households (household)	#家庭户 Number of Family Households	人口数 (人) Population (person)	#家庭户人口数 Population of Family Households	家庭户规模 (人/户) Average Family Household Size (person/household)
全 省	**Provincial Total**	**14791970**	**14072847**	**45188635**	**41329294**	**2.94**
南昌市	Nanchang	2099934	1845165	6255007	5193125	2.81
景德镇市	Jingdezhen	526514	503707	1618979	1501073	2.98
萍乡市	Pingxiang	561902	540508	1804805	1685611	3.12
九江市	Jiujiang	1589140	1524848	4600276	4181960	2.74
新余市	Xinyu	421979	407776	1202499	1126447	2.76
鹰潭市	Yingtan	386907	372422	1154223	1080338	2.90
赣州市	Ganzhou	2766625	2650623	8970014	8145853	3.07
吉安市	Ji'an	1498654	1445417	4469176	4169796	2.88
宜春市	Yichun	1661339	1594228	5007702	4654904	2.92
抚州市	Fuzhou	1250094	1218966	3614866	3465303	2.84
上饶市	Shangrao	2028882	1969187	6491088	6124884	3.11

注：本表中数据为2020年第七次全国人口普查普查时点数。

a) The reference time of data on 2020 in this table is zero hour on November 1st , 2020.

2-7 各地区按年龄分的人口数(2020年)
Population by Age and Region (2020)

地 区	Region	总人口(万人) Total Population (10 000 persons)	0-14岁人口 0-14 year old population		15-64岁人口 15-64 year old population		65岁及以上人口 Population aged 65 and over	
			人口数 Population	比重(%) proportion	人口数 Population	比重(%) proportion	人口数 Population	比重(%) proportion
全 省	**Provincial Total**	**4518.86**	**992.24**	**21.96**	**2989.53**	**66.16**	**537.10**	**11.89**
南昌市	Nanchang	625.50	109.09	17.44	450.45	72.01	65.95	10.54
景德镇市	Jingdezhen	161.90	34.52	21.32	108.97	67.31	18.40	11.37
萍乡市	Pingxiang	180.48	36.28	20.10	119.73	66.34	24.47	13.56
九江市	Jiujiang	460.03	96.43	20.96	305.53	66.42	58.07	12.62
新余市	Xinyu	120.25	24.93	20.73	80.60	67.02	14.73	12.25
鹰潭市	Yingtan	115.42	25.28	21.90	76.11	65.94	14.03	12.15
赣州市	Ganzhou	897.00	207.16	23.09	590.43	65.82	99.41	11.08
吉安市	Ji'an	446.92	111.59	24.97	279.35	62.51	55.97	12.52
宜春市	Yichun	500.77	114.74	22.91	323.39	64.58	62.64	12.51
抚州市	Fuzhou	361.49	81.44	22.53	237.44	65.68	42.60	11.79
上饶市	Shangrao	649.11	150.76	23.23	417.52	64.32	80.83	12.45

注：本表中数据为2020年第七次全国人口普查普查时点数。

a) The reference time of data on 2020 in this table is zero hour on November 1st , 2020.

2-8 各地区人口抚养比(2020年)
Dependency Ratio of Population by Region (2020)

单位：% (%)

地区	Region	少儿抚养比 Children Dependency Ratio	老年抚养比 Old Dependency Ratio	总抚养比 Gross Dependency Ratio
全省	**Provincial Total**	**33.19**	**17.97**	**51.16**
南昌市	Nanchang	24.22	14.64	38.86
景德镇市	Jingdezhen	31.68	16.89	48.57
萍乡市	Pingxiang	30.30	20.44	50.74
九江市	Jiujiang	31.56	19.01	50.57
新余市	Xinyu	30.93	18.27	49.20
鹰潭市	Yingtan	33.22	18.43	51.65
赣州市	Ganzhou	35.09	16.84	51.92
吉安市	Ji'an	39.95	20.04	59.98
宜春市	Yichun	35.48	19.37	54.85
抚州市	Fuzhou	34.30	17.94	52.24
上饶市	Shangrao	36.11	19.36	55.47

注：本表中数据为2020年第七次全国人口普查普查时点数。
a) The reference time of data on 2020 in this table is zero hour on November 1st , 2020.

2-9 分年龄、性别的人口构成(2020年)
Population Composition by Age and Gender (2020)

单位：% (%)

年龄(岁) Age(year old)	人口构成合计 Population Composition Total	男 Male	女 Female	性别比 (女=100) Sex Ratio (Female=100)
总计 Total	**100.00**	**51.60**	**48.40**	**106.62**
0—4	5.99	3.24	2.75	118.05
5—9	7.64	4.15	3.48	119.21
10—14	8.33	4.58	3.76	121.89
15—19	6.86	3.80	3.06	124.33
20—24	4.59	2.47	2.12	116.40
25—29	6.58	3.45	3.12	110.63
30—34	7.36	3.70	3.66	101.13
35—39	6.00	2.99	3.01	99.28
40—44	7.17	3.60	3.57	100.95
45—49	8.22	4.17	4.05	102.83
50—54	7.96	4.01	3.95	101.54
55—59	6.43	3.24	3.19	101.72
60—64	4.99	2.52	2.47	102.17
65—69	4.54	2.25	2.29	98.49
70—74	3.17	1.56	1.61	96.75
75—79	1.91	0.91	1.01	89.95
80—84	1.34	0.59	0.75	79.14
85—89	0.66	0.26	0.39	67.08
90+	0.27	0.10	0.17	58.56

注：本表中数据为2020年第七次全国人口普查普查时点数。
a) The reference time of data on 2020 in this table is zero hour on November 1st , 2020.

2-10 6岁及以上人口的文化构成
Educational Attainment Composition of Population Aged 6 and over

单位：%、万人 (%，10 000 persons)

年 份 Year	不识字或识字很少 Illiterate	小 学 Primary School	初 中 Junior Secondary School	高 中 Senior Secondary School	大专及以上 Junior College and Above	6岁及以上人口 Population aged 6 and above
2010	4.16	33.16	41.54	13.58	7.56	4046.37
2011	3.88	32.40	41.78	14.02	7.92	4083.63
2012	3.72	31.59	42.06	14.42	8.21	4108.94
2013	3.59	30.92	42.18	14.90	8.41	4152.23
2014	3.44	30.29	42.28	15.36	8.63	4172.43
2015	3.39	29.89	42.07	15.77	8.88	4187.14
2016	3.35	29.48	41.54	16.33	9.30	4217.07
2017	3.30	29.09	40.88	16.86	9.87	4239.82
2018	3.28	28.97	40.12	17.25	10.38	4261.82
2019	3.25	28.91	39.45	17.57	10.82	4281.18
2020	6.97	28.42	36.67	15.65	12.29	4374.26

注：2020年为3岁及以上人口及其文化构成。

a) Population in this table refers to the population aged 3 and over.

2-11 15岁及以上人口的婚姻构成
Marital Composition of Population Aged 15 and over

单位：% (%)

年 份 Year	未 婚 Never Married		有配偶 married		离 婚 Divorced		丧 偶 Widowed	
	男 Male	女 Female	男 Male	女 Female	男 Male	女 Female	男 Male	女 Female
2010	12.45	9.02	35.36	36.41	0.66	0.42	1.55	4.13
2011	10.25	7.13	37.33	38.72	0.64	0.41	1.53	3.99
2012	10.37	7.21	37.27	38.62	0.63	0.39	1.57	3.94
2013	10.54	7.24	37.24	38.42	0.64	0.41	1.59	3.92
2014	10.49	7.20	37.28	38.31	0.72	0.47	1.57	3.96
2015	10.86	7.38	36.81	38.12	0.82	0.50	1.46	4.03
2016	11.08	7.83	36.77	37.69	0.92	0.63	1.37	3.71
2017	10.93	7.77	36.72	37.77	0.93	0.66	1.38	3.84
2018	10.82	7.68	36.70	37.70	0.94	0.75	1.43	3.98
2019	10.83	7.70	36.72	37.74	0.94	0.76	1.39	3.92

注：2020年数据国家统计局暂未反馈。

a) The data on 2020 are not available yet.

2-12 育龄妇女分年龄的生育状况(2019年末)
Age-specific Fertility Rate of Childbearing Women by Age of Mother (end of 2019)

年 龄(岁) Age(year old)	平均育龄妇女比重(%) Average Proportion of Childbearing Women (%)	出生人口比重(%) Births Proportion (%)	育龄妇女生育率(‰) Fertility Rate of Childbearing Women (‰)	一 孩 1st Birth	二 孩 2nd Birth	三孩及以上 3rd Birth and Above
总 计 Total	**100.00**	**100.00**	**49.01**	**22.60**	**22.31**	**4.10**
15-19	11.74	1.57	6.57	6.17	0.39	0.00
20-24	16.18	22.88	69.31	51.83	16.74	0.74
25-29	13.23	40.79	151.12	74.48	70.02	6.62
30-34	13.18	24.17	89.87	21.47	53.54	14.87
35-39	15.45	7.72	24.51	4.13	14.63	5.75
40-44	15.79	2.53	7.86	0.92	5.34	1.60
45-49	14.43	0.33	1.11	0.20	0.91	0.00

注：2020年数据国家统计局暂未反馈。

a) The data on 2020 are not available yet.

2-13 全省老年人口数及构成(2020年)
Senior Population and Its Composition (2020)

单位：万人、%　　　　(10 000 persons, %)

年 龄(岁) Age(year old)	老年人口数 Senior Population			占总人口数的比重 Proportion of The Total Population			性别比 (女=100) sex ratio (Female=100)
	小计 Subtotal	男 Male	女 Female	小计 Subtotal	男 Male	女 Female	
60+	762.48	370.17	392.31	16.87	8.19	8.68	94.36
65+	537.10	256.27	280.83	11.89	5.67	6.21	91.25
70+	332.06	154.53	177.53	7.35	3.42	3.93	87.04
80+	102.32	43.13	59.20	2.26	0.95	1.31	72.86
90+	12.12	4.48	7.64	0.27	0.10	0.17	58.56

注：本表中数据为2020年第七次全国人口普查普查时点数。

a) The reference time of data on 2020 in this table is zero hour on November 1st , 2020.

2-14 2011年-2019年年末常住人口数(修订后)
Resident Population at Year-end (2011-2019) (Revised)

单位：人 (person)

地 区	Region	2011年	2012年	2013年	2014年	2015年	2016年	2017年	2018年	2019年
全 省	**Provincial Total**	**44739303**	**44754934**	**44755616**	**44797265**	**44845311**	**44956495**	**45114818**	**45134968**	**45159480**
南昌市	Nanchang	5169586	5278077	5369614	5487421	5596603	5746168	5920796	6016213	6140465
景德镇市	Jingdezhen	1592814	1596609	1599298	1602685	1606438	1613609	1616422	1617516	1617996
萍乡市	Pingxiang	1853554	1845945	1839343	1833486	1830003	1828316	1824188	1817442	1810585
九江市	Jiujiang	4729653	4706918	4689792	4673513	4658422	4645811	4636551	4624953	4612884
新余市	Xinyu	1147247	1151452	1156352	1161771	1167927	1175169	1182400	1188673	1195603
鹰潭市	Yingtan	1130687	1131292	1132553	1134274	1136580	1139079	1143760	1147686	1150637
赣州市	Ganzhou	8452071	8507974	8552508	8605681	8662308	8731696	8812317	8862422	8917837
吉安市	Ji'an	4794065	4755756	4719099	4684350	4652073	4620467	4593169	4556776	4509670
宜春市	Yichun	5395450	5349674	5304904	5262138	5222084	5183266	5144763	5104166	5054013
抚州市	Fuzhou	3893280	3859613	3827994	3796763	3767117	3738761	3711991	3681047	3647098
上饶市	Shangrao	6580896	6571624	6564160	6555183	6545755	6534153	6528461	6518075	6502694

2-15 2011年-2019年年末男性常住人口数(修订后)
Male Resident Population at Year-end (2011-2019) (Revised)

单位：人 (person)

地 区	Region	2011年	2012年	2013年	2014年	2015年	2016年	2017年	2018年	2019年
全 省	**Provincial Total**	**23156187**	**23152139**	**23144900**	**23156130**	**23168077**	**23218130**	**23294617**	**23301551**	**23309951**
南昌市	Nanchang	2698764	2754576	2801702	2862208	2922278	3002060	3095249	3146292	3213332
景德镇市	Jingdezhen	828530	830448	831782	832296	834036	836812	838139	838496	838679
萍乡市	Pingxiang	938089	934114	930052	928645	929070	929278	925485	921607	917506
九江市	Jiujiang	2436021	2421877	2411912	2400015	2392173	2381611	2376051	2369201	2362115
新余市	Xinyu	601911	603973	606395	608736	611387	614819	618439	621591	625093
鹰潭市	Yingtan	593044	592842	592977	592049	591168	591596	593560	595371	596746
赣州市	Ganzhou	4329092	4356984	4380086	4409929	4440419	4478469	4520367	4547064	4575870
吉安市	Ji'an	2495480	2473153	2452458	2426476	2403130	2384724	2369899	2350490	2325886
宜春市	Yichun	2808646	2780501	2756076	2730398	2706256	2684922	2662528	2640427	2611970
抚州市	Fuzhou	2030159	2010305	1993135	1975574	1957437	1940143	1925368	1908480	1889564
上饶市	Shangrao	3396452	3393364	3388325	3389803	3380721	3373698	3369531	3362532	3353189

2-16 2011年-2019年年末女性常住人口数(修订后)
Female Resident Population at Year-end (2011-2019) (Revised)

单位：人 (person)

地 区	Region	2011年	2012年	2013年	2014年	2015年	2016年	2017年	2018年	2019年
全 省	**Provincial Total**	**21583116**	**21602795**	**21610716**	**21641135**	**21677234**	**21738365**	**21820201**	**21833417**	**21849529**
南 昌 市	Nanchang	2470823	2523502	2567913	2625213	2674325	2744108	2825547	2869921	2927132
景德镇市	Jingdezhen	764284	766161	767516	770389	772402	776798	778283	779020	779317
萍 乡 市	Pingxiang	915465	911830	909290	904841	900933	899038	898702	895835	893079
九 江 市	Jiujiang	2293632	2285041	2277880	2273498	2266250	2264200	2260500	2255752	2250769
新 余 市	Xinyu	545336	547479	549957	553035	556541	560350	563961	567082	570510
鹰 潭 市	Yingtan	537643	538450	539576	542226	545412	547483	550200	552315	553890
赣 州 市	Ganzhou	4122979	4150990	4172422	4195752	4221889	4253227	4291950	4315357	4341966
吉 安 市	Ji'an	2298585	2282602	2266641	2257873	2248942	2235744	2223270	2206286	2183784
宜 春 市	Yichun	2586804	2569172	2548827	2531740	2515827	2498344	2482234	2463739	2442042
抚 州 市	Fuzhou	1863121	1849308	1834859	1821189	1809680	1798619	1786623	1772568	1757534
上 饶 市	Shangrao	3184444	3178260	3175835	3165380	3165034	3160455	3158930	3155543	3149505

2-17 2011年-2019年年末城镇常住人口数(修订后)
Urban Resident Population at Year-end (2011-2019) (Revised)

单位：人 (person)

地 区	Region	2011年	2012年	2013年	2014年	2015年	2016年	2017年	2018年	2019年
全 省	**Provincial Total**	**20468231**	**21209363**	**21948154**	**22645017**	**23454098**	**24272012**	**25128954**	**25880391**	**26675705**
南 昌 市	Nanchang	3472947	3612845	3757516	3906568	4057737	4223443	4430411	4577730	4759829
景德镇市	Jingdezhen	912821	931296	948272	963238	980471	997627	1011821	1023520	1036831
萍 乡 市	Pingxiang	1115547	1129235	1142182	1153966	1169304	1182939	1195503	1203267	1212064
九 江 市	Jiujiang	2104819	2183787	2261761	2333381	2416142	2501224	2586607	2667202	2752622
新 余 市	Xinyu	731778	757983	778423	796615	818782	831950	854477	861445	868867
鹰 潭 市	Yingtan	557660	576251	596071	615070	637441	659826	682319	705014	725454
赣 州 市	Ganzhou	3322392	3483871	3651928	3813023	4007424	4203729	4405315	4596148	4802829
吉 安 市	Ji'an	1880754	1939461	1995134	2044304	2099328	2151033	2203751	2251722	2295584
宜 春 市	Yichun	2073618	2174463	2264505	2342249	2431861	2522552	2606338	2687049	2762328
抚 州 市	Fuzhou	1520193	1584191	1645172	1699153	1762766	1830978	1894199	1955903	2015333
上 饶 市	Shangrao	2775703	2835980	2907191	2977451	3072842	3166710	3258213	3351390	3443964

2-18 2011年-2019年年末常住人口城镇化率(修订后)
Proportion of Urban Population at Year-end (2011-2019) (Revised)

单位：% (%)

地 区	Region	2011年	2012年	2013年	2014年	2015年	2016年	2017年	2018年	2019年
全 省	**Provincial Total**	**45.75**	**47.39**	**49.04**	**50.55**	**52.30**	**53.99**	**55.70**	**57.34**	**59.07**
南昌市	Nanchang	67.18	68.45	69.98	71.19	72.50	73.50	74.83	76.09	77.52
景德镇市	Jingdezhen	57.31	58.33	59.29	60.10	61.03	61.83	62.60	63.28	64.08
萍乡市	Pingxiang	60.18	61.17	62.10	62.94	63.90	64.70	65.54	66.21	66.94
九江市	Jiujiang	44.50	46.40	48.23	49.93	51.87	53.84	55.79	57.67	59.67
新余市	Xinyu	63.79	65.83	67.32	68.57	70.11	70.79	72.27	72.47	72.67
鹰潭市	Yingtan	49.32	50.94	52.63	54.23	56.08	57.93	59.66	61.43	63.05
赣州市	Ganzhou	39.31	40.95	42.70	44.31	46.26	48.14	49.99	51.86	53.86
吉安市	Ji'an	39.23	40.78	42.28	43.64	45.13	46.55	47.98	49.41	50.90
宜春市	Yichun	38.43	40.65	42.69	44.51	46.57	48.67	50.66	52.64	54.66
抚州市	Fuzhou	39.05	41.05	42.98	44.75	46.79	48.97	51.03	53.13	55.26
上饶市	Shangrao	42.18	43.15	44.29	45.42	46.94	48.46	49.91	51.42	52.96

2-19 2011年-2019年年末0-14岁常住人口数(修订后)
Resident Population Aged 14 and under at Year-end (2011-2019) (Revised)

单位：人 (person)

地 区	Region	2011年	2012年	2013年	2014年	2015年	2016年	2017年	2018年	2019年
全 省	**Provincial Total**	**9755852**	**9798645**	**9782683**	**9825832**	**9834577**	**9879639**	**9962254**	**9937817**	**9923344**
南昌市	Nanchang	942956	963997	968674	990220	1004009	1028232	1060076	1065949	1077089
景德镇市	Jingdezhen	320422	324739	326257	330824	332634	336719	340592	341605	343025
萍乡市	Pingxiang	365194	366168	364348	365906	365139	365995	368870	365281	363463
九江市	Jiujiang	988354	982699	976744	979736	974425	973917	976477	971010	966647
新余市	Xinyu	217103	220625	223341	227335	230764	235232	239687	242382	245560
鹰潭市	Yingtan	242624	244852	244811	246425	247204	248540	250910	251288	251778
赣州市	Ganzhou	2053770	2061226	2058873	2061079	2058032	2065872	2083452	2076097	2072853
吉安市	Ji'an	1021638	1035647	1043648	1057790	1069278	1083273	1098413	1108442	1114530
宜春市	Yichun	1182412	1181015	1173445	1172972	1169673	1166465	1169340	1161560	1152909
抚州市	Fuzhou	871754	866497	861065	852760	847616	842891	840596	830644	821617
上饶市	Shangrao	1549626	1551180	1541476	1540785	1535802	1532503	1533842	1523558	1513874

2-20 2011年-2019年年末15-64岁常住人口数(修订后)
Resident Population Aged 15 to 64 at Year-end (2011-2019) (Revised)

单位：人 (person)

地 区	Region	2011年	2012年	2013年	2014年	2015年	2016年	2017年	2018年	2019年
全 省	**Provincial Total**	**31364041**	**31170916**	**31003110**	**30809767**	**30678677**	**30527258**	**30415508**	**30254872**	**30074407**
南昌市	Nanchang	3810666	3878507	3940460	4013709	4087643	4182314	4295304	4356368	4434852
景德镇市	Jingdezhen	1154972	1147975	1142062	1134355	1129023	1123661	1115449	1107688	1098668
萍乡市	Pingxiang	1322395	1305940	1292663	1277385	1266278	1253746	1239860	1226126	1211456
九江市	Jiujiang	3360494	3324328	3291459	3252750	3221317	3184881	3151592	3121584	3089004
新余市	Xinyu	831817	827880	825094	821423	819547	816629	813789	811420	808812
鹰潭市	Yingtan	798280	792020	788077	782846	779524	774636	771369	768722	764800
赣州市	Ganzhou	5696397	5719514	5741438	5757035	5786321	5811171	5844501	5866378	5887055
吉安市	Ji'an	3375560	3306015	3243087	3175455	3116375	3051463	2990261	2929235	2856900
宜春市	Yichun	3774547	3709785	3651506	3587664	3533231	3472419	3413137	3358219	3294919
抚州市	Fuzhou	2730399	2688302	2646746	2606900	2570861	2530442	2491984	2454819	2414067
上饶市	Shangrao	4508514	4470649	4440519	4400245	4368558	4325896	4288262	4254313	4213875

2-21 2011年-2019年年末65岁及以上常住人口数(修订后)
Resident Population Aged 65 and over at Year-end (2011-2019) (Revised)

单位：人 (person)

地 区	Region	2011年	2012年	2013年	2014年	2015年	2016年	2017年	2018年	2019年
全 省	**Provincial Total**	**3619410**	**3785372**	**3969823**	**4161666**	**4332057**	**4549597**	**4737056**	**4942279**	**5161729**
南昌市	Nanchang	415965	435574	460480	483492	504951	535622	565416	593895	628524
景德镇市	Jingdezhen	117419	123895	130979	137506	144781	153230	160381	168223	176303
萍乡市	Pingxiang	165965	173836	182332	190195	198586	208575	215458	226035	235666
九江市	Jiujiang	380805	399891	421589	441026	462680	487012	508482	532359	557234
新余市	Xinyu	98327	102946	107917	113013	117617	123308	128924	134870	141231
鹰潭市	Yingtan	89782	94420	99665	105004	109852	115902	121481	127675	134059
赣州市	Ganzhou	701904	727234	752197	787568	817955	854653	884364	919946	957929
吉安市	Ji'an	396867	414094	432364	451104	466419	485732	504495	519099	538240
宜春市	Yichun	438491	458873	479952	501502	519180	544382	562286	584387	606184
抚州市	Fuzhou	291128	304814	320184	337103	348640	365428	379410	395584	411415
上饶市	Shangrao	522756	549794	582165	614152	641395	675753	706358	740204	774944

主要统计指标解释

人口数 指一定时点，一定地区范围内有生命的个人总和。

城镇人口和乡村人口 城镇人口是指居住在城镇范围内的全部常住人口；乡村人口是除上述人口以外的全部人口。

出生率（又称粗出生率） 指在一定时期内（通常为一年）一定地区的出生人数与同期内平均人数（或期中人数）之比，用千分率表示。本资料中的出生率指年出生率，其计算公式为：

$$出生率 = \frac{年出生人数}{年平均人数} \times 1000‰$$

式中：出生人数指活产婴儿，即胎儿脱离母体时（不管怀孕月数），有过呼吸或其他生命现象。年平均人数指年初、年底人口数的平均数，也可用年中人口数代替。

死亡率（又称粗死亡率） 指在一定时期内（通常为一年）一定地区的死亡人数与同期平均人数（或期中人数）之比，用千分率表示。本资料中的死亡率指年死亡率，其计算公式为：

$$死亡率 = \frac{年死亡人数}{年平均人数} \times 1000‰$$

人口自然增长率 指在一定时期内（通常为一年）人口自然增加数（出生人数减死亡人数）与该时期内平均人数（或期中人数）之比，用千分率表示。计算公式为：

$$人口自然增长率 = \frac{本年出生人数 - 本年死亡人数}{年平均人数} \times 1000‰$$

$$= 人口出生率 - 人口死亡率$$

Explanatory Notes on Main Statistical Indicators

Total Population refers to the total number of people alive at a certain point of time within a given area.

Urban Population and Rural Population Urban population refers to all people residing in cities and towns, while rural population refers to population other than urban population.

Birth Rate (or Crude Birth Rate) refers to the ratio of the number of births to the average population (or mid-period population) during a certain period of time (usually a year), expressed in ‰. Birth rate in the chapter refers to annual birth rate. The following formula is used:

$$\text{Birth Rate} = \frac{\text{Number of Births}}{\text{Annual Average Population}} \times 1000‰$$

Number of births in the formula refers to live births, i.e. when a baby has breathed or showed any vital phenomena regardless of the length of pregnancy. Annual average population is the average of the number of population at the beginning of the year and that at the end of the year. Sometimes it is substituted by the mid-year population.

Death Rate (or Crude Death Rate) refers to the ratio of the number of deaths to the average population (or mid-period population) during a certain period of time (usually a year), expressed in ‰. Death rate in the chapter refers to annual death rate. The following formula is used:

$$\text{Death Rate} = \frac{\text{Number of Deaths}}{\text{Annual Average Population}} \times 1000‰$$

Natural Growth Rate of Population refers to the ratio of natural increase in population (number of births minus number of deaths) in a certain period of time (usually a year) to the average population (or mid-period population) of the same period, expressed in ‰. The following formula is applied:

$$\text{Natural Growth Rate of Population} = \frac{\text{Number of Births-Number of Deaths}}{\text{Annual Average Population}} \times 1000‰$$

=Natural Growth Rate of Population = Birth Rate-Death Rate.

3

就业人员和职工工资

EMPLOYMENT AND WAGE

◆ 53/74

资料整理：韩 梅 黄 球

Ⅰ 简要说明

一、本篇资料的主要内容

本篇资料反映全省劳动经济方面的基本情况，包括 11 个设区市的主要劳动统计数据。如：就业人员数，城镇登记失业人数，就业人员工资总额，平均工资及指数变化情况等。就业人员数为年末时点数。

二、本篇资料的统计范围

《劳动工资统计报表制度》的调查范围为全部地域的一套表法人单位和非一套表法人单位；全社会就业人员统计范围为城镇和乡村 16 岁以上人口。1998 年及以后城镇单位就业人员、工资总额、平均工资等指标中不再包括离开本单位仍保留劳动关系的职工及其生活费。

三、本篇资料来源

就业基本情况及分组资料、工资总额等资料，是省统计局根据劳动工资统计、人口普查、年度人口变动情况抽样调查、劳动力调查等资料加工整理；城镇登记失业人数根据省人力资源和社会保障厅报表整理。

四、本篇的统计调查方法

劳动工资统计中，一套表法人单位采用全面调查方法，非一套表法人单位采用抽样调查方法。

I Brief Introduction

I. Main Contents

Data in this chapter show the basic conditions of labor economy in the whole province, including main labor statistics on the whole province and 11 municipalities, such as the number of employed persons, number of registered unemployed persons in urban areas, total wage bills and average wages of employed persons and the changes in index. The number of employed persons is taken at the point of year-end.

II. Scope of Statistics

The scope of statistics of *The Reporting Form System on Labour and Wage Statistics* is legal entities of the whole province above and below designated size. Data on employed persons are figures for employed population aged 16 and over in urban and rural areas. Since 1998, statistics on employed person in urban units, total wage bills and average wage do not include the persons who had left their working units while keep their labour contract or employment relation unchanged.

III. Sources of Data

Data on basic conditions of employment and their breakdowns, total wage bills of staff and workers are collected and complied through labour and wage statistic survey, national census, and national sample survey on population changes. Data on the number of registered unemployed persons are collected and complied through statistics from the Department of Human Resources and Social Security of Jiangxi Province.

IV. Methodology of Survey

A complete reporting form system is used in the labour and wage statistics of legal entities above designated size, and sampling method is used in the statistics of legal entities below designated size.

3-1 劳动力资源
Labor Force Resources

单位：万人 (10 000 persons)

年份 Year	劳动力资源总数 Total Number of Labor Force Resources	社会就业人数 Number of Employed Persons in Society	#职工人数 Number of Staff and Workers	国有经济单位 State-owned Units	城镇集体经济单位 Urban Collective-owned Units	其他各种经济单位 Units of Other Types of Ownership	劳动力资源总数占人口数的比重(%) Percentage of Total Number of Labor Force Resources to Population(%)	劳动力资源利用率(%) Utilization Ratio of Labor Force Resources (%)
1978	1448.1	1254.3	267.4	221.0	46.4		45.5	86.6
1979	1503.5	1307.0	269.6	219.6	50.0		46.6	86.9
1980	1559.6	1356.3	286.7	233.0	53.7		47.7	87.0
1981	1610.2	1409.8	301.9	242.2	59.7		48.7	87.6
1982	1638.9	1434.0	311.9	249.3	62.6		49.0	87.5
1983	1731.4	1498.2	311.1	245.6	65.5		51.2	86.5
1984	1824.8	1537.3	324.9	247.0	77.9		53.4	84.3
1985	1887.1	1584.8	341.6	261.4	80.1	0.1	54.5	84.0
1986	1934.6	1622.6	351.9	269.4	82.3	0.2	55.1	83.9
1987	1981.4	1668.4	365.3	281.4	83.7	0.2	55.7	84.2
1988	2055.3	1723.0	379.2	293.8	85.0	0.4	56.6	83.8
1989	2107.2	1760.4	380.1	298.3	81.3	0.5	57.0	83.5
1990	2175.3	1816.5	386.2	304.0	81.6	0.6	57.1	83.5
1991	2248.8	1874.5	398.9	313.9	83.9	1.1	58.2	83.4
1992	2354.0	1870.4	408.4	322.0	84.4	2.0	60.2	79.5
1993	2418.7	1903.7	412.0	326.9	80.4	4.7	61.0	78.7
1994	2636.1	2007.7	413.5	328.6	79.2	5.7	65.6	76.2
1995	2653.3	2100.5	411.3	332.7	71.4	7.2	63.3	79.2
1996	2735.4	2107.2	412.0	336.0	68.8	7.2	66.6	77.0
1997	2768.8	2120.6	409.4	334.0	67.6	7.8	66.7	76.6
1998	2809.1	2094.3	322.5	254.9	41.0	26.6	67.0	74.6
1999	2830.2	2089.0	305.9	242.8	36.3	26.8	66.9	73.8
2000	2898.2	2060.9	291.6	231.8	33.0	26.8	69.8	71.1
2001	2898.5	2054.8	279.3	222.2	27.9	29.2	69.2	70.9
2002	2911.6	2130.6	261.9	206.8	22.8	32.3	69.0	73.2
2003	3016.6	2168.2	256.7	196.1	20.0	40.6	70.9	71.9
2004	3073.5	2214.0	258.4	192.4	17.5	48.5	71.8	72.0
2005	3130.0	2276.7	264.8	191.3	17.6	55.9	72.6	72.7
2006	3210.4	2321.1	271.9	191.9	16.0	64.0	74.0	72.3
2007	3290.6	2369.6	275.0	190.5	16.3	68.2	75.3	72.0
2008	3353.0	2404.5	275.2	186.6	13.9	74.7	76.2	71.7
2009	3413.8	2445.2	273.8	187.4	12.6	73.8	77.0	71.6
2010	3417.6	2388.0	279.6	187.8	12.5	79.3	76.6	69.9
2011	3436.6	2378.0	311.3	185.3	15.7	110.2	76.8	69.2
2012	3434.4	2364.0	360.9	195.2	15.6	150.1	76.7	68.8
2013	3432.6	2362.0	410.0	173.0	12.6	224.4	76.7	68.8
2014	3437.8	2348.0	426.0	175.7	12.4	238.0	76.7	68.3
2015	3439.3	2338.0	440.1	180.8	11.8	247.5	76.7	68.0
2016	3443.3	2332.0	431.8	172.3	9.9	249.6	76.6	67.7
2017	3454.2	2317.0	427.5	171.2	9.0	247.3	76.6	67.1
2018	3455.8	2295.0	400.3	158.3	8.8	233.2	76.6	66.4
2019	3454.1	2278.0	407.1	152.3	7.4	247.3	76.5	66.0
2020	3457.5	2264.0	412.3	159.4	7.1	245.8	76.5	65.5

注：自1998年起,职工人数为在岗职工人数。自2012年起，职工人数含劳务派遣人员。按照国家统计局统一要求，对第六次和第七次全国人口普查之间的2010年至2019年主要就业数据进行了修订。

a) After 1998, the number of staff and workers refers to the number of employed staff and workers. After 2012, dispatched laborers are included in staff and workers. In accordance with the unified requirements of National Bureau of Statistics, the main indicators on employment between the 6th and 7th National Census and from 2010 to 2019 are adjusted for data comparability.

3-2 三次产业社会就业人员数
Number of Employed Persons by Three Strata of Industry

年 份 地 区 Year Region	合 计 (万人) Total (10 000 persons)	第一产业 Primary Industry	第二产业 Secondary Industry	第三产业 Tertiary Industry	构 成 (以合计数为100) Composition (Total=100) 第一产业 Primary Industry	第二产业 Secondary Industry	第三产业 Tertiary Industry
1978	1254.3	968.7	163.4	122.2	77.2	13.0	9.8
1979	1307.0	1015.3	163.9	127.8	77.7	12.5	9.8
1980	1356.3	1053.8	166.9	135.6	77.7	12.3	10.0
1981	1409.8	1093.4	172.7	143.7	77.6	12.2	10.2
1982	1434.0	1100.9	180.4	152.7	76.8	12.6	10.6
1983	1498.2	1133.6	195.3	169.3	75.7	13.0	11.3
1984	1537.3	1117.8	216.3	203.2	72.7	14.1	13.2
1985	1584.8	1057.2	320.5	207.1	66.7	20.2	13.1
1986	1622.6	1068.1	330.6	223.9	65.8	20.4	13.8
1987	1668.4	1098.3	339.3	230.8	65.8	20.4	13.8
1988	1723.0	1111.6	368.1	243.3	64.5	21.4	14.1
1989	1760.4	1146.4	367.0	247.0	65.1	20.9	14.0
1990	1816.5	1193.1	368.6	254.8	65.7	20.3	14.0
1991	1874.5	1224.2	388.7	261.6	65.3	20.7	14.0
1992	1870.4	1186.2	412.9	271.3	63.4	22.0	14.6
1993	1903.7	1085.9	462.5	355.3	57.3	24.3	18.4
1994	2007.7	1127.2	493.3	387.2	56.1	24.6	19.3
1995	2100.5	1071.7	525.1	503.7	51.0	25.0	24.0
1996	2107.2	1049.7	539.7	517.8	49.8	25.6	24.6
1997	2120.6	1000.9	549.8	569.9	47.2	25.9	26.9
1998	2094.3	975.5	548.8	570.0	46.6	26.2	27.2
1999	2089.0	969.3	530.7	589.0	46.4	25.4	28.2
2000	2060.9	960.9	502.8	597.2	46.6	24.4	29.0
2001	2054.8	949.6	482.6	622.6	46.2	23.5	30.3
2002	2130.6	964.5	483.8	682.3	45.3	22.7	32.0
2003	2168.2	910.7	568.0	689.5	42.0	26.2	31.8
2004	2214.0	907.7	598.4	707.9	41.0	27.0	32.0
2005	2276.7	907.5	619.5	749.7	39.9	27.2	32.9
2006	2321.1	907.4	639.5	774.2	39.1	27.5	33.4
2007	2369.6	900.8	663.3	805.5	38.0	28.0	34.0
2008	2404.5	900.1	675.0	829.4	37.4	28.1	34.5
2009	2445.2	892.6	710.1	842.5	36.5	29.0	34.5
2010	2388.0	850.1	706.8	831.1	35.6	29.6	34.8
2011	2378.0	806.1	715.8	856.1	33.9	30.1	36.0
2012	2364.0	758.8	728.2	877.0	32.1	30.8	37.1
2013	2362.0	722.8	741.6	897.6	30.6	31.4	38.0
2014	2348.0	680.9	749.0	918.1	29.0	31.9	39.1
2015	2338.0	645.3	757.5	935.2	27.6	32.4	40.0
2016	2332.0	608.7	760.2	963.1	26.1	32.6	41.3
2017	2317.0	572.3	762.3	982.4	24.7	32.9	42.4
2018	2295.0	527.9	764.2	1002.9	23.0	33.3	43.7
2019	2278.0	489.8	765.4	1022.8	21.5	33.6	44.9
2020	2264.0	455.0	767.0	1042.0	20.1	33.9	46.0

注：按照国家统计局统一要求，对第六次和第七次全国人口普查之间的2010年至2019年主要就业数据进行了修订，后同。

a) In accordance with the unified requirements of National Bureau of Statistics, the main indicators on employment between the 6th and 7th National Census and from 2010 to 2019 are adjusted for data comparability. The same applies to the following tables.

3-3 各地区社会就业人员数
Number of Employed Persons by Region

单位: 万人 (10 000 persons)

地 区	Region	2010	2011	2012	2013	2014	2015	2016	2017	2018	2019	2020
全 省	**Provincial Total**	**2388.0**	**2378.0**	**2364.0**	**2362.0**	**2348.0**	**2338.0**	**2332.0**	**2317.0**	**2295.0**	**2278.0**	**2264.0**
南昌市	Nanchang	281.2	287.1	292.3	298.4	303.9	308.2	313.3	319.2	322.9	327.4	330.0
景德镇市	Jingdezhen	83.8	83.4	83.1	82.9	82.6	82.2	81.9	81.6	81.2	81.0	79.9
萍乡市	Pingxiang	99.0	98.1	97.2	96.1	94.8	93.9	93.3	92.5	91.4	90.3	89.1
九江市	Jiujiang	246.1	243.9	241.9	240.2	238.1	236.2	233.9	232.2	229.7	227.3	224.8
新余市	Xinyu	62.9	62.8	62.7	62.5	62.4	62.3	62.3	62.2	62.0	61.9	61.8
鹰潭市	Yingtan	61.6	61.3	60.9	60.7	60.3	60.0	59.8	59.4	58.9	58.6	58.4
赣州市	Ganzhou	439.1	440.6	441.9	443.3	444.9	446.1	447.4	448.6	449.9	451.2	452.3
吉安市	Ji'an	269.6	264.5	258.7	256.9	251.1	246.4	243.8	236.1	227.5	219.2	215.5
宜春市	Yichun	299.5	295.4	290.2	288.5	281.6	277.9	275.3	269.5	261.7	256.4	253.2
抚州市	Fuzhou	211.9	208.7	204.5	202.6	199.1	195.9	193.4	188.9	184.3	180.4	177.4
上饶市	Shangrao	333.3	332.2	330.6	329.9	329.2	328.9	327.6	326.8	325.5	324.3	321.6

3-4 各地区第一产业就业人员数
Number of Employed Persons in Primary Industry by Region

单位: 万人 (10 000 persons)

地 区	Region	2010	2011	2012	2013	2014	2015	2016	2017	2018	2019	2020
全 省	**Provincial Total**	**850.1**	**806.1**	**758.8**	**722.8**	**680.9**	**645.3**	**608.7**	**572.3**	**527.9**	**489.8**	**455.0**
南昌市	Nanchang	68.0	65.7	63.7	61.8	60.5	58.6	57.0	56.5	55.2	54.0	53.1
景德镇市	Jingdezhen	24.2	23.0	21.8	20.8	19.9	19.1	18.3	17.4	16.6	15.9	15.0
萍乡市	Pingxiang	26.4	25.1	23.6	22.7	21.5	20.6	19.9	19.1	18.1	17.2	16.3
九江市	Jiujiang	84.4	80.2	75.7	71.6	67.1	63.8	60.6	56.9	52.8	49.3	46.8
新余市	Xinyu	24.7	23.5	22.1	21.1	20.0	19.1	18.1	17.2	16.2	15.1	14.0
鹰潭市	Yingtan	24.3	22.7	20.8	19.7	18.5	17.3	16.1	15.0	13.7	12.6	11.6
赣州市	Ganzhou	176.1	167.0	158.1	149.7	140.0	131.6	122.6	114.8	105.3	97.5	88.2
吉安市	Ji'an	112.7	105.3	97.8	93.0	86.4	81.1	76.3	69.6	62.1	55.5	50.6
宜春市	Yichun	117.7	111.1	103.0	97.2	89.5	83.6	77.9	72.0	64.4	58.2	52.9
抚州市	Fuzhou	86.9	82.4	77.3	73.9	69.9	66.4	62.3	58.4	52.9	48.3	43.8
上饶市	Shangrao	104.6	100.0	94.9	91.4	87.5	84.2	79.6	75.5	70.6	66.2	62.7

3-5 各地区第二产业就业人员数
Number of Employed Persons in Secondary Industry by Region

单位: 万人 (10 000 persons)

地 区	Region	2010	2011	2012	2013	2014	2015	2016	2017	2018	2019	2020
全 省	**Provincial Total**	**706.8**	**715.8**	**728.1**	**741.7**	**749.0**	**757.5**	**760.2**	**762.3**	**764.2**	**765.4**	**767.0**
南昌市	Nanchang	90.0	93.9	97.3	101.5	104.2	107.3	109.0	110.8	111.4	112.6	112.9
景德镇市	Jingdezhen	28.5	28.6	28.9	29.4	29.5	29.7	29.3	29.5	29.2	28.9	28.4
萍乡市	Pingxiang	40.0	40.1	40.5	40.4	40.2	40.2	39.8	39.7	39.4	39.2	38.8
九江市	Jiujiang	82.9	83.4	84.2	85.5	86.0	86.2	85.6	85.9	85.7	85.2	84.1
新余市	Xinyu	20.7	21.3	22.0	22.4	22.8	23.2	23.5	23.7	23.8	24.1	24.2
鹰潭市	Yingtan	17.1	17.4	18.0	18.1	18.1	18.3	18.3	18.4	18.2	18.1	18.2
赣州市	Ganzhou	126.9	129.1	131.8	135.4	139.4	142.8	145.0	147.1	149.4	149.8	152.0
吉安市	Ji'an	67.7	68.2	68.8	69.6	69.6	69.2	68.8	67.5	66.7	65.5	65.5
宜春市	Yichun	78.8	79.2	80.7	82.5	82.5	83.4	83.4	82.5	81.9	81.5	82.0
抚州市	Fuzhou	50.0	49.7	49.7	49.8	49.4	48.8	48.7	47.8	48.3	48.7	49.1
上饶市	Shangrao	104.3	105.0	106.1	106.9	107.3	108.5	108.8	109.5	110.3	111.6	111.9

3-6 各地区第三产业就业人员数
Number of Employed Persons in Tertiary Industry by Region

单位: 万人 (10 000 persons)

地 区	Region	2010	2011	2012	2013	2014	2015	2016	2017	2018	2019	2020
全 省	**Provincial Total**	**831.0**	**856.1**	**877.0**	**897.6**	**918.1**	**935.2**	**963.1**	**982.4**	**1002.9**	**1022.8**	**1042.0**
南昌市	Nanchang	123.1	127.5	131.2	135.2	139.2	142.4	147.3	151.9	156.3	160.8	164.0
景德镇市	Jingdezhen	31.1	31.8	32.4	32.7	33.2	33.5	34.2	34.8	35.5	36.2	36.5
萍乡市	Pingxiang	32.6	32.9	33.0	33.1	33.1	33.1	33.6	33.8	33.9	33.9	34.0
九江市	Jiujiang	78.7	80.2	82.0	83.1	85.0	86.2	87.7	89.4	91.2	92.7	94.0
新余市	Xinyu	17.5	18.0	18.6	19.0	19.6	20.1	20.7	21.3	22.0	22.7	23.7
鹰潭市	Yingtan	20.3	21.2	22.0	22.8	23.6	24.4	25.4	26.1	27.0	27.9	28.7
赣州市	Ganzhou	136.1	144.5	152.0	158.3	165.5	171.7	179.9	186.6	195.3	203.9	212.1
吉安市	Ji'an	89.2	91.0	92.1	94.3	95.2	96.1	98.7	98.9	98.7	98.2	99.3
宜春市	Yichun	103.0	105.2	106.5	108.8	109.5	110.9	114.0	115.1	115.4	116.7	118.3
抚州市	Fuzhou	75.0	76.6	77.5	78.8	79.8	80.7	82.4	82.7	83.1	83.3	84.5
上饶市	Shangrao	124.3	127.2	129.6	131.6	134.3	136.2	139.2	141.8	144.5	146.6	147.0

3-7 各地区城镇就业人员数
Number of Employed Persons in Urban Areas by Region

单位: 万人 (10 000 persons)

地 区	Region	2010	2011	2012	2013	2014	2015	2016	2017	2018	2019	2020
全 省	**Provincial Total**	**900.3**	**941.7**	**981.1**	**1029.8**	**1066.0**	**1112.9**	**1154.3**	**1195.6**	**1232.4**	**1266.6**	**1296.0**
南昌市	Nanchang	167.6	175.1	182.4	191.0	198.4	206.5	214.9	224.4	232.5	241.0	247.5
景德镇市	Jingdezhen	41.6	42.3	43.0	44.1	44.7	45.4	46.3	47.2	48.2	49.1	49.1
萍乡市	Pingxiang	52.3	52.9	53.5	54.1	54.3	55.1	55.9	56.6	57.1	57.4	57.4
九江市	Jiujiang	88.8	93.2	97.5	102.3	106.2	111.3	115.3	119.8	123.8	127.3	129.9
新余市	Xinyu	34.6	35.5	36.3	37.2	37.9	38.9	40.0	40.9	41.8	42.6	43.3
鹰潭市	Yingtan	25.3	26.4	27.3	28.7	29.5	30.8	31.8	32.9	33.9	34.9	35.7
赣州市	Ganzhou	137.4	146.7	156.0	166.2	175.3	186.0	196.0	206.4	216.9	227.0	236.1
吉安市	Ji'an	83.0	86.0	88.5	92.7	94.7	97.8	100.9	102.5	103.3	103.2	104.9
宜春市	Yichun	86.3	92.2	97.5	104.7	108.7	115.3	120.3	124.2	126.9	129.7	133.2
抚州市	Fuzhou	64.6	68.7	72.2	76.8	80.0	83.6	86.4	89.0	91.0	92.9	94.6
上饶市	Shangrao	118.6	122.9	127.0	132.0	136.3	142.1	146.4	151.6	156.9	161.5	164.4

3-8 各地区乡村就业人员数
Number of Employed Persons in Rural Areas by Region

单位: 万人 (10 000 persons)

地 区	Region	2010	2011	2012	2013	2014	2015	2016	2017	2018	2019	2020
全 省	**Provincial Total**	**1487.7**	**1436.3**	**1382.9**	**1332.2**	**1282.0**	**1225.1**	**1177.7**	**1121.4**	**1062.6**	**1011.4**	**968.0**
南昌市	Nanchang	113.6	112.0	109.9	107.4	105.5	101.7	98.4	94.8	90.4	86.4	82.5
景德镇市	Jingdezhen	42.3	41.1	40.1	38.8	37.9	36.8	35.6	34.4	33.0	31.9	30.9
萍乡市	Pingxiang	46.7	45.2	43.7	42.0	40.5	38.8	37.4	35.9	34.3	32.9	31.7
九江市	Jiujiang	157.2	150.7	144.4	137.9	131.9	124.9	118.6	112.4	105.9	100.0	94.9
新余市	Xinyu	28.2	27.3	26.4	25.3	24.5	23.4	22.3	21.3	20.2	19.3	18.5
鹰潭市	Yingtan	36.3	34.9	33.6	32.0	30.8	29.2	28.0	26.5	25.0	23.7	22.7
赣州市	Ganzhou	301.7	293.9	285.9	277.1	269.6	260.1	251.4	242.2	233.0	224.2	216.2
吉安市	Ji'an	186.5	178.5	170.2	164.2	156.4	148.6	142.9	133.6	124.2	116.0	110.5
宜春市	Yichun	213.3	203.2	192.7	183.8	172.9	162.6	155.0	145.3	134.8	126.7	120.0
抚州市	Fuzhou	147.3	140.0	132.3	125.8	119.1	112.3	107.0	99.9	93.3	87.5	82.8
上饶市	Shangrao	214.6	209.3	203.6	197.9	192.9	186.8	181.2	175.2	168.6	162.8	157.3

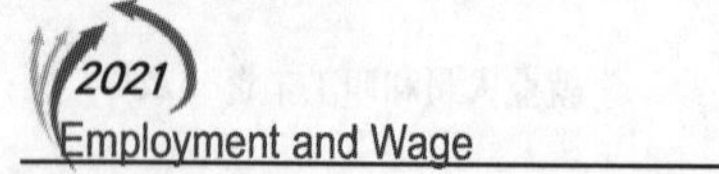

3-9 城镇登记失业人数及登记失业率
Unemployed Persons and Unemployment Rate in Urban Areas

年份 地区 Year Region	城镇登记失业人数 (万人) Unemployed Persons in Urban Areas (10 000 persons)	#失业青年 Unemployed-Youth	占城镇登记失业人数(%) Percentage to Unemployed Persons in Urban Areas(%)	登记失业率 (%) Unemployment Rate (%)
1978	21.38			7.39
1979	15.17	13.35	88.0	5.31
1980	17.03	14.43	84.7	5.59
1981	14.58	11.61	79.6	4.57
1982	14.81	11.63	78.5	4.47
1983	13.26	10.60	79.9	3.98
1984	7.57	6.10	80.6	2.21
1985	5.21	4.74	91.0	1.45
1986	5.42	4.98	91.9	1.46
1987	5.56	4.83	86.9	1.45
1988	6.17	5.57	90.3	1.53
1989	6.95	6.60	95.0	1.69
1990	10.26	9.60	93.6	2.44
1991	10.56	10.14	96.0	2.40
1992	8.65	7.92	91.6	1.92
1993	8.65	8.29	95.8	1.82
1994	8.85	7.13	80.6	1.79
1995	8.66	7.48	86.3	1.57
1996	10.10	6.36	63.1	2.20
1997	14.22	8.52	60.0	2.32
1998	14.45	8.26	57.2	2.47
1999	15.50	5.95	38.4	2.60
2000	16.68	5.45	32.7	2.90
2001	17.28	3.39	19.6	3.30
2002	17.76	3.86	21.7	3.40
2003	21.62	4.21	19.5	3.80
2004	22.42	4.39	19.5	3.56
2005	22.84	3.87	16.90	3.48
2006	25.27	3.83	15.20	3.64
2007	24.34	2.41	9.90	3.37
2008	25.99	2.12	8.15	3.42
2009	27.30	1.36	4.98	3.44
2010	26.26	0.94	3.58	3.31
2011	24.64	1.44	5.84	3.20
2012	25.72	1.03	4.00	3.00
2013	27.42	1.19	4.34	3.17
2014	29.41	1.25	4.25	3.27
2015	29.95	1.35	4.51	3.35
2016	31.33	1.38	4.40	3.35
2017	32.33	0.81	2.51	3.34
2018	35.10	0.83	2.36	3.44
2019	27.49	0.78	2.84	2.93
2020	29.93	0.69	2.31	3.15

注：自1999年起失业青年为长期失业者。

a) Unemployed youth are the long-term unemployed since 1999.

3-10 城镇非私营单位就业人员年末人数、工资(2020年)

Number and Wage of Employed Persons in Urban Non-Private Units at Year-end (2020)

类 别	Type	就业人员人数(人) Number of Employed Persons (person)	就业人员平均工资(元) Average Wage of Employed Persons (yuan)
总 计	**Total**	**4515089**	**78182**
按经济类型分	**Classified by Types of Ownership**		
国有单位	State-owned	1690073	94065
城镇集体单位	Collective-owned	84456	56105
其他单位	Others	2740559	69087
#股份合作	Cooperative	16629	68630
联营	Joint Ownership	4041	83675
有限责任公司	Limited Liability Corporations	1906075	68253
股份有限公司	Share-holding Corporations Ltd.	371053	84142
其他内资	Other Domestic Enterprises	91301	60881
港澳台商投资	Funds from Hong Kong,Macao&Taiwan	208004	59264
外商投资	Foreign Funded	143457	60193
按国民经济行业分	**Classified by Sector**		
农、林、牧、渔业	Agriculture, Forestry, Animal Husbandry and Fishery	24909	51748
采矿业	Mining	28676	66591
制造业	Manufacturing	1087315	66362
电力、热力、燃气及水生产和供应业	Production and Supply of Electricity, Heat, Gas and Water	96119	90923
建筑业	Construction	795196	62753
批发和零售业	Wholesale and Retail Trades	159552	66171
交通运输、仓储和邮政业	Transport, Storage and Post	186098	89359
住宿和餐饮业	Hotels and Catering Services	37177	41130
信息传输、软件和信息技术服务业	Information Transmission, Software and Information Technology	54884	95779
金融业	Financial Intermediation	179635	94077
房地产业	Real Estate	99231	72990
租赁和商务服务业	Leasing and Business Services	74046	62533
科学研究和技术服务业	Scientific Research and Technical Services	70665	102246
水利、环境和公共设施管理业	Management of Water Conservancy, Environment and Public Facilities	56717	40970
居民服务、修理和其他服务业	Services to Households, Repair and Other Services	9978	48871
教育	Education	616148	87012
卫生和社会工作	Health and Social Services	284269	103695
文化、体育和娱乐业	Culture, Sports and Entertainment	32808	80903
公共管理、社会保障和社会组织	Public Management, Social Security and Social Organization	621667	96820
按地区分	**By Region**		
南 昌 市	Nanchang	1239463	89797
景德镇市	Jingdezhen	145242	70350
萍 乡 市	Pingxiang	167140	80056
九 江 市	Jiujiang	436718	78076
新 余 市	Xinyu	127350	82197
鹰 潭 市	Yingtan	125496	77110
赣 州 市	Ganzhou	562157	73723
吉 安 市	Ji'an	379257	67814
宜 春 市	Yichun	440303	69106
抚 州 市	Fuzhou	365519	69137
上 饶 市	Shangrao	422176	70543

3-11 城镇非私营单位在岗职工年末人数、工资(2020年)
Number and Wage of Employed Staff and Workers in Urban Non-Private Units at Year-end (2020)

类别	Type	在岗职工人数（人）Number of Employed Staff and Workers (person)	在岗职工平均工资（元）Average Wage of Employed Staff and Workers(yuan)
总计	**Total**	**4122577**	**80503**
按经济类型分	**Classified by Types of Ownership**		
国有单位	State-owned	1593934	97378
城镇集体单位	Collective-owned	70672	57387
其他单位	Others	2457971	70233
#股份合作	Cooperative	15020	69581
联营	Joint Ownership	3865	84615
有限责任公司	Limited Liability Corporations	1705542	68328
股份有限公司	Share-holding Corporations Ltd.	315940	91434
其他内资	Other Domestic Enterprises	87682	61706
港澳台商投资	Funds from Hong Kong,Macao&Taiwan	207206	59227
外商投资	Foreign Funded	122716	66529
按国民经济行业分	**Classified by Sector**		
农、林、牧、渔业	Agriculture, Forestry, Animal Husbandry and Fishery	22145	53313
采矿业	Mining	27984	67357
制造业	Manufacturing	1075511	66502
电力、热力、燃气及水生产和供应业	Production and Supply of Electricity, Heat, Gas and Water	82525	95474
建筑业	Construction	611661	61194
批发和零售业	Wholesale and Retail Trades	153197	67474
交通运输、仓储和邮政业	Transport, Storage and Post	180583	90426
住宿和餐饮业	Hotels and Catering Services	34443	42556
信息传输、软件和信息技术服务业	Information Transmission, Software and Information Technology	50628	98222
金融业	Financial Intermediation	109541	131839
房地产业	Real Estate	95727	73783
租赁和商务服务业	Leasing and Business Services	69500	63058
科学研究和技术服务业	Scientific Research and Technical Services	68076	104139
水利、环境和公共设施管理业	Management of Water Conservancy, Environment and Public Facilities	49607	43108
居民服务、修理和其他服务业	Services to Households, Repair and Other Services	9609	49710
教育	Education	593614	88987
卫生和社会工作	Health and Social Services	273644	105862
文化、体育和娱乐业	Culture, Sports and Entertainment	31089	83793
公共管理、社会保障和社会组织	Public Management, Social Security and Social Organization	583492	100577
按地区分	**By Region**		
南昌市	Nanchang	1045395	93774
景德镇市	Jingdezhen	141512	70941
萍乡市	Pingxiang	152829	84381
九江市	Jiujiang	404265	81455
新余市	Xinyu	119036	85324
鹰潭市	Yingtan	117477	79399
赣州市	Ganzhou	541325	75085
吉安市	Ji'an	356770	70103
宜春市	Yichun	416884	70644
抚州市	Fuzhou	337099	71861
上饶市	Shangrao	397865	72108

注：在岗职工含劳务派遣人员。

a)Number of employed staff and workers includes dispatched laborers.

3-12 城镇非私营单位各种分组的就业人员人数(2020年末)

Number of Employed Persons in Urban Non-Private Units by Types of Groups (end of 2020)

单位：人 (person)

类别	Type	合计 Total	国有单位 State-owned Units	城镇集体单位 Urban Collective-owned Units	其他单位 Units of Other Types of Ownership
总计	**Total**	**4515089**	**1690073**	**84456**	**2740559**
按国民经济行业分	**Grouped by Sector**				
农、林、牧、渔业	Agriculture, Forestry, Animal Husbandry and Fishery	24909	20123	498	4288
采矿业	Mining	28676	3482	260	24934
制造业	Manufacturing	1087315	24770	3339	1059206
电力、热力、燃气及水生产和供应业	Production and Supply of Electricity, Heat, Gas and Water	96119	11383	222	84514
建筑业	Construction	795196	46054	59846	689296
批发和零售业	Wholesale and Retail Trades	159552	17203	1000	141350
交通运输、仓储和邮政业	Transport, Storage and Post	186098	32817	1808	151473
住宿和餐饮业	Hotels and Catering Services	37177	5842	205	31130
信息传输、软件和信息技术服务业	Information Transmission, Software and Information Technology	54884	4401	353	50130
金融业	Financial Intermediation	179635	21620	80	157935
房地产业	Real Estate	99231	4383	517	94330
租赁和商务服务业	Leasing and Business Services	74046	19332	1813	52902
科学研究和技术服务业	Scientific Research and Technical Services	70665	41688	966	28011
水利、环境和公共设施管理业	Management of Water Conservancy, Environment and Public Facilities	56717	14958	449	41309
居民服务、修理和其他服务业	Services to Households, Repair and Other Services	9978	1384	142	8452
教育	Education	616148	536816	7181	72151
卫生和社会工作	Health and Social Services	284269	246424	4495	33350
文化、体育和娱乐业	Culture, Sports and Entertainment	32808	20990	401	11418
公共管理、社会保障和社会组织	Public Management, Social Security and Social Organization	621667	616404	882	4381

3-13 城镇非私营单位各种分组的在岗职工人数(2020年末)

Number of Employed Staff and Workers in Urban Non-Private Units by Types of Groups (end of 2020)

单位：人 (person)

类别	Type	合计 Total	国有单位 State-owned Units	城镇集体单位 Urban Collective-owned Units	其他单位 Units of Other Types of Ownership
总计	**Total**	**4122577**	**1593934**	**70672**	**2457971**
按国民经济行业分	**Grouped by Sector**				
农、林、牧、渔业	Agriculture, Forestry, Animal Husbandry and Fishery	22145	17470	467	4208
采矿业	Mining	27984	3411	260	24313
制造业	Manufacturing	1075511	24604	3279	1047628
电力、热力、燃气及水生产和供应业	Production and Supply of Electricity, Heat, Gas and Water	82525	10719	210	71595
建筑业	Construction	611661	30409	47610	533642
批发和零售业	Wholesale and Retail Trades	153197	16468	965	135764
交通运输、仓储和邮政业	Transport, Storage and Post	180583	31060	1708	147815
住宿和餐饮业	Hotels and Catering Services	34443	5387	165	28892
信息传输、软件和信息技术服务业	Information Transmission, Software and Information Technology	50628	4334	353	45941
金融业	Financial Intermediation	109541	20651	75	88816
房地产业	Real Estate	95727	4198	486	91043
租赁和商务服务业	Leasing and Business Services	69500	18565	1721	49214
科学研究和技术服务业	Scientific Research and Technical Services	68076	40063	947	27067
水利、环境和公共设施管理业	Management of Water Conservancy, Environment and Public Facilities	49607	11894	431	37282
居民服务、修理和其他服务业	Services to Households, Repair and Other Services	9609	1336	138	8135
教育	Education	593614	517422	6708	69484
卫生和社会工作	Health and Social Services	273644	236803	4110	32731
文化、体育和娱乐业	Culture, Sports and Entertainment	31089	20080	370	10639
公共管理、社会保障和社会组织	Public Management, Social Security and Social Organization	583492	579062	668	3762

3-14 城镇非私营单位职工工资总额和平均工资

Total Wages Bill and Average Wage of Staff and Workers in Urban Non-Private Units

年 份 Year	工资总额 (万元) Total Wages Bill (10 000 yuan)	国有经济单位 State-owned Units	城镇集体经济单位 Urban Collective-owned Units	其他各种经济单位 Units of Other Types of Ownership	平均工资 (元) Average Wage (yuan)	国有经济单位 State-owned Units	城镇集体经济单位 Urban Collective-owned Units	其他各种经济单位 Units of Other Types of Ownership
1978	145123	122929	22194		552	562	500	
1979	161102	135538	25564		603	624	512	
1980	199674	167220	32454		713	733	625	
1981	210974	175632	35342		719	745	613	
1982	223632	185973	37659		732	758	625	
1983	230035	190050	39985		747	774	640	
1984	284282	230178	54067	37	894	949	716	949
1985	329858	266560	63213	86	997	1052	817	1132
1986	394647	321560	72890	197	1147	1215	919	1190
1987	431756	352660	78895	202	1215	1286	974	1312
1988	533074	440107	92403	564	1446	1539	1121	1675
1989	583499	486785	95917	798	1562	1658	1205	1809
1990	656975	551602	104213	1160	1729	1843	1300	2079
1991	719291	598920	118234	2137	1842	1946	1446	2329
1992	860275	724646	131368	4261	2154	2295	1606	2414
1993	1042007	883776	144510	13720	2580	2753	1842	3114
1994	1407031	1207665	176282	23084	3450	3720	2268	4214
1995	1621603	1393677	189980	37946	4211	4427	2990	5623
1996	1858269	1588203	218857	51209	4852	5050	3562	7275
1997	1944011	1666516	219199	58297	5089	5303	3636	7843
1998	1739295	1400368	152032	186895	5384	5473	3720	7104
1999	2057811	1675969	170518	211325	6749	6930	4692	7913
2000	2047372	1681669	151720	213983	7014	7249	4676	7798
2001	2255433	1864519	144576	246339	8026	8346	5149	8349
2002	2437527	2001095	133577	302855	9262	9607	5859	9444
2003	2710865	2161536	137779	411551	10521	10918	6905	10359
2004	3054546	2367213	136642	550691	11860	12291	7873	11569
2005	3583091	2726459	157004	699628	13688	14276	8952	13140
2006	4170749	3136396	160449	873904	15590	16491	10102	14220
2007	4994197	3703412	203353	1087433	18400	19624	12574	16344
2008	5732519	4204570	192028	1335921	21000	22608	13934	18247
2009	6713864	4900030	205362	1608472	24696	26247	16624	22088
2010	8071398	5796975	223793	2050630	29092	30985	18194	26272
2011	9970075	6256416	378133	3335526	34055	36939	24265	30939
2012	12823272	7891818	455102	4476352	39651	40712	30608	39030
2013	17789724	8248934	435385	9105405	43582	47238	36185	41101
2014	19882093	8981797	491409	10408887	47299	51406	41022	44550
2015	22796952	10470884	529037	11797031	52137	58565	46734	47734
2016	24553020	11513470	481493	12558057	57470	67536	50045	50815
2017	26478273	12879242	459114	13139917	63069	76018	52596	54369
2018	27995956	12865039	494381	14636535	70772	81872	58143	63654
2019	30647348	13568230	421702	16657417	76131	89791	57636	68231
2020	32862058	15357305	396964	17107789	80503	97378	57387	70233

注:自1998年起,职工工资为在岗职工工资。自2012年起，平均工资含劳务派遣人员工资。

a) Since 1998,wage of staff and workers refers to wage of employed staff and workers.Since 2012,average wage includes dispatched laborers' wage.

3-15 城镇非私营单位职工平均工资指数
Average Wage Indices of Staff and Workers in Urban Non-Private Units

(上年=100)

(preceding year=100)

年 份 Year	货币工资指数 Currency Wages Indices	国有经济单位 State-owned Units	城镇集体经济单位 Urban Collective-owned Units	其他各种经济单位 Units of Other Types of Ownership	实际工资指数 Actual Wages Indices	国有经济单位 State-owned Units	城镇集体经济单位 Urban Collectiv-owned Units	其他各种经济单位 Units of Other Types of Ownership
1978	106.8	105.4	102.0		106.6	105.2	101.8	
1979	109.2	111.0	102.4		107.0	108.7	100.3	
1980	118.2	117.5	122.1		112.0	111.4	115.7	
1981	100.8	101.6	98.1		97.1	97.9	94.5	
1982	101.8	101.7	102.0		98.7	98.6	98.9	
1983	102.0	102.1	102.4		100.1	100.2	100.5	
1984	119.7	122.6	111.9		116.7	119.5	109.1	
1985	111.5	110.9	114.1	119.3	102.5	101.9	104.9	109.7
1986	115.0	115.5	112.5	105.1	108.5	108.7	106.1	99.2
1987	105.9	105.8	106.0	108.0	98.1	98.1	98.2	100.1
1988	119.0	119.7	115.1	127.7	96.2	96.8	93.0	103.2
1989	108.0	107.7	107.5	108.0	92.2	91.9	91.7	92.2
1990	110.7	111.2	107.9	114.9	109.1	109.6	106.3	113.2
1991	106.5	105.6	111.2	112.0	102.0	101.1	106.5	107.3
1992	116.9	117.9	111.1	103.6	108.7	109.7	103.3	96.4
1993	115.9	115.9	111.5	127.8	100.1	100.1	96.3	110.4
1994	138.2	139.8	126.1	136.6	108.9	110.2	99.4	107.6
1995	122.1	119.0	131.8	133.4	104.4	101.8	112.7	114.1
1996	115.2	114.1	105.8	129.4	106.6	105.5	97.9	119.7
1997	104.9	105.0	102.1	107.8	101.8	101.9	99.1	104.7
1998	105.8	103.2	102.3	90.6	104.8	102.2	101.3	89.7
1999	125.4	126.6	126.1	111.4	127.2	128.4	127.9	112.9
2000	103.9	104.6	99.7	98.5	103.5	104.2	99.4	98.2
2001	114.4	115.1	110.1	107.0	114.9	115.7	110.7	107.5
2002	115.4	115.1	113.8	113.1	115.3	114.9	113.7	112.9
2003	113.6	113.6	117.9	109.7	112.7	112.7	117.0	108.8
2004	112.7	112.6	114.0	111.7	108.9	108.8	110.1	107.9
2005	115.4	116.2	113.7	113.6	113.5	114.3	111.8	111.7
2006	113.9	115.5	112.8	108.2	112.5	114.1	111.5	106.9
2007	118.0	119.0	124.5	114.9	112.6	113.5	118.8	109.6
2008	114.1	115.2	110.8	111.6	107.5	108.7	104.5	105.3
2009	117.6	116.1	119.3	121.1	118.4	116.9	120.1	122.0
2010	117.8	118.1	109.4	118.9	114.4	114.7	106.2	115.4
2011	117.1	119.2	133.4	117.8	111.3	113.3	126.8	112.0
2012	116.3	110.7	125.7	124.1	113.2	107.8	122.4	120.8
2013	109.9	116.0	118.2	105.3	107.2	113.2	115.3	102.7
2014	108.5	108.8	113.4	108.4	106.1	106.4	110.9	106.0
2015	110.2	113.9	113.9	107.1	108.6	112.2	112.2	105.5
2016	110.2	115.3	107.1	106.5	108.0	113.0	105.0	104.4
2017	109.7	112.6	105.1	107.0	107.5	110.4	103.0	104.9
2018	112.2	107.7	110.5	117.1	109.9	105.5	108.2	114.7
2019	107.6	109.7	99.3	107.2	104.6	106.6	96.5	104.2
2020	105.7	108.4	99.6	102.9	103.0	105.7	97.1	100.3

3-16 城镇非私营单位各种分组的就业人员工资总额(2020年)
Total Wages Bill of Employed Persons by Types of Groups in Urban Non-Private Units (2020)

单位：万元 (10 000 yuan)

类别	Type	工资总额 Total Wages Bill	国有单位 State-owned Units	城镇集体单位 Urban Collective-owned Units	其他单位 Units of Other Types of Ownership
总计	**Total**	**34969571**	**15724563**	**463952**	**18781056**
按国民经济行业分	**Grouped by Sector**				
农、林、牧、渔业	Agriculture, Forestry, Animal Husbandry and Fishery	126089	104496	2517	19076
采矿业	Mining	194090	25184	1021	167884
制造业	Manufacturing	7243275	236254	16986	6990035
电力、热力、燃气及水生产和供应业	Production and Supply of Electricity, Heat, Gas and Water	871948	100209	817	770922
建筑业	Construction	4837647	237263	317469	4282915
批发和零售业	Wholesale and Retail Trades	1058762	175612	4204	878946
交通运输、仓储和邮政业	Transport, Storage and Post	1671206	266797	7718	1396690
住宿和餐饮业	Hotels and Catering Services	150727	24034	671	126022
信息传输、软件和信息技术服务业	Information Transmission, Software and Information Technology	521034	49316	2623	469095
金融业	Financial Intermediation	1727805	252261	656	1474887
房地产业	Real Estate	719970	31410	2806	685754
租赁和商务服务业	Leasing and Business Services	439291	126870	9130	303291
科学研究和技术服务业	Scientific Research and Technical Services	721770	435893	8259	277618
水利、环境和公共设施管理业	Management of Water Conservancy, Environment and Public Facilities	222452	91225	1505	129722
居民服务、修理和其他服务业	Services to Households, Repair and Other Services	47102	9412	435	37255
教育	Education	5274266	4791671	48279	434316
卫生和社会工作	Health and Social Services	2903827	2644477	30698	228652
文化、体育和娱乐业	Culture, Sports and Entertainment	264051	186408	2414	75230
公共管理、社会保障和社会组织	Public Management, Social Security and Social Organization	5974259	5935770	5742	32747

3-17 城镇非私营单位各种分组的在岗职工工资总额(2020年)
Total Wages Bill of Employed Staff and Workers by Types of Groups in Urban Non-Private Units (2020)

单位：万元 (10 000 yuan)

类别	Type	工资总额 Total Wages Bill	国有单位 State-owned Units	城镇集体单位 Urban Collective-owned Units	其他单位 Units of Other Types of Ownership
总计	**Total**	**32862058**	**15357305**	**396964**	**17107789**
按国民经济行业分	**Grouped by Sector**				
农、林、牧、渔业	Agriculture, Forestry, Animal Husbandry and Fishery	115532	94238	2418	18875
采矿业	Mining	191371	24908	1021	165442
制造业	Manufacturing	7186152	235712	16786	6933653
电力、热力、燃气及水生产和供应业	Production and Supply of Electricity, Heat, Gas and Water	783709	96661	810	686238
建筑业	Construction	3624080	182138	254924	3187018
批发和零售业	Wholesale and Retail Trades	1036557	173160	4114	859284
交通运输、仓储和邮政业	Transport, Storage and Post	1639405	253629	7474	1378302
住宿和餐饮业	Hotels and Catering Services	144446	22346	553	121547
信息传输、软件和信息技术服务业	Information Transmission, Software and Information Technology	487380	49007	2623	435750
金融业	Financial Intermediation	1435769	246069	638	1189063
房地产业	Real Estate	701630	30652	2775	668203
租赁和商务服务业	Leasing and Business Services	414489	123586	8588	282316
科学研究和技术服务业	Scientific Research and Technical Services	707454	428179	8117	271158
水利、环境和公共设施管理业	Management of Water Conservancy, Environment and Public Facilities	201126	82082	1468	117575
居民服务、修理和其他服务业	Services to Households, Repair and Other Services	46083	9237	427	36419
教育	Education	5209118	4734400	47355	427362
卫生和社会工作	Health and Social Services	2852804	2597290	29324	226190
文化、体育和娱乐业	Culture, Sports and Entertainment	259708	183819	2359	73529
公共管理、社会保障和社会组织	Public Management, Social Security and Social Organization	5825244	5790191	5189	29864

3-18 城镇非私营单位各种分组的就业人员平均工资(2020年)
Average Wage of Employed Persons by Types of Groups in Urban Non-Private Units (2020)

单位：元 (yuan)

类别	Type	平均工资 Average Wage	国有单位 State-owned Units	城镇集体单位 Urban Collective-owned Units	其他单位 Units of Other Types of Ownership
总计	**Total**	**78182**	**94065**	**56105**	**69087**
按国民经济行业分	**Grouped by Sector**				
农、林、牧、渔业	Agriculture, Forestry, Animal Husbandry and Fishery	51748	52511	50042	48136
采矿业	Mining	66591	72202	41177	66069
制造业	Manufacturing	66362	97255	51015	65704
电力、热力、燃气及水生产和供应业	Production and Supply of Electricity, Heat, Gas and Water	90923	88728	36714	91359
建筑业	Construction	62753	52861	54137	64175
批发和零售业	Wholesale and Retail Trades	66171	102300	42854	61961
交通运输、仓储和邮政业	Transport, Storage and Post	89359	81775	42608	91536
住宿和餐饮业	Hotels and Catering Services	41130	40668	36276	41249
信息传输、软件和信息技术服务业	Information Transmission, Software and Information Technology	95779	112855	74096	94431
金融业	Financial Intermediation	94077	116863	84103	91046
房地产业	Real Estate	72990	72284	53617	73131
租赁和商务服务业	Leasing and Business Services	62533	67148	50138	61228
科学研究和技术服务业	Scientific Research and Technical Services	102246	104495	86264	99432
水利、环境和公共设施管理业	Management of Water Conservancy, Environment and Public Facilities	40970	61775	32503	33206
居民服务、修理和其他服务业	Services to Households, Repair and Other Services	48871	69119	31064	45789
教育	Education	87012	90429	71701	62462
卫生和社会工作	Health and Social Services	103695	109079	69531	68907
文化、体育和娱乐业	Culture, Sports and Entertainment	80903	88806	60700	66871
公共管理、社会保障和社会组织	Public Management, Social Security and Social Organization	96820	97029	64668	74304

3-19 城镇非私营单位各种分组的在岗职工平均工资(2020年)
Average Wage of Employed Staff and Workers by Types of Groups in Urban Non-Private Units (2020)

单位：元 (yuan)

类别	Type	平均工资 Average Wage	国有单位 State-owned Units	城镇集体单位 Urban Collective-owned Units	其他单位 Units of Other Types of Ownership
总计	**Total**	**80503**	**97378**	**57387**	**70233**
按国民经济行业分	**Grouped by Sector**				
农、林、牧、渔业	Agriculture, Forestry, Animal Husbandry and Fishery	53313	54437	51169	48568
采矿业	Mining	67357	72894	41177	66854
制造业	Manufacturing	66502	97703	51412	65834
电力、热力、燃气及水生产和供应业	Production and Supply of Electricity, Heat, Gas and Water	95474	90853	38469	96333
建筑业	Construction	61194	62216	54731	61720
批发和零售业	Wholesale and Retail Trades	67474	105259	43402	63078
交通运输、仓储和邮政业	Transport, Storage and Post	90426	82311	43594	92647
住宿和餐饮业	Hotels and Catering Services	42556	41303	37351	42822
信息传输、软件和信息技术服务业	Information Transmission, Software and Information Technology	98222	113677	74096	96930
金融业	Financial Intermediation	131839	119457	87356	134766
房地产业	Real Estate	73783	73690	56410	73881
租赁和商务服务业	Leasing and Business Services	63058	68290	49527	61507
科学研究和技术服务业	Scientific Research and Technical Services	104139	106765	86777	100827
水利、环境和公共设施管理业	Management of Water Conservancy, Environment and Public Facilities	43108	69447	32989	34187
居民服务、修理和其他服务业	Services to Households, Repair and Other Services	49710	70325	31390	46566
教育	Education	88987	92557	75030	63258
卫生和社会工作	Health and Social Services	105862	111513	72539	69538
文化、体育和娱乐业	Culture, Sports and Entertainment	83793	91528	61762	69838
公共管理、社会保障和社会组织	Public Management, Social Security and Social Organization	100577	100748	75938	79024

3-20 城镇私营单位就业人员年末人数、工资(2020年)
Number and Wage of Employed Persons in Urban Private Units at Year-end (2020)

类别	Type	就业人员人数(人) Number of Employed Persons (person)	就业人员平均工资(元) Average Wage of Employed Persons (yuan)
总计	**Total**	**3014948**	**48864**
按国民经济行业分	**Classified by Sector**		
农、林、牧、渔业	Agriculture, Forestry, Animal Husbandry and Fishery	37950	34361
采矿业	Mining	16825	51611
制造业	Manufacturing	1245765	50530
电力、热力、燃气及水生产和供应业	Production and Supply of Electricity, Heat, Gas and Water	10128	53078
建筑业	Construction	538732	50997
批发和零售业	Wholesale and Retail Trades	310308	42342
交通运输、仓储和邮政业	Transport, Storage and Post	154282	51153
住宿和餐饮业	Hotels and Catering Services	62905	38731
信息传输、软件和信息技术服务业	Information Transmission, Software and Information Technology	43053	57090
金融业	Financial Intermediation	15761	51035
房地产业	Real Estate	119284	53621
租赁和商务服务业	Leasing and Business Services	177200	46563
科学研究和技术服务业	Scientific Research and Technical Services	55218	53605
水利、环境和公共设施管理业	Management of Water Conservancy, Environment and Public Facilities	31184	36263
居民服务、修理和其他服务业	Services to Households, Repair and Other Services	41444	41188
教育	Education	99057	43708
卫生和社会工作	Health and Social Services	29011	53450
文化、体育和娱乐业	Culture, Sports and Entertainment	26841	42422
按地区分	**By Region**		
南 昌 市	Nanchang	477732	54986
景德镇市	Jingdezhen	93070	45522
萍 乡 市	Pingxiang	119621	48957
九 江 市	Jiujiang	329886	48381
新 余 市	Xinyu	79495	46700
鹰 潭 市	Yingtan	76619	49767
赣 州 市	Ganzhou	535196	47833
吉 安 市	Ji'an	341608	46976
宜 春 市	Yichun	353231	47469
抚 州 市	Fuzhou	212801	46056
上 饶 市	Shangrao	395688	48803

主要统计指标解释

劳动力 指16周岁及以上人口。

就业人员 指在一定年龄以上，有劳动能力，为取得劳动报酬或经营收入而从事一定社会劳动的人员。具体指年满16周岁，为取得报酬或经营利润，在调查周内从事了1小时（含1小时）以上劳动的人员；或由于学习、休假等原因在调查周内暂时处于未工作状态，但有工作单位或场所的人员；或由于临时停工放假、单位不景气放假等原因在调查周内暂时处于未工作状态，但不满三个月的人员。

单位就业人员 指报告期末最后一日在本单位工作，并取得工资或其他形式劳动报酬的人员数。该指标为时点指标，不包括最后一日当天及以前已经与单位解除劳动合同关系的人员，是在岗职工、劳务派遣人员及其他就业人员之和。就业人员不包括：

(1)离开本单位仍保留劳动关系，并定期领取生活费的人员；

(2)在本单位实习的各类在校学生；

(3)本单位以劳务外包形式使用的人员，如：建筑业整建制使用的人员。

城镇私营就业人员 指在工商管理部门注册登记，其经营地址设在县城关镇(含县城关镇)以上的私营企业就业人员，包括私营企业投资者和雇工。

在岗职工 指在本单位工作且与本单位签订劳动合同，并由单位支付各项工资和社会保险、住房公积金的人员，以及上述人员中由于学习、病伤、产假等原因暂未工作仍由单位支付工资的人员。在岗职工还包括：

(1)应订立劳动合同而未订立劳动合同人员；

(2)处于试用期人员；

(3)编制外招用的人员，如临时人员；

(4)派往外单位工作，但工资仍由本单位发放的人员(如挂职锻炼、外派工作等情况)。

工资总额 指根据《关于工资总额组成的规定》(1990年1月1日国家统计局发布的一号令)进行修订，本单位在报告期内(季度或年度)直接支付给本单位全部就业人员的劳动报酬总额。包括计时工资、计件工资、奖金、津贴和补贴、加班加点工资、特殊情况下支付的工资，是在岗职工工资总额、劳务派遣人员工资总额和其他就业人员工资总额之和。

工资总额是税前工资，包括单位从个人工资中直接为其代扣或代缴的个人所得税、社会保险基金和住房公积金等个人缴纳部分，以及房费、水电费等，不包括从单位工会经费或工会账户中发放的现金或实物。

工资总额不论是计入成本的还是不计入成本的，不论是以货币形式支付的还是以实物形式支付的，均应列入工资总额的计算范围。

平均工资 指单位就业人员在一定时期内平均每人所得的工资额。它表明一定时期工资收入的高低程度，是反映就业人员工资水平的主要指标。计算公式为：

$$平均工资=\frac{报告期就业人员工资总额}{报告期就业人员平均人数}$$

平均货币工资指数 指报告期就业人员平均工资与基期就业人员平均工资的比率，是反映不同时期就业人员货币工资水平变动情况的相对数。计算公式为：

$$平均货币工资指数=\frac{报告期就业人员平均工资}{基期就业人员平均工资}\times 100\%$$

平均实际工资指数 就业人员平均实际工资指扣除物价变动因素后的就业人员平均工资。就业人员平均实际工资指数是反映实际工资变动情况的相对数，表明就业人员实际工资水平提高或降低的程度。计算公式为：

$$平均实际工资指数=\frac{报告期平均货币工资指数}{报告期城镇居民价格消费指数}\times 100\%$$

城镇登记失业人员 指有非农业户口，在一定的劳动年龄内(16周岁至退休年龄)，有劳动能力，无业而要求就业，并在当地劳动保障部门进行失业登记的人员。

城镇登记失业率 城镇登记失业人员与城镇单位就业人员(扣除使用的农村劳动力、聘用的离退休人员、港澳台及外方人员)、城镇单位中的不在岗职工、城镇私营业主、个体户主、城镇私营企业和个体就业人员、城镇登记失业人员之和的比。

Explanatory Notes on Main Statistical Indicators

Labor Force Resources refers to population aged 16 and over.

Employed Persons refers to persons above a specified age who had labor capacity and performed some social work for compensation or business gains. Specifically, it refers to persons, aged 16 and over, who performed some work for compensation or business gains for one hour or more during the reference period; or persons who do not work for the reasons of study or on holiday, but had work units or sites during the reference period; or persons temporary absence from a job for disorganization or suspension of work, recession, etc., but not exceeding three months during the reference period.

Persons Employed in Various Units refer to the total number of employees who work at his unit and obtain wages or other forms of payment at the end of the reporting period. This indicator is a kind of time point index and it equals to the sum of the number of employed staff and workers, labor dispatch personnel and other employed persons. Employed persons do not include:

1) persons who have left their working units while keeping their labor contract (employment relation) unchanged and receiving regular alimony;

2) all kinds of enrolled students who do internship in various units;

3) persons employed due to labor outsourcing, for example, persons employed in the organizational system of construction industry.

Persons Employed in Private Enterprises in Urban Areas refers to the persons employed in the private enterprises which have been registered at the departments of industrial and commercial administration for which the business operation are situated at a county town (i.e. a town where the county government is located), or at urban areas with administrative hierarchy higher than a county town.

Employed Staff and Workers refer to persons who signed labor contracts with working units and working units would pay wages, social insurance and housing funds for them. Persons who have their work posts but are temporarily absent from work for reasons of study or on sick, injury or maternal leave and still receive wages from their working units are also included. Employed staff and workers also include:

1) Persons who should have signed the labor contracts but not;

2) Employees on probation;

3) Employees beyond the staffing quota, for example, temporary employees;

4) Employees who are sent to other working units but still obtain wages from their original units (situations like on-the-job placement, expatriated assignment, etc.)

Total Wage Bill It is revised according to the "Provision of Composition of Total Wages" (Order No.1 by National Bureau of Statistics on January, 1st, 1990), total wage bill refers to the total remuneration payment to all employed persons in various units during the reporting period (by quarter or by year), including hourly-paid wages, piece-rate wages, bonuses, allowance and subsidies, overtime wages and wages paid under special circumstances. It equals to the sum of total wages of employed staff and workers, dispatch labors and other employed persons.

Total wage bill is pre-tax wages, including personal income tax, social insurance fund and housing accumulation fund paid or withheld by employee's units, room charges, and utility bills. It does not include cash or in kind paid from labor union funds or accounts.

Total wage bill, whether or not included in cost, whether or not paid in money or in kind, shall be included in the calculation of total wage.

Average Wage refers to the average per capita wage during a certain period of time for employed persons. It shows the general level of wage income during a certain period of time, one major indicator to reflect the wage level. It is calculated as follows:

$$\text{Average wage}=\frac{\text{Total Wage Bill of Employed Persons at Reference Time}}{\text{Average Number of Persons Employed at Reference Time}}\times 100\%$$

Average Money Wage Indices refers to the ratio of average wage of employed persons the reporting period to that at the base period, which reflects the change of money wage of employed persons at the different period. It is calculated as follows:

$$\text{Average Money Wage Indices}=\frac{\text{Average Wage of Employed Persons at Reference Time}}{\text{Average Wage of Persons Employed at Base Period}}\times 100\%$$

Average Real Wage Indices average real wage of employed persons refers to the average wage of employed persons after removing the effects of the price changes and average real wage indices of employed persons refers to the change of real wage, which reflects the relative increasing or decreasing level of real wage of employed persons ,which is calculated as follows:

$$\text{Average Rea Wage Indices} = \frac{\text{Average monetary wage index in the reporting period}}{\text{Urban Consumer Price Indices at Reference Time}} \times 100\%$$

Registered Unemployed Persons in Urban Areas refer to the persons with non-agricultural household registration at certain working ages (16 years old to retirement age), who are capable of working, unemployed and willing to work, and have been registered at the local employment service agencies to apply for a job.

Registered Unemployment Rate in Urban Areas refers to the ratio of the number of the registered unemployed persons to the sum of the number of persons employed in various units (minus the employed rural labor force, re-employed retirees, and Hong Kong, Macao, Taiwan or foreign employees), laid-off staff and workers in urban units, owners of private enterprises in urban areas, owners of self-employed individuals in urban areas, employees of private enterprises in urban areas, employee of self-employed individuals in urban areas, and the registered unemployed persons in urban areas.

固定资产投资

INVESTMENT IN FIXED ASSETS

◆ 75/102

资料整理：石　磊

Ⅰ 简要说明

一、本篇资料的主要内容

本篇资料通过对一定时期全社会建造和购置固定资产活动的数量描述，反映报告期内固定资产投资的速度、固定资产投资的结构和比例关系、固定资产投资的资金来源及固定资产投资的效果等。

二、本篇资料的统计范围

全社会固定资产投资统计的范围包括：建设项目固定资产投资、房地产开发投资、农村农户固定资产投资。

三、本篇的资料来源

农户固定资产投资资料来自国家统计局江西调查总队；除此以外的固定资产投资统计资料均来自省统计局固定资产投资统计处统计调查。

四、本篇的统计调查方法

除农户固定资产投资统计采用抽样调查方法外，其他均为全面统计报表。

Ⅰ Brief Introduction

I. Main Contents

Statistics in this chapter describe activities on the construction and purchase of fixed assets of the whole country during a given period of time, and reflect the growth, structure, ratio financing and results of the investment in fixed assets during the reference period.

II. Scope of Statistics

Statistics on the total investment in fixed assets in the whole country cover construction project investments in fixed assets, investments in real estate development and investments in fixed assets by rural households.

III. Sources of Data

Data on investments in fixed assets by individuals in rural areas are provided by Survey Office of the National Bureau of Sta tistics of Jiangxi. Other data on investments in fixed assets come from surveys conducted by the Department of Investment ＆Construction Statistics of Jiangxi Provincial Bureau of Statistics.

IV. Methodology of Data Collection

All data on investments in fixed assets are collected by the system of reporting form with complete enumeration, except data on individual investments in fixed assets in rural areas, which are collected through sample surveys.

4-1 全社会固定资产投资发展速度
Development Speed of Total Investment in Fixed Assets in the Whole Country

年 份 Year	发展速度(上年=100) Development Speed(preceding year=100)			
	合 计 (%) Absolute Figures (%)	固定资产投 资 Investment in Fixed Assets	#房地产开发投资 Investment in Real Estate Development	农村农户投 资 Farm Households Investment in Fixed Assets
1978	157.7	157.7		
1979	103.3	103.3		
1980	224.1	194.3		
1981	90.8	82.6		144.0
1982	143.4	148.1		125.8
1983	114.7	102.7		167.7
1984	125.3	127.5		119.3
1985	125.1	121.7		134.8
1986	121.2	116.0		134.8
1987	110.2	110.3	96.9	109.8
1988	133.0	127.9	215.1	144.5
1989	93.7	96.4	115.0	88.5
1990	96.4	111.8	125.1	63.0
1991	128.9	126.8	166.6	137.2
1992	137.6	139.9	159.5	129.4
1993	148.0	151.9	179.2	132.9
1994	128.0	133.5	136.8	103.7
1995	119.7	110.2	138.0	173.4
1996	125.2	120.2	102.1	143.4
1997	108.0	110.6	95.2	100.0
1998	118.3	120.3	107.9	111.8
1999	108.1	107.0	123.8	112.0
2000	111.5	120.4	126.1	81.2
2001	120.5	123.3	149.9	106.3
2002	140.0	146.3	163.2	102.7
2003	149.3	154.9	171.2	102.0
2004	131.9	133.6	149.9	109.4
2005	119.2	119.7	113.2	111.4
2006	123.7	124.2	114.9	115.5
2007	123.0	123.7	125.9	110.3
2008	131.6	132.0	125.8	123.6
2009	131.0	131.0	115.9	130.6
2010	125.8	126.0	111.4	121.6
2011	122.0	122.5	122.7	109.3
2012	123.3	123.5	111.8	118.6
2013	119.3	119.8	121.1	104.9
2014	117.3	117.8	112.6	104.2
2015	115.3	116.0	114.9	91.1
2016	113.3	114.0	116.5	80.0
2017	112.1	112.3	113.7	99.8
2018	110.8	111.1	108.0	98.0
2019	109.3	109.2	103.0	112.1
2020	108.0	108.2	106.2	99.0

注：1.本篇章各表均不含跨省中央项目投资。
2.全社会固定资产投资=固定资产投资+农村农户投资，后同。
3.固定资产投资=计划投资500万元及以上项目固定资产投资+房地产开发投资，后同。

a) Investment on central government projects are not included in tables of this chapter.

b) Total investment in fixed assets in the whole country= investment in fixed assets+farm households investment in fixed Assets.The same applies to the tables following.

c) Investment in fixed assets = construction project investments in fixed assets plans to invest 5 million yuan and above + investments in real estat development.The same applies to the tables following.

4-2 全社会固定资产投资增速
Growth Rates of Total Investment in Fixed Assets in the Whole Country

单位：% (%)

指　　标	Item	2019	2020
全社会固定资产投资	**Total Investment in Fixed Assets in the Whole Country**	**9.3**	**8.0**
#工　业	Industry	10.9	8.0
固定资产投资	Total Investment	9.2	8.2
农户投资	Farm Households	12.1	-0.1
按登记注册类型分	Grouped by Status of Registration		
内　资	Domestic Funds	9.6	7.6
国　有	State-owned	18.2	-12.9
集　体	Collective-owned	34.4	-3.2
股份合作	Share Holding Cooperative	6.4	-50.0
联　营	Joint-owned	89.4	-42.9
有限责任公司	Limited Liability Corporations	6.2	13.3
股份有限公司	Share Holding Enterprises	-11.0	-9.0
私　营	Private	11.0	15.7
其他内资	Others	9.1	-38.0
港、澳、台投资	Funds from Hong Kong，Macao and Taiwan	-5.4	33.0
外商投资	Foreign Funded	-3.6	31.0
个体经营	Individuals	64.6	18.2
按构成分	Grouped by Use of Funds		
建筑安装工程	Construction and Installation	6.2	12.0
设备、工器具购置	Purchase of Equipment and Instruments	34.4	-5.0
其他费用	Others	3.5	-6.1
按建设性质分	Grouped by Type of Construction		
#新　建	New Construction	4.6	1.5
扩　建	Expansion	2.6	39.5
改建和技术改造	Reconstruction and Technical Transformation	41.9	33.2
按产业分	Grouped by Industry		
第一产业	Primary Industry	-18.2	12.1
第二产业	Secondary Industry	10.7	8.0
第三产业	Tertiary Industry	9.7	7.8

4-2 续表 continued

单位：% (%)

指　　标	Item	2019	2020
按行业分	Grouped by Sector		
农、林、牧、渔业	Agriculture, Forestry, Animal Husbandry and Fishery	-18.2	12.1
采矿业	Mining	22.1	17.5
制造业	Manufacturing	10.9	7.0
电力、热力、燃气及水生产和供应业	Production and Supply of Electricity, Heat, Gas and Water	8.5	20.8
建筑业	Construction	-49.1	-14.6
批发和零售业	Wholesale and Retail Trade	17.6	-40.1
交通运输、仓储和邮政业	Transport, Storage and Post Services	9.7	14.2
住宿和餐饮业	Hotel and Catering Services	-1.5	3.9
信息传输、软件和信息技术服务业	Information Transmission,Software and Information Technology Services	43.8	63.5
金融业	Financial Intermediation	-9.8	-19.2
房地产业	Real Estate	8.6	11.0
租赁和商务服务业	Leasing and Business Services	14.8	8.0
科学研究和技术服务业	Scientific Research and Technical Services	-1.8	4.7
水利、环境和公共设施管理业	Management of Water Conservancy, Public Facilities and Environment	8.0	2.3
居民服务、修理和其他服务业	Services to Households, Repair and Other Services	86.1	-8.3
教　育	Education	46.4	16.4
卫生和社会工作	Health and Social Services	32.8	27.3
文化、体育和娱乐业	Culture, Sports and Entertainment	-3.1	25.3
公共管理、社会保障和社会组织	Public Management,Social Security and Social Organizations	-9.4	10.8
资金来源合计	**Total Source of Funds**		
上年末结余资金	Balance at Last Year-end	4.3	-16.7
本年资金来源小计	Subtotal Sources of Funds This Year	0.4	14.9
国家预算内资金	State Budget	8.4	2.8
国内贷款	Domestic Loans	-10.8	-19.4
债券	Bonds	198.6	0.4
利用外资	Foreign Investment	82.4	-30.0
自筹资金	Self-raising Funds	-2.6	20.8
其他资金	Others	9.7	15.4
新增固定资产	**Newly Increased Fixed Assets**	**1.8**	**31.0**
施工房屋建筑面积	**Floor Space of Buildings under Construction**	**10.3**	**-20.8**
#住宅	Residential Buildings	14.5	-5.0
竣工房屋建筑面积	**Floor Space of Buildings Completed**	**7.4**	**-30.0**
#住宅	Residential Buildings	14.2	-15.5

4-3 全社会固定资产投资构成
Composition of Total Investments in Fixed Assets

单位：% (%)

指标	Item	2019	2020
全社会固定资产投资	**Total Investment in Fixed Assets in the Whole Country**	**100**	**100**
#工业	Industry	48.5	48.5
固定资产投资	Total Investment	97.7	97.9
农户投资	Farm Households	2.3	2.1
按登记注册类型分	Grouped by Status of Registration		
内资	Domestic Funds	95.3	95.0
国有	State-owned	16.9	13.6
集体	Collective-owned	0.1	0.1
股份合作	Share Holding Cooperative	0.1	0.1
联营	Joint-owned	0.1	0.0
有限责任公司	Limited Liability Corporations	35.6	37.3
股份有限公司	Share Holding Enterprises	2.5	2.1
私营	Private	37.7	40.3
其他内资	Others	2.3	1.3
港、澳、台投资	Funds from Hong Kong，Macao and Taiwan	1.5	1.8
外商投资	Foreign Funded	0.8	1.0
个体经营	Individuals	0.1	0.1
按构成分	Grouped by Use of Funds		
建筑安装工程	Construction and Installation	76.8	79.7
设备、工器具购置	Purchase of Equipment and Instruments	14.6	12.8
其他费用	Others	8.6	7.5
按建设性质分	Grouped by Type of Construction		
#新建	New Construction	76.3	71.7
扩建	Expansion	5.8	7.5
改建和技术改造	Reconstruction and Technical Transformation	14.2	17.6
按产业分	Grouped by Industry		
第一产业	Primary Industry	2.3	2.4
第二产业	Secondary Industry	48.6	48.6
第三产业	Tertiary Industry	49.1	49.0
按行业分	Grouped by Sector		
农、林、牧、渔业	Agriculture, Forestry, Animal Husbandry and Fishery	2.3	2.4
采矿业	Mining	0.8	0.9
制造业	Manufacturing	44.7	44.3
电力、热力、燃气及水生产和供应业	Production and Supply of Electricity,Heat Power, Gas and Water	3.0	3.4
建筑业	Construction	0.1	0.1
批发和零售业	Wholesale and Retail Trade	2.0	1.1
交通运输、仓储和邮政业	Transport, Storage and Post Services	4.0	4.2
住宿和餐饮业	Hotel and Catering Services	0.5	0.5
信息传输、软件和信息技术服务业	Information Transmission, Software and Information Technology Services	0.5	0.8
金融业	Financial Intermediation	0.2	0.1
房地产业	Real Estate	20.1	20.7
租赁和商务服务业	Leasing and Business Services	2.3	2.3
科学研究和技术服务	Scientific Research and Technical Services	0.6	0.6
水利、环境和公共设施管理业	Management of Water Conservancy, Environment and Public Facilities	13.0	12.3
居民服务、修理和其他服务业	Services to Households,Repair and Other Services	0.3	0.3
教育	Education	1.7	1.8
卫生和社会工作	Health and Social Services	1.0	1.2
文化、体育和娱乐业	Culture, Sports and Entertainment	1.1	1.3
公共管理、社会保障和社会组织	Public Management, Social Security and Social Organizations	1.8	1.9

4-4 固定资产投资增速
Growth Rates of Investment in Fixed Assets

单位：% (%)

指　　标	Item	2019	2020
固定资产投资	**Total Investment**	**9.2**	**8.2**
#工　业	Industry	10.9	8.0
按登记注册类型分	Grouped by Status of Registration		
内　资	Domestic Funds	9.6	7.6
国　有	State-owned	18.2	-12.9
集　体	Collective-owned	34.4	-3.2
股份合作	Share Holding Cooperative	6.4	-50.0
联　营	Joint-owned	89.4	-42.9
有限责任公司	Limited Liability Corporations	6.2	13.3
股份有限公司	Share Holding Enterprises	-11.0	-9.0
私　营	Private	11.0	15.7
其他内资	Others	9.1	-38.0
港、澳、台投资	Funds from Hong Kong，Macao and Taiwan	-5.4	33.0
外商投资	Foreign Funded	-3.6	31.0
个体经营	Individuals	64.6	18.2
按构成分	Grouped by Use of Funds		
建筑安装工程	Construction and Installation	6.1	12.2
设备、工器具购置	Purchase of Equipment and Instruments	34.6	-4.7
其他费用	Others	3.5	-5.7
按建设性质分	Grouped by Type of Construction		
#新　建	New Construction	4.6	1.5
扩　建	Expansion	2.6	39.5
改建和技术改造	Reconstruction and Technical Transformation	41.9	33.2
按产业分	Grouped by Industry		
第一产业	Primary Industry	-22.5	24.4
第二产业	Secondary Industry	10.7	8.0
第三产业	Tertiary Industry	9.5	7.8
资金来源合计	**Total Source of Funds**		
上年末结余资金	Balance at Last Year-end	4.3	-16.7
本年资金来源小计	Subtotal Sources of Funds This Year	0.1	15.4
国家预算内资金	State Budget	8.4	2.8
国内贷款	Domestic Loans	-10.9	-19.4
债券	Bonds	198.6	0.4
利用外资	Foreign Investment	82.4	-30.0
自筹资金	Self-raising Funds	-3.1	21.7
其他资金	Others	9.7	15.4
新增固定资产	**Newly Increased Fixed Assets**	**1.1**	**33.7**
施工房屋建筑面积	**Floor Space of Buildings under Construction**	**11.5**	**-20.2**
#住宅	Residential Buildings	16.8	-1.9
竣工房屋建筑面积	**Floor Space of Buildings Completed**	**0.2**	**-32.5**
#住宅	Residential Buildings	9.2	-2.5

4-5 固定资产投资构成
Composition of Investment in Fixed Assets

单位：% (%)

指　　标	Item	2019	2020
固定资产投资	**Total Investment**	**100**	**100.0**
#工　业	Industry	49.7	49.6
按登记注册类型分	Grouped by Status of Registration		
内　资	Domestic Funds	97.6	97.0
国　有	State-owned	17.3	13.9
集　体	Collective-owned	0.1	0.1
股份合作	Share Holding Cooperative	0.1	0.1
联　营	Joint-owned	0.1	0.0
有限责任公司	Limited Liability Corporations	36.4	38.1
股份有限公司	Share Holding Enterprises	2.6	2.2
私　营	Private	38.5	41.2
其他内资	Others	2.4	1.4
港、澳、台投资	Funds from Hong Kong，Macao and Taiwan	1.5	1.9
外商投资	Foreign Funded	0.9	1.1
个体经营	Individuals	0.1	0.1
按构成分	Grouped by Use of Funds		
建筑安装工程	Construction and Installation	76.7	79.6
设备、工器具购置	Purchase of Equipment and Instruments	14.6	12.8
其他费用	Others	8.7	7.6
按建设性质分	Grouped by Type of Construction		
#新　建	New Construction	78.1	73.2
扩　建	Expansion	5.9	7.6
改建和技术改造	Reconstruction and Technical Transformation	14.6	18.0
按产业分	Grouped by Industry		
第一产业	Primary Industry	1.9	2.2
第二产业	Secondary Industry	49.7	49.6
第三产业	Tertiary Industry	48.4	48.2

4-6 分行业固定资产投资增速和构成
Growth Rates and Composition of Investment in Fixed Assets by Sector

行 业	Sector	增速(%) accelerate (%)		构成(%) Percentage (%)	
		2019	2020	2019	2020
总 计	**Total**	**9.2**	**8.2**	**100**	**100**
农、林、牧、渔业	**Agriculture, Forestry, Animal Husbandry and Fishery**	**-22.5**	**24.4**	**1.9**	**2.2**
采矿业	**Mining**	**22.1**	**17.5**	**0.8**	**0.9**
#煤炭开采和洗选业	Mining and Washing of Coal	-72.2	157.4	0.0	0.0
黑色金属矿采选业	Mining and Processing of Ferrous Metal Ores	162.7	48.9	0.1	0.1
有色金属矿采选业	Mining and Processing of Non-Ferrous Metal Ores	27.1	-24.9	0.2	0.2
非金属矿采选业	Mining and Processing of Nonmetal Ores	23.3	39.9	0.4	0.6
制造业	**Manufacturing**	**10.9**	**7.0**	**45.8**	**45.2**
#石油加工、炼焦加工业	Processing of Petroleum, Coking	35.3	-18.2	0.2	0.1
非金属矿物制品业	Manufacture of Non-metallic Mineral Products	14.1	10.0	4.8	4.9
黑色金属冶炼及压延加工业	Smelting and Pressing of Ferrous Metals	-33.7	94.6	0.2	0.4
有色金属冶炼及压延加工业	Smelting and Pressing of Non-ferrous Metals	4.0	26.6	1.5	1.8
计算机、通信和其他电子设备制造业	Manufacture of Communication Equipment, Computers and Other Electronic Equipment	17.6	23.0	6.2	7.0
电力、热力、燃气及水生产和供应业	**Production and Supply of Electricity, Heat, Gas and Water**	**8.5**	**20.8**	**3.1**	**3.4**
#电力、热力的生产和供应业	Production and Supply of Electric Power and Heat Power	6.0	20.9	2.0	2.3
水的生产和供应业	Production and Supply of Water	4.3	43.6	0.8	1.0
建筑业	**Construction**	**-51.4**	**-3.2**	**0.1**	**0.1**
批发和零售业	**Wholesale and Retail Trades**	**18.3**	**-40.1**	**2.0**	**1.1**
交通运输、仓储和邮政业	**Transport, Storage and Post**	**10.0**	**14.4**	**4.0**	**4.2**
#铁路运输业	Railway Transport	-20.4	-84.5	0.6	0.1
道路运输业	Road Transport	13.3	32.5	2.8	3.4
邮政业	Post	-44.6	40.1	0.0	0.0
住宿和餐饮业	**Hotels and Catering Services**	**-1.3**	**4.0**	**0.5**	**0.5**
信息传输、软件和信息技术服务业	**Information Transmission, Software and Information Technology Services**	**43.8**	**63.5**	**0.6**	**0.8**
#电信、广播电视和卫星传输服务	Telecommunications, Broadcasting Television and Satellite Transmission Services	-1.7	432.5	0.0	0.1
金融业	**Financial Intermediation**	**-9.8**	**-19.2**	**0.2**	**0.1**
房地产业	**Real Estate**	**8.0**	**11.1**	**18.8**	**19.3**
租赁和商务服务业	**Leasing and Business Services**	**14.8**	**8.0**	**2.4**	**2.4**
科学研究和技术服务业	**Scientific Research and Technical Services**	**-1.8**	**4.7**	**0.6**	**0.6**
水利、环境和公共设施管理业	**Management of Water Conservancy, Public Facilities and Environment**	**8.0**	**2.3**	**13.3**	**12.5**
水利管理业	Management of Water Conservancy	28.7	23.4	0.8	0.9
生态保护和环境治理业	Ecological Protection and Environmental Management	-9.5	0.8	0.4	0.4
公共设施管理业	Management of Public Facilities	7.7	0.7	12.0	11.2
居民服务、修理和其他服务业	**Services to Households Repair and Other Services**	**86.1**	**-8.4**	**0.3**	**0.3**
教育	**Education**	**46.5**	**16.4**	**1.7**	**1.8**
卫生和社会工作	**Health and Social Services**	**32.8**	**27.3**	**1.0**	**1.2**
#卫生	Health	30.3	36.0	0.8	1.0
文化、体育和娱乐业	**Culture, Sports and Entertainment**	**-3.1**	**25.3**	**1.2**	**1.4**
公共管理、社会保障和社会组织	**Public Management Social Security and Social Organizations**	**-9.4**	**10.8**	**1.9**	**1.9**

4-7 按行业和登记注册类型分固定资产投资增速(2020年)

单位：%

行业	Sector	合计 Total	内资 Domestic Funds	国有 State-owned
总计	**Total**	**8.2**	**7.6**	**-12.9**
农、林、牧、渔业	Agriculture, Forestry, Animal Husbandry and Fishery	24.4	23.8	57.5
采矿业	Mining	17.5	14.1	-73.2
制造业	Manufacturing	7.0	6.3	-27.2
电力、热力、燃气及水生产和供应业	Production and Supply of Electricity Heat Gas and Water	20.8	25.1	14.2
建筑业	Construction	-3.2	-11.8	-89.9
批发和零售业	Wholesale and Retail Trades	-40.1	-40.4	-59.9
交通运输、仓储和邮政业	Transport, Storage and Post	14.4	14.8	-24.4
住宿和餐饮业	Hotels and Catering Services	4.0	-5.4	-19.9
信息传输、软件和信息技术服务业	Information Transmission,Software and Information Technology Services	63.5	63.1	192.6
金融业	Financial Intermediation	-19.2	-19.2	-55.1
房地产业	Real Estate	11.1	9.9	-21.2
租赁和商务服务业	Leasing and Business Services	8.0	8.7	-39.2
科学研究和技术服务业	Scientific Research and Technical Services	4.7	4.8	18.3
水利、环境和公共设施管理业	Management of Water Conservancy, Environment and Public Facilities	2.3	1.9	-17.8
居民服务、修理和其他服务业	Services to Households Repair and Other Services	-8.4	-8.4	-1.8
教育	Education	16.4	16.5	6.6
卫生和社会工作	Health and Social Services	27.3	27.4	1.9
文化、体育和娱乐业	Culture, Sports and Entertainment	25.3	20.6	-31.8
公共管理、社会保障和社会组织	Public Management,Social Security and Social Organizations	10.8	10.8	-2.1

Growth Rates of Investment in Fixed Assets by Sector and Registration Status (2020)

(%)

集 体 Collective-owned	股份合作 Share Holding Cooperative	联 营 Joint-owned	有限责任公司 Limited Liability Corporations	股份有限公司 Share Holding Enterprises	私 营 Private	其 他 Others	港澳台商投 资 Funds from Hong Kong, Macao and Taiwan	外商投资 Foreign Funded	个体经营 Individuals
-3.2	**-50.0**	**-42.9**	**13.3**	**-9.0**	**15.7**	**-38.0**	**33.0**	**31.0**	**18.2**
35.9	-35.4	-85.7	28.0	30.2	16.9	-11.7	-21.2	172.3	222.4
			46.5	157.4	14.2	170.0	301.6	146.8	63.2
-43.6	-52.5	-100.0	-6.7	36.9	17.4	-59.0	22.0	29.2	27.9
-100.0		-100.0	50.9	39.2	5.7	-22.8	-7.8	-52.9	
			-74.5		10.5	-100.0			
2875.0	-100.0		-42.5	484.0	-42.4	-36.1	-100.0		-100.0
452.2		-100.0	116.8	-90.5	20.0	-82.0	-43.3	-100.0	
-100.0			34.3	-79.5	-0.5	-56.3	1729.3		-80.1
			127.6	285.7	-2.4	40.2	104.3		
	-85.8		-12.7	19.9	-51.4	168.3			
1.3		145.3	16.3	-52.2	15.7	-55.2	46.2	330.4	
-100.0		-100.0	10.6	-39.0	20.7	23.6	-100.0	-20.9	
6900.0			-2.9	400.7	6.4	-26.1		-100.0	
-42.2		-83.9	27.6	85.9	27.2	-43.8	753.8	509.5	
-100.0		-100.0	71.2		16.1	-62.8			
	64.4	-100.0	64.9		19.3	-1.3			-100.0
311.1		0.8	64.6		128.3	-29.3		-100.0	
108.0			57.5	-78.9	26.3	52.9	747.6	125.8	451.2
307.8		-100.0	493.6		220.0	-32.3			

4-8 固定资产投资资金来源(2020年)

单位：万元

行业	Sector	上年末结余资金 Balance of Funds from the Previous Year	本年资金来源小计 Subtotal Sources of Funds This Year
总　计	**Total**	**13080246**	**138641587**
按行业分	**By Sector**		
农、林、牧、渔业	Agriculture, Forestry, Animal Husbandy and Fishery	34459	2653226
采矿业	Mining	720	1001677
制造业	Manufacturing	521175	57450027
电力、热力、燃气及水生产和供应业	Production and Supply of Electricity Heat Gas and Water	55440	4135181
建筑业	Construction		31326
批发和零售业	Wholesale and Retail Trade	7449	641285
交通运输、仓储和邮政业	Transport, Storage and Post Services	641161	4435819
住宿和餐饮业	Hotel and Catering Services	7236	376907
信息传输、软件和信息技术服务业	Information Transmission,Software and Information Technology Services	8000	842121
金融业	Financial Intermediation		64734
房地产业	Real Estate	11457284	42769200
租赁和商务服务业	Leasing and Business Services	49584	2803261
科学研究和技术服务业	Scientific Research and Technical Services	509	671677
水利、环境和公共设施管理业	Management of Water Conservancy, Public Facilities and Environment	157033	13405185
居民服务、修理和其他服务业	Services to Households Repair and Other Services	4000	219720
教　育	Education	524	64983
卫生和社会工作	Health and Social Services	107035	2905714
文化、体育和娱乐业	Culture,Sports and Entertainment	8842	826384
公共管理、社会保障和社会组织	Public Management Social Security and Social Organizations	19795	3343160
按地区分	**By Region**		
南 昌 市	Nanchang	4439442	29432433
景德镇市	Jingdezhen	284920	6326793
萍 乡 市	Pingxiang	552046	6427872
九 江 市	Jiujiang	1019240	20291701
新 余 市	Xinyu	188761	6482061
鹰 潭 市	Yingtan	189368	3603763
赣 州 市	Ganzhou	2679174	17988856
吉 安 市	Ji'an	822809	10851188
宜 春 市	Yichun	974839	13620597
抚 州 市	Fuzhou	550298	10832682
上 饶 市	Shangrao	1373457	12754511
不分地区	Not Classified by Region	5892	29130

Investment in Fixed Assets by Sources of Funds (2020)

(10 000 yuan)

国家预算内资金 State Budget	国内贷款 Domestic Loans	债券 Bonds	利用外资 Foreign Investment	自筹资金 Self-raising Funds	其他资金 Others
6041950	**7795633**	**188137**	**916218**	**90895751**	**32803898**
286089	20843	6074	44427	2121349	174444
4200	36322			928350	32805
315004	1829835	31061	625984	51907709	2740434
313819	594844	21694	35431	2875312	294081
690				22842	7794
15160	36262		5110	506824	77929
811404	410540	3551	7551	2915342	287431
8887	9009			298175	60836
10001				659216	172904
				49614	15120
681846	4021877		65884	12287907	25711686
75065	99131	9600	18147	2255837	345481
31265	96208	6100	10340	441317	86447
2271313	364168	23510	55983	8863442	1826769
15873	5500		31199	152855	14293
10059	841			53021	1062
528506	178330	70912	1654	1843932	282380
49151	28335	1652	200	608276	138770
613618	63588	13983	14308	2104431	533232
697205	2962369	18784	275367	16541817	8936891
78877	129774		80584	5048097	989461
389761	230722		76913	4899481	830995
732880	1094527	6356	177116	15747865	2532957
89669	296674	18211	78860	5476667	521980
384327	110267	5474	45318	2160040	898337
1191157	1295626	39677	11262	9720979	5730155
611257	199579	49176	54073	8236697	1700406
788881	681397	34500	22618	8180364	3912837
630685	393708		85708	6574421	3148160
418121	400990	15959	8399	8309323	3601719
29130					

4-9 固定资产投资建设项目情况(2020年)
Investment in Fixed Assets and Construction Projects (2020)

行业	Sector	施工项目(个) Number of Projects under Construction (unit)	#新开工(个) Started this Year (unit)	全部建成投产(个) Number of Projects Completed and Put into Use (unit)
总计	**Total**	**18285**	**9344**	**8807**
农、林、牧、渔业	**Agriculture, Forestry, Animal Husbandry and Fishery**	**774**	**375**	**366**
农业	Agriculture	413	184	184
林业	Forestry	42	17	19
畜牧业	Animal Husbandry	198	126	92
渔业	Fishery	32	14	18
农、林、牧、渔服务业	Services in Support of Agriculture	89	34	53
采矿业	**Mining**	**212**	**105**	**125**
#煤炭开采和洗选业	Mining and Washing of Coal	10	6	9
黑色金属矿采选业	Mining and Processing of Ferrous Metal Ores	17	11	15
有色金属矿采选业	Mining and Processing of Non-Ferrous Metal Ores	27	1	17
非金属矿采选业	Mining and Processing of Nonmetal Ores	153	85	81
制造业	**Manufacturing**	**8231**	**4551**	**4353**
农副食品加工业	Processing of Food from Agricultural Products	339	214	211
食品制造业	Manufacture of Foods	160	85	100
酒、饮料和精制茶制造业	Manufacture of Wine,Beverages and Refined Tea	101	59	53
烟草制品业	Manufacture of Tobacco	3	2	
纺织业	Manufacture of Textile	261	133	162
纺织服装、服饰业	Manufacture of Textile Wearing Apparel	294	170	193
皮革、毛皮、羽毛及其制品和制鞋业	Manufacture of Leather, Fur, Feather and Related Products Footwear	139	71	91
木材加工及木、竹、藤、棕、草制品业	Processing of Timber, Manufacture of Wood, Bamboo, Rattan, Palm and Straw Products	140	80	84
家具制造业	Manufacture of Furniture	215	135	130
造纸及纸制品业	Manufacture of Paper and Paper Products	108	57	62
印刷和记录媒介复制业	Printing, Reproduction of Recording Media	81	54	51
文教、美工、体育和娱乐用品制造业	Manufacture of Articles For Culture, Art,Education Sport Activities and Entertainmetn Products	126	79	56
石油加工、炼焦加工业	Processing of Petroleum, Coking	49	27	30
化学原料及化学制品制造业	Manufacture of Raw Chemical Materials and Chemical Products	574	289	302
医药制造业	Manufacture of Medicines	343	214	175
化学纤维制造业	Manufacture of Chemical Fibers	23	12	15
橡胶和塑料制品业	Manufacture of Rubber and Plastics	322	193	187
非金属矿物制品业	Manufacture of Non-metallic Mineral Products	1026	589	563
黑色金属冶炼及压延加工业	Smelting and Pressing of Ferrous Metals	97	51	52
有色金属冶炼及压延加工业	Smelting and Pressing of Non-ferrous Metals	289	158	139
金属制品业	Manufacture of Metal Products	436	250	244
通用设备制造业	Manufacture of General Purpose Machinery	365	208	180

4-9 续表1 continued

行业	Sector	施工项目(个) Number of Projects under Construction (unit)	#新开工(个) Started this Year (unit)	全部建成投产(个) Number of Projects Completed and Put into Use (unit)
专用设备制造业	Manufacture of Special Purpose Machinery	650	392	322
汽车制造业	Manufacture of Transport Carmaking.	280	138	130
铁路、船舶、航空航天和其他运输设备制造业	Manufacture of Railroads,Ships,Aerospace and Other Transportation Equipment	95	43	53
电气机械和器材制造业	Manufacture of Electrical Machinery and Equipment	595	268	271
计算机、通信和其他电子设备制造业	Manufacture of Computers, Communication Equipment and Other Electronic Equipment	800	414	327
仪器仪表及制造业	Manufacture of Measuring Instruments	96	46	47
其他制造业	Manufacture of Others	91	50	49
废弃资源综合利用业	Comperhensive Utilization of Waste	126	65	70
金属制品、机械和设备修理业	Repair of Metal Products, Machinery and Equipment	7	5	4
电力、热力、燃气及水生产和供应业	**Production and Supply of Electricity Heat Gas and Water**	**566**	**257**	**256**
电力、热力的生产和供应业	Production and Supply of Electric Power and Heat Power	271	125	133
燃气生产和供应业	Production and Supply of Gas	35	16	16
水的生产和供应业	Production and Supply of Water	260	116	107
建筑业	**Construction**	**19**	**18**	**11**
房屋建筑业	Construction of Buildings	4	4	1
土木工程建筑业	Construction of Civil Engineering	3	2	3
建筑安装业	Building Installation	2	2	1
建筑装饰业和其他建筑业	Building Decoration and Other	10	10	6
批发和零售业	**Wholesale and Retail Trades**	**414**	**318**	**274**
批发业	Wholesale Trade	214	166	129
零售业	Retail Trade	200	152	145
交通运输、仓储和邮政业	**Transport, Storage and Post**	**725**	**322**	**258**
铁路运输业	Railway Transport	8	4	2
道路运输业	Road Transport	570	236	200
水上运输业	Water Transport	12	5	
航空运输业	Air Transport	17	9	2
管道运输业	Transport Via Pipelines			
装卸搬运和其他运输服务业	Loading, Unloading and Other Transport Services	22	19	14
仓储业	Storage	89	45	39
邮政业	Post	7	4	1
住宿和餐饮业	**Hotels and Catering Services**	**165**	**110**	**99**
住宿业	Hotels	126	78	72
餐饮业	Catering Services	39	32	27
信息传输、软件和信息技术服务业	**Information Transmission,Software and Computer Services**	**184**	**146**	**114**
电信、广播电视和卫星传输服务	Telecommunications, Broadcasting Television and Satellite Transmission	24	18	19
互联网和相关服务	Internet and Related Services	47	38	32
软件和信息技术服务业	Software and Information Technology Services	113	90	63

4-9 续表2 continued

行　　业	Sector	施工项目（个） Number of Projects under Construction (unit)	#新开工（个） Started this Year (unit)	全部建成投产（个） Number of Projects Completed and Put into Use (unit)
金融业	**Financial Intermediation**	**43**	**30**	**30**
货币金融服务	Monetary and Financial Services	19	12	13
资本市场服务	Capital Market Services	13	9	8
保险业	Insurance	2	2	1
其他金融活动	Other Financial Activities	9	7	8
房地产业	**Real Estate**	**603**	**208**	**210**
租赁和商务服务业	**Leasing and Business Services**	**465**	**248**	**201**
租赁业	Leasing	20	20	16
商务服务业	Business Services	445	228	185
科学研究和技术服务业	**Scientific Research and Technical Services**	**144**	**84**	**78**
研究与试验发展	Research and Experimental Development	22	13	11
专业技术服务业	Professional Technical Services	70	38	40
科技推广和应用服务业	Services of Science and Technology Promotion and Application	52	33	27
水利、环境和公共设施管理业	**Management of Water Conservancy, Environment and Public Facilities**	**3625**	**1578**	**1476**
水利管理业	Management of Water Conservancy	254	99	85
生态保护和环境治理业	Ecological Protection and Environmental Management	125	54	60
公共设施管理业	Management of Public Facilities	3231	1422	1322
居民服务、修理和其他服务业	**Services to Households Repair and Other Services**	**116**	**55**	**63**
居民服务业	Services to Households	80	34	42
机动车、电子产品和日用产品修理业	Repair to Motor,Electronic Products and Househole Products	21	15	14
其他服务业	Other Services	15	6	7
教　育	**Education**	**706**	**343**	**324**
卫生和社会工作	**Health and Social Services**	**355**	**159**	**147**
卫　生	Health	252	117	112
社会工作	Social Services	103	42	35
文化、体育和娱乐业	**Culture, Sports and Entertainment**	**361**	**179**	**173**
新闻和出版业	Journalism and Publishing Activities	2		1
广播、电视、电影和影视录音制作业	Broadcasting, Movies, Television and Video Recording	8	6	6
文化艺术业	Cultural and Art Activities	93	40	37
体　育	Sports Activities	66	38	40
娱乐业	Entertainment	192	95	89
公共管理、社会保障和社会组织	**Public Management,Social Security and Social Organizations**	**577**	**258**	**249**
#中国共产党机关	Organs of Communist Party of China	2	1	
国家机构	Government Agencies	523	223	213
社会保障	Social Security	3	1	1
群众团体、社会团体和其他成员组织	Non-Governmental Organizations, Social Organizations and Other Organizations	12	6	4
基层群众自治组织	Grass Roots Self-governing Organizations	37	27	31

4-10 各地区固定资产投资增速(2020年)
Growth Rates of Investment in Fixed Assets by Region (2020)

单位: % (%)

地 区	Region	合 计 Total	#工 业 Industry	第一产业 Primary Industry	第二产业 Secondary Industry	第三产业 Tertiary Industry
全 省	**Provincial Total**	**8.2**	**8.0**	**24.4**	**8.0**	**7.8**
南昌市	Nanchang	8.8	3.7	46.0	3.8	10.8
景德镇市	Jingdezhen	8.4	8.4	58.3	8.4	6.6
萍乡市	Pingxiang	8.0	12.7	74.7	12.7	-1.1
九江市	Jiujiang	9.0	6.2	0.3	6.2	17.2
新余市	Xinyu	7.8	3.4	58.6	3.1	13.3
鹰潭市	Yingtan	9.5	9.7	40.6	9.2	7.8
赣州市	Ganzhou	9.2	7.7	30.7	7.7	10.1
吉安市	Ji'an	9.6	6.3	22.4	6.3	13.4
宜春市	Yichun	8.1	8.4	50.5	7.9	6.8
抚州市	Fuzhou	8.7	14.4	-8.1	14.5	4.6
上饶市	Shangrao	9.3	17.0	2.0	17.6	2.3

4-11 各地区固定资产投资构成(2020年)
Composition of Investments in Fixed Assets by Region (2020)

单位: % (%)

地区	Region	合计 Total	#工业 Industry	第一产业 Primary Industry	第二产业 Secondary Industry	第三产业 Tertiary Industry
全 省	**Provincial Total**	**100**	**100**	**100**	**100**	**100**
南昌市	Nanchang	24.5	15.4	14.2	15.5	34.3
景德镇市	Jingdezhen	4.0	3.7	4.9	3.7	4.2
萍乡市	Pingxiang	4.1	5.0	4.7	5.0	3.2
九江市	Jiujiang	13.1	18.6	8.1	18.6	7.7
新余市	Xinyu	5.2	6.6	8.9	6.6	3.7
鹰潭市	Yingtan	2.9	2.9	5.1	2.9	2.8
赣州市	Ganzhou	12.2	12.1	7.4	12.0	12.7
吉安市	Ji'an	8.0	9.0	14.3	9.0	6.6
宜春市	Yichun	9.4	10.1	9.8	10.1	8.7
抚州市	Fuzhou	7.2	7.3	14.2	7.3	6.7
上饶市	Shangrao	9.3	9.2	8.5	9.3	9.4

4-12 各地区按登记注册类型分的固定资产投资增速(2020年)
Growth Rates of Investment in Fixed Assets by Region and Status of Registration (2020)

单位：% (%)

地　区	Region	合　计 Total	内　资 Domestic Funds	国　有 State-owned	集　体 Collective-owned	股份合作 Share Holding Cooperative	联　营 Joint-owned
全　省	**Provincial Total**	**8.8**	**8.2**	**-12.9**	**-3.2**	**-50.0**	**-42.9**
南昌市	Nanchang	8.8	7.4	-11.8	-39.0	-84.2	-70.7
景德镇市	Jingdezhen	8.4	8.3	-24.7	20.8		-100.0
萍乡市	Pingxiang	8.0	7.1	14.2		-31.0	
九江市	Jiujiang	9.0	8.8	-8.4	143.4	-100.0	-50.2
新余市	Xinyu	7.8	8.5	4.8	-70.0		
鹰潭市	Yingtan	9.7	8.3	-19.2	348.3		
赣州市	Ganzhou	8.5	8.4	-23.8	402.1	-94.8	-70.8
吉安市	Ji'an	9.9	8.1	-15.3	850.4		
宜春市	Yichun	7.9	7.9	2.8	4354.2		-96.0
抚州市	Fuzhou	8.7	8.7	-14.4	-52.2	-54.3	
上饶市	Shangrao	9.4	9.3	-22.5	286.5	-39.8	36.1

4-12 续表 continued

地　区	Region	有限责任公司 Limited Liability Corporations	股份有限公司 Share Holding Enterprises	私　营 Private	其　他 Others	港澳台商投资 Funds from Hong Kong, Macao and Taiwan	外商投资 Foreign Funded	个体经营 Individuals
全　省	**Provincial Total**	**13.5**	**10.1**	**15.7**	**-38.0**	**33.0**	**31.0**	**18.2**
南昌市	Nanchang	9.4	-22.4	24.6	-36.8	59.2	72.1	20.4
景德镇市	Jingdezhen	21.9	113.2	10.2	-99.6	738.6	-28.8	
萍乡市	Pingxiang	5.4	-34.0	12.9	-82.0	36.0	240.6	3922.2
九江市	Jiujiang	-1.3	53.7	27.0	-3.9	-23.3	87.2	3.5
新余市	Xinyu	23.3	121.4	4.9	-41.4	-21.3	-17.2	194.4
鹰潭市	Yingtan	30.2	73.5	13.8	-59.1	67.1	552.8	
赣州市	Ganzhou	25.2	44.9	10.0	-14.8	56.9	-29.2	
吉安市	Ji'an	40.9	15.8	9.4	-61.6	130.1	65.2	
宜春市	Yichun	-0.4	11.6	16.0	22.3	29.3	-31.5	-51.8
抚州市	Fuzhou	47.0	-13.2	8.8	-19.0	14.9	105.9	-68.1
上饶市	Shangrao	23.7	10.4	18.9	-63.2	13.4	25.3	

4-13 各地区按行业分固定资产投资增速(2020年)

单位：%

行业	Sector	全省 Total	南昌市 Nanchang	景德镇市 Jingdezhen
总计	**Total**	**8.2**	**8.8**	**8.4**
农、林、牧、渔业	Agriculture, Forestry, Animal Husbandry and Fishery	24.4	46.0	58.3
采矿业	Mining	17.5		41.3
制造业	Manufacturing	7.0	0.1	7.8
电力、热力、燃气及水生产和供应业	Production and Supply of Electricity Heat Gas and Water	20.8	126.0	5.3
建筑业	Construction	-3.2	14.3	
批发和零售业	Wholesale and Retail Trades	-40.1	-46.8	38.5
交通运输、仓储和邮政业	Transport, Storage and Post	14.4	55.9	-2.1
住宿和餐饮业	Hotels and Catering Services	4.0	21.2	103.1
信息传输、软件和信息技术服务业	Information Transmission,Software and Information Technology Services	63.5	67.4	115.7
金融业	Financial Intermediation	-19.2	-28.8	
房地产业	Real Estate	11.1	16.1	17.5
租赁和商务服务业	Leasing and Business Services	8.0	0.5	66.2
科学研究和技术服务业	Scientific Research and Technical Services	4.7	-34.5	56.0
水利、环境和公共设施管理业	Management of Water Conservancy, Environment and Public Facilities	2.3	2.1	-9.2
居民服务、修理和其他服务业	Services to Households Repair and Other Services	-8.4	-47.0	-11.1
教育	Education	16.4	36.9	-22.2
卫生和社会工作	Health and Social Services	27.3	106.2	28.0
文化、体育和娱乐业	Culture, Sports and Entertainment	25.3	45.8	207.4
公共管理、社会保障和社会组织	Public Management,Social Security and Social Organizations	10.8	21.8	389.9

注：本表全省数据含跨地区项目数。

Growth Rates of Investment in Fixed Assets by Region and Sector (2020)

(%)

萍乡市 Pingxiang	九江市 Jiujiang	新余市 Xinyu	鹰潭市 Yingtan	赣州市 Ganzhou	吉安市 Ji'an	宜春市 Yichun	抚州市 Fuzhou	上饶市 Shangrao
8.0	**9.0**	**7.8**	**9.5**	**9.2**	**9.6**	**8.1**	**8.7**	**9.3**
74.7	0.3	58.6	40.6	30.7	22.4	50.5	-8.1	2.0
-35.9	30.4	5.9	-10.8	-26.5	57.4	70.9	85.4	32.8
13.9	4.5	0.0	11.4	11.1	4.2	11.7	11.0	15.2
8.5	37.9	73.3	-24.9	-10.2	29.3	-23.6	54.3	35.0
							72.0	
-2.3	20.6	29.9	-36.2	-40.7	-20.3	-43.8	-38.3	-20.0
40.6	-6.8	30.6	-47.4	39.4	80.4	1.0	-40.0	45.1
2167.3	98.3	-48.1	-24.2	-45.2	39.3	-62.5		-18.0
	-71.6	28.2	426.5	167.1	-47.4	-29.6	368.4	-50.8
-47.5				-48.1	466.4			10.9
-8.7	17.9	10.5	9.3	3.1	19.4	6.3	13.8	1.6
-37.1	54.2	36.7	5.5	61.0	5.3	-0.2	36.5	-16.1
-0.8	184.5	5.1	300.1	23.7	68.9	81.6	32.9	-47.8
5.4	9.8	-2.9	9.5	17.4	-6.0	4.0	-2.8	-5.7
6213.3	2.6	-35.4		-27.0	77.6	235.7	16.0	120.3
-11.9	-30.9	99.5	66.2	17.0	-24.9	38.0	7.2	42.3
-33.4	38.6	-22.7	-35.3	-13.5	-8.1	-12.2	-6.8	97.1
-54.6	-12.3	69.4	-65.6	-17.1	2.3	35.5	2.5	46.1
18.1	41.8	384.0	-9.3	-12.4	-9.5	23.6	-6.4	-22.4

a) The data in this table include trans-regional project data.

4-14 各地区按构成分固定资产投资增速(2020年)
Growth Rates of Investment in Fixed Assets by Region and Use of Funds (2020)

单位：% (%)

地区	Region	合计 Total	建筑、安装工程 Construction and Installation	设备、工器具购置 Purchase of Equipment and Instruments	其他费用 Others
全省	**Provincial Total**	**8.2**	**12.2**	**-4.7**	**-5.7**
南昌市	Nanchang	8.8	20.5	-22.9	-4.4
景德镇市	Jingdezhen	8.4	15.9	-11.9	-40.1
萍乡市	Pingxiang	8.0	20.6	-53.5	-40.3
九江市	Jiujiang	9.0	9.7	4.4	11.9
新余市	Xinyu	7.8	2.4	24.8	0.1
鹰潭市	Yingtan	9.5	4.3	9.8	77.8
赣州市	Ganzhou	9.2	8.7	12.5	9.7
吉安市	Ji'an	9.6	11.9	5.9	-5.1
宜春市	Yichun	8.1	6.2	20.8	2.8
抚州市	Fuzhou	8.7	18.2	-28.8	-23.3
上饶市	Shangrao	9.3	15.0	-3.6	-22.1

4-15 各地区按建设性质分固定资产投资增速(2020年)
Growth Rates of Investment in Fixed Assets by Region and Type of Construction (2020)

单位：% (%)

地区	Region	合计 Total	#新建 New Construction	#扩建 Expansion	#改建和技术改造 Reconstruction and Technical Transformation
全省	**Provincial Total**	**8.2**	**1.5**	**39.5**	**33.2**
南昌市	Nanchang	8.8	25.0	-2.8	-21.7
景德镇市	Jingdezhen	8.4	8.0	-11.5	27.4
萍乡市	Pingxiang	8.0	-10.5	54.3	265.4
九江市	Jiujiang	9.0	-6.5	59.0	91.1
新余市	Xinyu	7.8	10.7	13.2	-10.6
鹰潭市	Yingtan	9.5	-11.8	238.3	184.5
赣州市	Ganzhou	9.2	-7.0	127.0	97.1
吉安市	Ji'an	9.6	3.3	17.8	28.4
宜春市	Yichun	8.1	-9.2	78.7	172.4
抚州市	Fuzhou	8.7	-2.5	29.0	40.8
上饶市	Shangrao	9.3	-1.5	66.6	86.7

4-16 各地区工业投资增速(2020年)
Growth Rates of Investment in Industry by Region (2020)

单位：% (%)

地 区	Region	合 计 Total	采 矿 业 Mining	制 造 业 Manufacturing	电力、燃气及水的生产和供应业 Production and Supply of Electricity, Gas and Water
全 省	**Provincial Total**	**8.0**	**17.5**	**7.0**	**20.8**
南 昌 市	Nanchang	3.7		0.1	126.0
景德镇市	Jingdezhen	8.4	41.3	7.8	5.3
萍 乡 市	Pingxiang	12.7	-35.9	13.9	8.5
九 江 市	Jiujiang	6.2	30.4	4.5	37.9
新 余 市	Xinyu	3.4	5.9	0.0	73.3
鹰 潭 市	Yingtan	9.7	-10.8	11.4	-24.9
赣 州 市	Ganzhou	7.7	-26.5	11.1	-10.2
吉 安 市	Ji'an	6.3	57.4	4.2	29.3
宜 春 市	Yichun	8.4	70.9	11.7	-23.6
抚 州 市	Fuzhou	14.4	85.4	11.0	54.3
上 饶 市	Shangrao	17.0	32.8	15.2	35.0

4-17 各地区固定资产投资施工和投产项目个数(2020年)
Number of Projects under Construction and Put into use by Region (2020)

地 区	Region	施工项目(个) Number of Projects under Construction (unit)	#新开工 Started this Year	全部建成投产(个) Number of Projects Completed and Put into Use (unit)
全 省	**Provincial Total**	**18285**	**9344**	**8807**
南 昌 市	Nanchang	3747	2619	2355
景德镇市	Jingdezhen	606	210	272
萍 乡 市	Pingxiang	959	489	248
九 江 市	Jiujiang	2319	999	998
新 余 市	Xinyu	1018	476	715
鹰 潭 市	Yingtan	579	277	250
赣 州 市	Ganzhou	2322	961	658
吉 安 市	Ji'an	1609	725	726
宜 春 市	Yichun	1986	991	1036
抚 州 市	Fuzhou	1281	576	637
上 饶 市	Shangrao	1858	1021	911

主要统计指标解释

全社会固定资产投资 是以货币形式表现的在一定时期内全社会建造和购置固定资产的工作量以及与此有关的费用的总称。该指标是反映固定资产投资规模、结构和发展速度的综合性指标,又是观察工程进度和考核投资效果的重要依据。全社会固定资产投资按登记注册类型可分为国有、集体、个体、联营、股份制、外商、港澳台商、其他等。按统计方式可分为建设项目固定资产投资和房地产开发投资(全面统计)、农村农户固定资产投资(抽样调查)。建设项目投资不同的时期有不同的统计起点。1995-1996年,项目投资统计的起点为计划总投资5万元及以上;自1997年起,项目投资统计的起点由5万元提高到50万元及以上;自2011年起,项目投资的统计起点由50万元提高至500万元及以上。为便于比较,2010年调整为500万元以上起点数。

固定资产投资 指各种登记注册类型的企业、事业、行政单位及个体户进行的建设项目投资、房地产开发投资。

房地产开发投资 指各种登记注册类型的房地产开发公司、商品房建设公司及其他房地产开发法人单位和附属于其他法人单位实际从事房地产开发或经营活动的单位统一开发的包括统代建、拆迁还建的住宅、厂房、仓库、饭店、宾馆、度假村、写字楼、办公楼等房屋建筑物和配套的服务设施,土地开发工程(如道路、给水、排水、供电、供热、通讯、平整场地等基础设施工程)的投资;不包括单纯的土地交易活动。

固定资产投资的资金来源 根据固定资产投资的资金来源不同,分为国家预算内资金、国内贷款、利用外资、自筹资金和其他资金。

(1)国家预算内资金:分为财政拨款和财政安排的贷款两部分。包括中央财政的基本建设基金(分经营性基金和非经营性基金两部分)、专项支出(如煤代油专项等)、收回再贷、贴息资金,财政安排的挖潜改造和新产品试制支出、城建支出、商业部门简易建筑支出、不发达地区发展基金等资金中用于固定资产投资的资金;地方财政中由国家统筹安排的资金等。

(2)国内贷款:指报告期固定资产投资单位向银行及非银行金融机构借入的用于固定资产投资的各种国内借款,包括银行利用自有资金及吸收的存款发放的贷款、上级主管部门拨入的国内贷款、国家专项贷款、地方财政专项资金安排的贷款、国内储备贷款、周转贷款等。

(3)利用外资:指报告期收到的用于固定资产建造和购置的国外资金(包括设备、材料、技术在内)。包括对外借款(外国政府、国际金融组织贷款、出口信贷、外国银行商业贷款、对外发行债券和股票)、外商直接投资及外商其他投资。不包括我国自有外汇资金(国家外汇、地方外汇、留成外汇、调剂外汇和中国银行自有资金发行的外汇贷款等)。计算利用外资时,需要折算成人民币,折算中所使用的外汇汇率按现汇计算,即按使用外汇时的汇率计算。

(4)自筹资金:指固定资产投资单位报告期收到的,由各地区、各部门及企、事业单位筹集用于固定资产投资的预算外资金,包括中央各部门、各级地方和企、事业单位的自筹资金。

(5)其他资金:指在报告期收到的除以上各种资金之外其他用于固定资产投资的资金,包括企业或金融机构通过发行各种债券筹集到的资金、群众集资、个人资金、无偿捐赠的资金及其他单位拨入的资金等。

固定资产投资按国民经济行业分 根据建设项目建成投产后的主要产品或主要用途及社会经济活动性质来确定国民经济行业。一般情况下,一个建设项目或一个企业、事业单位只能属于一种国民经济行业。

固定资产投资按建设性质分 根据整个建设项目情况来确定。建设项目的性质一般分为新建、扩建、改建和技术改造、迁建、恢复。

(1)新建:一般指从无到有开始建设的企业、事业和行政单位或建设项目。现有企业、事业、行政单位一般不属于新建。但如有的单位原有基础很小,经过建设后新增的固定资产价值超过该企、事业、行政单位原有固定资产价值(原值)三倍以上的也应作为新建。

(2)扩建:指在厂内或其他地点,为扩大原有产品的生产能力(或效益)或增加新的产品生产能力,而增建主要的生产车间(或主要工程)、分厂、独立的生产线。行政、事业单位在原单位增建业务用房(如学校增建教学用房、医院增建门诊部、病房等)也作为扩建。

现有企、事业单位为扩大原有主要产品生产能力或增加新的产品生产能力,增建一个或几个主要生产车间(或主要工程)、分厂,同时进行一些更新改造工程的,也应作为扩建。

(3)改建和技术改造:指现有企业、事业单位,对原有设施进行技术改造或更新(包括相应配套的辅助性生产、生活福利设施)的建设项目。现有企业、事业单位为适应市场变化的需要,而改变企业的主要产品种类(如军工企业转产民用品等)的建设项目,应作为改建。原有产品生产作业线由于各工序(车间)之间能力不平衡,为填平补齐充分发挥原有生产能力而增建不增加本企业主要产品设计能力的车间,也应作为改建。技术改造是指企业、事业单位在现有基础上,用先进的技术代替落后的技术,用先进的工艺和装备代替落后的工艺和装备,以改变企业落后的技术经济面貌,实现以内涵为主的扩大再生产,达到提高产品质量、促进产品更新换代、节约能源、降低消耗、扩大生产规模、全面提高社会经济效益的目的。技术改造具体包括以下内容:机器设备和工具的更新改造;生产工艺改革、节约能源和原材料的改造;厂房建筑和公共设施的改造;劳动条件和生产环境的改造等。

固定资产投资按构成分 固定资产投资活动按其工作内容和实现方式分为建筑安装工程,设备、工具、器具购置,其他费用三个部分。

(1)建筑安装工程(建筑安装工作量):指各种房屋、建筑物的建造工程和各种设备、装置的安装工程。包括各种房屋建造工程;各种用途设备基础和各种工业窑炉的砌筑工程及金属结构工程;为施工而进行的各种准备工作和临时工程以及完工后的清理工作等;铁路、道路的铺设,矿井的开凿及石油管道的架设等;水利工程;防空地下建筑等特殊工程;列入房屋工程预算内的暖气、卫生、通风、照明、煤气等设备的价值及装设油饰工程；列入建筑工程预算内的各种管道(蒸汽、压缩空气、石油、给排水等管道)、电力、电讯电缆导线等的敷设工程；以及各种机械设备的安装工程；为测定安装工程质量，对设备进行的试运工作；房地产开发单位进行的商品房屋开发建设工程、土地开发工程。

在安装工程中，不包括被安装设备本身的价值。

(2)设备、工具、器具购置：指建设单位或企、事业单位购置或自制的，达到固定资产标准的设备、工具、器具的价值。新建单位及扩建单位的新建车间，按照设计或计划要求购置或自制的全部设备、工具、器具，不论是否达到固定资产标准均计入“设备、工具、器具购置”中。

(3)其他费用：指在固定资产建造和购置过程中发生的，除上述几项内容以外的各种应分摊计入固定资产的费用。

施工项目 指报告期内进行过建筑或安装施工活动的项目。凡是报告期内施过工的建设项目，不论施工时间长短，均作为施工项目统计。施工项目个数可以反映一定时期固定资产投资的实际规模，与同期全部建成投产项目个数相比，可以从建设速度的角度反映固定资产投资的效果。根据建设项目施工活动的不同性质，施工项目又分为：本年正式施工项目、本年收尾项目和以前年度全部停缓建项目。

全部建成投产项目 工业项目指设计文件规定形成生产能力的主体工程及其相应配套的辅助设施全部建成，经负荷试运转，证明具备生产设计规定合格产品的条件，并经过验收鉴定合格或达到竣工验收标准，与生产性工程配套的生活福利设施可以满足近期正常生产的需要，正式移交生产的建设项目。非工业项目指设计文件规定的主体工程和相应的配套工程全部建成，能够发挥设计规定的全部效益，经验收鉴定合格或达到竣工验收标准，正式移交使用的建设项目。

房屋建筑面积 指房屋建筑物勒脚以上外墙外围的水平截面面积，包括房屋建筑物的有效面积和结构面积。该指标是从实物形态上反映建设规模和建设成果的重要指标之一，也是检查工程形象进度、计算工程造价、分析投资效果、研究施工任务和建筑材料之间平衡情况的重要依据。

住宅建筑面积 指施工和竣工房屋建筑面积中供居住用的房屋建筑面积。

施工面积 指报告期内施工的全部房屋建筑面积。包括本期新开工的面积和上期开工跨入本期继续施工的房屋面积，以及上期已停建在本期恢复施工的房屋面积。本期竣工和本期施工后又停缓建的房屋，其建筑面积仍计入本期房屋施工面积中。

竣工面积 指在报告期内房屋建筑按照设计要求已经全部完工，达到住人和使用条件，经验收鉴定合格(或达到竣工验收标准)，正式移交使用单位的各栋房屋建筑面积的总和。

新增固定资产 指报告期内已经完成建造和购置过程，并已交付生产或使用单位的固定资产价值。该指标是表示固定资产投资成果的价值指标，也是反映建设进度，计算固定资产投资效果的重要指标。

Explanatory Notes on Main Statistical Indicators

Total Investment in Fixed Assets in the Whole Country refers to the volume of activities in construction and purchases of fixed assets of the whole country and related fees, expressed in monetary terms during the reference period. It is a comprehensive indicator which shows the size, structure and growth of the investment in fixed assets, providing a basis for observing the progress of construction projects and evaluating results of investment. Total investment in fixed assets in the whole country includes, by type of ownership, the investment by State-owned units, collective-owned units, individuals, joint ownership units, share-holding units, as well as investments by entrepreneurs from foreign countries and from Hong Kong, Macao and Taiwan, and by other units. According to statistical methods can be divided into construction project investments in fixed assets and investments in real estate development (Comprehensive Statistics), investments in fixed assets by rural households (sampling survey).Construction project investment of different periods have different starting point of statistics. From 1995 to 1996 the cut-off point of project investment was 50000 yuan and above; Since 1997 the cut-off point of project investment had changed from 50000 yuan to 500000 yuan and above; Since 2011,the cut-off point of project investment had changed from 500000 yuan to 5 million yuan and above. For the convenience of comparison, relevant data of 2010 were adjusted to 5 million yuan and above.

Investment in Fixed Assets refers to enterprises of various types of ownership, institutions, administrative units and individuals in the construction project investment, investments in real estate development.

Investment in Real Estate Development refers to investment by real estate development companies, commercialized buildings construction companies and other real estate development units of various types of ownership in the construction of buildings, such as residential buildings, factory buildings, warehouses, hotels, guesthouses, holiday villages, office buildings, and the complementary service facilities and land development projects, such as roads, water supply, water drainage, power supply, heating supply, telecommunications, land leveling and other infrastructural projects. It does not include activities in pure land transactions.

Sources of Funds for Investment in Fixed Assets are categorized as funds from the State budget, domestic loans, foreign investment, self-raised funds, and others, depending on the sources of investment.

(1) Fund from the State budget consists of budgetary appropriation and loans from the State budget. More specifically, it includes, from the budget of the central government, capital construction fund (operation fund and non-operational fund), special expenses (e.g. expenses on substituting petroleum with coal), loans from repayment, discount fund, expenses on innovation and trial production of new products, expenses on urban

construction, expenses on temporary construction from business departments, development fund for less developed areas, as well as local budgetary fund transferred from the central budget.

(2) Domestic loans refer to loans of various forms borrowed by investing units from banks and non-bank financial institutions during the reference period for the purpose of investment in fixed assets, including loans issued by banks from their self-owned funds and deposit, loans appropriated by higher authorities, special loans by government, loans arranged by local government from special funds, domestic reserve loan, and working loan.

(3) Foreign investment refers to foreign funds received during the reference period for the construction and purchase of investment in fixed assets (covering equipment, materials and technology), including foreign borrowings (loans from foreign governments and international financial institutions, export credit, commercial loans from foreign banks, issue of bonds and stocks overseas), foreign direct investment and other foreign investments. Excluded from this category is capital in foreign exchanges owned by China (foreign exchanges owned by the central and local governments, foreign exchanges retained by enterprises, foreign exchanges by enterprises through the regulating mechanism, loans in foreign exchanges issued by the Bank of China with its own fund, etc.). In calculating the utilization of foreign capital, foreign currencies are converted into Chinese Renminbi applying the current exchange rate when the foreign capitals are actually used.

(4) Self-raised funds refer to extra-budgetary funds for investment in fixed assets received during the reference period by investing units from central government ministries, local governments, enterprises and institutions, including their self-raised funds.

(5) Others refer to funds for investment in fixed assets received from sources other than those listed above, including capital raised through issuing bonds by enterprises or financial institutions, funds raised from individuals and through donations, and funds transferred from other units.

Investment in Fixed Assets by Sector The classification of construction projects by sector is determined by the major products or the purpose of the projects when they are put into production or use, and by the nature of their social economic activities. In general, one project or one enterprise or institution can only be classified into one sector.

Investment in Fixed Assets by Type of Construction Construction projects in general can be classified, by the type of construction, into new construction, expansion, reconstruction and technical transformation, moving and restoration.

(1) New construction in general refers to construction projects, which start from scratch, of enterprises, institutions, administrative agencies. Construction in existing enterprises, institutions or agencies is generally not considered as new construction. In case the size of the existing unit is quite small, and the value of newly added fixed assets is more than three times of the original value, the expansion will be considered as new construction.

(2) Expansion refers to construction of new major production workshop, branch factory or independent production line within a factory or in other locations, for the purpose of increasing the production capacity (or improving efficiency) or adding new production capacity. Newly constructed accommodation for the operation of institutions and administrative organizations (such as newly constructed buildings for teaching in schools, buildings for clinics or wards in hospitals, etc.) are also classified as expansion.

Also included in expansion are investments by existing enterprises or institutions in building major production line(s) or branch factory (ies) along with some work on innovation, for the purpose of expanding the production capacity of original products or producing new products.

(3) Reconstruction and technical transformation refers to construction projects by existing enterprises or institutions in innovation or technical transformation of the old facilities (including auxiliary production equipment and welfare facilities). Also considered as reconstruction is the construction of new workshops by the existing enterprises or institutions to change the variety of products to meet the market demand (such as the production of civil products by defence industries), or to bring the designed production capacity into full play through a more balanced production process on production lines. Technical transformation refers to replacement of old technology or equipment by new technology or equipment, in order to expand the reproduction through improvement of technology contents in production, to improve product quality, to promote new products, to save energy, to reduce consumption, to expand the production scale and to improve overall social-economic efficiency. Contents of technical transformation include: updating of machinery, equipment and tools; reforming production process by using energy or materials saving technology; construction of factory workshops and transformation of public facilities; improvement of working conditions and environment, etc.

Investment in Fixed Assets by Structure By their contents and the mode of implementation, investment activities are classified into 3 categories, i.e. construction and installation, purchase of equipment and instrument, and other expenses.

(1) Construction and installation (work volume of construction and installation) refers to the construction of houses and buildings and the installation of various kinds of equipment and instruments. They include construction of houses; equipment foundations, industrial kilns and stoves, and metal structure work; preparation works and temporary works for project construction, and clearing up works post project construction; pavement of railways and roads, drilling of mines and putting up of oil pipes; construction of water conservancy; construction of underground air-raid shelters and construction of other special projects; value of equipment for heating, sanitation, ventilation, lighting, gas, painting, etc. that are covered by the budget of housing projects; laying out of various pipelines (for steam, compressed air, petroleum, tap water and sewage) and wiring and cabling for electric power and for communications; installation of various machinery and equipment; testing operation for pre-testing the quality of installation projects, and land and other development work conducted by real estate developers for commercialized housing. The value of equipment installed is itself not included in the value of installation projects.

(2) Purchase of equipment and instruments refers to the total value of equipment, tools, and instruments purchased or self-produced which come up to the cut-off point for fixed assets by the construction units or investing enterprises or institutions. Equipment, tools and instruments purchased or self-produced for new workshops by newly established or expanded units are categorized as "purchase of equipment and instruments" no matter

whether they come up to the cut-off point for fixed assets.

(3) Other expenses refer to expenses arising during the construction or purchase of fixed assets other than those mentioned above.

Projects under Construction refer to projects with construction and installation activities undertaken in the reference period. All projects that have construction activities undertaken during the reference period are reported as projects under construction irrespective of the length of construction work. The number of projects under construction can reflect the actual size of investment in fixed assets during a given period, and when compared with the number of projects completed and put into use during the same period, it demonstrates the results of investment in fixed assets from the angle of the speed of the construction. Depending on the nature of construction activities, projects under construction can also be classified into projects beginning construction in current year, winding-up projects in current year and stopped or suspended projects in previous years (with resumption of work in current year).

Projects Completed and Put into Use Industrial projects refer to the major projects and anxilliary facilities having been completed in accordance with the design documents, resulting in forming production capacity and having checked and accepted after relevant tests, while the living and welfare facilities having been completed and being capable of ensuring normal production. Non-industrial projects refer to the major projects and anxilliary facilities which have been completed in accordance with the design documents ; have been checked, accepted after relevant examination; and have been formally delivered for use..

Floor Space of Buildings under Construction refers to the total floor space of the horizontal section of outer walls above the plinth of the building, including the effective area and the area occupied by the structure. This indicator is one of the important indicators in physical terms to reflect the scale and accomplishment of the construction industry and also an important basis for monitoring the progress, calculating the cost, analyzing the efficiency and studying the supply of building materials in relation to the construction projects.

Floor Space of Residential Buildings refers to the floor space of the residential buildings among the total space of buildings under construction or completed.

Floor Space under Construction refers to total floor space of all buildings under construction during the reference period, including floor space of newly started buildings during the reference period, floor space of construction extended from the previous period to the current period, and floor space of construction suspended during the previous period and resumed in the current period. Floor space of construction completed in the current period, and floor space of construction started and then suspended in the current period are also included in the floor space under construction of the current year.

Floor Space Completed refers to the floor space of all buildings completed in the reference period, which have been appraised and accepted (or come up to the designed standards) and have been transferred to owner units.

Newly Increased Fixed Assets refer to the newly increased value of fixed assets, constructed or purchased, that have been transferred to the investors. This is an indicator that demonstrates the results of investment in fixed assets in monetary terms, and an important indicator to reflect the speed of construction and to calculate the efficiency of investment.

对外经济贸易

FOREIAN ECONOMIC RELATIONS AND TRADE

◆ *103/130*

资料整理：林　红

简要说明

本篇资料综合反映全省货物对外贸易、利用外资、对外直接投资、对外经济合作、与国外结成友好城市的历年概况，重点反映对外经济贸易的近期发展状况。

一、货物对外贸易部分

货物对外贸易统计的主要内容包括：进出口货物的金额、品种、国别(地区)、收发货人所在地、贸易方式、类别等项目。

货物对外贸易统计的范围是按照联合国的国际贸易统计原则制定的，即凡能引起中华人民共和国关境内物质资源存量增加或减少的进出口货物，除制度另有规定者外，均列入该项统计。

货物对外贸易统计的资料来源于南昌海关，调查方法是全面调查。

历年出口商品分类金额和历年进口商品分类金额按照联合国《国际贸易标准分类》(SITC)进行统计。进出口商品目录是在海关合作理事会制定的《商品名称和编码协调制度》(HS)的基础上，结合我国进出口实际情况制定的。

全省对各国(地区)进出口总值表中，出口货物按中华人民共和国关境外最终目的国(地区)统计，进口货物按中华人民共和国关境外原产国(地区)统计。各地区进出口商品总值按境内收发货人所在地列示。收发货人所在地是指中华人民共和国关境内进出口企业报关注册的登记地。

二、利用外资部分

利用外资统计的主要内容包括：外商直接投资情况、外商投资企业登记注册情况。

统计范围是凡经市场监督管理机关核准登记，在江西所有利用外资的单位和部门，经批准设立的中外合资经营企业、合作经营企业、外资企业、外商投资股份制企业、合作开发项目等具有法人资格的独立核算企业(包括港澳台地区投资企业)，在江西从事经营活动的外国及港澳台地区企业和外国公司在江西境内设立的分支机构。

利用外资统计的资料来源于省商务厅，外商投资企业的登记注册情况资料来源于省市场监督管理局登记注册局，调查方法是全面调查。

三、对外直接投资和经济合作部分

对外直接投资和经济合作统计的主要内容包括：对外直接投资额、中方协议投资额、对外承包工程的合同数、合同金额、完成营业额及对外劳务合作的合同工资总额、实际收入总额等。

对外直接投资统计范围主要包括境内投资者通过直接投资方式在境外拥有或控制10%或以上股权、投票权或其他等价利益的各类公司型和非公司型的境外直接投资企业。对外经济合作统计范围是发生对外承包工程业务的企业或单位、有对外劳务合作经营资格的企业以及海员外派机构。

资料来源于省商务厅，调查方法是全面调查。

四、其他

与国外结成友好城市部分的统计资料来源于省外事办公室。

Brief Introduction

Data in this chapter provide summary data of the whole provinces foreign trade, utilization of foreign capital, outboard direct investment, contracted projects and labour cooperation with foreign countries forming friendship cities over the years with foreign countries, focusing on the recent situation of foreign trade and economic cooperation.

I. Foreign Trade in Goods or Commodities

Data on foreign trade in goods include: value, varieties, countries（regions）, imports and exports corporations, trade method, category of imports and exports, and so on.

The scope of foreign trade in goods statistics are designed according to United Nations' Principles on international trade statistics, that is: all imports or exports that will lead to stock changes of material resources with the territory of People's Republic of China; excluding goods by escape clause.

Sources of data on foreign trade in goods or commodities are from Customs of Nanchang through a comprehensive reporting system.

Customs statistics in value terms for both imports and exports are compiled according to the classifications of UN Standard International Trade Classification (SITC).The list of import and export commodities is compiled based on the Harmonized Commodity Description and Coding System (HS) stipulated by the Customs Cooperation Council and China`s reality of imports and exports.

In the table on provincial total imports and exports with related countries and regions, the export commodities are calculated at the customs of the countries (regions) of destination and the import commodities are calculated at the customs of the countries (regions) of origin. The total values of the import and export commodities by region are calculated respectively at the place where the import or export corporations are situated within the boundary of the People's Republic of China. The province where the import or export corporations are situated refers to the province where the import or export corporations have applied to and have been registered at the customs. The province of origin within the border of the People's Republic of China refers to the province where the export commodities are produced or originally delivered.

II. Utilization of Foreign Capitals

Utilization of foreign capitals includes: foreign direct investments, and the basic condition of registration of foreign funded enterprises.

The statistics cover all the units and departments which have utilized foreign capitals, all the Sino-foreign joint ventures, Sino-foreign cooperative enterprises, ventures exclusively with foreign investment, foreign-funded stock companies, Sino-foreign cooperative development projects (including the enterprises funded by the entrepreneurs from Hong Kong, Macao and Taiwan) with independent accounting system which have been approved by the Jiangxi provincial government to set up in the border of Jiangxi and registration through administrative authorities of market regulation.

Data on utilization of foreign capitals are from Department of Commerce of Jiangxi Province. Data on basic condition of registration of foreign funded enterprises are from Jiangxi Administration for Market Regulation through Enterprise Registration Bureau

III. Direct Foreign Investment and Foreign Economic Cooperation

Data on direct foreign investment and foreign economic cooperation include: direct foreign investment, Chinese-side agreement investment, number, volume and turnover of foreign project-contracting, total wages of contract, complete business turnover of foreign labor service cooperation.

Statistics on outboard direct investment cover all types of overseas corporations and non-corporations that domestic investors own or control 10% or more equity, voting rights or other equivalent interests through direct investment. Statistics on foreign economic cooperation cover enterprises or units that have overseas contracted projects, enterprises with qualifications for overseas labour services and qualified agencies engaging in dispatching seamen.

Data on foreign economic cooperation are from Department of Commerce of Jiangxi Province through a comprehensive reporting system.

IV. Others

Statistical of data on foreign sister city with foreign countries are from Foreign Affairs Office of Jiangxi Province.

5-1 海关货物进出口总值

Total Value of Imports and Exports of Goods

年份 地区 Year Region		人民币（万元） 10 000 yuan				美元（万美元） USD 10 000			
		进出口总值 Total Imports & Exports	出口值 Total Exports	进口值 Total Imports	差额 Balance	进出口总值 Total Imports & Exports	出口值 Total Exports	进口值 Total Imports	差额 Balance
1989		232715	174932	57783	117149	62487	46948	15539	31409
1990		322283	257970	64313	193657	71934	58023	13911	44112
1991		408347	270925	137422	133503	76568	50814	25754	25060
1992		531711	355773	175938	179835	96533	64707	31826	32881
1993		665418	350031	315387	34644	116740	61409	55331	6078
1994		1126963	690113	436850	253263	130457	80014	50443	29571
1995		1080209	845224	234985	610239	129044	101035	28009	73026
1996		928914	709206	219708	489498	111672	85243	26429	58814
1997		1105121	924093	181028	743065	133284	111438	21846	89592
1998		1033368	844234	189134	655100	124720	101870	22850	79020
1999		1087884	750259	337625	412634	131387	90611	40776	49835
2000		1344664	991414	353250	638164	162399	119736	42663	77073
2001		1267519	860333	407186	453147	153119	103930	49189	54741
2002		1402687	871005	531682	339323	169468	105232	64236	40996
2003		2092670	1246410	846260	400150	252799	150569	102230	48339
2004		2923218	1651484	1271734	379750	353195	199539	153656	45883
2005		3338761	2005931	1332830	673101	405938	244004	161934	82070
2006		4948598	3000716	1947882	1052834	619356	375307	244049	131258
2007		7230425	4168726	3061698	1107028	944886	544473	400413	144060
2008		9545118	5412965	4132153	1280812	1361793	772666	589127	183539
2009		8727529	5033213	3694316	1338897	1277878	736849	541029	195820
2010		14629821	9079759	5550062	3529697	2160529	1341606	818923	522683
2011		20387440	14160957	6226483	7934474	3146881	2187606	959275	1228331
2012		21086322	15846515	5239807	10606708	3341383	2511279	830104	1681175
2013		22844979	17525434	5319545	12205889	3674663	2816665	857998	1958667
2014		26243484	19666525	6576959	13089566	4273082	3202532	1070550	2131982
2015		26285359	20514912	5770447	14744465	4239961	3311674	928287	2383387
2016		26384489	19621927	6762562	12859365	4002841	2979840	1023001	1956839
2017		30111172	22090111	8021061	14069050	4433898	3248827	1185072	2063755
2018		31617435	22229519	9387916	12841603	4818758	3394269	1424490	1969779
2019		35099686	24960542	10139144	14821398	5088978	3619295	1469683	2149612
2020		40246096	29182260	11063836	18118424	5802584	4205576	1597008	2608568
南昌市	Nanchang	11514676	7130743	4383932	2746811	1661462	1029690	631772	397918
景德镇市	Jingdezhen	664727	656947	7780	649167	95864	94735	1129	93606
萍乡市	Pingxiang	1443982	1429958	14024	1415934	207661	205610	2051	203559
九江市	Jiujiang	4519339	3725760	793580	2932180	651167	537003	114164	422839
新余市	Xinyu	1672817	789906	882911	-93005	242089	114469	127620	-13151
鹰潭市	Yingtan	3361481	1083197	2278284	-1195087	486971	156416	330555	-174139
赣州市	Ganzhou	5030443	4204776	825667	3379109	723974	604688	119286	485402
吉安市	Ji'an	5290531	3925896	1364635	2561261	761123	564756	196367	368389
宜春市	Yichun	2440160	2284327	155833	2128494	352497	329959	22537	307422
抚州市	Fuzhou	1738826	1627270	111556	1515714	249501	233415	16086	217329
上饶市	Shangrao	2569114	2323482	245632	2077850	370277	334836	35441	299395

5-2 海关进出口货物分类金额(2020年)
Value of Imports and Exports of Goods by HS Section and Division (2020)

单位: 万元 (RMB 10 000)

商品类别	Section & Division	进出口总值 Total Imports & Exports	出口值 Total Exports	进口值 Total Imports
总计	**Total**	**40246096**	**29182260**	**11063836**
活动物;动物产品	**Live Animals & Animal Products**	**55768**	**40697**	**15072**
活动物	Live Animals	37553	37553	
肉及食用杂碎	Meat and Meat Offal	9179	593	8585
鱼、甲壳动物、软体动物及其他水生无脊动物	Fish and Crustaceans Molluscs and Other Aquatic Invertebrates	1549	263	1286
乳品; 蛋品; 天然蜂蜜;其他食用动物产品	Dairy Products;Birds'Eggs;Natural Honey;Edible Products of Animal Origin,not Elsewhere Specified or Included	3859	4	3855
其他动物产品	Products of Animal Origin,not Elsewhere Specified or Included	3629	2284	1345
植物产品	**Vegetable Products**	**139830**	**91815**	**48015**
活树及其他活植物;鳞茎、根及类似品;插花及装饰用簇叶	Live Trees and Other Plants;Bulbs;Roots and the Like; Cut Flowers and Ornamental Foliage	2876	881	1995
食用蔬菜、根及块茎	Edible Vegetables and Certain Roots and Tubers	11899	5420	6479
食用水果及坚果;甜瓜或柑桔属水果的果皮	Edible Fruit and Nuts; Peel of Citrus Fruits or Melons	19847	19552	295
咖啡、茶、马黛茶及调味香料	Coffee; Tea Mate and Spices	60034	59263	770
谷物	Cereals	17466	3	17464
制粉工业产品;麦芽;淀粉;菊粉;面筋	Products of the Milling Industry; Malt; Starches; Inulin ; Wheat Gluten	1592	123	1469
含油子仁及果实;杂项子仁及果实;工业用或药用植物;稻草、秸秆及饲料	Oil Seeds and Oleaginous Fruits;Miscellaneous Grains, Seeds and Fruits; Industrial or Medicinal Plants; Straw and Fodder	16642	2250	14392
虫胶;树胶、树脂及其他植物液、汁	Lac; Gums; Resins and Other Vegetable Saps and Extracts	8604	3466	5137
编结用植物材料;其他植物产品	Vegetable Planting Materials; Vegetable Products Not Elsewhere Specified or Included	872	858	14
动植物油、脂及其分解产品;精制的食用油脂;动、植物蜡	**Animal or Vegetable Fats and Oils and their Cleavage Products;Prepared Edible Fats;Animal or Vegetable Waxes**	**3698**	**3555**	**143**
食品; 饮料、酒及醋;烟草、烟草及烟草代用品的制品	**Prepared Foodstuffs;Beverages,Spirits And Vinegar; Tobacco and Manufactured Tobacco Substitutes**	**179527**	**162748**	**16779**
肉、鱼、甲壳动物、软体动物及其他水生无脊椎动物的制品	Preparations of Meat,of Fish or of Crustaceans	44999	44999	
糖及糖食	Sugars and Sugar Confectionery	1953	946	1007
可可及可可制品	Cocoa and Cocoa Preparations	1457	1406	51
谷物、粮食粉、淀粉或乳的制品;糕饼点心	Preparations of Cereals; Flour; Starch or Milk ; Pastry -Cooks' Products	24840	23052	1788
蔬菜、水果、坚果或植物其他部分的制品	Preparations of Vegetables; Fruits , Nuts or Other Parts of Plants	67792	67590	201
杂项食品	Miscellaneous Edible Preparations	17645	12290	5355
饮料、酒及醋	Beverages;Spirits and Vinegar	8355	2176	6179
食品工业的残渣及废料;配制的动物饲料	Residues and Waste from the Food Industries ; Prepared Animal Fodder	12486	10288	2198
烟草及烟草代用品的制品	Tobacco and Manufactured Tobacco Substitutes			
矿产品	**Mineral Products**	**2281692**	**44852**	**2236840**
盐;硫酸;泥土及石料;石膏料、石灰及水泥	Salt; Sulphur;Earth and Stone;Plastering Materials,Lime and Cement	251341	39095	212245
矿砂、矿渣及矿灰	Ore; Slag and Ash	1977013	3004	1974009
矿物燃料、矿物油及其 蒸馏产品;沥青物质;矿物蜡	Mineral Fuels; Mineral Oils and Products of Their Distillation;Bituminous Substances;Mineral Waxes	53338	2753	50586

5-2 续表1 continued

单位: 万元 (RMB 10 000)

商品类别	Section & Division	进出口总值 Total Imports & Exports	出口值 Total Exports	进口值 Total Imports
化学工业及其相关工业的产品	**Products of The Chemical or Industries Allied**	**2656439**	**2301130**	**355309**
无机化学品;贵金属、稀土金属、放射性元素及其同位素的有机及无机化合物	Inorganic Chemicals;Organic or Inorgance Compounds of Precious Metals,of Rare-Earth Metals,of Radioactive Elements of Isotopes	799161	678732	120429
有机化学品	Organic Chemicals	723742	700639	23103
药品	Pharmaceutical Products	76007	45950	30057
肥料	Fertilizers	19568	19568	
鞣料浸膏及染料浸膏;鞣酸及其他衍生物;染料、颜料及其他着色料;油漆及清油灰及其他类似胶粘剂;墨水、油墨	Tanning and Dyeing Extracts;Tannics and Their Derivatives; Dyes,pigments and Other Colouring Matter; Paints and Varnishes; Putty and Other Mastics;Inks	104682	98808	5874
精油及香膏;芳香料制品及化妆盥洗品	Essential Oils and Retinoid; Perfumery; Cosmetics or Toilet Preparations	64912	40620	24292
肥皂、有机表面活性剂、洗涤剂、润滑剂、人造蜡、调制蜡、光洁剂、蜡烛及类似品、塑型用膏、“牙科用蜡”及牙科用熟石膏制剂	Soap;Organic Surface-Active Agents,Washing Preparations, Lubricating Preparations,Artificial Waxes,Prepared Waxes,Polishing or Scouring Preparations,Candles and Similar Articles,Modelling Pastes,"Dental Waxes" And Dental Preparations With a Basis of	49583	37577	12006
蛋白类物质;改性淀粉;胶;酶	Albuminoidal Substances; Modified Starches;Glues;Enzymes	55409	39055	16354
烟火制品;火柴;引火合金;易燃材料制品	Pyrotechnic Products;Matches;Pyrophoric Alloys;Certain Combustible Preparations	150950	149673	1277
照相及电影用品	Photographic or Cinematographic Goods	28191	2907	25285
杂项化学产品	Miscellaneous Chemical Products	584233	487601	96633
塑料及其制品;橡胶及其制品	**Plastics and Articles Thereof Rubber and Srticles Thereof**	**1564912**	**1289680**	**275231**
塑料及其制品	Plastics and Articles Thereof	1475581	1232195	243386
橡胶及其制品	Rubber and Articles Thereof	89331	57485	31846
生皮、皮革、毛皮及其制品;鞍具及挽具;旅行用品、手提包及类似品;动物肠线(蚕胶丝除外)制品	**Raw Hides and Skins; Leather; Fur Skins and Articles Thereof; Saddlery and Harness;Travel Goods,Handbags and Similar Containers;Articles of Animal Gut(Other Than Silk-Worm Gut)**	**402975**	**371291**	**31684**
生皮及皮革	Raw Hides and Skins and Leather	42157	10824	31333
皮革制品;鞍具及挽具;旅行用 品、手提包及类似容器;动物肠线制品	Articles of Leather,Saddlery and Harness;Travel Goods; Handbags and Similar Containers	335700	335623	77
毛皮、人造毛皮及其制品	Fur skins and Artificial Fur; Manufactures Thereof	25118	24844	274
木及木制品;木炭;软木及软木制品;稻草、秸秆、针茅或其他编结材料制品;篮筐及柳条编结品	**Wood and Articles of Wood; Wood Charcoal; Cork and Articles of Cork;Manufactures of Straw,of Esparto or of Other Planting Materials;Basket Ware and Wickerwork**	**293003**	**153022**	**139981**
木及木制品;木炭	Wood and Articles of Wood , Wood Charcoal	286926	146947	139978
软木及软木制品	Cork and Articles of Cork	197	197	
稻草、秸秆、针茅或其他编结材料制品;篮筐及柳条编结品	Manufactures of Straw,of Esparto or of Other Planting Materials; Basket Ware and Wickerwork	5881	5878	3
木浆及其他纤维状纤维素浆;纸及纸板的废碎品;纸、纸板及其制品	**Pulp of Wood or of Other Fibrous Cellulosic Material; Waste and Scrap of paper or Paperboard;Paper and Paperboard and Articles Thereof**	**890844**	**518932**	**371913**
木浆及其他纤维状纤维;纸及纸板的废碎品	Pulp of Wood or of Other Fibrous Cellulosic Material; Waste and Scrap of paper or Paperboard	350033	232	349801

5-2 续表2 continued

单位: 万元 (RMB 10 000)

商品类别		进出口总值 Total Imports & Exports	出口值 Total Exports	进口值 Total Imports
纸及纸板;纸浆、纸或纸板制品	Paper and Paperboard; Articles of Paper Pulp or Paper and Paperboard	517211	498832	18379
书籍、报纸、印刷图画及其他印刷品;手稿、打字稿及设计图纸	Printed Books,Newspapers, Pictures and Other Products of the Printing Industry;Manuscripts,Typescripts and Plants	23600	19867	3732
纺织原料及纺织制品	**Textiles and Textile Article**	**2556247**	**2481547**	**74700**
蚕丝	Silk	507	507	
羊毛、动物细毛或粗毛;马毛纱线及其机织物	Wool; Fine or Coarse Animal Hair;Horsehair Yarn and Woven Fabric	148	16	132
棉花	Cotton	36261	29265	6996
其他植物纺织纤维;纸纱线及其机织物	Other Vegetable Textile Fibres;Paper Yarn and Woven Fabrics of Paper Yarn	43791	38967	4824
化学纤维长丝	Man-Made Filaments	74759	61528	13232
化学纤维短纤	Man-Made Short Fibres	59920	57063	2856
絮胎、毡呢及无纺织物;特种纱线;线、绳、索、缆及其制品	Wadding; Felt and Nonwovend; Special Yarn;Twine Cordage, Ropes and Other Textile Floor Coverings , Special Woven Fabrics;	81767	76410	5357
地毯及纺织材料的其他铺地制品	Carpets and Other Textile Floor Coverings	24273	24271	2
特种机织物;簇绒织物;花边;装饰毯;装饰带;刺绣品	Special Woven Fabrics; Tufted Textile Fabrics; Laces; Tapestries; Trimmings; Embroidery	36998	31050	5948
浸渍、涂布、包覆或层压的纺织物;工业用纺织制品	Impregnated，Coated Covered or Laminated Textile Fabrics; Textile Articles of a kind Suitable for Industrial Use	41688	30109	11579
针织物及钩编织物	Knitted or Crocheted Fabrics	59752	48694	11058
针织或钩编的服装及衣着附件	Articles of Apparel and Clothing Accessories, Knitted or Crocheted	977568	977356	212
非针织或非钩编的服装及衣着附件	Articles of Apparel and Clothing Accessories, not Knitted or Crocheted	540821	536804	4017
其他纺织制成品;旧衣着及旧纺织品;碎织物	Other Made Up Textile Articles; Sets;Worn Clothing And Worn Textile Articles ;Rags Articles;Rags	577995	569508	8487
鞋、帽、伞、杖、鞭及其零件;已加工的羽毛及其制品;人造花;人发制品	**Footwear; Headgear; Umbrellas; Sun Umbrellas,Walking -Sticks, B39Seat-Sticks,Whips,Riding-Crops and Parts Thereof; Prepared Feathers and Articles Made Therewith;Artificial Flowers;Articles of Human Hair**	**865301**	**824614**	**40686**
鞋靴、护腿和类似品及其零件	Footwear; Gaiters and The Like;Parts of Such Articles	650215	610459	39755
帽类及其零件	Headgear And Parts Thereof	18406	18295	111
雨伞、阳伞、手仗、鞭子、马鞭及其零件	Umbrellas;Sun Umbrellas; Walking-Sticks,Seat-Stick,Whips, Riding-Crops And Parts Thereof	18686	18686	…
已加工羽毛、羽绒及其制品;人造花;人发制品	Prepared Feathers and Down and Article,Made of Feathers or of Down; Artificial Flowers;Articles of Human Hair	177994	177174	820
石料、石膏、水泥、石棉、云母及类似材料的制品;陶瓷产品;玻璃及其制品	**Articles of Stone,Plaster,Cement,Asbestos,Mica or Similar Materials;Ceramic Products;Glass and Glassware**	**1188863**	**1173512**	**15351**
石料、石膏、水泥、石棉、云母及类似材料的制品	Articles of Stone,Plaster,Cement,Asbestos,Mica or Similar	264324	260689	3635
陶瓷产品	Ceramics Products	688419	687461	958
玻璃及其制品	Glass and Glassware	236120	225362	10759
天然或养殖珍珠、宝石或半宝石、贵金属、包贵金属及其制品;仿首饰;硬币	**Natural or Cultivated Pearls;Precious or Semi-Precious Stones; Precious Metals, Metals Clad with Precious Metal and Artificial Thereof;Imitation Jewellery;Coin**	**497769**	**353833**	**143936**

5-2 续表3 continued

单位: 万元 (RMB 10 000)

商品类别	Section & Division	进出口总值 Total Imports & Exports	出口值 Total Exports	进口值 Total Imports
贱金属及其制品	**Base Metals and Related Products**	**3585370**	**2238463**	**1346907**
钢铁	Iron and Steel	309442	294594	14848
钢铁制品	Iron and Steel Products	771201	754270	16931
铜及其制品	Copper and Related Products	1590157	447943	1142215
镍及其制品	Nickel and Related Products	6977	965	6012
铝及其制品	Aluminum and Related Products	176746	172674	4072
铅及其制品	Lead and Related Products	1791	1791	
锌及其制品	Zinc and Related Products	4522	2552	1970
锡及其制品	Tin and Related Products	133	78	55
其他贱金属、金属陶瓷及其制品	Other Base Metals and Related Products	223399	70336	153063
贱金属工具、器具、利口器、餐匙、餐叉及其零件	Tools and Apparatus of Base Metals; Spoon and Accessories	170120	167927	2193
贱金属杂项制品	Miscellaneous Products of Base Metals and Accessories	330881	325334	5547
机器、机械器具、电气设备及其零件;录音机及放声机、电视图像、声音的录制和重放设备及其零件、附件	**Machinery and Machinical Appliances;Electrical Equipment;Parts Thereof;Sound Recorders and Reproducers;and Parts and Accessories of Such Articles**	**17676045**	**12421912**	**5254133**
锅炉、机器机械器具及其零件等	Boilers;Machinery and Machinical Appliances;Parts Thereof	3232985	2812233	420752
电机、电气设备及其零件;录音机及放声机、电视图像、声音的录制和重放设备及其零件、附件	Electric Machinery and Equipment and Parts Thereof;Sound Recorders and Reproducers,and Parts and Accessories of Such Articles	14443060	9609679	4833381
车辆、船舶及有关运输设备	**Vehicles; Aircraft ,Vessels And Associated Transport Equipment**	**658704**	**519433**	**139272**
光学、照相、电影、计量、检验、医疗或外科用仪器及设备、精密仪器及设备;上述物品的零件、附件	**Optical; Photographic; Cinematographic; Measuring, Checking, Precision, Medical or Surgical Instruments and Apparatus;Clocks And Watches;Musical Instruments;Parts and Accessories Thereof**	**1104937**	**560448**	**544489**
光学、照相、电影、计量、检验、医疗或外科用仪器及设备、精密仪器及设备;零件、附件	Optical; Photographic; Cinematographic; Measuring, Checking, Precision, Medical or Surgical Instruments and Apparatus;Clocks And Watches;Musical Instruments;Parts and Accessories Thereof	1066296	522139	544157
钟表及其零件	Clocks and Watches and Parts Thereof	19620	19422	198
乐器及其零件、附件	Musical Instruments; Parts and Accessories of Such Articles	18915	18781	134
其它及其零件、附件	Other parts and Accessories of Such Articles	106	106	
杂项制品	**Miscellaneous Manufactured Articles**	**3584910**	**3575456**	**9453**
家具、寝具、褥垫、弹簧床垫、软座垫及类似的填充制品;未列名灯具及照明装置;发光标志、发光名牌及类似品;活动房屋	Furniture ;Bedding,Mattresses,Mattress Supports,Cushions and Similar Stuffed Furnishing;Lamps and Lighting Fittings,not Elsewhere Specified or Included;Illuminated Signs,Illuminated Toys,Games and Sports Requisites;Parts and Accessories Thereof	2174391	2171977	2413
玩具、游戏品、运动用品及其零件、附件	Toys, Games and Sports Requisites; Parts and Accessories Thereof	1250881	1247872	3009
杂项制品	Miscellaneous Manufactured Articles	159639	155608	4031
艺术品、收藏品及古物	**Works of Art, Collectors' Pieces and Antiques**	**6689**	**6689**	
特殊交易品及未分类商品	**Commodities and Transactions not Classified According to Kind**	**52313**	**48372**	**3941**
跨境电商B2B简化申报商品	**Cross-border E-commerce B2B Goods of Simplified Declaration**	**258**	**258**	

5-3 海关进出口货物分类金额(2020年)

Value of Imports and Exports by HS Section and Division (2020)

单位: 万美元 (USD 10 000)

商品类别	Section & Division	进出口总值 Total Imports & Exports	出口值 Total Exports	进口值 Total Imports
总计	**Total**	**5802584**	**4205576**	**1597008**
活动物;动物产品	**Live Animals & Animal Products**	**8066**	**5864**	**2202**
活动物	Live Animals	5408	5408	
肉及食用杂碎	Meat and Meat Offal	1350	88	1262
鱼、甲壳动物、软体动物及其他水生无脊动物	Fish and Crustaceans Molluscs and Other Aquatic Invertebrates	224	38	186
乳品; 蛋品; 天然蜂蜜;其他食用动物产品	Dairy Products;Birds'Eggs; Natural Honey;Edible Products of Animal Origin,not Elsewhere Specified or Included	562	1	561
其他动物产品	Products of Animal Origin,not Elsewhere Specified or Included	521	329	193
植物产品	**Vegetable Products**	**20325**	**13280**	**7045**
活树及其他活植物;鳞茎、根及类似品;插花及装饰用簇叶	Live Trees and Other Plants; Bulbs;Roots and the Like; Cut Flowers and Ornamental Foliage	412	126	286
食用蔬菜、根及块茎	Edible Vegetables and Certain Roots and Tubers	1722	779	943
食用水果及坚果;甜瓜或柑桔属水果的果皮	Edible Fruit and Nuts; Peel of Citrus Fruits or Melons	2913	2870	43
咖啡、茶、马黛茶及调味香料	Coffee; Tea Mate and Spices	8649	8536	113
谷物	Cereals	2546	…	2545
制粉工业产品;麦芽;淀粉;菊粉;面筋	Products of the Milling Industry; Malt; Starches; Inulin ; Wheat Gluten	229	18	212
含油子仁及果实;杂项子仁及果实;工业用或药用植物;稻草、秸秆及饲料	Oil Seeds and Oleaginous Fruits; Miscellaneous Grains, Seeds and Fruits; Industrial or Medicinal Plants; Straw and Fodder	2487	327	2159
虫胶;树胶、树脂及其他植物液、汁	Lac; Gums; Resins and Other Vegetable Saps and Extracts	1241	498	742
编结用植物材料;其他植物产品	Vegetable Planting Materials; Vegetable Products Not Elsewhere Specified or Included	126	124	2
动植物油、脂及其分解产品;精制的食用油脂;动、植物蜡	**Animal or Vegetable Fats and Oils and their Cleavage Products;Prepared Edible Fats;Animal or Vegetable Waxes**	**528**	**507**	**21**
食品; 饮料、酒及醋;烟草、烟草及烟草代用品的制品	**Prepared Foodstuffs;Beverages,Spirits And Vinegar; Tobacco and Manufactured Tobacco Substitutes**	**25861**	**23438**	**2423**
肉、鱼、甲壳动物、软体动物及其他水生无脊椎动物的制品	Preparations of Meat, of Fish or of Crustaceans	6481	6481	
糖及糖食	Sugars and Sugar Confectionery	283	139	144
可可及可可制品	Cocoa and Cocoa Preparations	212	204	8
谷物、粮食粉、淀粉或乳的制品;糕饼点心	Preparations of Cereals; Flour; Starch or Milk; Pastry -Cooks' Products	3589	3329	261
蔬菜、水果、坚果或植物其他部分的制品	Preparations of Vegetables; Fruits , Nuts or Other Parts of Plants	9746	9717	29
杂项食品	Miscellaneous Edible Preparations	2549	1772	777
饮料、酒及醋	Beverages;Spirits and Vinegar	1203	314	889
食品工业的残渣及废料;配制的动物饲料	Residues and Waste from the Food Industries; Prepared Animal Fodder	1796	1481	315
烟草及烟草代用品的制品	Tobacco and Manufactured Tobacco Substitutes			
矿产品	**Mineral Products**	**329461**	**6450**	**323011**
盐;硫酸;泥土及石料;石膏料、石灰及水泥	Salt; Sulphur; Earth and Stone; Plastering Materials, Lime and Cement	36229	5629	30601
矿砂、矿渣及矿灰	Ore; Slag and Ash	285625	427	285198
矿物燃料、矿物油及其 蒸馏产品;沥青物质;矿物蜡	Mineral Fuels; Mineral Oils and Products of Their Distillation; Bituminous Substances; Mineral Waxes	7606	395	7212

5-3 续表1 continued

单位: 万美元 (USD 10 000)

商品类别	Section & Division	进出口总值 Total Imports & Exports	出口值 Total Exports	进口值 Total Imports
化学工业及其相关工业的产品	**Products of The Chemical or Industries Allied**	**382975**	**331683**	**51293**
无机化学品;贵金属、稀土金属、放射性元素及其同位素的有机及无机化合物	Inorganic Chemicals;Organic or Inorgance Compounds of Precious Metals,of Rare-Earth Metals,of Radioactive Elements of Isotopes	115325	97931	17394
有机化学品	Organic Chemicals	104307	100975	3331
药品	Pharmaceutical Products	10946	6616	4329
肥料	Fertilizers	2822	2822	
鞣料浸膏及染料浸膏;鞣酸及其他衍生物;染料、颜料及其他着色料;油漆及清漆;油灰及其他类似胶粘剂;墨水、油墨	Tanning and Dyeing Extracts;Tannics and Their Derivatives; Dyes,pigments and Other Colouring Matter; Paints and Varnishes; Putty and Other Mastics;Inks	15039	14194	845
精油及香膏;芳香料制品及化妆盥洗品	Essential Oils and Retinoid; Perfumery; Cosmetics or Toilet Preparations	9380	5867	3513
肥皂、有机表面活性剂、洗涤剂、润滑剂、人造蜡、调制蜡、光洁剂、蜡烛及类似品、塑型用膏、“牙科用蜡”及牙科用熟石膏制剂	Soap;Organic Surface-Active Agents,Washing Preparations, Lubricating Preparations,Artificial Waxes,Prepared Waxes,Polishing or Scouring Preparations,Candles and Similar Articles,Modelling Pastes,"Dental Waxes" And Dental Preparations With a Basis of	7140	5406	1734
蛋白类物质; 改性淀粉;胶; 酶	Albuminoidal Substances; Modified Starches;Glues;Enzymes	7993	5637	2356
烟火制品; 火柴;引火合金; 易燃材料制品	Pyrotechnic Products;Matches;Pyrophoric Alloys;Certain Combustible Preparations	21657	21470	187
照相及电影用品	Photographic or Cinematographic Goods	4078	420	3658
杂项化学产品	Miscellaneous Chemical Products	84289	70343	13946
塑料及其制品; 橡胶及其制品	**Plastics and Articles Thereof Rubber and Srticles Thereof**	**225371**	**185569**	**39801**
塑料及其制品	Plastics and Articles Thereof	212489	177298	35191
橡胶及其制品	Rubber and Articles Thereof	12881	8271	4610
生皮、皮革、毛皮及其制品;鞍具及挽具;旅行用品、手提包及类似品; 动物肠线(蚕胶丝除外)制品	**Raw Hides and Skins; Leather; Fur Skins and Articles Thereof; Saddlery and Harness;Travel Goods,Handbags and Similar Containers;Articles of Animal Gut(Other Than Silk-Worm Gut)**	**58052**	**53468**	**4584**
生皮及皮革	Raw Hides and Skins and Leather	6097	1562	4535
皮革制品;鞍具及挽具;旅行用 品、手提包及类似容器;动物肠线制品	Articles of Leather,Saddlery and Harness;Travel Goods; Handbags and Similar Containers	48277	48266	11
毛皮、人造毛皮及其制品	Fur skins and Artificial Fur; Manufactures Thereof	3678	3639	39
木及木制品;木炭;软木及软木制品;稻草、秸秆、针茅或其他编结材料制品;篮筐及柳条编结品	**Wood and Articles of Wood; Wood Charcoal; Cork and Articles of Cork;Manufactures of Straw,of Esparto or of Other Planting Materials;Basket Ware and Wickerwork**	**42242**	**22067**	**20174**
木及木制品;木炭	Wood and Articles of Wood , Wood Charcoal	41360	21186	20174
软木及软木制品	Cork and Articles of Cork	28	28	
稻草、秸秆、针茅或其他编结材料制品;篮筐及柳条编结品	Manufactures of Straw,of Esparto or of Other Planting Materials; Basket Ware and Wickerwork	854	853	…
木浆及其他纤维状纤维素浆;纸及纸板的废碎品;纸、纸板及其制品	**Pulp of Wood or of Other Fibrous Cellulosic Material; Waste and Scrap of paper or Paperboard;Paper and Paperboard and Articles Thereof**	**127855**	**74386**	**53469**
木浆及其他纤维状纤维;纸及纸板的废碎品	Pulp of Wood or of Other Fibrous Cellulosic Material; Waste and Scrap of paper or Paperboard	50278	34	50245

5-3 续表2 continued

单位: 万美元 (USD 10 000)

商品类别	Section & Division	进出口总值 Total Imports & Exports	出口值 Total Exports	进口值 Total Imports
纸及纸板;纸浆、纸或纸板制品	Paper and Paperboard; Articles of Paper Pulp or Paper and Paperboard	74190	71503	2686
书籍、报纸、印刷图画及其他印刷品;手稿、打字稿及设计图纸	Printed Books,Newspapers, Pictures and Other Products of the Printing Industry;Manuscripts,Typescripts and Plants	3387	2849	538
纺织原料及纺织制品	**Textiles and Textile Article**	**368081**	**357273**	**10808**
蚕丝	Silk	73	73	
羊毛、动物细毛或粗毛;马毛纱线及其机织物	Wool; Fine or Coarse Animal Hair;Horsehair Yarn and Woven Fabric	21	2	19
棉花	Cotton	5255	4237	1018
其他植物纺织纤维;纸纱线及其机织物	Other Vegetable Textile Fibres;Paper Yarn and Woven Fabrics of Paper Yarn	6318	5619	699
化学纤维长丝	Man-Made Filaments	10788	8876	1912
化学纤维短纤	Man-Made Short Fibres	8643	8231	412
絮胎、毡呢及无纺织物;特种纱线;线、绳、索、缆及其制品	Wadding; Felt and Nonwovend; Special Yarn;Twine Cordage, Ropes and Other Textile Floor Coverings , Special Woven Fabrics;	11777	11000	777
地毯及纺织材料的其他铺地制品	Carpets and Other Textile Floor Coverings	3500	3500	…
特种机织物; 簇绒织物; 花边; 装饰毯; 装饰带; 刺绣品	Special Woven Fabrics; Tufted Textile Fabrics; Laces; Tapestries; Trimmings; Embroidery	5347	4484	862
浸渍、涂布、包覆或层压的纺织物; 工业用纺织制品	Impregnated，Coated Covered or Laminated Textile Fabrics; Textile Articles of a kind Suitable for Industrial Use	6012	4343	1670
针织物及钩编织物	Knitted or Crocheted Fabrics	8656	7056	1599
针织或钩编的服装及衣着附件	Articles of Apparel and Clothing Accessories, Knitted or Crocheted	141158	141127	31
非针织或非钩编的服装及衣着附件	Articles of Apparel and Clothing Accessories, not Knitted or	77667	77084	583
其他纺织制成品; 旧衣着及旧纺织品; 碎织物	Crocheted Other Made Up Textile Articles; Sets;Worn Clothing And Worn Textile Articles ;Rags Articles;Rags	82866	81640	1226
鞋、帽、伞、杖、鞭及其零件; 已加工的羽毛及其制品; 人造花; 人发制品	**Footwear; Headgear; Umbrellas; Sun Umbrellas,Walking -Sticks, B39Seat-Sticks,Whips,Riding-Crops and Parts Thereof; Prepared Feathers and Articles Made Therewith;Artificial Flowers;Articles of Human Hair**	**124785**	**118923**	**5862**
鞋靴、护腿和类似品及其零件	Footwear; Gaiters and The Like;Parts of Such Articles	93795	88069	5726
帽类及其零件	Headgear And Parts Thereof	2642	2626	16
雨伞、阳伞、手仗、鞭子、马鞭及其零件	Umbrellas;Sun Umbrellas; Walking-Sticks,Seat-Stick,Whips, Riding-Crops And Parts Thereof	2690	2690	…
已加工羽毛、羽绒及其制品; 人造花; 人发制品	Prepared Feathers and Down and Article,Made of Feathers or of Down; Artificial Flowers;Articles of Human Hair	25658	25539	119
石料、石膏、水泥、石棉、云母及类似材料的制品; 陶瓷产品; 玻璃及其制品	**Articles of Stone,Plaster,Cement,Asbestos,Mica or Similar Materials;Ceramic Products;Glass and Glassware**	**170816**	**168588**	**2228**
石料、石膏、水泥、石棉、云母及类似材料的制品	Articles of Stone,Plaster,Cement,Asbestos,Mica or Similar	37938	37413	526
陶瓷产品	Ceramics Products	98898	98757	141
玻璃及其制品	Glass and Glassware	33980	32418	1562
天然或养殖珍珠、宝石或半宝石、贵金属、包贵金属及其制品; 仿首饰; 硬币	**Natural or Cultivated Pearls;Precious or Semi-Precious Stones; Precious Metals, Metals Clad with Precious Metal and Artificial Thereof;Imitation Jewellery;Coin**	**72161**	**51272**	**20888**

5-3 续表3 continued

单位: 万美元 (USD 10 000)

商品类别	Section & Division	进出口总值 Total Imports & Exports	出口值 Total Exports	进口值 Total Imports
贱金属及其制品	**Base Metals and Related Products**	**518561**	**322717**	**195844**
钢铁	Iron and Steel	44722	42528	2194
钢铁制品	Iron and Steel Products	110942	108502	2440
铜及其制品	Copper and Related Products	231063	64836	166228
镍及其制品	Nickel and Related Products	1010	139	872
铝及其制品	Aluminum and Related Products	25393	24808	584
铅及其制品	Lead and Related Products	254	254	
锌及其制品	Zinc and Related Products	648	367	281
锡及其制品	Tin and Related Products	19	11	8
其他贱金属、金属陶瓷及其制品	Other Base Metals and Related Products	32271	10154	22117
贱金属工具、器具、利口器、餐匙、餐叉及其零件	Tools and Apparatus of Base Metals; Spoon and Accessories	24510	24192	318
贱金属杂项制品	Miscellaneous Products of Base Metals and Accessories	47728	46926	802
机器、机械器具、电气设备及其零件;录音机及放声机、电视图像、声音的录制和重放设备及其零件、附件	**Machinery and Machinical Appliances;Electrical Equipment;Parts Thereof;Sound Recorders and Reproducers;and Parts and Accessories of Such Articles**	**2548395**	**1791776**	**756619**
锅炉、机器机械器具及其零件等	Boilers;Machinery and Machinical Appliances;Parts Thereof	468579	407451	61129
电机、电气设备及其零件;录音机及放声机、电视图像、声音的录制和重放设备及其零件、附件	Electric Machinery and Equipment and Parts Thereof;Sound Recorders and Reproducers,and Parts and Accessories of Such Articles	2079816	1384326	695490
车辆、船舶及有关运输设备	**Vehicles; Aircraft ,Vessels And Associated Transport Equipment**	**94863**	**74813**	**20050**
光学、照相、电影、计量、检验、医疗或外科用仪器及设备、精密仪器及设备;上述物品的零件、附件	**Optical; Photographic; Cinematographic; Measuring, Checking, Precision, Medical or Surgical Instruments and Apparatus;Clocks And Watches;Musical Instruments;Parts and Accessories Thereof**	**159446**	**80692**	**78754**
光学、照相、电影、计量、检验、医疗或外科用仪器及设备、精密仪器及设备;零件、附件	Optical; Photographic; Cinematographic; Measuring, Checking, Precision, Medical or Surgical Instruments and Apparatus;Clocks And Watches;Musical Instruments;Parts and Accessories Thereof	153888	75182	78706
钟表及其零件	Clocks and Watches and Parts Thereof	2828	2800	28
乐器及其零件、附件	Musical Instruments; Parts and Accessories of Such Articles	2714	2695	19
其它及其零件、附件	Other parts and Accessories of Such Articles	15	15	
杂项制品	**Miscellaneous Manufactured Articles**	**516245**	**514879**	**1365**
家具、寝具、褥垫、弹簧床垫、软座垫及类似的填充制品;未列名灯具及照明装置;发光标志、发光名牌及类似品;活动房屋	Furniture ;Bedding,Mattresses,Mattress Supports,Cushions and Similar Stuffed Furnishing;Lamps and Lighting Fittings,not Elsewhere Specified or Included;Illuminated Signs,Illuminated Toys,Games and Sports Requisites;Parts and Accessories Thereof	313293	312944	348
玩具、游戏品、运动用品及其零件、附件	Toys, Games and Sports Requisites; Parts and Accessories Thereof	179978	179542	436
杂项制品	Miscellaneous Manufactured Articles	22974	22393	581
艺术品、收藏品及古物	**Works of Art, Collectors' Pieces and Antiques**	**956**	**956**	
特殊交易品及未分类商品	**Commodities and Transactions not Classified According to Kind**	**7501**	**6935**	**565**
跨境电商B2B简化申报商品	**Cross-border E-commerce B2B Goods of Simplified Declaration**	**39**	**39**	

5-4 按国别(地区)分海关货物进出口总值(2020年)
Value of Imports and Exports by Country (or Region) (2020)

单位: 万元 (RMB 10 000)

国别(地区)	Country (Region)	进出口总值 Total	出口值 Exports	进口值 Imports
合计	**Total**	**40246096**	**29182260**	**11063836**
亚洲	**Asia**	**21875795**	**15237423**	**6638372**
#孟加拉国	Bangladesh	105853	100070	5783
中国香港	Hong Kong, China	3285100	3225630	59469
中国澳门	Macao, China	17618	17618	
中国台湾	Taiwan, China	2046090	456174	1589917
印度	India	840385	793162	47223
印度尼西亚	Indonesia	868583	586476	282106
伊朗	Iran	99139	96886	2253
以色列	Israel	163278	159703	3575
日本	Japan	2542541	1295138	1247403
马来西亚	Malaysia	1111309	994052	117257
蒙古	Mongolia	15350	15272	78
巴基斯坦	Pakistan	154012	130382	23630
菲律宾	Philippines	511745	436123	75622
沙特阿拉伯	Saudi Arabia	620741	597240	23502
新加坡	Singapore	1272839	1095343	177497
韩国	Korea Rep.	2958771	1350116	1608654
斯里兰卡	Sri Lanka	48646	48134	512
叙利亚	Syria	8202	8200	2
泰国	Thailand	789521	666384	123138
土耳其	Turkey	287820	274395	13425
阿联酋	United Arab Emirates	757182	751161	6021
也门	Republic of Yemen	25132	25132	
越南	Vietnam	1655502	1413150	242352
非洲	**Africa**	**1956650**	**1075392**	**881259**
#阿尔及利亚	Algeria	25144	24983	160
埃及	Egypt	157293	155746	1547
科特迪瓦	Cote d'Ivoire	24033	24033	
尼日利亚	Nigeria	152891	140398	12493
南非	South Africa	414697	229249	185447
多哥	Togo	33022	33022	
刚果(金)	Congo DR	212964	12432	200532

5-4 续表 continued

单位: 万元 (RMB 10 000)

国 别（地 区）	Country (Region)	进出口总值 Total	出口值 Exports	进口值 Imports
欧 洲	**Europe**	**6092764**	**5305521**	**787243**
#比利时	Belgium	271815	266912	4902
丹 麦	Denmark	47358	47000	357
英 国	United Kingdom	847821	821363	26458
德 国	Germany	909556	708013	201543
法 国	France	470330	303335	166995
意大利	Italy	382470	361455	21015
荷 兰	Netherlands	953012	936040	16972
希 腊	Greece	112522	112487	36
西班牙	Spain	311532	280876	30656
奥地利	Austria	38978	31002	7976
芬 兰	Finland	36232	12492	23740
波 兰	Poland	275763	272490	3272
瑞 典	Sweden	89707	57669	32038
瑞 士	Switzerland	38445	18519	19925
爱沙尼亚	Estonia	12449	11929	520
俄罗斯联邦	Russia	474381	426393	47988
乌克兰	Ukraine	66332	63313	3019
捷 克	Czech	354369	311151	43218
拉丁美洲	**Latin America**	**3437267**	**1559927**	**1877340**
#阿根廷	Argentina	77386	76393	993
巴 西	Brazil	716526	454557	261969
智 利	Chile	1380168	238330	1141838
古 巴	Cuba	809	809	
危地马拉	Guatemala	26585	26585	…
牙买加	Jamaica	10606	10606	
墨西哥	Mexico	490847	304388	186459
巴拿马	Panama	96506	81098	15409
秘 鲁	Peru	355827	87558	268269
委内瑞拉	Venezuela	17226	17226	
北美洲	**North America**	**5621685**	**5358679**	**263006**
#加拿大	Canada	552453	494387	58066
美 国	United States	5069215	4864276	204940
大洋洲	**Oceanic**	**1258134**	**645319**	**612815**
#澳大利亚	Australia	1170240	568383	601856
新西兰	New Zealand	68378	57419	10959
巴布亚新几内亚	Papua New Guinea	7647	7647	
其他	**Others**	**3801**	**…**	**3801**

5-5 按国别(地区)分海关货物进出口总值(2020年)
Value of Imports and Exports by Country (or Region) (2020)

单位：万美元 (USD 10 000)

国 别（地 区）	Country (Region)	进出口总值 Total	出口值 Exports	进口值 Imports
合　计	**Total**	**5802584**	**4205576**	**1597008**
亚　洲	**Asia**	**3153002**	**2196396**	**956605**
#孟加拉国	Bangladesh	15276	14441	835
中国香港	Hong Kong, China	474402	465645	8757
中国澳门	Macao, China	2511	2511	
中国台湾	Taiwan, China	294937	65909	229028
印　度	India	121890	115041	6849
印度尼西亚	Indonesia	125037	84570	40467
伊　朗	Iran	14245	13922	323
以色列	Israel	23465	22943	521
日　本	Japan	366337	186355	179982
马来西亚	Malaysia	160205	143251	16954
蒙　古	Mongolia	2194	2182	12
巴基斯坦	Pakistan	22245	18817	3428
菲律宾	Philippines	73883	63025	10857
沙特阿拉伯	Saudi Arabia	88891	85470	3421
新加坡	Singapore	182829	157326	25503
韩　国	Korea Rep.	425761	194547	231214
斯里兰卡	Sri Lanka	7038	6963	75
叙利亚	Syria	1177	1177	…
泰　国	Thailand	113571	95821	17749
土耳其	Turkey	41594	39652	1942
阿联酋	United Arab Emirates	109078	108208	869
也　门	Republic of Yemen	3601	3601	
越　南	Vietnam	239055	204015	35040
非　洲	**Africa**	**282381**	**154791**	**127589**
#阿尔及利亚	Algeria	3629	3605	24
埃　及	Egypt	22634	22411	223
科特迪瓦	Cote d'lvoire	3462	3462	
尼日利亚	Nigeria	22039	20239	1800
南　非	South Africa	59895	33000	26895
多　哥	Togo	4740	4740	
刚果(金)	Congo DR	30755	1797	28958

5-5 续表 continued

单位: 万美元 (USD 10 000)

国别（地区）	Country (Region)	进出口总值 Total	出口值 Exports	进口值 Imports
欧洲	**Europe**	**878330**	**764601**	**113728**
#比利时	Belgium	39141	38433	708
丹麦	Denmark	6820	6769	51
英国	United Kingdom	122025	118207	3818
德国	Germany	131228	102104	29124
法国	France	67912	43782	24130
意大利	Italy	55030	51976	3054
荷兰	Netherlands	137314	134859	2456
希腊	Greece	16267	16262	5
西班牙	Spain	44949	40499	4451
奥地利	Austria	5667	4516	1151
芬兰	Finland	5215	1802	3413
波兰	Poland	39801	39329	472
瑞典	Sweden	12861	8267	4594
瑞士	Switzerland	5524	2668	2856
爱沙尼亚	Estonia	1771	1696	74
俄罗斯联邦	Russia	68523	61644	6880
乌克兰	Ukraine	9551	9101	450
捷克	Czech	50978	44761	6217
拉丁美洲	**Latin America**	**497409**	**225261**	**272148**
#阿根廷	Argentina	11215	11068	146
巴西	Brazil	103569	65643	37926
智利	Chile	200468	34504	165964
古巴	Cuba	118	118	
危地马拉	Guatemala	3839	3839	…
牙买加	Jamaica	1520	1520	
墨西哥	Mexico	70569	43881	26688
巴拿马	Panama	14062	11713	2349
秘鲁	Peru	51374	12650	38724
委内瑞拉	Venezuela	2474	2474	
北美洲	**North America**	**809765**	**771657**	**38107**
#加拿大	Canada	79726	71325	8401
美国	United States	730036	700330	29706
大洋洲	**Oceanic**	**181153**	**92868**	**88284**
#澳大利亚	Australia	168489	81778	86711
新西兰	New Zealand	9851	8278	1573
巴布亚新几内亚	Papua New Guinea	1101	1101	
其他	**Others**	**545**	**…**	**545**

5-6 海关主要商品出口值
Main Exported Goods Value

单位: 万元 (RMB 10 000)

品　　名	Item	2019	2020
活猪	Live Hogs	35316	37553
蔬菜	Vegetables	41860	42328
鲜、干水果及坚果	Fresh and Dry Fruits,Nuts	23480	19551
茶叶	Tea	60233	58810
制作或保藏的鳗鱼	River Eels Processed or Preserved	72230	44667
钨品	Tungsten & its Compounds	102304	57363
医药材及药品	Medical and Pharmaceutical Products	311339	323385
烟花、爆竹	Fireworks and Firecrackers	169708	147961
新的充气橡胶轮胎	New Air-filled Rubber Tyres	5281	3250
家用或装饰用木制品	Wood Products for Household Use or Decoration	48788	142923
纸浆、纸及其制品	Articles of Paper Pulp, of Paper or Paperboard	174232	499064
纺织纱线、织物及制品	Spinning Yarn,Fabric and the Products	608485	952504
玻璃及其制品	Glass and Glasswear	91938	241117
陶瓷产品	Ceramic Products	681996	687461
铁合金	Ferroalloy	43840	37375
钢材	Rolled Steel	429324	310406
未锻轧铜及铜材	Unwrought Copper and Its Alloys	475383	417704
未锻轧铝及铝材	Unwrought Aluminium and Aluminium Products	35629	28818
太阳能电池	Solar Cells	1131697	1165038
二极管及类似半导体器件	Diode and Semi Conductors	1336075	1285835
家具及其零件	Furniture and Parts	858870	1182906
床垫、寝具及类似品	Mattess, Bedclothing and Analogs	81834	84642
灯具、照明装置及零件	Lamps and Lighting Fittings	721764	882673
箱包及类似容器	Articles, Chests and Bags for Travel	479995	325238
体育用品及设备	Articles and Equipment of Sports	178245	226949
服装及衣着附件	Clothing and Accessories	1712342	1717981
鞋靴	Footwear	906811	580843
塑料制品	Plastic Articles	513654	1191614
玩具	Toys	749013	776874
打火机	Porket lighters,gas-filled	26353	30738
伞	Umbrellas	14708	17041
农产品	Agriculture Products	369057	316614
机电产品	Mechanical and Electrical Products	12643304	16094802
高新技术产品	High and New-tech Products	7093242	9705604

5-7 海关主要商品出口值
Main Exported Goods Value

单位：万美元　　(USD 10 000)

品　名	Item	2019	2020
活猪	Live Hogs	5114	5408
蔬菜	Vegetables	6033	6073
鲜、干水果及坚果	Fresh and Dry Fruits,Nuts	3365	2870
茶叶	Tea	8761	8472
制作或保藏的鳗鱼	River Eels Processed or Preserved	10522	6433
钨品	Tungsten & its Compounds	14919	8270
医药材及药品	Medical and Pharmaceutical Products	45267	46563
烟花、爆竹	Fireworks and Firecrackers	24662	21225
新的充气橡胶轮胎	New Air-filled Rubber Tyres	771	467
家用或装饰用木制品	Wood Products for Household Use or Decoration	7079	20605
纸浆、纸及其制品	Articles of Paper Pulp, of Paper or Paperboard	25352	71537
纺织纱线、织物及制品	Spinning Yarn,Fabric and the Products	88350	136924
玻璃及其制品	Glass and Glasswear	13371	34677
陶瓷产品	Ceramic Products	98859	98757
铁合金	Ferroalloy	6376	5428
钢材	Rolled Steel	62530	44753
未锻轧铜及铜材	Unwrought Copper and Its Alloys	69066	60469
未锻轧铝及铝材	Unwrought Aluminium and Aluminium Products	5195	4144
太阳能电池	Solar Cells	164754	168222
二极管及类似半导体器件	Diode and Semi Conductors	194444	185531
家具及其零件	Furniture and Parts	124821	170741
床垫、寝具及类似品	Mattess, Bedclothing and Analogs	11859	12151
灯具、照明装置及零件	Lamps and Lighting Fittings	104984	126919
箱包及类似容器	Articles, Chests and Bags for Travel	69715	46771
体育用品及设备	Articles and Equipment of Sports	25888	32719
服装及衣着附件	Clothing and Accessories	248624	247758
鞋靴	Footwear	131786	83799
塑料制品	Plastic Articles	74710	171467
玩具	Toys	108563	111923
打火机	Porket lighters,gas-filled	3825	4429
伞	Umbrellas	2136	2455
农产品	Agriculture Products	53526	45654
机电产品	Mechanical and Electrical Products	1830032	2320443
高新技术产品	High and New-tech Products	1023522	1400751

5-8 海关主要商品进口值
Main Imported Goods Value

品　　名	Item	人民币(万元)(RMB 10 000)		美元(万美元)(USD 10 000)	
		2019	2020	2019	2020
天然及合成橡胶(包括胶乳)	Natural and Synthetic Rubber (Latex)	22584	15693	8680	2277
纸浆、纸及其制品	Articles of Paper Pulp, of Paper or Paperboard	334447	364131	48665	52349
棉花	Cotton, not Carded or Combed	2720	2272	391	332
铁矿砂及其精矿	Iron Ore	388617	542244	56439	78491
铜矿砂及其精矿	Copper Ores	897977	1142835	130706	165307
煤及褐煤	Coal and Lignite	34735	22313	4993	3157
医药材及药品	Medical and Pharmaceutical Products	25246	36461	3674	5249
废纸	Waste Paper	6537	4050	955	582
纺织纱线、织物及制品	Spinning Yarn,Fabric and the Products	67735	60862	9843	8801
钢材	Rolled Steel	5374	4138	782	597
未锻轧铜及铜材	Unwrought Copper and its Alloys	1078977	1014271	156111	147620
废铜	Scrap Copper	164322	126644	24001	18422
二极管及类似半导体器件	Diode and Semi Conductors	53886	164270	7797	23661
集成电路	Integrated Circuit	3177050	3516418	459432	506185
服装及衣着附件	Clothing and Accessories	2559	6874	372	995
初级形状的塑料	Plastics of Primary Pattern	78738	100010	11425	14457
塑料制品	Plastic Articles	21286	144840	3089	20945
牛皮革及马皮革	Bovine or equine leather	19044	22117	2765	3205
机电产品	Mechanical and Electrical Products	5404085	5980900	781860	861628
高新技术产品	High and New-tech Products	4539431	5005038	656808	721069

5-9 按贸易方式分海关货物进出口总值(2020年)

Total Value of Imports and Exports by Trade Form (2020)

贸易方式	Trade Form	人民币(万元)(RMB 10 000)			美元(万美元)(USD 10 000)		
		进出口总值 Total	出口值 Exports	进口值 Imports	进出口总值 Total	出口值 Exports	进口值 Imports
总计	**Total**	**40246096**	**29182260**	**11063836**	**5802584**	**4205576**	**1597008**
一般贸易	Ordinary Trade	28305968	22418364	5887603	4078010	3229490	848520
国家间、国际组织无偿援助和赠送的物资	Aid and Donation between Countries and from International Associations	3189	3189		458	458	
其他捐赠物资	Other Donations	2495	440	2056	358	62	296
来料加工装配贸易	Trade for Processing and Assembling with Customer's Materials	427196	271163	156033	61458	38954	22504
进料加工贸易	Trade for Processing with Imported Materials	10347637	6062530	4285107	1492994	874039	618954
寄售代销贸易	Consignment Trade	3061	3061		455	455	
加工贸易进口设备	Processing Equipments	4579		4579	656		656
对外承包工程出口货物	Goods for Contracted Foreign Projects	81437	81437		11916	11916	
外商投资企业作为投资进口的设备、物品	Foreign Funded Equipments and Goods	17650		17650	2527		2527
保税监管场所进出境货物	Inbound and Outbound Goods in Bonded Supervision Area	68180	46178	22002	10288	6 983	3305
海关特殊监管区域物流货物	Logistic Good Customs in Particular Supervision Areas	863234	240466	622768	125785	35337	90448
海关特殊监管区域进口设备	Imported Equipment in Particular Supervision Areas	57332		57332	8542		8542
其他	Others	64140	55434	8706	9137	7882	1255

5-10 对外直接投资和经济合作

Foreign Direct Investment and Economic Cooperation

指标	Item	2000	2005	2010	2015	2017	2018	2019	2020
对外直接投资(非金融类)	**Overseas Direct Investment(Non-Finance)**								
新设境外投资企业和机构(家)	Enterprise Newly Established Investing Overseas (unit)		3	46	77	74	97	68	37
中方协议投资额(万美元)	Contractual Foreign Investment (USD 10 000)		35	21747	190600	207000	297218	314770	246422
对外直接投资额(万美元)	Overseas Direct Investment(USD 10 000)		630	21280	105062	71000	83513	184507	86979
对外承包工程	**Contracted Projects**								
合同数(份)	Number of Contracts (unit)	27	32	102	230	284	121	170	155
合同额(万美元)	Contracted Value (USD 10 000)	5149	19963	135697	404131	411064	324140	375428	390457
营业额(万美元)	Value of Turnover Fulfilled (USD 10 000)	6382	14817	104334	351093	426287	446745	449005	406373
对外劳务合作	**Labor Services**								
合同工资总额(万美元)	Contracted Wage in Total (USD 10 000)	4354	8555	3531	5966	3020	2776	835	393
实际收入总额(万美元)	Real Income in Total (USD 10 000)	4567	6350	6582	5286	3622	2461	1684	902

注：从2002年始，商务部和国家统计局制订了《对外直接投资统计制度》。

a) State Department of Commerce and State Statistical Bureau drafted statistical system of foreign direct investment in 2002.

5-11 外商直接投资情况
Foreign Direct Investments

年份 地区 Year Region	新设立外商投资企业 (家) Newly Established Foreign-Invested Enterprises (unit)	合同外资金额 (万美元) Con-tracted Foreign Investment (USD 10 000)	实际使用外资 (万美元) Foreign Investment Actually Utilized (USD 10 000)
1984	18	708	80
1985	29	2781	517
1986	8	2093	458
1987	15	1990	394
1988	35	1760	563
1989	24	513	587
1990	54	2855	621
1991	162	5562	1949
1992	906	58990	9653
1993	1293	90983	20817
1994	536	39158	26168
1995	522	53966	28818
1996	369	39485	30068
1997	395	64444	47768
1998	334	41919	46493
1999	245	35136	32080
2000	272	26478	22724
2001	308	52660	39575
2002	591	153387	108725
2003	759	233094	161234
2004	964	311289	205238
2005	940	387645	242258
2006	982	403068	280657
2007	867	544615	310358
2008	689	492550	360368
2009	821	490484	402354
2010	1092	749447	510084
2011	812	844545	605881
2012	789	816170	682431
2013	847	913261	755096
2014	822	1072711	845074
2015	640	736757	947321
2016	568	748776	1044056
2017	495	1012521	1146373
2018	594	888380	1257166
2019	544	1083541	1357905
2020	565	1232489	1460221
南昌市 Nanchang	60	128223	406008
景德镇市 Jingdezhen	14	27209	25143
萍乡市 Pingxiang	36	136649	45265
九江市 Jiujiang	62	192677	252414
新余市 Xinyu	77	67384	54348
鹰潭市 Yingtan	85	49057	36534
赣州市 Ganzhou	64	136277	216577
吉安市 Ji'an	82	198562	136186
宜春市 Yichun	26	78690	97529
抚州市 Fuzhou	31	109780	44087
上饶市 Shangrao	28	107981	146130

5-12 外商在赣直接投资情况(2020年)
Foreign Direct Investments in Jiangxi (2020)

类别	Type	新设立外商投资企业(家) Newly Established Foreign-Invested Enterprises (unit)	合同外资金额(万美元) Total Amount of Contracted Foreign Investment (USD10 000)	实际使用外资(万美元) Total Amount of Foreign Investment Actually Utilized (USD 10 000)
总计	**Total**	**565**	**1232489**	**1460221**
按投资方式分	**By Form**			
#合资经营企业	Equity Joint Venture	100	199679	217819
合作经营企业	Cooperative Operation Enterprises		509	1489
外资企业	Contractual Joint Venture	425	936105	1173837
外商投资股份有限公司	Foreign Investment Co., Ltd	1	11939	63500
合伙企业	Partnership	14	46297	37
按国民经济行业分	**By Sector**			
农、林、牧、渔业	Agriculture, Forestry, Animal Husbandry and Fishery	15	41463	31047
采矿业	Mining	1	12609	899
制造业	Manufacturing	283	638322	832102
#食品制造业	Manufacture of Foods	1	703	2413
酒、饮料和精制茶制造业	Manufacture of Beverages	3	5054	5268
纺织业	Manufacture of Textile	7	9666	34365
纺织服装、服饰业	Manufacture of Textile Wearing Apparel, Footware and Caps	27	61848	43448
家具制造业	Manufacture of Furniture	3	13085	17737
文教、工美、体育和娱乐用品制造业	Manufacture of Articles for Culture, Education and Sport Activties	8	5551	5310
化学原料和化学制品制造业	Manufacture of Raw Chemical Materials and Chemical Products	5	39916	41102
医药制造业	Manufacture of Medicines	3	3657	11198
橡胶和塑料制品业	Manufacture of Plastics	5	7683	8231
非金属矿物制品业	Manufacture of Non-metallic Mineral Products	14	56355	74939
有色金属冶炼及压延加工业	Smelting and Pressing of Non-ferrous Metals	4	3792	1122
金属制品业	Manufacture of Metal Products	6	3307	16952
通用设备制造业	Manufacture of General Purpose Machinery	10	22792	53649
专用设备制造业	Manufacture of Special Purpose Machinery	23	32155	65051
汽车制造业	Automotive Industry	1	3540	18898
电气机械和器材制造业	Manufacture of Electrical Machinery and Equipment	40	116471	102704
计算机、通信和其他电子设备制造业	Manufacture of Communication Equipment,Computers and Other Electronic Equipment	91	206454	248483
电力、热力、燃气及水生产和供应业	Production and Supply of Electric Power,Heat Power and Water	4	12664	80951
建筑业	Construction	6	27940	25391
批发和零售业	Wholesale and Retail Trades	114	134690	130943
批发业	Wholesale Trade	91	112350	79960
零售业	Retail Trade	23	22340	50983
交通运输、仓储和邮政业	Transport, Storage and Post	6	19598	2457
#装卸搬运和仓储业	Handling and Warehousing Industry	2	3679	2442
住宿和餐饮业	Hotels and Catering Services	4	3491	167
住宿业	Hotels	2	3469	167
餐饮业	Catering Services	2	22	
信息传输、软件和信息技术服务业	Information Transmission, Computer Services and Software	26	67169	46799
#互联网和相关服务	Internet and Related Services	3	2929	6539
软件和信息技术服务业	Software and Information Technology Services	23	64240	40260
金融业	Financial Intermediation	3	31017	
房地产业	Real Estate	34	156042	191335

5-12 续表 continued

类别	Type	新设立外商投资企业(家) Newly Established Foreign-Invested Enterprises (unit)	合同外资金额(万美元) Total Amount of Contracted Foreign Investment (USD 10 000)	实际使用外资(万美元) Total Amount of Foreign Investment Actually Utilized (USD 10 000)
租赁和商务服务业	Leasing and Business Services	29	40571	73575
#商务服务业	Business Services	27	40549	60903
科学研究和技术服务业	Scientific Research, and Technical Service and Geologic Prospecting	27	15838	29919
水利、环境和公共设施管理业	Management of Water Conservancy, Environment and Public Facilities	2	870	5275
居民服务、修理和其他服务业	Services to Households, Repair and Other Services	4	1022	4736
教育	Education	4	4221	2540
卫生和社会工作	Health and Social Service	1	24500	
文化、体育和娱乐业	Culture, Sports and Entertainment	2	462	2085
公共管理、社会保障和社会组织	Public Management, Social Security and Social Organization			
国际组织	International Organizations			
按投资国别(地区)分	**By Country (Region)**			
亚　洲	**Asia**	**516**	**1071216**	**1265032**
#中国香港	Hong Kong, China	392	881366	1110135
中国澳门	Macao, China	30	16498	11159
中国台湾	Taiwan, China	62	138051	84496
印　度	India	1	120	
日　本	Japan	5	344	12909
马来西亚	Malaysia	6	358	75
新加坡	Singapore	7	11074	41844
韩　国	Korea Rep.	10	6160	3598
泰　国	Thailand			647
非　洲	**Africa**	**5**	**17980**	**209**
欧　洲	**Europe**	**11**	**75833**	**73034**
#英　国	United Kingdom	3	12775	4183
德　国	Germany	2	-391	8
法　国	France	1	7	25663
意大利	Italy	2	2075	12555
荷　兰	Netherlands	1	2249	21614
西班牙	Spain			1905
拉丁美洲	**Latin America**	**6**	**31078**	**61396**
#英属维尔京群岛	The British Virgin Islands	4	6739	37848
北美洲	**North America**	**12**	**7128**	**16725**
#加拿大	Canada	5	3879	707
美　国	United States	7	3249	16018
大洋洲及太平洋岛屿	**Oceanic and Pacific Islands**	**11**	**9039**	**10068**
#澳大利亚	Australia	4	2661	5102
萨摩亚	Samoa	5	6348	4966
其他	**Others**	**16**	**20215**	**33757**

注：新设立外商投资企业中，存在多个国家(地区)投资同一家企业情况，故按投资国别(地区)分的新设立外商投资企业数之和不等于合计数。

a)Since some of the newly established foreign-invested enterprises are invested by mutiple countries, the sum of newly established foreign-invested enterpris by country(region) is not equal to the total.

5-13 外商投资企业年底注册登记情况(2020年)
Registration Status of Foreign Funded Enterprises at Year-end (2020)

类　　别	Type	外商投资企业数(户) Number of Enterprises Corporate (unit)	投资总额(万美元) Total Investment (USD 10 000)	注册资本(万美元) Registered Capital (USD 10 000)	#外 方 Foreign Investor
总　　计	**Total**	**6813**	**13308596**	**8171449**	**5917853**
按投资方式分	**By Form**				
#合资经营企业	Equity Joint Venture	867	4083630	3277985	1841443
合作经营企业	Cooperative Operation Enterprises	45	185073	92383	59640
外资企业	Contractual Joint Venture	2289	5410495	3097830	2977762
外商投资有限责任公司	Foreign investment limited liability company	467	3270897	1291488	971060
外商投资股份有限公司	Foreign Investment Co., Ltd	33	358502	316687	67948
其他外商投资企业	Other Foreign Investment Enterprise	75		95076	
外商投资企业分支机构	Branches of Foreign Investment Enterprise	3034			
按国民经济行业分	**By Sector**				
农、林、牧、渔业	Agriculture, Forestry, Animal Husbandry and Fishery	236	525681	441271	303133
采矿业	Mining	22	85697	61543	28053
制造业	Manufacturing	2080	5156750	3542851	2966650
#金属制品、机械和设备修理业	Repairing Maintenance of Metal Products, Machines and Equipments	1	2000	1000	1000
电力、热力、燃气及水生产和供应业	Production and Supply of Electric Power, Heat Power and Water	115	338598	125355	88893
建筑业	Construction	79	197331	193294	101156
批发和零售业	Wholesale and Retail Trades	2318	2742190	1076487	736018
交通运输、仓储和邮政业	Transport, Storage and Post	66	122179	47107	45695
住宿和餐饮业	Hotels and Catering Services	321	52759	33544	27608
信息传输、软件和信息技术服务业	Information Transmission, Computer Services and Software	327	247953	151295	139558
金融业	Financial Intermediation	125	270856	237166	69101
房地产业	Real Estate	308	1994180	680357	422925

5-13 续表 continued

类别	Type	外商投资企业数(户) Number of Enterprises Corporate (unit)	投资总额(万美元) Total Investment (USD 10 000)	注册资本(万美元) Registered Capital (USD 10 000)	#外方 Foreign Investor
租赁和商务服务业	Leasing and Business Services	490	1007059	1076744	615339
科学研究和技术服务业	Scientific Research and Technical Services	171	333931	241044	198588
水利、环境和公共设施管理业	Management of Water Conservancy, Environment and Public Facilities	31	72717	143416	114869
居民服务、修理和其他服务业	Services to Households ,Repair and Other Services	46	36692	27653	12650
教育	Education	11	762	742	487
卫生和社会工作	Health and Social Service	8	64474	55742	28823
文化、体育和娱乐业	Culture, Sports and Entertainment	59	58787	35838	18305
其他	Others				
按投资国别(地区)分	**By Country (Region)**				
亚　洲	**Asia**	**3011**	**10228175**	**5586409**	**4188710**
中国香港	Hong Kong, China	2069	5659751	4017102	3131505
中国澳门	Macao, China	72	50223	65300	58354
中国台湾	Taiwan, China	441	543902	398479	359060
日　本	Japan	52	2450217	144150	76675
韩　国	Korea Rep.	32	44109	19763	10756
亚洲其他国家(地区)	Other Asia Countries (Regions)	345	1479974	941615	552362
非　洲	**Africa**	**49**	**115119**	**58801**	**55503**
埃　及	Egypt	2	75	55	55
南　非	South Africa	1	35000	15000	15000
毛里求斯	Mauritius	10	12388	7547	7019
塞舌尔	Seychelles	20	61304	30471	29686
非洲其他国家(地区)	Other Africa Countries (Regions)	16	6352	5728	3743
欧　洲	**Europe**	**112**	**127934**	**721990**	**428737**
英　国	United Kingdom	26	35238	664316	386466
德　国	Germany	17	30442	19320	13312
法　国	France	7	6287	2845	2290
俄罗斯联邦	Russian Federation	7	721	697	323
欧洲其他国家(地区)	Other Europe Countries (Regions)	55	55247	34813	26345
拉丁美洲	**Latin America**	**130**	**428213**	**263586**	**215675**
巴　西	Brazil	2	9712	3347	3347
开曼群岛	Cayman Islands	6	91558	41147	30237
英属维尔京群岛	British Virgin Islands	116	314244	212375	175381
拉丁美洲其他国家(地区)	Other Latin America Countries (Regions)	6	12699	6718	6710
北美洲	**North America**	**108**	**254523**	**116841**	**64838**
加拿大	Canada	26	52626	20132	18419
美　国	United States	80	201387	96422	46176
百慕大群岛	Bermuda	2	509	287	243
大洋洲	**Oceanic**	**96**	**102814**	**62636**	**54728**
澳大利亚	Australia	29	8649	4306	3249
新 西 兰	New Zealand	4	5172	1856	966
萨 摩 亚	Samoa	61	87134	54704	48743
大洋洲其他国家(地区)	Other Oceanic Countries (Regions)	2	1860	1770	1770
其他	**Others**	**192**	**2041781**	**1263751**	**908484**

注：按投资国别(地区)分的外商投资企业数、投资总额、注册资本、其中外方注册资本等指标不包括中外合作非法人企业、其他外商投资企业、在中国境内从事经营活动的外国(地区)企业和外商投资企业分支机构数。

a) The number of foreign-invested enterprises, total investment, registered capita, registered capital of foreign investors do not include non-legal person ente of Sino-foreign cooperation, other foreign-invested enterprises, foreign (region) enterprises engaged in business activities in China and branches of foreign-i enterprises.

5-14 江西与国外结成友好城市一览
List of Foreign Sister Cities with Jiangxi

国别	Country (Region)	友好城市(州、县)	Sister City (State, Prefecture)	缔结日期 Date of Conclusion
马其顿	Macedonia	斯科普里市	Skopje	1984.03.20
德国	Germany	黑森州	Hesse	1985.04.03
美国	United States	肯塔基州	Kentucky	1985.10.16
美国	United States	犹他州	Utah	1986.07.10
日本	Japan	岐阜县	Gifu	1988.06.21
墨西哥	Mexico	托卢卡市	Toluca	1988.08.16
日本	Japan	高松市	Takamatsu-shi	1990.09.28
日本	Japan	冈山县	Okayama	1992.06.01
摩洛哥	Morocco	萨菲市	Safi	1993.10.15
澳大利亚	Australia	波波郡	Baw Baw Shire	1993.12.09
斯洛文尼亚	Slovenia	科佩尔市	Koper	1995.04.05
日本	Japan	佐贺县有田町	Arita-cho, Saga	1996.08.28
日本	Japan	玉野市	Tamano-shi	1996.10.05
芬兰	Finland	瓦尔济考斯基市	Valkeakoski	1997.11.20
美国	United States	路易维尔市	Louisville	2004.09.09
俄罗斯	Russia	雅罗斯拉夫尔州	Jarraud Slavic	2005.03.24
日本	Japan	冈山县鸭方町	Kamogata-cho, Okayama	2005.09.26
美国	United States	索拉洛郡	Solano	2005.10.26
日本	Japan	和歌山县清水町	Shimizu-cho, Wakayama	2006.04.03
韩国	Korea Rep.	南海郡	Namhae	2006.04.13
菲律宾	Philippines	保和省	Bohol	2006.05.08
芬兰	Finland	卡亚尼市	Kajaani	2006.06.26
法国	France	第戎市	Dijon	2006.10.17
日本	Japan	濑户市	Seto-shi	2007.03.28
日本	Japan	岐阜县安八町	Anpachi-cho, Gifu	2007.08.02
韩国	Korea Rep.	利川市	Lcheon	2007.10.17
韩国	Korea Rep.	罗州市	Naju-si	2007.10.22
韩国	Korea Rep.	尚州市	Sangju	2007.10.23
巴西	Brazil	索罗卡巴市	Sorocaba	2007.10.23
智利	Chile	科皮亚波市	Copiapo	2008.01.17
阿根廷	Argentina	拉普拉塔市	Laplata	2008.01.21
美国	United States	欧文顿市	Overton	2008.07.01
波兰	Poland	莱基奥诺沃市	Legionowo	2008.08.30
法国	France	奥赛市	Auxerre	2008.09.10
法国	France	中央大区	Centre	2008.09.25
希腊	Greece	希俄斯市	Chios	2008.09.25
韩国	Korea Rep.	堤川市	Jye Chun	2008.11.05
美国	United States	萨凡纳市	Savannah	2008.11.08
阿根廷	Argentina	基尔梅斯市	Quilmes	2008.12.05
澳大利亚	Australia	奥本市	Auburn	2009.09.24
德国	Germany	派尼区	Piney	2009.10.13
英国	United Kingdom	巴斯—东北萨默塞特郡	Bath and North East Somerset	2009.10.20

5-14 续表 continued

国 别	Country (Region)	友好城市(州、县)	Sister City (State, Prefecture)	缔结日期 Date of Conclusion
巴西	Brazil	南马托格罗索州	Mato Grosso do Sul	2009.10.23
匈牙利	Hugary	蒂萨新城	Tiszaujvaros	2009.12.02
美国	United States	罕斯维尔市	Hansiweier	2009.12.07
美国	United States	不伦瑞克市	Brunswick	2010.04.03
美国	United States	威斯康星州门县市	Men of Wisconsin	2010.06.01
法国	France	图尔市	Tours	2010.06.18
埃塞俄比亚	Ethiopia	阿姆哈拉州	Amhara	2010.07.02
美国	United States	奥林匹亚市	Olympia	2010.08.18
塞拉利昂	Sierra Leone	弗里敦市	Freetown	2010.09.21
津巴布韦	Zimbabwe	穆塔雷市	Mutare	2010.09.21
荷兰	Holland	代尔夫特市	Delfe	2010.10.18
巴西	Brazil	基玛多斯市	Jimaduosi City	2011.02.24
韩国	Korea Rep.	太白市	Taebaek	2011.10.10
英国	United Kingdom	红桥市	Redbridge	2011.11.07
希腊	Greece	中希腊大区	Vea tia	2011.11.23
法国	France	香槟阿登大区	Champagne-Ardenne	2011.11.23
德国	Germany	沃尔泽伦市	Wall Zelen City	2011.11.29
墨西哥	Mexico	科阿韦拉州蒙克罗瓦市	Monk Luova, Coahuila	2012.02.29
韩国	Korea Rep.	全罗南道	Jeollanam-do	2012.04.17
意大利	Italy	卡乃利市	Kanaili	2012.06.29
南非	South Africa	自由州省	Free State	2012.07.19
俄罗斯	Russia	苏兹达里市	Suzy Dario	2012.09.10
南非	South Africa	新堡市	Newcastle	2012.11.29
匈牙利	Hugary	包尔绍德—奥包乌伊—曾普伦州	Borsod-Abauj-Zemplén	2013.01.18
南非	South Africa	德拉肯斯汀市	De Lakin Steen	2013.01.23
乌克兰	Ukraine	伊久姆市	Izyum	2013.02.16
西班牙	Spain	阿尔巴塞特市	Albacete	2013.04.22
博茨瓦纳	Botswana	塞罗韦市	Serowe	2013.09.05
意大利	Italy	法恩扎市	Faenza	2013.10.18
柬埔寨	Cambodia	暹粒省	Siem Reap	2013.11.29
加纳	Republic of Ghana	北部省	Tamale	2014.07.09
巴西	Brazil	伊塔佩瓦市	Itapeva	2015.02.04
英国	United Kingdom	林肯市	Lincoln City	2015.03.27
韩国	Korea Rep.	忠州市	Chungju	2015.05.25
埃及	Egypt	卢克索省	Luxor	2015.06.08
俄罗斯	Russia	巴什科尔托斯坦共和国	Republic of Bashkortostan	2015.11.10
英国	United Kingdom	卡尔德达尔市	Calder	2015.11.16
澳大利亚	Australia	怀昂市	Wyong	2015.11.20
泰国	Thailand	南邦府	Lampang	2016.02.24
柬埔寨	Cambodia	磅清扬省	Kampong Chhnang	2016.03.08
英国	United Kingdom	斯特拉福德区	Stratford District	2016.03.08
斯里兰卡	Sri Lanka	马塔拉市	Matara	2016.03.17
西班牙	Spain	阿尔卡拉德埃纳雷斯市	Alcal de Henares	2016.03.25
韩国	Korea Rep.	旌善郡	Jeongseon	2016.03.29
斯洛文尼亚	Slovenia	马里博尔市	Maribor	2016.07.06
刚果(金)	Congo (Kinshasa)	金沙萨市	Kinshasa	2016.09.02
俄罗斯	Russia	乌法市	Ufa	2016.09.08
俄罗斯	Russia	托斯诺区	Tosnenskiy Rayon	2017.02.22
美国	United States	利文斯顿市	Livingston	2017.08.28
乌克兰	Ukraine	敖德萨州	Odessa	2018.08.29
俄罗斯	Russia	彼尔姆边疆区	Perm Krai	2018.09.28
俄罗斯	Russia	丘索沃伊地区	Chusovoy	2018.09.28
韩国	Korea Rep.	南海郡	Namhae	2018.11.12
匈牙利	Hungary	豪特万市	Hatvan	2019.10.25
土耳其	Turkey	伊兹尼克市	Iznik	2019.12.02
保加利亚	Bulgaria	索菲亚大区	Sophia Region	2020.02.09
阿根廷	Argentina	门多萨省	Mendoza	2020.03.16
意大利	Italy	曼托瓦省	Mantova	2020.08.19
韩国	South Korea	顺天市	Suncheon	2020.09.07
格鲁吉亚	Georgia	库塔伊西	Kutaisi	2020.12.01

主要统计指标解释

货物进出口总值 指实际进出我国关境的货物总金额。包括对外贸易实际进出口货物，来料加工装配进出口货物，国家间、联合国及国际组织无偿援助物资和赠送品，华侨、港澳台同胞和外籍华人捐赠品，租赁期满归承租人所有的租赁货物，进料加工进出口货物，边境地方贸易及边境地区小额贸易进出口货物，中外合资企业、中外合作经营企业、外商独资经营企业进出口货物和公用物品，到、离岸价格在规定限额以上的进出口货样和广告品(无商业价值、无使用价值和免费提供出口的除外)，从保税仓库提取在中国境内销售的进口货物以及其他进出口货物。该指标可以观察一个国家在货物贸易方面的总规模。我国规定出口货物按离岸价格统计，进口货物按到岸价格统计。

商品收发货人所在地进、出口值 指按进出口企业注册登记地进行分组汇总的进、出口值。

外商投资 是指国外及港澳台地区的法人和自然人在中国大陆地区以现金、实物、无形资产、股权等方式进行投资。其中，外商直接投资是指国外及港澳台地区投资者在非上市公司中的全部投资及在单个外国投资者所占股权比例不低于10%的上市公司中的投资。

对外承包工程 根据《对外承包工程管理条例》，对外承包工程是指中国的企业或者其他单位承包境外建设工程项目的活动。

对外劳务合作 指组织劳务人员赴其他国家或地区为国外的企业或机构工作的经营性活动。

对外直接投资 指境内投资者以控制国(境)外企业的经营管理权为核心的经济活动，体现在一经济体通过投资于另一经济体而实现其持久利益的目标。

Explanatory Notes on Main Statistical Indicators

Total Import and Export of Goods refer to the real value of commodities imported and exported across the border of China. They include the actual imports and exports through foreign trade, imported and exported goods under the processing and assembling trades and materials, supplies and gifts as aid given gratis between governments and by the United Nations and other international organizations, and contributions donated by overseas Chinese, compatriots in Hong Kong and Macao and Chinese with foreign citizenship, leasing commodities owned by tenant at the expiration of leasing period, the imported and exported commodities processed with imported materials, commodities trading in border areas, the imported and exported commodities and articles for public use of the Sino-foreign joint ventures, cooperative enterprises and ventures with sole foreign investment. Also included are import or export of samples and advertising goods for whice CIF or FOB value are beyond the permitted ceiling (excluding goods of no trading or use value and free commodities for export), imported goods sold in China from bonded warehouses and other imported or exported goods. The indicator of the total imports and exports at customs can be used to observe the total size of external trade in a country. In accordance with the stipulation of the Chinese government, imports are calculated at CIF, while exports are calculated at FOB.

Import or Export Value by Location of China's Foreign Trade Managing Units The location of importers or exporters refers to the place inside China's customs territory where the importers or exporters are registered.

Foreign Investment refers to investment in China by legal or natural persons of foreign countries and of HongKong, Macau and Taiwan, in the form of cash、physical assets、intangible assets and equity and others. Foreign direct investment refers to investment by investors from foreign countries and from HongKong, Macau and Taiwan in a non-listed company, or the investment of over 10 percent or more in a listed company.

Overseas Contracted Projects refer to activities of contracting overseas construction projects by Chinese enterprises or any other units, which are stipulated in the Regulations on Administration of Foreign Contracted Project.

Overseas Labour Services refer to operational activities of organizing labour force to go abroad providing services to foreign enterprises or agencies.

Overseas Direct Investment refers to operational activities of domestic investors, centering on operation and management of those enterprises are under the control of domestic investors. The content of overseas direct investment mainly reflects one economic entity by investing in another economic entity to achieve its goal of lasting interest.

能　源

ENERGY

◆ *131/160*

资料整理：陈梦捷　邹　晔　罗　瑶

简要说明

一、本篇资料的主要内容

本篇包括的主要内容有能源生产、消费及品种构成，能源生产和消费弹性系数，综合能源平衡表和主要能源品种的单项平衡表，分行业、分主要能源品种的消费量，生活用能源消费量等。

二、本篇资料的来源

本篇资料来源于全省能源平衡表和规模以上工业企业能源报表。能源平衡表的编制范围为辖区内除军队系统以外的全部能源生产和消费活动的单位。

三、关于数据口径与计算的说明

1.一次能源生产量与能源产品产量统计数字一致。

2.能源生产与消费弹性系数分别以能源生产、消费增长速度与国内生产总值增长速度相比求得。

3.能源平衡表中的库存量、进口量、出口量和消费量，根据有关部门和企业提供的数据综合评估得出。电力折算标准煤系数按平均发电煤耗计算。

Brief Introduction

I. Main Contents

Data in this chapter cover mainly the energy production and consumption and their composition, the elasticity ratio of energy production and consumption, the overall balance of energy and the balance by different types of energy, the consumption of energy by sector and by types of energy, efficiency of energy conversion and the consumption of energy for non-production use.

II. Source of Data

Date in this chapter come from the province energy balance and energy-scale industrial enterprises above designated size. Energy balance for the establishment of the area in addition to the military system other than the total energy production and consumpti on activities of the units.

III. Notes on Coverage and Calculation of Data:

(a) The data on the production of primary energy are the same as the corresponding data on output of energy products.

(b) The elasticity ratio of energy production is calculated as the quotient of the growth rate of energy production divided by the growth rate of GDP; and the elasticity ratio of energy consumption is calculated as the quotient of the growth rate of energy consumption divided by the growth rate of GDP.

(c) The storage, import and export in the energy balance tables are comprehensively evaluated based on data from related departments and en terprises. The coefficient for conversion of electric power into the standard coal equivalent is calculated according to the averag e consumption of coal for generating electricity.

6-1 能源生产总量及构成
Total Production of Energy and Its Composition

年 份 Year	能源生产总量 (万吨标准煤) Total Energy Production (10 000 tons of SCE)	占能源生产总量的比重 (%) As Percentage of Total Energy Production(%)			
		原 煤 Raw Coal	原 油 Crude Oil	天然气 Natural Gas	一次电力 Primary Power
1990	1282.4	90.5			9.5
1991	1353.0	89.6			10.4
1992	1344.9	88.4			11.6
1993	1366.1	87.8			12.2
1994	1513.4	85.2			14.8
1995	1868.8	88.0			12.0
1996	1573.2	88.5			11.5
1997	1410.0	83.7			16.3
1998	1394.7	78.6			21.4
1999	1154.5	85.7			14.3
2000	1293.2	81.5			18.5
2001	1242.7	80.5			19.5
2002	1252.2	77.0			23.0
2003	1505.4	83.5			16.5
2004	1902.5	81.9			18.1
2005	2010.5	86.0			14.0
2006	2241.0	84.6		0.1	15.3
2007	2253.3	87.9		0.3	11.8
2008	2395.0	87.0		0.2	12.8
2009	2528.8	89.1		0.2	10.7
2010	2312.8	82.8		0.2	12.9
2011	2581.6	88.3		0.7	11.0
2012	2601.2	81.0		0.5	18.5
2013	2558.8	83.3		0.8	15.9
2014	2451.9	82.0		0.2	17.8
2015	2356.9	66.9		0.2	26.6
2016	2000.9	55.1		0.1	35.3
2017	1525.2	43.3		0.2	44.0
2018	1170.0	33.2		0.2	53.1
2019	1320.3	27.0			62.8
2020	1255.4	18.1			66.1

注：1.根据第四次经济普查，对2015年以来的数据进行了调整。
2.电力折算标准煤的系数根据当年平均发电煤耗计算。下表同。

a) Data since 2015 have been adjusted according to the Fourth Economic Census.

b) The coefficient for conversion of electric power into SCE (standard coal equivalent) is calculated on the basis of the data on average coal consumption in generating electric power in the same year. The same applies to the tables following.

6-2 能源消费总量及构成
Total Consumption of Energy and Its Composition

年 份 Year	能源消费总量 (万吨标准煤) Total Energy Composition (10 000 tons of SCE)	占能源消费总量的比重 (%) As Percentage of Total Energy Composition(%)			
		煤 炭 Coal	石 油 Crude Oil	天然气 Natural Gas	一次电力 Primary Power
1990	1732.3	82.0	10.9		7.1
1991	1793.4	82.2	10.6		7.2
1992	1871.4	81.7	11.0		7.3
1993	1946.1	81.4	11.1		7.5
1994	2071.5	80.6	10.7		8.7
1995	2391.7	79.8	10.0		10.2
1996	2154.7	78.4	12.0		9.6
1997	2132.4	75.2	12.9		11.9
1998	2028.4	73.3	16.3		10.4
1999	2123.3	73.6	17.8		8.7
2000	2505.0	70.5	17.3		12.2
2001	2628.0	71.5	17.0		11.5
2002	2933.0	68.7	21.8		9.5
2003	3426.0	74.5	22.2		3.2
2004	3814.0	72.6	16.9		10.5
2005	4286.0	74.0	17.0		6.6
2006	4660.1	73.8	16.9	0.2	7.4
2007	5052.5	74.9	16.9	0.3	5.3
2008	5383.0	71.7	16.7	0.6	5.7
2009	5812.5	72.0	16.0	0.5	4.7
2010	6280.6	71.0	16.3	1.0	4.7
2011	6847.1	74.0	15.6	1.2	4.1
2012	7148.3	69.5	15.8	1.9	6.8
2013	7582.9	70.5	17.5	2.4	5.4
2014	8055.4	68.0	16.9	2.5	5.4
2015	8423.4	66.6	17.5	2.7	7.4
2016	8730.1	65.2	17.6	3.0	8.1
2017	8971.9	64.4	18.1	3.1	7.5
2018	9285.7	64.4	18.5	3.5	6.7
2019	9665.2	62.4	18.7	3.4	8.6
2020	9808.6	62.9	16.9	3.8	8.5

注：2010年开始，能源消费总量不包括回收能，下表同。

a) From 2010, the total energy consumption does not include the total amount of the recycled energy.The same applies to the tables following.

6-3 平均每天能源消费量
Average Daily Energy Consumption by Type of Energy

能源品种	Type of Energy	1990	2000	2010	2015	2016	2017	2018	2019	2020
合计(吨标准煤)	**Total (ton of SCE)**	**47460**	**68630**	**172071**	**230779**	**239180**	**245805**	**254402**	**264799**	**268728**
煤炭(吨)	Coal (ton)	62079	67634	171140	209828	206389	210177	215829	219067	218536
焦炭(吨)	Coke (ton)	4308	5642	21167	24430	23009	23625	25154	25738	26354
原油(吨)	Crude Oil (ton)	4249	9073	12875	15232	19884	19161	21041	21588	19246
燃料油(吨)	Fuel Oil (ton)	641	937	648	482	412	327	322	336	267
汽油(吨)	Gasoline (ton)	1159	1602	4253	7781	8593	9631	10260	11106	10611
煤油(吨)	Kerosene (ton)	145	62	233	277	342	433	491	529	389
柴油(吨)	Diesel Oil (ton)	1245	2871	10103	14726	14978	15249	16115	16406	14594
电力(万千瓦小时)	Electricity (10 000 kWh)	3497	6407	19192	29788	32397	35452	39144	42074	44571

6-4 人均生活能源消费量
Annual per Capita Energy Consumption of Households

能源品种	Type of Energy	1990	2000	2010	2015	2016	2017	2018	2019	2020
生活消费能源(千克标准煤)	**Consumption for Households (kg of SCE)**	**59.68**	**82.71**	**147.52**	**224.83**	**257.53**	**282.80**	**307.24**	**322.85**	**332.00**
煤 炭(千克)	Coal (kg)	80.97	42.66	42.27	42.33	56.26	57.73	60.17	55.40	53.97
汽 油(千克)	Gasoline (kg)		0.97	6.39	16.73	19.15	20.19	21.50	25.25	27.67
天然气(立方米)	Natural Gas (cu.m)			4.09	8.72	8.89	11.55	13.96	11.96	12.62
液化石油气(千克)	Liquefied Petroleum Gas (kg)	0.89	4.94	8.95	10.26	10.69	13.66	13.96	14.51	14.06
煤气(立方米)	Coal Gas (cu.m)	0.24	1.52	4.61	0.67	1.11	1.33	0.93	0.86	3.28
电力(千瓦小时)	Electricity (kWh)	22.57	56.26	249.19	411.39	467.90	512.95	581.90	636.94	673.95

注：根据第七次人口普查，对2015年以来的数据进行了调整。

a) According to the seventh census, the data since 2015 have been adjusted.

6-5 综合能源平衡表

单位：万吨标准煤

指　　标	Item	1990	2000
可供消费的能源总量	**Total Energy Available for Consumption**	**1704.54**	**2371.75**
一次能源生产量	Primary Energy Output	1282.42	1293.23
外省(区、市)调入量	Transferred in from Other Provinces	808.97	1157.24
进口量	Imports	0.09	229.73
本省(区、市)调出量(–)	Sent Out to Other Provinces (-)	303.53	225.80
出口量(–)	Exports (-)	8.15	
年初年末库存差额	Stock Changes in the Year	-75.26	-82.65
能源消费总量	**Total Energy Consumption**	**1732.29**	**2505.00**
在总量中	Consumption by Sector		
农、林、牧、渔、水利业	Agriculture, Forestry, Animal Husbandry, Fishery and Water Conservancy	132.87	151.00
工　业	Industry	1264.22	1751.76
建筑业	Construction	8.88	7.72
交通运输、仓储和邮政业	Transport, Storage and Post	65.93	177.97
批发、零售业和住宿、餐饮业	Wholesale and Retail Trades,Hotels and Catering Services	10.81	30.59
其他	Other Sectors	25.60	44.46
生活消费	Household Consumption	223.98	341.50
在总量中	Consumption by Usage		
终端消费	End-use Consumption	1617.12	2320.40
#工　业	Industry	1149.05	1567.16
加工转换损失量	Losses During the Process of Energy Conversion	74.40	130.64
#炼　焦	Coking	9.71	24.88
炼　油	Petroleum Refining	2.46	24.91
回收能(–)	Recovery Energy		
损失量	Energy Losses	40.77	53.96
#输变电损失量	Losses in Transmission	40.68	53.96
平衡差额	**Balance**	**-27.75**	**-133.25**

注：电力、热力按等价热值计算，因此加工转换损失量中不包括发电、供热损失量。下表同。

Overall Energy Balance Sheet

(10 000 tons of SCE)

2010	2015	2019	2020
6280.55	**8423.44**	**9665.15**	**9807.50**
2312.84	2356.86	1320.31	1255.41
4601.12	5750.79	7661.51	7951.42
328.98	942.82	1003.13	846.06
888.31	660.64	355.73	315.99
21.61	33.60	35.92	70.61
6280.55	**8423.44**	**9665.15**	**9808.58**
139.58	131.21	152.44	155.01
4635.41	5874.46	5998.81	6096.46
57.15	109.16	157.76	155.68
468.94	767.26	1002.58	995.88
140.70	232.54	384.24	376.60
182.70	301.20	511.72	529.08
656.07	1007.71	1457.60	1499.87
6294.25	8655.38	10005.63	10204.43
4651.30	6106.96	6340.32	6493.22
252.24	162.69	114.88	123.96
62.64	53.39	63.56	61.60
4.13	0.12	4.08	2.80
446.33	597.61	674.45	700.23
180.40	202.98	219.09	180.43
178.27	202.33	218.11	179.57
			-1.08

a) Electric power and heat are converted on the basis of equal caloric value. Therefore, losses during the process of energy conversion do not include losses in power generation and heating. The same applies to the tables following.

6-6 煤炭平衡表

单位：万吨

指　　标	Item	1990	2000
可供量	**Total Energy Available for Consumption**	**2218.37**	**2245.84**
生产量	Output	2027.11	1813.76
外省(市、区)调入量	Transferred in from Other Provinces	491.22	649.08
进口量	Imports		
本省(市、区)调出量(-)	Sent Out to Other Provinces (-)	178.29	111.96
出口量(-)	Exports (-)	4.78	
年初年末库存差额	Stock Changes in the Year	-116.89	-105.04
消费量	**Total Energy Consumption**	**2265.87**	**2468.63**
在消费量中	Consumption by Sector		
农、林、牧、渔、水利业	Agriculture, Forestry, Animal Husbandry, Fishery and Water Conservancy	54.20	12.10
工　业	Industry	1852.93	2263.78
建 筑 业	Construction	2.29	
交通运输、仓储和邮政业	Transport, Storage and Post	38.66	11.42
批发、零售业和住宿、餐饮业	Wholesale and Retail Trades,Hotel and Catering Services	11.41	5.20
其他	Other Sectors	2.51	
生活消费	Household Consumption	303.87	176.13
在消费量中	Consumption by Usage		
终端消费	End-use Consumption	1254.79	1076.66
#工　业	Industry	841.85	871.81
中间消费(用于加工转换)	Intermediate Consumption (Consumed in Conversion)	882.27	1261.89
#发　电	Power Generation	720.53	906.11
炼　焦	Coking	161.74	247.94
洗选损耗	Losses in Coal Washing and Dressing	128.81	130.08
平衡差额	**Balance**	**-47.50**	**-222.79**

注：生产量为原煤产量。

Coal Balance Sheet

(10 000 tons)

2010	2015	2019	2020
6246.61	**7658.74**	**7995.94**	**7976.57**
2912.22	2270.70	503.61	314.46
3829.74	5372.87	7347.70	7585.23
	201.80	138.66	66.61
389.23	221.78	46.09	42.93
-106.12	35.15	52.05	53.19
6246.61	**7658.74**	**7995.94**	**7976.57**
23.00	18.00	20.00	19.00
5989.55	7396.51	7670.83	7660.94
3.00	2.00	3.00	2.80
3.06	5.00	8.03	5.01
16.00	23.00	24.00	25.00
24.00	24.50	20.00	20.00
188.00	189.72	250.10	243.80
2272.99	3188.14	2766.23	2567.39
2015.93	2925.92	2441.09	2251.78
3973.62	4470.60	5229.71	5409.18
2648.31	3001.81	4100.70	4148.82
920.48	1123.75	938.30	960.70
291.59	243.17	42.95	25.55

a) Data on output refer to the output of raw coal.

6-7 石油平衡表

单位：万吨

指　　标	Item	1990	2000
可供量	**Total Energy Available for Consumption**	**132.89**	**297.33**
外省(市、区)调入量	Transferred In from Other Provinces	244.24	249.59
进口量	Imports	0.06	160.81
本省(市、区)调出量(-)	Send Out to Other Provinces (-)	109.04	103.36
出口量(-)	Exports (-)	3.06	
年初年末库存差额	Stock Changes in the Year	0.69	-9.71
消费量	**Total Energy Consumption**	**133.09**	**304.46**
在消费量中:	Consumption by Sector		
农、林、牧、渔、水利业	Agriculture, Forestry, Animal Husbandry, Fishery and Water Conservancy	25.82	61.25
工　业	Industry	62.96	105.96
建筑业	Construction	2.27	1.48
交通运输、仓储和邮政业	Transport, Storage and Post	26.27	105.17
批发、零售业和住宿、餐饮业	Wholesale and Retail Trades,Hotels and Catering Services	0.18	2.12
其他	Other Sectors	8.01	4.08
生活消费	Non-Production Consumption	7.58	24.40
在消费量中:	Consumption by Usage		
终端消费	End-use Consumption	119.34	253.08
#工　业	Industry	49.21	54.58
中间消费(用于加工转换)	Intermediate Consumption (Consumed in Conversion)	8.63	28.56
#发　电	Power Generation	8.63	11.56
供　热	Heating		17.00
炼油损失量	Losses in Petroleum Refining	5.06	19.26
损 失 量	Other Losses	0.06	3.56
平衡差额	**Balance**	**-0.20**	**-7.13**

Petroleum Balance Sheet

(10 000 tons)

2010	2015	2019	2020
713.89	**1025.97**	**1257.20**	**1143.61**
837.82	611.92	733.39	658.24
230.28	561.93	634.04	560.33
354.02	153.92	111.53	91.88
-0.19	6.04	1.30	16.92
713.89	**1025.97**	**1257.21**	**1143.60**
55.00	59.00	66.50	66.50
232.68	242.55	231.93	132.96
23.43	37.71	48.00	48.30
288.73	460.98	591.21	583.75
17.06	43.50	57.40	56.60
20.57	40.03	50.17	50.00
76.42	142.20	212.00	205.50
707.66	1010.62	1225.43	1125.13
227.94	227.66	200.84	115.08
4.74	14.89	31.09	17.87
0.86	2.79	1.10	3.68
7.00	3.69	4.90	5.24
3.12	8.41	25.09	8.95
1.49	0.46	0.69	0.60
			0.01

6-8 电力平衡表

单位：亿千瓦小时

指　　标	Item	1990	2000
可供量	**Total Energy Available for Consumption**	**127.65**	**233.85**
发电量	Output	121.41	226.77
一次电力	Primary Power	27.77	77.96
火电	Thermal Power	93.64	148.81
外省(市、区)调入量	Transferred in from Other Provinces	6.51	7.12
本省(市、区)调出量(-)	Sent Out to Other Provinces (-)	0.27	0.04
消费量	**Total Energy Consumption**	**127.65**	**233.85**
在消费量中	Consumption by Sector		
农、林、牧、渔、水利业	Agriculture,Forestry,Animal Husbandry, Fishery and Water Conservancy	14.34	21.92
工　业	Industry	99.05	173.98
建 筑 业	Construction	0.93	0.80
交通运输、仓储和邮政业	Transport, Storage and Post	1.19	3.42
批发、零售业和住宿、餐饮业	Wholesale and Retail Trades,Hotels and Catering Services	0.90	2.98
其他	Other Sectors	2.77	7.52
生活消费	Household Consumption	8.47	23.23
在消费量中	Consumption by Usage		
终端消费	End-use Consumption	118.55	221.67
#工　业	Industry	89.95	161.80
输配损失量	Losses in Transmission	9.10	12.18

Electricity Balance Sheet

(100 million kWh)

2010	2015	2019	2020
700.51	**1087.25**	**1535.70**	**1626.83**
637.59	982.05	1375.90	1444.71
87.84	201.58	274.94	277.32
549.75	780.47	1100.96	1167.39
62.92	105.20	159.80	182.12
700.51	**1087.25**	**1535.70**	**1626.83**
13.00	10.51	13.71	14.79
496.72	729.93	951.41	1019.78
6.69	17.79	29.39	28.83
13.28	28.46	38.45	37.52
21.73	45.87	83.88	82.45
38.27	70.30	131.30	138.99
110.82	184.39	287.56	304.47
648.14	1022.06	1463.33	1566.83
444.35	664.74	879.04	959.78
52.37	65.19	72.37	60.00

6-9 能源消费量

单位：万吨标准煤

行　　业	Sector	1990
消费总量	**Total Consumption**	**1732.29**
农、林、牧、渔、水利业	**Agriculture, Forestry, Animal Husbandry, Fishery and Water Conservancy**	**132.87**
工　业	**Industry**	**1264.22**
#煤炭开采和洗选业	Mining and Washing of Coal	115.91
黑色金属矿采选业	Mining and Processing of Ferrous Metal Ores	2.74
有色金属矿采选业	Mining and Processing of Non-Ferrous Metal Ores	48.27
非金属矿采选业	Mining and Processing of Non-metal Ores	6.21
农副食品加工业	Processing of Food from Agricultural Products	20.12
食品制造业	Manufacture of Foods	3.06
酒、饮料和精制茶制造业	Manufacture of Liquor, Beverages and Refined Tea	16.32
烟草制品业	Manufacture of Tobacco	2.42
纺织业	Manufacture of Textile	48.08
纺织服装、服饰业	Manufacture of Textile,Wearing Apparels and Accessories	1.64
皮革、毛皮、羽毛及其制品和制鞋业	Manufacture of Leather, Fur, Feather and Related Products and Footwear	1.78
木材加工及木、竹、藤、棕、草制品业	Processing of Timber, Manufacture of Wood, Bamboo, Rattan, Palm, and Straw Products	11.90
家具制造业	Manufacture of Furniture	0.88
造纸及纸制品业	Manufacture of Paper and Paper Products	38.67
印刷业和记录媒介的复制	Printing and Reproduction of Recording Media	1.20
文教、工美、体育和娱乐用品制造业	Manufacture of Articles for Culture, Education, Arts and Crafts, Sport and Entertainment Activities	0.63
石油加工、煤炭及其他燃料加工业	Processing of Petroleum, Coal and other fuel processing industries	53.45
化学原料及化学制品制造业	Manufacture of Raw Chemical Materials and Chemical Products	154.02
医药制造业	Manufacture of Medicines	23.02
化学纤维制造业	Manufacture of Chemical Fibres	14.83
橡胶和塑料制品业	Manufacture of Rubber and Plastics Products.	11.20
非金属矿物制品业	Manufacture of Non-metallic Mineral Products	248.61
黑色金属冶炼及压延加工业	Smelting and Pressing of Ferrous Metals	232.43
有色金属冶炼及压延加工业	Smelting and Pressing of Non-ferrous Metals	31.80
金属制品业	Manufacture of Metal Products	9.80
通用设备制造业	Manufacture of General Purpose Machinery	16.52
专用设备制造业	Manufacture of Special Purpose Machinery	7.95
汽车制造业	Manufacture of Automobiles	11.09
铁路、船舶、航空航天和其他运输设备制造业	Manufacture of Railway, Ship, Aerospace and Other Transport Equipments	2.27
电气机械及器材制造业	Manufacture of Electrical Machinery and Apparatus	8.23
通信设备、计算机及其他电子设备制造业	Manufacture of Communication Equipment, Computers and Other Electronic Equipment	5.65
仪器仪表制造业	Manufacture of Measuring Instruments and Machinery	1.64
其他制造业	Other Manufacture	14.25
废弃资源综合利用业	Utilization of Waste Resources	
电力、热力的生产和供应业	Production and Supply of Electric Power and Heat Power	84.97
燃气生产和供应业	Production and Supply of Gas	2.30
水的生产和供应业	Production and Supply of Water	6.90
建筑业	**Construction**	**8.88**
交通运输、仓储和邮政业	**Transport, Storage and Post**	**65.93**
批发、零售业和住宿、餐饮业	**Wholesale, Retail Trade and Hotel,Restaurants**	**10.81**
其他	**Others**	**25.60**
生活消费	**Residential Consumption**	**223.98**
城　镇	Urban	120.75
乡　村	Rural	103.23

Consumption of Energy by Sector

(10 000 tons of SCE)

2000	2010	2015	2019	2020
2505.00	**6280.55**	**8423.44**	**9665.15**	**9808.58**
151.00	**139.58**	**131.21**	**152.44**	**155.01**
1751.76	**4635.41**	**5874.46**	**5998.81**	**6096.46**
165.95	219.43	100.16	39.48	26.80
5.41	32.33	37.26	14.55	14.59
46.01	38.53	37.14	97.21	83.47
20.86	45.57	52.76	61.65	58.99
27.87	46.58	66.93	68.85	63.92
17.70	57.19	53.63	47.18	49.67
10.34	19.59	22.44	15.94	15.06
2.49	3.60	4.32	3.42	3.88
37.07	77.99	80.40	75.45	74.96
0.68	15.45	39.70	34.25	19.36
1.04	13.91	24.24	17.76	16.00
14.83	42.12	31.98	33.41	33.50
0.93	4.51	9.74	18.73	22.69
35.57	76.49	108.08	87.91	89.12
1.77	5.63	21.01	6.20	6.96
0.38	5.61	20.65	15.76	12.72
145.55	236.28	229.37	265.17	249.42
171.93	309.13	349.83	234.33	233.42
20.31	54.94	94.85	64.46	68.57
32.57	25.87	59.59	68.72	82.23
4.45	39.22	55.29	66.42	90.22
313.35	1313.16	1633.25	1526.42	1668.60
323.10	1002.98	1461.89	1354.71	1372.98
102.17	287.01	409.79	275.95	248.33
5.20	26.45	57.95	135.06	118.47
10.95	24.78	26.79	19.22	22.59
10.38	13.92	25.87	15.66	18.22
14.39	54.60	79.10	47.97	33.72
2.95	11.25	11.29	19.75	14.10
7.69	64.00	119.95	95.83	84.44
6.68	22.18	59.52	156.23	209.86
3.61	2.92	6.60	4.87	6.52
6.83	9.62	36.74	71.45	74.71
	1.85	8.51	20.88	30.03
164.68	408.51	405.78	856.43	812.77
1.37	5.32	4.51	4.60	9.55
13.70	15.97	14.90	36.91	40.70
7.72	**57.15**	**109.16**	**157.77**	**155.68**
177.97	**468.94**	**767.26**	**1002.58**	**995.88**
30.59	**140.70**	**232.54**	**384.24**	**376.60**
44.46	**182.70**	**301.20**	**511.72**	**529.08**
341.50	**656.07**	**1007.71**	**1457.60**	**1499.87**
231.33	364.10	526.51	793.62	813.69
110.17	291.97	481.20	663.98	686.18

6-10 煤炭消费量

单位：万吨

行　　业	Sector	1990
消费总量	**Total Consumption**	**2265.87**
农、林、牧、渔、水利业	**Agriculture, Forestry, Animal Husbandry, Fishery and Water Conservancy**	**54.20**
工　业	**Industry**	**1852.93**
#煤炭开采和洗选业	Mining and Washing of Coal	182.33
黑色金属矿采选业	Mining and Processing of Ferrous Metal Ores	0.42
有色金属矿采选业	Mining and Processing of Non-Ferrous Metal Ores	13.90
非金属矿采选业	Mining and Processing of Non-metal Ores	3.87
其他采矿业	Mining of Other Ores	
农副食品加工业	Processing of Food from Agricultural Products	26.03
食品制造业	Manufacture of Foods	6.58
酒、饮料和精制茶制造业	Manufacture of Liquor, Beverages and Refined Tea	17.53
烟草制品业	Manufacture of Tobacco	1.98
纺织业	Manufacture of Textile	47.21
纺织服装、服饰业	Manufacture of Textile,Wearing Apparels and Accessories	1.14
皮革、毛皮、羽毛及其制品和制鞋业	Manufacture of Leather, Fur, Feather and Related Products and Footwear	1.09
木材加工及木、竹、藤、棕、草制品业	Processing of Timber, Manufacture of Wood, Bamboo, Rattan, Palm, and Straw Products	12.82
家具制造业	Manufacture of Furniture	0.38
造纸及纸制品业	Manufacture of Paper and Paper Products	43.20
印刷业和记录媒介的复制	Printing and Reproduction of Recording Media	0.24
文教、工美、体育和娱乐用品制造业	Manufacture of Articles for Culture, Education, Arts and Crafts, Sport and Entertainment Activities	0.13
石油加工、煤炭及其他燃料加工业	Processing of Petroleum, Coal and other fuel processing industries	90.60
化学原料及化学制品制造业	Manufacture of Raw Chemical Materials and Chemical Products	146.91
医药制造业	Manufacture of Medicines	24.08
化学纤维制造业	Manufacture of Chemical Fibres	17.98
橡胶和塑料制品业	Manufacture of Rubber and Plastics Products.	11.95
非金属矿物制品业	Manufacture of Non-metallic Mineral Products	316.22
黑色金属冶炼及压延加工业	Smelting and Pressing of Ferrous Metals	152.40
有色金属冶炼及压延加工业	Smelting and Pressing of Non-ferrous Metals	12.09
金属制品业	Manufacture of Metal Products	3.69
通用设备制造业	Manufacture of General Purpose Machinery	4.46
专用设备制造业	Manufacture of Special Purpose Machinery	3.16
汽车制造业	Manufacture of Automobiles	4.17
铁路、船舶、航空航天和其他运输设备制造业	Manufacture of Railway, Ship, Aerospace and Other Transport Equipments	0.87
电气机械及器材制造业	Manufacture of Electrical Machinery and Apparatus	11.93
通信设备、计算机及其他电子设备制造业	Manufacture of Communication Equipment, Computers and Other Electronic Equipment	2.45
仪器仪表制造业	Manufacture of Measuring Instruments and Machinery	0.81
其他制造业	Other Manufacture	1.12
废弃资源综合利用业	Utilization of Waste Resources	
电力、热力的生产和供应业	Production and Supply of Electric Power and Heat Power	685.20
燃气生产和供应业	Production and Supply of Gas	1.92
水的生产和供应业	Production and Supply of Water	
建筑业	**Construction**	
交通运输、仓储和邮政业	**Transport, Storage and Post**	**38.66**
批发、零售业和住宿、餐饮业	**Wholesale, Retail Trade and Hotel,Restaurants**	**11.41**
其他	**Others**	**2.51**
生活消费	**Residential Consumption**	**303.87**
城　镇	Urban	165.12
乡　村	Rural	138.75

Consumption of Coal by Sector

(10 000 tons)

2000	2010	2015	2019	2020
2468.63	**6246.61**	**7658.74**	**7995.94**	**7976.55**
12.10	**23.00**	**18.00**	**20.00**	**19.00**
2263.78	**5989.55**	**7396.51**	**7670.83**	**7660.94**
200.13	367.29	261.19	122.54	25.67
0.86	5.81	6.18	0.97	0.68
4.76	3.91	3.49	1.22	1.06
22.40	15.18	49.99	60.92	62.20
18.59	11.40	19.42	26.57	10.01
7.72	61.64	51.19	40.89	35.91
14.48	12.04	9.76	6.29	3.88
2.23	1.31	0.53		
32.80	12.30	10.88	4.40	2.99
0.03	3.68	2.23	1.54	0.44
0.64	1.01	1.78	2.10	0.93
18.09	3.41	1.54	0.16	0.16
0.07	0.42	0.22	0.26	0.22
60.49	60.18	109.98	142.92	156.34
0.25	0.34	2.83	0.43	0.56
0.12	0.67	2.67	0.76	0.72
125.50	387.56	623.10	472.57	551.86
179.20	152.40	215.52	132.15	111.88
19.20	20.71	18.29	11.53	4.94
20.32	28.50	64.98	101.09	121.62
5.76	8.14	8.95	19.62	17.65
360.31	1031.44	1673.93	1438.82	1540.79
290.36	1083.66	1157.94	1044.20	930.87
24.17	63.89	153.93	58.37	30.58
2.39	3.39	5.07	0.82	0.35
4.99	4.07	2.86	0.24	0.07
2.32	1.73	2.89	0.21	0.64
5.68	7.43	3.31	0.31	
1.18	1.54	0.56	0.17	0.02
12.90	7.90	6.44	2.47	0.56
2.03	1.13	2.71	3.12	3.35
0.66	0.16	0.06		
8.04	1.57	9.40	0.05	
	0.34	3.00	4.02	3.01
857.12	2613.88	2909.57	3969.10	4041.01
1.83	9.11			
0.04	0.03			
	3.00	**2.00**	**3.00**	**2.80**
11.42	**3.06**	**5.00**	**8.03**	**5.01**
5.20	**16.00**	**23.00**	**24.00**	**25.00**
	24.00	**24.50**	**20.00**	**20.00**
176.13	**188.00**	**189.72**	**250.10**	**243.80**
95.64	35.00	30.00	53.60	50.80
80.49	153.00	159.72	196.50	193.00

6-11 电力消费量

单位：亿千瓦小时

行　　业	Sector	1990
消费总量	**Total Consumption**	**127.65**
农、林、牧、渔、水利业	**Agriculture, Forestry, Animal Husbandry, Fishery and Water Conservancy**	**14.34**
工　业	**Industry**	**99.05**
#煤炭开采和洗选业	Mining and Washing of Coal	8.28
黑色金属矿采选业	Mining and Processing of Ferrous Metal Ores	0.51
有色金属矿采选业	Mining and Processing of Non-Ferrous Metal Ores	8.63
非金属矿采选业	Mining and Processing of Non-metal Ores	0.57
农副食品加工业	Processing of Food from Agricultural Products	1.58
食品制造业	Manufacture of Foods	0.42
酒、饮料和精制茶制造业	Manufacture of Liquor, Beverages and Refined Tea	0.85
烟草制品业	Manufacture of Tobacco	0.23
纺织业	Manufacture of Textile	4.42
纺织服装、服饰业	Manufacture of Textile,Wearing Apparels and Accessories	0.16
皮革、毛皮、羽毛及其制品和制鞋业	Manufacture of Leather, Fur, Feather and Related Products and Footwear	0.23
木材加工及木、竹、藤、棕、草制品业	Processing of Timber, Manufacture of Wood, Bamboo, Rattan, Palm, and Straw Products	0.61
家具制造业	Manufacture of Furniture	0.09
造纸及纸制品业	Manufacture of Paper and Paper Products	2.91
印刷业和记录媒介的复制	Printing and Reproduction of Recording Media	0.27
文教、工美、体育和娱乐用品制造业	Manufacture of Articles for Culture, Education, Arts and Crafts, Sport and Entertainment Activities	0.11
石油加工、煤炭及其他燃料加工业	Processing of Petroleum, Coal and other fuel processing	1.31
化学原料及化学制品制造业	Manufacture of Raw Chemical Materials and Chemical	13.37
医药制造业	Manufacture of Medicines	1.95
化学纤维制造业	Manufacture of Chemical Fibres	0.69
橡胶和塑料制品业	Manufacture of Rubber and Plastics Products.	0.82
非金属矿物制品业	Manufacture of Non-metallic Mineral Products	7.81
黑色金属冶炼及压延加工业	Smelting and Pressing of Ferrous Metals	11.69
有色金属冶炼及压延加工业	Smelting and Pressing of Non-ferrous Metals	3.64
金属制品业	Manufacture of Metal Products	0.91
通用设备制造业	Manufacture of General Purpose Machinery	1.78
专用设备制造业	Manufacture of Special Purpose Machinery	1.05
汽车制造业	Manufacture of Automobiles	1.43
铁路、船舶、航空航天和其他运输设备制造业	Manufacture of Railway, Ship, Aerospace and Other Transport Equipments	1.32
电气机械及器材制造业	Manufacture of Electrical Machinery and Apparatus	0.93
通信设备、计算机及其他电子设备制造业	Manufacture of Communication Equipment, Computers and Other Electronic Equipment	0.45
仪器仪表制造业	Manufacture of Measuring Instruments and Machinery	0.19
其他制造业	Other Manufacture	0.12
废弃资源综合利用业	Utilization of Waste Resources	
电力、热力的生产和供应业	Production and Supply of Electric Power and Heat Power	18.84
燃气生产和供应业	Production and Supply of Gas	0.03
水的生产和供应业	Production and Supply of Water	1.51
建筑业	**Construction**	**0.93**
交通运输、仓储和邮政业	**Transport, Storage and Post**	**1.19**
批发、零售业和住宿、餐饮业	**Wholesale, Retail Trade and Hotel,Restaurants**	**0.90**
其他	**Others**	**2.77**
生活消费	**Residential Consumption**	**8.47**
城　镇	Urban	4.51
乡　村	Rural	3.96

Electricity Consumption by Sector

(100 million kWh)

2000	2010	2015	2019	2020
233.85	**700.51**	**1087.25**	**1535.70**	**1626.82**
21.92	**13.00**	**10.51**	**13.71**	**14.79**
173.98	**496.72**	**729.93**	**951.41**	**1019.78**
7.54	11.70	8.35	6.40	6.47
0.07	6.12	7.59	3.99	3.84
2.88	8.79	10.34	32.09	26.47
0.90	3.35	6.61	8.23	7.55
4.26	8.05	15.84	14.58	15.40
1.01	5.91	7.54	7.33	9.78
0.89	2.75	4.53	2.61	2.77
0.32	0.53	0.77	0.86	1.01
5.00	17.41	22.36	22.44	23.14
0.15	3.18	9.62	5.97	6.20
0.17	3.21	6.47	5.11	4.81
1.52	8.19	8.35	9.58	10.05
0.19	1.04	2.96	5.74	6.84
3.00	14.08	19.69	10.68	11.60
0.33	1.24	3.41	1.64	1.65
0.07	1.43	5.92	4.56	3.75
4.05	5.93	10.35	10.80	8.77
16.76	49.75	59.06	41.87	46.56
1.52	6.44	20.34	11.02	13.74
1.95	2.59	5.84	6.42	3.81
0.70	7.96	14.73	16.35	19.26
16.34	57.69	87.65	149.11	167.57
26.37	58.61	58.87	66.20	89.65
18.25	46.04	68.05	44.72	54.50
1.78	5.80	9.91	39.25	37.16
1.78	5.50	7.10	5.28	6.42
1.94	3.20	6.56	4.37	4.87
2.07	8.67	15.22	7.71	8.73
0.66	2.74	3.25	6.49	4.60
1.10	15.34	29.22	22.91	25.23
0.62	5.85	18.23	48.94	67.29
0.29	0.73	2.10	1.31	2.03
0.15	2.21	6.72	23.48	24.70
		1.34	4.05	6.79
45.68	109.14	155.22	279.89	264.93
0.03	0.76	1.03	1.51	3.17
3.04	4.39	4.77	12.21	13.54
0.80	**6.69**	**17.79**	**29.39**	**28.83**
3.42	**13.28**	**28.46**	**38.45**	**37.52**
3.08	**21.73**	**45.87**	**83.88**	**82.45**
7.52	**38.27**	**70.30**	**131.30**	**138.99**
23.23	**110.82**	**184.39**	**287.56**	**304.47**
15.68	61.48	98.33	154.93	158.44
7.55	49.34	86.06	132.63	146.03

6-12 规模以上工业主要能源分行业消费量(2020年)

单位：吨

行 业	sector	原 煤 Raw Coal	洗精煤 Cleaned Coal
总 计	**Total**	**64304981**	**9548633**
煤炭开采和洗选业	Mining and Washing of Coal	1027262	
黑色金属矿采选业	Mining and Processing of Ferrous Metal Ores	6780	
有色金属矿采选业	Mining and Processing of Non-Ferrous Metal Ores	10583	
非金属矿采选业	Mining and Processing of Non-metal Ores	602088	
农副食品加工业	Processing of Food from Agricultural Products	99393	
食品制造业	Manufacture of Foods	348679	
酒、饮料和精制茶制造业	Manufacture of Liquor, Beverages and Refined Tea	38792	
烟草制品业	Manufacture of Tobacco		
纺织业	Manufacture of Textile	29941	
纺织服装、服饰业	Manufacture of Textile,Wearing Apparels and Accessories	4368	
皮革、毛皮、羽毛及其制品和制鞋业	Manufacture of Leather, Fur, Feather and Related Products and Footwear	9076	
木材加工及木、竹、藤、棕、草制品业	Processing of Timber, Manufacture of Wood, Bamboo, Rattan, Palm, and Straw Products	1625	
家具制造业	Manufacture of Furniture	2180	
造纸及纸制品业	Manufacture of Paper and Paper Products	1563389	
印刷和记录媒介复制业	Printing and Reproduction of Recording Media	5618	
文教、工美、体育和娱乐用品制造业	Manufacture of Articles for Culture, Education, Arts and Crafts, Sport and Entertainment Activities	7248	
石油加工、煤炭及其他燃料加工业	Processing of Petroleum, Coal and other fuel processing industries	755699	4922909
化学原料及化学制品制造业	Manufacture of Raw Chemical Materials and Chemical Products	1101043	

Main Energy Consumption of Industrial Enterprises above Designated Size by Sector (2020)

(ton)

其他洗煤 Other Washed Coal	焦 炭 Coke	原 油 Crude Oil	汽 油 Gasoline	煤 油 Kerosene	柴 油 Diesel Oil	燃料油 Fuel Oil
683964	**9619235**	**7024722**	**16241**	**307**	**209751**	**69375**
			422		840	
			201		2962	
	22		248	25	9002	
	26519		116		21127	
			243		2002	
			153		967	
			59		64	
			4		611	
			404		297	
			280		88	
265			66		35	
			84		617	
			897	156	1751	
			35		1848	
			395		500	
			193		586	
		7024722	47		541	5074
15862	590		575	7	3001	

6-12 续表

单位：吨

行业	sector	原煤 Raw Coal	洗精煤 Cleaned Coal
医药制造业	Manufacture of Medicines	49356	
化学纤维制造业	Manufacture of Chemical Fibres	1216215	
橡胶和塑料制品业	Manufacture of Rubber and Plastics Products.	176427	
非金属矿物制品业	Manufacture of Non-metallic Mineral Products	13005452	
黑色金属冶炼及压延加工业	Smelting and Pressing of Ferrous Metals	3490497	4625724
有色金属冶炼及压延加工业	Smelting and Pressing of Non-ferrous Metals	283132	
金属制品业	Manufacture of Metal Products	3476	
通用设备制造业	Manufacture of General Purpose Machinery	692	
专用设备制造业	Manufacture of Special Purpose Machinery	6365	
汽车制造业	Manufacture of Automobiles	11	
铁路、船舶、航空航天和其他运输设备制造业	Manufacture of Railway, Ship, Aerospace and Other Transport Equipments	225	
电气机械及器材制造业	Manufacture of Electrical Machinery and Apparatus	5552	
计算机、通信和其他电子设备制造业	Manufacture of Communication Equipment, Computers and Other Electronic Equipment	33471	
仪器仪表制造业	Manufacture of Measuring Instruments and Machinery		
其他制造业	Other Manufacture		
废弃资源综合利用业	Utilization of Waste Resources	10170	
电力、热力的生产和供应业	Production and Supply of Electric Power and Heat Power	40410176	
燃气生产和供应业	Production and Supply of Gas		
水的生产和供应业	Production and Supply of Water		

continued

(ton)

其他洗煤 Other Washed Coal	焦 炭 Coke	原 油 Crude Oil	汽 油 Gasoline	煤 油 Kerosene	柴 油 Diesel Oil	燃料油 Fuel Oil
			591	3	553	
					630	
			302		665	
29611	1621		659	3	83308	899
634199	9487580		91		10451	
4028	76333		650	57	47366	46901
	3080		1056	5	3178	
	847		341	31	890	15
	7417		314	3	680	
			905	14	2761	
			59		70	
			1103	2	1241	12536
			346		226	
			4			
			32		463	11
	15227		126		1897	3940
			4835		7276	
			139		312	
			265		944	

6-13 能源生产量

能源品种	Type of Energy	1990	2000
一次能源生产量(万吨标准煤)	**Primary Energy Output (10 000 tons of SCE)**	**1282.42**	**1293.23**
原煤(万吨)	Raw Coal (10 000 tons)	2027.11	1813.76
洗精煤(万吨)	Cleaned Coal (10 000 tons)	144.84	125.84
其他洗煤(万吨)	Other Washed Coal (10 000 tons)	189.72	52.10
焦炭(万吨)	Coke (10 000 tons)	119.96	177.5
燃料油(万吨)	Fuel Oil (10 000 tons)	42.36	54.27
汽油(万吨)	Gasoline (10 000 tons)	47.82	81.75
煤油(万吨)	Kerosene (10 000 tons)	1.10	2.41
柴油(万吨)	Diesel Oil (10 000 tons)	46.12	125.82
液化石油气(万吨)	Liquefied Petroleum Gas (10 000 tons)	4.53	16.92
炼厂干气(万吨)	Refinery Gas (10 000 tons)	3.98	9.43
焦炉煤气(亿立方米)	Coke Oven Gas (100 million cu.m)	3.72	7.03
电力(亿千瓦小时)	Electricity (100 million kWh)	121.41	226.77

Energy Production

2010	2015	2019	2020
2312.84	**2356.86**	**1320.31**	**1255.41**
2912.22	2270.70	503.61	314.46
126.10	470.30	64.40	63.61
429.78	99.69	32.81	13.45
678.44	815.44	660.78	688.50
20.89	0.20	8.09	17.65
108.07	192.76	244.35	211.62
	34.17	70.73	54.24
190.85	211.92	293.81	236.69
24.27	32.18	42.70	43.89
14.84	22.08	31.40	27.75
15.71	24.76	19.02	19.09
637.59	982.05	1375.90	1444.71

6-14 能源生产弹性系数
Elasticity Ratio of Energy Production

年 份 Year	能源生产比上年增长(%) Growth Rate of Energy Production over Preceding Year (%)	电力生产比上年增长(%) Growth Rate of Electricity Production over Preceding Year (%)	地区生产总值比上年增长(%) Growth Rate of Gross Domestic Product (GDP) over Preceding Year (%)	能源生产弹性系数 Elasticity Ratio of Energy Production	电力生产弹性系数 Elasticity Ratio of Electricity Production
1985	2.52	15.43	14.8	0.17	1.04
1986	-3.94	13.74	6.7		2.05
1987	5.63	8.98	8.3	0.68	1.08
1988	6.75	12.54	11.4	0.59	1.10
1989	-0.09	3.50	6.4		0.57
1990	-2.86	1.42	4.5		0.32
1991	5.51	7.04	8.2	0.67	0.86
1992	-0.60	10.52	14.8		0.71
1993	1.57	5.08	13.7	0.11	0.37
1994	10.79	13.01	17.0	0.63	0.77
1995	22.50	3.45	14.5	1.55	0.24
1996	-15.82	3.94	13.4		0.29
1997	-10.37	-1.89	11.5		
1998	-1.09	0.69	8.2		0.08
1999	-17.22	8.90	7.8		1.14
2000	12.02	7.73	8.0	1.50	0.97
2001	-3.91	6.85	8.8		0.78
2002	0.76	14.73	10.5	0.07	1.40
2003	20.22	22.64	13.0	1.55	1.74
2004	26.37	13.85	13.2	2.00	1.05
2005	5.68	1.89	12.8	0.44	0.15
2006	11.47	16.68	12.3	0.93	1.36
2007	0.55	13.42	13.2	0.04	1.02
2008	6.29	-0.21	13.2	0.48	
2009	5.59	6.33	13.1	0.43	0.48
2010	-8.54	21.58	14.0		1.54
2011	11.62	16.41	12.5	0.93	1.31
2012	0.76	2.34	11.0	0.07	0.21
2013	-1.63	15.25	10.1		1.51
2014	-4.18	-0.24	9.7		
2015	-3.88	12.45	9.1		1.37
2016	-15.10	10.52	9.0		1.17
2017	-23.77	6.67	8.8		0.76
2018	-23.29	10.40	8.7		1.20
2019	12.85	7.64	7.9	1.63	0.97
2020	-4.91	5.00	3.8		1.32

6-15 能源消费弹性系数
Elasticity Ratio of Energy Consumption

年份 Year	能源消费比上年增长(%) Growth Rate of Energy Consumption over Preceding Year (%)	电力消费比上年增长(%) Growth Rate of Electricity Consumption over Preceding Year (%)	地区生产总值比上年增长(%) Growth Rate of Gross Domestic Product (GDP) over Preceding Year (%)	能源消费弹性系数 Elasticity Ratio of Energy Consumption	电力消费弹性系数 Elasticity Ratio of Electricity Consumption
1985	4.75	14.11	14.8	0.32	0.95
1986	11.19	11.10	6.7	1.67	1.66
1987	8.07	11.53	8.3	0.97	1.39
1988	8.75	11.76	11.4	0.77	1.03
1989	0.76	4.61	6.1	0.12	0.76
1990	-2.08	4.10	4.5		0.91
1991	3.53	6.22	8.2	0.43	0.76
1992	4.35	9.37	14.8	0.29	0.63
1993	3.99	6.20	13.7	0.29	0.45
1994	6.45	10.37	17.0	0.38	0.61
1995	15.50	4.30	14.5	1.07	0.30
1996	-9.90	4.97	13.4		0.37
1997	-1.03	-2.18	11.5		
1998	-4.88	0.83	8.2		0.10
1999	5.23	3.35	7.8	0.67	0.42
2000	4.01	7.98	8.0	0.50	1.00
2001	4.91	6.23	8.8	0.56	0.71
2002	11.61	11.32	10.5	1.11	1.08
2003	16.81	15.54	13.0	1.29	1.20
2004	11.33	21.80	13.2	0.86	1.65
2005	12.38	6.37	12.8	0.97	0.50
2006	8.73	13.83	12.3	0.71	1.12
2007	8.42	14.54	13.2	0.64	1.10
2008	6.54	6.98	13.2	0.50	0.53
2009	7.98	11.42	13.1	0.61	0.87
2010	8.05	14.98	14.0	0.58	1.07
2011	9.02	19.21	12.5	0.72	1.54
2012	4.40	3.90	11.0	0.40	0.36
2013	6.08	9.16	10.1	0.60	0.91
2014	6.23	7.54	9.7	0.64	0.78
2015	4.57	6.75	9.1	0.50	0.74
2016	3.64	8.76	9.0	0.40	0.97
2017	2.77	9.43	8.8	0.31	1.07
2018	3.50	10.42	8.7	0.40	1.20
2019	4.09	7.48	7.9	0.52	0.95
2020	1.48	5.93	3.8	0.39	1.56

6-16 各地区能源消费总量及用电量(2020年)
The Energy Consumption and Electricity Consumption by Region (2020)

地　区	Region	能源消费总量(万吨标准煤) Total Energy Composition (10 000 tons of SCE)	规模以上工业能源消费量(当量值)(万吨标准煤) Energy Consumption of Industrial Enterprises above Designated Size by Region (equivalent value) (10 000 tons of SCE)	全社会用电量(亿千瓦时) Society Electricity Consumption (100 million kWh)	工业用电量(亿千瓦时) Industrial Electricity Consumption (100 million kWh)	居民生活用电量(亿千瓦时) Residential Electricity Consumption (100 million kWh)
全　省	**Provincial Total**	**9808.58**	**5817.21**	**1626.82**	**1019.78**	**304.47**
南昌市	Nanchang	1587.90	620.49	253.99	132.30	47.22
景德镇市	Jingdezhen	454.21	273.10	63.33	39.99	12.45
萍乡市	Pingxiang	782.77	534.83	79.31	53.14	15.50
九江市	Jiujiang	1464.92	1190.17	229.39	167.01	33.11
新余市	Xinyu	955.77	706.26	97.33	81.00	7.65
鹰潭市	Yingtan	272.82	270.38	54.21	37.87	8.03
赣州市	Ganzhou	1089.96	362.05	223.52	118.49	56.76
吉安市	Ji'an	569.66	337.65	127.76	77.81	26.21
宜春市	Yichun	1194.61	812.11	213.12	149.56	32.99
抚州市	Fuzhou	537.43	294.73	103.27	55.54	23.21
上饶市	Shangrao	855.10	415.42	181.60	106.68	41.54

6-17 各地区规模以上工业主要能源消费量(2020年)
Main Energy Consumption of Industrial Enterprises above Designated Size by Region (2020)

单位：吨 (ton)

地　区	Region	原煤 Raw Coal	洗精煤 Cleaned Coal	其他洗煤 Other Washed Coal	焦炭 Coke	原油 Crude Oil	汽油 Gasoline	煤油 Kerosene	柴油 Diesel Oil	燃料油 Fuel Oil
全　省	**Provincial Total**	**64304981**	**9548633**	**683964**	**9619235**	**7024722**	**16241**	**307**	**209751**	**69375**
南昌市	Nanchang	3651571	1288091	621823	1497094		7729	14	26513	47
景德镇市	Jingdezhen	3737192	2702610				27		7473	3067
萍乡市	Pingxiang	4533818	787553		2283121		222	4	8073	2007
九江市	Jiujiang	13196637			2470134	7024722	1539	160	16480	
新余市	Xinyu	5096476	3337633	12376	3238226		656	4	11256	
鹰潭市	Yingtan	4064894			13388		338		46665	21857
赣州市	Ganzhou	3932236			7096		1834	79	30110	16965
吉安市	Ji'an	4938687		1011	5091		341	4	5584	
宜春市	Yichun	10914074	1325461	28865	29874		1670	20	22506	32
抚州市	Fuzhou	5001467	107286		7649		422	12	8004	5733
上饶市	Shangrao	5237931		19890	67563		1464	11	27087	19666

主要统计指标解释

能源生产总量 指一定时期内，全国或地区一次能源生产量的总和。该指标是观察全国或地区能源生产水平、规模、构成和发展速度的总量指标。一次能源生产量包括原煤、原油、天然气、水电、核能及其他动力能(如风能、地热能等)发电量，不包括低热值燃料生产量、生物质能、太阳能等的利用和由一次能源加工转换而成的二次能源产量。

能源消费总量 指一定时期内，全国或地区各行业和居民生活消费的各种能源的总和。该指标是观察能源消费水平、构成和增长速度的总量指标。能源消费总量包括原煤和原油及其制品、天然气、电力，不包括低热值燃料、生物质能和太阳能等的利用。能源消费总量分为终端能源消费量、能源加工转换损失量和能源损失量三部分。

(1)终端能源消费量：指一定时期内，全国或地区生产和生活消费的各种能源在扣除了用于加工转换二次能源消费量和损失量以后的数量。

(2)能源加工转换损失量：指一定时期内，全国或地区投入加工转换的各种能源数量之和与产出各种能源产品之和的差额。该指标是观察能源在加工转换过程中损失量变化的指标。

(3)能源损失量：指一定时期内，能源在输送、分配、储存过程中发生的损失和由客观原因造成的各种损失量，不包括各种气体能源放空、放散量。

能源生产弹性系数 是研究能源生产增长速度与国民经济增长速度之间关系的指标。计算公式：

$$\text{能源生产弹性系数} = \frac{\text{能源生产总量年平均增长速度}}{\text{国民经济年平均增长速度}}$$

国民经济年平均增长速度，可根据不同的目的或需要，用国民生产总值、国内生产总值等指标来计算，本年鉴是采用国内生产总值指标计算的。

电力生产弹性系数 是研究电力生产增长速度与国民经济增长速度之间关系的指标。一般来说，电力的发展应当快于国民经济的发展，也就是说电力应超前发展。计算公式为：

$$\text{电力生产弹性系数} = \frac{\text{电力生产总量年平均增长速度}}{\text{国民经济年平均增长速度}}$$

能源消费弹性系数 反映能源消费增长速度与国民经济增长速度之间比例关系的指标。计算公式为：

$$\text{能源消费弹性系数} = \frac{\text{能源消费总量年平均增长速度}}{\text{国民经济年平均增长速度}}$$

电力消费弹性系数 反映电力消费增长速度与国民经济增长速度之间比例关系的指标。计算公式为：

$$\text{电力消费弹性系数} = \frac{\text{电力消费总量年平均增长速度}}{\text{国民经济年平均增长速度}}$$

一次电力 是指核电、水电、风电以及太阳能发电所发出的电力。

Explanatory Notes on Main Statistical Indicators

Total Energy Production refers to the total production of primary energy by all energy producing enterprises in the country or region in a given period of time. It is a comprehensive indicator to show the level, scale, composition and pace of development of energy production of the country or region. The production of primary energy includes that of coal, crude oil, natural gas, hydro-power and electricity generated by nuclear energy and other means such as wind power and geothermal power. However, it does not include the production of fuels of low calorific value, bio-energy, solar energy and secondary energy converted from primary energy.

Total Energy Consumption refers to the total consumption of energy of various kinds by the production sectors and the households in the country or region in a given period of time. It is a comprehensive indicator to show the scale, composition and pace of increase of energy consumption. Total energy consumption includes that of coal, crude oil and their products, natural gas and electricity. However, it does not include the consumption of fuel of low calorific value, bio-energy and solar energy. Total energy consumption can be divided into three parts: end-use energy consumption; loss during the process of energy conversion; and energy loss.

(1)End-use Energy Consumption: It refers to the total energy consumption by the production sectors and the households in the country or region in a given period of time. It does not include the consumption during the conversion of primary energy into secondary energy and the loss in the process of energy conversion.

(2)Loss During the Process of Energy Conversion: It refers to the total input of various kinds of energy for conversion, minus the total output of various kinds of energy in the country or region in a given period of time. It is an indicator to show the loss that occurs during the process of energy conversion.

(3)Energy Loss: It refers to the total of the loss of energy during the course of energy transport, distribution and storage and the loss caused by any objective reason in a given period of time. The loss of various kinds of gas due to gas discharges and stocktaking is not included.

Elasticity Ratio of Energy Production is an indicator to show the relationship between the growth rate of energy production and the growth rate of the national economy. The formula is:

$$\text{Elasticity Ratio of Energy Production} = \frac{\text{Average Annual Growth Rate of Energy Production}}{\text{Average Annual Growth Rate of National Economy}}$$

The average annual growth rate of the national economy can be measured by indicators such as the Gross National Product and the Gross Domestic Product, depending on the purposes or needs. The Gross Domestic Product has been used in the calculation of the ratio in this Yearbook.

Elasticity Ratio of Electricity Production is an indicator to show the relationship between the growth rate of electricity production and the growth rate of the national economy. Generally speaking, the growth rate of electricity production should be higher than that of the national economy. Its formula is:

$$\text{Elasticity Ratio of Electricity Production} = \frac{\text{Average Annual Growth Rate of Electricity Production}}{\text{Average Annual Growth Rate of National Economy}}$$

Elasticity Ratio of Energy Consumption is an indicator to show the relationship between the growth rate of energy consumption and the growth rate of the national economy. The formula is:

$$\text{Elasticity Ratio of Energy Consumption} = \frac{\text{Average Annual Growth Rate of Energy Consumption}}{\text{Average Annual Growth Rate of National Economy}}$$

Elasticity Ratio of Electricity Consumption is an indicator to show the relationship between the growth rate of electricity consumption and the growth rate of the national economy. The formula is:

$$\text{Elasticity Ratio of Electricity Consumption} = \frac{\text{Average Annual Growth Rate of Electricity Consumption}}{\text{Average Annual Growth Rate of National Economy}}$$

Primary Power It refers to electricity generated by nuclear power, hydropower, wind power and solar power.

7

财　政

GOVERNMENT FINANCE

I 简要说明

一、主要内容

本篇包括全省财政收支和预算外资金收支资料。

二、统计口径

2007 年起，财政收支科目实施了较大改革，特别是财政支出项目口径变化很大，与往年数据不可比。

三、资料来源

资料来源于省财政厅的财政总决算报表，由省统计局国民经济核算处编辑整理。

I Brief Introduction

I. Main Contents

The data in this chapter present provincial government revenue and expenditure situation, the extra-budgetary revenue and expenditure.

II. Scope of Statistics

Due to the adjustment on classifications of revenue and expenditure accounts since 2007, the relative data are incomparable with previous years` data.

III. Sources of Data

The data are based on final provincial financial accounts, which are provided by the Department of National Accounts of the provincial Bureau of Statistics.

7-1 财 政 收 入
Government Revenue

单位：万元 (10 000 yuan)

年 份 Year	财政总收入 Total Government Revenue	一般公共预算收入 General Public Budget Revenue	税收收入 Taxes Revenue	#增值税 Value-added Tax	#营业税 Business Tax	#企 业所得税 Corporate Income Tax	非税收入 Non-tax Receipts	上交中央收入 Revenue Handed in the Central Government	财政总收入占GDP比重(%) Ratio to Gross Domestic Product (%)
1994	886126	492907	421932	106344	111482	38491	70975	393219	9.4
1995	1052156	641328	524945	110526	151464	56004	116383	410828	9.0
1996	1235752	770936	635070	126810	194011	63139	135866	464816	8.8
1997	1349161	905924	712721	119902	216962	81443	193203	443237	8.4
1998	1456586	971561	769453	123145	250849	73469	202108	485025	8.5
1999	1549806	1051371	812280	125302	249255	86842	239091	498435	8.4
2000	1716931	1115536	856481	150826	263986	95048	259055	601395	8.6
2001	2001639	1319790	1021023	172324	266187	226086	298767	681849	9.2
2002	2345064	1405457	1040551	187248	334960	105994	364906	939607	9.6
2003	2858087	1681670	1230510	230683	431628	97428	451160	1176417	10.2
2004	3508081	2057667	1450860	254350	553126	135045	606807	1450414	10.1
2005	4259007	2529236	1707228	338739	628395	173966	822008	1729771	10.5
2006	5186139	3055214	2087123	411759	755107	246651	968091	2130925	10.7
2007	6652189	3898510	2818573	530534	973988	379803	1079937	2753679	11.4
2008	8169872	4886476	3579635	642916	1181937	474319	1306841	3283396	11.7
2009	9288753	5813012	4300204	667374	1534987	462744	1512808	3475741	12.1
2010	12262376	7780922	5851073	847892	2043822	637192	1929849	4481454	12.9
2011	16450001	10534342	7770948	1058993	2727856	979220	2763394	5915659	14.0
2012	20461475	13719940	9780836	1074123	3634642	1241189	3939104	6741535	15.8
2013	23584319	16212358	11787426	1464306	4235034	1367065	4424932	7371961	16.3
2014	26809635	18818315	13811325	2195983	4435692	1524704	5006990	7991320	17.0
2015	30218303	21657362	15170279	2406292	4984378	1572137	6487083	8560941	18.0
2016	31430214	21514670	14711012	3788124	2828829	1662639	6803658	9715544	17.1
2017	34477187	22470624	15150122	6157167	67732	1822263	7320502	12006563	17.2
2018	37957936	23730080	16631502	7129087	23197	2226212	7098578	14227856	17.3
2019	40015608	24873857	17476297	8008554		2446552	7397560	15141751	16.2
2020	40483623	25075448	17019191	7664045		2325396	8056257	15408175	15.8

注：1.1994-2009年企业所得税含退税。
2.1994-1997年国有资产经营收益体现为国有企业上缴利润。
3.1997年地方财政收入和非税收入包含当年纳入基金预算收入的城市教育附加费、矿产资源补偿费、排污费和城市水资源费收入。
4.从2002年开始，上交中央收入包含上划所得税。
5.农业税收包含农业税、农业特产税(2006年含烟叶税部分)、耕地占用税、契税。
6.以上数据根据江西省历年财政总决算整理得出。

a) From 1994 to 2009,corporate income tax indudes tax the return.
b) From 1994 to 1997,the operating income of State-owned enterprises reflects the profits the state-owned enterprises handed in.
c) In 1997,the local government revenue and non-tax income indude extra-charges for urban education,compensation for mineral resources,fee on sewage treatment and on urban water resource,which has brought into the income of funds budget at current year.
d) Since 2002,revenue handed in the central government has induded income tax divided above.
e) Agricultural tax includes Agricultural tax,tax on special Agricultural,products(inducle tobacco tax in 2006),tax on the occupancy of cultivated land, and contract tax.
f) Data above are collected according to Jiangxi annual general final budget of public finance.

7-2 一般公共预算收入
General Public Budget Revenue

单位：万元 (10 000 yuan)

项目	Item	2016	2017	2018	2019	2020
总计	**Total**	**21514670**	**22470624**	**23730080**	**24873857**	**25075448**
税收收入	**Tax Revence**	**14711012**	**15150122**	**16631502**	**17476297**	**17019191**
#增值税	Value Added Tax	3788124	6157167	7129087	8008554	7664045
营业税	Business Tax	2828829	67732	23197		
企业所得税	Corporate Income Tax	1662639	1822263	2226212	2446552	2325396
个人所得税	Individual Income Tax	497850	696417	890121	566183	628380
资源税	Resource Tax	566191	596392	448827	304981	274066
城市维护建设税	City Maintenance and Construction Tax	768612	893434	1041146	1091390	1109113
房产税	House Property Tax	343730	402352	398202	413791	342259
印花税	Stamp Tax	179592	219525	224986	216961	240414
城镇土地使用税	Urban Land Use Tax	462585	554839	489271	506526	411945
土地增值税	Land Appreciation Tax	1187488	1180500	1339023	1388614	1421236
车船税	Tax on Vehicles and Boat Operation	132333	139312	162254	184064	209837
烟叶税	Tobacco Leaf Tax	29470	26033	15328	11018	14470
耕地占用税	Farm Land Occupation Tax	860363	780138	441224	365764	284947
契税	Deed Tax	1402864	1681750	1778899	1926924	2048824
非税收入	**Non Tax Revenue**	**6803658**	**7320502**	**7098578**	**7397560**	**8056257**
#国有资本经营收入	Operating Income from Government Capital	41862	31175	28515	21587	96324
行政事业性收费收入	Revenue from Administrative and Institutional Fees	1816461	1759765	1522872	1522887	1592063
罚没收入	Penalty Receipts	663414	972193	1065352	1221874	1196992
专项收入	Special Program Receipts	1207807	1228799	1459183	1448788	1231336
国有资源(资产)有偿使用收入	Income from Use of State-owned Resources (Assets)	2564127	2615552	2514452	2699408	3396026
其他收入	Other Revenue	509987	713018	508204	483016	543516

7-3 一般公共预算支出
General Public Budget Expenditure

单位：万元 (10 000 yuan)

项 目	Item	2016	2017	2018	2019	2020
总 计	**Total**	**46174022**	**51114673**	**56675207**	**63868022**	**66740791**
一般公共服务	General Public Services	4165957	4771658	5252659	5963708	5582788
国防	National Defence	58717	56800	66356	81535	96867
公共安全	Public Security	2291422	2557445	3006038	3156466	3165999
教育	Education	8488828	9405702	10544090	11485039	12235880
科学技术	Science and Technology	831178	1200857	1470936	1829194	1957387
文化旅游体育与传媒	Culture, Tourism, Sport and Media	704876	746545	791029	875979	1203487
社会保障和就业	Social Security and Employment	5822353	6639343	7610648	8177559	8656497
卫生健康	Health Care	4387151	4925890	5854720	6309928	6423569
节能环保	Energy Conservation and Environment Protection	1178772	1434042	1625457	1942833	2182654
城乡社区	Urban and Rural Community Affairs	3801211	5160581	6761472	10463845	7284110
农林水	Agriculture,Forestry and Water Conservancy	5808964	6077087	5994078	6198025	7403133
交通运输	Transportation	2234891	2289087	2307388	2248187	2603695
资源勘探工业信息等	Resource Exploration and Industrial Information	2583299	2158014	1668544	1391127	2539758
商业服务业等	Affairs of Commerce and Services	412219	346045	370914	190594	289330
金融	Financial Affairs	40668	71153	23451	43412	97667
援助其他地区	Othre Regional Assistance	30000	31000	31020	28010	21500
自然资源海洋气象等	Nature Resources, Ocean and Weather	283964	400948	384423	365611	510089
住房保障	Affairs of Housing Security	1716465	1510369	1375948	1432372	2052514
粮油物资储备	Affairs of Managemetn of Grain & Oil Reserves	221834	171073	168238	216788	209067
债务付息	Interest Payments on Debts	486612	575689	735103	982914	1064986
其他	Other Expenditure	624641	578682	626039	159739	546808

7-4 财政收支总额及增长速度
Government Revenue and Expenditure and Growth Rates

年 份 Year	财政总收入 (万元) Government Revenue (10 000 yuan)	一般公共预算支出(万元) General Public Budget Expenditure (10 000 yuan)	收支差额 (万元) Balance of Revenue and Expenditure (10 000 yuan)	比上年增长(%) Growth Rate over Preceding Year(%)	
				财政总收入 Government Revenue	一般公共预算支出 General Public Budge Expenditure
1978	122246	162701	-40455	60.4	35.5
1979	117771	176302	-58531	-3.7	8.4
1980	124667	159884	-35217	5.9	-9.3
1981	131822	140292	-8470	5.7	-12.3
1982	123283	155407	-32124	-6.5	10.8
1983	135281	174677	-39396	9.7	12.4
1984	150126	219439	-69313	11.0	25.6
1985	211843	297263	-85420	41.1	35.5
1986	240552	366258	-125706	13.6	23.2
1987	282110	377878	-95768	17.3	3.2
1988	322931	423518	-100587	14.5	12.1
1989	374886	487126	-112240	16.1	15.0
1990	406155	507559	-101404	8.3	4.2
1991	448050	603651	-155601	10.3	18.9
1992	493882	683826	-189944	10.2	13.3
1993	656721	818983	-162262	33.0	19.8
1994	886707	920290	-33583	35.0	12.4
1995	1052172	1103381	-51209	18.7	19.9
1996	1235752	1318475	-82693	17.5	19.5
1997	1349161	1526026	-176866	9.2	15.7
1998	1456586	1752605	-296021	8.0	14.8
1999	1549806	2078293	-528484	6.4	18.6
2000	1716931	2234722	-517779	10.8	7.5
2001	2001639	2837144	-835506	16.6	27.0
2002	2345064	3413843	-1068779	17.1	20.3
2003	2858087	3820981	-962859	21.9	11.9
2004	3508081	4540598	-1032502	22.7	18.8
2005	4259007	5639525	-1380518	21.4	24.2
2006	5186139	6964361	-1778222	21.8	23.5
2007	6652189	9050582	-2398393	28.3	30.0
2008	8169872	12100730	-3930858	22.8	33.7
2009	9288753	15623742	-6334989	13.7	29.1
2010	12262376	19232633	-6970257	32.0	23.1
2011	16450001	25345989	-8895988	34.2	31.8
2012	20461475	30192244	-9730769	24.4	19.1
2013	23584319	34703013	-11118694	15.3	14.9
2014	26809635	38827011	-12017376	13.7	11.9
2015	30218303	44125491	-13907188	12.7	13.6
2016	31430214	46174022	-14743808	4.0	4.6
2017	34477187	51114673	-16637486	9.7	10.7
2018	37957936	56675207	-18717271	10.1	10.8
2019	40015608	63868022	-23852414	5.4	12.7
2020	40483623	66740791	-26257168	1.2	4.5

7-5 各地区一般公共预算收入(2020年)

General Public Budget Revenue of Local Government by Region (2020)

单位：万元 (10 000 yuan)

地区	Region	一般公共预算收入 General Public Budget Revenue	增值税 Value-added Tax	企业所得税 Corporate Income Tax	个人所得税 Individual Income Tax	其他收入 Other Receipts
全省	**Provincial Total**	**25075448**	**7664045**	**2325396**	**628380**	**14457627**
南昌市	Nanchang	4838581	1356694	619468	147086	2715333
景德镇市	Jingdezhen	1000459	177798	49570	18843	754248
萍乡市	Pingxiang	1061090	366272	65567	18281	610970
九江市	Jiujiang	2864412	847430	206407	79330	1731245
新余市	Xinyu	803483	334453	88136	44675	336219
鹰潭市	Yingtan	887776	377133	48595	9035	453013
赣州市	Ganzhou	2858188	764920	213975	60858	1818435
吉安市	Ji'an	1782824	606794	129784	38666	1007580
宜春市	Yichun	2476547	874020	162147	32179	1408201
抚州市	Fuzhou	1303368	442660	91987	17648	751073
上饶市	Shangrao	2270026	748165	140683	36103	1345075

注：本表财政收入不含中央两税收入。
The local Government Revenue in the table do not include the Value-added tax and consumption tax of the central Government.

7-6 各地区一般公共预算支出(2020年)

General Public Budget Expenditure of Local Government by Region (2020)

单位：万元 (10 000 yuan)

地区	Region	一般公共预算支出 General Public Budget Expenditure	一般公共服务 General Public Services	教育 Education	社会保障和就业 Social Security and Employment	卫生健康 Health Care	农林水 Agriculture, Forestry and Water Conservancy	其他 Other Expenditure
全省	**Provincial Total**	**66740791**	**5582788**	**12235880**	**8656497**	**6423569**	**7403133**	**26438924**
南昌市	Nanchang	8381744	768660	1351071	621985	933167	622172	4084689
景德镇市	Jingdezhen	2360689	218321	384766	249881	211328	190699	1105694
萍乡市	Pingxiang	2815184	316168	460617	332977	254637	230422	1220363
九江市	Jiujiang	6481837	615796	1180943	657318	609141	755588	2663051
新余市	Xinyu	1638238	133200	257844	195273	148462	152235	751224
鹰潭市	Yingtan	1889693	132065	307206	169737	173900	151278	955507
赣州市	Ganzhou	9767563	737711	2200526	1079115	1175033	1282286	3292892
吉安市	Ji'an	5556528	470900	1083481	621859	617394	724954	2037940
宜春市	Yichun	6519948	551066	1205235	774983	660150	752347	2576167
抚州市	Fuzhou	4996471	410249	899267	530320	544794	708614	1903227
上饶市	Shangrao	7497687	565286	1343647	877205	806976	928282	2976291

7-7 县(市、区)一般公共预算收支表(2020年)
General Public Financial Revenue and Expenditure of Local Government by County (County-level City) (2020)

单位：万元 (10 000 yuan)

地区	Region	一般公共预算收入 General Public Government Budget Revenue	税收收入 Tax Revenue	增值税 Value-added Tax	非税收入 Non-tax Revenue	一般公共预算支出 General Public Budget Expenditure
东湖区	Donghu	139160	124792	29338	14368	295037
西湖区	Xihu	174251	144262	34672	29989	274426
青云谱区	Qingyunpu	106381	87703	32355	18678	268197
红谷滩区	Honggutan	352725	323672	58773	29053	390311
青山湖区	Qingshanhu	147771	119743	47367	28028	301888
新建区	Xinjian	341989	257311	83895	84678	964636
南昌县	Nanchang	759701	563794	185616	195907	1424175
安义县	Anyi	118807	89544	31645	29263	399047
进贤县	Jinxian	199795	140802	86995	58993	686486
昌江区	Changjiang	66941	31731	14875	35210	174893
珠山区	Zhushan	75225	42813	16879	32412	257514
浮梁县	Fuliang	82893	71165	29662	11728	333470
乐平市	Leping	324871	226910	56040	97961	730201
安源区	Anyuan	291274	204234	99681	87040	513827
湘东区	Xiangdong	128203	85945	62131	42258	494256
莲花县	Lianhua	61612	40420	25584	21192	286046
上栗县	Shangli	158822	108416	56973	50406	446475
芦溪县	Luxi	119189	82753	37237	36436	372388
濂溪区	Lianxi	173633	138551	62662	35082	265052
浔阳区	Xunyang	123803	91310	37120	32493	236049
柴桑区	chaisang	150659	113956	56002	36703	334832
武宁县	Wuning	148050	116039	46842	32011	349921
修水县	Xiushui	170111	128835	54614	41276	701084
永修县	Yongxiu	189045	136622	67026	52423	470944
德安县	De'an	128989	97139	61964	31850	309609
都昌县	Duchang	93610	72468	45988	21142	603099
湖口县	Hukou	206655	148450	86884	58205	342889
彭泽县	Pengze	200412	120870	48885	79542	448125
瑞昌市	Ruichang	245609	159501	70302	86108	478145
共青城市	Gongqingcheng	176964	141776	56958	35188	334684
庐山市	Lushan	168649	104579	27511	64070	329737
渝水区	Yushui	228187	194618	102767	33569	450691
分宜县	Fenyi	150448	101645	52504	48803	336258
月湖区	Yuehu	113232	75775	33446	37457	173238

7-7 续表 continued

单位：万元 (10 000 yuan)

地 区	Region	一般公共预算收入 General Public Government Budget Revenue	税收收入 Tax Revenue	增值税 Value-added Tax	非税收入 Non-tax Revenue	一般公共预算支出 General Public Budget Expenditure
余江区	Yujiang	142196	102854	67689	39342	390027
贵溪市	Guixi	391780	285926	195344	105854	669790
章贡区	Zhanggong	226807	162108	67296	64699	410465
南康区	Nankang	239862	193484	70384	46378	748806
赣县区	Ganxian	173177	99264	34877	73913	600320
信丰县	Xinfeng	128776	115353	43321	13423	600229
大余县	Dayu	96175	49035	16972	47140	345680
上犹县	Shangyou	72327	49526	17906	22801	324962
崇义县	Chongyi	93665	54174	24431	39491	305560
安远县	Anyuan	66282	50674	14831	15608	372096
龙南市	Longnan	153023	102403	56116	50620	378700
定南县	Dingnan	89042	56366	18327	32676	351213
全南县	Quannan	72433	41586	16727	30847	388157
宁都县	Ningdu	90011	53390	17536	36621	587432
于都县	Yudu	142347	96010	35604	46337	752615
兴国县	Xingguo	91338	71695	24071	19643	608503
会昌县	Huichang	103481	59201	24160	44280	478086
寻乌县	Xunwu	65575	48130	14309	17445	331000
石城县	Shicheng	63663	50441	23307	13222	349536
瑞金市	Ruijin	145379	126237	58780	19142	639501
吉州区	Jizhou	112618	72788	43757	39830	383030
青原区	Qingyuan	65524	42437	20307	23087	201909
吉安县	Ji'an	190163	106823	58953	83340	472459
吉水县	Jishui	116918	78452	43558	38466	480969
峡江县	Xiajiang	84860	59054	37850	25806	251819
新干县	Xingan	117089	89780	58380	27309	368500
永丰县	Yongfeng	130096	86389	49931	43707	424157
泰和县	Taihe	157266	95761	44133	61505	465276
遂川县	Suichuan	109030	72438	29812	36592	506061
万安县	Wan an	84404	52695	31674	31709	391504
安福县	Anfu	122252	81124	48666	41128	398832
永新县	Yongxin	76013	49143	28595	26870	403356
井冈山市	Jinggangshan	68915	39497	18792	29418	238276

7-7 续表2 continued

单位：万元 (10 000 yuan)

地 区	Region	一般公共预算收入 General Public Government Budget Revenue	税收收入 Tax Revenue	增值税 Value-added Tax	非税收入 Non-tax Revenue	一般公共预算支出 General Public Budget Expenditure
袁州区	Yuanzhou	236177	174341	98212	61836	850867
奉新县	Fengxin	156524	115004	69329	41520	384893
万载县	Wanzai	163052	115995	64759	47057	487751
上高县	Shanggao	188269	142008	76013	46261	410266
宜丰县	Yifeng	116714	88142	49565	28572	331558
靖安县	Jing'an	66785	44683	25036	22102	230983
铜鼓县	Tonggu	47035	30651	20126	16384	206383
丰城市	Fengcheng	485740	334771	179333	150969	1061618
樟树市	Zhangshu	363524	258120	115251	105404	679554
高安市	Gaoan	316078	258700	111205	57378	730111
临川区	Linchuan	146133	115732	55829	30401	697812
东乡区	Dongxiang	178349	118063	59911	60286	553318
南城县	Nancheng	103689	80451	42469	23238	373439
黎川县	Lichuan	70016	48444	26275	21572	315021
南丰县	Nanfeng	86305	62761	30945	23544	340253
崇仁县	Chongren	84887	59148	24619	25739	396747
乐安县	Le'an	62761	47075	17321	15686	358997
宜黄县	Yihuang	60810	45716	30425	15094	249525
金溪县	Jinxi	63092	45257	25564	17835	313296
资溪县	Zixi	32002	26710	13972	5292	175222
广昌县	Guangchang	60018	47594	23064	12424	377603
信州区	Xinzhou	180723	134621	65935	46102	391500
广丰区	Guangfeng	299550	188436	122260	111114	666820
广信区	Guangxin	168829	135343	69265	33486	546683
玉山县	Yushan	173304	119979	64195	53325	515119
铅山县	Yanshan	141238	96034	56891	45204	466790
横峰县	Hengfeng	75355	61861	37271	13494	285253
弋阳县	Yiyang	112264	79651	34105	32613	445272
余干县	Yugan	120640	86120	44102	34520	625922
鄱阳县	Poyang	135021	93745	35204	41276	971318
万年县	Wannian	139730	97545	43950	42185	501807
婺源县	Wuyuan	94393	62265	34059	32128	392600
德兴市	Dexing	277197	161374	77308	115823	590084

主要统计指标解释

财政收入 国家财政参与社会产品分配所取得的收入，是实现国家职能的财力保证。财政收入所包括的内容几经变化，目前主要包括:

1. 各项税收：包括增值税、消费税、土地增值税、城市维护建设税、资源税、城镇土地使用税、印花税、固定资产投资方向调节税、个人所得税、企业所得税、关税和耕地占用税等。

2. 专项收入：包括征收排污费、征收城市水资源费收入、教育费附加收入等。

3. 其他收入：包括基本建设贷款归还收入、国家能源交通重点建设基金收入、国家预算调节基金等。

4. 国有企业计划亏损补贴：这项为负收入，冲减财政收入。

财政支出 国家财政将筹集起来的资金进行分配使用，以满足经济建设和各项事业的需要，主要包括一般公共服务、外交、国防、教育、公共安全、科学技术、文化旅游体育与传媒、社会保障和就业、卫生健康、节能环保、城乡社区、农林水、交通运输、商业服务业、金融等事务和其他支出等科目。

Explanatory Notes on Main Statistical Indicators

Fiscal Revenue refers to the income obtained by state finance to participate in the distribution of social products. It is the financial resources to ensure the realization of state functions. Fiscal revenue mainly includes:

(1) Taxes: including value-added tax, consumption tax, increment tax on land value, urban maintenance and construction tax, resource tax, tax on using urban land, stamp duty, fixed assets investment regulation tax, personal income tax, enterprise income tax, customs duty and farmland occupation tax, etc.

(2) Special revenue: including collect fees for discharging pollution, collect fees for city water resource, additional income from education fees, etc.

(3) Other revenue: including revenue from capital construction loan repayment income, revenue from national key construction fund of energy and transportation national budget adjustment fund, etc.

(4) Policy Subsidies State-owned Enterprises: negative income, offset fiscal revenue.

Fiscal Expenditure refers to the funding which state treasury collect and allocate,to meet the needs of economic construction and various undertakings. It mainly includes expenditure on general public services, foreign affairs, national defense, education, public security, science and technology, culture, tourism, sports and media, social security and employment, health and health, energy conservation and environmental protection, urban and rural communities, agriculture, forestry and water, transportation, affairs of commerce and services，finance, and other affairs.

价格指数

PRICE INDICES

◆ *173/188*

资料整理：万俊刚　徐玉冰　龚玉洁

简要说明

一、本篇资料的主要内容

本篇资料反映了全省生产、流通、消费等环节价格变动状况，主要包括居民消费、商品零售、生产资料、工业品出厂、原材料燃料动力购进等价格指数。

二、本篇资料的来源

1.居民消费、商品零售和农业生产资料价格指数来源于消费价格统计调查年报，由国家统计局江西调查总队消费价格调查处整理提供。

2.工业品出厂、原材料燃料动力购进等价格指数来源于生产价格统计调查年报，由国家统计局江西调查总队生产投资价格调查处整理提供。

Brief Introduction

I. Main Content

Data on the price indices in this chapter show the changing trend in production, circulation and consumption, including mainly consumer price indices of residents, retail price indices, price indices of means of production, production price indices of industrial products, purchasing price indices of raw materials, fuels and power.

II. Source of Data

(1) Data on consumer price indices of residents, retail price indices and price indices of agricultural means of production are based on yearly report on consumer price and are provided by the Division of Consumer Price Survey of Survey Office of the National Bureau of Statistics in Jiangxi.

(2) Data on production price indices of industrial products, purchasing price indices of raw materials, fuels and power are based on yearly report on production price and are provided by the Division of Production Investment Price Survey of Survey Office of the National Bureau of Statistics in Jiangxi.

8-1 各种价格指数
Price Indices

(上年=100) (preceding year=100)

年 份 Year	商品零售价格指数 Retail Price Index	城 市 Urban Areas	农 村 Rural Areas	居民消费价格指数 Consumer Price Index	城 市 Urban Areas	农 村 Rural Areas
1978	100.1	100.2	100.1		100.2	
1980	104.3	106.6	102.9		106.0	
1985	108.3	109.0	107.8	109.0	108.8	109.1
1990	101.3	100.3	102.2	102.1	101.5	102.8
1995	115.9	115.0	116.9	116.9	116.9	117.0
2000	98.5	98.6	98.5	100.3	102.1	99.1
2001	98.4	98.3	98.4	99.5	99.8	99.2
2002	100.2	100.1	100.3	100.1	100.2	99.9
2003	100.1	99.4	100.7	100.8	100.9	100.6
2004	103.0	101.9	104.0	103.5	103.3	103.5
2005	100.9	100.3	101.4	101.7	101.5	102.2
2006	101.2	101.0	101.4	101.2	100.9	101.6
2007	104.0	103.5	105.1	104.8	104.4	105.8
2008	106.1	106.0	106.4	106.0	105.9	106.3
2009	99.1	99.1	99.0	99.3	99.4	99.2
2010	102.7	102.6	102.9	103.0	102.9	103.3
2011	104.8	104.8	105.0	105.2	105.1	105.6
2012	102.1	101.9	102.5	102.7	102.6	103.0
2013	101.5	101.2	101.9	102.5	102.4	102.9
2014	101.2	101.1	101.4	102.3	102.4	102.2
2015	100.5	100.4	100.6	101.5	101.5	101.5
2016	100.6	100.5	100.8	102.0	102.0	101.9
2017	101.0	101.0	101.0	102.0	102.0	101.9
2018	101.0	101.0	100.8	102.1	102.1	102.2
2019	101.9	102.0	101.4	102.9	102.9	102.8
2020	101.6	101.5	101.9	102.6	102.4	103.0

8-2 各种价格指数(2020年)
Price Indices (2020)

类 别	Type	以1978年价格为100 year of 1978=100	以1980年价格为100 year of 1980=100	以1990年价格为100 year of 1990=100	以1995年价格为100 year of 1995=100	以2005年价格为100 year of 2005=100	以2010年价格为100 year of 2010=100	以2015年价格为100 year of 2015=100
商品零售价格指数	Retail Price Index	494.2	469.8	234.4	136.1	132.4	116.8	106.1
城 市	Urban Areas	514.4	475.5	232.8	131.4	130.5	116.1	106.1
农 村	Rural Areas	473.6	459.0	240.4	141.7	136.0	118.0	105.9
居民消费价格指数	Consumer Price Index			313.2	169.5	145.5	127.4	112.0
城 市	Urban Areas	736.6	682.2	333.4	173.1	143.4	126.5	111.9
农 村	Rural Areas			298.3	170.4	149.8	129.1	112.4

注：1990-1993年零售、消费价格指数中城市、农村口径为城镇、农村。

a) Statistic standards of retail and consumer price index from 1990-1993 are urban and rural areas.

8-3 商品零售价格分类指数(2020年)
Retail Price Indices by Category (2020)

(上年=100) (preceding year=100)

类别	Item	全省 Province Indices	城市 Urban Areas	农村 Rural Areas
商品零售价格总指数	**Retail Price Index**	**101.6**	**101.5**	**101.9**
食品	**Food**	**110.0**	**109.7**	**111.4**
粮食	Grain	101.8	101.8	101.8
薯类	Potatoes	106.8	107.1	105.7
豆类	Beans	106.7	106.4	107.8
食用油	Edible oil	101.9	101.0	105.4
菜	Vegetables	105.4	105.7	103.5
畜肉类	Meat of Livestock	140.8	140.2	143.4
禽肉类	Meat of Poultry	97.4	96.4	101.9
水产品	Aquatic products	106.5	107.2	103.5
蛋类	Eggs	90.6	90.3	91.7
奶类	Milk	100.5	100.5	100.4
干鲜瓜果类	Dried and Fresh Melons and Fruits	89.0	89.2	87.8
糖果糕点类	Candy and Cake	100.5	100.5	100.8
调味品	Flavoring	100.1	99.8	100.9
其他食品类	Other Foods	103.4	103.9	100.4
在外餐饮	Dining Out	104.7	104.6	105.4
饮料、烟酒	**Beverages, Tobacco and Liquor**	**100.7**	**100.6**	**100.9**
茶及饮料	Tea and Beverages	100.6	100.7	99.8
烟草	Tobacco	100.4	100.2	100.9
酒类	Liquor	101.1	101.0	101.6
服装、鞋帽	**Garments, Shoes and Hats**	**99.4**	**99.7**	**98.2**
服装	Garments	98.9	99.1	98.2
鞋袜帽	Footgear and Hats	101.0	101.7	98.0
其他衣着配件	Others	100.8	100.9	100.2
纺织品类	**Textiles**	**99.2**	**99.3**	**98.8**
服装材料	Clothing	98.7	98.7	98.7
床上用品	Bedding	99.4	99.5	98.8
家用电器及音像器材	**Household Appliances, Music and Video Equipment**	**97.9**	**98.1**	**97.0**
家庭设备	Household Appliances	97.3	97.5	96.6
文娱用耐用消费品	Cultural and Recreat Durable Consumable	98.8	99.0	98.0
专业音像器材	Professional Music and Video Equipment	99.4	99.8	96.2
文化办公用品	**Cultural and Office Appliances**	**100.2**	**100.2**	**100.0**
日用品	**Articles for Daily Use**	**100.0**	**100.0**	**100.2**
日用百货	General Merchandise for Daily Use	99.4	99.3	99.9
厨具餐具茶具	Kitchenware tableware and Tea set	102.6	103.0	100.1
清洗用品	Cleaning Supplies	99.7	99.5	100.7
其它日用品	Other Daily Necessities	99.9	99.8	100.4
体育娱乐用品	**Sports and Recreation Articles**	**99.8**	**99.7**	**100.2**

8-3 续表 continued

(上年=100) (preceding year=100)

类别	Item	全省 Province Indices	城市 Urban Areas	农村 Rural Areas
体育户外用品	Sports Articles	100.0	100.0	100.0
娱乐用品	Recreation Articles	99.7	99.5	100.4
交通、通信用品	**Transportation and Communication Appliances**	**97.8**	**97.8**	**98.1**
交通运输机械	Transportation Equipments	98.1	98.0	98.5
通信器材	Communication Equipments	96.8	96.8	96.6
家具	**Furniture**	**100.5**	**100.5**	**100.2**
化妆品	**Cosmetics**	**100.1**	**99.9**	**101.3**
金银饰品	**Gold, Silver and Jewelry**	**115.0**	**115.2**	**113.8**
中西药品及医疗保健用品	**Traditional Chinese and Western Medicines and Health Care Articles**	**100.4**	**100.2**	**101.6**
医疗卫生器具	Medical Apparatus and Articles	98.5	98.0	102.2
中药	Traditional Chinese and Medicines	102.7	102.2	104.7
西药	Western Medicines	99.5	99.3	100.5
保健器具及用品	Medical Apparatus and Articles	101.0	101.0	100.7
书报杂志及电子出版物	**Books, Newspapers, Magazines and Electronic Publications**	**101.4**	**101.2**	**102.9**
教材及参考书	Teaching Material and Reference Book	101.2	100.8	102.7
书报杂志	Books and Magazines	102.1	101.9	104.2
计算机办公软件	Computer office software	99.7	99.8	99.6
燃料	**Fuels**	**91.0**	**91.5**	**88.4**
煤炭及制品	Coal and Coal Products	102.0	102.6	99.5
石油及制品	Petroleum and Related Products	88.9	89.5	86.0
建筑材料及五金电料	**Building Materials and Hardware**	**100.5**	**100.5**	**100.5**
建筑装潢材料	Building Decoration Materials	100.3	100.4	100.2
五金水暖	Hardware Plumbing	100.8	100.7	101.3
农业生产资料价格指数	**Price Indices for Means of Agricultural Production**	**107.2**		**107.2**
农用手工工具	Farm Handtools	105.8		105.8
饲料	Forage	108.0		108.0
仔畜幼崽及产品畜	Newborn Animals and Poultry Commodity Animals	152.0		152.0
半机械化农具	Semi-mechanized Farm Tools	103.0		103.0
机械化农具	Mechanized Farm Machinery	100.3		100.3
化学肥料	Chemical Fertilizer	98.0		98.0
农药及农药器械	Pesticide and Its Appliances	102.5		102.5
化学农药	Chemical Pesticides	102.4		102.4
农药器械	Pesticides Appliances	103.5		103.5
农机用油	Oil for Farm Machinery	86.2		86.2
其他农用生产资料	Other Means of Agricultural Production	101.1		101.1
农业生产服务	Service for Agricultural Production	103.9		103.9

8-4 居民消费价格分类指数(2020年)
Consumer Price Indices by Category (2020)

(上年=100) (preceding year=100)

类　　别	Item	全　省 Province Indices	城　市 Urban Areas	农　村 Rural Areas
居民消费价格总指数	**Consumer Price Index**	**102.6**	**102.4**	**103.0**
服务价格指数	**Price Index of Services**	**100.7**	**100.7**	**100.9**
食品烟酒	**Food, tobacco and Liquor**	**108.8**	**108.1**	**110.3**
食品	Food	**111.5**	**110.5**	**113.4**
粮食	Grain	101.9	101.6	102.3
薯类	Potatoes	106.4	106.6	104.4
豆类	Beans	106.9	106.9	106.9
食用油	Edible oil	102.7	101.2	104.7
菜	Vegetables	104.5	105.1	102.8
畜肉类	Meat of Livestock	141.2	139.8	143.3
禽肉类	Meat of Poultry	98.8	97.1	102.2
水产品	Aquatic products	105.1	106.4	102.8
蛋类	Eggs	90.7	90.3	91.6
奶类	Milk	100.5	100.5	100.6
干鲜瓜果类	Dried and Fresh Melons and Fruits	89.6	89.9	88.8
糖果糕点类	Candy and Cake	100.4	100.2	101.0
调味品	Flavoring	100.8	100.4	101.4
其他食品类	Other foods	102.2	103.4	100.4
茶及饮料	Tea and drinks	100.3	100.5	99.9
烟酒	Tobacco and Liquor	**100.8**	**100.6**	**101.1**
烟草	Tobacco	100.4	100.1	100.9
酒类	Liquor	101.5	101.5	101.5
在外餐饮	Dinning Out	104.7	104.5	105.3
衣着	**Clothing**	**99.2**	**99.4**	**98.7**
服装	Garments	98.9	99.0	98.6
男式服装	Clothing for Men	98.5	98.2	99.0
女式服装	Clothing for Women	99.2	99.5	98.7
儿童服装	Clothing for Children	98.9	99.6	97.2
服装材料	Clothing Material	99.1	99.1	99.2
其他衣着及配件	Other clothing and accessories	100.0	99.9	100.4
衣着加工服务费	Clothing Manufacturing service fee	102.1	101.8	103.0
鞋类	Footwear	99.8	100.6	98.2
鞋	Shoes	99.7	100.5	98.1
鞋类加工服务	Footwear processing services	101.8	101.3	102.4
居住	**Residence**	**99.4**	**99.7**	**98.8**
租赁房房租	Rent of Rental Housing	99.5	99.4	100.2

8-4 续表 continued

(上年=100) (preceding year=100)

类　　别	Item	全　省 Province Indices	城　市 Urban Areas	农　村 Rural Areas
住房保养维修及管理	Housing maintenance and management	101.6	101.3	102.0
水电燃料	Water,Electricity and Fuels	97.7	99.0	95.5
自有住房	Private Housing	99.5	99.7	99.2
生活用品及服务	**Articles for Daily Use and services**	**99.7**	**99.8**	**99.4**
家具及室内装饰品	Furniture and Interior Decorations	100.5	100.6	100.2
家用器具	Household Appliances	97.5	98.1	96.7
家用纺织品	Home Textiles	99.6	99.7	99.5
家庭日用杂品	Household Articles for Daily Use	100.4	100.2	100.7
个人护理用品	Personal-care Supplies	99.9	99.6	101.0
家庭服务	Household Services	103.3	103.5	102.5
交通和通信	**Transport and Communications**	**96.3**	**96.2**	**96.4**
交通	Transport	94.7	94.7	94.6
通信	Communications	99.2	99.0	99.6
教育文化和娱乐	**Education, Culture and Recreation**	**102.1**	**101.7**	**103.1**
教育	Education	103.4	103.1	103.9
教育用品	Education Articles	101.5	101.1	102.0
教育服务	Education Services	103.5	103.2	103.9
文化娱乐	Cultural and Recreational Articles	100.0	100.0	99.8
文娱耐用消费品	Durable Consumer Goods for Culture Recreation Use and Services	98.7	98.8	98.5
其他文娱用品	Other Articles	100.6	100.3	101.4
文化娱乐服务	Cultural and recreational services	100.1	99.8	101.2
旅游	Touring and Outing	100.3	100.5	97.6
医疗保健	**Health Care**	**99.9**	**100.2**	**99.4**
药品及医疗器具	Medical Instrument and Articles	100.7	100.4	101.5
中药	Traditional Chinese Medicine	102.7	102.1	104.2
西药	Western Medicine	99.9	99.6	100.5
滋补保健品	Nourishing Health Care Products	101.4	101.6	100.6
医疗卫生器具	Medical and Health Equipment	100.0	99.0	103.4
保健器具	Health Care Equipment	99.2	98.8	101.2
医疗服务	Medical Service	99.6	100.1	98.8
综合医疗类	Comprehensive Medical Category	99.2	100.1	97.9
诊断类	Diagnostic Class	99.5	99.7	99.2
治疗类	Treatment Class	100.1	100.5	99.4
康复类	Rehabilitation Class	99.7	100.0	99.2
中医医疗服务类	Chinese Medicine Medical Services Category	100.0	100.1	99.8
其他医疗服务	Other Medical Services	97.3	99.9	95.5
其他用品和服务	**Other Supplies and Services**	**104.9**	**104.9**	**104.9**
其他用品类	Other Supplies	108.6	109.1	107.5
首饰手表	Jewelry Watch	113.3	113.5	112.8
其他杂项用品	Other Miscellaneous Supplies	99.6	98.9	100.8
其他服务类	Other Services	101.4	101.3	102.0
旅馆住宿	Hotel Accommodation	97.8	97.8	97.9
美容美发洗浴	Beauty Salon and Bath	103.3	102.4	105.7
养老服务	Old Age Service	104.8	106.0	101.1
金融保险	Financial Insurance	99.8	100.0	99.2
其他服务类	Other Services	100.0	100.3	99.4

8-5　各市、县商品零售价格分类指数(2020年)

(上年=100)

类　　别	Item	南昌市 Nan chang	景德镇市 Jing dezhen	萍乡市 Ping xiang	九江市 Jiu jiang	新余市 Xin yu
商品零售价格总指数	**Retail Price Index**	**101.5**	**101.9**	**101.0**	**102.0**	**101.8**
食品	Food	108.9	110.0	108.5	110.2	110.8
饮料、烟酒	Beverages, Tobacco and Liquor	100.0	103.4	100.7	101.2	101.9
服装、鞋帽	Garments, Shoes and Hats	100.8	101.2	98.9	100.5	97.0
纺织品	Textiles	98.9	100.0	100.0	101.8	100.0
家用电器及音像器材	Household Appliances, Music and Video Equipment	97.0	99.0	95.7	102.0	96.3
文化办公用品	Cultural and Office Appliances	99.8	99.9	99.2	99.1	99.8
日用品	Articles for Daily Use	101.1	99.9	99.9	98.3	100.6
体育娱乐用品	Sports and Recreation Articles	99.6	98.6	99.9	99.7	99.4
交通、通信用品	Transportation and Communication Appliances	98.0	99.0	97.5	99.2	99.0
家具	Furniture	100.1	99.9	101.6	101.2	101.3
化妆品	Cosmetics	100.0	100.2	100.8	97.8	98.9
金银饰品	Gold and Silver Ornaments	115.3	111.7	115.7	119.6	114.3
中西药品及医疗保健用品	Traditional Chinese and Western Medicines and Health Care Articles	99.3	101.0	100.3	101.2	101.1
书报杂志及电子出版物	Books, Newspapers, Magazines and Electronic Publications	100.7	102.9	101.7	100.2	102.0
燃料	Fuels	93.8	88.0	90.8	92.1	90.9
建筑材料及五金电料	Building Materials and Hardware	101.2	100.7	100.0	98.7	100.8
农业生产资料价格指数	**Price Indices of Agricultural Means of Production**					

8-6　各市、县居民消费价格分类指数(2020年)

(上年=100)

类　　别	Type	南昌市 Nan chang	景德镇市 Jing dezhen	萍乡市 Ping xiang	九江市 Jiu jiang	新余市 Xin yu
居民消费价格总指数	**Consumer Price Index**	**102.5**	**102.1**	**101.9**	**102.6**	**102.5**
服务价格指数	Price Index of Services	101.1	99.0	100.6	100.9	100.0
食品烟酒	Food ,Tobacco and Liquor	107.5	108.6	106.9	108.2	110.0
衣着	Clothing	100.9	101.0	98.9	100.4	97.0
居住	Residence	99.9	98.5	99.7	100.8	100.4
生活用品及服务	Household Facilities, Articles and Services	100.2	100.0	99.1	100.6	99.3
交通和通信	Transport and Communications	96.9	96.9	94.3	96.7	97.0
教育文化和娱乐	Education,Cultural and Recreation	102.2	99.3	102.9	100.0	99.1
医疗保健	Health Care and Medical Services	99.7	100.5	100.1	100.5	100.8
其他用品和服务	Miscellaneous Goods and services	105.9	103.3	105.7	107.1	101.6

Retail Price Indices by Category and Region (2020)

(preceding year=100)

鹰潭市 Ying tan	赣州市 Gan zhou	吉安市 Ji'an	宜春市 Yi chun	抚州市 Fuzhou	上饶市 Shang rao	瑞昌市 Rui chang	信丰县 Xin feng	宁都县 Ning du	上高县 Shang gao	铅山县 Yan shan	泰和县 Taihe	南城县 Nan cheng
100.7	**101.1**	**100.9**	**101.6**	**101.1**	**101.4**	**100.7**	**101.9**	**101.9**	**101.5**	**102.8**	**101.7**	**102.7**
110.2	108.5	109.3	111.2	109.2	108.5	110.0	114.2	111.5	112.5	111.2	109.6	112.0
101.6	101.8	100.7	100.1	98.6	100.4	99.3	101.5	100.4	99.7	102.1	100.1	103.4
96.2	99.4	97.2	97.1	98.4	98.8	92.8	97.8	99.7	98.5	99.4	100.3	99.6
100.3	97.4	99.1	95.1	101.6	103.0	99.7	96.9	100.0	98.0	99.4	100.3	96.1
97.8	99.2	97.2	100.2	100.4	99.5	94.1	97.9	98.9	90.7	99.5	96.6	99.7
98.7	103.8	99.3	100.0	100.2	101.8	99.2	99.5	100.0	99.1	98.7	101.5	101.2
100.2	96.9	98.0	101.5	100.1	99.8	98.9	99.1	100.4	100.4	100.0	101.6	100.7
100.9	99.7	100.2	99.8	101.6	100.0	99.2	100.5	100.2	101.7	99.7	100.2	100.7
97.5	96.5	97.2	96.6	96.4	97.0	96.3	96.9	99.2	97.8	98.6	99.8	97.8
99.8	101.9	98.9	100.8	98.9	100.1	99.5	99.7	100.0	101.5	100.0	101.0	99.9
100.8	101.2	99.8	100.0	100.6	97.3	103.8	101.6	99.7	100.9	100.6	100.6	101.8
105.5	120.4	117.3	113.8	112.5	104.6	116.0	110.2	112.8	110.7	115.7	114.3	115.9
97.4	100.3	101.4	100.4	100.6	104.2	102.3	99.3	98.4	102.4	102.8	102.9	102.9
100.3	104.6	100.7	100.1	97.2	102.5	102.6	100.0	101.6	102.4	110.8	100.3	100.8
89.2	91.2	90.3	90.8	91.2	90.8	89.2	89.3	90.1	89.0	91.1	84.5	85.6
100.2	98.2	99.6	101.9	99.0	103.4	102.6	98.3	97.7	99.6	102.4	100.4	101.6
						108.6	**108.0**	**105.6**	**104.6**	**102.5**	**110.6**	**107.8**

Consumer Price Indices by Category and Region (2020)

(preceding year=100)

鹰潭市 Ying tan	赣州市 Gan zhou	吉安市 Ji'an	宜春市 Yi chun	抚州市 Fuzhou	上饶市 Shang rao	瑞昌市 Rui chang	信丰县 Xin feng	宁都县 Ning du	上高县 Shang gao	铅山县 Yan shan	泰和县 Taihe	南城县 Nan cheng
102.0	**102.1**	**102.0**	**102.6**	**102.3**	**102.4**	**102.4**	**102.9**	**102.5**	**103.3**	**103.6**	**102.6**	**103.6**
100.5	100.8	100.6	100.1	100.6	101.6	102.4	99.5	99.3	102.1	101.2	101.4	101.5
108.7	107.2	107.9	109.6	108.0	107.1	108.5	112.3	110.2	110.7	110.5	108.4	111.5
96.3	99.2	97.2	97.4	98.5	98.9	92.5	97.9	99.7	98.5	99.5	100.3	99.6
99.3	98.4	99.7	99.1	99.7	100.9	100.5	98.1	98.2	100.4	99.5	98.5	97.7
99.8	98.9	98.4	100.1	100.5	99.4	97.4	99.3	100.3	97.7	99.8	99.7	100.2
96.4	95.5	95.3	96.9	95.8	95.3	95.9	95.7	96.5	95.9	96.6	97.3	96.1
101.2	103.7	101.9	100.5	101.1	103.4	104.8	101.0	102.4	103.3	104.2	101.9	105.1
99.2	100.6	100.6	100.2	100.3	101.4	100.6	98.3	95.6	100.7	100.8	100.8	100.8
101.8	106.2	104.2	104.2	103.3	103.0	106.1	102.9	103.6	101.2	104.5	108.4	104.2

8-7 工业生产者出厂价格指数
Producer Price Indices for Industrial Products

(上年=100) (preceding year=100)

类别	Item	2005	2010	2015	2017	2018	2019	2020
总指数	**General Index**	**108.8**	**115.3**	**93.7**	**107.9**	**104.2**	**98.9**	**98.3**
按轻重工业分	**Grouped by Light & Heavy Industries**							
轻工业	Light Industry	99.2	104.3	99.1	101.4	100.3	98.6	97.7
以农产品为原料	Agricultural Products as Raw Materials	100.6	105.4	99.8	101.4	102.2	99.8	99.2
以非农产品为原料	Non-agricultural Products as Raw Materials	98.0	103.2	97.9	101.4	96.7	96.1	94.9
重工业	Heavy Industry	113.3	121.3	91.7	110.9	105.9	99.1	98.6
采掘	Mining	145.5	123.0	91.2	109.7	106.9	98.9	103.0
原材料	Raw Materials	115.6	123.7	90.0	114.1	107.6	97.2	97.8
加工	Processing	104.2	118.8	92.7	109.4	105.0	100.0	98.6
按部类分	**Grouped by Category of Industry**							
生产资料	Means of Production	110.8	117.9	91.9	110.5	105.3	98.8	98.1
采掘	Mining	142.2	121.5	91.2	109.7	106.9	98.9	103.0
原材料	Raw Materials	115.1	124.3	90.0	114.3	107.6	97.0	97.4
加工	Processing	101.7	113.8	92.9	108.9	104.2	99.5	98.1
生活资料	Consumer Goods	100.5	103.1	100.3	100.5	100.9	99.3	99.0
食品	Food	100.3	103.5	101.3	102.0	100.9	102.1	104.5
衣着	Clothing	100.7	103.3	100.9	97.5	101.7	98.1	94.5
一般日用品	Articles for Daily Use	101.6	102.4	99.0	101.2	100.5	97.0	95.7
耐用消费品	Durable Consumer Goods	99.7	102.1	98.9	100.0	100.2	99.8	99.5
按工业部门分	**Grouped by Industrial Department**							
冶金工业	Metallurgical Industry	120.7	131.8	84.8	120.7	108.5	98.5	100.5
电力工业	Power Industry	104.6	102.2	96.3	99.4	100.2	98.9	99.1
煤炭及炼焦工业	Coal Industry and Coking Industry	125.0	115.4	88.7	144.4	109.4	100.4	99.0
石油工业	Petroleum Industry	122.8	115.4	77.5	111.1	112.4	94.8	84.8
化学工业	Chemical Industry	106.1	108.4	97.4	105.8	103.1	95.2	94.1
机械工业	Machine Building Industry	100.3	103.4	97.7	101.9	98.5	97.9	97.9
建筑材料工业	Building Materials Industry	93.0	104.9	97.9	105.7	111.3	105.9	98.6
森林工业	Timber Industry	102.9	104.1	100.7	101.1	102.5	101.5	99.4
食品工业	Food Industry	100.9	103.9	100.4	101.2	100.9	101.7	104.4
纺织工业	Textile Industry	98.7	117.4	94.9	107.4	104.8	98.2	94.9
缝纫工业	Tailoring Industry	101.0	103.4	100.7	96.6	102.5	97.2	92.4
皮革工业	Leather Industry	100.4	102.7	101.6	100.5	99.1	101.3	101.0
造纸工业	Paper Industry	102.8	103.5	100.1	105.5	106.3	94.2	96.3
文教艺术用品工业	Industry of Cultural, Educational & Handicrafts Articles	99.8	103.8	99.9	96.1	100.5	100.4	99.7
其他工业	Other Industry	105.7	105.3	100.4	101.6	102.0	100.8	95.8

注：2018年工业生产者价格调查工业行业分类按2017年《国民经济行业分类标准》，部分分类指标与2017年不同。2019年和2018年目录相同。

a) The industrial industry classification of the Industrial Producer Price Survey in 2018 is based on the <National Economic Industry Classification Standard> in 2017, and some of the classification indicators are different from those in 2017. The contents in 2019 and 2018 are the same.

8-8 按工业行业分工业生产者出厂价格指数
Producer Price Indices for Industrial Products by Sector

(上年=100) (preceding year=100)

行业	Sector	2017	2018	2019	2020
煤炭开采和洗选业	**Mining and Washing of Coal**	**124.8**	**106.1**	**104.7**	**101.2**
烟煤和无烟煤的开采洗选	Mining and Washing of Bituminous Coal and Anthracite	124.8	106.1	104.7	101.2
黑色金属矿采选业	**Mining and Processing of Ferrous Metal Ores**	**102.8**	**100.5**	**100.4**	**108.1**
铁矿采选	Mining and Processing of Iron Ores	102.9	100.4	100.3	108.5
锰矿、铬矿采选	Mining and Processing of Manganese and Chrome Ores	100.9	102.6	101.8	100.3
有色金属矿采选业	**Mining and Processing of Non-Ferrous Metal Ores**	**113.8**	**109.7**	**92.2**	**100.8**
常用有色金属矿采选	Mining and Processing of Frequently Used Non-Ferrous Metal Ores	118.2	105.8	94.3	100.7
贵金属矿采选	Mining and Processing of Precious Metal Ores	104.7	97.7	107.9	121.1
稀有稀土金属矿采选	Mining and Processing of Rare Earth and Rare Metals Ores	111.2	114.5	88.5	97.8
非金属矿采选业	**Mining and Processing of Non-metal Ores**	**104.4**	**106.3**	**105.9**	**101.3**
土砂石开采	Mining of Soil,Sand and Stone	105.8	108.6	108.4	102.6
采盐	Mining and Processing of Salt Ores	100.6	101.2	88.4	89.6
石棉及其它非金属矿采选产品	Mining and Processing of Asbestos and Other Nonmetal Ores	100.3	99.1	99.8	98.9
农副食品加工业	**Processing of Food from Agricultural Products**	**101.4**	**100.7**	**102.2**	**106.5**
谷物磨制	Polishing of Grain	102.9	98.6	96.4	103.5
饲料加工	Processing of Feed	100.0	103.0	96.3	100.1
植物油加工	Processing of Vegetables,Fungi,Fruits and Nuts	106.7	102.5	104.5	106.5
屠宰及肉类加工	Slaughtering and Processing if Meat	94.8	95.2	129.1	133.5
水产品加工	Processing of Aquatic Products	108.7	102.1	100.8	89.1
蔬菜、菌类、水果和坚果加工	Processing of Vegetable,Fungi,Fruits and Nuts	100.5	100.8	100.3	100.8
其他农副食品加工	Processing of Other Food from Agricultural Products	99.2	99.3	100.3	100.5
食品制造业	**Manufacture of Foodstuff**	**100.5**	**101.3**	**100.7**	**101.0**
焙烤食品制造	Manufacture of Baking Foodstuff	99.3	102.3	101.4	104.6
糖果、巧克力及蜜饯制造	Manufacture of Sweet,Chocolate and Candied Fruit	102.8	102.7	101.1	99.8
方便食品制造	Manufacture of Convenience Food	100.3	100.6	98.8	101.9
乳制品制造	Manufacture of Dairy Products	100.1	100.3	101.8	101.0
罐头食品制造	Manufacture of Cans Food	99.0	97.8	101.5	102.7
调味品、发酵制品制造	Manufacture of Condiments and Fermentation Products	101.2	100.3	94.9	93.5
其他食品制造	Manufacture of Other Foodstuff	100.9	102.1	102.4	100.0
酒、饮料及精制茶制造业	**Manufacture of Wine, Beverages and Refined Tea**	**101.6**	**101.6**	**99.6**	**98.6**
酒的制造	Manufacture of Liquor	105.1	101.8	98.4	98.7
饮料制造	Manufacture of Beverages	98.8	101.7	100.9	98.0
精制茶加工	Processing of Refined Tea	98.9	99.4	98.9	100.7
烟草制品业	**Manufacture of Tobacco**	**100.0**	**100.5**	**102.1**	**100.9**
卷烟制造	Manufacture of Cigarettes	100.0	100.5	102.1	100.9
纺织业	**Manufacture of Textile**	**107.4**	**104.8**	**98.2**	**94.9**
棉纺织及印染精加工	Processing and Dyeing of Cotton and Textile	107.6	103.9	96.4	92.6
毛纺织及染整精加工	Processing and Dyeing of Wool Textile	86.5	101.6	100.0	98.2
麻纺织及染整精加工	Processing and Dyeing of Flax Textile	118.8	129.9	130.5	111.5
丝绢纺织及印染精加工	Processing and Dyeing of Silk Textile	111.0	108.1	96.0	95.4
化纤织造及印染精加工	Processing and Dyeing of Chemical Fiber	110.8	105.1	97.5	99.0
家用纺织制成品制造	Manufacture of Household Textile Products	101.7	104.2	105.0	102.9
产业用纺织制成品制造	Manufacture of Household Industrial Textile Products	100.3	98.5	99.4	109.5
纺织服装、服饰业	**Manufacture of Textile Wearing Apparel, Dress**	**96.6**	**102.6**	**97.0**	**92.1**
机织服装制造	Manufacture of Woven Garments	95.4	104.7	95.3	89.7
针织或钩针编织服装制造	Manufacture of Knitted or Crocheted Garments	100.4	98.3	101.0	96.8
服饰制造	Manufacture of Clothing	93.7	96.9	99.9	98.6
皮革、毛皮、羽毛及其制品和制鞋业	**Manufacture of Leather, Fur, Feather and Related Products and Footwear**	**100.6**	**100.2**	**101.5**	**97.4**

8-8 续表1 continued

(上年=100) (preceding year=100)

行业	Sector	2017	2018	2019	2020
皮革鞣制加工	Processing of Leather	100.1	101.3	100.3	98.1
皮革制品制造	Manufacture of Leather Products	100.3	100.1	100.4	99.6
毛皮鞣制及制品加工	Manufacture and Processing of Fur Products	95.9	97.8	100.5	100.9
羽毛(绒)加工及制品制造	Manufacture and Processing of Feather Products	104.7	106.8	102.0	64.5
制鞋业	Manufacture of Shoes	100.2	98.8	101.9	102.5
木材加工及木、竹、藤、棕、草制品业	**Processing of Timber,Manufacture of Wood,Bamboo,Rattan,Palm, and Straw Products**	**101.0**	**102.8**	**101.2**	**98.7**
木材加工	Processing of Wood	104.9	112.9	91.0	97.5
人造板制造	Manufacture of Plywood	100.7	100.7	101.4	98.9
木制品制造	Manufacture of Wood Products	103.4	103.4	103.3	97.4
竹、藤、棕、草等制品制造	Manufacture of Wood, Bamboo, Rattan, Palm and Straw Products	98.7	102.1	103.3	99.3
家具制造业	**Manufacture of Furniture**	**101.0**	**102.2**	**102.3**	**100.5**
木质家具制造	Manufacture of Wood Furniture	101.3	101.7	102.0	101.0
金属家俱制造	Manufacture of Metal Furniture	106.6	109.4	97.1	94.1
其他家具制造	Manufacture of Other Furniture	92.9	99.8	109.5	100.3
造纸及纸制品业	**Manufacture of Paper and Paper Products**	**105.5**	**106.3**	**94.2**	**96.3**
造纸	Manufacture of Paper	107.4	105.4	89.6	94.1
纸制品制造	Manufacture of Paper Products	103.0	107.4	100.3	99.2
印刷和记录媒介复制业	**Printing, Reproduction of Recording Media**	**92.4**	**100.7**	**99.4**	**98.8**
印刷	Printing	92.2	100.7	99.4	98.8
文教、工美、体育和娱乐用品制造业	**Manufacture of Articles For Culture,Education, Artwork, Sport Activity and Amusement**	**102.2**	**101.3**	**100.9**	**98.7**
文教办公用品制造	Manufacture of Office Supplies For Culture,Education	108.5	102.3	101.2	100.4
乐器制造	Manufacture of Music Instruments	102.4	100.5	101.1	102.7
工艺美术及礼仪用品制造	Manufacture of Arts and Crafts and Etiquettes	102.5	102.0	100.2	97.2
体育用品制造	Manufacture of Sport Articles	100.1	101.1	104.1	104.9
玩具制造	Manufacture of Toys	99.3	96.4	99.5	96.0
游艺器材及娱乐用品制造	Manufacture of Recreational Equipment and Entertainmtng Products	102.7	102.9	101.9	99.9
石油、煤炭及其他燃料加工业	**Processing of Petroleum,Coal and Other Fuel**		**113.7**	**94.3**	**87.7**
精炼石油产品制造	Manufacture of Refined Petroleum Products	114.0	115.2	93.0	82.4
煤炭加工	Processing of Coal		112.1	96.6	96.5
化学原料和化学制品制造业	**Manufacture of Raw Chemical Materials and Chemical Products**	**108.8**	**102.2**	**92.4**	**90.4**
基础化学原料制造	Manufacture of Basic Chemical Material	110.9	108.8	92.2	89.1
肥料制造	Manufacture of Fertilizers	105.0	114.6	101.4	94.3
农药制造	Manufacture of Pesticides	103.5	103.7	103.4	97.8
涂料、油墨、颜料及类似产品制造	Manufacture of Coating,Ink and Paint Products	101.7	101.4	104.2	96.3
合成材料制造	Manufacture of Synthetic Materials	115.5	110.1	85.8	92.4
专用化学产品制造	Manufacture of Specialized Chemical Products	111.7	95.0	86.1	86.1
炸药、火工及焰火产品制造	Manufacture of Explosives, pyrotechnics and fireworks	100.5	101.1	100.1	100.1
日用化学产品制造	Manufacture of Daily Used Chemical Products	102.5	100.4	97.6	91.9
医药制造业	**Manufacture of Medicines**	**102.4**	**107.6**	**98.4**	**100.5**
化学药品原料药制造	Manufacture of Chemical Original Drug	102.4	104.3	97.2	102.4
化学药品制剂制造	Manufacture of Chemical Agents	102.1	129.0	102.1	100.8
中药饮片加工	Manufacture of Herbal Medicine	108.4	102.5	100.0	97.6
中成药生产	Manufacture of Proprietary Chinese Medicine	101.2	101.5	95.6	100.4
兽用药品制造	Manufacture of Veterinary Drugs	100.0	102.7	100.0	99.4
生物药品制品制造	Manufacture of Biopharmaceutical Products	113.6	112.0	100.8	100.6
卫生材料及医药用品制造	Manufacture of Sanitation Materials and Medical Supplies	98.6	99.6	99.6	100.4
药用辅料及包装材料	Pharmaceutical Excipients and Packaging Materials		99.6	99.6	100.4
化学纤维制造业	**Manufacture of Chemical Fibers**	**107.5**	**94.4**	**90.0**	**83.4**
纤维素纤维原料及纤维制造	Manufacture of Cellulose Fibers and Fibers	109.4	92.5	85.3	79.5
合成纤维制造	Manufacture of Synthetic Fibers	101.0	101.2	106.0	94.7
生物基材料制造	Manufacture of Biological Material		92.5	85.3	79.5
橡胶和塑料制品业	**Manufacture of Rubber and Plastics**	**101.7**	**100.3**	**99.6**	**96.5**
橡胶制品业	Manufacture of Rubber	101.5	99.3	98.5	96.5
塑料制品业	Manufacture of Plastics	101.8	100.6	99.9	96.5

8-8 续表2 continued

(上年＝100) (preceding year=100)

行业	Sector	2017	2018	2019	2020
非金属矿物制品业	**Manufacture of Non-metallic Mineral Products**	**105.4**	**111.0**	**105.4**	**98.5**
水泥、石灰和石膏制造	Manufacture of Cement, Lime and Gypsum	112.0	126.9	98.4	97.8
石膏、水泥制品及类似制品制造	Manufacture of Cement and Gypsum	110.1	122.8	108.4	101.0
砖瓦、石材等建筑材料制造	Manufacture of Brick, Stone	102.1	108.6	109.6	102.8
玻璃制造	Manufacture of Glass	111.4	101.8	101.8	100.7
玻璃制品制造	Manufacture of Glass Products	95.5	104.6	100.0	105.3
玻璃纤维和玻璃纤维增强塑料制品制造	Manufacture of Glass Fiber and Glass Fiber Reinforced Plastic Products	107.8	100.3	97.4	96.9
陶瓷制品制造	Manufacture of Ceramic Products	101.5	102.5	108.4	97.3
耐火材料制品制造	Manufacture of Refractory Products	101.0	100.3	99.5	97.6
石墨及其他非金属矿物制品制造	Manufacture of Graphite and Other Non-metallic Mineral Products	99.2	99.3	95.9	101.0
黑色金属冶炼和压延加工业	**Smelting and Pressing of Ferrous Metals**	**137.6**	**109.3**	**97.8**	**97.7**
炼钢	Steelmaking	94.8	105.3	102.3	98.2
钢压延加工	Smelting and Pressing of Steel	141.9	109.7	97.6	97.7
铁合金冶炼	Smelting of Alloy Iron	100.3	91.5	100.1	98.4
有色金属冶炼和压延加工业	**Smelting and Pressing of Non-ferrous Metals**	**117.7**	**106.0**	**98.0**	**101.0**
常用有色金属冶炼	Smelting of Frequently Used Non-Ferrous Metal	117.4	104.5	96.9	101.3
贵金属冶炼	Smelting of Precious Metal	110.3	101.9	121.3	123.9
稀有稀土金属冶炼	Smelting of Rare Earth and Rare Metals	120.5	110.8	91.3	97.1
有色金属合金制造	Manufacture of Non-Ferrous Metaling Alloy	103.5	102.7	91.6	96.0
有色金属压延加工	Pressing of Non-Ferrous Metal	119.3	106.4	101.0	101.2
金属制品业	**Manufacture of Metal Products**	**112.3**	**108.4**	**100.8**	**99.5**
结构性金属制品制造	Manufacture of Structural Metal Products	111.9	110.6	100.9	100.3
金属工具制造	Manufacture of Metal Tools	101.8	105.6	104.9	99.3
集装箱及金属包装容器制造	Manufacture of Containers and Metal Packaging	102.3	116.7	100.2	103.2
金属丝绳及其制品制造	Manufacture of Metal Wire, Ropes and Its Products	134.2	110.8	100.5	98.0
建筑、安全用金属制品制造	Manufacture of Metal Products for Construction and Safety	112.2	105.7	100.4	96.4
金属表面处理及热处理加工	Processing of Metal Surface Treatment and Heat Treatment	118.7	100.8	98.9	96.7
搪瓷制品制造	Manufacture of Enamel Products	101.8	100.3	99.2	98.7
金属制日用品制造	Manufacturing of Metal Commodities	101.2	108.1	107.4	100.9
锻造及其他金属制品制造	Forging and Manufacture of Other Metal Products		105.2	98.9	102.2
通用设备制造业	**Manufacture of General Purpose Machinery**	**104.0**	**102.6**	**99.8**	**98.8**
锅炉及原动设备制造	Manufacture of Boilers and Original Motivation	99.6	102.2	98.8	96.8
金属加工机械制造	Manufacture of Metal Processing Machinery	101.0	102.5	101.2	100.7
物料搬运设备制造	Manufacture of Material Handling Equipment	101.1	102.3	100.0	99.9
泵、阀门、压缩机及类似机械制造	Manufacture of Pumps, Valves, Compressors	105.8	103.3	100.5	98.9
轴承、齿轮和传动部件制造	Manufacture of Bearings, Gears and Transmission Components	107.5	101.8	100.5	100.3
烘炉、风机、包装等设备制造	Manufacture of Dyring Furnace,Fan,Packing and Other Equipment	97.9	99.7	101.1	101.4
通用零部件制造	Manufacture of General Components	108.6	104.0	97.4	95.6
其他通用设备制造	Manufacture of Other General Equipment	103.8	101.1	100.0	100.0
专用设备制造业	**Manufacture of Special Purpose Machinery**	**100.6**	**101.3**	**101.4**	**100.5**
采矿、冶金、建筑专用设备制造	Manufacture of Special Equipment for Mining,Metallurgy, Construction	100.1	101.1	102.8	99.8
化工、木材、非金属加工专用设备制造	Manufacture of Special Equipment for Chemicals, Wood, Non-metallic Processing	100.7	103.4	103.3	96.1
食品、饮料、烟草及饲料生产专用设备制造	Manufacture of Special Equipment for Food, Beverage,Tobacco and Feed Production	99.1	100.2	100.3	100.3
印刷、制药、日化及日用品生产专用设备制造	Manufacture of Special Equipment for Printing, Pharmaceuticals, Cosmetics and Daily Production	100.0	100.0	100.0	100.0
纺织、服装和皮革加工专用设备制造	Manufacture of Special Equipment for Textiles, Clothing and Leather Industry	101.8	101.1	103.8	98.1
农、林、牧、渔专用机械制造	Manufacture of Special Equipment for Agriculture,Forestry, Animal Husbandry, Fishery	101.2	105.4	102.8	102.3
医疗仪器设备及器械制造	Manufacture of Medical Equipment and Instrument	100.9	101.8	100.9	102.9
环保、邮政、社会公共服务及其他专用设备制造	Manufacture of Environmental Protection,Postal Service,Public Service and Other Special Equipment	100.6	99.5	96.6	99.9

8-8 续表3 continued

(上年=100) (preceding year=100)

行业	Sector	2017	2018	2019	2020
汽车制造业	**Manufacture of Automobiles**	**99.9**	**100.2**	**99.8**	**99.5**
汽车整车制造	Manufacture of Automobiles	99.0	99.9	100.5	98.9
汽车用发动机制造	Manufacture of Automotive Engine		99.9	100.5	98.9
改装汽车制造	Manufacture of Refit Automobiles	102.7	100.5	101.8	100.9
汽车车身、挂车制造	Manufacture of Automobiles and Trailers	101.3	105.9	97.8	102.1
汽车零部件及配件制造	Manufacture of Auto parts and accessories	100.4	100.5	99.1	99.9
铁路、船舶、航空航天和其他运输设备制造业	**Manufacture of Railway,Shipping,Aerospace and Other Transport Equipment**	**100.2**	**99.6**	**112.7**	**108.0**
铁路运输设备制造	Manufacture of Equipment for Railway Transport	99.5	96.5	99.2	100.4
船舶及相关装置制造	Manufacture of Shipping and Related Devices	100.5	99.4	118.2	110.8
摩托车制造	Manufacture of Motorcycles	98.9	101.0	100.0	100.0
助动车制造	Manufacture of Moped Bicycle	100.0	100.0	100.0	100.0
非公路休闲车及零配件制造	Manufacture of Off-highway Leisure Vehicles and Parts	100.1	99.9	95.4	98.1
电气机械及器材制造业	**Manufacture of Electrical Machinery and Equipment**	**103.0**	**94.8**	**93.2**	**94.6**
电机制造	Manufacture of Electrical Motors	101.9	101.1	99.2	100.5
输配电及控制设备制造	Manufacture of Power Distribution and Control Equipment	100.6	83.7	81.2	86.9
电线、电缆、光缆及电工器材制造	Manufacture of Wires, Cables,Fiber-optic Cables and Electrical Equipment	106.2	101.7	99.1	100.3
电池制造	Manufacture of Electric Cells	106.0	105.2	101.2	97.5
家用电力器具制造	Manufacture of Household Electrical Apparatus	100.6	97.7	96.6	96.7
非电力家用器具制造	Manufacture of Household Nonelectrical Apparatus	100.0	100.0	100.1	101.4
照明器具制造	Manufacture of Lighting Devices	102.4	103.4	103.3	100.3
其他电气机械及器材制造	Manufacture of Other Electrical Machinery and Equipment	102.4	94.5	95.1	96.1
计算机、通信和其他电子设备制造业	**Manufacture of Computers,Communications and Other Electronic Equipment**	**100.8**	**99.8**	**100.3**	**99.6**
计算机制造	Manufacture of Computers	99.7	100.3	103.7	103.3
通信设备制造	Manufacture of Communication Equipment	99.8	99.1	99.1	99.4
广播电视设备制造	Manufacture of Communication Broadcasting and TV Equipment	101.3	100.6	103.0	100.2
视听设备制造	Manufacture of Audio-visual Equipment	101.3	100.2	99.8	100.7
智能消费设备制造	Manufacture of Inelligent Consumption Equipment		99.3	99.9	99.2
电子器件制造	Manufacture of Electronic Devices	103.1	99.3	99.6	98.9
电子元件及电子专用材料制造	Manufacture of Electronic Components and Electronic Specialized Materials	99.2	100.5	100.4	98.7
其他电子设备制造	Manufacture of Other Electeical Equipment	100.8	99.3	99.9	99.2
仪器仪表制造业	**Manufacture of Measuring Instruments**	**99.7**	**103.7**	**100.2**	**100.2**
通用仪器仪表制造	Manufacture of General Measuring Instruments and Machinery	100.2	100.6	101.0	100.8
专用仪器仪表制造	Manufacture of Special Measuring Instruments and Machinery	96.9	106.1	96.2	98.4
钟表与计时仪器制造	Manufacture of Clocks and Timing Equipment	100.0	100.0	100.0	100.0
光学仪器制造	Manufacture of Optical Instruments	100.1	96.4	93.1	90.6
衡器制造	Manufacture of Weighing Instruments		112.8	102.2	101.7
其他制造业	**Manufacture of Other**	**101.6**	**98.9**	**107.5**	**98.6**
日用杂品制造	Manufacture of Groceries for Daily Use	101.7	96.9	109.2	99.1
其他未列明制造业	Other Unspecified Manufacturing Industries	101.3	107.7	99.9	96.3
废弃资源综合利用业	**Comprehensive Utilization of Waste Resources**	**142.1**	**185.1**	**109.7**	**98.9**
金属废料和碎屑加工处理	Metal Waste and Fragment Treatment and Processing	148.1	190.5	109.6	98.6
非金属废料和碎屑加工处理	Processing and Disposal of Non-metallic Waste and Debris	77.9	93.0	100.3	101.0
金属制品、机械和设备修理业	**Repair of Metal Products, Machinery and Equipment**	**91.4**	**99.5**	**100.4**	**100.0**
其他机械和设备修理业	Other Machinery and Equipment Repair Industries	91.4	99.5	100.4	100.0
电力、热力生产和供应业	**Production and Supply of Electric Power and Heat Power**	**99.4**	**100.2**	**98.8**	**99.0**
电力生产	Production of Electric Power	100.9	102.1	100.6	100.1
电力供应	Supply of Electric Power	98.8	99.4	98.0	98.6
热力生产和供应	Production and Supply of Heat Power	96.0	119.0	121.7	101.9
燃气生产和供应业	**Production and Supply of Gas**	**96.5**	**99.3**	**103.5**	**95.9**
燃气生产和供应业	Production and Supply of Gas		99.3	103.5	95.9
生物质燃气生产和供应业	Production and Supply of Biomass Gas		99.3	103.5	95.9
水的生产和供应业	**Production and Supply of Water**	**102.6**	**108.4**	**104.6**	**100.0**
自来水生产和供应	Production and Supply of Water	103.0	109.4	103.5	99.9
污水处理及其再生利用	Sewage Treatment and Recycling	100.0	102.3	111.9	101.1

8-9 工业生产者购进价格指数
Purchasing Price Indices for Industrial Producers

(上年=100) (preceding year=100)

类　　别	Type	2005	2010	2015	2017	2018	2019	2020
总指数	**General Index**	**110.0**	**111.8**	**93.6**	**107.2**	**103.2**	**98.2**	**97.0**
燃料、动力类	Fuel and Power	112.8	106.6	89.6	110.2	105.6	97.4	94.4
黑色金属材料类	Ferrous Metals	105.3	108.0	87.8	112.1	104.3	104.2	101.5
钢　材	Steel	106.9	105.3	91.6	111.0	106.9	99.5	99.0
其　他	Others	103.7	111.4	77.9	114.5	98.7	114.6	106.7
有色金属材料及电线类	Nonferrous Metals and Wire	125.7	135.0	88.4	110.4	104.3	95.7	99.0
化工原料类	Raw Chemical Materials	109.0	111.9	94.9	105.8	98.8	89.3	88.8
木材及纸浆类	Timber and Paper Pulp	107.7	106.6	99.0	106.9	103.8	99.0	100.5
建筑材料及非金属类	Building Materials and Nonmetal Ores	113.1	104.5	95.1	108.4	107.6	100.5	101.5
其它工业原材料及半成品类	Other Industrial Raw Materials and Semifinished Products	103.6	108.3	97.7	102.9	101.9	100.2	97.2
农副产品类	Agricultural Products	100.6	119.8	99.1	101.3	99.8	100.6	100.3
纺织原料类	Textile Materials	102.4	112.7	97.8	103.4	102.8	102.0	98.1

主要统计指标解释

居民消费价格指数 是反映一定时期内城乡居民所购买的生活消费品价格和服务项目价格变动趋势和程度的相对数，是对城市居民消费价格指数和农村居民消费价格指数进行综合汇总计算的结果。该指数可以观察和分析消费品的零售价格和服务项目价格变动对城乡居民实际生活费支出的影响程度。

商品零售价格指数 是反映一定时期内城乡商品零售价格变动趋势和程度的相对数。商品零售价格的变动直接影响到城乡居民的生活支出和国家的财政收入，影响居民购买力和市场供需的平衡，影响到消费与积累的比例关系。因此，该指数可以从一个侧面对上述经济活动进行观察和分析。

工业生产者价格指数 是反映工业产品价格变化趋势和变动幅度的统计指标，是工业企业的产品价格在不同时间和空间条件下平均变动的相对数，包括工业品第一次出售时的出厂价格和企业作为中间投入的原材料、燃料、动力购进价格。该指数是进行国民经济核算和经济管理的重要依据。

Explanatory Notes on Main Statistical Indicators

Consumer Price Indices reflect the trend and degree of changes in prices of consumer goods and services purchased by urban and rural households during a given period. They are obtained by combining the Urban Consumer Price Indices and the Rural Consumer Price Indices. The Indices enable the observation and analysis of the degree of impact of the changes in the prices of retailed goods and services on the actual living expenses of urban and rural residents.

Retail Price Indices reflect the trend and degree of change in retail prices of commodities during a given period. The change in retail prices of commodities directly affect the living expenses of urban and rural residents, government revenue, purchasing power of residents and the equilibrium of market supply and demand, and the ratio of consumption to accumulation. Therefore, the retail price indices are useful from an oblique perspective for observing and analyzing the changes of the above economic activities.

Industry producer price index measures the trend and degree of variance of industry producer price. It is a relative figure of average variance in different time and space, which includes factory price of first sale and intermediate inputs of raw materials, fuel and power. It is a important base of national economic accounting and economic governance.

9

人民生活

PEOPLE`S LIVELIHOOD

资料整理：杨钰婷　田仁德　廖云洲

Ⅰ 简要说明

一、本篇资料的主要内容

本篇资料反映了全省城镇、农村居民的家庭收支、人口就业、居住、耐用消费品拥有、生产和生活等方面的情况。

二、本篇资料的来源

本篇资料中城镇、农村居民家庭相关资料来源于居民收支调查年报，由国家统计局江西调查总队居民收支调查处整理提供。

三、本篇资料的调查口径

从2013年起，国家统计局开展了城乡一体化住户收支与生活状况抽样调查，与2013年前的分城镇和农村住户抽样调查的调查范围、调查方法、指标口径有所不同。2013年前城镇和农村住户调查的指标为老口径数据，2013年后城镇和农村居民调查的指标为新口径数据。

I Brief Introduction

I. Content

Data in this chapter show the basic condition of the people's livelihood of the whole province, including income and expenditure of the households, population and employment, housing condition, consumption, possession of the major consumer goods, production, and living condition.

II. Source of Data

Data in this chapter are based on the data collected by the sample survey on income and expenditure of urban and rural households, and are prepared and provided by the Division of Household Income and Expenditure Survey of Survey Office of the National Bureau of Statistics in Jiangxi.

Ⅲ Statistical Caliber

The sample survey of the integration of urban and rural residents income and life situation has been conducted since 2013. The scope of investigation, investigation method, index caliber therefore varies from the sample survey of residents by residences before 2013. New statistical caliber has been applied since 2013.

9-1 人民物质文化生活情况
People's Material and Cultural Life

指 标	Item	1978	2000	2010	2019	2020
就 业(人)	**Employment (person)**					
城镇居民每一劳动力负担人口	Number of Dependents per Employee of Urban Household		1.79	1.87	1.71	1.69
农村居民每一劳动力负担人口	Number of Dependents per Laborer of Rural Household	2.50	1.46	1.35	2.16	2.16
收 入(元)	**Income (yuan)**					
城镇非私营单位在岗职工平均工资	Average Wage of Employed Staff and Workers in Urban Nonprivate Units	552	7014	29092	76131	80503
城镇居民人均可支配收入	Per Capita Annual Disposable Income of Urban Households	305	5104	15481	36546	38556
农村居民人均可支配收入	Per Capita Net Income of Rural Residents	141	2135	5789	15796	16981
储 蓄(元)	**Saving (yuan)**					
平均每人住户存款年末余额	Per Capita Balance of Saving Deposit at Year-end	13	2997	13746	43548	50318
居 住(平方米)	**Residence (sq.m)**					
城镇居民人均建筑面积	Per Capita Building Space of Urban Households			38.9	50.0	50.5
农村居民人均建筑面积	Per Capita Living Space of Rural Households		27.8	40.3	62.9	64.6
交通、通讯	**Traffic and Communication**					
城镇居民每百户汽车拥有量(辆)	Number of Automobiles per 100 Urban Households (unit)		0.39	5.31	33.67	40.87
城镇居民每百户摩托车拥有量(辆)	Number of Motorcycles per 100 Urban Households (unit)		12.96	20.77	34.08	27.24
城镇居民每百户拥有移动电话(部)	Number of Mobile Telephones per 100 Urban Households (unit)		14.37	181.18	261.85	257.55
农村居民每百户汽车拥有量(辆)	Number of Bicycles per 100 Rural Households (unit)				21.52	22.46
农村居民每百户摩托车拥有量(辆)	Number of Motorcycles per 100 Rural Households (unit)		17.47	60.49	63.09	62.89
农村居民每百户拥有移动电话(部)	Number of Mobile Telephones per 100 Rural Households (unit)		1.43	140.98	276.83	269.18
教 育	**Education**					
每万人中有普通高等学校在校学生(人)	Students Enrollment of Regular Higher Education Institutions per 10 000 Population (person)	6.9	35.3	188.0	309.53	353.26
每万人中有中等学校在校学生(人)	Students Enrollment of Secondary Schools per 10 000 Population (person)	540.7	702.4	788.7	839.36	868.58
每万人中有小学在校学生(人)	Students Enrollment of Primary Schools per 10 000 Population (person)	1614.2	1018.9	955.9	911.08	899.03
卫 生	**Health**					
每万人中有卫生技术人员(人)	Number of Medical Technical Personnels per 10 000 Population (person)	22.1	29.7	34.7	59.33	63.30
#医生	Doctors	9.6	13.1	13.3	21.35	23.20
每万人中有病床数(张)	Number of Hospital Beds per 10000 Population (bed)	22.7	21.9	28.7	59.17	63.24
#医院卫生院	Hospital Beds	20.5	20.1	23.1	54.64	58.71
文 化(台/套)	**Culture (set)**					
城镇居民每百户拥有彩色电视机	Number of Color TV per 100 Urban Households		106.01	148.00	131.48	129.42
城镇居民每百户拥有照相机	Number of Cameras per 100 Urban Households		25.48	33.82	10.00	14.38
城镇居民每百户拥有计算机	Number of Computers per 100 Urban Households		4.56	59.91	58.22	68.61
农村居民每百户拥有计算机	Number of Computers per 100 Rural Households		2.00	5.22	25.83	27.59
农村居民每百户拥有彩色电视机	Number of Color TV per 100 Rural Households		30.16	106.86	127.61	125.49
农村居民每百户拥有照相机	Number of Cameras per 100 Rural Households		2.08	2.69	1.87	2.17

注：2013年之前为农村居民人均纯收入指标，2013年之后所有调查指标为新口径调查数据，无纯收入指标，统一为可支配收入指标。后同。

a) Rural per capita net income has been adjusted to per capita disposable income of rural residents since 2013. The same applies to the tables following.

9-2 居民消费水平

Household Consumption Expenditure

本表绝对数按当年价格计算，指数按可比价格计算。

Level in this table are calculated at current prices, while indices are calculated at constant prices.

年份 Year	绝对数(元) Level (yuan)			指数(上年=100) Index (Preceding Year=100)			指数(1978=100) Index (year of 1978=100)		
	全体居民 All Households	农村居民 Rural Household	城镇居民 Urban Household	全体居民 All Households	农村居民 Rural Household	城镇居民 Urban Household	全体居民 All Households	农村居民 Rural Household	城镇居民 Urban Household
1978	181	161	281	115.7	115.7	109.7	100.0	100.0	100.0
1979	203	179	323	110.7	109.7	113.4	110.7	109.7	113.4
1980	211	183	340	99.7	98.0	101.0	110.4	107.5	114.5
1981	230	194	394	104.1	101.3	110.8	114.9	108.9	126.9
1982	266	235	403	112.4	117.7	99.5	129.1	128.2	126.3
1983	282	253	410	104.5	106.1	100.3	135.0	136.0	126.6
1984	311	279	448	107.6	107.6	106.6	145.2	146.3	135.0
1985	367	327	535	108.7	107.9	109.7	157.8	157.9	148.1
1986	395	346	590	101.6	101.0	101.6	160.4	159.5	150.5
1987	427	365	675	103.7	101.7	107.0	166.3	162.2	161.0
1988	506	421	842	104.7	101.7	111.7	174.1	164.9	179.8
1989	580	480	971	100.0	101.6	96.5	174.1	167.6	173.5
1990	666	577	1017	104.5	104.8	103.6	182.0	175.6	179.8
1991	706	605	1105	103.6	103.2	104.6	188.5	181.2	188.1
1992	770	634	1295	106.7	105.1	110.0	201.1	190.5	206.9
1993	887	712	1566	105.9	105.0	107.8	213.0	200.0	223.0
1994	1182	923	2165	105.8	105.2	106.3	225.4	210.4	237.1
1995	1559	1266	2632	106.8	107.6	104.2	240.7	226.4	247.0
1996	1857	1553	2942	112.2	115.7	104.4	270.0	262.0	257.9
1997	1930	1569	3200	104.4	103.1	106.7	281.9	270.1	275.2
1998	1973	1599	3267	101.6	101.4	101.7	286.4	273.9	279.8
1999	2056	1637	3482	104.4	103.9	105.0	299.0	284.5	293.8
2000	2396	1793	4488	116.6	114.9	117.2	348.7	326.9	344.4
2001	2500	1801	4845	104.8	101.2	108.0	365.4	330.9	371.9
2002	2651	1879	5138	106.0	104.3	106.0	387.3	345.1	394.2
2003	2739	1964	5127	102.9	104.0	99.6	398.6	358.9	392.7
2004	3277	2289	6157	111.6	109.8	110.8	444.8	394.1	435.1
2005	3693	2489	7083	109.6	108.1	109.5	487.5	426.0	476.4
2006	4052	2729	7720	125.0	120.1	129.2	609.4	511.6	615.5
2007	4665	3037	9128	108.4	105.9	110.3	660.6	541.8	678.9
2008	5692	3063	9539	114.8	105.4	93.4	758.3	571.0	634.1
2009	6172	3412	9941	112.3	113.4	108.9	851.6	647.5	690.5
2010	7846	4342	12294	111.5	115.4	106.8	949.5	747.3	737.5
2011	9348	5773	13587	112.2	112.7	109.3	1065.4	842.2	806.1
2012	10426	6366	14933	110.9	115.3	106.7	1181.5	971.0	860.1
2013	11933	7458	16584	110.4	114.0	106.6	1304.4	1107.0	916.8
2014	13293	8646	17839	110.5	113.6	107.3	1441.3	1257.5	983.8
2015	14668	9762	19144	109.5	113.5	105.8	1578.3	1427.3	1040.8
2016	16204	11648	20087	109.3	113.6	105.7	1725.0	1621.4	1100.2
2017	17837	12906	21759	108.5	112.8	105.1	1871.7	1828.9	1156.3
2018	20477	15506	24176	108.8	112.9	105.8	2036.4	2064.8	1223.4
2019	23109	17841	26760	108.2	112.6	105.1	2203.4	2325.0	1285.8
2020	24089	19397	27160	103.9	107.4	101.6	2289.3	2497.0	1306.3

9-3 各地区住户存款年末余额(2020年)
Balance of Household Deposits at Year-end by Region (2020)

单位：亿元 (100 million yuan)

地 区	Region	本外币 RMB and Foreign Currency			人民币 RMB		
		年末余额 Balance	比年初 Over Beginning of Year	比年初增长(%) Growth Rate (%)	年末余额 Balance	比年初 Over Beginning of Year	比年初增长(%) Growth Rate (%)
全 省	**Provincial Total**	**22811.91**	**3075.38**	**15.6**	**22741.11**	**3075.24**	**15.6**
南昌市	Nanchang	4319.67	660.67	18.1	4278.65	660.59	18.3
景德镇市	Jingdezhen	960.06	137.60	16.7	957.92	137.56	16.8
萍乡市	Pingxiang	831.86	119.96	16.9	829.92	120.01	16.9
九江市	Jiujiang	2188.08	275.00	14.4	2183.53	274.97	14.4
新余市	Xinyu	734.93	96.08	15.0	733.32	96.08	15.1
鹰潭市	Yingtan	620.53	88.65	16.7	619.34	88.82	16.7
赣州市	Ganzhou	3843.65	458.65	13.5	3838.22	458.68	13.6
吉安市	Ji'an	2286.97	278.69	13.9	2284.21	278.67	13.9
宜春市	Yichun	2499.98	347.17	16.1	2496.54	347.08	16.1
抚州市	Fuzhou	1698.61	210.50	14.1	1695.89	210.51	14.2
上饶市	Shangrao	2825.46	402.65	16.6	2821.44	402.52	16.6

9-4 各地区住户贷款年末余额(2020年)
Balance of Household Loan at Year-end by Region (2020)

单位：亿元 (100 million yuan)

地 区	Region	本外币 RMB and Foreign Currency			人民币 RMB		
		年末余额 Balance	比年初 Over Beginning of Year	比年初增长(%) Growth Rate (%)	年末余额 Balance	比年初 Over Beginning of Year	比年初增长(%) Growth Rate (%)
全 省	**Provincial Total**	**16301.78**	**1929.34**	**13.4**	**16301.61**	**1929.57**	**13.4**
南昌市	Nanchang	4460.55	415.37	10.3	4460.49	415.46	10.3
景德镇市	Jingdezhen	407.73	62.32	18.0	407.72	62.33	18.0
萍乡市	Pingxiang	387.37	57.65	17.5	387.36	57.66	17.5
九江市	Jiujiang	1659.94	138.18	9.1	1659.92	138.20	9.1
新余市	Xinyu	381.55	42.89	12.7	381.54	42.89	12.7
鹰潭市	Yingtan	296.55	44.45	17.6	296.54	44.45	17.6
赣州市	Ganzhou	3085.78	385.79	14.3	3085.76	385.82	14.3
吉安市	Ji'an	1393.60	169.12	13.8	1393.59	169.13	13.8
宜春市	Yichun	1467.67	247.57	20.3	1467.66	247.59	20.3
抚州市	Fuzhou	1204.19	159.95	15.3	1204.18	159.96	15.3
上饶市	Shangrao	1538.45	204.47	15.3	1538.43	204.49	15.3

9-5 城镇居民基本情况
Basic Statistics on Urban Households

年份 地区 Year Region	平均每户家庭人口数(人) Average Household Size (person)	平均每户劳动力人口数(人) Average Number of Employed Persons per Household (person)	平均每人每年可支配收入(元) Per Capita Annual Disposable Income (yuan)	可支配收入指数 Index of Disposable Income 以上年为100 (preceding year=100)	以1978年为100 (year of 1978=100)	平均每人每年消费支出(元) Per Capita Annual Consumption Expenditure (yuan)
1986	4.02		729.80	118.0	171.9	630.96
1987	3.98		791.90	100.6	172.9	703.20
1988	3.72		937.80	95.7	165.5	876.48
1989	3.65		1081.90	98.4	161.2	977.88
1990	3.60		1188.00	107.5	173.3	983.76
1991	3.54		1295.00	104.5	181.0	1110.24
1992	3.45		1585.00	113.8	206.0	1275.96
1993	3.37		1985.00	108.1	222.8	1585.68
1994	3.28		2777.00	110.2	245.6	2201.04
1995	3.20		3376.51	104.0	255.5	2712.48
1996	3.18		3780.20	103.6	264.6	2942.16
1997	3.13		4071.32	104.6	276.7	3199.56
1998	3.08		4254.88	103.4	286.0	3266.76
1999	3.06		4728.51	112.0	320.3	3482.28
2000	3.08		5116.46	105.9	339.2	3623.52
2001	3.04		5524.56	108.1	366.7	3894.48
2002	2.97		6362.67	114.8	421.0	4549.32
2003	2.97		6936.75	108.0	454.7	4914.60
2004	2.91		7604.82	106.0	482.0	5337.84
2005	2.89		8678.88	112.3	541.3	6109.44
2006	2.86		9625.05	110.0	595.4	6645.54
2007	2.85		11551.12	112.5	669.8	7810.73
2008	2.90		12989.51	108.3	725.4	8717.37
2009	2.88		14168.14	109.6	795.0	9739.99
2010	2.84		15655.93	107.3	853.0	10618.69
2011	2.87		17692.42	107.5	917.0	11747.21
2012	2.86		20084.62	110.6	1014.2	12775.65
2013	3.35	2.32	22120.00	107.8	1093.3	13843.00
2014	3.32	2.31	24309.00	107.3	1173.1	15142.00
2015	3.23	2.27	26500.12	107.4	1259.9	16731.81
2016	3.25	2.22	28673.28	106.1	1336.8	17695.65
2017	3.23	2.22	31198.06	106.7	1425.9	19244.46
2018	3.71	2.25	33819.40	106.2	1513.9	20760.02
2019	3.78	2.21	36545.90	105.02	1589.9	22714.27
2020	3.82	2.26	38555.84	103.03	1638.1	22134.31

注：可支配收入指数均按可比价计算。

a) Disposable income index is calculated at comparable price.

9-6 城镇居民按收入高低五等份分组基本情况(2020年)
Per Capita Disposable Income of Urban Households by Income Quintile (2020)

指　　标	Item	低收入组 Low Income Households	中低收入组 Lower Middle Income Households
占调查总户数比重(%)	Percentage of Households (%)	20	20
平均每户家庭人口数(人)	Average Household Size (person)	4.55	4.34
平均每户劳动力人口数(人)	Average Number of Laborer Per Household (person)	2.30	2.41
平均每户家庭劳动力人口比重(%)	Percentage of Laborer Per Household	50.57	55.62
平均每一劳动力负担人口(人)	Average Number of Persons Supported by A Laborer (person)	1.98	1.80
平均每人每年可支配收入(元)	Per Capita Annual Disposable Income (yuan)	14877.68	25810.06
平均每人每年消费支出(元)	Per Capita Annual Disposable Income (yuan)	12320.53	16784.26

9-6 续表 continued

指　　标	Item	中等收入组 Middle Income Households	中高收入组 Upper Middle Income Households	高收入组 High Income Households
占调查总户数比重(%)	Percentage of Households (%)	20	20	20
平均每户家庭人口数(人)	Average Household Size (person)	3.72	3.39	3.10
平均每户劳动力人口数(人)	Average Number of Laborer Per Household (person)	2.30	2.21	2.07
平均每户家庭劳动力人口比重	Percentage of Laborer Per Household	61.81	65.10	66.83
平均每一劳动力负担人口(人)	Average Number of Persons Supported by A Laborer (person)	1.62	1.54	1.50
平均每人每年可支配收入(元)	Per Capita Annual Disposable Income (yuan)	35169.89	47768.43	85870.30
平均每人每年消费支出(元)	Per Capita Annual Consumption Expenditure (yuan)	22261.57	27653.50	38100.31

9-7 城镇居民平均每人每年收支

Per Capita Annual Income and Expenditure of Urban Households by Income Quintile

单位：元 (yuan)

指标	Item	2019	2020
可支配收入	**Disposable Income**	**36545.90**	**38555.84**
工资性收入	Income of Wages and Salaries	23167.59	24309.52
#工资	Wages	22367.38	23420.47
经营净收入	Net Business Income	3055.25	3089.04
财产净收入	Income from Property	3187.89	3390.80
转移净收入	Income from Transfers	7135.17	7766.49
#养老金或离退休金	Pension or Retirement Annuities	5516.11	6363.40
总支出	**Total Expenditure of Households**	**32682.53**	**31190.78**
#消费支出	Consumption Expenditure	22714.27	22134.31
生产经营费用支出	Production and Operation	1593.38	1193.88
财产性支出	Property	182.28	183.72
转移性支出	Transfer	1614.82	1758.42
个人所得税	Individual Income Tax	87.44	57.29
部分商业保险支出	Part of the Commercial Insurance Payments	120.81	163.27
购置资产及非经常性转移支出	Purchase of Assets and Non Regular Payments	4931.22	4235.34
借贷性支出	Loan	1525.76	1521.84
#存入储蓄款	Money Deposited in Bank	27.80	25.02
借出款	Lending Money	4.87	13.64
归还借款	Money Returned to the Borrower	71.82	129.95
归还住房贷款	Housing Loan Returned	1175.67	1201.56

9-8 城镇居民平均每人每年收支(2020年)
Per Capita Annual Income and Expenditure of Urban Households (2020)

单位：元 (yuan)

指标	Item	合计 Total	低收入户 Low Income Households	中等偏下户 Lower Middle Income Households	中等收入户 Middle Income Households	中等偏上户 Upper Middle Income Households	高收入户 High Income Households
可支配收入	**Disposable Income**	**38555.84**	**14877.68**	**25810.06**	**35169.89**	**47768.43**	**85870.30**
工资性收入	Income of Wages and Salaries	24309.52	8604.94	15657.99	21518.19	29598.63	57540.70
#工资	Wages	23420.47	8548.32	15385.05	21069.81	28350.41	54406.25
经营净收入	Net Business Income	3089.04	1617.78	2472.04	1641.98	3961.95	6932.92
财产净收入	Income from Property	3390.80	1174.00	1993.31	3286.60	3890.75	8256.07
转移净收入	Income from Transfers	7766.49	3480.97	5686.72	8723.11	10317.11	13140.61
#养老金或离退休金	Pension or Retirement Annuities	6363.40	1904.97	4438.01	7956.65	9838.73	9984.31
总支出	**Total Expenditure of Households**	**31190.78**	**16112.12**	**21263.81**	**28579.10**	**41232.55**	**59736.90**
#消费支出	Consumption Expenditure	22134.31	12320.53	16784.26	22261.57	27653.50	38100.31
生产经营费用支出	Production and Operation	1193.88	921.18	571.04	816.53	1371.40	2731.72
财产性支出	Property	183.72	35.96	101.83	100.85	357.42	426.55
转移性支出	Transfer	1758.42	734.50	1023.68	1488.67	2099.33	4273.78
个人所得税	Individual Income Tax	57.29	5.31	11.71	16.01	62.40	243.33
部分商业保险支出	Part of the Commercial Insurance Payments	163.27	38.46	42.80	118.44	258.14	467.89
购置资产及非经常性转移支出	Purchase of Assets and non Regular Payments	4235.34	1372.10	1773.40	2609.98	7509.23	10291.83
借贷性支出	Loan	1521.84	689.39	966.80	1183.07	1983.53	3444.82
#存入储蓄款	Money Deposited in Bank	25.02	24.86	7.91	1.02	64.19	34.28
借出款	Lending Money	13.64	2.47	0.06	19.34	31.96	22.17
归还借款	Money Returned to the Borrower	129.95	18.63	29.58	108.13	13.50	594.65
归还住房贷款	Housing Loan Returned	1201.56	531.33	704.46	888.02	1722.98	2701.79

9-9 城镇居民平均每人每年消费支出(2020年)
Per Capita Consumption Expenditure of Urban Households (2020)

单位：元 (yuan)

指标	Item	合计 Total	低收入户 Low Income Households	中等偏下户 Lower Middle Income Households	中等收入户 Middle Income Households	中等偏上户 Upper Middle Income Households	高收入户 High Income Households
消费支出	**Consumption Expenditure**	**22134.31**	**12320.53**	**16784.26**	**22261.57**	**27653.50**	**38100.31**
食品烟酒	Food，Cigarette and Wine	6949.06	4576.48	6074.59	7609.35	8460.53	9268.64
#食品	Food	5210.09	3732.89	4673.38	5696.87	6389.99	6285.67
烟酒	Cigarette and Wine	543.32	290.50	451.55	629.88	669.34	808.22
饮料	Beverage	94.76	55.94	71.81	114.92	117.29	136.04
饮食服务	Service	1100.89	497.14	877.85	1167.68	1283.91	2038.72
衣着	Clothing	1354.51	670.86	1043.38	1222.87	1718.03	2572.66
#衣类	Clothes	1125.31	548.73	849.10	1012.12	1439.91	2165.63
鞋类	Footwears	229.21	122.13	194.28	210.75	278.12	407.03
居住	Residence	5315.55	2879.22	3889.78	5368.04	7159.31	8861.48
生活用品及服务	Household Appliances and Services	1233.87	593.09	874.83	1100.90	1672.98	2371.60
交通通信	Transport and Communications	2856.79	1001.45	1676.24	3018.35	3724.46	6143.30
#交通	Transport	2150.74	588.27	1102.70	2288.69	2834.97	5043.53
通信	Communications	706.05	413.18	573.54	729.66	889.49	1099.77
教育、文化娱乐	Education, Cultural and Recreation Services	2262.30	1602.10	1803.99	2136.18	2405.03	3891.30
#教育	Education	1667.01	1340.04	1368.28	1542.89	1688.86	2702.81
文化娱乐	Cultural and Recreation Services	595.30	262.06	435.71	593.29	716.17	1188.49
医疗保健	Health Care and Medical Services	1724.34	847.30	1149.88	1506.19	2028.28	3773.18
#医疗器具及药品	Instruments, Apparatuses and Medicines	409.06	232.76	331.15	386.68	516.82	690.41
医疗服务	Service	1315.28	614.55	818.74	1119.51	1511.46	3082.77
其他用品和服务	Other Goods and Services	437.89	150.03	271.56	299.70	484.88	1218.15
#其他用品	Other Goods	225.83	70.33	172.27	150.37	217.72	634.96
其他服务	Other Services	212.05	79.71	99.29	149.33	267.16	583.19

9-10 城镇居民平均每人每年消费支出和构成
Per Capita Consumption Expenditure and Expenditure Percentage of Urban Households

类别	Type	消费性支出（元） Consumption Expenditure (yuan)		构成（%） Percentage (%)	
		2019	2020	2019	2020
消费支出	**Consumption Expenditure**	**22714.27**	**22134.31**	**100**	**100**
食品烟酒	Food，Cigarette and Wine	6604.43	6949.06	29.08	31.39
#食品	Food	4535.98	5210.09	19.97	23.54
烟酒	Cigarette and Wine	519.80	543.32	2.29	2.45
饮料	Beverage	90.91	94.76	0.40	0.43
饮食服务	Service	1457.74	1100.89	6.42	4.97
衣着	Clothing	1568.86	1354.51	6.91	6.12
#衣类	Clothes	1315.11	1125.31	5.79	5.08
鞋类	Footwears	253.75	229.21	1.12	1.04
居住	Residence	5370.43	5315.55	23.64	24.01
生活用品及服务	Household Appliances and Services	1507.00	1233.87	6.63	5.57
交通通信	Transport and Communications	2771.55	2856.79	12.20	12.90
#交通	Transport	2150.50	2150.74	9.47	9.71
通信	Communications	621.05	706.05	2.73	3.19
教育、文化娱乐	Education, Cultural and Recreation Services	2781.40	2262.30	12.25	10.21
#教育	Education	1886.36	1667.01	8.30	7.53
文化娱乐	Cultural and Recreation Services	895.05	595.30	3.94	2.69
医疗保健	Health Care and Medical Services	1559.33	1724.34	6.86	7.78
#医疗器具及药品	Instruments, Apparatuses and Medicines	378.01	409.06	1.66	1.85
医疗服务	Service	1181.33	1315.28	5.20	5.94
其他用品和服务	Other Goods and Services	551.27	437.89	2.43	1.98
#其他用品	Other Goods	273.03	225.83	1.20	1.02
其他服务	Other Services	278.23	212.05	1.22	0.96

9-11 城镇居民平均每百户主要耐用消费品年末拥有量
Main Durable Goods Owned Per 100 Urban Households at Year-end by Region

品　名	Item	2005	2010	2019	2020
摩托车(辆)	Motorcycle (unit)	24.38	20.77	34.08	27.24
家用汽车(辆)	Family Vehicle (unit)	0.73	5.31	33.67	40.87
洗衣机(台)	Washing Machine (unit)	95.29	93.84	91.77	95.78
电冰箱(台)	Refrigerator (unit)	90.66	96.57	98.92	100.25
彩色电视机(台)	Color Television Set (unit)	139.31	148.00	131.48	129.42
计算机(台)	Computer (unit)	32.03	59.91	58.22	68.61
照相机(台)	Camera (unit)	37.35	33.82	10.00	14.38
中高档乐器(架)	Medium and High Grade Musical Instruments (piece)	8.67	6.70	8.19	12.19
微波炉(台)	Microwave Oven (unit)	38.93	55.86	42.70	51.71
空调(台)	Air Conditioner (unit)	72.41	107.67	139.74	158.25
热水器(台)	Shower Heater (unit)	81.77	92.28	98.33	103.71
健身器材(台)	Body Building Equipment (unit)	1.77	3.17	5.85	9.11
移动电话(部)	Mobile Telephone (unit)	136.26	181.18	261.85	257.55

9-12 农村居民家庭基本情况
Basic Statistics on Rural Households

年 份 Year	平均每户家庭人口(人) Average Permanent Population Per Household (person)	平均每户整半劳动力(人) Average Number of Full/ Semi Labour Force Per Household (person)	平均每个劳动力负担人口(人) Average Number of Dependents Per Laborer Force (person)	平均每人可支配收入(元) Per Capita Average Net Income (yuan)	平均每人住房面积(平方米) Per Capita Floor Space of Residential Buildings (sq.m)
1978	5.68	2.77	2.50	140.70	
1979	5.67	2.26	2.50	156.50	
1980	5.91	2.50	2.36	180.94	9.09
1981	6.06	2.78	2.18	226.87	10.05
1982	5.97	2.63	2.27	269.7	11.57
1983	5.92	2.9	2.04	301.76	13.92
1984	5.94	3.02	1.97	334.11	15.55
1985	5.79	3.09	1.87	377.31	16.20
1986	5.72	3.04	1.88	395.63	17.50
1987	5.61	3.02	1.85	429.29	18.47
1988	5.48	3.01	1.82	488.16	19.35
1989	5.38	3.02	1.78	558.64	19.94
1990	5.28	3.00	1.76	669.90	20.58
1991	5.09	2.92	1.74	702.53	20.08
1992	5.01	2.94	1.70	768.41	20.70
1993	4.92	3.02	1.63	869.81	22.91
1994	4.86	3.10	1.57	1218.19	21.61
1995	4.79	3.12	1.54	1537.36	22.70
1996	4.71	3.02	1.56	1869.63	24.00
1997	4.61	3.00	1.54	2107.28	24.33
1998	4.56	2.99	1.52	2052.87	25.31
1999	4.50	2.99	1.50	2139.95	26.90
2000	4.44	3.03	1.46	2151.09	27.79
2001	4.43	3.01	1.47	2253.85	28.25
2002	4.39	3.01	1.46	2335.40	29.24
2003	4.36	3.05	1.43	2494.78	30.55
2004	4.33	3.08	1.41	2836.93	31.35
2005	4.34	3.14	1.38	3193.94	34.10
2006	4.30	3.15	1.37	3541.00	35.91
2007	4.29	3.17	1.35	4151.80	36.78
2008	4.29	3.16	1.36	4835.27	37.56
2009	4.29	3.17	1.35	5238.02	39.53
2010	4.29	3.18	1.35	5991.17	40.26
2011	4.25	3.06	1.39	7132.77	46.82
2012	4.24	3.04	1.40	8103.39	47.61
2013	4.20	2.40	1.75	9089.00	49.11
2014	4.20	2.31	1.82	10117.00	50.20
2015	4.11	2.24	1.83	11139.08	51.80
2016	4.05	2.18	1.86	12137.72	54.20
2017	4.06	2.19	1.85	13241.82	54.90
2018	4.30	2.09	2.06	14459.89	59.20
2019	4.39	2.03	2.16	15796.29	62.91
2020	4.44	2.06	2.16	16980.84	64.64

注：2013年之后人均常住人口指标为人均家庭人口，人均纯收入指标为人均可支配收入，2013年之后所有数据为新口径调查数据。后同。

a) Average permanent population per household has been adjusted to average family population per household, per capita net income to per capita disposable income since 2013. The new statistic standard has been applied since. The same applies as following tables.

9-13 平均每百户农村居民主要生产用固定资产拥有量
Main Fixed Assets for Production Owned Per 100 Rural Households

指　　标	Item	2019	2020
生产性固定资产原值（元）	**Productive Original Value of Fixed Assets (yuan)**	**1707296**	**1687916**
农　业	Agriculture	929331	968247
林　业	Forestry	9087	13658
牧　业	Animal Husbandry	104790	96531
渔　业	Fishing	20413	11126
采矿业	Mining	-	-
制造业	Manufacturing	45261	70260
电力、热力、燃气及水的生产和供应业	Production and Supply of Electricity, Gas & Water	2174	1299
建筑业	Construction	68396	50299
批发和零售业	Wholesale and Retail Trade	183235	167766
交通运输、仓储和邮政业	Traffic, Transport, Storage and Post	200664	183024
住宿和餐饮业	Hotels and Catering Services	41135	20483
居民服务与其他服务业	Services to Households and Other Services	46978	65455
其　他	Others	55833	39771
主要生产性固定资产数量	**Amount of Major Productive Fixed Assets**		
房屋及建筑物（平方米）	Housing and Building (aq.m)	1157.47	1208.84
大中型农用拖拉机（台）	Large and Medium Agrimotor (unit)	0.87	0.74
小型农用拖拉机（台）	Small and Walking Agrimotor (unit)	10.83	10.82
农用排灌动力机械(台)	Power-driven Irrigation and Drainage Equipment (unit)	8.35	8.23
插秧机(台)	Rice Transplanter (unit)	0.52	0.26
收割机（台）	Harvester (unit)	1.78	1.82
脱粒机（台）	Thresher (unit)	5.26	6.88
产品畜（头）	Commodity Animal (head)	51.65	22.25

9-14 农村居民人口与就业情况
Population and Employment of Rural Households

单位：人 (person)

指 标	Item	2019	2020
农村居民人口状况	**Population of Rural Households**		
家庭常住人口	Number of Permanent Residents	7655	7465
5岁及以下	5 and Under	532	430
6-15岁	Aged 6 - 15	1520	1445
16-19岁	Aged 16 - 19	387	436
20-24岁	Aged 20 - 24	270	267
25-29岁	Aged 25 - 29	195	151
30-34岁	Aged 30 - 34	243	260
35-40岁	Aged 35 - 40	366	324
41-50岁	Aged 41 - 50	1128	1064
51-60岁	Aged 51 - 60	1416	1440
61-65岁	Aged 61 - 65	634	601
66岁及以上	66 and Over	964	1047
在校学生人数	Students Enrollment	1973	1986
农村住户劳动力素质状况	**Labor Force Quality of Rural Households**		
整半劳动力数	Number of Full/Semi Labour Force	4664	4751
#男劳动力人数	Number of Male Labour Force	2329	2368
整劳动力	Number of Full Labour Force	1715	1561
劳动力文化程度	Education of Labor Force		
未上过学	Un-Schooled	237	247
小学程度	Primary School	1930	2006
初中程度	Junior High School	1958	1950
高中程度	Senior High School	379	382
大专及以上	Junior College and over	160	166

9-14 续表 continued

单位：人 (person)

指 标	Item	2019	2020
农村居民就业情况	**Employment of Rural Households**		
家庭常住从业人数	Resident Labor Force	3813	3667
就业类型	Type of Employment		
雇主	Employer	36	17
公职人员	Public Employee	24	11
事业单位人员	Institution Personnel	55	49
国有企业雇员	Employee of State-owned Enterprises	9	5
其他雇员	Other Employee	1712	1795
农业自营	Agricultural Self-run	1640	1466
非农自营	Non-agricultural Self-run	337	324
行业分布	Sector of Employment		
第一产业就业人数	Primary Industry	1703	1581
第二产业就业人数	Secondary Industry	1149	1098
采矿业	Mining and Quarrying	21	20
制造业	Manufacturing	517	459
电力、热力、燃气及水生产供应业	Production and Supply of Electricity, Gas & Water	31	32
建筑业	Construction	580	587
第三产业就业人数	Tertiary Industry	961	988
批发和零售业	Wholesale and Retail Trades	212	218
交通运输、仓储和邮政业	Transport, Storage and Post	111	122
住宿和餐饮业	Hotels and Catering Services	102	99
居民服务、修理和其他服务业	Services to Households and Other Services	245	253
教 育	Education	59	49
卫生和社会工作	Health and Social Affairs	69	66
文化、体育和娱乐业	Culture, Sports and Entertainment	10	9
其 他	Others	153	172

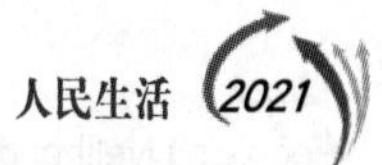

9-15　平均每百户农村居民主要耐用消费品年末拥有量
Main Durable Goods Owned Per 100 Rural Households at Year-end

品　　名	Item	2019	2020
家用汽车(辆)	Family Vehicle (unit)	21.52	22.46
摩托车(辆)	Motorcycle (unit)	63.09	62.89
洗衣机(台)	Washing Machine (unit)	68.43	68.02
电冰箱(台)	Refrigerator (unit)	97.43	97.86
彩色电视机(台)	Color TV Set (unit)	127.61	125.49
排油烟机(台)	Smoke Absorber (unit)	35.70	36.04
空调(台)	Air Conditioner (unit)	70.09	72.23
热水器(台)	Water Heater (unit)	81.48	88.04
微波炉(台)	Oven (unit)	15.09	15.21
固定电话(线)	Fixed-line Telephone (line)	7.74	4.53
移动电话(部)	Mobile Telephone (unit)	276.83	269.18
照相机(台)	Camera (unit)	1.87	2.17
计算机(台)	Computer (unit)	25.83	27.59
中高档乐器(架)	Medium and High Grade Musical Instrument (unit)	1.96	1.80

9-16 农村居民人均食品消费量
Per Capita Food Consumption of Rural Households

单位：公斤 (kg)

类别	Type	2019	2020
粮食	Grain	148.45	178.21
#谷物	Rice	138.90	166.32
薯类	Tubers	1.35	1.98
豆类	Soybeans	8.20	9.90
蔬菜及菜制品	Fresh Vegetable and Related Products	85.40	100.31
油脂类	Oil	12.50	15.65
#植物油	Vegetable Oil	11.95	15.15
肉类	Meat	24.54	25.44
#猪肉	Pork	21.39	22.32
牛肉	Beef	1.53	1.56
羊肉	Mutton	0.17	0.16
禽类	Poultry	9.33	12.38
水产品	Aquatic Products	12.80	13.33
蛋类及蛋制品	Eggs and Related Products	7.11	9.29
奶和奶制品	Milk and Dairy Products	6.12	6.76
食糖	Sugar	1.01	1.05
酒	Liquor and Beverages	10.95	10.50
干鲜瓜果类	Dry and Fresh Melon and Fruits	34.67	37.19

9-17 农村居民平均每人总收入
Per Capita Total Income of Rural Households

单位：元 (yuan)

指标	Item	2019	2020
全年总收入（未扣除生产费用）	**Annual Total Income**	**21849.73**	**22552.12**
工资性收入	Income From Wages and Salaries	6699.20	7301.18
经营性收入	Income from Household Operations	11234.00	10962.28
第一产业	Primary Industry	7374.40	7211.32
#农业	Agriculture	5248.47	5182.74
林业	Forestry	207.83	238.51
牧业	Animal Husbandry	1713.50	1597.52
渔业	Fishery	204.61	192.56
第二产业	Secondary Industry	1259.95	866.56
第三产业	Tertiary Industry	2599.66	2884.40
财产性收入	Property Income	291.92	302.35
转移性收入	Transfer Income	3624.60	3986.31

9-18 农村居民平均每人现金收入
Per Capita Cash Income of Rural Households

单位：元 (yuan)

指　　标	Item	2019	2020
全年现金收入(未扣除生产费用)	**Annual Total Cash Income (Operating Expenses Undeducted)**	**21051.61**	**21591.74**
#现金工资性收入	Income from Wages and Salaries	6687.53	7290.01
#工资	Wages	6663.63	7273.28
其他工资性收入	Other Wage Incomes	23.90	16.72
现金经营性收入	Operational Income in Cash	10656.30	10199.67
第一产业	Primary Industry	6796.69	6448.71
#农业	Agriculture	4789.73	4565.49
林业	Forestry	133.40	180.25
牧业	Animal Husbandry	1672.13	1515.38
渔业	Fishery	201.43	187.59
第二产业	Secondary Industry	1259.95	866.56
#采矿业	Mining	-	3.54
制造业	Manufacturing	347.29	470.16
建筑业	Construction	911.34	392.87
第三产业	Tertiary Industry	2599.66	2884.40
#批发和零售业	Wholesale and Retail Trade	1468.72	1618.79
交通运输、仓储和邮政业	Traffic Transport, Storage and Post	465.36	509.71
住宿和餐饮业	Hotels and Catering Services	165.67	224.26
居民服务、修理和其他服务业	Domestic Service, Repair and Other Services	315.74	337.56
其他行业	Other Sectors	31.01	62.76
现金财产性收入	Income from Properties	291.92	302.35
现金转移性收入	Income from Transfers	3415.86	3799.71

9-19 农村居民家庭平均每人总支出
Per Capita Total Expenditure of Rural Households

单位：元 (yuan)

指　　标	Item	2019	2020
全年总支出	**Annual Total Expenditure**	**21216.30**	**21352.10**
#生产经营费用支出	Expenditure on Production and Management	4721.78	4468.37
第一产业	Primary Industry	3029.38	2920.32
第二产业	Secondary Industry	716.51	309.64
第三产业	Tertiary Industry	975.90	1238.41
购置资产及非经常性转移	Acquisition of Assets and Non-recurrent Transfer	2928.94	2018.34
#购置资产支出	Acquisition of Assets	1396.14	737.99
非经常转移支出	Non-recurrent Transfer	1532.80	1280.35
消费支出	Living Expenditure	12496.71	13579.44
#食品烟酒	Food, Cigarette and Wine	3801.24	4557.12
衣　着	Clothing	577.71	602.60
居　住	Residence	3409.98	3553.76
生活用品及服务	Articles and Service of Daily Use	743.39	686.59
交通通信	Transportation and Communications	1425.29	1402.62
教育文化娱乐	Education, Culture and Entertainment	1394.70	1477.59
医疗保健	Medical Articles	964.43	1136.71
其他用品和服务	Other Commodities and Services	179.97	162.45
财产性支出	Property Expenditure	34.55	23.25
转移性支出	Transfer Expenditure	486.07	451.73

9-20 农村居民平均每人生活消费支出
Per Capita Living Expenditure of Rural Households

单位：元 (yuan)

指　　标	Item	2019	2020
全年生活消费支出(不含自产自用)	**Annual Living Expenditure for Consumption (Self-produce and Self-use Not Included)**	**12041.23**	**13031.44**
#货币性消费	Consumption Paid in Money	9611.02	10442.71
食品烟酒	Food, Cigarette and Wine	3433.14	4065.92
#货币性消费	Consumption Paid in Money	3421.00	4053.67
衣着	Clothing	577.57	602.57
#货币性消费	Consumption Paid in Money	577.42	602.36
居住	Residence	3337.63	3497.39
#货币性消费	Consumption Paid in Money	1127.17	1106.03
生活用品及服务	Articles and Service of Daily Use	737.80	686.23
#货币性消费	Consumption Paid in Money	736.42	682.17
交通通信	Transportation and Communications	1425.29	1402.62
#货币性消费	Consumption Paid in Money	1424.73	1402.45
教育文化娱乐	Education, Culture and Entertainment	1394.70	1477.59
#货币性消费	Consumption Paid in Money	1394.48	1477.37
医疗保健	Medical Articles	955.14	1136.71
#货币性消费	Consumption Paid in Money	750.53	956.74
其他用品和服务	Other Commodities and Services	179.96	162.41
#货币性消费	Consumption Paid in Money	179.27	161.92

9-21 农村居民家庭平均每人可支配收入
Per Capita Annual Disposable Income of Rural Households

单位：元 (yuan)

指　　标	Item	2019	2020
全年可支配收入	**Annual Disposable Income**	**15796.29**	**16980.84**
工资性收入	Income of Wages and Salaries	6699.20	7301.18
#工资	Wages	6663.63	7273.28
经营净收入	Income from Household Business Operation	5701.18	5865.97
第一产业	Primary Industry	3742.11	3819.81
农业收入	Agriculture	2803.27	2865.45
林业收入	Forestry	178.53	191.86
牧业收入	Animal Husbandry	650.57	652.23
渔业收入	Fishery	109.73	110.27
第二产业	Secondary Industry	506.70	533.63
第三产业	Tertiary Industry	1452.37	1512.53
财产净收入	Property Income	257.38	279.11
转移净收入	Transfer Income	3138.53	3534.58

9-22 按收入高低五等份分组农村居民家庭基本情况(2020年)

Per Capita Disposable Income of Rural Households by Income Quintile (2020)

指 标	Item	低收入组 Low Income Households	中低收入组 Lower Middle Income Households	中等收入组 Middle Income Households	中高收入组 Upper Middle Income Households	高收入组 High Income Households
占调查总户数比重(%)	Percentage of Households (%)	20	20	20	20	20
平均每户家庭人口(人)	Family Members Per Household (person)	5.00	4.83	4.48	4.08	3.82
平均每户劳动力人口数(人)	Labourer per Household (person)	1.96	1.99	2.08	2.08	2.16
平均每一劳动力负担人口(人)	Average Number of Persons Supported by A Laborer (person)	2.55	2.42	2.15	1.96	1.77
平均每人可支配收入(元)	per capita Disposable Income (yuan)	6541.79	10562.39	14312.31	19575.09	40026.50
工资性收入	Income of Wage	2616.52	5006.00	6637.48	10418.07	14018.43
经营净收入	Net Income from Operations	1169.61	2016.55	3658.50	5224.88	20790.19
第一产业	Primary Industry	1044.48	1296.21	2368.85	2567.16	14129.97
第二产业	Secondary Industry	-0.23	71.81	53.38	241.82	2788.74
第三产业	Tertiary Industry	125.36	648.53	1236.27	2415.91	3871.48
财产净收入	Property Income	-4.48	214.65	42.11	279.43	1036.43
转移净收入	Transfer Income	2760.15	3325.19	3974.22	3652.71	4181.44
平均每人消费支出(元)	Per Capita Living Expenditure (yuan)	10577.14	11254.96	12715.25	15024.69	20196.69
食品烟酒	Food Expenditure	3602.81	3918.21	4406.71	5050.08	6334.74
衣着	Clothing Expenditure	468.58	490.15	580.77	654.29	903.49
居住	Residence Expenditure	2779.97	2966.30	3258.19	4023.77	5224.33
生活用品及服务	Articles and Service of Daily Use	477.29	569.44	591.37	704.39	1222.40
交通通信	Transport and Communication	866.68	949.17	1041.39	1584.75	2974.97
教育、文化娱乐	Education, Culture and Entertainment	1339.49	1347.20	1634.56	1643.50	1461.26
医疗保健	Medicines and Health Care	885.20	898.72	1051.42	1158.54	1876.11
其他用品和服务	Other Commodities and Services	157.12	115.76	150.84	205.36	199.38

9-23 各地区城乡居民人均可支配收入和消费支出(2020年)

Per Capita Annual Income and Consumption Expenditure of Urban and Rural Households by Region (2020)

单位：元 (yuan)

地区	Region	城镇居民可支配收入 Per Capita Annual Disposable Income of Urban Households	农村居民可支配收入 Per Capita Net Income of Rural Households	城镇居民消费支出 Per Capita Consumption Expenditure of Urban Households	农村居民消费支出 Per Capita Consumption Expenditure of Rural Households
全　省	**Total**	**38556**	**16981**	**22134**	**13579**
南昌市	Nanchang	46796	20921	27955	14323
景德镇市	Jingdezhen	42283	19297	24030	14952
萍乡市	Pingxiang	40405	20831	24573	15233
九江市	Jiujiang	40337	17051	23130	13642
新余市	Xinyu	42531	20747	24564	15546
鹰潭市	Yingtan	39053	18873	23192	14951
赣州市	Ganzhou	37031	13036	21975	11676
吉安市	Ji'an	39608	16491	21824	13249
宜春市	Yichun	36747	17588	21030	14190
抚州市	Fuzhou	36628	17385	19597	11860
上饶市	Shangrao	39647	15888	20271	11993

9-24 居民人均收入和消费支出(2020年)

Per Capita Annual Disposable Income and Consumption Expenditure (2020)

单位：元 (yuan)

指标	Item	2019	2020
全省居民人均可支配收入	**Per Capita Annual Disposable Income of Total Residents**	**26262.45**	**28016.51**
工资性收入	Income of Wages and Salaries	15005.90	16000.99
经营净收入	Net Business Income	4366.57	4445.56
财产净收入	Net Income from Property	1735.53	1870.74
转移净收入	Net Income from Transfers	5154.45	5699.21
全省居民人均消费支出	**Per Capita Consumption Expenditure of Total Residents**	**17650.47**	**17955.28**
食品烟酒	Foods,Tobacco and Beverages	5215.18	5780.61
衣着	Clothing	1077.65	987.21
居住	Residence	4398.84	4454.92
生活用品及服务	Household Supplies and Services	1128.56	966.53
交通通信	Transport and Communications	2104.35	2146.43
教育文化娱乐	Education, Culture and Recreation	2094.16	1878.97
医疗保健	Medical Care	1264.50	1437.28
其他用品和服务	Other Goods and Services	367.25	303.34

9-25 各县(市、区)城乡居民人均可支配收入
Per Capita Disposable Income of Urban and Rural Households by Region and County

单位：元 (yuan)

地　区	Region	城镇居民人均可支配收入 Per Capita Disposable Income of Urban Households		农村居民人均可支配收入 Per Capita Disposable Income of Rural Households	
		2019	2020	2019	2020
全　省	**Provincial Total**	**36546**	**38556**	**15796**	**16981**
南昌市	**Nanchang**	**44136**	**46796**	**19498**	**20921**
东湖区	Donghu	45941	48313	-	-
西湖区	Xihu	45277	47711	-	-
青云谱区	Qingyunpu	44431	46979	-	-
湾里区	Wanli	39866	42069	15016	16185
青山湖区	Qingshanhu	44692	47436	22113	23742
南昌县	Nanchang	40106	42793	21504	23112
新建区	Xinjian	39871	42542	19577	21167
安义县	Anyi	35321	37722	17437	18924
进贤县	Jinxian	37446	39992	20077	21438
景德镇市	**Jingdezhen**	**40143**	**42283**	**17985**	**19297**
昌江区	Changjiang	41564	43621	18646	20007
珠山区	Zhushan	42271	44334	-	-
浮梁县	Fuliang	32708	34579	18014	19547
乐平市	Leping	37074	39214	17919	19150
萍乡市	**Pingxiang**	**38502**	**40405**	**19536**	**20831**
安源区	Anyuan	40935	42879	22425	23885
湘东区	Xiangdong	38672	40578	19757	21219
*莲花县	Lianhua	27060	28394	11786	12843
上栗县	Shangli	35921	37753	19279	20534
芦溪县	Luxi	35721	37521	19616	21068
九江市	**Jiujiang**	**38076**	**40337**	**15772**	**17051**
濂溪区	Lianxi	40785	43196	19661	21161
浔阳区	Xunyang	41813	43845	-	-
柴桑区	Caisang	36274	38367	17102	18531
武宁县	Wuning	35583	37861	16784	18086
*修水县	Xiushui	30913	32962	11564	12684
永修县	Yongxiu	36279	38346	17949	19051
德安县	De'an	37008	39376	18025	19476
庐山市	Lushan	35224	37200	16702	17792
都昌县	Duchang	28586	30001	9664	10515
湖口县	Hukou	37602	40009	17353	18659
彭泽县	Pengze	34726	36511	16745	18113
瑞昌市	Ruichang	36019	38324	17095	18454
共青城市	Gongqingcheng	37728	39810	17830	19048

注：*号为脱贫县。

a) Counties marked "*"are nationally designated poor counties.

9-25 续表1 continued

单位：元 (yuan)

地 区	Region	城镇居民人均可支配收入 Per Capita Disposable Income of Urban Households		农村居民人均可支配收入 Per Capita Disposable Income of Rural Households	
		2019	2020	2019	2020
新余市	**Xinyu**	**40610**	**42531**	**19481**	**20747**
渝水区	Yushui	41856	43722	19952	21275
分宜县	Fenyi	34620	36361	19024	20168
鹰潭市	**Yingtan**	**37151**	**39053**	**17668**	**18873**
月湖区	Yuehu	41162	42704	18963	20011
余江县	Yujiang	34754	36600	18278	19543
贵溪市	Guixi	37458	39590	17646	18869
赣州市	**Ganzhou**	**34826**	**37031**	**11941**	**13036**
章贡区	Zhanggong	41663	44501	17148	18593
*赣县区	Ganxian	31558	33287	11754	12790
信丰县	Xinfeng	32525	34717	14388	15625
大余县	Dayu	30457	32178	12886	13972
*上犹县	Shangyou	28629	30278	11478	12434
崇义县	Chongyi	29561	31361	11471	12449
*安远县	Anyuan	26920	28229	11381	12302
龙南县	Longnan	32555	34713	12760	13683
定南县	Dingnan	30896	32744	10892	11886
全南县	Quannan	28751	30600	9654	10717
*宁都县	Ningdu	26532	27883	11618	12706
*于都县	Yudu	31373	33342	11930	13037
*兴国县	Xingguo	30248	31824	11909	13049
*会昌县	Huichang	29333	30803	11829	13098
*寻乌县	Xunwu	28493	30295	11872	13077
*石城县	Shicheng	27328	28779	10738	12042
*瑞金市	Ruijin	32659	34792	12510	13655
*南康区	Nankang	33378	35608	12452	13471
吉安市	**Ji'an**	**37543**	**39608**	**15227**	**16491**
吉州区	Jizhou	40348	42346	18503	20038
青原区	Qingyuan	40160	42004	14943	16183
*吉安县	Ji'an	35242	36955	12565	13761
吉水县	Jishui	31903	33720	18261	19605
峡江县	Xiajiang	29802	31486	14025	15009
新干县	Xingan	35063	36992	17043	18272
永丰县	Yongfeng	33818	35783	17904	19385
泰和县	Taihe	31529	33408	16536	17811
*遂川县	Suichuan	29835	31476	11804	12928
*万安县	Wan'an	29181	30827	11710	13049
安福县	Anfu	31741	33334	16028	17366
*永新县	Yongxin	26798	28272	11614	12708
*井冈山市	Jinggangshan	37295	39398	11643	12872

9-25 续表2 continued

单位：元 (yuan)

地　区	Region	城镇居民人均可支配收入 Per Capita Disposable Income of Urban Households		农村居民人均可支配收入 Per Capita Disposable Income of Rural Households	
		2019	2020	2019	2020
宜春市	**Yichun**	**34831**	**36747**	**16362**	**17588**
袁州区	Yuanzhou	38801	40935	16052	17296
奉新县	Fengxin	34923	36956	18168	19560
万载县	Wanzai	30759	32466	13364	14326
上高县	Shanggao	34771	36565	19152	20402
宜丰县	Yifeng	34270	36213	16731	17990
靖安县	Jing'an	32281	34056	15661	16824
铜鼓县	Tonggu	27949	29326	11100	11972
丰城市	Fengcheng	36834	38982	18496	20070
樟树市	Zhangshu	37510	39656	18531	19865
高安市	Gaoan	35673	37371	17907	19253
抚州市	**Fuzhou**	**34518**	**36628**	**16081**	**17385**
临川区	Linchuan	42356	45118	19697	21304
南城县	Nancheng	36836	39009	18338	19646
黎川县	Lichuan	30458	32093	15147	16227
南丰县	Nanfeng	35081	36895	23571	25204
崇仁县	Chongren	31247	33297	19097	20657
*乐安县	Le'an	26233	27666	10804	11834
宜黄县	Yihuang	29169	30890	15352	16534
金溪县	Jinxi	32634	34599	16160	17405
资溪县	Zixi	28053	29918	14987	16225
东乡区	Dongxiang	37963	40335	18842	20293
*广昌县	Guangchang	28566	29954	11481	12553
上饶市	**Shangrao**	**37456**	**39647**	**14670**	**15888**
信州区	Xinzhou	40474	42620	18744	20113
*广信区	GuangXin	30855	32725	11592	12686
广丰区	Guangfeng	39803	42406	18117	19377
玉山县	Yushan	34639	36776	16969	18431
铅山县	Qianshan	28915	30575	14353	15517
*横峰县	Hengfeng	27282	28621	11542	12610
弋阳县	Yiyang	34225	36039	15132	16184
*余干县	Yugan	27137	28426	11661	12870
*鄱阳县	Poyang	26186	27608	11599	12702
万年县	Wannian	34478	36658	14952	16183
婺源县	Wuyaun	28330	29888	14304	15348
德兴市	Dexing	36783	39034	16857	18154

主要统计指标解释

一、城镇住户

城镇家庭人口　指居住在一起，经济上合在一起共同生活的家庭成员。凡计算为家庭人口的成员其全部收支都包括在本家庭中。

城镇就业面　指就业人口占家庭人口的百分比。

城镇就业者负担人数　指家庭人口与就业人口之比。

城镇家庭总收入　指家庭成员在调查期得到的工资性收入、经营净收入、财产性收入、转移性收入之和，不包括出售财物收入和借贷收入。

城镇家庭可支配收入　指家庭成员可用于最终消费支出和其它非义务性支出以及储蓄的总和，即居民家庭可以用来自由支配的收入。它是家庭总收入扣除交纳的所得税、个人交纳的社会保障支出以及记账补贴后的收入。计算公式为：

可支配收入=家庭总收入-交纳所得税-个人交纳的社会保障支出-记账补贴

城镇家庭总支出　指除借贷支出以外的全部家庭支出。包括消费性支出、购房建房支出、转移性支出、财产性支出、社会保障支出。

城镇家庭消费性支出　指家庭用于日常生活的支出，包括食品、衣着、家庭设备用品及服务、医疗保健、交通和通信、娱乐教育文化服务、居住、其他商品和服务等八大类支出。

城镇家庭服务性消费支出　指家庭用于支付社会提供的各种文化和生活方面的非商品性服务费用。

二、农村住户

农村住户　指农村常住户。农村常住户指长期(一年以上)居住在乡镇(不包括城关镇)行政管理区域内的住户，以及长期居住在城关镇所辖行政村范围内的农村住户。户口不在本地而在本地居住一年及以上的住户也包括在本地农村常住户范围内；有本地户口，但举家外出谋生一年以上的住户，无论是否保留承包耕地都不包括在本地农村住户范围内。

常住人口　指全年经常在家或在家居住6个月以上，而且经济和生活与本户连成一体的人口。外出从业人员在外居住时间虽然在6个月以上，但收入主要带回家中，经济与本户连为一体，仍视为家庭常住人口；在家居住，生活和本户连成一体的国家职工、退休人员也为家庭常住人口。但是现役军人、中专及以上(走读生除外)的在校学生、以及常年在外(不包括探亲、看病等)且已有稳定的职业与居住场所的外出从业人员，不算家庭常住人口。家庭常住人口主要作为计算农村住户平均每人收入、消费和积累水平及分析家庭人口状况的依据。

整、半劳动力　整劳动力指男子18周岁到50周岁，女子18周岁到45周岁；半劳动力指男子16周岁到17周岁，51周岁到60周岁；女子16周岁到17周岁，46周岁到55周岁，同时具有劳动能力的人。虽然在劳动年龄之内，但已丧失劳动能力的人，不应算为劳动力；超过劳动年龄，但能经常参加劳动，计入半劳动力数内。常住人口中的职工，若这些职工为劳动力，就包括在本户的整半劳动力中。

总收入　指调查期内农村住户和住户成员从各种来源渠道得到的收入总和。按收入的性质划分为工资性收入、家庭经营收入、财产性收入和转移性收入。

工资性收入　指农村住户成员受雇于单位或个人，靠出卖劳动而获得的收入。

家庭经营收入　指农村住户以家庭为生产经营单位进行生产筹划和管理而获得的收入。农村住户家庭经营活动按行业划分为农业、林业、牧业、渔业、工业、建筑业、交通运输业邮电业、批发和零售贸易餐饮业、社会服务业、文教卫生业和其他家庭经营。

财产性收入　指金融资产或有形非生产性资产的所有者向其他机构单位提供资金或将有形非生产性资产供其支配，作为回报而从中获得的收入。

转移性收入　指农村住户和住户成员无须付出任何对应物而获得的货物、服务、资金或资产所有权等，不包括无偿提供的用于固定资本形成的资金。一般情况下，是指农村住户在二次分配中的所有收入。

现金收入　指农村住户和住户成员在调查期内得到以现金形态表现的收入。按来源分成工资性收入、家庭经营现金收入、财产性收入、转移性收入。

纯收入　指农村住户当年从各个来源得到的总收入相应地扣除所发生的费用后的收入总和。计算方法：

纯收入=总收入-税费支出-家庭经营费用支出-生产性固定资产折旧-赠送农村亲友支出

纯收入主要用于再生产投入和当年生活消费支出，也可用于储蓄和各种非义务性支出。“农民人均纯收入”按人口平均的纯收入水平，反映的是一个地区或一个农户农村居民的平均收入水平。

总支出　指农村住户用于生产、生活和再分配的全部支出。家庭经营费用支出、购置生产性固定资产支出、生产性固定资产折旧、税费支出、生活消费支出、财产性支出和转移性支出。

可支配收入(新口径)　指调查户在调查期内获得的、可用于最终消费支出和储蓄的总和，即调查户可以用来自由支配的收入。可支配收入既包括现金，也包括实物收入。按照收入的来源，可支配收入包含五项，分别为：工资性收入、经营净收入、财产净收入、转移净收入和自有住房折算净租金。计算公式为：可支配收入=工资性收入+经营净收入+财产净收入+转移净收入+自有住房折算净租金。

Explanatory Notes on Main Statistical Indicators

I. Urban Households

Population of Urban Households refer to members of households living and sharing economically together in the urban areas. All the income and expenditure of all the members of such households are included in the income and expenditure of the household.

Proportion of Urban Employment refers to the proportion of employed population to the population of urban households.

Number of Dependents per Urban Employee refers to the ratio between number of persons in an urban household and the number of employed persons.

Total Income of Urban Households refers to the sum of wage and salary; net business income; income from properties; and income from transfers of members of the households. Income from selling of properties and income from borrowing are not included..

Disposable Income of Urban Households refers to the actual income at the disposal of members of the households which can be used for final consumption, other non-compulsory expenditure and savings. This equals to total income minus income tax, personal contribution to social security and subsidy for keeping diaries in being a sample household. The following formula is used:

Disposable income = total household income - income tax - personal contribution to social security - subsidy for keeping diaries for a sampled household

Total Expenditure of Urban Households refers to all expenditure of households except expenditure on lending. It includes expenditure on consumption; on purchasing or building houses; on transfers; on properties; and on social security.

Consumption Expenditure of Urban Households refers to total expenditure of households for consumption in daily life, including expenditure on the eight categories of food; clothing; household appliances and services; health care and medical services; transport and communications; recreation, education and cultural services; housing; and miscellaneous goods and services.

Expenditure of Urban Households on Consumption of Services refers to expenditure of households on various kinds of non-commercial services provided in life and culture by society.

II. Rural Household

Rural Households refer to usual resident households in rural areas. Usual resident households in rural areas are households residing on a long term basis(for more than one year) in the areas under the administration of township governments (not including county towns), and in the areas under the administration of villages in county towns. Households residing in the current addresses for over one year with their household registration in other places are still considered as resident households of the locality. For households with their household registration in one place but all members of the households having moved away to make a living in another place for over one year, they will not be included in the rural households of the area where they are registered, irrespective of whether they still keep their contracted land.

Usual Resident Population refers to persons staying at home regularly or for over 6 months during a year and integrated with the household economically and in terms of living.. Members of the household staying away from the household for over 6 months but keeping a close economic relation with the household by sending the majority of income to the household are regarded as usual resident of the household. Government staff and workers or retirees living as close members of the household are also considered as usual resident. However, servicemen, students of secondary technical schools or schools of higher education and persons with stable jobs and residence outside the household (excluding those visiting relatives or seeking medical service) are not included as resident population of the household. Resident population is used in calculating income, consumption, accumulation on per capita basis of rural households and in analyzing composition of rural households.

Full/Semi Labour Force Full labour force refers to persons capable of work, aged 18-50 for males and 18-45 for females. Semi labour force refers to persons capable of work, aged 16-17 and 51-60 for males and 16-17 and 46-55 for females. Persons at their working ages but not capable of work are not to be included as labour force. Persons not at working ages but participating regularly in work are included in semi labour force. For staff and workers who are usual residents, are included as full or semi labour force of the household if they are in the labour force.

Total Income refers to the sum of income earned from various sources by the rural households and their members during the reference period, and is classified as income from wages and salaries, income from household operations, income from properties and income from transfers.

Income from Wages and Salaries refers to income from labour earned by the members of rural households employed by other units or individuals.

Income from Household Operations refers to income by the rural households as units of production and operation. Operations by rural households are classified according to their economic activities namely agriculture, forestry, animal husbandry, fishery, manufacturing, construction, transportation, post and telecommunications, wholesale, retail and catering, social service, culture, education, health, and other household operations.

Income from Properties refers to the income received as returns by owners of financial assets or tangible non-productive assets by providing capitals or tangible non-productive assets to other institutional units.

Income from Transfers refers to the receipt by rural households and their members of goods, services, capital or rights of assets without giving or repaying accordingly, excluding capital provided to them for the formation of fixed assets. In general, it refers to all income received by rural households through redistribution.

Cash Income refers to income received by rural households and their members in the form of cash during the reference period. It is classified, by source of income, into income from wages and salaries, cash income from household operations, income from properties and income from transfers.

Net Income refers to the total income of rural households from all sources minus all corresponding expenses. The formula for calculation is as follows:

Net income = total income - taxes and fees paid - household operation expenses - taxes and fees depreciation of fixed assets for production - gifts to non-rural relatives

Net income is mainly used as input for reinvestment in production and as consumption expenditure of the year, and also used for savings and non-compulsory expenses of various forms. "Per capita net income of farmers" is the level of net income averaged by population, reflecting the average income level of rural households in a given area.

Total Expenditure refers to total expenses of rural households on production, consumption and redistribution, including expenditure on household operations,; purchase of productive fixed assets; depreciation of productive fixed assets; taxes and fees; expenses on household consumption; expenses on properties; and expenses on transfers.

Disposable Income（New Statistic Scope) refers to actual income at the disposal of member of the households which can be used for final consumption and savings. It includes both cash and income-in-kind. It includes five items: wage and salary; net business income; net income from properties; net income from transfers and net rent of private housing equivalent.

Disposable Income= wage and salary + net business income + net income from properties + net income from transfers + net rent of private housing equivalent.

10

城市建设

MUNICIPAL CONSTRUCTION

资料整理：李家文

简要说明

一、主要内容

本篇反映江西省城市公用事业概况，主要包括：城市建设、供水、供气、市政设施、公共交通、城市绿化、环境卫生等资料。

二、统计范围

包括全省所有设市城市在建成区范围内所有的城市规划管理、建设或经营管理相关设施的单位。

三、资料来源

设区市和县级市城市公用事业基本情况资料由省住建厅和省交通厅提供，由省统计局固定资产投资处编辑整理。

Brief Introduction

I. Main Contents

Data in this chapter present the basic conditions of public facilities of Jiangxi provincial cities, mainly include urban construction, supply of water and gas, municipal infrastructure, public transportation, urban greenery and environmental, sanitation.

II. Scope of Statistics

Data in this chapter cover all units under the jurisdiction of cities which are engaged in urban planning and management, investment, construction and operation of relevant facilities.

III. Sources of Data

Data on basic conditions and overall level of urban public facilities are collected by the Jiangxi Provincial Bureau of Housing and Urban-Rural Development and Provincial Bureau of Transport, provided by the Department of Investment &Construction Statistics of Jiangxi Provincial Bureau of Statistics.

10-1 城市公用事业和建设基本情况
Basic Statistics on City Public Utilities and Construction

指 标	Item	2000	2005	2010	2015	2020
用水普及率(%)	Coverage Rate of Population with Access to Tap Water (%)	93.3	92.6	97.4	97.6	98.6
供水管道长度(公里)	Length of Gas Supply Pipelines (km)	3968	6079	9527	15630	25958
排水管道长度(公里)	Length of Drainpipes (km)	2074	3564	7340	11983	20023
公共车辆(汽、电车)运营数(辆)	Operating Public Buses (Buses and Trolley Buses) (unit)	4031	5818	7048	10385	15401
道路长度(公里)	Length of Roads (km)	3033	3916	5742	8185	12656
道路面积(万平方米)	Area of Roads (10 000 sq.m)	3293	6667	11330	17436	26279
天然气供应量(万立方米)	Natural Gas Supply (10 000 cu.m)			11263	73570	194417
#家庭用量	Used by Residential Households			3384	22196	66119
液化石油气供应量(吨)	Total Liquefied Petroleum Gas Supply (ton)	164698	174521	188847	228912	212089
#家庭用量	Used by Residential Households	162783	154998	151656	192294	165542
燃气普及率(%)	Rate of Population with Access to Gas (%)	69.2	80.6	92.4	94.8	97.6
绿化覆盖面积(公顷)	Coverage Area of Afforestation (hectare)	20044	27381	48924	58510	84260
公园数(个)	Number of Parks (unit)	109	125	238	356	714
公园面积(公顷)	Area of Parks (hectare)	1820	2259	6442	8764	14856
污水处理率(%)	Rate of Sewage Disposal (%)		34.92	80.83	87.74	97.48
生活垃圾清运量(万吨)	Volume of Garbage Disposal (10 000 tons)	197.00	264.00	284.00	329.27	527.53
生活垃圾无害化处理率(%)	Rate of Garbages Innocuously Treated (%)		48.87	85.89	94.46	100

10-2 城市人口和面积(2020年)
Basic Statistics on City Population and Area (2020)

单位：平方公里、万人 (sq.km,10 000 persons)

城市	City	市区面积 City Area	城区面积 Urban Area	城区人口 Population of Urban Area	建成区面积 Area of Built Districts	城市建设用地面积 Area of Land for Urban Construction	#居住用地 Land for Residence
合计	**Total**	**46878.23**	**2996.54**	**1161.70**	**1703.63**	**1603.41**	**484.43**
南昌市	Nanchang	3095.36	428.40	282.47	366.02	320.55	96.80
景德镇市	Jingdezhen	580.00	198.50	40.33	101.00	99.67	44.22
乐平市	Leping	1974.00	49.20	17.07	26.12	25.94	6.35
萍乡市	Pingxiang	1065.00	85.70	50.72	52.08	52.08	18.53
九江市	Jiujiang	1514.25	554.00	80.35	158.35	137.30	42.91
瑞昌市	Ruichang	1423.10	23.67	20.45	22.88	22.88	10.02
共青城市	Gongqingcheng	310.00	23.12	7.20	23.12	17.28	5.46
庐山市	Lushan	764.20	21.04	6.11	12.80	11.02	3.52
新余市	Xinyu	1789.00	230.00	47.93	83.00	73.60	21.31
鹰潭市	Yingtan	1077.50	101.00	31.11	56.06	52.44	14.98
贵溪市	Guixi	2480.00	90.00	13.60	36.12	33.03	9.93
赣州市	Ganzhou	5366.24	328.24	146.92	202.47	200.04	54.98
瑞金市	Ruijin	2449.00	52.00	29.80	31.65	30.40	8.81
龙南市	Longnan	1642.00	25.72	18.66	23.03	23.03	5.26
吉安市	Ji'an	1381.53	230.00	44.97	64.59	64.59	14.85
井冈山市	Jinggangshan	1462.40	8.90	0.84	8.90	8.25	2.22
宜春市	Yichun	2532.36	115.00	56.20	88.40	88.40	22.62
丰城市	Fengcheng	2845.00	62.60	45.00	57.10	56.15	11.44
樟树市	Zhangshu	1290.99	46.34	26.08	33.78	33.31	8.88
高安市	Gaoan	2439.00	52.00	25.93	36.20	36.06	7.56
抚州市	Fuzhou	3428.30	135.25	78.70	102.85	100.81	33.10
上饶市	Shangrao	3887.00	114.86	83.11	103.26	102.76	35.97
德兴市	Dexing	2082.00	21.00	8.15	13.85	13.82	4.71

10-2 续表 continued

单位：平方公里、万人 (sq.km,10 000 persons)

城市 City		#公共管理与公共服务用地 Land for Public Management and Service	#商业服务业设施用地 Land for Commercial Management and Service	#工业用地 Land for Industry	#物流仓储用地 Land for logistics and warehousing	#道路和交通设施用地 Land for External Transportation and Roads	#公用设施用地 Land for Public Facilities	#绿地与广场用地 Land for Afforestation and Squares
合计	**Total**	**168.34**	**106.06**	**304.89**	**32.91**	**253.83**	**40.59**	**212.36**
南昌市	Nanchang	45.60	23.45	61.30	4.40	48.60	6.90	33.50
景德镇市	Jingdezhen	12.25	8.63	25.54	1.64	7.29	0.03	0.07
乐平市	Leping	3.26	3.35	5.63	1.01	2.35	1.01	2.98
萍乡市	Pingxiang	5.55	2.07	8.70	0.96	10.36	0.66	5.25
九江市	Jiujiang	10.27	8.93	31.01	2.40	20.74	5.94	15.10
瑞昌市	Ruichang	2.36	0.91	3.48	0.69	2.12	1.56	1.74
共青城市	Gongqingcheng	1.32	0.90	1.80	0.20	2.20	0.90	4.50
庐山市	Lushan	1.61	0.21	2.36	0.01	2.94	0.25	0.12
新余市	Xinyu	4.79	3.33	9.01	0.53	12.50	0.72	21.41
鹰潭市	Yingtan	4.49	3.15	9.70	1.62	9.24	0.79	8.47
贵溪市	Guixi	2.35	0.85	12.23	0.15	3.03	0.31	4.18
赣州市	Ganzhou	21.08	12.91	34.30	4.74	32.22	6.61	33.20
瑞金市	Ruijin	2.52	1.61	1.77	1.39	6.06	0.26	7.98
龙南市	Longnan	0.92	0.87	6.32	0.14	4.28	0.21	5.03
吉安市	Ji'an	9.70	3.05	15.40	1.54	12.40	0.61	7.04
井冈山市	Jinggangshan	0.98	1.65	0.88	0.18	1.20	0.10	1.04
宜春市	Yichun	6.08	7.58	12.57	3.85	17.58	4.20	13.92
丰城市	Fengcheng	4.03	3.35	22.28	1.25	7.11	1.82	4.87
樟树市	Zhangshu	4.13	4.57	3.58	1.46	6.73	0.93	3.03
高安市	Gaoan	5.21	1.45	6.36	0.73	7.24	1.09	6.42
抚州市	Fuzhou	8.83	5.59	23.05	1.86	15.08	1.74	11.56
上饶市	Shangrao	9.67	6.34	6.21	1.82	20.94	3.52	18.29
德兴市	Dexing	1.34	1.31	1.41	0.34	1.62	0.43	2.66

10-3 市政设施水平(2020年)
Basic Statistics on Municipal Infrastructure in Cities (2020)

城　市	City	人口密度(人/平方公里) Population Density (person/sq.km)	人均日生活用水量(升) Per Capita Daily Consumption of Tap Water for Residential Use (liter)	用水普及率(%) Coverage Rate of Population with Access to Tap Water (%)	燃气普及率(%) Coverage Rate of Population with Access to Gas (%)	人均城市道路面积(平方米) Per Capita Area of Roads (sq.m)	排水管道密度(公里/平方公里) Density of Drainpipe (km/sq.km)
合　计	**Total**	**4426.17**	**176.68**	**98.62**	**97.59**	**19.81**	**11.00**
南昌市	Nanchang	7363.21	219.78	99.54	94.76	11.34	9.38
景德镇市	Jingdezhen	2482.62	273.63	99.23	99.59	30.17	5.80
乐平市	Leping	3526.42	156.88	97.46	98.21	13.26	4.99
萍乡市	Pingxiang	6007.00	200.85	100.00	99.46	23.01	4.99
九江市	Jiujiang	1505.96	199.90	99.93	99.13	21.97	11.87
瑞昌市	Ruichang	8969.16	128.31	96.33	94.21	22.35	10.60
共青城市	Gongqingcheng	5320.07	186.55	97.64	98.70	26.16	0.42
庐山市	Lushan	3531.37	167.13	99.19	95.15	38.82	9.13
新余市	Xinyu	2136.09	220.77	100.00	99.65	25.03	11.82
鹰潭市	Yingtan	3347.52	165.93	99.08	99.85	26.83	7.64
贵溪市	Guixi	2220.00	141.92	100.00	93.24	14.75	7.70
赣州市	Ganzhou	6017.55	151.47	99.61	99.54	20.82	14.07
瑞金市	Ruijin	5998.08	134.14	96.60	97.27	13.76	9.26
龙南市	Longnan	9517.88	85.47	94.77	94.24	17.45	15.61
吉安市	Ji'an	2340.87	132.78	89.49	94.69	23.01	12.95
井冈山市	Jinggangshan	2224.72	185.01	88.89	88.38	51.58	7.32
宜春市	Yichun	6347.83	133.94	99.10	97.77	24.06	15.84
丰城市	Fengcheng	7827.48	110.37	93.88	100.00	13.77	6.10
樟树市	Zhangshu	5694.86	124.13	99.01	97.23	25.17	14.29
高安市	Gaoan	5236.54	140.68	99.49	99.45	25.89	19.63
抚州市	Fuzhou	5961.55	160.97	99.65	99.68	27.31	15.72
上饶市	Shangrao	7991.47	169.25	99.32	99.10	21.56	12.51
德兴市	Dexing	4004.76	125.67	93.70	90.37	19.22	9.65

10-3 续表 continued

城 市 City		污水处理率 (%) Rate of Sewage Disposal (%)	#污水处理厂集中处理率 Rate of Sewage Intensive Disposal	人均公园绿地面积 (平方米) Public Recreational Green Space Per Capita (sq.m)	建成区绿化覆盖率(%) Green Coverage Rate of Built District Developed (%)	建成区绿地率 (%) Green Space Rate of Built District (%)	生活垃圾处理率 (%) Treatment Rate of Garbage Disposal (%)	#生活垃圾无害化处理率 Rate of Garbage Innocuously Treated
合 计	**Total**	**97.48**	**96.47**	**14.80**	**46.35**	**42.72**	**100.00**	**100.00**
南昌市	Nanchang	98.84	98.84	12.27	41.30	39.31	100.00	100.00
景德镇市	Jingdezhen	93.53	93.53	17.49	53.96	51.07	100.00	100.00
乐平市	Leping	95.29	95.29	18.26	39.49	37.64	100.00	100.00
萍乡市	Pingxiang	99.17	99.17	14.15	47.87	37.36	100.00	100.00
九江市	Jiujiang	98.80	98.80	15.41	48.83	44.91	100.00	100.00
瑞昌市	Ruichang	95.03	95.03	11.23	41.01	36.94	100.00	100.00
共青城市	Gongqingcheng	95.75	95.75	15.51	39.58	36.54	100.00	100.00
庐山市	Lushan	96.56	96.34	15.75	44.89	38.84	100.00	100.00
新余市	Xinyu	98.01	98.01	19.89	50.70	47.56	100.00	100.00
鹰潭市	Yingtan	95.25	95.25	15.73	44.03	38.23	100.00	100.00
贵溪市	Guixi	90.62	90.62	14.33	41.82	38.74	100.00	100.00
赣州市	Ganzhou	96.99	90.55	13.64	49.85	47.14	100.00	100.00
瑞金市	Ruijin	92.00	92.00	11.79	44.70	39.97	100.00	100.00
龙南市	Longnan	92.60	92.60	12.91	43.25	39.06	100.00	100.00
吉安市	Ji'an	97.10	93.40	17.24	46.42	41.80	100.00	100.00
井冈山市	Jinggangshan	92.18	92.18	62.29	41.38	36.43	100.00	100.00
宜春市	Yichun	98.53	98.53	15.56	48.55	45.29	100.00	100.00
丰城市	Fengcheng	97.63	97.63	9.84	41.22	34.97	100.00	100.00
樟树市	Zhangshu	97.11	97.11	14.43	47.09	40.69	100.00	100.00
高安市	Gaoan	95.56	95.56	22.21	44.39	41.38	100.00	100.00
抚州市	Fuzhou	95.63	95.63	17.90	50.27	46.12	100.00	100.00
上饶市	Shangrao	98.10	96.36	17.86	48.91	44.72	100.00	100.00
德兴市	Dexing	95.10	95.10	12.84	42.86	39.91	100.00	100.00

10-4 城市天然气供应和使用情况(2020年)
Basic Statistics on Supply and Use of Natural Gas in Cities (2020)

城　市	City	储气能力 (万立方米) Capacity of Gas Storage (10 000 cu.m)	供 气 管 道 长度(公里) Length of Gas Supply Pipelines (km)	供气总量 (万立方米) Volume of Gas Supply (10 000 cu.m)	销售气量 Volume of Gas Sale
合　计	**Total**	**930.57**	**18243.87**	**194416.86**	**191495.10**
南昌市	Nanchang	98.55	4545.94	49132.80	47825.49
景德镇市	Jingdezhen	35.00	1262.30	13050.15	12917.34
乐平市	Leping	3.60	147.33	300.40	294.40
萍乡市	Pingxiang	53.00	1656.00	28280.00	28267.00
九江市	Jiujiang	85.53	1709.18	27056.58	27004.81
瑞昌市	Ruichang	60.00	300.50	2323.00	2302.32
共青城市	Gongqingcheng		26.12	602.00	600.00
庐山市	Lushan		89.50	334.90	318.30
新余市	Xinyu	11.00	797.67	8238.75	8023.55
鹰潭市	Yingtan	30.00	280.34	6338.92	6250.53
贵溪市	Guixi	36.92	251.31	4484.79	4406.59
赣州市	Ganzhou	100.00	1656.36	14203.67	14089.82
瑞金市	Ruijin	7.00	92.40	446.90	428.60
龙南市	Longnan	8.00	56.80	589.01	588.98
吉安市	Ji'an	36.00	1343.14	3412.76	3292.26
井冈山市	Jinggangshan	2.00	11.50	66.00	65.00
宜春市	Yichun	10.00	1336.88	11132.11	10817.35
丰城市	Fengcheng		385.97	687.00	673.00
樟树市	Zhangshu	20.00	283.91	1160.00	1136.00
高安市	Gaoan	71.01	196.37	4342.11	4303.28
抚州市	Fuzhou	69.50	837.60	8093.10	8024.00
上饶市	Shangrao	183.20	901.25	9250.92	8975.54
德兴市	Dexing	10.26	75.50	890.99	890.94

10-4 续表 continued

城 市	City	#居民家庭 Households	燃气损失量 Volume of Gas Loss	用气户数 (户) Households with Access to Gas (household)	#家庭用户 Residential Households	用气人口 (万人) Population with Access to Gas (10 000 persons)
合 计	**Total**	**66119.29**	**2921.76**	**3384323**	**3334188.00**	**910.28**
南昌市	Nanchang	16443.72	1307.31	1152493	1129238.00	274.70
景德镇市	Jingdezhen	1577.07	132.81	113835	107833.00	33.78
乐平市	Leping	128.63	6.00	9381	9296.00	2.81
萍乡市	Pingxiang	13047.00	13.00	166666	160962.00	40.60
九江市	Jiujiang	5365.67	51.77	293046	291860.00	72.60
瑞昌市	Ruichang	522.00	20.68	33061	32845.00	9.80
共青城市	Gongqingcheng	7.00	2.00	3200	1020.00	4.64
庐山市	Lushan	118.86	16.60	8599	8481.00	2.97
新余市	Xinyu	3298.25	215.20	267732	266533.00	45.46
鹰潭市	Yingtan	1189.34	88.39	72835	72086.00	25.41
贵溪市	Guixi	378.54	78.20	28163	28032.00	8.90
赣州市	Ganzhou	4557.45	113.85	335615	332732.00	122.42
瑞金市	Ruijin	428.60	18.30	23360	23360.00	11.28
龙南市	Longnan	70.00	0.03	5523	5510.00	2.18
吉安市	Ji'an	1974.93	120.50	154855	153622.00	46.09
井冈山市	Jinggangshan	23.00	1.00	2616	2606.00	0.97
宜春市	Yichun	10000.81	314.76	209962	208917.00	52.00
丰城市	Fengcheng	530.00	14.00	61967	61783.00	27.60
樟树市	Zhangshu	703.00	24.00	50198	49847.00	16.46
高安市	Gaoan	1436.56	38.83	81498	81297.00	6.72
抚州市	Fuzhou	1698.00	69.10	154168	152512.00	53.76
上饶市	Shangrao	2542.93	275.38	146371	144720.00	47.13
德兴市	Dexing	77.93	0.05	9179	9096.00	2.00

10-5 城市液化石油气供应和使用情况(2020年)

Basic Statistics on Supply and Use of Liquefied Petroleum Gas in Cities (2020)

城市	City	储气能力(吨) Capacity of Gas Storage (ton)	供气总量(吨) Volume of Gas Supply (ton)	销售气量 Volume of Gas Sale
合计	**Total**	**19632.10**	**212089.19**	**210271.81**
南昌市	Nanchang	2163.00	19530.10	19507.00
景德镇市	Jingdezhen	490.00	4654.00	4651.00
乐平市	Leping	341.00	1878.90	1876.90
萍乡市	Pingxiang	2500.00	26343.00	26337.00
九江市	Jiujiang	695.00	10329.20	10300.58
瑞昌市	Ruichang	378.00	7401.00	7400.00
共青城市	Gongqingcheng	46.00	896.20	890.00
庐山市	Lushan	120.00	1580.00	1531.00
新余市	Xinyu	250.00	1800.00	1800.00
鹰潭市	Yingtan	522.00	5458.00	5280.00
贵溪市	Guixi	625.00	5432.00	5367.00
赣州市	Ganzhou	1403.00	21917.26	21670.00
瑞金市	Ruijin	260.00	7518.00	7462.00
龙南市	Longnan	1610.00	4002.00	3999.80
吉安市	Ji'an	880.00	12000.00	12000.00
井冈山市	Jinggangshan	85.00	405.00	405.00
宜春市	Yichun	338.00	14777.13	14552.13
丰城市	Fengcheng	1915.00	6650.00	6650.00
樟树市	Zhangshu	100.10	2215.00	2185.00
高安市	Gaoan	1200.00	7234.00	7164.00
抚州市	Fuzhou	1837.00	26565.00	26344.00
上饶市	Shangrao	1424.00	19240.00	18636.00
德兴市	Dexing	450.00	4263.40	4263.40

10-5 续表 continued

城 市	City	#居民家庭 Households	燃气损失量 Volume of Gas Loss	用气户数 (户) Households with Access to Gas (household)	#家庭用户 Residential Households	用气人口 (万人) Population with Access to Gas(10 000 persons)
合 计	**Total**	**165542.20**	**1817.38**	**1251498.00**	**1182393.00**	**377.41**
南昌市	Nanchang	19507.00	23.10	150373.00	150373.00	24.21
景德镇市	Jingdezhen	2843.00	3.00	38000.00	36000.00	10.50
乐平市	Leping	1841.20	2.00	35988.00	35545.00	14.23
萍乡市	Pingxiang	12870.00	6.00	64175.00	63870.00	10.60
九江市	Jiujiang	3154.60	28.62	33928.00	32678.00	10.10
瑞昌市	Ruichang	7200.00	1.00	26700.00	26650.00	10.20
共青城市	Gongqingcheng	890.00	6.20	14690.00	14690.00	7.50
庐山市	Lushan	1500.00	49.00	13400.00	13320.00	4.10
新余市	Xinyu	1630.00		12230.00	12230.00	1.70
鹰潭市	Yingtan	5280.00	178.00	36900.00	36900.00	8.35
贵溪市	Guixi	3373.00	65.00	26808.00	26808.00	9.73
赣州市	Ganzhou	20860.00	247.26	216854.00	215844.00	74.20
瑞金市	Ruijin	7462.00	56.00	50621.00	50621.00	19.06
龙南市	Longnan	3192.00	2.20	53950.00	51260.00	20.89
吉安市	Ji'an	6000.00		17002.00	16890.00	4.89
井冈山市	Jinggangshan	405.00		2600.00	2600.00	0.78
宜春市	Yichun	10052.00	225.00	55317.00	53400.00	19.37
丰城市	Fengcheng	6650.00		53716.00	53716.00	21.40
樟树市	Zhangshu	1735.00	30.00	32045.00	15763.00	9.20
高安市	Gaoan	7164.00	70.00	68460.00	68460.00	20.36
抚州市	Fuzhou	26344.00	221.00	92269.00	92269.00	26.61
上饶市	Shangrao	11956.00	604.00	136480.00	96923.00	43.83
德兴市	Dexing	3633.40		18992.00	15583.00	5.60

10-6 城市公共交通和出租车情况(2020年)
Basic Statistics on Public Transportation and Taxi in Cities (2020)

城市	City	公共交通 Public Transportation			
		运营车数(辆) Number of Public Vehicles under Operation (unit)	标准运营车数(标台) Number of Standard Vehicles under Operation (standardized unit)	运营线路总长度(公里) Length under Operation (km)	客运总量(万人次) Number of Passengers Carried by Bus (10 000 person-times)
合　计	**Total**	**15401**	**16990.9**	**48329.7**	**88731.5**
南昌市	Nanchang	4381	5090.1	11849.9	21573.5
景德镇市	Jingdezhen	484	543.7	1147.9	2721.7
萍乡市	Pingxiang	776	851.6	1623.5	7393.6
九江市	Jiujiang	1265	1376.3	2992.0	9867.8
新余市	Xinyu	599	670.4	1522.0	2465.1
鹰潭市	Yingtan	353	386.0	456.6	1298.6
赣州市	Ganzhou	1816	1969.3	6712.4	7557.0
吉安市	Ji'an	1266	1305.9	4701.9	7451.1
宜春市	Yichun	1800	1968.9	7915.4	7805.9
抚州市	Fuzhou	1552	1628.2	7607.2	14269.1
上饶市	Shangrao	1109	1200.5	1800.9	6368.1

10-6 续表 continued

城市	City	轨道交通 metro		出租车 Taxi	
		运营车数(辆) Number of Metro under Operation (unit)	运营线路总长度(公里) Length under Operation (km)	运营车数(辆) Number of Taxi under Operation (unit)	客运总量(万人次) Number of Passengers Carried by Taxi (10 000 person-times)
合　计	**Total**	**606**	**88.85**	**17475**	**41027.75**
南昌市	Nanchang	606	88.85	5649	10977.80
景德镇市	Jingdezhen			892	2644.40
萍乡市	Pingxiang			726	2625.60
九江市	Jiujiang			2707	8022.24
新余市	Xinyu			593	1972.23
鹰潭市	Yingtan			450	829.20
赣州市	Ganzhou			1733	3931.31
吉安市	Ji'an			936	1487.02
宜春市	Yichun			1340	3267.63
抚州市	Fuzhou			982	2464.52
上饶市	Shangrao			1467	2805.80

10-7 城市道路和桥梁情况(2020年)
Basic Statistics on Urban Roads and Bridges (2020)

城市	City	道路长度(公里) Length of Roads(km)	道路面积(万平方米) Area of Roads (10 000 sq.m)	#人行道 Sidewalk
合计	**Total**	**12655.92**	**26279.41**	**5803.79**
南昌市	Nanchang	1621.15	3577.12	684.88
景德镇市	Jingdezhen	911.64	1486.77	218.04
乐平市	Leping	214.74	230.01	59.78
萍乡市	Pingxiang	432.35	1184.52	296.59
九江市	Jiujiang	1099.25	1832.76	325.05
瑞昌市	Ruichang	321.00	474.53	93.11
共青城市	Gongqingcheng	186.50	321.74	100.36
庐山市	Lushan	144.20	288.40	67.59
新余市	Xinyu	516.51	1229.83	380.73
鹰潭市	Yingtan	438.23	907.29	242.52
贵溪市	Guixi	162.54	294.74	65.30
赣州市	Ganzhou	1922.98	4111.89	1110.61
瑞金市	Ruijin	273.48	429.24	76.74
龙南市	Longnan	239.97	427.29	76.26
吉安市	Ji'an	549.96	1238.62	309.80
井冈山市	Jinggangshan	66.31	102.12	41.92
宜春市	Yichun	720.97	1756.28	300.26
丰城市	Fengcheng	364.17	674.78	122.70
樟树市	Zhangshu	285.85	664.33	181.09
高安市	Gaoan	329.19	704.94	171.84
抚州市	Fuzhou	877.98	2201.95	570.17
上饶市	Shangrao	893.51	1978.66	284.56
德兴市	Dexing	83.44	161.60	23.89

10-7 续表 continued

城 市	City	道路照明灯盏数(盏) Number of Street Lights (units)	安装路灯的道路长度(公里) Length of Roads with Lights (km)	桥梁数(座) Number of Bridges(unit)	#立交桥 Overpass
合 计	**Total**	**863564**	**9355.31**	**1114**	**104**
南昌市	Nanchang	166421	1427.48	352	33
景德镇市	Jingdezhen	69555	454.57	31	9
乐平市	Leping	7855	117.58	3	1
萍乡市	Pingxiang	44055	247.20	35	1
九江市	Jiujiang	47524	676.48	125	24
瑞昌市	Ruichang	10758	155.62	44	
共青城市	Gongqingcheng	5038	48.50		
庐山市	Lushan	10280	126.80	16	
新余市	Xinyu	19987	387.50	35	8
鹰潭市	Yingtan	34712	395.76	39	12
贵溪市	Guixi	13594	133.78	14	
赣州市	Ganzhou	77013	1257.68	108	4
瑞金市	Ruijin	16562	108.60	17	
龙南市	Longnan	23943	239.97	28	
吉安市	Ji'an	31677	395.97	17	
井冈山市	Jinggangshan	13200	66.28	18	
宜春市	Yichun	56885	502.60	39	4
丰城市	Fengcheng	13889	234.89	15	2
樟树市	Zhangshu	11317	192.34	33	
高安市	Gaoan	18571	279.05	17	3
抚州市	Fuzhou	102742	1334.26	80	3
上饶市	Shangrao	56754	501.78	38	
德兴市	Dexing	11232	70.62	10	

10-8 城市排水和污水处理情况(2020年)
Basic Statistics on Urban Drainage and Sewage Disposal (2020)

城市	City	污水排放量(万立方米) Discharged Volume of Sewage (10 000 cu.m)	排水管道长度(公里) Length of Drainpipes (km)	#污水管道 Sewage Pipes	污水处理厂 Sewage Treatment Plant 座数(座) Units (unit)	#二、三级 Second or Third Grade	日处理能力(万立方米) Daily Disposal Capacity (10 000 cu.m)	#二、三级 Second or Third Grade
合计	**Total**	**110960.06**	**20023.00**	**8676.14**	**68**	**54**	**360.70**	**305.70**
南昌市	Nanchang	35713.65	3476.74	1304.21	8	7	108.50	106.50
景德镇市	Jingdezhen	4735.50	900.92	541.86	2	2	16.00	16.00
乐平市	Leping	1910.00	234.24	115.03	1	1	4.00	4.00
萍乡市	Pingxiang	4416.40	260.00	202.00	3	1	16.00	4.00
九江市	Jiujiang	8851.50	1887.49	822.72	11	11	39.20	39.20
瑞昌市	Ruichang	999.20	253.75	58.45	1		2.50	
共青城市	Gongqingcheng	882.50	249.40	114.30	1	1	2.30	2.30
庐山市	Lushan	498.00	118.69	61.18	2	2	1.50	1.50
新余市	Xinyu	4655.85	982.13	344.90	1	1	12.00	12.00
鹰潭市	Yingtan	2775.15	811.53	278.31	3	3	12.00	12.00
贵溪市	Guixi	1080.66	278.24	133.33	2	1	3.00	1.00
赣州市	Ganzhou	12819.56	2849.62	1081.88	10	8	43.10	39.10
瑞金市	Ruijin	1517.86	303.12	166.90	1	1	4.00	4.00
龙南市	Longnan	933.80	362.25	212.65	2	2	3.00	3.00
吉安市	Ji'an	4989.20	836.30	532.56	2	2	14.00	14.00
井冈山市	Jinggangshan	148.20	65.16	56.54	1	1	0.60	0.60
宜春市	Yichun	5136.72	1399.97	646.30	2	1	17.00	14.00
丰城市	Fengcheng	2145.83	390.14	189.10	2	2	6.00	6.00
樟树市	Zhangshu	2014.04	494.55	201.95	2	2	5.00	5.00
高安市	Gaoan	1740.06	732.93	282.82	3	1	6.00	4.00
抚州市	Fuzhou	6147.50	1661.43	657.28	3		24.00	
上饶市	Shangrao	6251.07	1292.18	524.47	3	2	19.50	16.00
德兴市	Dexing	597.81	182.22	147.40	2	2	1.50	1.50

10-8 续表 continued

城市	City	处理量（万立方米）Treated Volume (10 000 cu.m)	#二、三级 Second or Third Grade	污水处理厂干污泥产生量（吨）Output of Dewatered Sludge (ton)	污水处理厂干污泥处置量（吨）Treated Volume of Dewatered Sludge (ton)
合计	**Total**	**107046.69**	**92269.09**	**100458.74**	**86701.87**
南昌市	Nanchang	35300.87	34854.53	27679.45	21379.87
景德镇市	Jingdezhen	4429.10	4429.10	3689.00	3689.00
乐平市	Leping	1820.00	1820.00	728.00	728.00
萍乡市	Pingxiang	4379.85	995.82	6921.07	6921.07
九江市	Jiujiang	8745.39	8745.39	4849.69	4849.69
瑞昌市	Ruichang	949.54		533.70	533.70
共青城市	Gongqingcheng	845.00	845.00	733.40	533.40
庐山市	Lushan	479.77	479.77	357.93	281.61
新余市	Xinyu	4563.20	4563.20	3950.00	3950.00
鹰潭市	Yingtan	2643.21	2643.21	1772.76	1772.76
贵溪市	Guixi	979.31	371.99	1605.00	1605.00
赣州市	Ganzhou	11608.44	10742.04	18252.31	11091.80
瑞金市	Ruijin	1396.44	1396.44	1326.00	1326.00
龙南市	Longnan	864.70	864.70	756.90	752.13
吉安市	Ji'an	4660.00	4660.00	2587.28	2587.28
井冈山市	Jinggangshan	136.61	136.61	118.60	118.60
宜春市	Yichun	5061.21	4140.00	8035.70	8035.70
丰城市	Fengcheng	2094.93	2094.93	1798.63	1798.63
樟树市	Zhangshu	1955.92	1955.92	2890.81	2890.81
高安市	Gaoan	1662.81	1150.90	2249.07	2233.38
抚州市	Fuzhou	5878.58		4360.40	4360.40
上饶市	Shangrao	6023.27	4811.00	4930.74	4930.74
德兴市	Dexing	568.54	568.54	332.30	332.30

10-9 城市园林绿化情况(2020年)
Basic Statistics on Urban Parks, Gardens and Green Areas (2020)

单位：公顷 (hectare)

城 市	City	绿化覆盖面积 Area of Green Coverage	#建成区 Built Districts	绿地面积 Area of Green Areas	#建成区 Built Districts
合 计	**Total**	**84259.69**	**78965.11**	**77149.09**	**72784.31**
南昌市	Nanchang	15582.60	15116.60	14813.60	14388.00
景德镇市	Jingdezhen	6193.20	5450.27	5529.32	5158.44
乐平市	Leping	1039.00	1031.48	1034.84	983.15
萍乡市	Pingxiang	2493.28	2493.28	1945.52	1945.52
九江市	Jiujiang	7840.49	7732.09	7218.42	7111.42
瑞昌市	Ruichang	945.51	938.31	865.37	845.08
共青城市	Gongqingcheng	917.80	915.20	846.95	844.90
庐山市	Lushan	642.30	574.59	500.19	497.19
新余市	Xinyu	4612.77	4207.77	3978.58	3947.58
鹰潭市	Yingtan	2468.12	2468.12	2143.15	2143.15
贵溪市	Guixi	1776.35	1510.48	1507.92	1399.35
赣州市	Ganzhou	11450.99	10093.20	10882.05	9545.25
瑞金市	Ruijin	1498.64	1414.75	1315.00	1265.05
龙南市	Longnan	1047.86	996.02	939.22	899.64
吉安市	Ji'an	3543.12	2998.27	2854.02	2699.87
井冈山市	Jinggangshan	385.43	368.31	341.82	324.25
宜春市	Yichun	4291.38	4291.38	4570.70	4003.84
丰城市	Fengcheng	2353.40	2353.40	1996.61	1996.61
樟树市	Zhangshu	1614.51	1590.60	1422.87	1374.49
高安市	Gaoan	2586.48	1607.09	2423.34	1498.01
抚州市	Fuzhou	5172.47	5169.91	4750.52	4743.44
上饶市	Shangrao	5210.40	5050.40	4716.30	4617.30
德兴市	Dexing	593.59	593.59	552.78	552.78

10-9 续表 continued

单位：公顷 (hectare)

城 市	City	公园绿地面积 Area of Park Green Areas	公园个数 (个) Number of Parks(unit)	公园面积 Area of Parks
合 计	**Total**	**19625.67**	**714**	**14855.92**
南昌市	Nanchang	3869.00	120	1725.00
景德镇市	Jingdezhen	861.76	22	894.36
乐平市	Leping	316.79	13	183.12
萍乡市	Pingxiang	728.61	21	698.18
九江市	Jiujiang	1285.44	54	845.86
瑞昌市	Ruichang	238.36	9	178.76
共青城市	Gongqingcheng	190.80	4	195.43
庐山市	Lushan	117.00	24	120.00
新余市	Xinyu	977.27	39	1003.27
鹰潭市	Yingtan	531.75	30	536.02
贵溪市	Guixi	286.22	18	240.13
赣州市	Ganzhou	2693.48	79	2607.65
瑞金市	Ruijin	367.64	28	353.42
龙南市	Longnan	316.05	10	316.05
吉安市	Ji'an	928.28	12	676.93
井冈山市	Jinggangshan	123.34	3	131.04
宜春市	Yichun	1136.07	66	1066.19
丰城市	Fengcheng	481.96	19	305.00
樟树市	Zhangshu	380.86	18	190.70
高安市	Gaoan	604.70	7	105.62
抚州市	Fuzhou	1443.28	41	1270.60
上饶市	Shangrao	1639.00	62	1091.13
德兴市	Dexing	108.01	15	121.46

10-10 城市市容环境卫生情况(2020年)
Basic Statistics on Urban Sanitation in Cities (2020)

城市	City	道路清扫保洁面积(万平方米) Area under Cleaning Program (10 000 sq.m)	#机械化 Mechanisation	生活垃圾 Residential Garbage 清运量(万吨) Collection & Transport Volume (10 000 tons)	处理量(万吨) Disposal Volume (10 000 tons)	无害化处理厂(场)数(座) Number of Harmless Treatment Plants (unit)
合 计	**Total**	**25991.53**	**21273.89**	**527.53**	**527.53**	**29.00**
南昌市	Nanchang	5242.04	4802.16	124.09	124.09	3.00
景德镇市	Jingdezhen	1716.00	1201.00	23.64	23.64	1.00
乐平市	Leping	377.90	322.41	9.86	9.86	1.00
萍乡市	Pingxiang	998.86	715.98	23.70	23.70	1.00
九江市	Jiujiang	1825.50	1601.00	28.16	28.16	1.00
瑞昌市	Ruichang	490.00	420.00	8.49	8.49	
共青城市	Gongqingcheng	490.00	441.00	3.70	3.70	
庐山市	Lushan	220.00	160.00	3.57	3.57	
新余市	Xinyu	764.00	692.00	18.51	18.51	1.00
鹰潭市	Yingtan	986.70	785.38	10.20	10.20	2.00
贵溪市	Guixi	240.00	221.00	5.40	5.40	
赣州市	Ganzhou	3791.33	3366.37	68.91	68.91	3.00
瑞金市	Ruijin	630.00	616.93	13.73	13.73	1.00
龙南市	Longnan	421.98	250.91	8.06	8.06	1.00
吉安市	Ji'an	1379.13	976.93	19.60	19.60	1.00
井冈山市	Jinggangshan	152.20	93.60	0.90	0.90	1.00
宜春市	Yichun	1211.20	1093.34	30.03	30.03	2.00
丰城市	Fengcheng	558.00	341.00	19.15	19.15	2.00
樟树市	Zhangshu	389.00	350.00	10.40	10.40	1.00
高安市	Gaoan	441.41	397.79	17.39	17.39	1.00
抚州市	Fuzhou	1913.77	1049.54	35.45	35.45	3.00
上饶市	Shangrao	1592.51	1239.55	41.01	41.01	2.00
德兴市	Dexing	160.00	136.00	3.57	3.57	1.00

10-10 续表 continued

城 市	City	日无害化处理能力(吨) Daily Harmless Treatment Capacity (ton)	无害化处理量(万吨) Volume of Harmless Treatment (10 000 tons)	公共厕所(座) Number of Public Lavatories (unit)	市容环卫专用车辆设备总数(辆) Number of Special Vehicles for Environmental Sanitation (unit)
合 计	**Total**	**23293.00**	**527.53**	**4331**	**9695**
南昌市	Nanchang	4060.00	124.09	744	2404
景德镇市	Jingdezhen	1000.00	23.64	289	1804
乐平市	Leping	350.00	9.86	96	114
萍乡市	Pingxiang	1300.00	23.70	208	444
九江市	Jiujiang	1500.00	28.16	385	378
瑞昌市	Ruichang		8.49	80	64
共青城市	Gongqingcheng		3.70	18	48
庐山市	Lushan		3.57	37	85
新余市	Xinyu	600.00	18.51	141	146
鹰潭市	Yingtan	1750.00	10.20	53	121
贵溪市	Guixi		5.40	15	43
赣州市	Ganzhou	1600.00	68.91	860	2279
瑞金市	Ruijin	400.00	13.73	74	68
龙南市	Longnan	250.00	8.06	75	67
吉安市	Ji'an	1200.00	19.60	161	78
井冈山市	Jinggangshan	180.00	0.90	25	27
宜春市	Yichun	1600.00	30.03	99	274
丰城市	Fengcheng	1600.00	19.15	46	59
樟树市	Zhangshu	1000.00	10.40	106	91
高安市	Gaoan	600.00	17.39	68	68
抚州市	Fuzhou	1853.00	35.45	477	396
上饶市	Shangrao	2300.00	41.01	214	613
德兴市	Dexing	150.00	3.57	60	24

主要统计指标解释

供水综合生产能力 指按供水设施取水、净化、送水、出厂输水干管等环节设计能力计算的综合生产能力。包括在原设计能力的基础上，经挖、革、改增加的生产能力。计算时，以四个环节中最薄弱的环节为主确定能力。

年末供水管道长度 指从送水泵至用户水表之间所有管道的长度。不包括新安装尚未使用、水厂内以及用户建筑物内的管道。

全年供水总量 指报告期供水企业(单位)供出的全部水量。包括有效供水量和漏损水量。

生活用水量 包括公共服务用水和居民家庭用水。公共服务用水指为城市社会公共生活服务的用水。包括行政事业单位、部队营区和公共设施服务、社会服务业、批发零售贸易业、旅馆饮食业以及其他公共服务业等单位的用水。居民家庭用水指城市范围内所有居民家庭的日常生活用水。包括城市居民、农民家庭、公共供水站用水。

用水普及率 指城市用水人口数与城市人口总数的比率。计算公式：

$$用水普及率=\frac{城市用水人口数}{城市人口总数}\times 100\%$$

供气管道长度 指报告期末从气源厂压缩机的出口或门站出口至各类用户引入管之间的全部已经通气投入使用的管道长度。不包括煤气生产厂、输配站、液化气储存站、灌瓶站、储配站、气化站、混气站、供应站等厂(站)内的管道。

全年供气总量 指全年燃气企业(单位)向用户供应的燃气数量。包括销售量和损失量。

燃气普及率 指报告期末使用燃气的城市人口数与城市人口总数的比率。计算公式为:

$$燃气普及率=\frac{城市用气人口数}{城市人口总数}\times 100\%$$

年末道路长度 指年末道路长度和与道路相通的桥梁、隧道的长度，按车行道中心线计算。在统计时只统计路面宽度在 3.5 米(含 3.5 米)以上的各种铺装道路，包括开放型工业区和住宅区道路在内。

城市桥梁 指为跨越天然或人工障碍物而修建的构筑物。包括跨河桥、立交桥、人行天桥以及人行地下通道等。按使用年限分为永久性桥和半永久性桥。

城市排水管道长度 指所有排水总管、干管、支管、检查井及连接井进出口等长度之和。

城市污水日处理能力 指污水处理厂(或污水处理装置)每昼夜处理污水量的设计能力。

年末运营车数 指年末城市用于公共交通运营业务的全部车辆数。新购、新制和调入的运营车辆，自投入之日起开始计算；调出、报废和调作他用的运营车辆，自上级主管机关批准之日起不再计入。

城市绿地面积 指报告期末用作园林和绿化的各种绿地面积。包括公园绿地、生产绿地、防护绿地、附属绿地和其他绿地的面积。

公园绿地 城市中向公众开放的以游憩为主要功能，有一定的游憩设施和服务设施，同时兼有健全生态、美化景观，防灾减灾等综合作用的绿化用地。包括综合公园，社区公园、专类公园、带状公园和街旁绿地。其中综合公园、专类公园和带状公园面积之和为公园面积。

清扫保洁面积 指报告期末对城市道路和公共场所（主要包括城市行车道、人行道、车行隧道、人行过街地下通道、道路附属绿地、地铁站、高架路、人行过街天桥、立交桥、广场、停车场及其他设施等）进行清扫保洁的面积。一天清扫多次的，按清扫保洁面积最大的一次计算。

市容环卫专用车辆 指用于环境卫生作业、监察的专用车辆和设备，包括用于道路清扫、冲洗、洒水、除雪、垃圾粪便清运、市容监察以及与其配套使用的车辆和设备。

生活垃圾清运量 指报告期内收集和运送到垃圾处理厂(场)的生活垃圾数量。生活垃圾指城市日常生活或为城市日常生活提供服务的活动中产生的固体废物以及法律行政规定的视为城市生活垃圾的固体废物。包括：居民生活垃圾、商业垃圾、集市贸易市场垃圾、街道清扫垃圾、公共场所垃圾和机关、学校、厂矿等单位的生活垃圾。

Explanatory Notes on Main Statistical Indicators

Production Capacity of Water Supply refers to the designed overall production capacity of water facilities, covering the four segments of water collection, purification, conveyance, and outflow through trunk pipelines. Increased capacity through transformation and innovation projects is included as well. The capacity is determined mainly on the weakest of the above-mentioned four segments.

Length of Water Supply Pipelines at the Year-end refers to the total length of all the pipelines between the water pumps and the user water meters, excluding pipelines newly installed but not used yet, pipeline in the water factory, and pipeline in the user's buildings.

Annual Volume of Water Supply refers to the total volume of water supplied by water-works (units) during the reference period, including both the effective water supply and loss during the water supply.

Consumption of Water for Residential Use refers to water consumption of households for daily life and water consumption of public service facilities. The latter refers to water consumption for urban public services, including the consumption of government agencies and public institutions, military barracks, public facilities, wholesale and retail outlets, restaurants, hotels, and other units providing public services. Household water consumption refers to consumption of water for daily life of all households within the boundary of cities, including households of urban residents and farmers, and public water supply stations.

Coverage Rate of Urban Population with Access to Tap Water refers to the ratio of the urban population with access to tap water to the total urban population. The formula is:

$$\text{Coverage of Urban Population with Access to Tap Water}=\frac{\text{Urban Population with Access to Tap Water}}{\text{Urban Population}}\times 100\%$$

Length of Gas Pipelines refers to the total length of pipelines in use

between the outlet of the compressor of gas-work or outlet of gas stations and the leading pipe of users, excluding pipelines within gasworks, delivery stations, LPG storage stations, refilling stations, gas-mixing stations and supply stations.

Volume of Gas Supply refers to the total volume of gas provided to users by gas-producing enterprises (units) in a year, including the volume sold and the volume lost.

Coverage Rate of Urban Population with Access to Gas refers to the ratio of the urban population with access to gas to the total urban population at the end of the reference period. The formula is:

$$\text{Coverage Rate of Urban Population with Access to Gas} = \frac{\text{Urban Population with Access to Gas}}{\text{Urban Population}} \times 100\%$$

Length of Paved Roads at Year-end refers to the length of roads with paved surface including bridges and tunnels connected with roads by the end of the year. Length of the roads is measured by the central lines for vehicles for paved roads with a width of 3.5 meters and over, including roads in open-ended factory compounds and residential quarters.

Urban Bridges refer to bridges built to cross over natural or man-made barriers, including bridges over rivers, overpasses for traffic and for pedestrians, underpasses for pedestrians, etc. Both permanent and semi-permanent bridges are included.

Length of Urban Sewage Pipes refers to the total length of general drainage, trunks, branch and inspection wells, connection wells, inlets and outlets, etc.

Daily Disposal Capacity of Urban Sewage refers to the designed 24-hour capacity of sewage disposal by the sewage treatment works or facilities.

Number of Vehicles under Operation at Year-end refers to the total number of vehicles under operation by public transport enterprises (units) at the end of the year, based on the records of operational vehicles by the enterprises (units).

Area of Urban Green Areas refers to the total area occupied for green projects at the end of the reference period, including park green land, production green land, protection green land, green land attached to institutions, and other green areas.

Park Green Area refers to green areas open to the public for amusement and rest with the facilities of amusement, rest and services. Its function includes perfecting ecology, beautifying landscape, and preventing and reducing disaster. Park green areas include comprehensive park, community park, topic park, belt-shaped park and green area nearby street. Total areas of comprehensive park, topic park and belt-shaped is the area of park.

Area Cleaned refers to the area which are regularly cleaned, as at the end of the reference period, at urban roads and public places (mainly including urban roadways, pedestrian walkways, vehicular tunnels, pedestrian underpasses, underground railway stations, lifted roads, pedestrians walk bridges, overpasses, plazas, carparks and other facilities). If there are several times of cleaning in a day at a location, the area of that time of cleaning with the largest area cleaned will be taken.

Vehicles Dedicated to Urban Cleanliness and Environmental Sanitation refer to vehicles and facilities dedicated for use in the operation, management and monitoring of environmental hygiene work. They include vehicles for road cleaning, washing, showering, ice removal, disposal of garbage and human wastes, cleanliness monitoring and related activities.

Volume of Garbage Disposal refers to volume of consumption wastes collected and transported to disposal factories or sites. Consumption wastes are solid wastes produced from urban households or from service activities for urban households, and solid wastes regarded by laws and regulations as urban consumption wastes, including those from households, commercial activities, markets, cleaning of streets, public sites, offices, schools, factories, mining units and other sources。

11

生态环境

ECOLOGICAL ENVIR0NMENT

资料整理：詹志敏　杨钰婷

Ⅰ 简要说明

本篇资料由环境保护、水资源和气象三个部分组成。

环境保护统计资料包括工业废水、生活污水排放及治理情况；工业废气排放及处理情况；一般工业固体废物的产生、处理及利用情况；城镇生活污染情况；烟（粉）尘排放情况。资料来源于省生态环境厅，由省统计局能源处整理提供。

水资源资料主要包括水资源总量、供水量及用水量，资料来源于省水文局；气象资料主要包括各设区市平均气温、降水量、日照等方面的资料，资料来源于省气象局，由省统计局综合处整理提供。

Ⅰ Brief Introduction

This chapter includes three parts: environment protection, water resources and meteorological phenomena.

Data on environment protection include discharge and treatment of industrial and consumption waste water; emission and treatment of production, treatment and utilization of common industrial solid wastes; urban household pollution; emission of industrial smoke dust. Data source from Department of Ecology and Environment of Jiangxi Province. Data are provided by Energy Division of Jiangxi Statistics Bureau.

Data on water resources include total amount of water resources, supply and use. Data are obtained from Jiangxi Hydrological Bureau. Data on meteorological phenomena include annual average temperature, precipitation and sunshine hours by region. Data are obtained from Jiangxi Meteorological Bureau. Data are provided by Comprehensive Division of Jiangxi Statistics Bureau.

11-1 重点调查工业“三废” 排放及处理利用情况

Discharge and Treatment of Key-point Sampling Industrial Waste Gas, Waste Water and Solid Wastes

指　　标	Item	2000	2010	2018	2019	2020
工业废水	**Industrial Waste Water**					
工业废水排放总量(万吨)	Total Industrial Waste Water Discharged (10 000 tons)	42083	72525.86			36487.94
工业废气	**Industrial Waste Gas**					
工业废气排放总量(亿立方米)	Industrial Waste Air Emission (100 million cu.m)	2220	9811.70			21788.19
工业二氧化硫排放量(万吨)	Volume of Industrial Sulphur Dioxide Emission (10 000 tons)	29	47	23.11	21.07	8.64
工业氮氧化物排放量(万吨)	Volume of Industrial Nitrogen Oxides Emission (10 000 tons)			20.54	19.39	14.51
工业烟(粉)尘排放量(万吨)	Volume of Industrial Smoke and Dust Emission (10 000 tons)			40.84	36.80	11.09
工业固体废物	**Industrial Solid Wastes**					
一般工业固体废物产生量(万吨)	Common Industrial Solid Wastes Produced (10 000 tons)	4814.97	9407.30	12129.00	13049.00	12083.48
#危险废物	Hazardous Wastes	1.71	8.98	187.55	210.03	147.66
一般工业固体废物综合利用量(万吨)	Common Industrial Solid Wastes Comprehensively Utilized (10 000 tons)	702.24	4379.14	6047.00	6968.00	5497.56
一般工业固体废物综合利用率(%)	Ratio of Common Industrial Solid Wastes Comprehensively Utilized (%)	14.64	46.54	49.64	53.20	44.98
一般工业固体废物贮存量(万吨)	Stock of Common Industrial Solid Wastes in Stocks (10 000 tons)	3861.40	557.14			6017.85
#危险废物贮存量	Stock of Hazardous Wastes	0.86	0.04			30.92
一般工业固体废物处置量(万吨)	Common Industrial Solid Wastes Disposed (10 000 tons)	98.71	4486.55	1219.00	1391.00	816.16
#危险废物处置量	Hazardous Wastes Disposed	0.01	1.25	162.76	188.66	178.97
一般工业固体废物倾倒丢弃量(万吨)	Common Industrial Solid Wastes Discharged (10 000 tons)	28.70	13.23	0.01	0.08	0.74

注：1.工业废气排放总量的计量单位2011年改为：亿立方米，历年数据是万立方米。

2.工业固体废物产生量、工业固体废物综合利用量、工业固体废物综合利用率、工业固体废物贮存量、工业固体废物处置量、工业固体废物丢弃量2011年统一改为一般工业固体废物产生量、一般工业固体废物综合利用量、一般工业固体废物综合利用率、一般工业固体废物贮存量、一般工业固体废物处置量和一般工业固体废物倾倒丢弃量,且口径发生变化，后同。

3.根据《环境统计管理办法》第二十一条第二款“国务院环境保护行政主管部门定期组织开展全国污染源普查，并在普查基础上适时校正污染物排放统计数据”的规定，我省基于第二次全国污染源普查结果，对2016年以来的数据进行了调整。

a) The measuring unit of industrial waste air emission changed from 10 thousand cu.m into 100 million cu.m since 2011.

b) Industrial solid wastes produced, industrial solid wastes comprehensively utilized, ratio of industrial soild wastes comprehensively, stock of industrial soild wastes, industrial soild wastes disposed, industrial soild wastes discharged changed into common industrial solid wastes produced,common industrial solid wastes comprehensively utilized, ratio of common industrial solid wastes comprehensively utilized, stock of common industrial soild, common industrial solid wastes disposed, common industrial solid wastes disposed. Statistical range changed accordingly, the same as following tables.

c) As stated in paragraph 2 of article 21 of the Administrative Procedures of Environmental Statistics, the competent department of environmental protection administration under The State Council shall organize national pollution sources census regularly and, on the basis of such census, timely revise statistical da on pollutant discharge. In accordance with this procedure, the data of 2016 are revised based on the results of the Second National Pollution Sources Census.

11-2 重点调查工业企业“三废”排放及处理利用情况(2020年)

行　　业	Sector	工业废水排放量(万吨) Industry Waste Water Discharged (10 000tons)	废水治理设施数(套) Number of Facilities for Treatment of Waste Water (set)
总计	**Total**	**36487.94**	**4707**
农、林、牧、渔专业及辅助性活动	Agriculture, Forestry, Animal Husbandry and Fishery Professional and Auxiliary Activities	0.70	7
煤炭开采和洗选业	Mining and Washing of Coal	187.94	32
黑色金属矿采选业	Mining and Processing of Ferrous Metal Ores	195.75	28
有色金属矿采选业	Mining and Processing of Non-Ferrous metal Ores	6808.86	96
非金属矿采选业	Mining and Processing of Non-metal Ores	114.16	98
开采辅助活动	Support Activities for Mining		1
其他采矿业	Mining of Other Ores	7.02	2
农副食品加工业	Processing of Food from Agricultural Products	938.80	366
食品制造业	Manufacture of Foods	728.04	180
酒、饮料和精制茶制造业	Manufacture of Liquor, Beverages and Refined Tea	553.49	85
烟草制品业	Manufacture of Tobacco	9.07	5
纺织业	Manufacture of Textile	1341.61	117
纺织服装、服饰业	Manufacture of Textile,Wearing Apparel and Accessories	140.49	21
皮革、毛皮、羽毛及其制品和制鞋业	Manufacture of Leather, Fur, Feather and Related Products and Footwear	107.17	56
木材加工和木、竹、藤、棕、草制品业	Processing of Timber, Manufacture of Wood, Bamboo, Rattan, Palm and Straw Products	45.59	89
家具制造业	Manufacture of Furniture	22.44	51
造纸和纸制品业	Manufacture of Paper and Paper Products	4143.75	119
印刷和记录媒介复制业	Printing and Reproduction of Recording Media	9.57	35
文教、工美、体育和娱乐用品制造业	Manufacture of Articles for Culture, Education, Arts and Crafts Sport and Entertainment Activities	49.81	43
石油、煤炭及其他燃料加工业	Processing of Petroleum, Coal, and Other Fuels	969.70	19
化学原料和化学制品制造业	Manufacture of Raw Chemical Materials and Chemical Products	3551.27	555
医药制造业	Manufacture of Medicines	1156.56	272
化学纤维制造业	Manufacture of Chemical Fibres	4003.43	12
橡胶和塑料制品业	Manufacture of Rubber and Plastics Products	139.58	194
非金属矿物制品业	Manufacture of Non-metallic Mineral Products	474.07	727
黑色金属冶炼和压延加工业	Smelting and Pressing of Ferrous Metals	1311.24	80
有色金属冶炼和压延加工业	Smelting and Pressing of Non-ferrous Metals	2160.67	292
金属制品业	Manufacture of Metal Products	305.24	195
通用设备制造业	Manufacture of General Purpose Machinery	107.32	87
专用设备制造业	Manufacture of Special Purpose Machinery	91.88	55
汽车制造业	Manufacture of Automobiles	268.49	76
铁路、船舶、航空航天和其他运输设备制造业	Manufacture of Railway, Ship, Aerospace, and Other Transport Equipments	66.85	13
电气机械和器材制造业	Manufacture of Electrical Machinery and Apparatus	870.24	149
计算机、通信和其他电子设备制造业	Manufacture of Computers, Communication and Other Electronic Equipment	3351.13	255
仪器仪表制造业	Manufacture of Measuring Instruments and Machinery	44.76	10
其他制造业	Other Manufacture	27.01	25
废弃资源综合利用业	Utilization of Waste Resources	115.83	133
金属制品、机械和设备修理业	Repair Service of Metal Products, Machinery and Equipment	0.85	2
电力、热力生产和供应业	Production and Supply of Electric Power and Heat Power	303.38	94
燃气生产和供应业	Production and Supply of Gas	0.01	2
水的生产和供应业	Water Production and Distribution	1764.17	29

Discharge and Treatment of Industrial Waste Gas, Waste Water & Solid Wastes of Focused-Investigated Industrial Enterprises (2020)

废水治理设施处理能力(万吨/日) Waste Water Treatment Facilities Capacity (10 000 tons/day)	化学需氧量排放量(吨) Chemical Oxygen Demand Emission (ton)	氨氮排放量(吨) Ammonia Nitrogen Emission (ton)	工业废气排放量(亿立方米) Industrial Waste Gas Emission (100 million cu.m)	废气治理设施数(套) Facilities for Treatment of Waste Gas (set)	#脱硫设施数(套) Desulfu-rization Facilities (set)	#脱硝设施数(套) Denitration Facilities (set)	#除尘设施数(套) Dedusting Facilities (set)	#挥发性有机物(VOCs)设施数(套) Facilites to Remove VOCs (set)
790.21	**18475.10**	**1491.75**	**21788.19**	**13637**	**1604**	**314**	**6904**	**3549**
0.02	8.31	0.66	1.29	17	1		12	1
2.16	80.13	2.82	0.25	9			8	
16.86	47.26	3.01	19.32	9			9	
155.68	1405.19	84.49	76.65	77	3		73	
3.91	108.25	19.67	49.85	83	8	2	66	
0.05								
0.20			0.04	6	1		5	
8.35	1276.90	61.40	49.12	264	29	1	204	9
7.87	522.52	43.35	102.65	120	16	4	80	3
6.01	565.58	47.49	14.24	60	15	3	36	2
0.33	6.75	0.24	20.86	10			10	
11.09	1053.12	42.32	187.40	128	10	5	85	14
1.39	110.93	4.19	2.93	16	4	3	6	3
2.71	176.61	11.40	37.56	138	8		46	68
0.66	64.32	0.41	83.39	328	13		257	44
1.10	89.41	46.19	991.07	2636			960	1663
34.58	2713.34	56.40	171.41	163	45	6	79	23
0.17	15.90	0.78	25.20	92	3		10	72
0.52	30.43	6.25	16.04	93	2		32	49
4.15	213.64	32.74	223.00	61	12	8	32	7
21.26	2888.75	373.93	1619.80	1133	155	24	523	262
9.00	1566.00	91.95	164.32	331	18	6	147	105
20.31	869.99	33.15	122.71	31	7	5	11	8
1.10	151.98	13.72	474.53	454	19	4	127	266
108.57	366.85	44.17	6483.01	3596	889	160	2344	70
267.34	311.38	23.87	4330.14	309	26	2	261	2
23.11	980.07	156.12	737.10	736	139	13	432	17
4.27	119.14	4.29	130.62	547	26	1	320	111
1.43	158.02	26.76	45.98	176	7		87	63
3.32	85.01	55.63	22.45	107	5		36	54
2.50	85.62	1.14	72.47	216	2	1	115	86
0.73	41.95	6.48	14.01	37			16	14
7.74	268.66	19.18	304.93	367	9	5	123	152
34.01	1320.54	152.30	898.17	747	25	1	135	275
0.44	12.97	0.37	0.31	9			1	8
2.63	15.47	0.35	36.39	41	3	1	16	21
3.13	59.32	4.71	322.24	260	30	3	116	70
	0.21	0.01	1.41	12			7	5
12.83	69.88	1.61	3930.26	212	72	56	75	
0.01			5.06	6	2		2	2
8.71	614.74	18.26						

11-2 续表

行 业	Sector	废气治理设施处理能力（万立方米/时）Emission Control Facilities Treatment Capacity (10 000 cu.m/hour)	二氧化硫排放量（吨）Volume of Sulphur Dioxide Emission (ton)
总 计	**Total**	**80716.79**	**86395.37**
农、林、牧、渔专业及辅助性活动	Agriculture, Forestry, Animal Husbandry and Fishery Professional and Auxiliary Activities	14.31	90.36
煤炭开采和洗选业	Mining and Washing of Coal	4.33	0.86
黑色金属矿采选业	Mining and Processing of Ferrous Metal Ores	20.00	
有色金属矿采选业	Mining and Processing of Non-Ferrous Ores	223.26	15.97
非金属矿采选业	Mining and Processing of Non-metal Ores	205.46	292.39
开采辅助活动	Support Activities for Mining		
其他采矿业	Mining of Other Mineral	10.20	0.29
农副食品加工业	Processing of Food from Agricultural Products	223.24	509.44
食品制造业	Manufacture of Foods	123.76	567.31
酒、饮料和精制茶制造业	Manufacture of Liquor, Beverages & Refined Tea	281.50	1451.94
烟草制品业	Manufacture of Tobacco	81.80	1.22
纺织业	Manufacture of Textile	333.23	1017.62
纺织服装、服饰业	Manufacture of Textile,Wearing Apparel and Accessories	15.40	14.31
皮革、毛皮、羽毛及其制品和制鞋业	Manufacture of Leather, Fur, Feather and Related Products and Footwear	197.53	83.93
木材加工和木、竹、藤、棕、草制品业	Processing of Timber, Manufacture of Wood, Bamboo, Rattan, Palm and Straw Products	358.08	346.06
家具制造业	Manufacture of Furniture	7708.63	10.34
造纸和纸制品业	Manufacture of Paper and Paper Products	922.89	1142.72
印刷和记录媒介复制业	Printing and Reproduction of Recording Media	82.09	7.62
文教、工美、体育和娱乐用品制造业	Manufacture of Articles for Culture, Education, Arts and Crsfts Sport and Entertainment Activities	79.04	24.04
石油、煤炭及其他燃料加工业	Processing of Petroleum, Coal, and Other Fuels	510.98	1059.38
化学原料和化学制品制造业	Manufacture of Raw Chemical Materials and Chemical Products	2300.01	6242.64
医药制造业	Manufacture of Medicines	1331.71	519.95
化学纤维制造业	Manufacture of Chemical Fibers	717.24	287.78
橡胶和塑料制品业	Manufacture of Rubber & Products	981.17	489.47
非金属矿物制品业	Manufacture of Non-metallic Mineral Products	24769.17	40337.38
黑色金属冶炼和压延加工业	Smelting and Pressing of Ferrous Metals	11310.53	16865.65
有色金属冶炼和压延加工业	Smelting and Pressing of Non-ferrous Metals	2332.37	4682.14
金属制品业	Manufacture of Metal Products	883.61	402.14
通用设备制造业	Manufacture of General Purpose Machinery	229.28	5.53
专用设备制造业	Manufacture of Special Purpose Machinery	118.30	2.05
汽车制造业	Manufacture of Automobiles	658.58	3.37
铁路、船舶、航空航天和其他运输设备制造业	Manufacture of Railway，Ship, Aerospace, and Other Transport Equipments	135.28	0.79
电气机械和器材制造业	Manufacture of Electrical Machinery and Apparatus	1000.31	31.79
计算机、通信和其他电子设备制造业	Manufacture of Computers communication and other Electronic Equipment	2032.47	109.66
仪器仪表制造业	Manufacture of Measuring Instruments and Machinery	1.51	0.02
其他制造业	Other Manufacture	71.20	93.61
废弃资源综合利用业	Utilization of Waste Resources	665.28	807.00
金属制品、机械和设备修理业	Repair Service Products, Machinery & Equipment	17.92	0.11
电力、热力生产和供应业	Production and Supply of Electric Power and Heat Power	19763.93	8869.96
燃气生产和供应业	Production and Supply of Gas	1.18	8.57
水的生产和供应业	Water Production and Distribution		

continued

氮氧化物排放量（吨）Volume of Nitrogen Oxides Emission (ton)	烟(粉)尘排放量（吨）Volume of Smoke and Dust Emission (ton)	一般工业固体废物产生量（万吨）Common Industrial Solid Wastes Produced (10 000 tons)	一般工业固体废物综合利用量（万吨）Common Industrial Solid Wastes Comprehensively Utilized (10 000 tons)	一般工业固体废物处置量（万吨）Common Industrial Solid Wastes Disposed (10 000 tons)	一般工业固体废物贮存量（万吨）Common Industrial Solid Wastes (10 000 tons)	一般工业固体废物倾倒丢弃量（万吨）Common Industrial Solid Wastes Discharged (10 000 tons)	危险废物产生量（万吨）Volume of Hazardous Wastes Generated (10 000 tons)	危险废物利用处置量（万吨）Volume of Hazardous Wastes Utilized or Disposed (10 000 tons)
145112.28	**110865.00**	**12083.48**	**5497.56**	**816.16**	**6017.85**	**0.74**	**147.66**	**178.97**
8.24	62.69	0.37	0.36					
0.52	784.07	65.38	64.84	2.54	1.00			
	1092.06	286.26	177.78	15.67	108.21			
2.85	13166.95	7892.45	1790.11	470.46	5750.17	0.01	0.06	0.06
250.00	6977.51	213.03	192.90	11.33	11.83	0.59		
0.06	126.72	1.91	1.73	0.13	0.05			
267.02	339.79	32.62	31.12	1.50	0.27		0.15	0.14
894.26	362.68	43.84	38.87	4.97	0.16	0.01	0.02	0.02
303.31	90.88	18.51	17.95	0.57		0.01		
9.76	49.24	0.48	0.45	0.02				
400.73	220.30	4.59	2.80	1.79			0.05	0.06
10.92	1.35	0.13	0.08	0.05				
18.43	294.13	1.34	1.26	0.08	0.01		0.12	0.11
243.10	1296.48	10.74	9.73	0.85	0.15		0.05	0.05
6.78	1343.82	3.52	3.15	0.37			0.19	0.22
1098.29	706.42	78.53	63.35	17.88	0.80		0.02	0.02
26.89	0.68	1.94	1.90	0.05	0.03		0.06	0.06
14.97	48.23	0.38	0.32	0.06			0.03	0.03
2987.04	1973.25	13.09	11.38	1.71			3.59	3.59
3912.15	13717.24	294.37	202.31	92.56	0.97		19.58	19.68
450.33	646.04	9.86	7.56	2.54	0.02		3.24	3.14
358.00	65.61	32.31	29.43	2.38	0.50		0.04	0.04
368.06	596.86	5.98	4.61	1.42	0.01	0.01	0.11	0.11
80952.39	50260.32	309.68	299.06	13.76	1.60	0.09	25.28	25.41
30348.37	7969.53	1321.84	1197.06	1.09	123.99		11.96	11.97
2746.28	3547.89	267.25	212.11	41.57	16.89	0.02	30.08	51.38
149.50	1311.33	7.88	6.36	1.92	0.71		1.79	1.79
11.25	182.53	6.49	2.77	3.72			0.44	0.43
5.74	135.05	0.87	0.61	0.26		0.01	0.25	0.26
59.71	163.99	11.29	11.06	0.27	0.01		0.46	0.45
4.78	7.19	0.26	0.26				0.06	0.06
211.64	25.16	5.17	3.48	1.69		0.01	6.74	6.83
64.35	173.86	7.14	6.26	0.91	0.02		15.42	15.41
0.30	0.30	0.14	0.10	0.04				
517.16	693.18	1.15	1.14				0.19	0.20
304.24	429.86	122.45	117.22	17.62	0.10		12.84	23.82
9.89	66.15	0.05	0.05	0.01				
18072.05	1922.33	1008.27	985.22	103.24	0.33		14.81	13.62
22.94	13.35	0.07	0.07				0.02	0.01
		1.86	0.72	1.13				

11-3 各地区工业“三废”排放及处理情况(2020年)

指标	Item	全 省 Total	南昌市 Nanchang
工业废水	**Industrial Waste Water**		
工业废水排放量(万吨)	Industrial Waste Water Discharged (10 000 tons)	36487.94	3715.91
废水治理设施数(套)	Facilities for Treatment of Waste Water (set)	4707	401
废水治理设施处理能力(万吨/日)	Waste Water Treatment Facilities Capacity (10 000 tons/day)	790.21	70.50
工业废气	**Industrial Waste Gas**		
工业废气排放总量(亿立方米)	Industrial Waste Air Emission (100 million cu.m)	21788.19	1848.81
废气治理设施数(套)	Facilities for Treatment of Waste Gas (set)	13637	1315
#脱硫设施数(套)	Desulfurization Facilities (set)	1604	58
#脱硫设施数(套)	Desulfurization Facilities (set)	314	8
#除尘设施数(套)	Dedusting Facilities (set)	6904	837
废气治理设施处理能力(万立方米/时)	Emission Control Facilities Treatment Capacity (10 000 cu.m/hour)	80716.79	5320.43
工业二氧化硫排放量(吨)	Volume of Industrial Sulphur Dioxide Emission (ton)	86395.37	5081.01
工业氮氧化物排放量(吨)	Volume of Industrial Nitrogen Oxides Emission (ton)	145112.28	8027.17
工业烟(粉)尘排放量(吨)	Volume of Industrial Smoke and Dust Emission (ton)	110865.00	3264.29
工业固体废物	**Industrial Solid Wastes**		
一般工业固体废物产生量(万吨)	Common Industrial Solid Wastes Produced (10 000 tons)	12083.48	315.75
一般工业固体废物综合利用量(万吨)	Common Industrial Solid Wastes Comprehensively Utilized (10 000 tons)	5497.56	309.26
一般工业固体废物综合利用率(%)	Ratio of Common Industrial Solid Wastes Comprehensively Utilized (%)	44.98	97.93
一般工业固体废物贮存量(万吨)	Stock of Common Industrial Solid Wastes (10 000 tons)	6017.85	0.06
#危险废物贮存量(万吨)	Volume of Hazardous Wastes Stocked(10 000 tons)	30.92	0.06
一般工业固体废物处置量(万吨)	Common Industrial Solid Wastes Disposed (10 000 tons)	816.16	6.51
#危险废物利用处置量(万吨)	Volume of Hazardous Wastes Utilized or Disposed(10 000 tons)	178.97	14.98
一般工业固体废物倾倒丢弃量(万吨)	Common Industrial Solid Wastes Discharged (10 000 tons)	0.74	

Discharge and Treatment of Industrial Waste Gas, Waste Water & Solid Wastes by Region (2020)

景德镇市 Jingdezhen	萍乡市 Pingxiang	九江市 Jiujiang	新余市 Xinyu	鹰潭市 Yingtan	赣州市 Ganzhou	吉安市 Ji'an	宜春市 Yichun	抚州市 Fuzhou	上饶市 Shangrao
2052.33	233.79	9564.95	2111.52	872.21	5572.85	2454.88	2801.70	1756.05	5351.74
180	244	386	186	123	992	421	723	623	428
10.65	78.10	73.87	192.95	8.73	71.35	23.24	121.92	18.94	119.96
775.76	2017.78	3451.28	1644.33	808.39	2952.47	1227.08	3822.35	1387.07	1852.87
302	564	1246	675	201	4363	1181	1814	909	1067
24	85	149	102	39	307	170	376	86	208
14	25	37	16	5	90	23	56	14	26
147	389	636	392	129	1813	565	960	452	584
2553.21	5917.44	12653.79	9124.88	3152.85	14726.05	6121.50	11755.79	3021.00	6369.85
2768.44	7061.04	6114.42	11895.59	2666.64	10125.40	8459.15	14798.88	5620.34	11804.47
6489.53	13197.89	21472.34	18972.85	2292.99	13004.74	8658.87	34936.05	4902.50	13157.36
3994.82	7367.68	15383.47	6677.05	2190.30	14303.34	9696.76	13458.02	6340.69	28188.60
117.17	441.14	1363.99	1102.70	316.05	765.59	263.60	623.62	210.55	6563.34
114.88	426.27	1117.12	811.20	252.31	687.21	260.43	595.70	154.27	768.92
97.91	95.73	81.77	73.53	79.68	85.62	93.75	85.22	72.38	11.71
0.45	5.61	35.06	218.69	46.98	81.30	14.30	81.47	5.42	5528.51
3.74	0.48	3.58	0.13	1.06	3.49	0.93	2.24	0.12	15.10
2.27	25.48	227.09	73.43	17.42	35.38	4.74	22.37	133.10	268.36
8.21	1.85	13.26	14.13	8.04	12.07	12.08	40.81	15.46	38.07
			0.07	0.02	0.02		0.02	0.11	0.50

11-4 各地区生活污染情况(2020年)

地　区	Region	生活污水排放量(万吨) Domestic Sewage Discharged (10 000 tons)	城镇生活污水排放量(万吨) Urban Domestic Sewage Discharged (10 000 tons)	农村生活污水排放量(万吨) Rural Domestic Sewage Discharged (10 000 tons)	生活污水中COD产生量(吨) COD Produced from Domestic Sewage (ton)
全　省	**Provincial Total**	**139049.32**	**111635.38**	**27413.94**	**552801.62**
南昌市	Nanchang	19618.53	17153.62	2464.90	73052.69
景德镇市	Jingdezhen	4457.84	3641.23	816.61	18615.42
萍乡市	Pingxiang	4480.73	3391.35	1089.38	18029.08
九江市	Jiujiang	14104.91	11467.21	2637.70	58777.46
新余市	Xinyu	3294.28	2739.23	555.04	12568.92
鹰潭市	Yingtan	3120.88	2509.27	611.61	12411.61
赣州市	Ganzhou	35618.02	29398.68	6219.34	138437.68
吉安市	Ji'an	14345.20	11122.54	3222.66	57956.29
宜春市	Yichun	12933.70	9790.34	3143.37	52435.09
抚州市	Fuzhou	12106.67	9857.06	2249.61	47411.49
上饶市	Shangrao	14968.57	10564.85	4403.72	63105.89

注：由于生态环境统计报表制度对指标进行了调整，现行的生活源废气污染物(含二氧化硫、氮氧化物、VOC)排放量包含部分未单独调查的工业源排放量。

11-4 续表

地　区	Region	生活污水中氨氮产生量(吨) Ammonia Nitrogen Produced from Domestic Sewage Water(ton)	城镇生活污水中氨氮产生量(吨) Ammonia Nitrogen Produced from Urban Domestic Sewage (ton)	农村生活污水中氨氮产生量(吨) Ammonia Nitrogen Produced from Rural Domestic Sewage (ton)	生活污水中氨氮排放量(吨) Ammonia Nitrogen Discharged from Urban Living Waste Water(ton)
全　省	**Provincial Total**	**50367.92**	**36784.68**	**13583.24**	**30392.38**
南昌市	Nanchang	6585.34	5599.38	985.96	1185.22
景德镇市	Jingdezhen	1692.66	1304	388.66	1110.63
萍乡市	Pingxiang	1593.41	1105.66	487.75	1052.66
九江市	Jiujiang	5298.02	3981.13	1316.89	3254.94
新余市	Xinyu	1100.28	896.25	204.03	262.32
鹰潭市	Yingtan	1136.41	826.03	310.38	589.11
赣州市	Ganzhou	12993.26	9584.4	3408.86	8849.53
吉安市	Ji'an	5312.68	3625.95	1686.73	4048.82
宜春市	Yichun	4686.75	3201.32	1485.43	2836.76
抚州市	Fuzhou	4292.49	3213.4	1079.09	2961.85
上饶市	Shangrao	5676.62	3447.16	2229.46	4240.54

Domestic Pollutant Contents by Region (2020)

		生活污水 中COD排放量 (吨) COD Discharged from Urban Living Waste Water (ton)		
城镇生活污水中COD 产生量 (吨) COD Produced from Urban Domestic Sewage (ton)	农村生活污水中COD 产生量 (吨) COD Produced from Rural Domestic Sewage (ton)		城镇生活污水中COD 排放量 (吨) COD Discharged from Urban Living Waste Water (ton)	农村生活污水中COD 排放量 (吨) COD Discharged from Rural Living Waste Water (ton)
383643.83	**169157.79**	**367168.48**	**218293.83**	**148874.65**
58398.40	14654.29	26076.38	13457.72	12618.66
13600.00	5015.42	11158.54	7113.55	4044.99
11531.41	6497.67	13335.78	7713.93	5621.85
41520.97	17256.49	40192.54	25190.73	15001.81
9347.39	3221.53	3651.26	1784.33	1866.93
8615.08	3796.53	7715.06	4593.47	3121.59
99960.00	38477.68	105634.58	74756.47	30878.11
37816.63	20139.66	47919.75	28293.00	19626.75
33388.00	19047.09	31393.06	13818.35	17574.71
33514.00	13897.49	33924.24	20518.15	13406.09
35951.95	27153.94	46167.29	21054.13	25113.16

a) Due to the adjustment on Statistic Report System of Ecological Environment, the current emissions of domestic exhaust pollutants, including sulphur dioxide and nitrogen oxide VOC, include some emissions from industrial sources that have not been surveyed separately.

continued

城镇生活污水 中氨氮排放量 (吨) Ammonia Nitrogen Produced from Rural Living Waste Water(ton)	农村生活污水 中氨氮排放量 (吨) Ammonia Nitrogen Produced from Urban Living Waste Water(ton)	生活及其他二氧化硫 排放量 (吨) Domestic and Other Sulphur Dioxide Emission (ton)	生活及其他氮氧化物 排放量 (吨) Domestic and Other Nitrogen Oxides Emission (ton)	生活及其他烟（粉）尘 排放量 (吨) Domestic and Other Volume of Industrial Smoke and Dust Emission (ton)
18157.08	**12235.30**	**16117.23**	**5476.13**	**32409.66**
312.68	872.54	215.21	505.01	471.96
784.24	326.39	676.05	260.24	1362.22
619.35	433.31	12095.17	3035.78	24224.36
2080.54	1174.40	48.11	250.07	117.95
129.34	132.98	317.52	114.25	639.07
324.42	264.69	60.51	38.61	123.32
5998.22	2851.31	362.07	230.84	737.86
2397.67	1651.15	364.06	210.88	739.99
1446.42	1390.34	75.04	112.28	158.78
1914.36	1047.49	1348.62	558.23	2720.98
2149.84	2090.70	554.87	159.94	1113.17

11-5 水资源总量(2020年)
Water Resources (2020)

地区	Region	水资源总量(亿立方米) Total Amount of Water Resources (100 million cu.m)	年降水量 Annual Precipitation		地表水资源量 Surface Water Resources		地下水资源量(亿立方米) Groundwater Resources (100 million cu.m)
			年降水深(毫米) Annual Precipitation Depth (mm)	年降水量(亿立方米) Annual Precipitation (100 millioncu.m)	年径流深(毫米) Annual Flow Depth(mm)	年径流量(亿立方米) Annual Flow (100 million cu.m)	
全　省	**Provincial Total**	**1685.56**	**1853.1**	**3093.70**	**998.3**	**1666.72**	**385.99**
南昌市	Nanchang	94.63	1943.0	143.84	1225.6	90.73	17.44
景德镇市	Jingdezhen	81.27	2367.9	124.27	1548.6	81.27	15.21
萍乡市	Pingxiang	45.10	1870.9	71.60	1178.5	45.10	9.57
九江市	Jiujiang	200.54	1954.0	367.81	1039.7	195.70	38.35
新余市	Xinyu	33.68	1799.0	56.92	1064.5	33.68	6.42
鹰潭市	Yingtan	42.58	2054.0	73.00	1194.7	42.46	11.14
赣州市	Ganzhou	250.80	1500.5	590.88	636.9	250.80	73.43
吉安市	Ji'an	216.41	1694.2	428.14	856.4	216.41	54.09
宜春市	Yichun	228.00	2030.3	379.06	1202.9	224.59	44.20
抚州市	Fuzhou	184.60	1919.3	361.15	980.9	184.58	55.69
上饶市	Shangrao	307.95	2180.8	497.03	1322.5	301.40	60.45

11-6 供水量(2020年)
Water Supply (2020)

单位：亿立方米　　(100 million cu.m)

地区	Region	总供水量 Total Water Supply	地表水源供水量 Surface Water	蓄水 Storage	引水 Diversion	提水 Carry	跨流域调水 Cross-Basin Water Diversion	地下水源供水量 Groundwater	其他水源供水量 Others
全　省	**Provincial Total**	**244.12**	**235.84**	**113.49**	**50.98**	**71.04**	**0.33**	**6.02**	**2.26**
南昌市	Nanchang	30.28	29.21	5.06	15.08	9.07		0.96	0.11
景德镇市	Jingdezhen	7.80	7.76	4.84	0.72	2.20		0.02	0.02
萍乡市	Pingxiang	6.77	6.50	2.56	2.49	1.12	0.33	0.15	0.12
九江市	Jiujiang	22.12	21.87	10.39	1.53	9.95		0.19	0.06
新余市	Xinyu	7.79	7.21	4.72	1.45	1.04		0.51	0.07
鹰潭市	Yingtan	6.40	6.05	1.98	1.23	2.84		0.27	0.08
赣州市	Ganzhou	33.03	30.62	17.80	6.75	6.07		1.31	1.10
吉安市	Ji'an	30.70	30.50	20.74	3.72	6.04		0.12	0.08
宜春市	Yichun	47.24	46.24	21.05	8.26	16.93		0.95	0.05
抚州市	Fuzhou	22.26	21.43	8.99	5.19	7.25		0.35	0.48
上饶市	Shangrao	29.73	28.45	15.36	4.56	8.53		1.19	0.09

11-7 用 水 量(2020年)
Water Use (2020)

单位：亿立方米 (100 million cu.m)

地 区	Region	总用水量 Total	农田灌溉 Farm Irrigated	林牧渔畜 Forestry, Animal Husbanray Fishery and Livestocks	工业 Industry 小计 total	火(核)电 Thermal (Nuclear) Power Generation	非(火)核电 Non-Thermal (Nuclear) Power Generation	城镇公共 Urban Publical	城镇居民生活 Urban Residential	农村居民生活 Rural Residential	生态环境 Ecological Protection
全 省	**Provincial Total**	**244.12**	**154.30**	**7.55**	**50.37**	**23.59**	**26.78**	**6.83**	**15.44**	**6.48**	**3.15**
南昌市	Nanchang	30.28	16.82	0.45	6.70	0.16	6.54	1.72	2.94	0.48	1.17
景德镇市	Jingdezhen	7.80	4.86	0.03	1.75	0.14	1.61	0.32	0.60	0.20	0.04
萍乡市	Pingxiang	6.77	3.34	0.29	1.77	0.18	1.59	0.31	0.71	0.21	0.14
九江市	Jiujiang	22.12	12.01	0.24	6.93	4.14	2.79	0.57	1.51	0.65	0.21
新余市	Xinyu	7.79	4.32	0.20	2.15	0.46	1.69	0.22	0.54	0.12	0.24
鹰潭市	Yingtan	6.40	4.19	0.16	1.16	0.21	0.95	0.26	0.39	0.15	0.09
赣州市	Ganzhou	33.03	22.60	2.11	2.56	0.09	2.47	1.08	2.91	1.44	0.33
吉安市	Ji'an	30.70	22.21	1.12	4.81	2.99	1.82	0.49	1.18	0.77	0.12
宜春市	Yichun	47.24	24.51	0.87	18.45	14.92	3.53	0.70	1.71	0.80	0.20
抚州市	Fuzhou	22.26	17.01	1.39	1.70	0.17	1.53	0.39	1.03	0.53	0.21
上饶市	Shangrao	29.73	22.43	0.69	2.39	0.13	2.26	0.77	1.92	1.13	0.40

注：1.城镇公共用水指建筑业用水和服务业用水。
2.生态环境用水指城镇环境用水和农村环境用水。

a) Urban publical water use refers to water use of construction and services.

b) Ecological water use refers to water use of urban and rural areas.

11-8 耗 水 量(2020年)
Total Water Consumption (2020)

单位：亿立方米 (100 million cu.m)

地 区	Region	总耗水量 Water Consumption	农田灌溉 Farm Irrigated	林牧渔畜 Forestry, Animal Husbanray Fishery and Livestocks	工业 Industry: 火(核)电 Thermal (Nuclear) Power Generation	非火(核)电 Non-Thermal (Nuclear) Power Generation	城镇公共 Urban Publical	城镇居民生活 Urban Residential	农村居民生活 Rural Residential	生态环境 Ecological Protection
全 省	**Provincial Total**	**113.70**	**81.51**	**6.96**	**2.64**	**8.99**	**2.86**	**3.91**	**4.70**	**2.13**
南昌市	Nanchang	14.36	9.00	0.41	0.15	2.29	0.78	0.74	0.34	0.65
景德镇市	Jingdezhen	3.62	2.48	0.03	0.13	0.56	0.11	0.14	0.13	0.04
萍乡市	Pingxiang	3.31	1.76	0.28	0.12	0.56	0.13	0.19	0.15	0.12
九江市	Jiujiang	9.70	6.98	0.22	0.42	0.88	0.15	0.38	0.52	0.15
新余市	Xinyu	3.46	2.04	0.16	0.25	0.59	0.11	0.14	0.08	0.09
鹰潭市	Yingtan	3.20	2.12	0.16	0.20	0.33	0.10	0.10	0.12	0.07
赣州市	Ganzhou	17.88	12.66	1.92	0.09	0.86	0.42	0.73	0.94	0.26
吉安市	Ji'an	14.53	11.49	1.06	0.24	0.57	0.23	0.32	0.51	0.11
宜春市	Yichun	16.64	12.41	0.84	0.75	1.13	0.34	0.44	0.56	0.17
抚州市	Fuzhou	11.82	8.88	1.25	0.17	0.49	0.18	0.25	0.44	0.16
上饶市	Shangrao	15.18	11.69	0.63	0.12	0.73	0.31	0.48	0.91	0.31

11-9 各地区气象台站及主要技术装备情况(2020年)
Weather Stations and Machinery in Cities by Region (2020)

地区	Region	国家基准气侯站(个) National Reference (unit)	国家基本气象站(个) National Basic Climatological Station (unit)	国家一般气象站(个) National General Synoptic Station (unit)	区域气象观测站(个) Regional Observatory (unit)	农业气象观测站(个) Agrometeoro-logical Observatory (unit)
全　省	**Provincial Total**	**5**	**21**	**67**	**2452**	**18**
南昌市	Nanchang		1	4	109	1
景德镇市	Jingdezhen		1	2	57	1
萍乡市	Pingxiang		1	3	92	1
九江市	Jiujiang	1	2	10	289	2
新余市	Xinyu			2	53	1
鹰潭市	Yingtan		1	2	49	1
赣州市	Ganzhou		4	13	559	3
吉安市	Ji'an	1	3	8	369	2
宜春市	Yichun	1	3	6	256	2
抚州市	Fuzhou	1	2	8	235	1
上饶市	Shangrao	1	3	9	384	3

11-9 续表 continued

地区	Region	生态气象观测站(个) Ecometeoro-logical Observatory (unit)	紫外线观测站(个) Ultraviolet Radiation Observatory (unit)	移动雷达(部) Mobile Radar (unit)	风廓线雷达(部) Wind Profile Radar (unit)	天气雷达(部) Weather Radar (unit)	闪电定位仪(个) Lightning Orientation (unit)
全　省	**Provincial Total**	**14**	**12**	**3**	**3**	**8**	**12**
南昌市	Nanchang	1	1			1	1
景德镇市	Jingdezhen	1	1		1	1	1
萍乡市	Pingxiang	1	1	1			
九江市	Jiujiang	4	2			1	2
新余市	Xinyu	1	1				
鹰潭市	Yingtan	1	1				1
赣州市	Ganzhou	1	1	1		1	2
吉安市	Ji'an	1	1	1		1	1
宜春市	Yichun	1	1		1	1	1
抚州市	Fuzhou	1	1			1	2
上饶市	Shangrao	1	1		1	1	1

11-10 各地区气候基本情况(2020年)
Climate by Region (2020)

地 区	Region	年平均气温 Annual Average Temperature (0.1℃)/△T	年降水量 Annual Precipitation (0.1mm)/△R	年日照时数 Annual Sunshine Hours (0.1h)/△S	年平均相对湿度 Annual Average Relative Humidity (%)/△U
全省平均	**Provincial Average**	**19.1 /0.9**	**1960.9/300.3**	**1449.8/-208.7**	**76/-1**
南昌市	Nanchang	19.1/1.1	2167.1/553.4	1410.6/-424.7	76/0
景德镇市	Jingdezhen	19/1.2	2116.8/312	1509.4/-234.6	78/2
萍乡市	Pingxiang	19.1/1.5	1861/236.3	1242.6/-208.7	79/-2
九江市	Jiujiang	17.5/-0.1	2047.6/601.4	1439.8.7/-227.8	80/5
新余市	Xinyu	18.6/0.3	1850.6/247.3	1314.3/-318.5	79/2
鹰潭市	Yingtan	19.3/0.7	2052.7/175.6	1643.3/-41.7	78/2
赣州市	Ganzhou	20.9/1.3	1415.4/-30.9	1563.9/-187.9	74/-1
吉安市	Ji'an	20/1.3	2219.9/653.7	1351.8/-237.5	75/-4
宜春市	Yichun	18.7/1.2	1565.2/-66.2	1501.2/-1.4	77/-3
抚州市	Fuzhou	18.9/0.8	2185.2/380.4	1548.4/-65.4	81/1
上饶市	Shangrao	19/1.1	2088.4/240.3	1422/-348.1	77/-1

注：△T、△R、△S、△U分别表示本年度平均气温、降水量、日照时数、平均相对湿度与1981-2010年三十年平均值比较的偏差值。

a) △T,△R,△S and △U indicate comparative differences of annual average temperature, precipitation, sunshine hours and annual average relative humidity between 30 year average value from 1981 to 2010.

11-10 续表 continued

地 区	Region	重大灾害性天气(站次) Great calamity weather(time)					
		暴雨 Storm	大风 Gale	冰雹 Hail	大雾 Fog	大雪 Heavy snow	雷暴 Thunder-storm
合 计	**Total**	**577**	**346**		**2003**		
全省平均	**Provincial Average**	**52.5**	**31.5**		**182**		
南昌市	Nanchang	40	13		61		
景德镇市	Jingdezhen	26	3		62		
萍乡市	Pingxiang	22	9		76		
九江市	Jiujiang	79	126		321		
新余市	Xinyu	7	7		68		
鹰潭市	Yingtan	20	4		57		
赣州市	Ganzhou	74	57		218		
吉安市	Ji'an	48	42		293		
宜春市	Yichun	77	23		235		
抚州市	Fuzhou	84	35		258		
上饶市	Shangrao	100	27		354		

主要统计指标解释

工业废水排放量 指经过企业厂区所有排放口排到企业外部的工业废水量。包括生产废水、外排的直接冷却水、超标排放的矿井地下水和与工业废水混排的厂区生活污水，不包括外排的间接冷却水(清污不分流的间接冷却水应计算在内)。

工业废气排放量 指报告期内企业厂区内燃料燃烧和生产工艺过程中产生的各种排入大气的含有污染物的气体的总量，以标准状态(273K，101325Pa)计算。

工业烟（粉）尘排放量 指报告期内企业在燃料燃烧和生产工艺过程中排入大气的烟尘及工业粉尘的总质量之和。烟尘或工业粉尘排放量可以通过除尘系统的排风量和除尘设备出口烟尘浓度相乘求得。

一般工业固体废物综合利用量 指报告期内企业通过回收、加工、循环、交换等方式，从固体废物中提取或者使其转化为可以利用的资源、能源和其他原材料的固体废物量(包括当年利用往年的工业固体废物贮存量)，如用作农业肥料、生产建筑材料、筑路等。综合利用量由原产生固体废物的单位统计。

供水总量 指各种水源工程为用户提供的包括输水损失在内的毛供水量之和，不包括海水直接利用量。

地表水源供水量 指地表水体工程的取水量，按蓄、引、提、调四种形式统计。从水库、塘坝中引水或提水，均属蓄水工程供水量；从河道或湖泊中自流引水的，无论有闸或无闸，均属引水工程供水量；利用扬水站从河道或湖泊中直接取水的，属提水工程供水量；跨流域调水指水资源一级区或独立流域之间的跨流域调配水量，不包括在蓄、引、提水量中。

地下水源供水量 指水井工程的开采量，按浅层淡水、深层承压水和微咸水分别统计。城市地下水源供水量包括自来水厂的开采量和工矿企业自备井的开采量。

用水量 指各类用水户取用的包括输水损失在内的毛用水量，按农田灌溉、林牧渔畜、工业、城镇公共、居民生活、生态环境六大类统计。工业用水为取用的新水量，不包括企业内部的重复利用水。

耗水量 指在输、用水过程中，通过蒸腾、蒸发、土壤吸收、产品吸附、居民和牲畜饮用等多种途径与形式消耗，不能回归到地表水体或地下含水层的水量。

Explanatory Notes on Main Statistical Indicators

Waste Water Discharged by Industry refers to the volume of waste water discharged by industrial enterprises through all their outlets, including waste water from production process, directly cooled water, groundwater from mining wells which does not meet discharge standards and sewage from households mixed with waste water produced by industrial activities, but excluding indirectly cooled water discharged (It should be included if the discharge is not separated from waste water).

Industrial Waste Air Emission refers to the discharge into atmosphere of waste air containing pollutants generated from fuel burning and production processes in enterprises within a given period of time. It is calculated at standard status (273K, 101325Pa)

Volume of Smoke and Dust Emission refers to volume of smoke and industrial dust emitted by burning and production process of enterprises and suspended in the air. Volume of smoke and industrial dust is calculated by volume of air flow timing thickness of dust from dedusting equipment exits.

Common Industrial Solid Wastes Comprehensively Utilized refers to volume of solid wastes from which useful materials can be extracted or which can be converted into usable resources, energy or other materials by means of reclamation, processing, recycling and exchange (including utilizing in the year the stocks of industrial solid wastes of the previous year). Examples of such utilizations include fertilizers, building materials and road materials. The information shall be collected by the producing units of the wastes.

Water Supply refers to gross water supply by supply systems from sources to consumers, including losses during distribution, not including direct utilization of seawater.

Surface Water Supply refers to withdrawals by surface water supply system, broken down with storage, flow, pumping and transfer. Supply from storage projects includes withdrawals from reservoirs; supply from flow includes withdrawals from rivers and lakes with natural flows no matter if there are locks or not; supply from pumping projects includes withdrawals from rivers or lakes with pumping stations; and supply from transfer refers to water supplies transferred from first-level regions of water resources or independent river drainage areas to others, and should not be covered under supplies of storage, flow and pumping.

Groundwater Supply refers to withdrawals from supplying wells, broken down with shallow layer freshwater, deep layer freshwater and slightly brackish water. Groundwater supply for urban areas includes water mining by both waterworks and own wells of enterprises.

Water Usage refers to water used including lose during transportation. Water consumption is divided into farmland irrigation, forestry husbandry fishing and farming, industry, public affair, livelihoods, ecological environment. Industry water consumption refers to newly using, do not include reusing.

Water consumption is the amount of water consumed through evaporation, interception, adsorption, inhabitant and livestock drinking during water use and cannot recycled into surface waters and aquifers.

农 业

AGRICULTURE

资料整理：方建洲　段智欣　李　奎　刘　敏

简要说明

一、本篇资料反映全省农业生产和农村经济的基本情况。主要包括农村基层组织、主要农产品面积和产量、农村基础设施以及农林牧渔综合计算等方面的统计资料。

二、本篇资料主要来源于江西省《农林牧渔业、农业产值综合、乡村社会经济统计报表制度》，其统计范围包括各市、县(区)各种经济类型的全部农林牧渔业以及各非农行业附属的农林牧渔业生产单位。

三、本篇资料中的农村基层组织、主要经济作物面积和产量以及农林牧渔业总产值等由省统计局农业统计处提供；粮食、牧业情况由国家统计局江西调查总队提供；渔业、农机和水利情况则分别根据省农业农村厅和省水利厅等部门资料整理提供。

四、部分指标依据2016年全国第三次农业普查资料进行了修正。

Brief Introduction

Ⅰ. The data in this chapter show comprehensively the basic condition of agricultural production and rural economy of Jiangxi province, including rural grassroots units, area and output of major agricultural products, rural infrastructure, and integrated computation of agriculture, forestry, animal husbandry and fishery.

Ⅱ. Data in this chapter mainly come from the Comprehensive Statistical Reporting on Agriculture, Forestry, Animal Husbandry and Fishery, the Comprehensive Statistical Reporting on Agricultural Output, and the Rural Social and Economic Survey of Jiangxi Province. Statistics on agriculture includes all productive units of agriculture, forestry, animal husbandry and fishery and units engaged in agriculture, forestry, animal husbandry and fishery in non-agricultural sectors with various types of ownership in cities, counties and districts of Jiangxi Province.

Ⅲ. Data on rural grassroots units, area and output of major agricultural products, and gross output value of agriculture, forestry, animal husbandry and fishery are provided by Agriculture Division of Jiangxi Statistic Bureau. Data on grain and animal husbandry are provided by Survey Office of Jiangxi Statistic Bureau. Data on fishery, agricultural machinery and water conservancy are provide respectively by Jiangxi Provincial Department of Agriculture and Rural Affairs and Jiangxi Provincial Department of Water Conservancy.

Ⅳ. Some Indicators have been adjusted according to the Third National Agricultural Census in 2016.

12-1 农村乡(镇)基本情况
Basic Conditions of Township and Town of Country

指　　标	Iterm	2019	2020
乡镇政府(个)	Number of Township and Town Governments (unit)	1404	1397
镇政府	Number of Town Governments (unit)	827	829
乡政府	Number of Township Governments (unit)	577	568
村民委员会(个)	Number of Villagers' Committees (unit)	17063	17001
村民小组(个)	Number of Villagers' Groups (unit)	200461	200287
自来水受益村委会个数(个)	Number of Villages Benifited by Tap Water (unit)	13978	14754
占村委会总个数比重(%)	Rate to Total Number of Villages (%)	81.9	86.8
通有线电视的村委会个数(个)	Number of Villages with Cable TV (unit)	16808	16808
占村委会总个数比重(%)	Rate to Total Number of Villages (%)	98.5	98.9
通宽带的村委会个数(个)	Number of Villages with Broadband Network (unit)	16958	16999
占村委会总个数比重(%)	Rate to Total Number of Villages (%)	99.4	100.0

12-2 各地区乡(镇)组织情况(2020年)
Organizing Conditions of Township and Town by Region (2020)

地　区	Region	乡(镇)政府个数(个) Number of Township and Town Governments (unit)	#镇政府 Number of Town Governments	村民委员会(个) Number of Villagers' Committees (unit)	村民小组(个) Number of Villagers' Groups (unit)
全　省	**Provincial Total**	**1397**	**829**	**17001**	**200287**
南昌市	Nanchang	80	52	1178	9617
景德镇市	Jingdezhen	39	28	473	5624
萍乡市	Pingxiang	47	28	641	9515
九江市	Jiujiang	179	101	1727	23712
新余市	Xinyu	26	18	412	3826
鹰潭市	Yingtan	34	24	346	3971
赣州市	Ganzhou	284	144	3461	48117
吉安市	Ji'an	209	120	2513	26593
宜春市	Yichun	159	115	2195	26470
抚州市	Fuzhou	153	95	1805	17573
上饶市	Shangrao	187	104	2250	25269

12-3 农、林、牧、渔业总产值和商品产值
Gross Output Value and Commodity Output Value of Farming, Forestry, Animal Husbandry and Fishery

本表按当年价格计算。

Data in this table are calculated at current prices.

单位：万元 (10 000 yuan)

年份 地区 Year Region	农林牧渔业总产值 Gross Output Value of Farming,Forestry, Animal Husbandry and Fishery	农业产值 Output Value of Farming	林业产值 Output Value of Forestry	牧业产值 Output Value of Animal Husbandry	渔业产值 Output Value of Fishery	服务业产值 Output Value of Services	农林牧渔业商品产值 Commodity Output Value of Farming, Forestry, Animal Husbandry and Fishery	农林牧渔业商品率(%) Commodity Rate of Farming, Forestry, Animal Husbandry and Fishery (%)
1978	492900	364752	58723	63025	6400		175842	35.7
1980	681508	482402	96038	95168	7900		279874	41.1
1985	1145040	740353	141190	228397	35100		566795	49.5
1990	2552437	1534586	239624	674764	103463		1372256	53.8
1991	2715836	1612274	288951	688523	126088		1483574	54.6
1992	2983528	1683513	315804	830611	153600		1735728	58.2
1993	3601064	1961358	314875	1095139	229692		2165316	60.1
1994	5278602	2762704	375230	1776561	364107		3368228	63.8
1995	6317137	3316376	414590	2095348	490823		4053816	64.2
1996	7334888	3863193	463328	2311829	696538		4751920	66.9
1997	7855119	3946088	468592	2558551	881888		5180617	66.0
1998	7348844	3615365	476187	2383146	874146		4824857	65.7
1999	7502895	3881699	495903	2239960	885333		4824974	64.3
2000	7413543	3446961	579735	2217976	1000871	168000	4497813	60.7
2001	7674396	3583299	605300	2261129	1042668	182000	4812927	62.7
2002	7918643	3664496	649332	2339367	1099548	165900	5093507	64.3
2003	8416300	3837127	704801	2540056	1185493	148823	5598337	66.5
2004	10549211	4910558	790778	3249823	1431346	166706	6836789	64.8
2005	11429925	5104715	873713	3650964	1625621	174912	7797125	68.2
2006	12252714	5571936	1046051	3440455	1643115	551157	8364442	68.3
2007	14232763	6230568	1253166	4310098	1819696	619236	9649814	67.8
2008	16707526	6983471	1480574	5444099	2110607	688776	11361117	68.0
2009	17197613	7360732	1574457	5246315	2303010	713098	12537060	72.9
2010	18801649	8106770	1801451	5599251	2542855	751322	13744005	73.1
2011	21751409	9311733	1969743	6966210	2704788	798935	15704518	72.2
2012	23599561	10207446	2167966	7065268	3305289	853591	17204080	72.9
2013	25296890	10947155	2371398	7397614	3668736	911986	18416136	72.8
2014	26701795	11708268	2550057	7489530	3966009	987930	19465609	72.9
2015	28083704	13618493	2706821	6546549	4152149	1059692	20535252	73.1
2016	30198718	14353075	2946136	7705092	4081116	1113299	21845218	72.3
2017	30690051	14892890	2964890	7096764	4530639	1204867	22288929	72.6
2018	31485736	15492192	3195550	6721756	4739156	1337081	22805010	72.4
2019	34812926	16242516	3428054	8889402	4765249	1487705	25300905	72.7
2020	38207354	16898824	3678079	11254054	4734952	1641445	27712371	72.5
南昌市 Nanchang	4016201	1546196	59853	1482774	744765	182614	3117334	77.6
景德镇市 Jingdezhen	1174315	693143	112016	207987	56866	104303	912724	77.7
萍乡市 Pingxiang	1232224	482886	105840	551467	73507	18524	652214	52.9
九江市 Jiujiang	3813871	1621969	344439	774469	852715	220278	2456772	64.4
新余市 Xinyu	1205717	448090	222885	371187	87885	75670	838784	69.6
鹰潭市 Yingtan	1201304	453184	160595	462688	93550	31287	785667	65.4
赣州市 Ganzhou	6743981	3162756	675911	2121033	555076	229205	4666885	69.2
吉安市 Ji'an	4597158	1898741	555638	1488070	404865	249844	3727401	81.1
宜春市 Yichun	5593988	2445116	629917	1787230	608686	123038	3987862	71.3
抚州市 Fuzhou	3832537	2156525	285270	890562	311549	188632	2952967	77.0
上饶市 Shangrao	4796057	1990218	525715	1116586	945489	218049	3613760	75.3

注：2007年后的产值数据按照第三次全国农业普查数据修订。

a) The output value data since 2007 is revised according to the third national agricultural census data.

12-4 农、林、牧、渔业总产值构成

Gross Output Value Composition of Farming, Forestry, Animal Husbandry and Fishery

本表按当年价格计算。

Data in this table are calculated at current prices.

单位：% (%)

年份 地区 Year Region	农林牧渔业总产值 Gross Output Value of Farming,Forestry, Animal Husbandry and Fishery	农业产值 Output Value of Farming	林业产值 Output Value of Forestry	牧业产值 Output Value of Animal Husbandry	渔业产值 Output Value of Fishery	服务业产值 Output Value of Services
1978	100.0	74.0	11.9	12.8	1.3	
1980	100.0	70.7	14.1	14.0	1.2	
1985	100.0	64.7	12.3	19.9	3.1	
1990	100.0	60.1	9.4	26.4	4.1	
1991	100.0	59.4	10.6	25.4	4.6	
1992	100.0	56.5	10.6	27.8	5.1	
1993	100.0	54.5	8.7	30.4	6.4	
1994	100.0	52.3	7.1	33.7	6.9	
1995	100.0	52.4	6.6	33.2	7.8	
1996	100.0	52.7	6.3	31.5	9.5	
1997	100.0	50.2	6.0	32.6	11.2	
1998	100.0	49.2	6.5	32.4	11.9	
1999	100.0	51.7	6.6	29.9	11.8	
2000	100.0	46.5	7.8	29.9	13.5	2.3
2001	100.0	46.7	7.9	29.5	13.6	2.3
2002	100.0	46.3	8.2	29.5	13.9	2.1
2003	100.0	45.6	8.4	30.2	14.1	1.7
2004	100.0	46.5	7.5	30.8	13.6	1.6
2005	100.0	44.7	7.7	31.9	14.2	1.5
2006	100.0	45.5	8.5	28.1	13.4	4.5
2007	100.0	43.8	8.8	30.3	12.8	4.4
2008	100.0	41.8	8.9	32.6	12.6	4.1
2009	100.0	42.8	9.2	30.5	13.4	4.1
2010	100.0	43.1	9.6	29.8	13.5	4.0
2011	100.0	42.8	9.1	32.0	12.4	3.7
2012	100.0	43.3	9.2	29.9	14.0	3.6
2013	100.0	43.3	9.4	29.2	14.5	3.6
2014	100.0	43.8	9.6	28.0	14.9	3.7
2015	100.0	48.5	9.6	23.3	14.8	3.8
2016	100.0	47.5	9.8	25.5	13.5	3.7
2017	100.0	48.5	9.7	23.1	14.8	3.9
2018	100.0	49.2	10.1	21.3	15.1	4.2
2019	100.0	46.7	9.8	25.5	13.7	4.3
2020	100.0	44.2	9.6	29.5	12.4	4.3
南昌市 Nanchang	100.0	38.5	1.5	36.9	18.5	4.5
景德镇市 Jingdezhen	100.0	59.0	9.5	17.7	4.8	8.9
萍乡市 Pingxiang	100.0	39.2	8.6	44.8	6.0	1.5
九江市 Jiujiang	100.0	42.5	9.0	20.3	22.4	5.8
新余市 Xinyu	100.0	37.2	18.5	30.8	7.3	6.3
鹰潭市 Yingtan	100.0	37.7	13.4	38.5	7.8	2.6
赣州市 Ganzhou	100.0	46.9	10.0	31.5	8.2	3.4
吉安市 Ji'an	100.0	41.3	12.1	32.4	8.8	5.4
宜春市 Yichun	100.0	43.7	11.3	31.9	10.9	2.2
抚州市 Fuzhou	100.0	56.3	7.4	23.2	8.1	4.9
上饶市 Shangrao	100.0	41.5	11.0	23.3	19.7	4.5

12-5 农、林、牧、渔业总产值指数
Indices of Gross Output Value of Farming, Forestry, Animal Husbandry and Fishery

本表按可比价格计算。

Data in this table are calculated at constant price.

年 份 Year	以1978年为100 (year of 1978=100)						以上年为100 (preceding year=100)					
	农林牧渔业总产值 Gross Output Value of Farming, Forestry, Animal Husbandry and Fishery	农业产值 Output Value of Farming	林业产值 Output Value of Forestry	牧业产值 Output Value of Animal Husbandry	渔业产值 Output Value of Fishery	服务业产值 Output Value of Services	农林牧渔业总产值 Gross Output Value of Farming, Forestry, Animal Husbandry and Fishery	农业产值 Output Value of Farming	林业产值 Output Value of Forestry	牧业产值 Output Value of Animal Husbandry	渔业产值 Output Value of Fishery	服务业产值 Output Value of Services
1978	100	100	100	100	100	100	102.8	101.6	105.7	107.2	98.9	
1979	114.8	115.0	112.4	116.5	113.6		114.8	115.0	112.4	116.5	113.6	
1980	111.2	109.3	108.7	120.6	127.4		96.9	95.1	96.8	103.6	112.2	
1981	115.6	111.2	127.3	122.6	150.7		103.9	101.7	117.1	101.8	118.3	
1982	127.4	122.4	124.8	148.7	170.0		110.2	110.1	98.0	121.1	112.8	
1983	129.4	122.7	128.2	152.7	213.2		101.5	100.2	102.7	102.7	125.4	
1984	143.3	135.4	144.5	169.0	240.9		110.8	110.3	112.7	110.7	112.9	
1985	153.6	140.4	153.7	200.8	291.5		107.2	103.7	106.4	118.8	121.0	
1986	157.7	138.0	154.9	232.9	337.4		102.6	98.3	100.8	116.0	115.7	
1987	171.6	150.8	169.3	247.9	387.9		108.8	109.3	109.3	106.4	115.0	
1988	176.3	147.5	176.9	282.1	445.1		102.7	97.8	104.5	113.8	114.8	
1989	185.8	156.8	177.6	296.5	485.3		105.4	106.3	100.4	105.1	109.0	
1990	198.0	167.7	184.0	315.5	532.0		106.5	106.9	103.6	106.4	109.6	
1991	210.0	176.0	199.4	337.6	584.6		106.1	105.0	108.3	107.0	109.9	
1992	223.8	181.4	212.9	378.7	712.1		106.6	103.0	106.8	112.2	121.8	
1993	240.1	185.2	194.2	456.3	972.1		107.3	102.1	91.2	120.5	136.5	
1994	264.7	193.4	209.7	537.7	1243.1		110.2	104.5	108.0	117.8	127.9	
1995	278.4	193.9	210.3	590.9	1562.5		105.2	100.2	100.3	109.9	125.7	
1996	301.8	208.4	221.5	609.2	2087.5		108.4	107.5	105.3	103.1	133.6	
1997	322.9	221.3	218.1	644.1	2510.9		107.0	106.2	98.5	105.7	120.3	
1998	310.2	203.8	220.4	623.6	2656.1		96.1	92.1	101.1	96.8	105.8	
1999	325.4	226.2	216.8	600.3	2847.3		104.9	111.0	98.4	96.3	107.2	
2000	334.5	230.3	234.4	599.1	3103.6	335.0	102.8	101.8	108.1	99.8	109.0	100.6
2001	344.5	238.1	237.2	608.7	3261.9	364.8	103.0	103.4	101.2	101.6	105.1	108.9
2002	358.3	244.5	251.2	628.8	3539.2	332.3	104.0	102.7	105.9	103.3	108.5	91.1
2003	368.1	243.3	268.7	651.4	3819.9	296.1	102.7	99.5	107.0	103.6	107.9	89.1
2004	397.6	269.3	280.8	685.9	4125.4	307.9	108.0	110.7	104.5	105.3	108.0	104.0
2005	424.6	278.5	293.2	770.3	4451.3	316.8	106.8	103.4	104.4	112.3	107.9	102.9
2006	450.5	293.5	346.8	794.2	4780.5	356.4	106.1	105.4	118.3	103.1	107.4	112.5
2007	469.4	303.5	377.0	818.0	5067.3	383.8	104.2	103.4	108.7	103.0	106.0	107.7
2008	491.9	315.3	406.8	859.7	5340.9	399.5	104.8	103.9	107.9	105.1	105.4	104.1
2009	514.5	323.5	430.8	909.6	5725.4	413.1	104.6	102.6	105.9	105.8	107.2	103.4
2010	535.1	327.1	458.8	962.4	6137.6	434.2	104.0	101.1	106.5	105.8	107.2	105.1
2011	557.6	346.7	484.0	985.5	6211.3	458.0	104.2	106.0	105.5	102.4	101.2	105.5
2012	583.2	356.0	515.0	1034.7	6726.8	485.5	104.6	102.7	106.4	105.0	108.3	106.0
2013	609.3	374.6	548.0	1070.0	6928.6	514.7	104.5	105.2	106.4	103.4	103.0	106.0
2014	638.6	388.9	583.6	1129.9	7247.3	546.6	104.8	103.8	106.5	105.6	104.6	106.2
2015	664.1	427.5	624.0	1106.0	7544.8	579.9	104.0	109.9	106.9	97.9	104.1	106.1
2016	691.3	448.2	671.1	1129.3	7740.4	607.8	104.1	104.8	107.6	102.1	102.6	104.8
2017	721.4	473.3	717.2	1141.9	8036.7	644.6	104.4	105.6	106.9	101.1	103.8	106.1
2018	746.6	493.0	760.6	1151.1	8229.8	708.0	103.5	104.2	106.0	100.8	102.4	109.8
2019	769.7	512.9	798.6	1157.3	8324.0	747.4	103.1	104.0	105.0	100.5	101.1	105.6
2020	790.2	533.1	842.0	1155.6	8352.5	797.0	102.7	103.9	105.4	99.9	100.3	106.6

12-6 农、林、牧、渔业总产值
Gross Output Value of Farming, Forestry, Animal Husbandry and Fishery

单位：万元　　　　(10 000 yuan)

行 业	Sector	2019	2020	2020年比2019年增长(%) Increase Rate in 2020 over 2019 (%)
农林牧渔业总产值	**Gross Output Value of Farming,Foretry, Animal Husbands and Fishery**	**34812926**	**38207354**	**2.7**
农业产值	**Output Value of Farming**	**16242516**	**16898824**	**3.9**
谷物及其他作物	Cereal and Other Cereal	7187923	7509067	1.3
谷物	Cereal	5546287	5742862	0.9
薯类	Tubers	145106	137984	-1.6
油料	Oil-bearing Crops	737659	774347	1.6
豆类	Soybeans	184600	209763	9.1
棉花	Cotton	50147	35961	-19.5
麻类	Fiber Crops	10312	9627	2.7
糖料	Sugar Crops	223607	215043	-2.0
烟草	Tobacco	60732	74008	18.6
其他农作物	Other Cereal	229473	309473	10.1
蔬菜、食用菌及花卉、盆景园艺产品	Vegetable, Edible Fungi and Gardening Cereal	5405881	5808789	7.3
水果、坚果、茶、饮料和香料作物	Fruit, Nut, Tea, Drink and Spicery Cereal	3418290	3287943	2.9
中药材	Chinese Traditional Medicinal Materials	230422	293025	21.4
林业产值	**Output Value of Forestry**	**3428054**	**3678079**	**5.4**
林木的培育和种植	Forest Cultivated and Planted	857952	904505	4.0
竹木采运	Bamboo and timber's Cutting and Transport	948531	989622	10.7
林产品	Forestry Products	1621571	1783952	3.5
牧业产值	**Output Value of Animal Husbandry**	**8889402**	**11254054**	**-0.1**
牲畜饲养	Livestock Raised	655528	767828	14.9
猪的饲养	Hogs Raised	4546433	6897300	-4.6
家禽饲养	Poultry Raised	3425363	3301921	3.0
狩猎和捕捉动物	Animal Hutted and Caught	32278	33516	1.5
其他畜牧业	Other Animal Husbandry	229800	253488	8.2
渔业产值	**Output Value of Fishery**	**4765249**	**4734952**	**0.3**
鱼类	Fish	3366606	3302941	0.1
甲壳类	Carapace	762888	835691	4.7
贝类	Shell-fish	74566	49308	-32.7
其他渔业	Other Fishery	561189	547012	-0.5
农林牧渔服务业产值	**Services Output Value of Farming, Forestry, Animal Husbandry and Fishery**	**1487705**	**1641445**	**6.6**

注：增长速度由当年可比价格产值除以上年现行价格产值所得。

a) The growth is equal to the output value that caculated at current year's constant prices divided by the output value that caculated at last year's current prices.

12-7 各地区粮食作物和多种经营产值(2020年)
Output Value of Grain Crops and Multi deal by Region (2020)

本表按可比价格计算。

Data in this table are calculated at constant price.

地区	Region	农林牧渔业总产值(万元) Gross Output Value of Farming, Forestry, Animal Husbandry and Fishery(10 000yuan)			构成(%) Composition (%)	
			粮食作物 Grain Crops	多种经营 Multi-dealing	粮食作物 Grain Crops	多种经营 Multi-dealing
全 省	**Provincial Total**	**38207354**	**6090609**	**32116744**	**15.9**	**84.1**
南昌市	Nanchang	4016201	644543	3371658	16.0	84.0
景德镇市	Jingdezhen	1174315	153241	1021074	13.0	87.0
萍乡市	Pingxiang	1232224	143216	1089008	11.6	88.4
九江市	Jiujiang	3813871	551914	3261957	14.5	85.5
新余市	Xinyu	1205717	226232	979485	18.8	81.2
鹰潭市	Yingtan	1201304	265040	936264	22.1	77.9
赣州市	Ganzhou	6743981	926775	5817206	13.7	86.3
吉安市	Ji'an	4597158	935392	3661766	20.3	79.7
宜春市	Yichun	5593988	1306067	4287921	23.3	76.7
抚州市	Fuzhou	3832537	747114	3085423	19.5	80.5
上饶市	Shangrao	4796057	1169762	3626295	24.4	75.6

12-8 农林牧渔业商品产值和商品率
Commodity Output Value and Commodity Rate of Farming, Forestry, Animal Husbandry and Fishery

本表按可比价格计算。

Data in this table are calculated at constant price.

行业	sector	农林牧渔业商品产值(万元) Commodity Output Value of Farming, Forestry, Animal Husbandry and Fishery (10 000 yuan)		农林牧渔业商品率(%) Commdity Rate of Farming, Forestry, Animal Husbandry and Fishery (%)	
		2019	2020	2019	2020
合 计	**Total**	**25300905**	**27712371**	**72.7**	**72.5**
#粮食作物产值	Output Value of Grain Crops	4427162	4523885	63.7	64.0
多种经营产值	Output Value of Multi-dealing	20873743	23188486	74.9	71.9
农业	Farming	11081303	11609293	68.2	68.7
林业	Forestry	2147754	2273684	62.7	61.8
牧业	Animal Husbandry	7201974	9104105	81.0	80.9
渔业	Fishery	3966008	3892268	83.2	82.2
服务业	Services	903866	1014745	60.8	61.8

12-9 农、林、牧、渔业中间消耗

Intermediate Consumption of Farming, Forestry, Animal Husbandry and Fishery

单位：万元 (10 000 yuan)

行　　业	Sector	2019	2020
农林牧渔业中间消耗总计	**Total Intermediate Consumption of Farming,Forestry, Animal Husbandry and Fishery**	**13456072**	**14928051**
农业中间消耗	**Intermediate Consumption of Farming**	**5831671**	**6194539**
物质消耗	Material Consumption	5072634	5346495
用种量	Quantity of Seeds Used	1187492	1278858
役畜用饲料、饲草	Feedstuff for Service-lovestock	243931	257312
肥料	Fertilizer	1921827	1963333
燃料	Fuel	307905	338332
农药	Pesticide	403626	410434
农用塑料薄膜	Plastic Film for Farming	155701	164511
用电量	Consumption of Electricity	299627	325212
小农具购置	Small Dead Stock Purchased	185720	211157
办公用品购置	Office Stationary Purchased	35062	38898
其他	Others	331743	357387
生产服务支出	Production and Services Expenditure	759037	848052
林业中间消耗	**Intermediate Consumption of Forestry**	**1065696**	**1206363**
物质消耗	Material Consumption	816446	915338
用种量	Quantity of Seeds Used	288784	318376
肥料	Fertilizer	185051	206235
燃料	Fuel	57262	65364
农药	Pesticide	46616	51698
用电量	Consumption of Electricity	32934	39904
小农具购置	Small Dead Stock Purchased	61856	70490
办公用品购置	Office Stationary Purchased	26173	30127

12-9 续表 continued

单位：万元 (10 000 yuan)

行　　业	Sector	2019	2020
其他物质消耗	Other Material Consumption	117771	133142
生产服务支出	Production and Services Expenditure	249251	296492
牧业中间消耗	**Intermediate Consumption of Animal Husbandry**	**4180216**	**4933344**
物质消耗	Material Consumption	3843038	4507322
用种量	Quantity of Seeds Used	773436	908604
饲料、饲草	Feedstuff,Forage Grass	2599096	3072536
燃料	Fuel	125665	147764
用电量	Consumption of Electricity	41234	52143
畜牧用药品	Leechdom for Livestock	151206	170352
其他	Others	152403	156923
生产服务支出	Production and Services Expenditure	337178	426022
渔业中间消耗	**Intermediate Consumption of Fishery**	**1672021**	**1795082**
物质消耗	Material Consumption	1366786	1478167
饲料	Feedstuff	942349	1020311
燃料	Fuel	86144	91445
用电量	Consumption of Electricity	43448	46263
办公用品购置	Office Stationary Purchased	21436	22961
其他	Others	273409	291198
生产服务支出	Production and Services Expenditure	305235	316914
农林牧渔服务业中间消耗	**Intermediate Consumption of Services of Farming, Forestry, Animal Husbandry and Fishery**	**706467**	**798724**
物质消耗	Material Consumption	423958	479918
生产服务支出	Production and Services Expenditure	282509	318806

12-10 主要农业机械年末拥有量和机耕情况
Major Agricultural Machinery at Year-end and Condition of Tractor-ploughing

指 标	Item	1990	2000	2010	2015	2019	2020
农业机械总动力(万瓦特)	**Total Power of Agricultural Machinery Power (10 000 watts)**	**667717**	**902307**	**3805000**	**2260816**	**2471520**	**2591430**
柴油发动机动力	Power of Diesel Motor	410637	620228	2978000	1763877	1921080	2015693
汽油发动机动力	Power of Pectrol Motor	80651	63401	161000	100942	112111	123762
电动机动力	Power of Electromotor	176429	211399	666000	395120	436665	450758
其他机械动力	Power of Other Engines		7279		876	800	833
农业机械与设备	**Agricultural Machinery and Equiment**						
大中型拖拉机(台)	Large and Medium-sized Agricultural Tractors (unit)	19324	22725	16700	19624	43340	51334
(万瓦特)	(10 000 watts)	49449	54001	38490	85114	217976	267268
小型拖拉机(台)	Small Tractors(unit)	91682	78634	390300	331997	335722	324394
(万瓦特)	(10 000 watts)	76492	65329	469800	375940	369687	359311
拖拉机配套农具(部)	Tractor Towing Farm Machinery	77509	108850	306600	361782	394011	404472
农用水泵(台)	Agricultural Water Pumps (unit)	118122	223295	731000	446701	482851	487581
节水灌溉机械(套)	Water-saving Irrigation Machinry (set)	4816	7033	50900	132240	138835	140386
机动脱粒机(台)	Motorized Thrashing Machine (unit)	42047	253864	931400	292381	271173	262765
机动植保机械(台)	Motorized plant protection Machinery	6942	24589	158800	148270	150011	151130
农业机耕情况	**Condition of Agricultural Tractor-ploughing**						
当年实际机耕面积(千公顷)	Actual Tractor-ploughing Areas in Current Year (1000 hectares)	641	1029	2899	4206	4355	4523

12-11　农业电气化、化学化、水利化情况
Agricultural Electrization, Chemization, Adequate Irrigation

指　　标	Item	1990	2000	2010	2015	2020
农业电气化情况	**Agricultural Electrization**					
农村用电量(万千瓦小时)	Electricity Consumed in Rural Areas (10 000 kWh)	159927	339255	715738	999196	1301874
农业化学化情况	**Agricultural Chemization**					
农用化肥施用量(实物量)(万吨)	Quantity of Chemical Fertilizers Used for Farming (Material) (10 000 tons)	285.6	343.4	415.1	431.5	331.3
氮　　肥	Nitrogenous Fertilizer	150.5	150.2	135.0	132.1	92.3
磷　　肥	Phosphate Fertilizer	90.0	88.2	81.2	80.8	55.3
钾　　肥	Potash Fertilizer	26.7	40.0	53.3	53.5	39.1
复 合 肥	Compound Fertilizer	18.4	65.0	145.6	165.1	144.6
农用化肥施用量(折纯量)(万吨)	Quantity of Chemical Fertilizers Used for Farming (net) (10 000 tons)	83.6	106.9	137.6	143.6	108.8
氮　　肥	Nitrogenous Fertilizer	46.1	47.5	43.4	42.2	28.8
磷　　肥	Phosphorus Fertilizer	17.8	19.6	22.1	22.1	15.0
钾　　肥	Kalium Fertilizer	13.3	17.2	21.1	21.5	15.3
复 合 肥	Compound Fertilizer	6.4	22.7	50.9	57.7	49.8
农用塑料薄膜使用量(吨)	Quantity of Plastic Film for Farming Consumed (ton)	16428	28599	45491	53977	52296
农药使用量(吨)	Quantity of Pesticide Consumed (ton)	36482	51406	106530	93873	52708
农业水利化情况	**Agricultural Adequate Irrigation**					
有效灌溉面积(千公顷)	Irrigated Areas (1000 hectares)	1836.7	1903.4	1852.4	2027.7	2038.5

12-12 水利灌溉设施年末建成达到情况

Construction Condition of Water Conservancy for Irrigation at Year-end

指　　标	Item	2015	2016	2017	2018	2019	2020
工程座数	**Number of Projects**						
蓄水工程(座)	Water Storage Project (unit)	240841	240853	240868	233232	233082	233054
大型水库	Large-scale Reservoir	28	30	30	30	31	32
中型水库	Medium-scale Reservoir	260	260	260	262	261	262
小(一)型水库	Small (1)-scale Reservoir	1508	1498	1497	1501	1468	1468
小(二)型水库	Small (2)-scale Reservoir	9019	9010	9025	9016	8925	8838
塘　坝	Embankment	230026	230055	230056	222423	222397	222454
泵站(处)	Pump Station (set)	19879	19966	19970	19974	19973	19973
大型	Large	3	3	3	3	3	3
中型	Medium	111	112	112	112	112	114
小型	Small	19765	19851	19855	19859	19858	19856
机电井(眼)	Mechanical and Electrical Well (unit)	1550022	1550028	1549386	1549386	1550136	1528630
规模以上机电井	above Designated Size	7357	7357	7357	7357	7372	7372
规模以下机电井	below Designated Size	1542665	1542671	1542029	1542029	1542764	1521258
有效灌溉面积(千公顷)	Irrigated Areas (1 000 hectares)	2028	2037	2039	2032	2036	2038
灌区数量(处)	Irrigated Places (unit)						
50万亩以上	500 000 mu and above	5	5	5	5	5	5
30-50万亩	300 000-500 000 mu	13	13	13	13	13	13
5-30万亩	50 000-300 000 mu	90	91	91	91	92	92
1-5万亩	10 000-50 000 mu	206	204	204	204	202	202
0.2-1万亩	2 000-10 000 mu	839	840	842	843	844	844

12-13 各地区农业电气化、化学化、水利化情况(2020年)

指　　标	Item	全省 Provincial Total	南昌市 Nanchang	景德镇市 Jingdezhen
农业电气化情况	**Agricultural Electrization**			
农村用电量(万千瓦小时)	Electricity Consumed in Rural Areas (10 000 kW per hour)	**1301874**	145700	39068
农业化学化情况	**Agricultural Chemization**			
农用化肥施用量(实物量)(吨)	Quantity of Chemical Fertilizers Used for Farming (material) (ton)	**3313177**	340090	83159
氮　　肥	Nitrogenous Fertilizer	**922984**	75050	22173
磷　　肥	Phosphate Fertilizer	**552924**	57069	11302
钾　　肥	Potash Fertilizer	**391073**	40993	8668
复 合 肥	Compound Fertilizer	**1446197**	166978	41016
农用化肥施用量(折纯量)(吨)	Quantity of Chemical Fertilizers Used for Farming (net) (ton)	**1088123**	129655	31596
氮　　肥	Nitrogenous Fertilizer	**287727**	27351	8204
磷　　肥	Phosphate Fertilizer	**150013**	18140	2826
钾　　肥	Potash Fertilizer	**152849**	18392	4159
复 合 肥	Compound Fertilizer	**497534**	65772	16407
农用塑料薄膜使用量(吨)	Quantity of Plastic Film for Farming Consumed (ton)	**52296**	1871	1692
农药使用量(吨)	Quantity of Pesticide Consumed (ton)	**52708**	3219	1308
农业水利化情况	**Agricultural Adequate Irrigation**			
有效灌溉面积(千公顷)	Irrigated Areas (1 000 hectares)	**2038**	190	52

Agricultural Electrization, Chemization, Adequate Irrigation by Region (2020)

萍乡市 Pingxiang	九江市 Jiujiang	新余市 Xinyu	鹰潭市 Yingtan	赣州市 Ganzhou	吉安市 Ji'an	宜春市 Yichun	抚州市 Fuzhou	上饶市 Shangrao
76648	145947	28399	31335	191570	96186	192416	75496	279110
74451	285858	88797	94020	489693	456473	525584	394016	481037
25822	86328	24459	22880	163403	115814	149264	105942	131849
13799	40922	20570	16308	84550	66283	95380	77810	68931
7264	31340	15023	8437	54093	47336	75522	50154	52243
27566	127268	28745	46395	187647	227040	205418	160111	228014
29702	106540	32565	28968	154035	150969	164088	128746	131259
9539	30976	9881	7152	40968	35667	50039	33668	34282
5214	14660	5695	5134	18937	18210	22196	21552	17449
3385	12392	5633	2831	23073	18106	29353	20483	15042
11564	48512	11356	13851	71057	78986	62500	53043	64486
749	3533	1446	1600	13914	6931	8221	6844	5494
1614	4859	1415	1331	7599	5870	8133	8697	8663
43	198	55	53	291	302	315	247	292

12-14 堤防、水闸、除涝、水土保持及解决饮水困难情况
Condition of Dike, Sluice, Waterlogging Control, Water and Soil Conversation and Easing the Shortage of Drinking Water

指　　标	Item	2014	2015	2016	2017	2018	2019	2020
堤防长度(公里)	Dike Projects (km)	13229	13438	13578	13788	13934	14087	12930
1级堤防	First-grade Dike	67	67	67	67	67	67	77
2级堤防	Second-grade Dike	293	293	293	293	293	293	391
3级堤防	Third-grade Dike	223	223	242	264	264	260	183
4、5级堤防	Fourth-grade and Fifth-grade Dike	6578	6737	7159	7337	7634	7801	9669
5级以下堤防	Dike below Fifth-grade	6068	6118	5817	5827	5676	5666	2610
达标堤防长度(公里)	Dike up to Standard (km)	3642	3916	4081	4278	4594	4854	8546
水闸工程设施(座)	Sluice Projects (set)	11317	11326	11332	11335	11335	11337	11339
大型水闸	Large-scale Sluice	25	25	25	25	25	26	26
中型水闸	Medium-scale Sluice	234	242	245	245	246	245	245
小型水闸	Small-scale Sluice	11058	11059	11062	11065	11064	11066	11068
除涝面积(千公顷)	Area of Waterlogging Control (1 000 hectares)	393	405	411	422	431	435	441
除涝标准3-5年一遇的	Once 3-5 Years	190	196	200	204	211	213	216
除涝标准5年以上的	Once over 5 Years	202	209	211	218	220	222	225
水土流失综合治理面积(千公顷)	Area of Soil Erosion under Control (1 000 hectares)	5352	5578	5675	5787	5918	6070	6196
农村集中式供水工程(处)	Centralized Water Supply Project in Rural Areas (unit)							
千吨万人以上	above Kiloton 10 000 persons	660	764	792	865	884	858	851

12-15 农作物播种面积和产量(2020年)
Total Sown Areas and Output of Farm Crops (2020)

类　　别	Type	播种面积(千公顷) Sown Area (1000 hectares)	单　产(千克/公顷) Yield per Unit (kg/hectare)	总产量(粮食:万吨；其他：吨) Total Output (Grain:10 000 tons; Others:ton)	总产量比上年增长(%) Total Output Growth Rate Over Preceding Year (%)
总　　计	**Total**	**5644.37**			
粮食作物	Grain Crops	3772.38	5736.1	2163.88	0.3
谷　　物	Cereal	3510.03	5915.2	2076.26	0.2
稻　　谷	Rice	3441.83	5959.6	2051.20	0.1
早　　稻	Early Rice	1217.53	5311.6	646.70	3.3
中稻及一季晚稻	Middle-season and Single-cropping Late Rice	945.80	6663.1	630.20	-8.3
二季晚稻	Double cropping Late Rice	1278.50	6056.3	774.30	5.3
小　　麦	Wheat	14.40	2291.7	3.30	8.6
玉　　米	Corn	47.60	4340.3	20.66	4.3
大(米)麦	Barley	0.20	1500.0	0.03	
豆类合计	Total Beans	142.65	2243.3	32.00	9.1
大　　豆	Soybean	113.50	2444.9	27.75	5.0
杂　　豆	Mixed bean	29.15	1458.0	4.25	46.0
薯类(按折粮计算)	Tubers (converted into grain)	119.70	4646.3	55.62	-0.6
油料合计	Total Oil-bearing Crops	678.43	1809	1227023	1.6
#花　　生	Peanuts	171.45	2969	508995	5.6
油 菜 籽	Rapeseeds	475.43	1426	678085	-1.5
芝　　麻	Sesame	31.29	1244	38929	7.9
棉　　花	Cotton	35.00	1511	52885	-19.5
麻类合计	Total Fiber Crops	3.43	1633	5607	2.7
黄红麻	Jute and Ambary Hemp	0.01	3654	38	-44.1
苎　　麻	Ramee	3.42	1628	5567	3.3
甘　　蔗	Sugarcane	13.57	45077	611768	-2.0
烟叶合计	Tabacco	13.23	2023	26768	18.6
烤　　烟	Flue-cured Tobacco	12.81	2041	26143	19.1
晒　　烟	Sun-cured Tobacco	0.42	1476	625	-0.6
中 药 材	Traditional Chinese Medicinal Materials	103.54			
蔬菜类及食用菌	Vegetables and Edible Mushrooms	661.04	24850	16426549	3.8
瓜果类	Melons and Fruits	86.75	25316	2196133	0.3
其他作物	Other Crops	276.99			
#莲　　子	Lotus Seeds	30.70			
青 饲 料	Succulence	69.61			

注：本表粮食作物均为农产量抽样调查数，数据来自国家统计局江西调查总队，后同。

a) Data of Grain Crops in this table are estimated from sample surveys, which come from survey office of National Bureau of Statistic in Jiangxi. The same applies to the tables following.

12-16 农作物播种面积

单位：千公顷

年份 Year	合计 Total	粮食作物 Grain Crops	#稻谷 Cereal	#小麦 Wheat	棉花 Cotton	油料 Oil-bearing Crops	#花生 Peanuts
1978	5701.1	3820.8	3380.3	121.2	114.3	270.8	46.2
1979	5699.5	3844.0	3386.8	136.1	98.9	329.7	46.4
1980	5553.7	3775.3	3383.7	121.3	108.5	324.0	47.7
1981	5542.8	3758.3	3362.7	116.3	104.7	360.5	48.7
1982	5578.3	3743.9	3339.5	104.0	100.9	370.3	49.6
1983	5465.3	3714.1	3323.7	98.4	82.6	351.7	48.6
1984	5456.7	3714.1	3326.9	98.7	81.1	348.0	52.3
1985	5419.1	3650.9	3264.9	94.2	66.3	372.0	64.2
1986	5438.7	3629.8	3250.7	86.8	61.5	414.5	80.3
1987	5482.7	3647.9	3268.7	83.7	62.2	449.8	89.7
1988	5396.3	3588.7	3210.5	80.1	65.2	440.9	93.3
1989	5555.3	3693.9	3297.7	78.2	66.1	507.1	91.9
1990	5759.7	3700.9	3286.6	74.9	70.3	686.5	91.7
1991	5829.7	3589.7	3146.1	71.9	114.6	800.7	92.0
1992	5844.9	3446.2	2981.5	72.5	135.1	913.9	117.9
1993	5721.0	3360.1	2865.1	74.0	151.3	840.9	131.1
1994	5753.4	3434.4	2939.5	73.1	163.3	853.8	138.5
1995	5949.5	3510.0	3019.4	59.1	131.8	1057.0	130.3
1996	6105.3	3570.6	3055.4	72.3	107.4	1055.3	140.0
1997	6037.6	3586.5	3087.4	72.5	102.2	1003.3	142.6
1998	5804.0	3421.1	3034.6	63.3	108.4	947.7	151.8
1999	5871.0	3548.2	3050.0	61.5	69.2	900.4	163.5
2000	5650.8	3322.0	2832.0	51.4	69.0	858.1	179.9
2001	5534.7	3265.2	2808.3	38.3	70.5	778.7	183.4
2002	5355.1	3188.0	2786.7	28.5	55.0	704.2	176.7
2003	4997.4	3051.1	2685.3	20.6	65.5	632.7	166.8
2004	5258.1	3425.4	3095.9	19.1	62.5	566.2	134.5
2005	5328.9	3519.0	3187.7	15.9	63.9	577.0	135.1
2006	5255.6	3547.1	3271.1	12.4	65.7	585.8	132.6
2007	5226.4	3536.7	3245.6	11.0	68.3	583.5	132.1
2008	5354.1	3601.3	3313.1	10.2	66.6	658.8	142.0
2009	5411.5	3639.7	3344.2	10.0	75.5	716.4	146.4
2010	5505.0	3686.4	3410.4	10.8	79.7	731.7	152.4
2011	5546.4	3709.7	3441.3	11.5	82.0	732.4	157.9
2012	5597.8	3747.8	3476.5	12.7	85.0	744.2	160.7
2013	5637.4	3775.3	3501.9	12.6	84.7	743.1	163.7
2014	5667.3	3794.1	3522.6	12.7	84.9	741.5	162.6
2015	5688.4	3814.9	3541.3	12.9	81.1	739.9	164.2
2016	5602.1	3807.2	3527.1	14.4	49.3	682.4	160.4
2017	5596.9	3786.3	3504.7	14.5	50.5	676.3	162.5
2018	5555.9	3721.3	3436.2	14.6	46.7	680.1	167.3
2019	5521.2	3665.1	3346.2	14.4	42.7	677.1	165.1
2020	5644.4	3772.4	3441.8	14.4	35.0	678.4	171.4

注：1.本表2007-2017年粮食作物播种面积为第三次农业普查修正数。

2.本表粮食作物播种面积数据自2018年以后来自国家统计局江西调查总队。

Total Sown Areas of Farm Crops

(1 000 hectares)

#油菜籽 Rapeseeds	#芝 麻 Sesame	黄红麻 Jute and Ambary Hemp	苎 麻 Ramee	甘 蔗 Sugarcane	烤 烟 Flue-cured Tobacco	晒 烟 Sun-cured Tobacco	蔬 菜 Vegetables
174.3	50.3	5.2	1.3	19.5	3.8	4.1	69.9
214.1	69.3	5.1	1.4	18.8	2.1	3.8	65.1
217.7	58.7	6.4	2.1	19.1	1.1	3.1	70.2
252.2	59.6	10.1	2.7	24.1	2.3	3.3	71.1
255.9	64.7	7.9	2.5	23.7	2.8	3.7	128.7
246.1	57.1	4.7	2.3	21.1	1.8	3.0	159.5
238.3	57.4	5.4	2.6	30.1	2.1	3.8	185.9
245.9	61.9	16.3	9.5	37.7	2.3	4.8	207.1
273.0	61.1	9.7	28.9	38.9	1.7	4.3	211.3
302.9	57.2	7.7	37.3	36.7	3.2	4.9	222.3
300.1	47.5	6.9	21.1	36.1	11.7	6.5	238.3
358.9	56.3	7.7	12.0	31.8	10.5	6.7	243.5
540.9	54.0	8.3	6.6	35.6	14.8	5.9	269.2
657.2	51.3	8.3	5.3	41.8	28.1	6.5	272.3
741.5	54.5	6.9	6.4	50.4	31.1	6.9	317.9
648.8	61.1	6.9	5.0	43.4	37.4	6.5	371.6
653.8	61.4	5.9	7.0	38.5	16.0	5.5	399.1
864.1	62.4	4.4	8.6	40.2	9.8	5.1	436.1
853.6	61.8	3.9	9.1	37.0	11.8	4.9	484.7
801.1	59.7	3.0	8.5	41.8	23.7	4.9	508.1
745.3	50.6	2.8	7.5	38.6	13.9	3.2	491.6
685.4	51.4	1.8	7.3	33.6	11.8	3.1	525.9
629.2	49.0	1.7	9.0	28.4	11.5	2.7	560.1
547.7	47.0	1.3	9.9	25.9	12.1	2.6	605.0
482.9	42.4	1.0	8.9	26.0	11.3	2.1	625.0
428.1	36.1	0.6	8.3	24.4	9.7	1.8	548.3
400.5	29.1	1.1	7.3	18.6	7.8	1.0	552.9
409.7	30.6	0.5	7.3	17.7	10.6	1.0	543.6
418.7	31.7	0.5	7.3	15.1	14.7	0.9	505.5
414.3	35.8	0.3	7.4	14.1	14.7	0.8	500.5
482.3	29.8	0.4	7.8	14.0	19.8	0.7	512.9
538.5	30.8	0.2	7.2	13.6	17.5	0.7	509.7
547.0	31.6	0.2	6.2	13.6	17.0	0.7	521.2
542.6	31.8	0.2	6.0	14.0	19.4	0.6	535.5
551.9	31.2	0.2	5.5	13.8	22.9	0.9	548.4
548.0	31.5	0.1	5.2	14.5	22.4	1.3	563.7
547.9	31.0	0.1	4.6	14.3	27.0	0.8	572.3
545.0	30.7	0.1	3.9	14.5	26.9	0.7	585.4
494.9	27.1	0.1	3.7	14.5	30.2	1.1	607.4
486.3	27.5	0.0	3.6	14.3	25.1	0.6	619.3
483.0	29.8	0.0	3.6	14.3	16.8	0.6	633.0
482.3	29.1	0.0	3.6	14.0	11.9	0.4	644.4
475.4	31.3	0.0	3.4	13.6	12.8	0.4	661.0

a) Sown area of grain crops from 2007 to 2017 were revised according to the results of the Third National Agricultural Census.

b) Sown area of grain crops after 2018 in this table are provided by Survey Office of Jiangxi Statistic Bureau.

12-17 主要农产品产量

年份 Year	粮食 (万吨) Grain (10 000 tons)	棉花 (吨) Cotton (ton)	油料折油 (吨) Oil folding (ton)	油料合计 (吨) Total Oil-bearing Crops (ton)	#花生 Peanuts	#油菜籽 Rapeseeds	#芝麻 Sesame	黄红麻 (吨) Jute and Ambary Hemp (ton)
1978	1125.74	34796	66271	134940	51686	68399	14855	4793
1979	1296.50	43542	103540	199216	60588	100639	37989	7529
1980	1240.04	43039	67804	137605	50502	71999	15104	10775
1981	1268.71	46909	104690	198344	56713	116275	25356	14993
1982	1408.74	65621	105360	259958	62974	159804	37180	11567
1983	1460.45	47932	93031	228752	62424	141353	24975	6427
1984	1549.18	69141	104260	245317	74155	144974	26188	8257
1985	1533.54	62199	122268	288842	103050	156691	29101	29875
1986	1453.77	54558	115323	315869	135578	156664	23627	18301
1987	1562.77	59187	135282	356974	157779	171632	27563	14080
1988	1535.43	32495	122547	328348	138059	174773	15516	10456
1989	1589.62	50050	148379	376519	150739	198755	27025	13423
1990	1658.20	56995	196114	548851	151909	371383	25559	18846
1991	1625.70	108998	226176	621726	149377	444558	27791	20472
1992	1566.00	148368	257389	741627	215142	490178	36307	17984
1993	1517.10	156222	260851	778140	257203	480746	40191	18327
1994	1603.50	174714	282747	836078	309554	483500	42966	17547
1995	1607.40	118547	346693	1035823	302510	690239	42971	13597
1996	1766.30	123071	339313	1010393	331169	634898	44277	9017
1997	1767.70	132390	365379	1056276	332669	681332	42244	7984
1998	1555.50	76092	282503	843455	334317	477853	31165	6555
1999	1732.70	63417	318638	943803	365179	546651	31907	4254
2000	1614.60	68025	325212	967297	403832	529998	33407	4437
2001	1600.00	80510	300390	905295	408616	463306	32333	4142
2002	1549.50	66891	277100	824182	407900	383506	30824	2882
2003	1450.30	76148	252998	759765	368282	364761	24603	1552
2004	1803.40	84812	257237	745278	317971	400887	23035	1793
2005	1853.86	87196	262238	761229	316617	416814	25318	909
2006	1896.52	95015	276246	779766	321554	428286	27094	898
2007	1912.41	107641	285360	841699	332692	429588	26885	1108
2008	1975.43	111915	317434	911919	367891	516281	26398	1404
2009	2029.24	125104	370794	1020240	381959	609619	27626	901
2010	1989.45	130773	364717	1075715	407959	638423	28434	1123
2011	2098.52	142853	444396	1149896	437498	666568	31723	988
2012	2140.64	152203	460395	1170753	448133	687541	34476	804
2013	2182.37	130860	458432	1192243	452003	703654	36547	720
2014	2220.39	133682	471713	1217081	456514	723497	37032	628
2015	2235.61	115221	475675	1239636	464130	739408	36047	610
2016	2234.40	73296	433513	1153338	455993	665140	32205	588
2017	2221.73	77709	461132	1173202	467718	672628	32856	157
2018	2190.70	72115	472262	1208015	480606	690819	36563	97
2019	2157.45	65724	463289	1207812	482183	688661	36065	68
2020	2163.88	52885	483163	1227023	508995	678085	38929	38

注：1.本表2007-2017年粮食产量和畜牧产品产量为第三次农业普查修正数。

2.本表粮食产量和畜牧产品产量数据自2018年以后均来自国家统计局江西调查总队。

Output of Major Farm Products

苎麻 (吨) Ramee (ton)	甘蔗 (吨) Sugarcane (ton)	烤烟 (吨) Flue-cured Tobacco (ton)	晒烟 (吨) Sun-cured Tobacco (ton)	园林水果 (吨) Fruits (ton)	肉类总产量 (吨) Output of Meat (ton)	生猪年末存栏 (万头) Hogs on Hand at Year-end (10 000 heads)	水产品总产量 (万吨) Gross Output of Aquatic Products (10 000 tons)
773	682908	2601	3540	29229	262704	944.3	5.93
1212	790784	1726	3266	60190	313749	1004.7	6.73
1252	857362	950	2758	56126	380490	1018.0	7.55
1627	1167281	2542	3265	70870	411140	1006.6	8.58
2050	1204245	3439	4184	73356	441368	1023.3	9.40
1732	1021939	2033	2777	89348	458122	1079.4	11.55
2495	1499874	2758	4046	89485	547967	1138.8	13.01
5106	1971006	2914	5880	107543	642514	1232.5	16.02
13211	1720310	1664	4287	161274	777126	1344.1	19.28
33475	1907887	3525	5928	172879	838692	1387.6	22.59
19212	1735822	7699	5890	146135	978268	1454.5	25.59
10581	1494895	9155	6173	229708	1040340	1486.5	28.12
6039	1942913	17175	5942	232983	1117438	1547.3	30.68
5166	2299461	31454	6686	334161	1239667	1589.6	33.93
6592	2561426	38246	7867	140914	1410488	1656.6	41.32
5727	2311395	46106	7980	208141	1676110	1781.0	55.49
8644	2041521	15186	6433	303658	1976564	1867.1	69.48
11141	2000272	10179	5730	427637	2193984	1951.0	84.04
12224	1857833	14870	6422	503928	2219302	1978.7	100.10
11288	2205930	31444	7527	676384	2275735	1979.8	115.08
9921	1863799	15906	3660	454628	2147125	1799.6	118.35
9692	1720059	14156	3304	703877	1982708	1554.3	122.12
11397	1368109	15092	3065	423403	1923111	1473.5	127.12
13034	1237046	16635	3095	577314	1931396	1406.5	132.26
12729	1308464	17232	2555	652276	1967198	1309.4	138.20
10165	1182490	15470	2434	777691	2013931	1362.7	146.06
10774	857182	15442	1387	1023742	2200265	1421.3	156.34
10944	783147	19761	1469	1302821	2448110	1485.4	168.66
10992	701340	29955	1321	1609336	2402215	1344.1	179.95
11149	660864	32751	1111	2181603	2459720	1421.3	196.06
11416	642066	46724	1070	2753566	2568921	1511.3	190.39
9837	622022	41411	1922	3270764	2742976	1573.2	205.30
9071	590981	36198	1393	2971285	2875568	1546.1	215.34
8938	628475	44497	1008	3876539	2925153	1577.4	222.81
8267	615764	50338	2134	3702788	3073507	1654.5	237.00
7429	646598	47563	2975	4413431	3156502	1718.5	242.65
6601	645242	57501	1388	4147641	3345035	1750.7	253.76
6044	658244	53402	1188	4503190	3301953	1706.7	264.25
5682	657504	61981	2108	4053727	3232491	1631.3	241.76
5608	655073	54131	1600	4552342	3260579	1621.3	250.55
5590	645714	34229	1919	4702071	3256758	1587.3	255.95
5388	624425	21949	628	4742626	2997880	1006.3	258.81
5567	611768	26143	625	4932102	2851726	1569.9	262.69

a) Output of grain production and livestock production from 2007 to 2017 were revised according to the results of the Third National Agricultural Census.
b) Output of grain production and livestock production after 2018 in this table are provided by Survey Office of Jiangxi Statistic Bureau.

12-18 各地区经济作物播种面积(2020年)

单位：公顷

类　　别	Type	全　省 Provincial Total	南昌市 Nanchang	景德镇市 Jingdezhen	萍乡市 Pingxiang
油料合计	Total Oil-bearing Crops	678434	71823	26113	25526
#花　生	Peanuts	171448	15699	2860	1494
油菜籽	Rapeseeds	475427	49535	20799	23989
芝　麻	Sesame	31286	6589	2454	38
棉　花	Cotton	35000	1057	1147	
麻类合计	Total Fiber Crops	3433			
黄红麻	Jute and Ambary Hemp	10			
苎　麻	Ramee	3419			
甘　蔗	Sugarcane	13572	1036	1184	18
烟叶合计	Tabacco	13232			4
烤　烟	Flue-cured Tobacco	12809			
晒　烟	Sun-cured Tobacco	423			4
中药材	Traditional Chinese Medicinal Materials	103542	956	525	1153
蔬菜类及食用菌	Vegetables and Edible Mushrooms	661038	41866	34204	27049
#叶菜类	Leaf Vegetable	113555	7499	4873	5583
白菜类	Chinese Cabbage Vegetable	113684	9292	5403	4989
甘蓝类	Kale Vegetable	28321	2790	1004	877
根茎类	Root Vegetable	106625	6613	6028	3890
瓜菜类	Melons Vegetable	61801	3886	2792	2882
豆类(菜用)	Legumes	43607	2382	3250	2110
茄果菜类	Solanaceous Fruit Vegetable	85105	2963	4751	2310
葱蒜类	Bulb Vegetable	36919	2449	1904	1545
水生菜类	Aquatic Vegetable	13855	1308	464	513
其他蔬菜类	Others	57564	2684	3735	2350
瓜果类	Melons and Fruits	86750	4012	3343	3487
其他作物	Other Crops	276992	18810	8056	9252
#莲　子	Lotus Seeds	30695	143	106	531

Total Sown Areas of Cash Crops by Region (2020)

(hectare)

九江市 Jiujiang	新余市 Xinyu	鹰潭市 Yingtan	赣州市 Ganzhou	吉安市 Ji'an	宜春市 Yichun	抚州市 Fuzhou	上饶市 Shangrao
104168	11211	9777	46965	117679	128340	24314	112519
8027	4083	5148	40496	24665	42304	11467	15205
92393	6674	3923	6197	91335	79063	12331	89189
3648	454	554	272	1679	6969	516	8114
23273	1636		2	157	4866	1742	1120
421	1502	8	2	5	1377		117
		2	2				6
421	1502	6		5	1375		110
605	115	694	234	861	2167	3145	3512
			6867	2630	888	2720	123
			6867	2601	589	2662	90
				29	299	59	33
5111	1219	20	2457	8688	69992	10386	3035
52799	12710	12857	139951	107248	92018	69712	70624
7780	1491	1602	23914	20455	17429	11260	11669
9732	1191	1682	20961	17959	14027	14702	13747
1874	383	402	8311	3739	3516	2659	2766
8357	2561	2196	20764	16633	16417	11847	11320
4899	1618	1333	15014	11191	7038	5411	5738
3585	1136	1036	10172	6548	5850	4104	3434
7766	2010	1969	19346	15963	11927	8399	7700
1865	1288	628	8077	6954	5357	3586	3267
1340	417	1088	1304	1618	1795	2024	1984
5601	615	921	12087	6188	8662	5721	9000
5972	4114	2323	10690	11066	13401	20830	7511
22321	8148	5804	59116	14591	57193	50926	22776
543	19	152	13010	3299	244	11965	683

12-19 各地区主要经济作物单位播种面积产量(2020年)

单位：千克/公顷

类别	Type	全省 Provincial Total	南昌市 Nanchang	景德镇市 Jingdezhen	萍乡市 Pingxiang
油料合计	Total Oil-bearing Crops	1809	1629	1523	1659
#花生	Peanuts	2969	3396	3562	2132
油菜籽	Rapeseeds	1426	1173	1267	1630
芝麻	Sesame	1244	847	1321	1571
棉花	Cotton	1511	1314	1554	
麻类合计	Total Fiber Crops	1633			
黄红麻	Jute and Ambary Hemp	3654			
苎麻	Ramee	1628			
甘蔗	Sugarcane	45077	42039	41497	26556
烟叶合计	Tabacco	2023			3000
烤烟	Flue-cured Tobacco	2041			
晒烟	Sun-cured Tobacco	1476			3000
蔬菜类及食用菌	Vegetables and Edible Mushrooms	24850	31613	32032	24660
#叶菜类	Leaf Vegetable	21153	25432	21111	25798
白菜类	Chinese Cabbage Vegetable	27320	39594	39500	26753
甘蓝类	Kale Vegetable	23892	23303	36356	20576
根茎类	Root Vegetable	28841	45489	40445	29011
瓜菜类	Melons Vegetable	27567	36195	37112	25882
豆类(菜用)	Legumes	21611	17383	26530	19434
茄果菜类	Solanaceous Fruit Vegetable	21442	23140	29329	20100
葱蒜类	Bulb Vegetable	20592	20985	27871	24626
水生菜类	Aquatic Vegetable	23275	24704	31362	23540
其他蔬菜类	Others	25516	23813	25024	18476
瓜果类	Melons and Fruits	25316	24405	24574	19204

Output of Unit of Major Cash Crops Sown Area by Region (2020)

(kg/hectare)

九江市 Jiujiang	新余市 Xinyu	鹰潭市 Yingtan	赣州市 Ganzhou	吉安市 Ji'an	宜春市 Yichun	抚州市 Fuzhou	上饶市 Shangrao
1808	2061	2230	2752	1439	1839	2273	1820
2241	2998	2884	2997	2676	2892	3072	3438
1787	1482	1378	1200	1111	1314	1567	1592
1425	2154	1162	1545	1082	1404	1393	1293
1516	1586		3103	1726	1504	1435	1551
2425	1399	1375	5833	3200	1569		2410
		4000	5833				2667
2425	1399	500		3200	1570		2409
23856	15626	43244	45884	47893	50849	58084	36302
			1908	2102	2279	2132	2480
			1908	2097	2761	2140	2944
				2483	1331	1776	1212
19591	19348	23156	27937	23650	21340	22370	25388
16529	18190	20928	26144	20142	19072	19457	15977
23621	25342	29316	25776	22342	24936	23801	32041
20911	20616	16112	23645	21345	21987	23910	31209
22602	21141	25961	32701	29545	20295	25135	27942
22583	18360	22343	31715	27496	26228	22773	21437
18032	16428	14003	27157	18863	23345	20204	16514
15802	20351	19245	26389	22007	17885	19856	16496
14607	12887	18331	25874	18950	17704	17923	19139
20968	17139	30784	18930	24875	24151	22551	20601
16553	18426	25593	27602	25510	22413	19422	38182
20514	21771	21828	27033	24528	25742	30530	19303

12-20 各地区主要经济作物总产量(2020年)

单位：吨

类　别	Type	全　省 Provincial Total	南昌市 Nanchang	景德镇市 Jingdezhen	萍乡市 Pingxiang
油料合计	Total Oil-bearing Crops	1227023	117004	39774	42350
#花　生	Peanuts	508995	53321	10187	3185
油菜籽	Rapeseeds	678085	58102	26346	39101
芝　麻	Sesame	38929	5581	3241	60
棉　花	Cotton	52885	1389	1783	
麻类合计	Total Fiber Crops	5607			
黄红麻	Jute and Ambary Hemp	38			
苎　麻	Ramee	5567			
甘　蔗	Sugarcane	611768	43552	49132	478
烟叶合计	Tabacco	26768			11
烤　烟	Flue-cured Tobacco	26143			
晒　烟	Sun-cured Tobacco	625			11
蔬菜类及食用菌	Vegetables and Edible Mushrooms	16426549	1323530	1095636	667025
#叶菜类	Leaf Vegetable	2402022	190712	102874	144033
白菜类	Chinese Cabbage Vegetable	3105862	367904	213418	133472
甘蓝类	Kale Vegetable	676662	65014	36501	18042
根茎类	Root Vegetable	3075180	300818	243805	112840
瓜菜类	Melons Vegetable	1703672	140652	103618	74583
豆类(菜用)	Legumes	942408	41406	86224	41015
茄果菜类	Solanaceous Fruit Vegetable	1824789	68565	139343	46441
葱蒜类	Bulb Vegetable	760254	51393	53067	38052
水生菜类	Aquatic Vegetable	322482	32313	14552	12073
其他蔬菜类	Others	1468797	63913	93464	43411
瓜果类	Melons and Fruits	2196133	97913	82151	66974

Total Output of Major Cash Crops by Region (2020)

(ton)

九江市 Jiujiang	新余市 Xinyu	鹰潭市 Yingtan	赣州市 Ganzhou	吉安市 Ji'an	宜春市 Yichun	抚州市 Fuzhou	上饶市 Shangrao
188335	23108	21801	129234	169309	236016	55267	204825
17987	12239	14849	121381	65998	122343	35224	52281
165084	9891	5404	7433	101495	103882	19324	142023
5198	978	644	420	1816	9781	719	10492
35286	2595		6	271	7319	2499	1737
1022	2102	11	14	16	2160		282
		8	14				16
1022	2102	3		16	2159		265
14431	1797	30011	10749	41236	110190	182700	127492
			13100	5527	2024	5801	305
			13100	5455	1626	5697	265
				72	398	104	40
1034406	245916	297712	3909802	2536378	1963697	1559440	1793007
128598	27121	33527	625208	412013	332413	219084	186439
229879	30182	49310	540292	401244	349784	349916	440461
39187	7896	6477	196522	79809	77307	63578	86329
188879	54142	57011	679009	491416	333189	297773	316298
110632	29706	29783	476171	307708	184594	123226	122999
64645	18662	14507	276249	123524	136567	82907	56702
122721	40905	37894	510526	351292	213316	166764	127022
27243	16599	11512	208981	131777	94843	64265	62522
28099	7147	33493	24681	40248	43351	45653	40872
92714	11332	23571	333643	157854	194145	111116	343634
122508	89567	50706	288979	271432	344967	635953	144983

12-21 茶叶、水果生产情况
Production Conditions of Tea, Fruits

指　　标	Item	2019	2020	2020年比2019年增长(%) Growth Rate in 2020 over 2019 (%)
产　量(吨)	**Output (ton)**			
茶 叶	Tea	66778	71603	7.2
#红茶	Black Tea	8548	11474	34.2
绿茶	Green Tea	52341	53661	2.5
水 果	Fruits	4742626	4932102	4.0
柑桔类	Citrus Fruit	4131757	4255565	3.0
#柑	Hesperidium	374347	403133	7.7
桔	Tangerine	2213044	2130084	-3.7
橙	Orange	1358673	1487131	9.5
柚	Grapefruit	185693	234329	26.2
梨	Pear	164911	165365	0.3
桃	Peach	66527	77713	16.8
其他水果	Other Fruits	379431	433460	14.2
面　积(公顷)	**Area (hectare)**			
年末茶园面积	Area of Tea Plantations at Year-end	109062	113202	3.8
#当年采摘	Picked in Current Year	85247	85177	-0.1
当年新增	Newly Added in Current Year	7947	11474	44.4
年末果园面积	Area of Orchard at Year-end	420094	427837	1.8
柑桔园	Citrus Fruit Plantation	336029	337344	0.4
梨园	Pear Plantation	22256	20733	-6.8
桃园	Peach Plantation	11429	12340	8.0
其他果园	Other Plantation	50380	57419	14.0
当年新增	Newly Added in Current Year	15859	14596	-8.0

12-22 各地区茶叶、水果产量(2020年)
Output of Tea, Fruits by Region (2020)

单位：吨 (ton)

地 区	Region	茶 叶 Tea	#红 茶 Black Tea	#绿 茶 Green Tea	园林水果 Fruits	#柑 桔 Citrus Fruit	#梨 Pear
全 省	**Provincial Total**	**71603**	**11474**	**53661**	**4932102**	**4255565**	**165365**
南昌市	Nanchang	1868	31	1825	42364	22832	2742
景德镇市	Jingdezhen	11998	3830	6418	23851	5064	3077
萍乡市	Pingxiang	703	1	625	18118	8005	1038
九江市	Jiujiang	10679	3098	5663	136156	82249	21339
新余市	Xinyu	309		308	149513	120855	7363
鹰潭市	Yingtan	1061	2	1055	75458	54107	10549
赣州市	Ganzhou	5025	65	4868	1861247	1657657	18669
吉安市	Ji'an	9094	2673	5655	658099	560666	18564
宜春市	Yichun	5809	260	5004	180158	99337	12395
抚州市	Fuzhou	2941	154	2026	1626620	1541281	54078
上饶市	Shangrao	22116	1360	20214	160518	103512	15551

12-23 各地区茶园、果园面积(2020年)
Area of Tea Plantations, Orchard by Region (2020)

单位：公顷 (hectare)

地 区	Region	年末茶园面积 Area of Tea Plantations at Year-end	年末果园面积 Area of Orchards at Year-end	#柑 桔 Citrus Fruit	#当年新增面积 Areas Newly-added in Current Year
全 省	**Provincial Total**	**113202**	**427837**	**337344**	**14596**
南昌市	Nanchang	1443	7029	3877	119
景德镇市	Jingdezhen	13292	4801	1506	478
萍乡市	Pingxiang	995	3092	1643	29
九江市	Jiujiang	20106	16885	7981	475
新余市	Xinyu	198	7818	6517	469
鹰潭市	Yingtan	979	6512	3609	68
赣州市	Ganzhou	12973	173105	146073	6889
吉安市	Ji'an	22549	63776	51750	2906
宜春市	Yichun	11919	20030	9402	1244
抚州市	Fuzhou	4350	87290	81155	228
上饶市	Shangrao	24399	37498	23829	1692

12-24 牧业生产情况
Production Condition of Animal Husbandry

指标	Item	2019	2020	2020年比2019年增长(%) Increase Rate in 2020 over 2019（%）
当年出栏肉猪头数(头)	Number of Slaughtering Hogs in Current Year (head)	25468180	22182785	-12.9
当年出售和自宰肉用牛(头)	Cattle for Sale and Butchering in Current Year (head)	1251700	1351200	7.9
当年出售和自宰肉用羊(只)	Sheep for Sale and Butchering in Current Year (head)	1441300	1584100	9.9
当年出售和自宰肉用兔(只)	Rabbits for Sale and Butchering in Current Year (head)	3113894	5989760	92.4
当年出售和自宰肉用禽(万羽)	Poultry for Sale and Butchering in Current Year (10 000 heads)	53955	56832	5.3
肉类总产量(吨)	Total Output of Meat (ton)	2997880	2851726	-4.9
#猪　肉	Pork	2067500	1806995	-12.6
牛　肉	Beef	131400	152030	15.7
羊　肉	Mutton	23100	25800	11.7
兔　肉	Rabbit Meat	5391	10063	86.7
禽　肉	Meat of Poultry	759100	845100	11.3
牛奶产量(吨)	Output of Milk (ton)	72800	91100	25.1
家禽产蛋量(吨)	Output of Poultry Eggs (ton)	571700	612100	7.1
蜂蜜产量(吨)	Output of Honey (ton)	20120	22861	13.6
牛年末存栏头数(头)	Number of Cattle at Year-end (head)	2573200	2754600	7.0
#奶牛	Number of Cow	34700	25100	-27.7
生猪年末存栏头数(头)	Number of Hogs at Year-end (head)	10063165	15698537	56.0
#能繁殖母猪	Number of Female Hogs with Fertility	956269	1443966	51.0
羊年末存栏只数(只)	Number of Sheep and goats at Year-end (head)	1102400	1234600	12.0
兔年末存栏只数(只)	Number of Rabbits at the End of Year (head)	1355877	1558016	14.9
家禽年末只数(万羽)	Number of Poultry at Year-end (10 000 heads)	22469	24554	9.3
蚕　茧(吨)	Silkworn cocoons (ton)	6340	6511	2.7

注：本表主要畜禽(猪牛羊禽)指标为国家统计局核定全省抽样监测调查推算数据，非主要畜禽指标数据通过全面统计获取，数据来自国家统计局江西调查总队。

a) The main data of livestocks, including pork, beef, mutton and poultry, are calculated results of provincial sampling and monitoring survey. Data are provided by Survey Office of the National Bureau of Statistics of Jiangxi.

12-25 渔业生产情况
Production Condition of Fishery

指　　标	Item	2019	2020	2020年比2019年增长(%) Increase Rate in 2020 over 2019 (%)
渔业乡(个)	Number of Fishery Townships (unit)	13	12	-7.7
渔业村(个)	Number of Fishery Villages (unit)	254	185	-27.2
渔业户(户)	Number of Fishery Households (household)	303459	232670	-23.3
渔业人口(万人)	Population of Fishery (10 000 persons)	137.87	112.91	-18.1
渔业从业人员(万人)	Laborers of Fishery (10 000 persons)	87.35	81.11	-7.1
专业从业人员	Professional Laborers	40.04	36.27	-9.4
捕捞专业从业人员	Laborers of Catch	5.24	1.29	-75.4
养殖专业从业人员	Laborers of Cultivation	29.21	29.36	0.5
其他专业从业人员	Other Laborers	5.58	5.61	0.5
兼业从业人员	Sideline Laborers	36.65	34.58	-5.6
已养殖面积(千公顷)	Cultured Area (1 000 hectares)	411.53	405.37	-1.5
#池　塘	Pond	161.91	162.50	0.4
水　库	Reservoir	127.18	145.56	14.5
湖　泊	Lake	109.20	84.52	-22.6
养殖亩产(千克/公顷)	Per Unit Area Yield of Cultivation (kg/hectare)	5882	6302	7.1
#池　塘	Pond	9614	10123	5.3
水　库	Reservoir	2780	2513	-9.6
湖　泊	Lake	2610	3063	17.4
水产品总产量(吨)	Total Output of Aquatic Products (ton)	2588135	2626904	1.5
#养殖产量	Cultured Output	2420568	2554738	5.5
#池　塘	Pond	1556650	1645002	5.7
水　库	Reseroir	353530	365745	3.5
湖　泊	Lake	285015	258875	-9.2
水产品总产量中：鱼　类	Fish	2123332	2253029	6.1
甲壳类	Carapace	179976	246081	36.7
贝　类	Shellfish	38544	41540	7.8
珍珠产量(千克)	Output of Pearls (kg)	218000	210000	-3.7
鱼苗产量(亿尾)	Output of Frys (100 millon fries)	370	375	1.5
鱼种产量(吨)	Output of Fingerling (ton)	297107	303029	2.0

12-26 各地区渔业生产情况(2020年)
Production Condition of Fishery by Region (2020)

地 区	Region	渔业从业人员(万人) Laborers of Fishery (10 000person)	专业从业人员 Professional Laborers	捕捞从业人员 Laborers of Catch	养殖从业人员 Laborers of Cultivation	其他从业人员 Other Laborers	兼业从业人员 Sideline Laborers	养殖面积(公顷) Cultured Area (hectare)	养殖单产(千克/公顷) Per Unit Area Yield of Cultivation (kg/hectare)
全 省	**Provincial Total**	**81.11**	**36.27**	**1.29**	**29.36**	**5.61**	**34.58**	**405373**	**6302**
南昌市	Nanchang	6.67	3.23		2.69	0.54	2.26	50976	7994
景德镇市	Jingdezhen	0.33	0.22	0.04	0.14	0.04	0.09	5211	5083
萍乡市	Pingxiang	2.50	1.00	0.02	0.88	0.09	1.47	5537	7312
九江市	Jiujiang	3.47	2.21	0.01	1.91	0.29	0.88	97886	4513
新余市	Xinyu	1.42	0.58	0.09	0.41	0.09	0.71	11327	4691
鹰潭市	Yingtan	0.80	0.43	0.07	0.26	0.09	0.15	7806	6518
赣州市	Ganzhou	26.41	11.47	0.24	9.64	1.58	13.56	42446	7008
吉安市	Ji'an	8.93	2.89	0.22	2.34	0.33	4.97	39223	5620
宜春市	Yichun	10.35	4.43	0.38	3.61	0.44	2.97	43427	7770
抚州市	Fuzhou	5.24	1.74	0.05	1.28	0.42	2.78	32296	5361
上饶市	Shangrao	15.00	8.07	0.17	6.20	1.71	4.74	69237	7309

12-26 续表 continued

地 区	Region	水产品总产量(吨) Total Output of Aquatic Products (ton)	#养殖产量 Cultured Output	水产品产量中 Among Output of Aquatic Products: 鱼类 Fish	甲壳类 Carapace	贝类 Shellfish	珍珠产量(千克) Output of Pearl (kg)	鱼苗产量(亿尾) Output of Fry (One hundred million)	鱼种产量(吨) Output of Fingerling (ton)
全 省	**Provincial Total**	**2626904**	**2554738**	**2253029**	**246081**	**41540**	**210000**	**375.48**	**303029**
南昌市	Nanchang	418675	407484	363575	39735	11025		32.14	43306
景德镇市	Jingdezhen	29802	26489	26628	1904	712		13.01	709
萍乡市	Pingxiang	40941	40487	37596	1010	1468		10.71	5587
九江市	Jiujiang	455931	441787	352800	97714	1452	159000	47.36	36526
新余市	Xinyu	55610	53134	50220	1349	539		5.35	4455
鹰潭市	Yingtan	52682	50879	43582	6054	1133		19.80	6334
赣州市	Ganzhou	301087	297467	276973	9264	5113		88.10	34728
吉安市	Ji'an	224050	220425	205507	10333	2522		33.60	20651
宜春市	Yichun	357119	337413	307678	24183	9113		45.44	52422
抚州市	Fuzhou	175630	173129	141803	4829	2437	1000	35.44	31166
上饶市	Shangrao	515377	506044	446667	49706	6026	50000	44.53	67145

12-27 各地区按人口平均的主要农产品产量(2020年)
Per Capita Output of Major Farm Products by Region (2020)

指　　标	Item	全　省 Provincial Total	南昌市 Nanchang	景德镇市 Jingdezhen	萍乡市 Pingxiang	九江市 Jiujiang	新余市 Xinyu
粮　食(千克/人)	Grain (kg/person)	478.98	341.67	339.85	272.43	310.45	462.84
棉　花(千克/人)	Cotton (kg/person)	1.17	0.22	1.10		7.66	2.16
花　生(千克/人)	Peanut (kg/person)	11.27	8.60	6.29	1.76	3.90	10.21
油菜籽(千克/人)	Rapeseeds (kg/person)	15.01	9.37	16.28	21.63	35.83	8.25
芝　麻(千克/人)	Sesame (kg/person)	0.86	0.90	2.00	0.03	1.13	0.82
水产品产量(千克/人)	Output of Aquatic Products (kg/person)	58.15	67.55	18.41	22.65	98.97	46.38
园林水果产量(千克/人)	Output of Fruits (kg/person)	109.17	6.83	14.74	10.02	29.55	124.68
#柑　桔	Citrus Fruits	94.20	3.68	3.13	4.43	17.85	100.79

12-27 续表 continued

指　　标	Item	鹰潭市 Yingtan	赣州市 Ganzhou	吉安市 Ji'an	宜春市 Yichun	抚州市 Fuzhou	上饶市 Shangrao
粮　食(千克/人)	Grain (kg/person)	572.67	289.00	817.42	743.41	718.77	499.66
棉　花(千克/人)	Cotton (kg/person)		0.00	0.06	1.45	0.69	0.27
花　生(千克/人)	Peanut (kg/person)	12.88	13.57	14.70	24.32	9.70	8.05
油菜籽(千克/人)	Rapeseeds (kg/person)	4.69	0.83	22.61	20.65	5.32	21.86
芝　麻(千克/人)	Sesame (kg/person)	0.56	0.05	0.40	1.94	0.20	1.61
水产品产量(千克/人)	Output of Aquatic Products (kg/person)	45.71	33.66	49.90	70.98	48.37	79.32
园林水果产量(千克/人)	Output of Fruits (kg/person)	65.47	208.09	146.58	35.81	447.95	24.71
#柑　桔	Citrus Fruits	46.95	185.33	124.88	19.74	424.45	15.93

12-28 各地区农村经济效益(2020年)

指标	Item	全省 Provincial Total	南昌市 Nanchang
每一农业劳动力创造农林牧渔业总产值(元)	Gross Output of Agriculture,Forestry,Animal Husbandry and Fishery Created by Per Rural Laborer (yuan)	48478	65312
每一农业劳动力创造农林牧渔业增加值(元)	Value-added of Agriculture,Forestry,Animal Husbandry and Fishery Created by Per Rural Laborer (yuan)	29534	39315
每一农业劳动力创造农林牧渔业商品产值(元)	Commodity Output of Agriculture,Forestry,Animal Husbandry and Fishery Created by Per Rural Laborer (yuan)	35162	50695
每一农业劳动力生产的主要农产品(千克)	Major Farm Products Producted by Per Rural Laborer (kg)		
粮　　食	Grain	2745.56	3443.84
棉　　花	Cotton	6.71	2.26
油　　料	Oil-bearing Crops	155.69	190.27
糖　　料	Crops	77.62	70.83
猪牛羊禽肉产量	Meat Output of Pork, Beef, Mutton and Poultry	359.07	397.62
水产品产量	Output of Aquatic Products	333.31	680.86
农林牧渔业中间消耗占农林牧渔业总产值(%)	Percentage of Intermediate Consumption of Agriculture,Forestry,Animal Husbandry and Fishery in Gross Output of Agriculture,Forestry,Animal Husbandry and Fishery (%)	39.08	39.80
农林牧渔业商品率(%)	Commodity Rate of Agriculture, Forestry, Animal Husbandry and Fishery (%)	72.53	77.62

Rural Economic Efficiency by Region (2020)

景德镇市 Jingdezhen	萍乡市 Pingxiang	九江市 Jiujiang	新余市 Xinyu	鹰潭市 Yingtan	赣州市 Ganzhou	吉安市 Ji'an	宜春市 Yichun	抚州市 Fuzhou	上饶市 Shangrao
57935	47889	46829	69833	65688	39480	52146	53459	45466	41441
34845	30158	29633	42946	41251	24930	28604	31807	27229	26475
45029	25348	30166	48581	42961	27320	42281	38110	35031	31225
2713.83	1914.03	1756.12	3214.45	3608.94	1513.27	4162.95	3574.34	3096.28	2805.11
8.80		43.33	15.03		0.00	0.31	6.99	2.96	1.50
196.23	164.59	231.25	133.84	119.21	75.65	192.05	225.55	65.56	176.98
242.39	1.86	17.72	10.41	164.10	6.29	46.77	105.30	216.74	110.16
235.80	482.66	185.35	328.94	489.74	436.30	489.15	399.79	357.56	189.95
147.03	159.11	559.82	322.08	288.07	176.26	254.14	341.28	208.35	445.32
39.85	37.02	36.72	38.50	37.20	36.85	45.15	40.50	40.11	36.11
77.72	52.93	64.42	69.57	65.40	69.20	81.08	71.29	77.05	75.35

12-29 生猪调出奖励大县农村经济情况(2020年)

Economic Conditions of Counties Which are Rewarded for Hog-contributed (2020)

地　区	Region	农作物总播种面积(公顷) Total Sown Areas of Farm Crops (hectare)	#粮　食 Grain	粮食总产量(吨) Total Output of Grain (ton)	棉花总产量(吨) Total Output of Cotton (ton)	油料总产量(吨) Total Output of Oil-bearing Crops (ton)
22个生猪大县（市、区）	**22 Large Hog-raising Counties (County-level City、District)**					
新建区	Xinjian	120762	91900	542000	103	26306
南昌县	Nanchang	175165	137420	866001		17855
进贤县	Jinxian	130979	86780	492000	33	48868
修水县	Xiushui	73271	47110	258009	384	16463
渝水区	Yushui	86862	72340	397000	2536	15425
余江区	Yujiang	59263	48470	268200		12003
南康区	Nankang	60726	37700	208404		17458
信丰县	Xinfeng	74385	45510	225440		22178
定南县	Dingnan	16536	10700	55831		978
兴国县	Xingguo	80479	54340	257388		9231
吉安县	Ji'an	92174	69210	406356		17425
新干县	Xin'gan	81180	52200	312184	218	21678
泰和县	Taihe	118754	86600	492122		26396
安福县	Anfu	89094	58450	335194		20371
袁州区	Yuanzhou	103694	62750	352679	129	20138
万载县	Wanzai	68522	44230	263455	36	5110
上高县	Shanggao	78493	43640	262550	816	15008
丰城市	Fengcheng	243041	165190	1007062	141	46513
樟树市	Zhangshu	168936	83670	516405	337	56732
高安市	Gao'an	171629	109390	685007	4483	68881
东乡区	Dongxiang	71608	55330	350000		8362
万年县	Wannian	54445	45470	252406	154	6100

12-29 续表 continued

地 区	Region	猪牛羊禽肉产量(吨) Meat Output of Pork, Beef, Mutton and Poultry (ton)	农业机械总动力(万千瓦) Total Power of Agricultural Machinery (10 000 kW)	有效灌溉面积(公顷) Irrigated Area (hectare)	化肥施用量(折纯量,吨) Consumption of Chemical Fertilizer (net,ton)	农村用电量(万千瓦小时) Electricity Consumed in Rural Area (10 000 kWh)	农林牧渔总产值(当年价格)(万元) Gross Output Value of Agriculture, Forestry, Animal Husbandry and Fishery(at current prices)(10 000 yuan)
22个生猪大县（市、区）	**22 Large Hog-raising Counties (County-level City、District)**						
新建区	Xinjian	59571	83	37040	29925	18432	1192599
南昌县	Nanchang	84469	104	69770	50563	46689	1209754
进贤县	Jinxian	77800	73	52590	28666	29880	1171551
修水县	Xiushui	46667	29	27830	12418	24818	490196
渝水区	Yushui	39526	54	38013	25627	11184	810113
余江区	Yujiang	57422	27	20810	10991	11127	392192
南康区	Nankang	69054	29	20740	10270	12077	421448
信丰县	Xinfeng	74038	36	23220	14302	13391	678792
定南县	Dingnan	50538	8	9210	2215	2439	206168
兴国县	Xingguo	78461	32	22500	14661	48676	566226
吉安县	Ji'an	92066	44	30000	15985	14569	596891
新干县	Xin'gan	62166	31	27460	10207	5972	414561
泰和县	Taihe	94553	64	36470	17199	16826	563286
安福县	Anfu	44080	35	29743	12866	5847	417073
袁州区	Yuanzhou	58800	42	35940	13527	38018	668237
万载县	Wanzai	53059	30	22810	6563	21116	384617
上高县	Shanggao	47550	48	23998	13400	15990	565714
丰城市	Fengcheng	75843	76	69480	44780	41199	1236841
樟树市	Zhangshu	69304	47	43780	31093	14957	743746
高安市	Gao'an	64226	64	55300	28044	25810	837550
东乡区	Dongxiang	47629	39	26760	9381	9440	471275
万年县	Wannian	45582	17	22153	7475	14139	321843

主要统计指标解释

农林牧渔总产值 以货币表现的农林牧渔业的全部产品总量和对农林牧渔业生产活动进行的各种支持性服务活动的价值。它反映一定时期内农林牧渔业生产总规模和总成果，是观察农林牧渔业生产水平和发展速度的重要指标，同时也是计算农林牧渔业劳动生产率和农林牧渔业增加值的基础资料。

农林牧渔业总产值的计算，一般采用“产品法”，即凡有产品产量的，都按产品价格乘产量的办法求得每种产品产量的产值，然后相加求得各业的产值，最后各业相加求出农林牧渔业总产值。

农林牧渔业增加值 指农、林、牧、渔及农林牧渔服务业在一定时期内生产货物或提供服务活动而增加的价值。它反映了农业生产经营活动的最终成果和对社会的贡献。

农业增加值的计算方法有两种:（1）生产法，是从生产角度进行计算的一种方法。即用农业总产出减去农业中间消耗求得。（2）分配法，是从分配角度进行计算的一种方法。即通过农业生产单位在生产经营和劳务活动过程中形成的不含中间消耗的各种收入来计算。具体包括农业劳动者收入、福利基金、利税、固定资产折旧及大修理和其他。一般采用生产法计算。

农作物播种面积 指实际播种或移植有农作物的面积。凡是实际种植有农作物的面积，不论种植在耕地上还是种植在非耕地上，均包括在农作物播种面积中，在播种季节基本结束后，因遭灾而重新改种和补种的农作物面积，也包括在内。播种面积的大小，反映农作物的生产规模和耕地的利用程度。

农作物总产量 指在一定时期内（通常是一年）生产的各种农作物产品总产量。无论是种植在耕地上或非耕地上的农作物产量，都包括在内。有的农作物收割期较长，虽在当年冬季就开始收割，但需跨年延到来年春季才能收完的，仍计算为本年农作物总产量。它是衡量农业生产成果，统筹安排城乡人民生活，研究生产、积累和消费比例关系及编制国民经济计划的基本数据。

粮食产量 指全社会的产量。包括国有经济经营的、集体统一经营的和农民家庭经营的粮食产量，还包括工矿企业办的农场和其他生产单位的产量。粮食除包括稻谷、小麦、玉米、高粱、谷子及其他杂粮外，还包括薯类和豆类。

猪、牛、羊肉产量 指当年出栏并已屠宰、除去头蹄下水后带骨肉（即胴体重）的重量。

期初（末）畜禽存栏头（只）数 指报告期初（末）农村各种合作经济组织和国营农场、农民个人、机关、团体、学校、工矿企业、部队等单位以及城镇居民饲养的大牲畜、猪、羊、家禽等畜禽的存栏数。

农用化肥施用量 指本年内实际用于农业生产的化肥数量，包括氮肥、磷肥、钾肥和复合肥。化肥施用量要求按折纯量计算数量。折纯量是指指把氮肥、磷肥、钾肥分别按含氮、含五氧化二磷、含氧化钾的百分之一百成份进行折算后的数量。复合肥按其所含主要成分折算。

有效灌溉面积 指具有一定的水源，地块比较平整，灌溉工程或设备已经配套，在一般年景下当年能够进行正常灌溉的耕地面积。

农业机械总动力 指主要用于农、林、牧、渔业的各种动力机械的动力总和。包括耕作机械、排灌机械。收获机械、农用运输机械、植物保护机械、牧业机械、林业机械、渔业机械和其他农业机械〔内燃机按引擎马力折成瓦（特）计算、电动机按功率折成瓦（特）计算〕。不包括专门用于乡、镇、村、组办工业、基本建设、非农业运输、科学试验和教学等非农业生产方面用的动力机械与作业机械

Explanatory Notes on Main Statistical Indicators

Gross Out Value of Agriculture, Firestry, Animal, Husbandry and Fishery refer to the total volume of products of farming, forestry, animal husbandry and fishery and the value of various services supporting the production of farming, forestry, animal husbandry and fishery in monetary terms, which reflects the total scale and total results of farming, forestry, animal husbandry and fishery production during a given period of time. It is an important indicator to observe the production level and development speed of farming, forestry, animal husbandry and fishery. It is also the foundation for calculating the labor productivity and value-added of farming, forestry, animal husbandry and fishery.

Generally, the gross output value of farming, forestry, animal husbandry, and fishery is calculated with the production approach. Where applicable, the gross output value of each single product is obtained by multiplying the output of each product by its price. These values are then summed up to obtain the output value of each sector. The sum of output values of all sectors is the gross output value of farming, forestry, animal husbandry, and fishery.

Value-added of Agriculture, Forestry, Animal Husbandry and Fishery refers to the value-added of goods produced or services provided by farming, forestry, animal husbandry and fishery in a given period of time. It shows the final results of the activities of production and management of agriculture and its contributions to the society.

The value-added of agriculture is calculated with two approaches:

(1) Production of approach is a method from the production angle, i.e. total output of agriculture minus intermediate consumption of agriculture. The value-added of agriculture is usually calculated with the production approach as no complete accounting records of the rural households are available;

(2) Distribution approach is a method from the distribution angle, i.e. various incomes from the activities of production and management of the productive units of agriculture without intermediate consumption, including incomes of the rural laborers, welfare funds, profit and tax, depreciation of fixed assets and major overhaul and others.

Sown Area of Crops refers to area of land sown or transplanted with crops regardless of being in cultivated area or non cultivated area. Area of land re-sown due to natural disasters is also included. It refers the scale of crops and the use of cultivated area.

Total Output of Crops refers to the total output of farm crops of various kinds during a given period of time (usually a year). It covers the output of crops in both cultivated and uncultivated area. Crops with an extensive reaping period beginning in the winter of the current year are included in the total output of crops of the current year, even if harvest is extended until the spring of the following year. It is the basic figure to examine the production results of agriculture, make overall arrangements in the life of urban and rural households, study the proportionate relationships between production, accumulation and consumption and work out a plan of national economy.

Grain Yield refers to the yield in the whole country including grains produced by state farm, collective units, industrial enterprises and mines. Grain includes rice, wheat, corn, sorghum, millet and other miscellaneous grains as well as tubers and beans.

Output of Pork, Beef, and Mutton refers to the meat of slaughtered hogs, cattle, sheep and goats with head, feet, and offal taken away.

Number of Livestock or Poultry in Stock at Beginning (or End) refers to the total number of large animals, pigs, sheep, fowls, etc. raised by rural cooperative organizations, state farms, rural individuals, government agencies, schools, Industrial and mining enterprises, army, and urban residents at the beginning (or end) of the reference period.

Consumption of Chemical Fertilizers in Agriculture refers to the quantity of chemical fertilizers applied in agriculture in the year, including nitrogenous fertilizer, phosphate fertilizer, potash fertilizer, and compound fertilizer. The consumption of chemical fertilizers is required in calculation to convert the gross weight into weight containing 100% effective component (e.g.100% nitrogen content in nitrogenous fertilizer,100% phosphorous pentoxide contents in phosphate fertilizer,100% potassium oxide contents in potash fertilizer). Compound fertilizer is converted with its major component.

Irrigated Area refers to areas that are effectively irrigated, i.e. level land which has water source and complete sets of irrigation facilities to lift and move adequate water for irrigation purpose under normal conditions.

Total Power of Agricultural Machinery refers to total mechanical power of machinery used in farming, forestry, animal husbandry, and fishery, including ploughing, irrigation and drainage, harvesting, transport, plant protection, stock breeding, forestry and fishery. The power of internal combustion engines is required to convert horsepower into watts and the power of electric motors is required to be converted into watts. Machinery employed for non agricultural purposes, such as the machines used in township run and village-run Industry, construction, non agricultural transport, scientific experiments and teaching, is exclude.

工　业

INDUSTRY

资料整理：丁　亦　王　宁　钟如玉　余华翰

Ⅰ 简要说明

一、本篇资料的主要内容

本篇资料反映全省规模以上工业经济方面的基本情况，包括11个设区市的主要工业经济统计数据：

1.规模以上工业企业单位数和总产值，以及按企业登记注册类型、轻重工业、企业规模、工业行业大类和按地区分组的主要经济指标和经济效益指标；

2.规模以上国有及国有控股、外商投资、港澳台商投资和私营工业企业主要经济指标和经济效益指标；

3.规模以上主要工业产品产量。

二、本篇资料的统计范围

工业统计调查范围为全省境内的全部工业企业。1997年以前，工业的统计范围按隶属关系划分，分为乡及乡以上独立核算工业企业和非独立核算生产单位、村办工业、城镇合作工业、农村合作工业、城镇个体工业、农村个体工业六大部分。（1984年以前村办工业不在工业统计范围内）。

1998年及以后年份，工业统计调查范围由按隶属关系划分，改变为按企业规模划分，分为全部国有及年主营业务收入在500万元以上非国有工业企业和年主营业务收入在500万元以下非国有工业企业两部分。2011年，规模以上工业划分标准提高到年主营业务收入2000万元及以上。本篇资料中的统计范围为年主营业务收入在2000万元以上工业企业。

本篇资料中工业行业分类按2011年《国民经济行业分类标准》划分；企业大中小微型划分按2011年《统计上大中小型企业划分办法（暂行）》标准执行。

三、本篇的资料来源和统计调查方法

本篇工业企业统计数据主要是根据工业统计月度报表中有关资料整理汇总的。

Ⅰ Brief Introduction

I. Main Contents

Data in this chapter reflect the basic conditions of the industrial sector above designated size of the province, presenting main industrial economic indicators of 11 cities.

(1) The number and the gross industrial output value of all State-owned industrial enterprises that are above designated size; as well as their main economic indicators and efficiency indicators classified by type of registration, by light and heavy industries, by size of the enterprises, by branch of industry and by region.

(2) Main economic indicators and efficiency indicators of State-owned industrial enterprises and enterprises where the State holds the majority of shares; foreign-funded industrial enterprises and enterprises funded by entrepreneurs from Hong Kong, Macao and Taiwan; and private enterpris es, classified by branch of industry.

(3) Output of Industrial products.

II. Scopes of Statistics

Industrial statistics cover all industrial enterprises within the province. Before 1997, industrial statistics were based on type of ownership, consisting of following six parts: corporate industrial enterprises above county level with independent accounting system and production units with dependent accounting system, village industrial enterprises; urban joint industrial enterprises, rural joint industrial enterprises, urban individual industrial enterprises, and rural industrial enterprises (village industrial enterprises were not included in the scope of industrial statistics before 1984).

Since 1998, scope of industrial statistics changed from the basis of type of ownership to the size of enterprises, they are: all state-owned industrial enterprises and those non-state industrial enterprises with revenue from principal business over 5 million yuan, and non-state industrial enterprises with revenue from principle business below 5 million yuan. Since 2011, the standard of industrial enterprises above designated size are raised, which the revenue from principle business were 20 million yuan and above.

Data by branch of industry in this chapter are based on the 2011 National Industrial Classification of all Economic Activities, and data by size of enterprises are based on the Preliminary Standards of Enterprises by Size in 2011.

III. Sources of Data and Methods of Survey

The data on industrial enterprises statistics in this chapter are collected from the relevant data in the monthly industrial statistics reporting forms.

13-1 规模以上工业企业增加值增速
Growth Rate of Value-added of Industrial Enterprises above Designated Size

类　　别	Type	2019年比2018年增长 (%) Growth Rate of 2019 to 2018 (%)	2020年比2019年增长 (%) Growth Rate of 2020 to 2019 (%)
总　　计	**Total**	**8.5**	**4.6**
按登记注册类型及隶属关系分	**By Registration Status and Jurisdiction of Management**		
国有企业	State-owned Enterprises	18.8	-15.4
中央企业	Central Enterprises	7.8	-19.4
地方企业	Local Enterprises	8.6	-14.9
集体企业	Collective-owned Enterprises	13.8	19.2
股份合作企业	Cooperative Enterprises	2.7	7.3
联营企业	Joint Ownership Enterprises	13.8	
有限责任公司	Limited Liability Corporations	5.7	5.2
股份有限公司	Share-holding Corporations Limited	8.7	3.7
私营企业	Private Enterprises	11.9	5.1
港、澳、台商投资企业	Enterprises with Funds from Hong Kong, Macao and Taiwan	6.5	-2.9
外商投资企业	Foreign Funded Enterprises	0.9	1.0
其他经济类型	Other Economic Types	-43.9	
#国有控股企业	State-holding Enterprises	3.3	1.1
按轻、重工业分	**Grouped by Light & Heavy Industries**		
轻工业	Light Industry	4.3	-1.8
重工业	Heavy Industry	10.6	7.8
按企业规模分	**Grouped by Size of Enterprises**		
大型企业	Large Enterprises	5.4	5.5
中型企业	Medium-sized Enterprises	8.5	2.7
小型企业	Small Enterprises	10.9	6.5
微型企业	Miniature Enterprises	-3.0	-10.7
按工业行业分	**Grouped by Sector**		
煤炭开采和洗选业	Mining and Washing of Coal	-16.1	-33.6
黑色金属矿采选业	Mining and Processing of Ferrous Metal Ores	-5.1	-23.1
有色金属矿采选业	Mining and Processing of Non-Ferrous Ores	5.3	-14.5
非金属矿采选业	Mining and Processing of Non-metal Ores	-12.2	-1.2
农副食品加工业	Processing of Food from Agricultural Products	-5.9	-1.2
食品制造业	Manufacture of Foods	3.4	-5.9
酒、饮料和精制茶制造业	Manufacture of Liquor, Beverages & Refined Tea	4.4	-2.9
烟草制品业	Manufacture of Tobacco	-1.2	2.9
纺织业	Manufacture of Textile	-3.4	-7.2
纺织服装、服饰业	Manufacture of Textile,Wearing Apparel and Accessories	4.1	-8.5
皮革、毛皮、羽毛及其制品和制鞋业	Manufacture of Leather, Fur, Feather and Related Products and Footwear	5.3	-4.5

13-1 续表 continued

类 别	Type	2019年比2018年增长（%）Growth Rate of 2019 to 2018 (%)	2020年比2019年增长（%）Growth Rate of 2020 to 2019 (%)
木材加工和木、竹、藤、棕、草制品业	Processing of Timber, Manufacture of Wood, Bamboo, Rattan, Palm and Straw Products	9.7	-4.7
家具制造业	Manufacture of Furniture	-2.9	7.6
造纸和纸制品业	Manufacture of Paper and Paper Products	12.3	3.9
印刷和记录媒介复制业	Printing and Reproduction of Recording Media	5.8	-7.4
文教、工美、体育和娱乐用品制造业	Manufacture of Articles for Culture, Education, Arts and Crafts Sport and Entertainment Activities		-2.6
石油、煤炭及其他燃料加工业	Processing of Petroleum, Coal, and Other Fuels	5.1	-6.7
化学原料和化学制品制造业	Manufacture of Raw Chemical Materials and Chemical Products	6.8	14.2
医药制造业	Manufacture of Medicines	19.1	1.1
化学纤维制造业	Manufacture of Chemical Fibers	30.8	32.3
橡胶和塑料制品业	Manufacture of Rubber and Plastics Products	14.2	7.7
非金属矿物制品业	Manufacture of Non-metallic Mineral Products	6.1	5.2
黑色金属冶炼和压延加工业	Smelting and Pressing of Ferrous Metals	2.5	6.8
有色金属冶炼和压延加工业	Smelting and Pressing of Non-ferrous Metals	6.9	4.2
金属制品业	Manufacture of Metal Products	15.1	12.1
通用设备制造业	Manufacture of General Purpose Machinery	10.2	4.0
专用设备制造业	Manufacture of Special Purpose Machinery	13.1	5.8
汽车制造业	Manufacture of Automobiles	-2.8	-7.0
铁路、船舶、航空航天和其他运输设备制造业	Manufacture of Railway，Ship, Aerospace, and Other Transport Equipments	-7.5	-21.3
电气机械和器材制造业	Manufacture of Electrical Machinery and Apparatus	14.4	13.6
计算机、通信和其他电子设备制造业	Manufacture of Computers communication and other Electronic Equipment	37.3	15.1
仪器仪表制造业	Manufacture of Measuring Instruments and Machinery	10.1	3.1
其他制造业	Other Manufacture	-5.9	-9.4
废弃资源综合利用业	Utilization of Waste Resources	32.9	63.2
金属制品、机械和设备修理业	Repair Service of Products, Machinery & Equipment	-1.6	26.7
电力、热力生产和供应业	Production and Supply of Electric Power and Heat Power	7.7	0.3
燃气生产和供应业	Production and Supply of Gas	6.0	0.9
水的生产和供应业	Production and Supply of Water	9.5	8.3
按地区分	**By Region**		
南 昌 市	Nanchang	8.5	4.7
景德镇市	Jingdezhen	8.3	4.3
萍 乡 市	Pingxiang	8.7	4.5
九 江 市	Jiujiang	8.4	4.2
新 余 市	Xinyu	8.1	4.8
鹰 潭 市	Yingtan	8.6	4.9
赣 州 市	Ganzhou	8.7	4.6
吉 安 市	Ji'an	8.9	5.0
宜 春 市	Yichun	8.4	4.7
抚 州 市	Fuzhou	8.8	4.8
上 饶 市	Shangrao	8.6	5.0

13-2 各地区规模以上工业企业单位数(2020年)

单位：个

分类	Item	全省 Provincial	南昌市 Nanchang	景德镇市 Jingdezhen
总计	**Total**	**13710**	**1553**	**387**
按登记注册类型及隶属关系分	**By Registration Status and Jurisdiction of Management**			
国有企业	State-owned Enterprises	40	9	1
中央企业	Central Enterprises	3		
地方企业	Local Enterprises	37	9	1
集体企业	Collective-owned Enterprises	21	2	2
股份合作企业	Cooperative Enterprises	35	7	
有限责任公司	Limited Liability Corporations	3356	536	138
股份有限公司	Share-holding Corporations Limited	286	51	9
私营企业	Private Enterprises	9281	832	219
港、澳、台商投资企业	Enterprises with Funds from Hong Kong, Macao and Taiwan	404	52	5
外商投资企业	Foreign Funded Enterprises	287	64	13
其他经济类型	Other Economic Types			
#国有控股企业	State-holding Enterprises	526	108	30
按轻、重工业分	**Grouped by Light & Heavy Industries**			
轻工业	Light Industry	6016	726	149
重工业	Heavy Industry	7694	827	238
按企业规模分	**Grouped by Size of Enterprises**			
大型企业	Large Enterprises	206	47	6
中型企业	Medium-sized Enterprises	1210	144	31
小型企业	Small Enterprises	11426	1244	320
微型企业	Miniature Enterprises	868	118	30

Number of Industrial Enterprises above Designated Size by Region (2020)

(unit)

萍乡市 Pingxiang	九江市 Jiujiang	新余市 Xinyu	鹰潭市 Yingtan	赣州市 Ganzhou	吉安市 Ji'an	宜春市 Yichun	抚州市 Fuzhou	上饶市 Shangrao
609	**1985**	**486**	**361**	**2250**	**1624**	**1812**	**923**	**1720**
4	4		1	6	7	4	1	3
				1	2			
4	4		1	5	5	4	1	3
2		3		2	3	5	1	1
17	1					1	3	6
97	647	100	134	392	276	369	252	415
21	36	11	11	37	24	38	17	31
444	1198	356	197	1623	1234	1321	625	1232
17	53	11	10	132	48	41	16	19
7	46	5	8	58	32	33	8	13
19	67	24	14	108	41	44	22	49
111	887	164	95	1147	736	775	475	751
498	1098	322	266	1103	888	1037	448	969
12	19	9	6	19	31	38	7	12
69	210	39	23	183	191	166	63	91
508	1648	402	301	1875	1311	1535	806	1476
20	108	36	31	173	91	73	47	141

13-3 工 业 产 品 产 量(2020年)
Output of Industrial Products (2020)

品 名	Item	2020年	2020年比2019年增长（%）Growth Rate of 2020 to 2019 (%)
硫铁矿生产量（折含硫 35%）（万吨）	Pyrite Ore (converted into 35% sulphur) (10 000 tons)	277.71	-3.7
钨精矿折含量（万吨）	Scheelite Presentation of Content (10 000 tons)	5.26	-13.5
原　盐（万吨）	Salt (10 000 tons)	212.30	5.7
配混合饲料（万吨）	Mixed Feed (10 000 tons)	1653.00	14.4
乳 制 品（万吨）	Milk Products (10 000 tons)	17.39	-3.4
罐　头（万吨）	Canned Food (10 000 tons)	12.63	-51.5
饮 料（万吨）	Soft Drinks (10 000 tons)	432.23	-3.2
白　酒（万千升）	White Spirit (10 000 kiloliter)	8.34	-37.4
啤　酒（万千升）	Beer (10 000 kiloliter)	69.97	-1.8
精 制 茶（吨）	Refined Tea (ton)	64574.90	-9.4
卷　烟（亿支）	Cigarettes (100 million pieces)	630.71	-1.1
纱（万吨）	Yarn (10 000 tons)	143.47	-9.3
布（万米）	Cloth (10 000 m)	77102.80	-20.1
纯棉布	Cotton Cloth	48585.90	-24.5
棉混纺交织布	Cotton Blended Cloth	12775.90	-33.8
印 染 布（万米）	Dyeing Cloth (10 000 m)	13412.00	8.1
服　装（万件）	Garments (10 000 pieces)	90379.70	-24.6
皮　鞋（万双）	Shoes (10 000 pairs)	3523.90	-7.5
人 造 板（万立方米）	Manmade Plates (10 000 cu.m)	600.44	5.2
机制纸及纸板（万吨）	Machine-made Paper and Paperboards (10 000 tons)	291.06	1.6
家　具（万件）	Furniture (10 000 pieces)	4427.49	1.6
硫　酸（万吨）	Sulfuric Acid (10 000 tons)	287.52	-0.8
烧　碱（万吨）	Caustic Soda (10 000 tons)	179.99	164.1
电石（折300升/千克）（万吨）	Calcium Carbide (convert to 300 L/kg) (10 000 tons)	0.75	36.7
化学肥料（折有效成份100%）（万吨）	Chemical Fertilizers (10 000 tons)	19.63	-4.1
氮　肥	Nitrogen Fertilizers	7.47	57.4
磷　肥	Phosphate Fertilizers	7.57	-38.0
化学农药（吨）	Chemical Pesticide (ton)	13552.60	-63.0
纯　苯（吨）	Benzene (ton)	40780.00	-22.3
涂　料（吨）	Paint (ton)	133103.8	2.7
合成洗涤剂（吨）	Synthetic Detergents (ton)	352571.00	42.1
化学药品原药（吨）	Chemical Medicines (ton)	72207.50	-11.0
中 成 药（吨）	Traditional Chinese Medicine (ton)	116586.90	-18.2
化学纤维（万吨）	Chemical Fiber (10 000 tons)	86.90	38.1
合成纤维	Synthetic Fiber	6.39	33.8
轮胎外胎（万条）	Tires (10 000 tires)		
塑料制品（吨）	Plastic Articles (ton)	1154732.60	-15.7
水　泥（万吨）	Cement (10 000 tons)	9769.74	1.3
日用玻璃制品（万吨）	Glass Products for Daily Use (10 000 tons)	12.99	-12.5
玻璃保温容品（万个）	Glass Proof Containers (10 000 units)	133	-7.6

13-3 续表 continued

品　　名	Item	2020	2020年比2019年增长（%）Growth Rate of 2020 to 2019 (%)
耐火材料制品（万吨）	Fire-resistant Products (10 000 tons)	36.51	-3.6
生　铁（万吨）	Pig Iron (10 000 tons)	2332.07	5.1
粗钢（万吨）	Crude Steel (10 000 tons)	2682.07	6.2
钢材（万吨）	Rolled Steel (10 000 tons)	3093.92	10.5
#中小型型材	Rolled Steel, Medium and Small		
棒　材	Steel Bar	76.37	20.9
钢　筋	Corrugated Steel Bar	1338.66	10.7
线　材	Wire Rod	495.48	5.2
厚钢板	Thick Steel Plate	182.20	16.5
中　板	Medium Steel Plate	188.20	-1.1
冷轧窄钢带	Non Hot Roll Narrow Steel Belt	27.90	16.7
电工钢板	Electrical Sheet Steel	80.19	33.3
无缝钢管	Seamless Steel Pipe	2.05	-33.5
十种有色金属（万吨）	Ten Kinds of Non-ferrous Metals (10 000 tons)	202.50	6.5
#精炼铜	Refined Copper	150.74	3.7
铁合金（万吨）	Ferroalloy (10 000 tons)	0.07	-1.6
工业锅炉（蒸发量吨）	Industrial Boilers (evaporation ton)	1894.20	-28.8
金属切削机床（台）	Metal-Cutting Machine Tools (unit)	3509	21.4
#数控机床	CNC Machine Tools	77	-71.4
泵（万台）	Pumps (10 000 units)	27.51	5.1
风　机（万台）	Fans (10 000 units)	41.53	33.9
气体压缩机（台）	Gas Compressor (unit)	74909326	9.1
轴　承（万套）	Rolling Bearings (10 000 units)	1.57	-8.3
小型拖拉机（万台）	Small Tractors (10 000 units)	0.78	-0.4
汽　车（万辆）	Motor Vehicles (10 000 units)	45.13	1.4
#载货汽车	Trucks	25.23	22.9
民用钢质船舶（万载重吨）	Civil Steel Vessels (10 000 DWT)	4.52	-33.1
发电设备（万千瓦）	Power Generation Equipment (10 000 kW)	313.71	48.0
交流电动机（万千瓦）	AC Motors (10 000 kW)	622.21	15.3
变压器（万千伏安）	Transformers (10 000 kva pm)	2435.89	11.6
家用电冰箱（万台）	Home Refrigerators (10 000 units)	78.14	-16.2
房间空气调节调器（万台）	Air Conditioners (10 000 units)	486.56	-23.0
电风扇（万台）	Electric Fans (10 000 units)	170.55	-14.2
电光源（万只）	Electric Light (10 000 units)	224696.30	23.0
电话单机（万部）	Telephone Sets (10 000 units)	110.35	5.5
彩色电视机（万台）	Color Television Sets (10 000 units)	84.24	20.3
照相机（万台）	Cameras (10 000 units)	30.66	-58.8

13-4 主要工业产品产量

年 份 地 区 Year Region	化学纤维 (万吨) Chemical Fiber (10 000 tons)	纱 (吨) Yarn (ton)	布 (万米) Cloth (10 000 m)	机制纸及纸板 (万吨) Machine-made Paper and Paperboard (10 000 tons)	日用瓷 (万件) Ceramics for Daily Use (10 000 units)
1978	0.42	42373	20173	9.26	32095
1980	1.33	61791	30011	12.69	33087
1985	1.30	72161	26009	22.17	35041
1990	2.00	80749	30566	25.59	44969
1991	2.37	86729	27897	26.36	53083
1992	2.54	96433	29194	31.03	55837
1993	4.13	90595	29670	36.54	53063
1994	5.33	101349	34041	36.29	54702
1995	5.11	109652	35784	41.07	48652
1996	4.80	105556	33256	38.24	60053
1997	6.33	110362	36086	35.49	57016
1998	6.42	107994	25088	23.39	38213
1999	7.65	109102	26315	27.96	52391
2000	7.08	99512	21710	24.02	57470
2001	7.74	79652	17948	26.04	55737
2002	8.59	112105	20491	28.18	56791
2003	10.02	148731	22095	24.66	44588
2004	14.59	186303	32187	35.51	58966
2005	18.07	204424	28057	67.00	61893
2006	20.76	255128	34137	91.35	54902
2007	27.63	390421	46424	106.21	116774
2008	16.87	445644	47026	113.73	160380
2009	13.50	620191	67651	139.64	259118
2010	17.92	746779	80517	186.59	406806
2011	31.47	968465	80754	219.39	296558
2012	37.89	1372942	92650	161.39	
2013	42.00	1607922	77615	181.90	
2014	45.94	1574045	96761	154.52	
2015	46.88	1669100	114447	173.60	
2016	45.82	1627002	134572	200.34	
2017	46.33	1704184	127379	211.04	
2018	54.62	1402835	77928	214.50	
2019	62.92	1606849	103052	276.24	
2020	86.90	1434731	77103	291.06	
南昌市 Nanchang		148323		66.80	
景德镇市 Jingdezhen					
萍乡市 Pingxiang				39.08	
九江市 Jiujiang	80.51	409153	37014	69.20	
新余市 Xinyu		32310	820	1.34	
鹰潭市 Yingtan		989	2963		
赣州市 Ganzhou	2.80	18747	6944	35.08	
吉安市 Ji'an		14200	8588	12.35	
宜春市 Yichun	3.20	612051	1742	6.77	
抚州市 Fuzhou	0.39	96971	18117	34.64	
上饶市 Shangrao		101985	916	25.80	

Output of Major Industrial Products

合成洗涤剂 (吨) Synthetic Detergents (ton)	卷 烟 (亿支) Cigarettes (100 million pieces)	粗 钢 (万吨) Crude Steel (10 000 tons)	生 铁 (万吨) Pig Iron (10 000 tons)	钢 材 (万吨) Rolled Steel (10 000 tons)
5098	19.14	25.64	35.84	24.50
6298	22.32	38.76	31.45	46.65
12778	32.11	77.42	57.43	60.98
17083	47.02	112.09	89.03	92.32
21700	49.58	109.68	84.05	95.27
25100	49.49	133.06	97.83	109.76
29984	50.09	148.68	120.72	119.61
34600	46.42	150.94	150.16	129.84
45194	43.76	149.73	136.63	126.36
42063	38.63	173.02	133.86	139.87
38626	35.54	173.80	149.48	154.79
38267	38.31	222.94	192.43	179.23
24696	41.20	267.03	248.24	228.60
34257	50.99	319.86	304.69	282.90
24400	54.57	399.83	338.26	375.63
14563	55.95	548.21	453.04	531.64
17141	60.44	599.53	496.40	655.37
6377	64.46	748.00	638.16	774.90
11210	81.81	963.20	819.84	1017.82
20453	89.80	1162.97	949.60	1235.77
18385	95.80	1306.15	1045.30	1349.50
20130	100.80	1240.94	1036.30	1277.21
24123	105.80	1620.88	1446.96	1647.40
24449	111.80	1834.03	1673.94	1951.55
7372	116.80	2067.41	1917.07	2247.36
5726	119.80	2140.85	2027.05	2368.89
5287	127.80	2156.63	2012.17	2463.82
5013	135.30	2235.28	2075.31	2611.06
5998	135.60	2210.95	2083.25	2577.57
7117	129.22	2241.53	2081.97	2584.99
8399	131.65	2412.69	2143.19	2524.44
2826	127.60	2499.18	2204.17	2571.34
203465	127.60	2524.48	2217.98	2795.71
352571	630.71	2682.07	2332.07	3093.92
7732	630.71	421.68	358.90	490.28
53493				
		604.16	506.51	611.21
		662.88	554.95	650.81
		993.35	911.72	1158.56
168310				136.90
117857				
5178				0.13
				46.04

13-4 续表

年份 地区 Year Region	硫酸 (万吨) Sulfuric Acid (10 000 tons)	烧碱 (万吨) Caustic Soda (10 000 tons)	化学肥料 (万吨) Chemical Fertilizers (10 000 tons)	化学农药 (吨) Chemical Pesticides (ton)
1978	2.68	2.32	15.97	13539
1980	4.00	3.07	25.73	17405
1985	3.81	3.74	19.41	2753
1990	43.59	5.88	31.07	5146
1991	46.93	6.12	32.49	5819
1992	47.49	6.59	33.04	5151
1993	49.40	7.24	29.44	4100
1994	52.00	8.53	31.78	4589
1995	57.10	9.97	38.44	5997
1996	54.27	9.74	37.86	5793
1997	59.72	9.57	44.73	6257
1998	61.43	10.51	52.22	7495
1999	62.77	12.76	54.55	12810
2000	79.92	16.24	43.43	13796
2001	87.75	18.65	46.88	14428
2002	78.95	18.87	55.96	12710
2003	103.29	19.91	47.90	9657
2004	110.13	25.60	50.67	15177
2005	113.19	24.62	47.61	14425
2006	134.53	30.03	55.80	17173
2007	139.97	33.36	53.80	16126
2008	185.15	34.03	54.20	21212
2009	213.56	24.49	48.71	21612
2010	227.00	27.28	113.42	21213
2011	239.97	27.80	29.46	34210
2012	289.81	44.70	93.71	38866
2013	323.31	52.57	106.29	42057
2014	333.74	41.67	134.72	46452
2015	334.09	32.35	140.81	50881
2016	323.18	33.50	148.18	55743
2017	272.60	34.77	22.66	35399
2018	272.58	43.47	10.98	49306
2019	288.73	63.64	29.18	36829
2020	287.52	179.99	19.63	13553
南昌市 Nanchang				
景德镇市 Jingdezhen		24.63		4578
萍乡市 Pingxiang				
九江市 Jiujiang	44.90	121.42	16.31	
新余市 Xinyu				
鹰潭市 Yingtan	194.27		1.16	602
赣州市 Ganzhou	11.41	21.23		267
吉安市 Ji'an				3942
宜春市 Yichun		12.69	0.34	2919
抚州市 Fuzhou			1.81	1245
上饶市 Shangrao	36.94			

continued

化学原料药（吨）Chemical Medicines (ton)	交流电动机（万千瓦）AC Motors (10 000 kW)	金属切削机床（台）Metal-cutting Machine Tools (unit)	汽车（辆）Motor Vehicles (unit)	电视机（万台）Television Sets (10 000 units)	照相机（万台）Cameras (10 000 units)	水泥（万吨）Cement (10 000 tons)
847	52.74	2619	991	0.25	1.00	155.56
860	36.02	4012	1463	2.51	1.40	201.00
8472	81.20	4365	7060	31.40	10.55	354.19
10140	88.45	4727	9711	43.88	9.00	469.13
12750	97.48	4686	14443	48.90	16.17	566.91
15442	118.09	6055	25301	61.90	14.20	689.25
13910	136.07	7043	38678	59.16	13.15	811.63
14799	127.51	4905	45321	63.64	17.97	905.80
24318	106.33	5646	52479	52.56	21.75	1005.59
7697	78.79	4014	63166	32.16	21.78	1062.16
5487	64.31	3073	90943	17.31	17.32	1105.39
4389	46.35	2163	121987	6.50	29.34	1133.38
1631	48.51	2693	119915	31.27	18.87	1315.02
1842	61.73	3559	133562	19.80	17.84	1382.00
1182	70.52	3047	159407	30.16	28.81	1574.00
2327	93.06	3281	207453	44.86	34.87	1966.00
2457	119.82	4023	185199	64.10	41.47	2172.00
1832	160.72	5087	183962	72.62	15.49	2976.00
5801	157.81	4272	207112	89.11	6.73	3477.01
8009	205.84	5020	233893	64.22	4.38	4206.31
13133	274.75	3774	221832	39.06	1.99	4956.97
16108	301.81	1548	211942	44.62	1.93	5271.59
28306	343.99	959	284659	90.97	2.69	6153.20
42822	447.50	3103	372776	67.66	0.58	6220.54
31238	457.30	3829	343457	102.56	1.02	6782.24
41593	377.40	4812	343615	132.87	1505.22	7420.94
51597	434.16	5452	368086	46.75	374.38	9204.20
49099	380.31	5775	461529	19.57	244.50	9803.57
55570	358.83	6091	421470	23.56	337.39	9438.01
73138	331.27	6346	537361	20.05	126.76	9513.03
63936	373.06	5470	610193	30.30	130.98	8934.13
29484	485.81	4713	550421	23.21	64.50	8813.55
77132	539.45	5208	491120	22.68	74.38	9625.05
72208	622.21	3509	451284	84.24	30.66	9769.74
1533	102.75	62	388071	21.33		848.10
16187			19233			294.65
2621						727.12
642	13.80					1618.55
357	30.79			0.38		328.97
326					30.66	108.52
1527	139.17	300	13439	62.53		1973.04
16568		2198				676.59
15448	335.69	228				1103.86
3058						305.79
13941		721	30541			1784.54

13-5 规模以上工业企业经济指标

指　　标	Item	2000	2005	2006	2007	2008
企业单位数(个)	Number of Enterprises (unit)	3548	4403	5333	6028	6226
#亏损企业(个)	Deficit Enterprises (unit)	1250	859	888	748	667
资产总计(万元)	Total Assets (10 000 yuan)	18358562	30583375	36714081	46887884	52936108
流动资产合计(万元)	Total current Assets (10 000 yuan)	7302030	12656554	16213919	20587012	23706799
负债总计(万元)	Total Liabilities (10 000 yuan)	12538729	19322205	22388278	27793878	30671736
所有者权益(万元)	Owners' Equity (10 000 yuan)	5749725	10961595	14036300	19092849	22264371
营业收入(万元)	Business Revenue (10 000 yuan)	8970030	29091272	41737387	62411363	82819433
销售费用(万元)	Selling Expenses (10 000 yuan)	348333	860647	1091098	1296073	1520240
利润总额(万元)	Total Profits (10 000 yuan)	125262	1124119	1941917	3077476	3155831
全部从业人员年平均人数(人)	Annual Average Employee (person)	1088214	1121126	1257972	1407253	1481676
资本保值增值率(%)	Changing Rate of Net Assets (%)	108.93	119.55	128.05	136.02	121.44
资产负债率(%)	Assets-Liability Ratio (%)	68.30	63.18	60.98	59.28	57.94
流动资产周转率(次)	Ratio of Turnover Working Capitals (time)	1.27	2.36	2.79	3.36	3.71
成本费用利润率(%)	Ratio of Profits to Cost (%)	1.44	4.14	5.04	5.40	4.12
全员劳动生产率(元／人)	Overall Labor Productivity (yuan/person)	24794	78698	102394	129489	162992
产品销售率(%)	Sales Ratio of Products (%)	97.27	98.48	98.46	98.58	98.55

Economic Indicators of Industrial Enterprises above Designated Size

2009	2010	2011	2012	2013	2014	2015	2016	2017	2018	2019	2020
7329	7976	6251	6773	7601	8271	9226	10106	11734	11630	12727	13710
522	378	294	403	429	448	632	563	841	1087	1151	1223
67355232	84248635	99640588	114741203	136401179	155356630	189715620	214326626	229092933	240854766	262008008	283921393
27942172	35674934	46148463	54079089	62332378	69060974	79390445	89690889	105346324	113914249	130289033	142666763
38348158	47004353	55512183	64032206	74021408	80419911	94007411	103660746	114721288	124542579	137718963	152415402
29007074	37244282	44128405	50708997	62379770	74936719	95708209	110665880	114371646	116312187	124289045	131505991
98141565	141966804	184668214	222676403	267002175	305971151	324594081	355186535	355851135	320773676	345906480	379091711
1887424	2511101	2738042	3436269	4211075	5057432	5513344	6040173	6889145	6604230	7097696	7334101
4967457	8568128	11138553	12851090	17566628	20439279	21279702	23994185	24756903	21578377	21588255	24381473
1698449	1971755	1922534	2090307	2201132	2448000	2563214	2675341	2634854	2338032	2337990	2301362
123.86	125.74	123.17	113.25	119.40	118.66	121.67	114.42	108.04	116.15	107.45	105.81
56.93	55.79	55.71	55.81	54.27	51.76	49.55	48.37	50.08	51.71	52.56	53.68
3.78	4.51	4.53	4.45	4.60	4.77	4.44	4.28	3.81	2.82	2.65	2.66
5.59	6.69	6.65	6.33	7.19	7.23	7.07	7.31	7.54	7.27	6.70	6.93
168029	206437	231445	247387	278594	292275	298393	291684	303326	298341	330552	349036
98.82	98.98	98.94	99.25	99.07	98.86	99.00	98.80	99.36	99.19	99.40	98.96

13-6 规模以上工业企业主要经济指标(2020年)

单位：万元

项目	Item	企业单位数(个) Number of Enterprises (unit)	#亏损企业 Deficit Enterprises
总计	**Total**	**13710**	**1223**
按登记注册类型及隶属关系分	**By Registration Status and Jurisdiction of Management**		
国有企业	State-owned Enterprises	40	7
中央企业	Central Enterprises	3	1
地方企业	Local Enterprises	37	6
集体企业	Collective-owned Enterprises	21	3
股份合作企业	Cooperative Enterprises	35	2
有限责任公司	Limited Liability Corporations	3356	380
股份有限公司	Share-holding Corporations Limited	286	37
私营企业	Private Enterprises	9281	676
港、澳、台商投资企业	Enterprises with Funds from Hong Kong,Macao and Taiwan	404	64
外商投资企业	Foreign Funded Enterprises	287	54
其他经济类型	Other Economic Types		
#国有控股企业	State-holding Enterprises	526	79
按轻、重工业分	**Grouped by Light & Heavy Industries**		
轻工业	Light Industry	6016	499
重工业	Heavy Industry	7694	724
按企业规模分	**Grouped by Size of Enterprises**		
大型企业	Large Enterprises	206	27
中型企业	Medium-sized Enterprises	1210	106
小型企业	Small Enterprises	11426	987
微型企业	Miniature Enterprises	868	103
按工业行业分	**Grouped by Sector**		
煤炭开采和洗选业	Mining and Washing of Coal	34	2
黑色金属矿采选业	Mining and Processing of Ferrous Metal Ores	29	1
有色金属矿采选业	Mining and Processing of Non-Ferrous Metal Ores	106	18
非金属矿采选业	Mining and Processing of Non-metal Ores	265	13
农副食品加工业	Processing of Food from Agricultural Products	612	76
食品制造业	Manufacture of Foods	245	19
酒、饮料和精制茶制造业	Manufacture of Liquor, Beverages & Refined Tea	141	9
烟草制品业	Manufacture of Tobacco	2	1
纺织业	Manufacture of Textile	640	80
纺织服装、服饰业	Manufacture of Textile,Wearing Apparel and Accessories	896	65
皮革、毛皮、羽毛及其制品和制鞋业	Manufacture of Leather, Fur, Feather and Related Products, and Footwear	335	29
木材加工和木、竹、藤、棕、草制品业	Processing of Timber, Manufacture of Wood, Bamboo, Rattan, Palm and Straw Products	394	16
家具制造业	Manufacture of Furniture	676	9

Main Economic Indicators of Industrial Enterprises above Designated Size (2020)

(10 000 yuan)

营业收入 Business Revenue	营业成本 Business Cost	销售费用 Selling Expenses	资产总计 Total Assets	流动资产合计 Total Current Assets	#产成品 Finished Goods	负债合计 Total Liabilities	所有者权益合计 Total Owners' Equities
379091711	**327648696**	**7334101**	**283921393**	**142666763**	**12196937**	**152415402**	**131505991**
443824	317458	7130	995461	559595	9982	628087	367374
45686	33695	16	146680	15868	2035	55596	91084
398138	283763	7115	848781	543727	7947	572491	276290
515472	426339	3385	431870	334836	20896	246687	185184
455916	396590	8163	219640	107308	20188	58436	161204
151138721	132819317	2277264	126407152	62554646	4818289	74880255	51526897
29025784	23486642	596182	34262855	18974178	1336866	16093314	18169541
163655111	141582916	3679438	90180874	45219292	4741332	44298375	45882499
19258219	16223643	466825	16159483	8002808	652080	8359689	7799794
14598666	12395791	295714	15264058	6914101	597303	7850559	7413499
83208407	73122650	1041003	81194578	36139063	2381302	48406402	32788175
101584891	83100422	3378787	73973957	38369090	3706824	33734420	40239537
277506821	244548275	3955313	209947436	104297672	8490113	118680982	91266454
125121246	108990279	2061164	117253870	61544886	4128028	67088577	50165293
75855379	63890709	1740258	59476726	26808346	2515880	29482711	29994015
172128834	149542516	3408434	101040035	51054288	5364989	51912454	49127581
5986252	5225193	124245	6150761	3259243	188040	3931660	2219102
292211	232410	4345	909407	311648	7779	621430	287977
429128	375300	6673	247609	93118	5145	178721	68887
2207774	1823018	39928	2685698	1033551	243026	1342864	1342834
3261133	2618779	106906	2454063	1053639	79662	1201127	1252936
17995482	15304688	396748	15207263	9265488	567140	8140567	7066696
3617922	2871241	168979	2610745	1233644	137804	968134	1642611
2549328	1843919	168064	2768697	1235256	170617	1575559	1193139
2266751	620847	31780	1713422	1200690	22407	294628	1418794
7613360	6683240	125954	4144515	1813114	319500	1964623	2179892
8175113	7092654	139785	3491107	1721507	236012	1614256	1876851
4987608	4192881	106457	2924279	1363519	102597	1136403	1787875
3063039	2701207	59391	1736540	901528	115477	751426	985113
4892295	4130049	134363	3126773	2054937	227569	1514657	1612116

13-6 续表1

单位：万元

项　　目	Item	企业单位数（个）Number of Enterprises (unit)	#亏损企业 Deficit Enterprises
造纸和纸制品业	Manufacture of Paper and Paper Products	190	15
印刷和记录媒介复制业	Printing and Reproduction of Recording Media	182	15
文教、工美、体育和娱乐用品制造业	Manufacture of Articles for Culture, Education, Arts and Crafts, Sports and Entertainment Activities	311	18
石油、煤炭及其他燃料加工业	Processing of Petroleum, Coal, and Other Fuels	85	8
化学原料和化学制品制造业	Manufacture of Raw Chemical Materials and Chemical Products	1000	71
医药制造业	Manufacture of Medicines	430	40
化学纤维制造业	Manufacture of Chemical Fibers	29	4
橡胶和塑料制品业	Manufacture of Rubber & Products	436	27
非金属矿物制品业	Manufacture of Non-metallic Mineral Products	1753	104
黑色金属冶炼和压延加工业	Smelting and Pressing of Ferrous Metals	101	6
有色金属冶炼和压延加工业	Smelting and Pressing of Non-ferrous Metals	649	89
金属制品业	Manufacture of Metal Products	520	42
通用设备制造业	Manufacture of General Purpose Machinery	423	28
专用设备制造业	Manufacture of Special Purpose Machinery	389	30
汽车制造业	Manufacture of Automobiles	335	71
铁路、船舶、航空航天和其他运输设备制造业	Manufacture of Railway，Ship, Aerospace, and Other Transport Equipments	64	6
电气机械和器材制造业	Manufacture of Electrical Machinery and Apparatus	794	109
计算机、通信和其他电子设备制造业	Manufacture of Computers communication and other Electronic Equipment	888	132
仪器仪表制造业	Manufacture of Measuring Instruments and Machinery	111	11
其他制造业	Other Manufacture	76	9
废弃资源综合利用业	Utilization of Waste Resources	198	18
金属制品、机械和设备修理业	Repair Service Products, Machinery & Equipment	4	
电力、热力生产和供应业	Production and Supply of Electric Power and Heat Power	207	23
燃气生产和供应业	Production and Supply of Gas	76	6
水的生产和供应业	Production and Supply of Water	84	3
按地区分	**By Region**		
南 昌 市	Nanchang	1553	268
景德镇市	Jingdezhen	387	51
萍 乡 市	Pingxiang	609	37
九 江 市	Jiujiang	1985	93
新 余 市	Xinyu	486	38
鹰 潭 市	Yingtan	361	68
赣 州 市	Ganzhou	2250	218
吉 安 市	Ji'an	1624	72
宜 春 市	Yichun	1812	112
抚 州 市	Fuzhou	923	101
上 饶 市	Shangrao	1720	165

continued

(10 000 yuan)

营业收入 Business Revenue	营业成本 Business Cost	销售费用 Selling Expenses	资产总计 Total Assets	流动资产合计 Total Current Assets	#产成品 Finished Goods	负债合计 Total Liabilities	所有者权益合计 Total Owners' Equities
3784365	3214796	60251	3172964	1284899	95350	1578539	1594426
2630078	2210894	48842	1628394	761964	56314	659857	968537
5133398	4351324	95998	2988930	1336383	173737	1154870	1834060
5601686	4258569	53862	3538403	1342299	127136	2355572	1182831
17143016	14106556	457888	14594574	6061660	561294	5852844	8741730
13215935	9592118	1276155	12229924	6080917	533244	4806459	7423465
1237627	1100838	47584	1289800	500721	41325	819956	469845
7200807	6054442	142629	4237558	2132153	206104	1897466	2340092
30106958	24536426	798384	22634160	11095983	1103270	10825344	11808816
17200915	15688720	99590	11273198	6031155	392654	5313157	5960041
71339490	66457748	392318	33602760	19758157	2245409	19548517	14054244
10770112	9334332	206361	5450481	2870439	311852	2282538	3167943
9317326	7812416	206086	6309523	3782023	392357	3322866	2986657
5992014	4898311	205972	4850085	2744632	280039	2143041	2707044
16910929	14740598	546241	17804791	9740334	547676	11719338	6085453
1059898	926897	14426	1130536	376246	25318	775891	354646
31626326	27796640	541942	23817210	13230662	1002866	13657559	10159651
40705776	36336545	437517	34464626	21256212	1559491	20674575	13790050
1682306	1386355	45033	1713012	984976	53669	764743	948269
653256	557369	14441	372114	180626	20434	130407	241707
8249475	7767638	49137	2573131	1421815	158563	1568179	1004952
32961	27116	1284	22607	18347	2543	9568	13039
13171244	11716395	9581	23402618	3924023	5278	14960823	8441795
1706201	1414254	50461	1687328	513906	20235	1031714	655614
1268471	871167	42750	5112552	1954592	46049	3257186	1855365
73469130	62588915	1576678	71582047	39175372	2152553	41521899	30060148
8926089	7558346	255854	9566220	4043322	401958	5272184	4294036
11160284	9098226	305069.5	8906159	4001317.9	299331	3965953	4940207
60773753	51008827	1107082	35349142	12712520	1684952	16083701	19265441
17878184	16468224	171123	15319367	7124444	540255	8282607	7036761
46331734	43881924	198922	24508161	14261631	1339530	14407876	10100285
33872397	28893882	851330	29005223	16830561	1748379	16466375	12538849
36491070	30956001	831834	25008478	11782480	1013943	12186064	12822414
36347780	30505767	1022894	25721632	13367553	1498889	13031291	12690342
17520983	14798989	515664	13214893	5531070	537193	6562942	6651951
36320306	31889595	497649	25740070	13836491	979955	14634510	11105559

13-6 续表2

项 目	Item	利润总额（万元）Total Profits (10 000 yuan)	#盈利企业的利润额 Profits of Profit-making Enterprises
总 计	**Total**	**24381473**	**25505875**
按登记注册类型及隶属关系分	**By Registration Status and Jurisdiction of Management**		
国有企业	State-owned Enterprises	87403	89131
中央企业	Central Enterprises	6685	7430
地方企业	Local Enterprises	80718	81702
集体企业	Collective-owned Enterprises	48011	48456
股份合作企业	Cooperative Enterprises	33900	34577
有限责任公司	Limited Liability Corporations	8076794	8595200
股份有限公司	Share-holding Corporations Limited	2194354	2321271
私营企业	Private Enterprises	11277939	11593336
港、澳、台商投资企业	Enterprises with Funds from Hong Kong,Macao and Taiwan	1582287	1641554
外商投资企业	Foreign Funded Enterprises	1080786	1182351
其他经济类型	Other economic types		
#国有控股企业	State-holding Enterprises	3001854	3302926
按轻、重工业分	**Grouped by Light & Heavy Industries**		
轻工业	Light Industry	8572825	8861627
重工业	Heavy Industry	15808649	16644249
按企业规模分	**Grouped by Size of Enterprises**		
大型企业	Large Enterprises	6189947	6611520
中型企业	Medium-sized Enterprises	6396992	6620148
小型企业	Small Enterprises	11392245	11847772
微型企业	Miniature Enterprises	402290	426435
按工业行业分	**Grouped by Sector**		
煤炭开采和洗选业	Mining and Washing of Coal	27754	27865
黑色金属矿采选业	Mining and Processing of Ferrous Metal Ores	18731	18791
有色金属矿采选业	Mining and Processing of Non-Ferrous Metal Ores	167302	179811
非金属矿采选业	Mining and Processing of Non-metal Ores	343269	347156
农副食品加工业	Processing of Food from Agricultural Products	1705900	1745117
食品制造业	Manufacture of Foods	347230	352315
酒、饮料和精制茶制造业	Manufacture of Liquor, Beverages & Refined Tea	343751	351645
烟草制品业	Manufacture of Tobacco	148703	152858
纺织业	Manufacture of Textile	476275	500167
纺织服装、服饰业	Manufacture of Textile,Wearing Apparel and Accessories	587009	597194
皮革、毛皮、羽毛及其制品和制鞋业	Manufacture of Leather, Fur, Feather and Related Products and Footwear	438186	447377
木材加工和木、竹、藤、棕、草制品业	Processing of Timber, Manufacture of Wood, Bamboo, Rattan, Palm and Straw Products	188574	190201
家具制造业	Manufacture of Furniture	337425	339639

continued

#亏损企业的亏损额 Losses of Deficit Enterprises	企业亏损面 (%) Ratio to Deficit Enterprises (%)	资产负债率 (%) Assets-Liability Ratio (%)	产品销售率 (%) Sales Ratio of Products (%)	全部从业人员年平均人数 (人) Annual Average Employed persons (person)	人均实现利润 (元) Profits Per Capita (yuan)
1124402	**8.9**	**53.7**	**99.0**	**2301362**	**105944**
1728	17.5	63.1	99.1	7972	109637
745	33.3	37.9	99.0	1194	55990
984	16.2	67.4	99.5	6778	119088
445	14.3	57.1	99.8	6879	69794
677	5.7	26.6	99.0	3854	87960
518405	11.3	59.2	98.9	769560	104953
126917	12.9	47.0	98.4	142351	154151
315397	7.3	49.1	98.9	1095281	102968
59267	15.8	51.7	100.0	172468	91744
101565	18.8	51.4	99.5	102997	104934
301072	15.0	59.6	99.0	295776	101491
288802	8.3	45.6	98.4	897332	95537
835600	9.4	56.5	99.2	1404030	112595
421573	13.1	57.2	99.2	639251	96831
223156	8.8	49.6	98.5	583036	109719
455528	8.6	51.4	99.0	1057877	107690
24145	11.9	63.9	99.8	21198	189777
111	5.9	68.3	99.9	13349	20791
60	3.4	72.2	98.4	2783	67304
12509	17.0	50.0	98.8	20429	81894
3886	4.9	48.9	99.3	19999	171643
39217	12.4	53.5	99.4	83445	204434
5086	7.8	37.1	98.9	36981	93894
7894	6.4	56.9	94.9	21287	161484
4155	50.0	17.2	97.8	4525	328626
23892	12.5	47.4	98.9	69280	68746
10185	7.3	46.2	99.3	127881	45903
9191	8.7	38.9	98.7	86935	50404
1628	4.1	43.3	98.6	27712	68048
2214	1.3	48.4	98.5	59868	56361

13-6 续表3

项目	Item	利润总额（万元）Total Profits (10 000 yuan)	#盈利企业的利润额 Profits of Profit-making Enterprises
造纸和纸制品业	Manufacture of Paper and Paper Products	357566	362390
印刷和记录媒介复制业	Printing and Reproduction of Recording Media	241405	244259
文教、工美、体育和娱乐用品制造业	Manufacture of Articles for Culture, Education, Arts and Crsfts Sports and Entertainment Activities	443419	448535
石油、煤炭及其他燃料加工业	Processing of Petroleum, Coal, and Other Fuels	18592	55438
化学原料和化学制品制造业	Manufacture of Raw Chemical Materials and Chemical Products	1544105	1566598
医药制造业	Manufacture of Medicines	1386235	1407207
化学纤维制造业	Manufacture of Chemical Fibers	28652	47287
橡胶和塑料制品业	Manufacture of Rubber & Products	714835	720746
非金属矿物制品业	Manufacture of Non-metallic Mineral Products	3262552	3307866
黑色金属冶炼和压延加工业	Smelting and Pressing of Ferrous Metals	1115891	1116844
有色金属冶炼和压延加工业	Smelting and Pressing of Non-ferrous Metals	2460893	2568118
金属制品业	Manufacture of Metal Products	682905	694103
通用设备制造业	Manufacture of General Purpose Machinery	735626	751320
专用设备制造业	Manufacture of Special Purpose Machinery	514213	543987
汽车制造业	Manufacture of Automobiles	327680	529260
铁路、船舶、航空航天和其他运输设备制造业	Manufacture of Railway，Ship, Aerospace, and Other Transport Equipments	68694	71117
电气机械和器材制造业	Manufacture of Electrical Machinery and Apparatus	1629035	1802597
计算机、通信和其他电子设备制造业	Manufacture of Computers communication and other Electronic Equipment	2007603	2222756
仪器仪表制造业	Manufacture of Measuring Instruments and Machinery	145013	149844
其他制造业	Other Manufacture	33281	34556
废弃资源综合利用业	Utilization of Waste Resources	340034	348186
金属制品、机械和设备修理业	Repair Service Products, Machinery & Equipment	2521	2521
电力、热力生产和供应业	Production and Supply of Electric Power and Heat Power	773089	829285
燃气生产和供应业	Production and Supply of Gas	152520	165215
水的生产和供应业	Production and Supply of Water	265008	265707
按地区分	**By Region**		
南 昌 市	Nanchang	4449411	4778612
景德镇市	Jingdezhen	363060	503912
萍 乡 市	Pingxiang	1066172	1075005
九 江 市	Jiujiang	5028958	5150141
新 余 市	Xinyu	690982	732294
鹰 潭 市	Yingtan	966466	990163
赣 州 市	Ganzhou	2240485	2389115
吉 安 市	Ji'an	2832361	2900003
宜 春 市	Yichun	3128377	3240783
抚 州 市	Fuzhou	1215401	1242761
上 饶 市	Shangrao	2399800	2503087

continued

#亏损企业的亏损额 Losses of Deficit Enterprises	企业亏损面 (%) Ratio to Deficit Enterprises (%)	资产负债率 (%) Assets-Liability Ratio (%)	产品销售率 (%) Sales Ratio of Products (%)	全部从业人员年平均人数 (人) Annual Average Employees persons (person)	人均实现利 润 (元) Profits Per Capita (yuan)
4824	7.9	49.7	98.6	24178	147889
2854	8.2	40.5	98.5	21822	110624
5116	5.8	38.6	101.0	55364	80092
36846	9.4	66.6	99.2	15615	11906
22493	7.1	40.1	97.7	122149	126412
20972	9.3	39.3	96.1	92084	150540
18635	13.8	63.6	98.9	6380	44909
5911	6.2	44.8	98.4	47677	149933
45315	5.9	47.8	98.7	215874	151132
953	5.9	47.1	99.6	50485	221034
107225	13.7	58.2	100.0	127046	193701
11199	8.1	41.9	97.6	58409	116918
15694	6.6	52.7	98.0	67405	109135
29774	7.7	44.2	98.3	52972	97073
201580	21.2	65.8	99.4	93876	34906
2423	9.4	68.6	97.9	10985	62534
173561	13.7	57.3	99.8	169207	96275
215153	14.9	60.0	98.9	372264	53930
4832	9.9	44.6	99.0	17577	82501
1275	11.8	35.0	99.6	7992	41643
8152	9.1	60.9	98.9	16512	205931
		42.3	89.7	216	116708
56196	11.1	63.9	99.9	57976	133346
12695	7.9	61.1	98.5	6927	220182
699	3.6	63.7	98.9	15896	166714
329201	17.3	58.0	98..2	421647	105525
140852	13.2	55.1	97.0	69168	52490
8833	6.1	44.5	98.4	107433	99241
121183	4.7	45.5	98.8	284698	176642
41311	7.8	54.1	99.7	89069	77578
23697	18.8	58.8	100.5	73566	131374
148630	9.7	56.8	99.4	325583	68815
67642	4.4	48.7	99.5	319562	88633
112406	6.2	50.7	97.6	307080	101875
27360	10.9	49.7	100.2	114178	106448
103287	9.6	56.9	100.6	189378	126720

13-7 规模以上国有控股工业企业经济指标

指 标	Item	2000	2005	2006	2007	2008
企业单位数(个)	Number of Enterprises (unit)	2506	804	706	563	558
#亏损企业(个)	Deficit Enterprises (unit)	1053	275	211	132	167
资产总计(万元)	Total Assets (10 000 yuan)	16329797	19449500	22034893	25536051	27779963
流动资产合计(万元)	Total current Assets (10 000 yuan)	6429562	7746481	9484535	10740181	11648204
负债合计(万元)	Total Liabilities (10 000 yuan)	11278672	13494055	14642855	16628458	17686025
所有者权益(万元)	Owners' Equity (10 000 yuan)	4981017	5655984	7106514	8907593	10093937
营业收入(万元)	Business Revenue (10 000 yuan)	7221113	15262090	19498190	24560686	27229935
销售费用(万元)	Selling Expenses (10 000 yuan)	221515	340005	395913	456021	481064
利润总额(万元)	Total Profits (10 000 yuan)	84322	571611	1066988	1267392	376295
全部从业人员年平均人数(人)	Annual Average Employees (person)	889644	470614	461026	423776	407662
资本保值增值率(%)	Changing Rate of Net Assets (%)	106.21	100.54	97.20	125.34	114.57
资产负债率(%)	Assets-Liability Ratio (%)	69.07	69.38	66.45	65.12	63.66
流动资产周转率(次)	Ratio of Turnover Working Capitals (time)	1.15	2.01	2.24	2.51	2.32
成本费用利润率(%)	Ratio of Profits to Cost (%)	1.20	4.00	5.98	5.60	1.43
全员劳动生产率(元/人)	Overall Labor Productivity (yuan/person)	24146	88551	115532	147089	186782
产品销售率(%)	Sales Ratio of Products (%)	97.67	99.49	99.10	98.69	99.24

Economic Indicators of State-holding Industrial Enterprises above Designated Size

2009	2010	2011	2012	2013	2014	2015	2016	2017	2018	2019	2020
543	533	416	448	475	466	486	421	455	464	499	526
113	90	74	77	86	80	101	87	78	90	74	79
30315254	35482546	42925158	46411368	51624131	51602447	57037997	59738603	66328592	70845510	77287432	81194578
11717577	16005336	21066012	22800469	25208417	24000489	25757038	26049692	30595932	33389432	37777853	36139063
18992890	22320360	27614627	30047050	33301256	32519237	35403893	36367168	40246779	43481787	46517330	48406402
11322364	13162186	15310531	16364318	18322875	19083210	21634104	23371435	26081813	27363723	30770102	32788175
26985648	37613661	47141803	53286792	59896645	61989296	60080696	61202948	68492547	74620742	77572342	83208407
551091	651394	690800	740713	774010	920967	878485	991333	1164790	1032282	1063276	1041003
829164	1456208	1898016	1731126	2290144	2406749	2123168	2068162	2783185	3307917	2726672	3001854
397412	404799	388639	379236	366618	360816	352047	344294	319609	317679	308113	295776
113.81	114.85	108.81	106.93	111.59	108.16	112.56	108.81	110.73	108.13	111.49	106.56
62.65	62.91	64.33	64.74	64.51	63.02	62.07	60.88	60.68	61.40	60.19	59.62
2.24	2.56	2.48	2.43	2.48	2.62	2.43	5.89	2.45	2.23	2.05	2.30
3.29	4.14	4.29	3.44	4.09	4.14	3.76	3.62	4.34	4.78	3.76	3.88
185579	247567	267481	277280	312980	317575	317016	316550	393133	430459	459779	483425
98.73	99.05	98.61	99.18	98.35	98.39	99.49	99.20	99.54	99.54	98.43	98.97

13-8 规模以上国有控股工业企业主要经济指标(2020年)

单位：万元

项目	Item	企业单位数(个) Number of Enterprises (unit)	#亏损企业 Deficit Enterprises
总计	**Total**	**526**	**79**
按登记注册类型及隶属关系分	**By Registration Status and Jurisdiction of Management**		
国有企业	State-owned Enterprises	40	7
中央企业	Central Enterprises	3	1
地方企业	Local Enterprises	37	6
有限责任公司	Limited Liability Corporations	421	61
股份有限公司	Share-holding Corporations Limited	41	6
港、澳、台商投资企业	Enterprises with Funds from Hong Kong, Macao and Taiwan	9	2
外商投资企业	Foreign Funded Enterprises	15	3
按轻、重工业分	**Grouped by Light & Heavy Industries**		
轻工业	Light Industry	80	15
重工业	Heavy Industry	446	64
按企业规模分	**Grouped by Size of Enterprises**		
大型企业	Large Enterprises	29	6
中型企业	Medium-sized Enterprises	103	17
小型企业	Small Enterprises	349	52
微型企业	Miniature Enterprises	45	4
按工业行业分	**Grouped by Sector**		
煤炭开采和洗选业	Mining and Washing of Coal	12	
黑色金属矿采选业	Mining and Processing of Ferrous Metal Ores	2	
有色金属矿采选业	Mining and Processing of Non-Ferrous Metal Ores	20	7
非金属矿采选业	Mining and Processing of Nonmetal Ores	20	2
农副食品加工业	Processing of Food from Agricultural Products	14	2
食品制造业	Manufacture of Foods	6	1
酒、饮料和精制茶制造业	Manufacture of Liquor, Beverages & Refined Tea	7	2
烟草制品业	Manufacture of Tobacco	2	1
纺织业	Manufacture of Textile	2	
纺织服装、服饰业	Manufacture of Textile,Wearing Apparel and Accessories	9	2
皮革、毛皮、羽毛及其制品和制鞋业	Manufacture of Leather, Fur, Feather and Related Products, and Footwear	1	
木材加工和木、竹、藤、棕、草制品业	Processing of Timber, Manufacture of Wood, Bamboo, Rattan, Palm and Straw Products	1	

Main Economic Indicators of State-holding Industrial Enterprises above Designated Size (2020)

(10 000 yuan)

营业收入 Business Revenue	营业成本 Business Cost	销售费用 Selling Expenses	资产总计 Total Assets	流动资产合计 Total Current Assets	#产成品 Finished Goods
83208407	**73122650**	**1041003**	**81194578**	**36139063**	**2381302**
443824	317458	7130	995461	559595	9982
45686	33695	16	146680	15868	2035
398138	283763	7115	848781	543727	7947
72627237	64959090	813713	69836179	31364122	2074298
8251937	6209983	201987	8314383	3444680	264564
607958	548891	10775	585265	288263	13072
1277452	1087228	7398	1463290	482404	19387
5377775	3010488	202415	6843749	3104530	150204
77830632	70112162	838588	74350829	33034533	2231098
66069217	59090211	732188	58146341	26818915	1771764
8421202	6885407	143223	10466358	4250946	248226
8373979	6941443	163450	11216763	4699619	360157
344009	205589	2142	1365116	369585	1155
206919	161485	2494	867567	304560	6907
17731	10909	869	44376	29982	1044
548557	396874	14180	1287378	431663	130629
449509	309041	12554	743253	336030	6418
251638	230047	2382	85355	43355	3383
94338	63075	11982	90900	42690	3113
171864	109577	24325	269522	88567	4344
2266751	620847	31780	1713422	1200690	22407
40240	36110	56	12585	9656	202
161462	124745	365	187078	136440	4716
8960	6707		10087	8082	
13564	12304	286	13623	6271	796

13-8 续表1

单位：万元

项　目	Item	企业单位数（个）Number of Enterprises (unit)	#亏损企业 Deficit Enterprises
家具制造业	Manufacture of Furniture	3	
造纸和纸制品业	Manufacture of Paper and Paper Products	2	
印刷和记录媒介复制业	Printing and Reproduction of Recording Media	10	2
文教、工美、体育和娱乐用品制造业	Manufacture of Articles for Culture, Education, Arts and Crafts Sports and Entertainment Activities	1	
石油、煤炭及其他燃料加工业	Processing of Petroleum, Coal, and Other Fuels	2	1
化学原料和化学制品制造业	Manufacture of Raw Chemical Materials and Chemical Products	23	1
医药制造业	Manufacture of Medicines	9	3
橡胶和塑料制品业	Manufacture of Rubber & Plastics Products	6	
非金属矿物制品业	Manufacture of Non-metallic Mineral Products	106	11
黑色金属冶炼和压延加工业	Smelting and Pressing of Ferrous Metals	3	
有色金属冶炼和压延加工业	Smelting and Pressing of Non-ferrous Metals	37	12
金属制品业	Manufacture of Metal Products	11	3
通用设备制造业	Manufacture of General Purpose Machinery	13	2
专用设备制造业	Manufacture of Special Purpose Machinery	8	1
汽车制造业	Manufacture of Automobiles	16	8
铁路、船舶、航空航天和其他运输设备制造业	Manufacture of Railway，Ship, Aerospace, and Other Transport Equipments	6	
电气机械和器材制造业	Manufacture of Electrical Machinery and Apparatus	9	1
计算机、通信和其他电子设备制造业	Manufacture of Computers communication and other Electronic Equipment	11	3
仪器仪表制造业	Manufacture of Measuring Instruments and Machinery	3	1
其他制造业	Other Manufacture		
废弃资源综合利用业	Utilization of Waste Resources	11	1
电力、热力生产和供应业	Production and Supply of Electric Power and Heat Power	75	12
燃气生产和供应业	Production and Supply of Gas	21	
水的生产和供应业	Production and Supply of Water	44	
按地区分	**By Region**		
南 昌 市	Nanchang	108	23
景德镇市	Jingdezhen	30	6
萍 乡 市	Pingxiang	19	1
九 江 市	Jiujiang	67	7
新 余 市	Xinyu	24	1
鹰 潭 市	Yingtan	14	
赣 州 市	Ganzhou	108	25
吉 安 市	Ji'an	41	8
宜 春 市	Yichun	44	3
抚 州 市	Fuzhou	22	1
上 饶 市	Shangrao	49	4

continued

(10 000 yuan)

营业收入 Business Revenue	营业成本 Business Cost	销售费用 Selling Expenses	资产总计 Total Assets	流动资产合计 Total Current Assets Assets	#产成品 Finished Goods
160178.2	147341.7	682.6	204 015	56107.3	174.9
69506	58993	130	68673	19106	330
416864	331664	4564	518961	289807	10579
187805	161843	476	24607	9142	27
4711930	3494666	32765	3073594	1110513	96762
688356	498682	35199	852745	333087	13266
1302597	911935	112821	3131030	1015122	72321
57663	48806	1573	63042	41560	4376
4192396	3139992	120597	4109723	2125399	96426
8019752	7521444	43266	5810949	2941116	136808
31398046	29858001	112165	19347927	11303105	1135524
440656	398190	4185	498842	347465	9902
2303305	1976122	35297	2101762	1516542	178481
72333	59261	3444	111181	76163	10063
10397100	9310790	367209	11066936	6796317	343305
161808	140792	3341	125841	61399	3393
255854	225553	4360	201146	155271	15951
527680	503393	2357	519449	375721	4615
105181	88029	1865	347100	255828	7512
527281	502833	5036	479432	281714	8229
11487849	10517821	1573	18421079	2581399	842
760635	633594	20061	834184	228664	7013
732100	511188	26767	3957214	1580535	41444
26580499	22292283	591568	31875533	12933781	567299
3068790	2702532	81200	5132663	2389955	235075
630640	468619	12688	1060930	337793	9741
7073201	5376018	54092	5048276	1435854	112745
8801326	8189585	52835	6984517	3241400	155164
29336435	27940710	96430	18685208	10811304	980841
2786721	2312585	49876	4322736	1821963	207084
901891	740492	28383	1372609	424878	12170
1322205	998139	34620	2690284	905481	34625
863025	646582	18847	1305111	414586	17902
1843675	1455106	20466	2716712	1422068	48657

13-8 续表2

项目	Item	负债合计 Total Liabilities	所有者权益合计 Total Owners' Equities
总计	**Total**	**48406402**	**32788175**
按登记注册类型及隶属关系分	**By Registration Status and Jurisdiction of Management**		
国有企业	State-owned Enterprises	628087	367374
中央企业	Central Enterprises	55596	91084
地方企业	Local Enterprises	572491	276290
有限责任公司	Limited Liability Corporations	43197003	26639176
股份有限公司	Share-holding Corporations Limited	3414674	4899709
港、澳、台商投资企业	Enterprises with Funds from Hong Kong, Macao and Taiwan	362012	223253
外商投资企业	Foreign Funded Enterprises	804626	658664
按轻、重工业分	**Grouped by Light & Heavy Industries**		
轻工业	Light Industry	2105757	4737992
重工业	Heavy Industry	46300646	28050183
按企业规模分	**Grouped by Size of Enterprises**		
大型企业	Large Enterprises	35615412	22530929
中型企业	Medium-sized Enterprises	5348416	5117942
小型企业	Small Enterprises	6573957	4642806
微型企业	Miniature Enterprises	868617	496499
按工业行业分	**Grouped by Sector**		
煤炭开采和洗选业	Mining and Washing of Coal	604203	263364
黑色金属矿采选业	Mining and Processing of Ferrous Metal Ores	33516	10860
有色金属矿采选业	Mining and Processing of Non-Ferrous Metal Ores	627173	660206
非金属矿采选业	Mining and Processing of Non-metal Ores	350607	392646
农副食品加工业	Processing of Food from Agricultural Products	47354	38001
食品制造业	Manufacture of Foods	42901	47999
酒、饮料和精制茶制造业	Manufacture of Liquor, Beverages & Refined Tea	132389	137133
烟草制品业	Manufacture of Tobacco	294628	1418794
纺织业	Manufacture of Textile	3872	8713
纺织服装、服饰业	Manufacture of Textile,Wearing Apparel and Accessories	82493	104585
皮革、毛皮、羽毛及其制品和制鞋业	Manufacture of Leather, Fur, Feather and Related Products, and Footwear	3573	6514
木材加工和木、竹、藤、棕、草制品业	Processing of Timber, Manufacture of Wood, Bamboo, Rattan, Palm and Straw Products	5271	8353

continued

利润总额 Total Profits	#盈利企业的利润额 Profits of Profit-making Enterprises	#亏损企业的亏损额 Losses of Deficit Enterprises	企业亏损面(%) Ratio to Deficit Enterprises (%)	资产负债率(%) Assets-Liability Ratio (%)	产品销售率(%) Sales Ratio of Products (%)	全部从业人员年平均人数(人) Annual Average Employed Persons (person)	人均实现利润(元) Profits Per Capita (yuan)
3001854	**3302926**	**301072**	**15.0**	**59.6**	**99.0**	**295776**	**101491**
87403	89131	1728	17.5	63.1	99.0	7972	109637
6685	7430	745	33.3	37.9	99.0	1194	55990
80718	81702	984	16.2	67.4	99.0	6778	119088
2449880	2691369	241489	14.5	61.9	98.9	248612	98542
337432	384140	46708	14.6	41.1	98.9	32230	104695
20217	24686	4469	22.2	61.9	99.8	2862	70638
106922	113600	6677	20.0	55.0	100.5	4100	260786
416545	432291	15746	18.8	30.8	98.8	38837	107255
2585309	2870634	285326	14.3	62.3	99.0	256939	100620
1201989	1395302	193313	20.7	61.3	99.2	194921	61665
913810	954246	40436	16.5	51.1	98.1	58697	155683
787140	852818	65678	14.9	58.6	98.8	40798	192936
98915	100560	1645	8.9	63.6	98.9	1360	727314
21695	21695			69.6	99.2	11792	18398
3074	3074			75.5	99.8	218	141005
46563	56241	9678	35.0	48.7	98.4	10698	43525
101992	102637	646	10.0	47.2	99.8	2578	395623
13549	13586	37	14.3	55.5	99.7	1451	93376
9060	9068	9	16.7	47.2	99.6	1380	65649
28835	29285	449	28.6	49.1	99.8	3021	95449
148703	152858	4155	50.0	17.2	97.8	4525	328626
1150	1150			30.8	98.7	252	45651
5573	7085	1511	22.2	44.1	99.6	8115	6868
178	178			35.4	100.0	126	14159
21	21			38.7	98.61	155	1323

13-8 续表3

项　　目	Item	负债合计（万元）Total Liabilities (10 000 yuan)	所有者权益合计（万元）Total Owners' Equities (10 000 yuan)
家具制造业	Manufacture of Furniture	139756.2	64258.7
造纸和纸制品业	Manufacture of Paper and Paper Products	18650	50023
印刷和记录媒介复制业	Printing and Reproduction of Recording Media	146066	372894
文教、工美、体育和娱乐用品制造业	Manufacture of Articles for Culture, Education, Arts and Crafts Sports and Entertainment Activities	620	23987
石油、煤炭及其他燃料加工业	Processing of Petroleum, Coal, and Other Fuels	2078313	995281
化学原料和化学制品制造业	Manufacture of Raw Chemical Materials and Chemical Products	282752	569994
医药制造业	Manufacture of Medicines	920867	2210164
橡胶和塑料制品业	Manufacture of Rubber & Plastics Products	22103	40939
非金属矿物制品业	Manufacture of Non-metallic Mineral Products	1878448	2231275
黑色金属冶炼和压延加工业	Smelting and Pressing of Ferrous Metals	3353889	2457060
有色金属冶炼和压延加工业	Smelting and Pressing of Non-ferrous Metals	11764357	7583570
金属制品业	Manufacture of Metal Products	358949	139893
通用设备制造业	Manufacture of General Purpose Machinery	1373097	728665
专用设备制造业	Manufacture of Special Purpose Machinery	50996	60185
汽车制造业	Manufacture of Automobiles	8019252	3047684
铁路、船舶、航空航天和其他运输设备制造业	Manufacture of Railway，Ship, Aerospace, and Other Transport Equipments	58569	67272
电气机械和器材制造业	Manufacture of Electrical Machinery and Apparatus	117676	83471
计算机、通信和其他电子设备制造业	Manufacture of Computers communication and other Electronic Equipment	247353	272096
仪器仪表制造业	Manufacture of Measuring Instruments and Machinery	165575	181525
其他制造业	Other Manufacture		
废弃资源综合利用业	Utilization of Waste Resources	247454	231978
电力、热力生产和供应业	Production and Supply of Electric Power and Heat Power	11804470	6616610
燃气生产和供应业	Production and Supply of Gas	522629	311554
水的生产和供应业	Production and Supply of Water	2606582	1350632
按地区分	**By Region**		
南 昌 市	Nanchang	18785085	13090448
景德镇市	Jingdezhen	3750987	1381675
萍 乡 市	Pingxiang	745434	315496
九 江 市	Jiujiang	3105238	1943038
新 余 市	Xinyu	3988320	2996197
鹰 潭 市	Yingtan	11155899	7529310
赣 州 市	Ganzhou	2661631	1661105
吉 安 市	Ji'an	837740	534869
宜 春 市	Yichun	1363084	1327200
抚 州 市	Fuzhou	637988	667123
上 饶 市	Shangrao	1374995	1341717

continued

利润总额 (万元) Total Profits (10 000 yuan)	#盈利企业的利润额 Profits of Profit-making Enterprises	#亏损企业的亏损额 Losses of Deficit Enterprises	企业亏损面 (%) Ratio to Deficit Enterprises (%)	资产负债率 (%) Assets-Liability Ratio (%)	产品销售率 (%) Sales Ratio of Products (%)	全部从业人员年平均人数 (人) Annual Average Employed Persons (person)	人均实现利润 (元) Profits Per Capita (yuan)
9 770	9770			68.5	99.96	815	119876
7505	7505			27.2	98.2	392	191454
43073	43725	652.2	20.0	28.1	99.8	3841	112140
23897	23897			2.5	100.18	279	856527
-35390	336	35726.2	50.0	67.6	99.1	11465	-30868
82762	83144	381.6	4.3	33.2	97.4	6154	134485
114790	114966	176.9	33.3	29.4	99.5	10553	108774
3931	3931			35.1	98.6	842	46684
735791	748601	12809.8	10.4	45.7	98.5	18454	398716
341407	341407			57.7	99.9	21834	156365
432997	475925	42927.9	32.4	60.8	99.7	40948	105743
9426	10348	922.4	27.3	72.0	82.7	2398	39307
161126	163544	2418.2	15.4	65.3	94.8	13994	115139
3796	4463	666.2	12.5	45.9	93.8	1011	37550
-755	130041	130796	50.0	72.5	98.9	45555	-166
9915	9915			46.5	93.74	763	129953
7185	7196	10.7	11.1	58.5	98.3	1498	47967
1690	15512	13822.2	27.3	47.6	99.66	2872	5884
2125	4993	2868.1	33.3	47.7	100.3	1729	12287
16018	17438	1420.2	9.1	51.6	98.4	1704	94002
451249	490237	38988.3	16.0	64.1	100.0	50548	89271
74024	74024			62.7	97.4	2878	257205
125130	125130			65.9	98.3	10938	114399
943807	1005057	61249.5	21.3	58.9	98.2	125947	74937
-33618	93485	127102.6	20.0	73.1	99.0	24953	-13472
82459	82464	4.6	5.3	70.3	97.7	9772	84383
305399	345800	40400.8	10.4	61.5	98.4	16131	189324
393289	400403	7114.2	4.2	57.1	99.8	28670	137178
386524	386524			59.7	99.7	35185	109855
283101	333909	50807.2	23.1	61.6	99.8	18611	152115
55291	62122	6831.2	19.5	61.0	94.4	6814	81143
181071	182930	1859.7	6.8	50.7	98.3	12433	145637
165232	166728	1496.2	4.5	48.9	99.1	3811	433565
239299	243505	4205.7	8.2	50.6	99.7	13449	177931

13-9 规模以上集体企业经济指标
Economic Indicators of Collective-owned Industrial Enterprises above Designated Size

指　　标	Item	2015	2016	2017	2018	2019	2020
企业单位数(个)	Number of Enterprises (unit)	62	58	48	31	26	21
#亏损企业(个)	Deficit Enterprises (unit)	2	1	4	1	4	3
资产总计(万元)	Total Assets (10 000 yuan)	239682	254707	174614	545992	526847	431870
流动资产合计(万元)	Total current Assents (10 000 yuan)	98619	84895	75509	410807	377136	334836
负债合计(万元)	Total Liabilities (10 000 yuan)	96097	95294	70645	348808	292846	246687
所有者权益(万元)	Owners' Equity (10 000 yuan)	143585	159413	103969	197184	234001	185184
营业收入(万元)	Business Revenue (10 000 yuan)	653238	635015	397945	462432	470918	515472
销售费用(万元)	Selling Expenses (10 000 yuan)	11570	9480	9694	6757	5094	3385
利润总额(万元)	Total Profits (10 000 yuan)	50481	54149	22388	44660	33818	48011
全部从业人员年平均人数(人)	Annual Average Empolyees (person)	10885	9476	6759	9208	8299	6879
资本保值增值率(%)	Changing Rate of Net Assets (%)	81.74	115.07	86.26	136.09	99.29	79.14
资产负债率(%)	Assets-Liability Ratio (%)	40.09	37.41	40.46	63.89	55.58	57.12
流动资产周转率(次)	Ratio of Turnover Working Capitals (time)	7.77	2.68	5.23	1.13	1.25	1.60
成本费用利润率(%)	Ratio of Profits to Cost (%)	8.48	9.42	6.39	10.83	7.61	9.86
全员劳动生产率(元／人)	Overall Labor Productivity (yuan/person)	153357	188651	150837	122021	161586	195979
产品销售率(%)	Sales Ratio of Products (%)	99.17	99.30	98.88	99.31	99.89	99.52

13-10 规模以上外商及港、澳、台投资工业企业经济指标
Economic Indicators of Industrial Enterprises with Funds from Foreign, Hong Kong, Macao and Taiwan above Designated Size

指　　标	Item	2015	2016	2017	2018	2019	2020
企业单位数(个)	Number of Enterprises (unit)	863	822	840	744	697	691
#亏损企业(个)	Deficit Enterprises (unit)	90	75	83	95	115	118
资产总计(万元)	Total Assets (10 000 yuan)	30189699	34033119	33356051	29650513	28860747	31423541
流动资产合计(万元)	Total current Assets (10 000 yuan)	12092042	14003112	14728486	14431881	14132652	14916909
负债合计(万元)	Total Liabilities (10 000 yuan)	15257048	17470497	17372796	15220794	14443367	16210248
所有者权益(万元)	Owners' Equity (10 000 yuan)	14932651	16562622	15983255	14429719	14417380	15213293
营业收入(万元)	Business Revenue (10 000 yuan)	46132507	48494841	45519451	34502178	31647774	33856885
销售费用(万元)	Selling Expenses (10 000 yuan)	857341	924528	835255	758678	752226	762538
利润总额(万元)	Total Profits (10 000 yuan)	3328445	3754584	3744680	2774009	2463354	2663073
全部从业人员年平均人数(人)	Annual Average Employees (person)	501615	492720	440707	334739	286842	275465
资本保值增值率(%)	Changing Rate of Net Assets (%)	116.03	112.34	105.86	116.53	109.26	105.52
资产负债率(%)	Assets-Liability Ratio (%)	50.54	51.33	52.08	51.33	50.05	51.59
流动资产周转率(次)	Ratio of Turnover Working Capitals (time)	4.11	3.20	3.31	2.39	2.24	2.28
成本费用利润率(%)	Ratio of Profits to Cost (%)	7.79	8.41	9.03	8.75	8.41	8.53
全员劳动生产率(元／人)	Overall Labor Productivity (yuan/person)	224221	236867	247069	239663	275538	124577
产品销售率(%)	Sales Ratio of Products (%)	98.89	98.67	100.02	99.72	99.83	99.80

13-11 规模以上股份制工业企业经济指标

指　　标	Item	2015	2016
企业单位数(个)	Number of Enterprises (unit)	7876	8790
#亏损企业(个)	Deficit Enterprises (unit)	515	457
资产总计(万元)	Total Assets (10 000 yuan)	136865248	156606094
流动资产合计(万元)	Total current Assets (10 000 yuan)	54178292	62198701
负债合计(万元)	Total Liabilities (10 000 yuan)	66048669	72846434
所有者权益(万元)	Owners' Equity (10 000 yuan)	70816579	83759659
营业收入(万元)	Business Revenue (10 000 yuan)	245092265	272056007
销售费用(万元)	Selling Expenses (10 000 yuan)	4212668	4619656
利润总额(万元)	Total Profits (10 000 yuan)	16667116	19008131
全部从业人员年平均人数(人)	Annual Average Employees (person)	1890660	2014193
资本保值增值率(%)	Changing Rate of Net Assets (%)	125.16	116.21
资产负债率(%)	Assets-Liability Ratio (%)	48.26	46.52
流动资产周转率(次)	Ratio of Turnover Working Capitals (time)	4.96	4.86
成本费用利润率(%)	Ratio of Profits to Cost (%)	7.38	7.59
全员劳动生产率(元／人)	Overall Labor Productivity (yuan/person)	301678	271061
产品销售率(%)	Sales Ratio of Products (%)	98.99	98.90

Economic Indicators of Share-holding Industrial Enterprises above Designated Size

2017	2018	2019	2020
10416	10465	11628	12593
717	962	1012	1080
170433558	183993671	229949951	249660650
74833168	81999614	114619626	126266877
82143352	92240505	121651778	134804196
88290206	91753166	108298173	114856454
275397003	249923280	310867725	341637398
5436321	5388997	6276063	6505507
19866908	17857168	18842717	21393919
2065808	1870917	2002866	1981434
108.45	117.75	107.11	106.06
48.20	50.13	52.90	53.99
4.21	3.05	2.71	2.71
7.86	7.78	6.50	6.73
315899	311598	342066	361102
99.26	99.14	99.33	98.87

13-12 规模以上私营工业企业经济指标

指　　标	Item	2015	2016
企业单位数(个)	Number of Enterprises (unit)	4751	5163
#亏损企业(个)	Loss Enterprises (unit)	226	190
资产总计(万元)	Total Assets (10 000 yuan)	54963359	63881003
流动资产合计(万元)	Total current Assets (10 000 yuan)	20559860	24052851
负债合计(万元)	Total Liabilities (10 000 yuan)	21950995	24911800
所有者权益(万元)	Owners' Equity (10 000 yuan)	33012364	38969203
营业收入(万元)	Business Revenue (10 000 yuan)	128893398	141558836
销售费用(万元)	Selling Expenses (10 000 yuan)	2154706	2320571
利润总额(万元)	Total Profits (10 000 yuan)	9796112	10761466
全部从业人员年平均人数(人)	Annual Average Employees (person)	990348	1028441
资本保值增值率(%)	Changing Rate of Net Assets (%)	126.78	118.27
资产负债率(%)	Assets-Liability Ratio (%)	39.94	39.00
流动资产周转率(次)	Ratio of Turnover Working Capitals (time)	7.05	4.09
成本费用利润率(%)	Ratio of Profits to Cost (%)	8.28	8.28
全员劳动生产率(元／人)	Overall Labor Productivity (yuan/person)	323638	311909
产品销售率(%)	Sales Ratio of Products (%)	99.01	98.70

Economic Indicators of Private Industrial Enterprises above Designated Size

2017	2018	2019	2020
6128	6300	8247	9281
340	481	591	676
66147349	68581570	82741510	90180874
29011471	30885250	38634550	45219292
28568018	31019742	38014871	44298375
37579331	37561828	44726639	45882499
133950600	113792249	146368293	163655111
2626274	2687281	3445510	3679438
9777458	7894099	9731690	11277939
1047587	937019	1080298	1095281
106.56	116.86	106.55	102.58
43.19	45.23	45.94	49.12
5.33	3.68	3.79	3.62
7.91	7.48	7.12	7.39
299971	275223	314647	332540
98.91	98.83	99.59	98.90

13-13 开发区主要经济指标(2020年)

项　　目	Item	本年实际累计开发面积(平方公里) Actually Total Area Developed This Year (sq.km)	投产工业企业数(个) Number of Industrial Enterprises Completed and Put into Use (unit)	招商实际到位资金(亿元) Actually Introduced Funds (100 million yuan)	
				绝对数 Absolute Number	比上年增长(%) Growth Rate over Preceding Year (%)
全省总计	**Provincial Total**	676.99	14257	8443.68	46.0
国家级园区	**National Park**				
南昌小蓝经济技术开发区	Nanchang Xiaolan Economic-Technological Development Zone	6.60	354	182.58	21.6
南昌经济技术开发区	Nanchang Economic-Technological Development Zone	9.80	432	501.02	26.8
南昌高新技术产业开发区	Nanchang High-tech Industrial Development Zone	11.70	347	256.97	16.9
景德镇高新技术产业开发区	Jingdezhen High-tech Industrial Development Zone	4.62	124	102.65	28.3
萍乡经济技术开发区	Pingxiang Economic-Technological Development Zone	5.60	132	57.62	1.5
九江共青城高新技术产业开发区	Jiujiang Gongqingcheng High-tech Industrial Development Zone	8.26	177	88.46	27.9
九江经济技术开发区	Jiujiang Economic-Technological Development Zone	14.50	259	183.76	0.8
新余高新技术产业开发区	Xinyu High-tech Industrial Development Zone	4.90	319	128.41	13.3
鹰潭高新技术产业开发区	Yingtan High-tech Industrial Development Zone	9.60	152	49.65	2.0
赣州高新技术产业开发区	Ganzhou High-tech Industrial Development Zone	8.50	183	70.50	53.0
龙南经济技术开发区	Longnan Economic-Technological Development Zone	16.31	369	133.36	15.8
瑞金经济技术开发区	Ruijin Economic-Technological Development Zone	26.08	534	154.86	17.5
赣州经济技术开发区	Ganzhou Economic-Technological Development Zone	10.10	405	206.93	9.8
井冈山经济技术开发区	Jinggangshan Economic-Technological Development Zone	16.60	341	302.00	23.7
吉安高新技术产业开发区	Ji'an High-tech Industrial Development Zone	7.00	138	64.52	4.7
宜春经济技术开发区	Yichun Economic-Technological Development Zone	7.34	361	49.21	29.3
江西丰城高新技术产业开发区	Jiangxi Fengcheng High-tech Industrial Development Zone	18.10	194	1566.94	1322.5
抚州高新技术产业开发区	Fuzhou High-tech Industrial Development Zone	11.50	146	85.34	5.9
上饶经济技术开发区	Shangrao Economic-Technological Development Zone	15.40	415	266.01	107.8
省级重点园区	**Provincial Main Park**				
南昌青山湖高新技术产业园区	Nanchang Qingshanhu High-tech Industrial Park	9.58	342	75.01	9.0
江西新建长埈经济开发区	Jiangxi Xinjian Changleng Industrial Development Zone	3.50	143	97.71	20.7
江西乐平工业园区	Jiangxi Leping Industrial Park	5.59	69	27.50	523.2
江西芦溪工业园区	Jiangxi Luxi Industrial Park	2.00	73	40.24	37.9
江西永修云山经济开发区	Jiangxi Yongxiu Yunshan Economic Development Zone	12.80	171	160.82	10.1
江西德安高新技术产业园区	Jiangxi De'an High-tech Industrial Park	11.00	136	80.51	1.1
江西分宜工业园区	Jiangxi Fenyi Industrial Park	3.50	125	27.82	14.3
江西余江工业园区	Jiangxi Yujiang Industrial Park	4.60	119	61.69	13.8
江西贵溪工业园区	Jiangxi Guixi Industrial Park	6.20	174	98.29	9.9
江西章贡高新技术产业园区	Jiangxi Ganzhou Zhanggong High-tech Industrial Park	6.10	130	60.69	-26.8
江西泰和高新技术产业园区	Jiangxi Taihe High-tech Industrial Park	6.00	135	108.10	56.1
江西上高工业园区	Jiangxi Shanggao Industrial Park	7.24	167	105.78	5.5
江西樟树工业园区	Jiangxi Zhangshu Industrial Park	6.10	168	147.42	6.4
江西崇仁高新技术产业园区	Jiangxi Chongren Industrial Park	5.50	104	35.22	7.1
江西东乡经济开发区	Jiangxi Dongxiang Economic Development Zone	6.50	116	67.39	7.7
江西上饶高新技术产业园区	Jiangxi Shangrao High-tech Industrial Park	11.00	164	63.90	5.5
江西玉山高新技术产业园区	Jiangxi Yushan High-tech Industrial Park	7.27	293	46.98	2.9
江西横峰经济开发区	Jiangxi Hengfeng Economic Development Zone	5.10	55	70.59	61.1

Main Economic Indicators of Development Zone (2020)

工业增加值 Value-added of Industry	出口交货值 (亿元) Delivery Value of Industry Export (100 million yuan)		营业收入 (亿元) Business Revenue (100 million yuan)		利润总额 (亿元) Total Profits (100 million yuan)		从业人员 (人) Number of Employed Persons (person)	
比上年增长(%) Growth Rate over Preceding Year (%)	绝对数 Absolute Number	比上年增长(%) Growth Rate over Preceding Year (%)	绝对数 Absolute Number	比上年增长(%) Growth Rate over Preceding Year (%)	绝对数 Absolute Number	比上年增长(%) Growth Rate over Preceding Year (%)	绝对数 Absolute Number	比上年增长(%) Growth Rate over Preceding Year (%)
5.5	2098.07	8.2	32379.29	10.1	2265.40	15.4	2112608	-0.3
6.2	51.49	-24.5	1220.83	10.4	94.57	26.7	61337	-4.7
5.7	143.75	27.9	1383.33	6.0	140.75	16.7	76455	-7.1
6.2	267.34	53.6	3066.09	15.7	195.54	59.2	148272	12.5
5.8	45.38	-14.1	645.66	6.1	25.40	17.1	35987	-1.8
4.6	25.42	-6.5	582.30	4.4	50.46	-4.6	40039	-3.8
6.5	40.98	199.7	453.48	13.9	42.44	15.1	22411	-5.8
4.7	43.95	92.7	1248.18	7.7	60.39	1.3	44417	3.3
6.6	37.98	-8.1	600.59	12.7	20.59	-14.1	42016	0.5
6.4	10.15	-17.4	674.17	9.6	26.52	-25.9	14646	-24.6
5.6	18.87	-5.3	175.34	11.4	12.46	53.4	17975	-9.4
5.6	72.84	-8.1	321.91	14.4	16.82	60.7	50080	0.5
4.5	87.24	-15.0	717.78	10.5	54.19	31.0	73449	0.3
5.7	53.98	-7.5	743.05	19.4	35.48	8.7	52817	8.5
5.9	129.30	-12.0	1107.80	6.4	72.23	21.1	93696	-8.6
6.0	322.22	69.9	552.54	9.2	47.70	20.7	64147	-6.9
6.5	19.23	9.1	325.31	10.3	20.49	26.1	49148	1.6
6.7	8.13	-23.7	697.55	13.9	65.49	22.4	28726	5.1
6.9	20.06	-27.4	507.00	3.5	45.78	9.4	31956	0.9
6.2	134.49	6.5	1041.40	21.2	46.89	97.3	54152	5.7
-0.3	15.50	-5.6	177.99	-3.7	11.67	-5.9	39775	3.4
-1.0	2.33	15.3	517.90	-2.4	25.15	-9.1	22108	-6.9
5.5	18.42	-4.5	314.09	7.2	18.69	6.6	13405	-12.0
6.0	0.22	58.8	79.09	6.5	6.83	23.9	9274	6.7
4.9	12.06	21.4	479.81	5.9	47.69	4.7	22019	6.5
4.9	14.25	33.5	453.77	5.0	29.76	0.0	21303	-1.1
10.3	15.88	-10.6	122.50	22.1	5.86	46.3	10815	16.4
5.8	6.95	0.3	219.51	18.4	9.09	0.4	12700	-2.6
6.0	1.72	-28.4	836.30	22.6	20.93	37.4	12968	3.6
5.6	12.15	-12.7	361.53	12.7	20.33	69.1	25008	-2.9
6.1	11.07	-13.5	284.98	-0.1	7.66	-62.4	26222	-1.5
5.2	14.53	28.9	284.66	7.4	19.41	40.5	39789	2.7
4.8	4.68	140.2	513.98	7.0	53.55	10.1	33305	-3.8
6.0	1.37	-55.3	175.44	4.2	10.62	6.6	11364	-7.4
4.5	9.76	40.4	243.51	12.0	9.56	7.5	11818	-14.0
5.8	25.15	-30.6	523.17	3.0	53.92	11.0	21043	6.0
6.0	6.58	4.2	416.14	8.5	29.70	11.9	24550	0.7
5.9			224.85	12.0	15.72	10.2	5540	7.1

主要统计指标解释

工业 指从事自然资源的开采，对采掘品和农产品进行加工和再加工的物质生产部门。具体包括：(1)对自然资源的开采，如采矿、晒盐等(但不包括禽兽捕猎和水产捕捞)；(2)对农副产品的加工、再加工，如粮油加工、食品加工、缫丝、纺织、制革等；(3)对采掘品的加工、再加工，如炼铁、炼钢、化工生产、石油加工、机器制造、木材加工等，以及电力、自来水、煤气的生产和供应等；(4)对工业品的修理、翻新，如机器设备的修理、交通运输工具(如汽车)的修理等。

工业统计调查单位为独立核算法人工业企业。

独立核算法人工业企业指从事工业生产经营活动的单位。独立核算法人工业企业应同时具备以下条件：①依法成立，有自己的名称、组织机构和场所，能够承担民事责任；②独立拥有和使用资产，承担负债，有权与其他单位签订合同；③独立核算盈亏，并能够编制资产负债表。

本年鉴中涉及的企业登记注册类型：

国有及国有控股企业 指国有企业加上国有控股企业。国有企业(即原全民所有制工业或国营工业)指企业全部资产归国家所有，并按《中华人民共和国企业法人登记管理条例》规定登记注册的非公司制的经济组织。包括国有企业、国有独资公司和国有联营企业。1957 年以前的公私合营和私营工业，后均改造为国营工业，1992 年改为国有工业，这部分工业的资料不单独分列时，均包括在国有企业内。国有控股企业是对混合所有制经济的企业进行的“国有控股”分类。它是指这些企业的全部资产中国有资产(股份)相对其他所有者中的任何一个所有者占资(股)最多的企业。该分组反映了国有经济控股情况。

集体企业 指企业资产归集体所有，并按《中华人民共和国企业法人登记管理条例》规定登记注册的经济组织。是社会主义公有制经济的组成部分。包括城乡所有使用集体投资举办的企业，以及部分个人通过集资自愿放弃所有权并依法经工商行政管理机关认定为集体所有制的企业。

股份合作企业 指以合作制为基础，由企业职工共同出资入股，吸收一定比例的社会资产投资组建，实行自主经营，自负盈亏，共同劳动，民主管理，按劳分配与按股分红相结合的一种集体经济组织。

联营企业 指两个及两个以上相同或不同所有制性质的企业法人或事业单位法人，按自愿、平等、互利的原则，共同投资组成的经济组织。联营企业包括：

国有联营企业指国有企业与国有企业间的联营；

集体联营企业指集体企业与集体企业间的联营；

国有与集体联营企业指国有企业与集体企业间的联营。

有限责任公司 指根据《中华人民共和国公司登记管理条例》规定登记注册，由两个以上，五十个以下的股东共同出资，每个股东以其所认缴的出资额对公司承担有限责任，公司以其全部资产对其债务承担责任的经济组织。

有限责任公司包括国有独资公司以及其他有限责任公司。

股份有限公司 指根据《中华人民共和国企业法人登记管理条例》规定登记注册，其全部注册资本由等额股份构成并通过发行股票筹集资本，股东以其认购的股份对公司承担有限责任，公司以其全部资产对其债务承担责任的经济组织。

私营企业 指由自然人投资设立或由自然人控股，以雇佣劳动为基础的营利性经济组织。包括按照《公司法》、《合伙企业法》、《私营企业暂行条例》规定登记注册的私营有限责任公司、私营股份有限公司、私营合伙企业和私营独资企业。

港、澳、台商投资企业 指企业注册登记类型中的港、澳、台资合资、合作、独资经营企业和股份有限公司之和。

外商投资企业 指企业注册登记类型中的中外合资、合作经营企业、外资企业和外商投资股份有限公司之和。

“三资”企业系指港、澳、台商投资企业和外资企业的简称。

轻工业 指主要提供生活消费品和制作手工工具的工业。按其所使用的原料不同，可分为两大类：(1)以农产品为原料的轻工业，是指直接或间接以农产品为基本原料的轻工业。主要包括食品制造、饮料制造、烟草加工、纺织、缝纫、皮革和毛皮制作、造纸以及印刷等工业；(2)以非农产品为原料的轻工业，是指以工业品为原料的轻工业。主要包括文教体育用品、化学药品制造、合成纤维制造、日用化学制品、日用玻璃制品、日用金属制品、手工工具制造、医疗器械制造、文化和办公用机械制造等工业。

重工业 指为国民经济各部门提供物质技术基础的主要生产资料的工业。按其生产性质和产品用途，可以分为下列三类：(1)采掘(伐)工业，是指对自然资源的开采，包括石油开采、煤炭开采、金属矿开采、非金属矿开采等工业；(2)原材料工业，指向国民经济各部门提供基本材料、动力和燃料的工业。包括金属冶炼及加工、炼焦及焦炭、化学、化工原料、水泥、人造板以及电力、石油和煤炭加工等工业；(3)加工工业，是指对工业原材料进行再加工制造的工业。包括装备国民经济各部门的机械设备制造工业、金属结构、水泥制品等工业，以及为农业提供的生产资料如化肥、农药等工业。

根据上述划分原则，修理业中以重工业产品为修理作业对象的划为重工业，反之划为轻工业。

工业总产值

(1)定义：

工业总产值是以货币形式表现的，工业企业在一定时期内生产的工业最终产品或提供工业性劳务活动的总价值量。它反映一定时间内工业生产的总规模和总水平。

(2)计算原则：

工业生产的原则，即凡是企业在报告期生产的经检验合格的产品，不管是否在报告期销售，均包括在内。

最终产品的原则，即凡是计人工业总产值的产品，必须是本企业生产的经检验合格的，不需要再进行任何加工的最终产品。如果企业有中间产品(半成品)对外销售，则对外销售的中间产品应视为企业的最终产品。

工厂法原则，即工业总产值是以工业企业作为基本计算(核算)单位，即按企业的最终产品计算工业总产值。按这种方法计算的工业总产值，不允许同一产品价值在企业内部重复计算，不能把企业内部各个车间(分厂)生产的成果相加，但允许企业间的重复计算。

(3)内容及计算方法：

1995 年全国工业普查对工业总产值(原规定)的内容及计算原则和方法做了某些修订，修订后的工业总产值(新规定)包括三项内容：即本期生产成品价值、对外加工费收入、在制品半成品期末期初差额价值三部分。

本期生产成品价值：指企业本期生产，并在报告期内不再进行加工，经检验、包装入库的全部工业成品(半成品)价值合计，包括企业生产的自制设备及提供给本企业在建工程、其他非工业部门和福利部门等单位使用的成品价值。本期生产成品价值为按自备原材料生产的产品的数量乘以本期不含增值税(销项税额)的产品实际销售平均单价计算；会计核算中按成本价格转帐的自制设备和自产自用的成品，按成本价格计算生产成品价值。生产成品价值中不包括用定货者来料加工的成品(半成品)价值。

对外加工费收入：指企业在报告期内完成的对外承接的工业品加工(包括用定货者来料加工产品)的加工费收入和对外工业修理作业所取得的加工费收入。对外加工费收入按不含增值税(销项税额)的价格计算，可根据会计“产品销售收入”科目的有关资料取得。

对于本企业对内非工业部门提供的加工修理、设备安装的劳务收入，如果企业会计核算基础较好，能取得这部分资料，而且这部分价值所占比重较大，应包括在对外加工费收入中。

自制半成品在制品期末期初差额价值：指企业报告期在制品期末减期初的差额价值，本指标一般可以从会计核算资料中取得。如果会计产品成本核算中不计算半成品、在制品的成本，则总产值中也不包括这部分价值，反之则包括。

(4)工业总产值统计范围变化和计算方法修订情况：

1984 年以前工业总产值不包括村办工业，村办工业总产值划归农业。1984 年以后工业总产值包括村办工业。

1995 年工业普查对工业总产值计算方法做了修订，即从 1995 年始按新修订(新规定)方法计算工业总产值。新规定与原规定的区别如下：

全价与加工费的计算原则不同：新规定为凡自备原材料，不论其生产繁简程度如何，一律按全价计算工业总产值；凡来料加工，允许按加工费计算工业总产值。原规定则视生产加工的繁简程度不同，规定哪些行业按全价，哪些行业按加工费计算工业总产值。

自制半成品、在产品期末期初差额价值的计算原则不同：新规定要求，凡会计产品成本核算时计算了成本的差额价值，总产值中就应包括，否则可不包括；原规定则按生产周期六个月的界限区分，凡生产周期六个月以上的企业，总产值计算中应包括这部分差额价值，否则可不包括。

计算价格不同：新规定按不含增值税(销项税额)的价格计算；原规定则按含增值税(销项税额)的价格计算。

工业增加值　指工业企业在报告期内以货币表现的工业生产活动的最终成果。

工业增加值有两种计算方法：一是生产法，即工业总产出减去工业中间投入加上应交增值税；二是收入法，即从收入的角度出发，根据生产要素在生产过程中应得到的收入份额计算，具体构成项目有固定资产折旧、劳动者报酬、生产税净额、营业盈余，这种方法也称要素分配法。本年鉴中的工业增加值是以生产法计算的。

生产法工业增加值的计算方法为：

工业增加值=工业总产出-工业中间投入+应交增值税

(1)工业总产出：指工业企业在一定时期内工业生产活动的总成果。工业总产出包括：成品生产价值，对外加工费收入，自制半成品、在产品期末期初差额价值。1995 年后用新规定计算的工业总产值代替。

(2)工业中间投入：指工业企业在工业生产活动中消耗的外购物质产品和对外支付的服务费用。服务费用包括支付给物质生产部门(工业、农业、批发零售贸易业、建筑业、运输邮电业)的服务费用和支付给非物质生产部门(如保险、金融、文化教育、科学研究、医疗卫生、行政管理等)的服务费用。工业中间投入的确定须遵循以下原则：必须从外部购入的，并已计入工业总产出的产品和服务价值；必须是本期投入生产，并一次性消耗掉(包括本期摊销的低值易耗品等)的产品和服务价值。

工业中间投入包括直接材料费用、制造费用中的工业中间投入、管理费用中的工业中间投入、销售费用中的工业中间投入和利息支出五部分。

资产总计　指企业拥有或控制的能以货币计量的经济资源，包括各种财产、债权和其他权利。资产按流动性分为流动资产、长期投资、固定资产、无形资产、递延资产和其他资产。该指标根据企业会计“资产负债表”中“资产总计”项目的期末数增列。

流动资产　指企业可以在一年内或者超过一年的一个生产周期内变现或者耗用的资产，包括现金及各种存款、短期投资，应收及预付款项、存货等。

流动资产平均余额　指企业在报告期内全部流动资产的平均余额。

固定资产原价　指企业在建造、购置、安装、改建、扩建、技术改造某项固定资产时所支出的全部货币总额。它一般包括买价、包装费、运杂费和安装费等。

固定资产净值年平均余额　指固定资产净值在报告期内余额的平均数。计算公式为：

$$\text{固定资产净值年平均余额}=\frac{\text{1至12月各月月初、月末固定资产净值之和}}{24}$$

该指标根据“资产负债表”中“固定资产原价”、“累计折旧”指标的期初、期末数计算填列。

固定资产净值指固定资产原价减去历年已提折旧额后的净额。计算公式为:

固定资产净值=固定资产原价-累计折旧

负债合计 指企业所承担的能以货币计量，将以资产或劳务偿付的债务，偿还形式包括货币、资产或提供劳务。负债一般按偿还期长短分为流动负债和长期负债。根据会计“资产负债表”中“负债合计”的年末数填列。

所有者权益 指企业投资人对企业净资产的所有权。企业净资产等于企业全部资产减去全部负债后的余额，包括企业投资人对企业的最初投入的实际到位的资产及资本公积金、盈余公积金和未分配利润。所有者权益合计数小于零，表示企业资不抵债。

营业收入 指企业销售产品和提供劳务等生产经营业务取得的收入。

营业成本 指企业销售产品和提供劳务等生产经营业务过程中的实际成本。

营业成本税金及附加 指企业销售产品和提供劳务等生产经营业务应负担的城市维护建设税、消费税、资源税和教育费附加。

利润总额 指企业生产经营活动的最终成果，是企业在一定时期内实现的盈亏相抵后的利润总额(亏损以“-”号表示)，它等于营业利润加上补贴收入加上投资收益加上营业外净收入再加上以前年度损益调整。

本年应交增值税 指企业在报告期内应交纳的增值税额。它等于本年销项税额加上出口退税加上进项税额转出数减去本年进项税额。小规模纳税企业直接按全年计税销售额乘以征收率计算取得。

从业人员平均人数 是指报告期内每天拥有的从业人员人数。其计算公式为:

$$\text{季平均人数} = \frac{\text{季内各月平均人数之和}}{3}$$

$$\text{月平均人数} = \frac{\text{报告月内内每天实有平均人数之和}}{\text{报告月日历日数}}$$

$$\text{年平均人数} = \frac{\text{年内各月平均人数之和}}{12}$$

工业增加值率 指在一定时期内工业增加值占同期工业总产值的比重，反映降低中间消耗的经济效益。计算公式为:

工业增加值率（%）=工业增加值（现价）/工业总产值（现价）×100%

总资产贡献率 反映企业全部资产的获利能力，是企业经营业绩和管理水平的集中体现，是评价和考核企业盈利能力的核心指标。计算公式为:

$$\text{总资产贡献率（\%）} = \frac{\text{利润总额+税金总额+利息净支出}}{\text{平均资金总额}} \times 100\%$$

公式中：税金总额为产品销售税金及附加与应交增值税之和；平均资产总额为期初期末资产之和的算术平均值。

资产负债率 该指标既反映企业经营风险的大小，也反映企业利用债权人提供的资金从事经营活动的能力。计算公式为:

$$\text{资产负债率} = \frac{\text{负债总额}}{\text{资产总额}} \times 100\%$$

公式中：资产与负债均为报告期期末数。

流动资产周转次数 指一定时期内流动资产完成的周转次数，反映投入工业企业流动资金的周转速度。计算公式为:

$$\text{流动资产周转次数} = \frac{\text{产品销售收入}}{\text{全部流动资产平均余额}}$$

公式中：全部流动资产平均余额为期初和期末的流动资产之和的算术平均值。

成本费用利润率 反映企业投入的生产成本及费用的经济效益，同时也反映企业降低成本所取得的经济效益。计算公式为:

$$\text{成本费用利润率（\%）} = \frac{\text{利润总额}}{\text{成本费用总额}} \times 100\%$$

公式中：成本费用总额为产品销售成本、销售费用、管理费用、财务费用之和。

产品销售率 该指标反映工业产品已实现销售的程度，是分析工业产销衔接情况，研究工业产品满足社会需求的指标。计算公式为:

$$\text{产品销售率（\%）} = \frac{\text{工业销售产值}}{\text{工业总产值}} \times 100\%$$

全员劳动生产率 指根据产品的价值量指标计算的平均每一就业人员在单位时间内的产品生产量。是考核企业经济活动的重要指标，是企业生产技术水平、经营管理水平、职工技术熟练程度和劳动积极性的综合表现。目前，我国的全员劳动生产率是将工业企业的增加值除以同一时期全部就业人员的平均人数来计算的。计算公式为:

$$\text{全员劳动生产率} = \frac{\text{工业增加值}}{\text{全部从业人员平均人数}}$$

资本保值增值率 该指标反映企业净资产的变动状况，是企业发展能力的集中体现。计算公式为:

$$\text{资本保值增值率（\%）} = \frac{\text{报告期期末所有者权益}}{\text{上年同期期末所有者权益}} \times 100\%$$

Explanatory Notes on Main Statistical Indicators

Industry refers to the material production sector which is engaged in the extraction of natural resources and processing and reprocessing of minerals and agricultural products, including (1) extraction of natural resources, such as mining, salt production (but not including hunting and fishing); (2) processing and reprocessing of farm and sideline produces, such as rice husking, flour milling, wine making, oil pressing, silk reeling, spinning and weaving, and leather making; (3) manufacture of industrial products, such as steel making, iron smelting, chemicals manufacturing, petroleum processing, machine building, timber processing; water and gas production and electricity generation and supply; (4)repairing of industrial products such as the repairing of machinery and means of transport (including cars).

In industrial statistics surveys, the units of enquiry are corporate industrial enterprises with independent accounting systems.

Corporate industrial enterprises with independent accounting systems refer to enterprises engaging in industrial production activities, which meet the following requirements: (1) They are established legally, having their own names, organizations, location and able to take civil liability; (2) They possess and use their assets independently, assume liabilities and are entitled to sign contracts with other units; (3) They are financially independent and compile their own balance sheets.

Enterprises covered in the industrial statistics in the Yearbook include the following categories by their registration:

State-owned and State-holding Enterprises refer to state-owned enterprises plus State-holding enterprises. State-owned enterprises (originally known as State-run enterprises with ownership by the whole society) are non-corporate economic entities registered in accordance with the Regulation of the People's Republic of China on the Management of Registration of Legal Enterprises, where all assets are owned by the State. Included in this category are State-owned enterprises, State-funded corporations and State-owned joint-operation enterprises. Joint State-private industries and private industries, which existed before 1957, were transformed into state-run industries since 1957, and into State-owned industries after 1992. Statistics on those enterprises are included in the State-owned industries instead of being grouped them separately. State-holding enterprises are a sub-classification of enterprises with mixed ownership, referring to enterprises where the percentage of State assets (or shares by the State) is larger than any other single share holder of the same enterprise. This sub-classification illustrates the control of the State over a particular industry.

Collective-owned Enterprises refer to economic entities registered in accordance with the Regulation of the People's Republic of China on the Management of Registration of Legal Enterprises, where assets are owned collectively. Collective enterprises constitute an integral part of the socialist economy with public ownership. They include urban and rural enterprises invested collectively, and some enterprises registered in industrial and commercial administration agency as collective units where funds are pooled together by individuals who voluntarily give up their right of ownership.

Share-holding Cooperative Enterprises refer to economic units set up on a cooperative basis, with funding partly from employees of the enterprise and partly from outside investment, where the operation and management is decided by all the members who also participate in the production, and the distribution of income is based both on work (labour input) and on shares (capital input).

Joint-operation Enterprises refer to economic units that are established by joint investment by two or more corporate enterprises or institutions of the same or different types of ownership on voluntary, equal and mutual-beneficial basis. They include:

a) State-owned joint-operation enterprises (joint operation between State-owned enterprises);

b) Collective joint-operation enterprises (joint operation between collective enterprises; and

c) State-collective joint-operation enterprises (joint operation between state and collective enterprises).

Limited Liability Corporations refer to economic units registered in accordance with the Regulation of the People's Republic of China on the Management of Registration of Corporations, with capital from 2 to 49 investors, each investor bears limited liability to the corporation depending on his/her holding of shares, and the corporation bears liability to its debt to the maximum of its total assets.

Share-holding Corporations Ltd. refer to economic units registered in accordance with the Regulation of the People's Republic of China on the Management of Registration of Corporate Enterprises, with total registered capital divided into equal shares and raised through issuing stocks. Each investor bears limited liability to the corporation depending on the holding of shares, and the corporation bears liability to its debt to the maximum of its total assets.

Private Enterprises refer to economic units invested or controlled (by holding the majority of the shares) by natural persons who hire labours for profit-making activities. Included in this category are private limited liability corporations, private share-holding corporations Ltd., private partnership enterprises and private sole investment enterprises registered in accordance with the Corporation Law, Partnership Enterprise Law and Tentative Regulation on Private Enterprises.

Enterprises with Funds from Hong Kong, Macao and Taiwan refers to all industrial enterprises registered as the joint-venture, cooperative, sole (exclusive) investment industrial enterprises and limited liability corporations with funds from Hong Kong, Macao and Taiwan.

Foreign Funded Enterprises refer to all industrial enterprises registered as the joint-venture, cooperative, sole (exclusive) investment industrial enterprises and limited liability corporations with foreign funds.

Enterprises with Hong Kong, Macao, Taiwan and Foreign Fund refer to all the enterprises with funds from Hong Kong, Macao, Taiwan and foreign funded enterprises.

Light Industry refers to the industry that produces consumer goods and hand tools. It consists of two categories, depending on the materials used:

(1) Industries using farm products as raw materials. These are the branches of light industry which directly or indirectly use farm products as basic raw materials, including the manufacture of food and beverages, tobacco processing, textile, clothing, fur and leather manufacturing, paper making, printing, etc.

(2) Industries using non-farm products as raw materials. These are the branches of light industry which use manufactured goods as raw materials, including the manufacture of cultural, educational articles and sports goods, chemicals, synthetic fibre, chemical products for daily use, glass products for daily use, metal products for daily use, hand tools, medical apparatus and instruments, and the manufacture of cultural and office machinery.

Heavy Industry refers to the industry which produces capital goods, and provides various sectors of the national economy with necessary material and technical basis for production. It consists of the following three branches according to the purpose of production or the use of products:

(1) Mining, quarrying and logging industry, which refers to the industry that extracts natural resources, including extraction of petroleum, coal, metal and non-metal ores.

(2) Raw materials industry refers to the industry that provides various sectors of the national economy with raw materials, fuels and power. It includes smelting and processing of metals, coking and coke chemistry, chemical materials and building materials such as cement, plywood, and power, petroleum refining and coal dressing.

(3) Manufacturing industry which refers to the industry that processes raw materials. It includes machine-building industries which equip sectors of the national economy; industries producing metal structure and cement products; and industries producing means of agricultural production, such as chemical fertilizers and pesticides.

In accordance with the above principles of classification, the repairing trades, which are engaged primarily in repairing products of heavy industry, are classified as heavy industry while those which are engaged in repairing products of light industry are classified as light industry.

Gross Industrial Output Value

(1) Definition: Gross industrial output value is the total volume of final industrial products produced and industrial services provided during a given period. It reflects the total achievements and overall scale of industrial production during a given period.

(2) Principles for calculation:

Statistics on industrial production follow the principle that all products produced by the enterprises and accepted through quality check during the reference period are to be included no matter whether they are sold or not during the reference period.

Determination of final products follows the principle that all products that are included in the calculation of gross industrial output value are the final products of the enterprise which have been accepted through quality check and require no further processing. If an enterprise has intermediate (semi-finished) products to sell, these intermediate products are considered as the final products of the enterprise.

Gross industrial output value is calculated following the principle of factory approach, i.e. industrial enterprise is used as the basic accounting unit in calculating the gross industrial output value. By this approach, value of the same product is not to be double-counted, and the output value of different workshops (branch factories) within the enterprise should not be added. However, this approach allows the possibility of double counting between enterprises.

(3) Content and method of calculation: The old definition of gross

industrial output value was modified during the 1995 National Industrial Census. The revised (new) definition of gross industrial output value consists of 3 components: value of the finished products during the reference period, income from processing for external parties, and value of change in semi-finished products between the end and the beginning of the reference period.

Value of finished products during the reference period: refers to the value of all finished (semi-finished) industrial products that are produced during the reference period without the need for further processing, checked for acceptance, packed and put into the warehouse of the enterprise, including the value of own-produced equipment and the value of products provided to the projects under construction of the enterprise, and to other non-industrial or welfare units. Value of finished products during the reference period is calculated by the quantity of products produced using own materials multiplied by the average unit prices at which products are sold (excluding value-added tax). Own-produced equipment and products produced for own use are valued at cost prices as in the case of enterprise accounting. Value of finished products does not include the value of finished products (semi-finished products) that are produced using the materials from the clients who place the orders.

Income from external processing: refers to income from contracted external processing of industrial products (including processing of industrial products using materials from the clients), and the income from industrial repairing work provided to other parties. Income from external processing is calculated using information from the item "products sales income" in the enterprise accounting at the prices with value-added tax excluded.

For income from services such as processing, repairing and installation of equipment provided to non-industrial units within the enterprise, if the accounting work of the enterprise is good enough to separate it from other records, and the share of such services is significant, it should also be included in the income from external processing.

Value of change in semi-finished products between the end and the beginning of the reference period: refers to the value of change in semi-finished products between the end and the beginning of the reference period, which generally can be obtained from accounting records of enterprises. If the enterprise accounting excludes the cost of semi-finished products, then it should not be included in the gross industrial output value, and the reverse if otherwise.

(4) Changes in the scope and method of calculation of the gross industrial output value

Prior to 1984, the value of rural industry run by villages was classified into agriculture instead of industry. Since 1984, it has been included in the gross industrial output value. Method of calculation for the gross industrial output value was modified in the industrial census in 1995. The difference in the new method as compared with the old one is outlined below:

Principle in using full value vs. processing fee: The new method stipulates that all products produced using own materials are to be calculated with full value in reporting the gross industrial output value irrespective of the complexity of production, and for external processing, it allows calculation using processing fee. In the old method, however, the use of full value or processing fee was determined by the degree of complexity of production in different branches of industries.

Principle in determining the value of change in semi-finished products: The new method requires that value of change in semi-finished products should be included in the gross industrial output value if it is included in the accounting record of the enterprise, otherwise it should not be included. In the old method, it is determined by the type of enterprises in terms of production cycle. If the production cycle is over 6 months, the value of change in semi-finished products is included in the gross industrial output value, otherwise it is not.

Difference in prices: The new method uses prices excluding value-added tax in the calculation of gross industrial output value, while the old method used prices including value-added tax.

Value-added of Industry refers to the final results of industrial production of industrial enterprises in money terms during the reference period.

Industrial value-added can be calculated by two approaches: the production approach, i.e. gross industrial output value minus intermediate input plus value-added tax, and the income approach, i.e. income for various factors used in the course of production, including depreciation of fixed assets, remuneration of labourers, net of production tax, and operating surplus. Value-added of industry in the Yearbook is calculated by the production approach as follows:

Value-added of industry = gross industrial output - industrial intermediate input + value-added tax

(1) Gross industrial output: refers to the total achievements of industrial production activities during a given period. Gross industrial output includes value of finished products, income from external processing, and value of change in semi-finished products between the end and the beginning of the reference period. Since 1995, the gross industrial output value obtained by the new method is used in the calculation.

(2) Industrial intermediate input: refers to purchased goods and paid services consumed during the industrial production of enterprises. Fees paid for services include fees paid for the services provided by material production sectors (industry, agriculture, wholesale and retail trade, construction, transport, post and telecommunications) and by non-material production sectors (insurance, banking, culture, education, scientific research, health and medical care, public administration, etc.). The determination of industrial intermediate input follows the principle that the goods and services must be purchased from outside and included in the gross industrial output, and that the goods and services are inputted into production and consumed (include low-value consumables) during the reference period.

Industrial intermediate input includes 5 components, namely direct consumption of materials, industrial intermediate input in manufacturing cost, industrial intermediate input in management cost, industrial intermediate input in marketing cost and expenditure on interest.

Total Assets refer to all economic resources, in monetary term, these are owned or controlled by enterprises, including properties, creditor's equity and other economic rights of all forms. Classified by the degree of liquidity, total assets include working capitals, long-term investment, fixed assets, intangible assets, deferred assets and other assets. Data on this indicator can be obtained by the year-end figures of total assets in the Assets and Liability Table of accounting records of enterprises.

Working Capital refers to capital that an enterprise can cash or use during one year or one production cycle that may exceed one year, including cash and savings deposits of various forms, short-term investment, money receivable and prepaid money, inventories, etc.

Annual Average Value of Working Capital refers to the average value of all working capital of the enterprise during the reference period.

Original Value of Fixed Assets refers to the total value, in monetary terms, that an enterprise spent on fixed assets, through construction, purchase, installation, transformation, expansion or technical upgrading. Generally, it covers cost of purchase, packing, transportation and installation, etc.

Annual Average of Net Value of Fixed Assets refers to the average of the net value of fixed assets during the reference period, calculated with the following formula:

$$\text{Annual Average of Net Value of Fixed Assets} = \frac{\text{Sum of Net Value of Fixed Assets at the Beginning and at the End of Each Month from January to December}}{24}$$

Information on this indicator can be obtained from the beginning and ending figures of the original value of fixed assets and cumulative depreciation from the Assets and Liability Table of enterprises.

Net value of fixed assets refers to the original value of fixed assets minus depreciation over the years, i.e.:

Net value of fixed assets = original value of fixed assets - cumulative depreciation

Total Liabilities refer to payable liabilities of enterprises that have to be repaid in terms of money, assets or labour services. In terms of payment, it can be divided into liquid liabilities and long-term liabilities. Data on this item is obtained from the ending figures on total liabilities from the Assets and Liability Table from the enterprises.

Owner's Equity refers to the ownership of net assets of enterprise by its investors. Net assets equal total assets minus total liabilities of the enterprise, including the actual assets invested into the enterprise by investors, accumulation of capital and operating surplus and non-distributed profits. The enterprise's assets are less than its liabilities if the sum of owner's equity is smaller than zero.

Business Revenue refers to the economic benefits through production and operation activities of enterprises, such as selling commodities and providing labor services.

Business Cost refers to the actual cost incurred by enterprises in such production and operation activities as selling commodities and providing labor services.

Tax and Extra Charges from Business refers to urban maintenance and construction tax, consumption tax, resource tax, and education surcharge incurred by enterprises in production and operation activities.

Total Profits refer to the final achievement of production and operation activities of the enterprises, represented by total profits after deducting losses (loss is expressed by the negative figure). It is the sum of profits from operation, income from subsidies, investment earnings, net income from activities other than operation, and adjustment of profits and losses of previous years.

Value-added Tax Payable in the Current Year refers to the amount of the value-added tax which should be paid by the enterprises during the reference period. It is the sum of tax on sales, export rebate, and transferred tax on purchases of the current year, minus the tax on purchases of the current year. Value-added tax payable of small-size enterprises is determined by the taxable sales of the year multiplied by the tax rate.

Average Annual Number of Employed persons. Employed persons refer to all those who are employed in enterprises and receive remunerations there from, including currently working employees, retirees who are re-employed, teachers of local-run schools, as well as foreigners, staff from Hong Kong, Macao and Taiwan, part-time employees and persons with second job who are employed by the enterprise, and employees of other units temporarily working in the enterprises, but excluding former employees who left the enterprise with their employment records still being kept by the enterprises.

Average number of employed persons refers to the number of employee everyday during the reference period, calculated with the following formula:

$$\text{Monthly Average Number} = \frac{\text{Sum of Actual Employees Everyday in Reference Month}}{\text{Number of Calendar Dates in Reference Month}}$$

$$\text{Quarterly Average Number} = \frac{\text{Sum of Monthly Average Number in Reference Quarter}}{3}$$

$$\text{Annual Average Number} = \frac{\text{Sum of Monthly Average Number in Reference Year}}{12}$$

Ratio of Value-added to Gross Industrial Output Value refers to the ratio of value added of industry in a given period to the gross output value in the same period, which reflects the economic efficiency of cutting down the intermediate input. It is calculated as follows:

Ratio of Value-added to Gross Industrial Output Value (%) =Value Added of Industry (at Current Prices)/Gross Output Value (at Current Prices) ×100%

Ratio of Profits, Taxes and Interests to Average Assets reflects the profit-making capability of all assets of the enterprise and is a key indicator manifesting the performance and management and evaluating the profit-making potential of the enterprise. It is calculated as follows:

$$\text{Ratio of Profits, Taxesand Interests to Average Assets (\%)} = \frac{\text{Total Profits+ Total Taxes+ Net Interest Expense}}{\text{Average Assets}} \times 100\%$$

In the above formula, total taxes is the sum of tax and extra charges on the sales of products and value-added tax payable; and average assets is the arithmetic mean of the sum of beginning assets and ending assets.

Ratio of Debts to Assets reflects both the operation risk and the capability of the enterprise in making use of the capital from the creditors. It is calculated as follows:

$$\text{Ratio of Debts to Assets (\%)} = \frac{\text{Total Debts}}{\text{Total Assets}} \times 100\%$$

Both assets and debts are figures at the end of the reference period.

Turnover of Working Capital refers to the number of times of turnover of working capital in a given period of time, which reflects the speed of the turnover of working capital of industrial enterprises, and is calculated as follows:

$$\text{Turnover of Working Capital} = \frac{\text{Aales Revenne of Products}}{\text{Average Balance of Total Working Capital}}$$

In the above formula, average balance of total working capital refers to the arithmetic mean of the sum of working capital at the beginning and at the end of the reference period.

Ratio of Profits to Total Industrial Costs refers to the ratio of profits realized in a given period to the total costs in the same period, which reflects the economic efficiency of input cost and is calculated as follows:

$$\text{Ratio of Profits to Total Industrial Cost (\%)} = \frac{\text{Total Profits}}{\text{Total Costs}} \times 100\%$$

Total costs in the above formula are the sum of cost of products sold, marketing cost, management cost and financial cost.

Sales Ratio of Products is an indicator reflecting the actual sale of industrial products, analyzing the production-selling and supply-demand relations. It is calculated as:

$$\text{Sales Ratio of Profits (\%)} = \frac{\text{Value of Industrial Sales}}{\text{Gross Industrial Output Value (Current Prices)}} \times 100\%$$

Overall Labor Productivity refers to the average output per employed person in industrial enterprises in value terms. At present, the value added and the average number of staff and workers of an industrial enterprises in a given period are used to calculate the overall labor productivity. It is calculated as:

$$\text{Overall Labor Productivity} = \frac{\text{Value Added of Industry}}{\text{Average Number of Staff and Workings}}$$

Changing Rate of Net Assets refers to the changes of an enterprise's net assets. It epitomizes the growth capability of an enterprise .Its calculating formula is:

$$\text{Changing Rate of Net Assets} = \frac{\text{Ownership Equity at the End of the Reporting Period}}{\text{Ownership Equity at Same Period of the Previous Years}} \times 100\%$$

14 建筑业

CONSTRUCTION

资料整理：焦　毅

简要说明

一、本篇资料的主要内容

本篇资料反映全省建筑业概况和发展情况。包括建筑业企业基本情况和生产经营情况。主要指标有企业个数、从业人员数、建筑业总产值、房屋建筑面积、自有机械设备、资产负债、损益及分配、劳动生产率等。

二、本篇的统计范围

具有建筑业资质的独立核算建筑业企业。

三、本篇的资料来源

本篇建筑业企业统计数据是根据国家统计局制定的《建筑业统计报表制度》搜集资料，整理汇总的。

四、本篇的统计调查方法

由各级统计部门采取全面调查的方法布置、收集。

Brief Introduction

I. Main Contents

Data in this chapter show the general situation and the development of the construction industry for the whole province. They cover the situation of production and management of the construction enterprises, including the number of enterprises, number of employed persons, gross output value of the construction industry, floor space of buildings under construction, mechanical equipment owned, assets and liabilities, profits and distribution, labor productivity etc.

II. Scope of Statistics

The data in this chapter cover the construction enterprises with qualification certificates and independent accounting system.

III. Sources of Data

Data on construction enterprises are collected in accordance with the Statistical Reporting System of Construction stipulated by the National Bureau of Statistics.

IV. Methods of Survey

The construction statistical reports are deployed and collected through comprehensive survey by statistical bureaus at all levels.

14-1 建筑业主要经济指标
Main Economic Indicators on Construction

指　标	Item	2019	2020
企业个数(个)	**Number of Enterprises (unit)**	**3094**	**3751**
建筑业合同情况(万元)	**Construction Contract (10 000 yuan)**		
签订的合同额	Contract Value Signed	132983772	140369104
上年结转合同额	Contract Value on Hand Last Year	56379195	52677802
本年新签合同额	Contract Value Newly Signed This Year	76604577	87691302
承包工程完成情况(万元)	**Finished Projects of Contracted (10 000 yuan)**		
直接从建设单位承揽工程完成的产值	Completed Output Value of Projects Contracted Directly from Investors	76951915	84026525
自行完成施工产值	Own-completed Output Value	75956194	82701215
分包出去工程的产值	Output Value of Out-sourced Projects	995721	1325310
从建设单位以外承揽工程完成的产值	Completed Output Value of Projects Contracted from Non-investors	3491560	3790377
建筑业总产值(万元)	**Gross Output Value (10 000 yuan)**	**79447755**	**86491592**
#装饰装修产值	Building Decoration	3298409	2848624
在外省完成的产值	Output in Other Provinces	26530413	26849300
建筑工程产值	Construction	68809261	74366252
安装工程产值	Installation	5588211	6521943
其他产值	Others	5050283	5603397
竣工产值(万元)	**Output Value of Buildings Completed (10 000 yuan)**	**43166452**	**38827999**
房屋建筑施工及竣工面积(万平方米)	**Floor Space of Buildings Under Construction and Completed (10 000 sq.m)**		
房屋建筑施工面积	Floor Space of Buildings Under Construction	33897.51	34235.47
#本年新开工面积	Floor Space Started This Year	16291.31	16582.77
房屋建筑竣工面积	Floor Space of Buildings Completed	14869.30	13911.91
住宅房屋	Residential Buildings	9467.73	8422.84
商业及服务用房屋	Buildings for Business and Service	1232.75	1192.35
商厦房屋(批发和零售用房)	Building for Wholesale and Retail	421.40	393.07
宾馆用房屋(住宿用房)	Accommodation Buildings	94.16	68.19
餐饮用房屋(餐饮用房)	Dinning Buildings	21.80	17.77
商务会展用房屋	Business Exhibition Building	65.23	13.32
其他商业及服务用房屋(居民服务业用房)	Other Buildings for Business and Service	630.16	700.01
办公用房屋	Office Buildings	887.78	827.87
科研、教育、医疗用房屋	Buildings for Scientific Research,Education and Medical service	695.88	733.93
科学研究用房屋	Buildings for Scientific Research	44.31	47.82
教育用房屋	Education Building	541.17	480.78
医疗用房屋(卫生医疗用房)	Medical Buildings	110.40	205.33
文化、体育、娱乐用房屋	Buildings for Culture,Sports and Entertainment	235.38	177.62
厂房及建筑物	Factory Buildings	1877.82	2082.45
厂房	Factories	1167.58	1268.45
仓库	Warehouses	118.33	106.01
其他未列明的房屋建筑物	Other Buildings	353.64	368.85

注：建筑业统计范围为具有建筑业资质等级的独立核算建筑业企业。

a) Statistics of construction refers to enterprises with qualification and with independent accounting.

14-1 续表1 continued

指 标	Item	2019	2020
竣工房屋价值(万元)	**Value of Completed Buildings (10 000 yuan)**	**22976013**	**23315433**
住宅房屋	Residential Buildings	14033194	13315335
商业及服务用房屋	Buildings for Business and Service	1912054	2392261
商厦房屋(批发和零售用房)	Building for Wholesale and Retail	653006	671337
宾馆用房屋(住宿用房)	Accommodation Buildings	120786	97488
餐饮用房屋(餐饮用房)	Dinning Buildings	45321	42355
商务会展用房屋	Business Exhibition Building	105163	17946
其他商业及服务用房屋(居民服务业用房)	Other Buildings for Business and Service	987778	1563136
办公用房屋	Office Buildings	1845309	1737163
科研、教育、医疗用房屋	Buildings for Scientific Research,Education and Medical service	1413945	1498455
科学研究用房屋	Buildings for Scientific Research	68349	97842
教育用房屋	Education Building	1110068	889626
医疗用房屋(卫生医疗用房)	Medical Buildings	235528	510987
文化、体育、娱乐用房屋	Buildings for Culture,Sports and Entertainment	448694	308722
厂房及建筑物	Factory Buildings	2571549	3336854
厂房	Factories	1494881	1907451
仓库	Warehouses	258680	212653
其他未列明的房屋建筑物	Other Buildings	492588	513990
年末自有机械设备	**Year-end Self-own Machinery and Equipment**		
净 值(万元)	Net Value of Machinery and Equipment Owned (10 000 yuan)	1236276	1233788
总台数(台)	Number of Machinery and Equipment Owned (set)	364466	245107
总功率(万千瓦)	Total Power of Machinery and Equipment Owned (10 000 kW)	759.14	600.20
劳动人员情况(万人)	**Labourers (10 000 persons)**		
计算劳动生产率的平均人数	Staff and Workers Annual Average	203.23	177.22
期末从业人数	Number of Persons Engaged	165.88	164.97
#工程技术人员	Technologist in Employed Persons at Year-end	22.69	23.88
年末资产负债(万元)	**Year-end Assets and Liabilities (10 000 yuan)**		
流动资产合计	Total Circulating Funds	41693233	48811774
#存 货	Stock	10183582	11526359
固定资产原值	Original Value of Fixed Assets	4622379	4860259
累计折旧	Total Depreciation	1895530	2081257
#本年折旧	Depreciation This Year	330791	318829
在建工程	Under Construction Project	897848	1113531
资产合计	Total Assets	51137426	59227936
流动负债合计	Liquid Liabilities	28131681	34036945
#应付账款	Payable Accounts	10791969	13203790
非流动负债合计	Non-current Liabilities	1948709	2338196
负债合计	Total Liabilities	31569747	38273126
所有者权益合计	Total Creditors Equity	19567679	20954810
#实收资本	Capitals Hold	11827769	12520540
个人资本	Individuals	4023938	3277345
损益及分配(万元)	**Loss-profit and Allocation (10 000 yuan)**		
营业收入	Operational Revenue	61887938	65606216
工程结算收入	Revenue of Project Settlement Accounts	61032049	63925927

14-1 续表2 continued

指　　标	Item	2019	2020
营业成本	Operational Cost	56535259	60183605
工程结算成本	Costs of Project Settlement Accounts	55350489	58677212
营业税金及附加	Operational Tax and Additional Expense	928145	761940
工程结算税金及附加	Taxes and Extra Charges on Project Settle Accounts	883261	700835
其他业务利润	Other Profit from Business	38089	45669
销售费用	Selling Expenses	182864	166458
管理费用	Management Fee	1534981	1831104
财务费用	Financial Expenses	307507	366638
#利息收入	Revenue of Interest	37096	28961
#利息支出	Expenses of Interest	217842	245821
营业利润	Profits of Business	2315676	2372379
营业外收入	Nonoperating Income	57038	57764
营业外支出	Nonoperating Expense	61672	49562
利润总额	Total Profits	2320490	2378129
#应交所得税	Income Tax Payable	507905	501003
工资、福利费(万元)	**Wages,Welfare (10 000 yuan)**		
应付职工薪酬	Payable Total Wages	7715489	8160924
其他	**Others**		
劳动生产率(按总产值计算)(元/人)	Overall Labor Productivity (In Terms of Gross Output Value) (yuan/person)	390924	488057
产值利润率(%)	Ratio of Profit to Gross Output Value (%)	2.9	2.7
资产负债率(%)	Assets-Liability Ratio (%)	61.7	64.6
房屋建筑面积竣工率(%)	Rate of Floor Space of Buildings Completed (%)	43.9	40.6

14-2 按登记注册类型分的建筑业企业主要经济指标(2020年)

指标	Item	合计 Total	内资企业 Domestic Funded
企业个数(个)	**Number of Enterprises (unit)**	**3751**	**3745**
建筑业合同情况(万元)	**Construction Contract (10 000 yuan)**		
签订的合同额	Contract Value Signed	140369104	137734728
上年结转合同额	Contract Value on Hand last Year	52677802	50784648
本年新签合同额	Contract Value Newly Signed this Year	87691302	86950081
承包工程完成情况(万元)	**Conditions Finished of Contracted Projects (10 000 yuan)**		
直接从建设单位承揽工程完成的产值	Contracted Directly from Fabricative Units Output Value Finished of Projects	84026525	83064135
自行完成施工产值	Output Value Self-Finished of Buildings Under Construction	82701215	81738826
分包出去工程的产值	Output Value of Projects Subcontracted	1325310	1325310
从建设单位以外承揽工程完成的产值	Contracted Directly Exceptant Fabricative Units Output Value Finished of Projects	3790377	3790377
建筑业总产值(万元)	**Gross Output Value (10 000 yuan)**	**86491592**	**85529202**
#装饰装修产值	Building Decoration	2848624	2844335
在外省完成的产值	Output in Other Provinces	26849300	26546737
建筑工程产值	Construction	74366252	73412414
安装工程产值	Installation	6521943	6513531
其他产值	Others	5603397	5603258
竣工产值(万元)	**Output Value of Buildings Completed (10 000yuan)**	**38827999**	**38638812**
房屋建筑施工及竣工面积(万平方米)	**Floor Space of Buildings Under Construction and Completed (10 000 sq.m)**		
房屋建筑施工面积	Floor Space of Buildings Under Construction	34235.47	33038.02
#本年新开工面积	Floor Space Started this Year	16582.77	16466.75
房屋建筑竣工面积	Floor Space of Buildings Completed	13911.91	13844.79
住宅房屋	Residential Buildings	8422.84	8372.27
商业及服务用房屋	Buildings for Business and Service	1192.35	1192.35
商厦房屋(批发和零售用房)	Building for Wholesale and Retail	393.07	393.07
宾馆用房屋(住宿用房)	Accommodation Buildings	68.19	68.19
餐饮用房屋(餐饮用房)	Dinning Buildings	17.77	17.77
商务会展用房屋	Business Exhibition Building	13.32	13.32
其他商业及服务用房屋(居民服务业用房)	Other Buildings for Business and Service	700.01	700.01
办公用房屋	Office Buildings	827.87	827.87
科研、教育、医疗用房屋	Buildings for Scientific Research,Education and Medical service	733.93	723.12
科学研究用房屋	Buildings for Scientific Research	47.82	47.82
教育用房屋	Education Building	480.78	469.97
医疗用房屋(卫生医疗用房)	Medical Buildings	205.33	205.33
文化、体育、娱乐用房屋	Buildings for Culture,Sports and Entertainment	177.62	171.89
厂房及建筑物	Factory Buildings	2082.45	2082.45
厂房	Factories	1268.45	1268.45
仓库	Warehouses	106.01	106.01
其他未列明的房屋建筑物	Other Buildings	368.85	368.85

Main Economic Indicators on Construction Enterprises by Registration Status (2020)

国有企业 State-owned	集体企业 Collective-owned	股份合作企业 Cooperative	联营企业 Joint Ownership Units	有限责任公司 Limited liability Enterprises	股份有限公司 Share-holding Corporations Ltd	私营企业 Private Enterprise	其他企业 Others	港澳台商投资企业 Funded from Hong Kong, Macao and Taiwan	外商投资企业 Foreign Funded
70	**115**	**14**	**3**	**698**	**56**	**2789**		**4**	**2**
5185320	4065379	159329	71969	59522834	5564653	63165245		2614114	20262
2664754	1242237	21507	32307	25428583	1971472	19423787		1888603	4551
2520567	2823142	137822	39662	34094250	3593180	43741458		725511	15711
3595602	3171743	79113	48914	30596286	2363915	43208563		951720	10670
3464705	3149483	75970	48914	30052764	2278684	42668307		951720	10670
130897	22260	3143		543523	85231	540256			
132107	23360	11882		1073167	134182	2415679			
3596812	**3172843**	**87852**	**48914**	**31125931**	**2412866**	**45083986**		**951720**	**10670**
74958	44073	14899		742226	36957	1931223		4289	
1264511	228990	9843	8157	10546164	1708347	12780724		298052	4511
3137252	2948438	59558	41176	26983525	2266696	37975768		949327	4511
164019	149060	15257		2748243	61750	3375203		2254	6158
295541	75345	13036	7739	1394163	84420	3733015		139	
1508989	**1925158**	**41107**	**36793**	**12680775**	**371663**	**22074328**		**183029**	**6158**
1177.71	2010.03	31.70	32.93	12933.25	277.18	16575.23		1197.45	
416.38	1200.63	23.33	0.74	5924.49	176.89	8724.29		116.01	
399.25	1075.32	26.79	26.98	4221.06	170.68	7924.71		67.11	
246.23	742.93	26.58	18.31	2423.91	90.72	4823.59		50.57	
22.97	73.65			392.36	25.58	677.79			
0.55	29.70			158.98	0.07	203.77			
	0.76			22.83	0.87	43.74			
	0.07			2.21	0.72	14.78			
	0.50			3.20	0.02	9.59			
22.42	42.62			205.14	23.90	405.92			
10.68	55.74	0.21		150.47	20.14	590.63			
6.06	23.30			313.45	7.42	372.89		10.81	
	0.42			22.11	0.03	25.26			
6.00	17.37			171.06	7.33	268.20		10.81	
0.07	5.50			120.27	0.06	79.43			
0.04	18.33			24.13	16.75	112.64		5.73	
105.72	145.21		8.29	857.05	8.92	957.26			
105.19	95.18		8.29	457.35	5.63	596.82			
0.52	6.43			26.89	0.70	71.47			
7.02	9.73		0.39	32.79	0.45	318.46			

14-2 续表1

指标	Item	合计 Total	内资企业 Domestic Funded
竣工房屋价值(万元)	**Value of Completed Buildings (10 000 yuan)**	**23315433**	**23136602**
住宅房屋	Residential Buildings	13315335	13186340
商业及服务用房屋	Buildings for Business and Service	2392261	2392261
商厦房屋(批发和零售用房)	Building for Wholesale and Retail	671337	671337
宾馆用房屋(住宿用房)	Accommodation Buildings	97488	97488
餐饮用房屋(餐饮用房)	Dinning Buildings	42355	42355
商务会展用房屋	Business Exhibition Building	17946	17946
其他商业及服务用房屋(居民服务业用房)	Other Buildings for Business and Service	1563136	1563136
办公用房屋	Office Buildings	1737163	1737163
科研、教育、医疗用房屋	Buildings for Scientific Research,Education and Medical service	1498455	1477145
科学研究用房屋	Buildings for Scientific Research	97842	97842
教育用房屋	Education Building	889626	868317
医疗用房屋(卫生医疗用房)	Medical Buildings	510987	510987
文化、体育、娱乐用房屋	Buildings for Culture,Sports and Entertainment	308722	280196
厂房及建筑物	Factory Buildings	3336854	3336854
厂房	Factories	1907451	1907451
仓库	Warehouses	212653	212653
其他未列明的房屋建筑物	Other Buildings	513990	513990
年末自有机械设备	**Year-end Self-own Machinery and Equipment**		
净　值(万元)	Net Value of Machinery and Equipment Owned (10 000yuan)	1233788	1231322
总台数(台)	Number of Machinery and Equipment Owned (set)	245107	244631
总功率(万千瓦)	Total Power of Machinery and Equipment Owned (10 000kW)	600.20	599.82
劳动人员情况(万人)	**Labourers (10 000 persons)**		
计算劳动生产率的平均人数	Staff and Workers Annual Average	177.22	173.31
期末从业人数	Number of Persons Engaged at the Year-end	164.97	161.12
#工程技术人员	Technologist in Employed Persons at the Year-end	23.88	23.80
年末资产负债(万元)	**Year-end Assets and Liabilities (10 000 yuan)**		
流动资产合计	Total Circulating Funds	48811774	47044736
#存　货	Stock	11526359	10750720
固定资产原值	Original Value of Fixed Assets	4860259	4848080
累计折旧	Total Depreciation	2081257	2076551
#本年折旧	Depreciation this Year	318829	318629
在建工程	Under Construction Project	1113531	1102348
资产合计	Total Assets	59227936	56798225
流动负债合计	Liquid Liabilities	34036945	31954020
#应付账款	Payable Accounts	13203790	11956666
非流动负债合计	Non-current Liabilities	2338196	2264326
负债合计	Total Liabilities	38273126	36116331

continued

国有企业 State-owned	集体企业 Collective-owned	股份合作企业 Cooperative	联营企业 Joint Ownership Units	有限责任公司 Limited liability Enterprises	股份有限公司 Share-holding Corporations Ltd	私营企业 Private Enterprise	其他企业 Others	港澳台商投资企业 Funded from Hong Kong, Macao and Taiwan	外商投资企业 Foreign Funded
751848	**1376189**	**32589**	**27204**	**7328735**	**206541**	**13413497**		**178830**	
451563	966276	32129	18465	3815122	126518	7776269		128995	
48005	98317			641763	15085	1589091			
700	39706			269621	192	361118			
	923			41006	974	54586			
	75			3719	775	37786			
	531			1816	64	15535			
47305	57082			325602	13080	1120067			
18170	66883	460		249412	21507	1380731			
8899	28288			841360	8480	590118		21309	
	208			57676	86	39872			
8840	23592			422538	8210	405137		21309	
59	4489			361146	184	145109			
86	8456			55742	20344	195568		28526	
216182	191490		7527	1582373	13345	1325938			
215335	122158		7527	826197	9576	726658			
979	7733			99424	783	103734			
7964	8746		1213	43540	479	452048			
80622	61040	4336		338296	44639	702389			2467
9433	12711	233		101332	3095	117827		1	475
18.85	23.35	0.31		187.33	90.32	279.66			0.38
4.88	7.70	0.33	0.08	55.13	2.64	102.55		3.86	0.05
5.06	7.31	0.33	0.07	50.89	2.55	94.93		3.78	0.06
0.71	1.24	0.07	0.02	6.67	0.47	14.63		0.07	
2500416	1160657	90019	33721	22346192	1818049	19095682		1722218	44819
416498	280913	60745	18452	5386474	154467	4433172		775506	132
404172	222320	14321	4044	1723890	189262	2290071		10480	1699
205503	74326	4347	2707	794347	108299	887021		3382	1324
22040	13367	776	706	98268	14520	168952		115	85
155541	61523	145		324250	5567	555322		11183	
3070971	1483529	106027	37173	26422089	2003587	23674848		2384435	45277
2000789	804548	81762	21836	17457083	1499974	10088029		2057496	25430
550456	245588	6395	11971	6969778	912098	3260380		1225880	21244
90717	12235	72		1343700	30426	787177		73870	
2511317	916742	83159	21836	19300728	1563155	11719395		2131365	25430

14-2 续表2

指　　标	Item	合 计 Total	内资企业 Domestic Funded
所有者权益合计	Total Creditors Equity	20954810	20681894
#实收资本	Capitals Hold	12520540	12401285
个人资本	Individuals	3277345	3277345
损益及分配(万元)	**Loss-profit and Allocation (10 000 yuan)**		
营业收入	Operational Revenue	65606216	64772689
工程结算收入	Revenue of Project Settlement Accounts	63925927	63143498
营业成本	Operational Cost	60183605	59412001
工程结算成本	Costs of Project Settlement Accounts	58677212	57950699
营业税金及附加	Operational Tax and Additional Expense	761940	759547
工程结算税金及附加	Taxes and Extra Charges on Project Settle Accounts	700835	698555
其他业务利润	Other Profit from Business	45669	45669
销售费用	Selling Expenses	166458	166458
管理费用	Management Fee	1831104	1817933
财务费用	Financial Expenses	366638	345859
#利息收入	Expenses of Interest	28961	26727
#利息支出	Expenses of Interest	245821	218973
营业利润	Profits of Business	2372379	2331602
营业外收入	Nonoperating Income	57764	57619
营业外支出	Nonoperating Expense	49562	49189
利润总额	Total Profits	2378129	2337580
#应交所得税	Income Tax Payable	501003	496273
工资、福利费(万元)	**Wages,Welfare (10 000 yuan)**		
应付职工薪酬	Payable Total Wages	8160924	8145268
其他	**Others**		
劳动生产率(按总产值计算)(元/人)	Overall Labor Productivity (In Terms of Gross Output Value) (yuan/person)	488057	493497
产值利润率(%)	Ratio of Profit to Gross Output Value (%)	2.7	2.7
资产负债率(%)	Assets-Liability Ratio (%)	64.6	63.6
房屋建筑面积竣工率(%)	Rate of Floor Space of Buildings Completed (%)	40.6	41.9

continued

国有企业 State-owned	集体企业 Collective-owned	股份合作企业 Cooperative	联营企业 Joint Ownership Units	有限责任公司 Limited liability Enterprises	股份有限公司 Share-holding Corporations Ltd	私营企业 Private Enterprise	其他企业 Others	港澳台商投资企业 Funded from Hong Kong, Macao and Taiwan	外商投资企业 Foreign Funded
559654	566787	22869	15337	7121361	440433	11955454		253069	19847
380999	264975	13832	10003	4314942	273777	7142757		108747	10509
12594	54	3208		705439	47704	2508347			
2360929	2354549	75057	49621	25300267	2200908	32431359		777012	56514
2119422	2290484	74796	49620	24867407	2187221	31554548		776313	6115
2238190	2119143	67897	46927	23537931	2076219	29325695		721769	49835
2011193	2058205	67301	46927	23036907	2063264	28666903		720844	5669
27352	66034	2060	84	210596	10626	442794		2258	135
19832	63689	1683	84	191522	10452	411293		2258	22
477	1151	253		13659	529	29601			
1959	7167	403		40514	1723	114693			
116000	66470	2003	940	660104	39716	932702		11084	2088
16740	12286	176	248	155602	7165	153641		21247	-468
7734	89	13		11008	803	7080		2709	-475
18669	9983	14		116945	5485	67877		26848	
19368	92510	3203	1460	749103	50919	1415040		35488	5289
1311	2572	175	3	26687	294	26578		98	47
1304	1730			15236	1021	29898		366	7
19375	90294	3204	1463	761857	50194	1411192		35220	5329
9840	22856	700	317	183190	7593	271778		3353	1377
289977	321128	10015	5597	3140333	162415	4215804		10991	4665
736433	412020	267026	635251	564603	914137	439616		246636	237102
0.5	2.8	3.6	3.0	2.4	2.1	3.1		3.7	49.9
81.8	61.8	78.4	58.7	73.0	78.0	49.5		89.4	56.2
33.9	53.5	84.5	81.9	32.6	61.6	47.8		5.6	

14-3 各地区建筑业企业主要经济指标(2020年)

指标	Item	全省 Total	南昌市 Nanchang
企业个数(个)	**Number of Enterprises (unit)**	**3751**	**905**
建筑业合同情况(万元)	**Construction Contract (10 000 yuan)**		
签订的合同额	Contract Value Signed	140369104	81278867
上年结转合同额	Contract Value on Hand Last Year	52677802	34324793
本年新签合同额	Contract Value Newly Signed This Year	87691302	46954075
承包工程完成情况(万元)	**Conditions Finished of Contracted Projects (10 000 yuan)**		
直接从建设单位承揽工程完成的产值	Contracted Directly from Fabricative Units Output Value Finished of Projects	84026525	44038860
自行完成施工产值	Output Value Self-Finished of Buildings Under Construction	82701215	43447539
分包出去工程的产值	Output Value of Projects Subcontracted	1325310	591321
从建设单位以外承揽工程完成的产值	Contracted Directly Exceptant Fabricative Units Output Value Finished of Projects	3790377	1502643
建筑业总产值(万元)	**Gross Output Value (10 000 yuan)**	**86491592**	**44950182**
#装饰装修产值	Building Decoration	2848624	1792631
在外省完成的产值	Output in Other Provinces	26849300	15585900
建筑工程产值	Construction	74366252	38616324
安装工程产值	Installation	6521943	3605308
其他产值	Others	5603397	2728551
竣工产值(万元)	**Output Value of Buildings Completed (10 000 yuan)**	**38827999**	**16392812**
房屋建筑施工及竣工面积(万平方米)	**Floor Space of Buildings Under Construction and Completed (10 000 sq.m)**		
房屋建筑施工面积	Floor Space of Buildings Under Construction	34235.47	17927.21
#本年新开工面积	Floor Space Started this Year	16582.77	7371.00
房屋建筑竣工面积	Floor Space of Buildings Completed	13911.91	5384.58
住宅房屋	Residential Buildings	8422.84	3181.39
商业及服务用房屋	Buildings for Business and Service	1192.35	549.44
商厦房屋(批发和零售用房)	Building for Wholesale and Retail	393.07	155.55
宾馆用房屋(住宿用房)	Accommodation Buildings	68.19	7.54
餐饮用房屋(餐饮用房)	Dinning Buildings	17.77	3.70
商务会展用房屋	Business Exhibition Building	13.32	6.23
其他商业及服务用房屋(居民服务业用房)	Other Buildings for Business and Service	700.01	376.42
办公用房屋	Office Buildings	827.87	301.66
科研、教育、医疗用房屋	Buildings for Scientific Research,Education and Medical service	733.93	468.18
科学研究用房屋	Buildings for Scientific Research	47.82	38.15
教育用房屋	Education Building	480.78	262.30
医疗用房屋(卫生医疗用房)	Medical Buildings	205.33	167.72
文化、体育、娱乐用房屋	Buildings for Culture,Sports and Entertainment	177.62	51.67
厂房及建筑物	Factory Buildings	2082.45	678.38
厂房	Factories	1268.45	410.14
仓库	Warehouses	106.01	30.52
其他未列明的房屋建筑物	Other Buildings	368.85	123.34

Main Economic Indicators on Construction by Region (2020)

景德镇市 Jingdezhen	萍乡市 Pingxiang	九江市 Jiujiang	新余市 Xinyu	鹰潭市 Yingtan	赣州市 Ganzhou	吉安市 Ji'an	宜春市 Yichun	抚州市 Fuzhou	上饶市 Shangrao
48	**137**	**324**	**130**	**62**	**655**	**283**	**426**	**231**	**550**
596800	2306826	11088168	3990672	2549825	7909407	4697034	6849179	7724200	11378127
173921	626347	3232445	1266197	1574602	1892909	1073609	2409105	2756924	3346950
422878	1680479	7855723	2724475	975223	6016499	3623425	4440074	4967276	8031177
398882	1774975	6784789	2365991	1440622	5156037	4076857	4243302	5327486	8418724
391193	1750515	6729435	2342441	1435386	5070053	4023114	4185857	5203712	8121970
7690	24460	55355	23550	5235	85984	53743	57445	123774	296754
24240	9157	155347	34133	18242	195142	65253	104648	226817	1454756
415432	**1759672**	**6884782**	**2376574**	**1453628**	**5265195**	**4088367**	**4290505**	**5430528**	**9576726**
12359	109002	139289	35065	9240	153193	68241	88978	205332	235294
17530	298103	2471685	904403	787155	284209	863267	874951	1924694	2837402
337236	1633899	6265844	2012455	1365581	4563476	3506486	3570536	4638568	7855847
56509	105946	346922	184972	68488	354860	431234	324625	387583	655496
21688	19827	272016	179147	19559	346859	150647	395344	404377	1065383
252416	**1084864**	**2812127**	**1035464**	**592814**	**2738753**	**2473191**	**2499256**	**3319207**	**5627096**
207.54	876.66	1893.43	782.55	441.90	1816.58	1495.27	2335.32	2622.17	3836.84
113.79	623.95	1091.33	454.42	234.62	1083.46	894.70	1348.80	1473.71	1892.99
134.46	466.00	1048.67	507.13	234.45	889.25	916.18	1358.90	1384.28	1588.01
88.65	250.04	658.63	347.85	99.68	500.70	540.33	927.50	990.03	838.04
15.28	5.63	72.50	32.93	25.92	54.81	54.07	101.34	117.22	163.21
10.75	0.02	17.92	16.45	24.65	20.59	21.83	35.20	61.21	28.89
	0.01	3.33			1.86	0.46	30.67	17.00	7.33
	0.01	0.44		0.15	2.04	1.22	0.58		9.63
		2.21			1.92	0.46	0.28		2.21
4.53	5.61	48.60	16.48	1.12	28.40	30.11	34.61	39.00	115.13
6.25	59.98	40.99	18.86	0.06	34.76	92.34	82.27	52.05	138.64
0.58	1.84	40.09	12.90	3.04	47.69	41.95	22.86	31.31	63.50
		5.47			2.04	0.18	0.25	0.20	1.52
0.58	1.13	31.57	8.87	2.97	38.57	31.00	21.87	28.87	53.04
	0.71	3.05	4.02	0.07	7.07	10.76	0.73	2.24	8.95
1.27	0.78	28.26	25.13		13.02	10.29	15.06	8.47	23.67
19.55	145.53	181.12	68.01	104.45	187.53	155.01	159.01	134.18	249.67
5.51	134.17	142.62	53.37	42.85	131.05	106.62	89.70	87.79	64.64
1.27	0.41	6.48	0.09		2.35	3.14	1.90	1.47	58.37
1.61	1.79	20.60	1.36	1.29	48.40	19.04	48.97	49.53	52.91

14-3 续表1

指 标	Item	全 省 Total	南昌市 Nanchang
竣工房屋价值(万元)	**Value of Completed Buildings (10 000 yuan)**	**23315433**	**9875365**
住宅房屋	Residential Buildings	13315335	5259600
商业及服务用房屋	Buildings for Business and Service	2392261	1389009
商厦房屋(批发和零售用房)	Building for Wholesale and Retail	671337	280345
宾馆用房屋(住宿用房)	Accommodation Buildings	97488	17696
餐饮用房屋(餐饮用房)	Dinning Buildings	42355	7374
商务会展用房屋	Business Exhibition Building	17946	11613
其他商业及服务用房屋(居民服务业用房)	Other Buildings for Business and Service	1563136	1071981
办公用房屋	Office Buildings	1737163	542123
科研、教育、医疗用房屋	Buildings for Scientific Research,Education and Medical service	1498455	1123492
科学研究用房屋	Buildings for Scientific Research	97842	84910
教育用房屋	Education Building	889626	579700
医疗用房屋(卫生医疗用房)	Medical Buildings	510987	458882
文化、体育、娱乐用房屋	Buildings for Culture,Sports and Entertainment	308722	132062
厂房及建筑物	Factory Buildings	3336854	1164806
厂房	Factories	1907451	724569
仓库	Warehouses	212653	71926
其他未列明的房屋建筑物	Other Buildings	513990	192348
年末自有机械设备	**Year-end Self-own Machinery and Equipment**		
净 值(万元)	Net Value (10 000yuan)	1233788	352685
总台数(台)	Number of Machinery and Equipment Owned (set)	245107	71554
总功率(万千瓦)	Total Power (10 000kW)	600.20	163.07
劳动人员情况(万人)	**Labourers (10 000 persons)**		
计算劳动生产率的平均人数	Staff and Workers Annual Average	177.22	78.53
期末从业人数	Number of Persons Engaged at the Year-end	164.97	74.12
#工程技术人员	Technologist in Employed Persons at the Year-end	23.88	9.62
年末资产负债(万元)	**Year-end Assets and Liabilities (10 000 yuan)**		
流动资产合计	Total Circulating Funds	48811774	28777147
#存 货	Stock	11526359	7133218
固定资产原值	Original Value of Fixed Assets	4860259	1898035
累计折旧	Total Depreciation	2081257	971014
#本年折旧	Depreciation this Year	318829	123757
在建工程	Under Construction Project	1113531	391483
资产合计	Total Assets	59227936	34359017
流动负债合计	Liquid Liabilities	34036945	21700507
#应付账款	Payable Accounts	13203790	8998908
非流动负债合计	Non-current Liabilities	2338196	1585936
负债合计	Total Liabilities	38273126	24168623

continued

景德镇市 Jingdezhen	萍乡市 Pingxiang	九江市 Jiujiang	新余市 Xinyu	鹰潭市 Yingtan	赣州市 Ganzhou	吉安市 Ji'an	宜春市 Yichun	抚州市 Fuzhou	上饶市 Shangrao
162100	**618268**	**1382241**	**709517**	**402140**	**1271904**	**1742236**	**1789439**	**2627894**	**2734329**
108127	340017	856905	440155	132359	669146	706415	1263496	1969922	1569194
16262	3661	96907	44946	71967	84065	75619	143596	278583	187647
11217	20	20049	20099	64164	34697	32899	68346	97876	41625
	15	5200			6437	240	33156	26044	8701
	15	380		78	2392	1377	1388		29352
		687			2166	387	834		2258
5045	3611	70591	24848	7725	38374	40717	39871	154663	105711
6821	67938	46168	29913	54	50199	623764	97732	77940	194512
700	2311	47606	19930	3563	68615	57032	21580	57525	96101
	3	5715			4437	500	211	330	1736
700	1446	38379	12648	3504	54024	48230	20497	55076	75423
	861	3512	7282	59	10154	8302	873	2119	18943
2286	1103	27056	60243		17501	14500	16499	11955	25518
23420	201405	270421	112575	192506	327070	207056	214345	180139	443112
6412	186637	216838	71515	71249	196419	157007	97973	110687	68146
1137	405	7066	200		3689	7567	1549	2365	116749
3347	1429	30113	1554	1691	51620	50284	30642	49466	101496
11924	141408	122912	47413	26036	107466	68283	95311	123583	136768
2459	25772	25531	30827	1206	11334	20896	16830	18885	19813
2.80	88.71	62.67	11.27	2.95	31.34	94.63	51.21	35.48	56.05
1.66	3.54	12.96	4.94	1.42	15.15	9.60	11.89	14.54	22.98
1.46	3.47	11.31	4.93	1.35	12.62	7.87	11.52	14.90	21.42
0.26	0.45	2.00	0.95	0.41	2.37	1.45	1.77	1.90	2.70
244197	952224	2566491	1892186	1606506	2644244	1152833	2615673	2538606	3821667
63473	280741	394676	319774	561443	569060	243062	606229	606285	748400
110952	236929	411394	140910	124476	301503	195777	347262	359951	733068
31750	93469	183123	63719	62022	121797	68022	113648	127310	245384
5517	19203	35377	12629	11043	28532	9156	15481	16117	42017
3273	4460	148477	13243	9634	135921	180839	30896	27800	167505
362692	1247920	3263664	2242453	1772023	3286986	1554023	3226811	2994585	4917762
164564	738357	1832773	1119743	1388303	1481722	643460	1431452	1395695	2140370
43228	214387	820496	454462	294471	515211	221309	346337	562977	732004
4728	38428	212800	42091	44574	144837	3883	64446	84391	112083
186395	795903	2169176	1218246	1475886	1837028	755038	1627414	1616654	2422764

14-3　续表2

指　　标	Item	全　省 Total	南昌市 Nanchang
所有者权益合计	Total Creditors Equity	20954810	10190395
#实收资本	Capitals Hold	12520540	5727641
个人资本	Individuals	3277345	1380046
损益及分配(万元)	**Loss-profit and Allocation (10 000 yuan)**		
营业收入	Operational Revenue	65606216	34238528
工程结算收入	Revenue of Project Settlement Accounts	63925927	33708020
营业成本	Operational Cost	60183605	31828830
工程结算成本	Costs of Project Settlement Accounts	58677212	31295309
营业税金及附加	Operational Tax and Additional Expense	761940	227150
工程结算税金及附加	Taxes and Extra Charges on Project Settle Accounts	700835	211130
其他业务利润	Other Profit from Business	45669	15594
销售费用	Selling Expenses	166458	51441
管理费用	Management Fee	1831104	969572
财务费用	Financial Expenses	366638	235855
#利息收入	Expenses of Interest	28961	16960
#利息支出	Expenses of Interest	245821	177298
营业利润	Profits of Business	2372379	1039878
营业外收入	Nonoperating Income	57764	28185
营业外支出	Nonoperating Expense	49562	16878
利润总额	Total Profits	2378129	1052331
#应交所得税	Income Tax Payable	501003	217561
工资、福利费(万元)	**Wages,Welfare (10 000 yuan)**		
应付职工薪酬	Payable Total Wages	8160924	4127946
其他	**Others**		
劳动生产率(按总产值计算)(元/人)	Overall Labor Productivity (In Terms of Gross Output Value) (yuan/person)	488057	572398
产值利润率(%)	Ratio of Profit to Gross Output Value (%)	2.7	2.3
资产负债率(%)	Assets-Liability Ratio (%)	64.6	70.3
房屋建筑面积竣工率(%)	Rate of Floor Space of Buildings Completed (%)	40.6	30.0

continued

景德镇市 Jingdezhen	萍乡市 Pingxiang	九江市 Jiujiang	新余市 Xinyu	鹰潭市 Yingtan	赣州市 Ganzhou	吉安市 Ji'an	宜春市 Yichun	抚州市 Fuzhou	上饶市 Shangrao
176297	452017	1094488	1024207	296137	1449958	798985	1599397	1377931	2494998
101744	269488	767036	525446	244079	934973	590024	1041476	807477	1511158
42608	78069	94640	206928	30805	241584	131429	347309	360841	363088
440284	1513740	4734390	2221697	827782	4412789	2512886	3635330	4767832	6300958
421021	1463585	4462556	2183223	815447	4328910	2470922	3574985	4493762	6003494
395752	1354037	4188228	2022529	758650	3982189	2209488	3307776	4460186	5675941
373927	1277330	4107268	1988158	744602	3892510	2163182	3244691	4194715	5395521
12446	34471	78974	27247	11060	67284	72488	58745	53950	118126
11127	33709	65328	26987	8946	63976	70072	55094	43354	111113
368	1677	4916	3120	189	64	477	-4	340	18930
1742	8341	11944	6808	1542	24009	20188	14888	2668	22889
16467	37234	109301	58555	25944	146921	95989	111832	78355	180934
592	10822	19882	7412	6629	18405	8586	13578	18377	26499
34	-20	968	629	6659	796	1856	495	210	373
191	5305	9867	5922	14009	7511	3356	5911	8669	7781
20395	100341	150970	107953	14491	194156	111655	153427	160394	318722
487	1162	3892	3723	1178	2801	1815	5219	3260	6042
77	2584	3238	2033	370	2828	1270	2462	5165	12657
20805	98856	149877	109638	15442	194099	112260	156293	158556	309972
5373	39962	19878	26713	5992	31690	23768	33813	38825	57430
79893	181780	499316	222507	96457	557732	262618	484632	814782	833262
250215	497321	531102	481331	1023826	347457	425916	360777	373440	416729
5.0	5.6	2.2	4.6	1.1	3.7	2.7	3.6	2.9	3.2
51.4	63.8	66.5	54.3	83.3	55.9	48.6	50.4	54.0	49.3
64.8	53.2	55.4	64.8	53.1	49.0	61.3	58.2	52.8	41.4

主要统计指标解释

建筑业统计单位 指从事房屋、构筑物建造和设备安装活动的法人企业。建筑业法人企业应同时具备的条件是：① 依法成立，有自己的名称、组织机构和场所，能够承担民事责任；②独立拥有和使用资产，承担负债，有权与其他单位 签订合同；③独立核算盈亏，能够编制资产负债表。

建筑业总产值 是以货币形式表现的建筑业企业在一定时期内生产的建筑业产品和提供的服务的总和。建筑业总产值包括：

⑴建筑工程产值：指列入建筑工程预算内的各种工程价值。

⑵安装工程产值：指设备安装工程价值，不包括被安装设备本身的价值。

⑶其他产值：建筑业总产值中除建筑工程、安装工程以外的产值。包括房屋构筑物修理产值、非标准设备制造产值、总包企业向分包企业收取的管理费以及不能明确划分的施工活动所完成的产值。

a.房屋构筑物修理产值：指房屋和构筑物修理所完成的产值，但不包括被修理房屋、构筑物本身价值和生产设备的修理产值。

b.非标准设备制造产值：指加工制造没有定型的非标准生产设备的加工费和原材料价值(如化工厂、炼油厂用的各种罐、槽，矿井生产统一使用的各种漏斗、三角槽、阀门等)以及附属加工厂为本企业承建工程制作的非标准设备的价值。

房屋建筑施工面积 指在报告期内施工的全部房屋建筑面积，包括本期新开工的房屋面积、上期施工跨入本期继续施工的房屋面积、上期停缓建在本期恢复施工的房屋面积、本期竣工的房屋面积及本期施工后又停缓建的房屋面积。

房屋建筑竣工面积 指在报告期内房屋建筑按照设计要求全部完工，达到了住人和使用条件，经验收鉴定合格，正式移交使用单位的房屋建筑面积。

自有机械设备年末总台数 指归本企业所有，属于本企业固定资产的生产性机械设备年末总台数。包括施工机械、生产设备、运输设备以及其他设备。

自有机械设备年末总功率 指本企业自有施工机械、生产设备、运输设备以及其他设备等列为在册固定资产的生产性机械设备年末总功率，按设定能力或查定能力计算。包括机械本身的动力和为该机械服务的单独动力设备，如电动机等。计算单位用千瓦，动力换算可按 1 马力＝0.735 千瓦折合成千瓦数。电焊机、变压器、锅炉不计算动力。

工程结算收入 指企业承包工程实现的工程价款结算收入，以及向发包单位收取的除工程价款以外的按规定列作营业收入的各种款项，如临时设施费、劳动保险费、施工机械调迁费等以及向发包单位收取的各种索赔款。

工程结算利润 指已结算工程实现的利润，如亏损以“－”号表示。计算公式为：

工程结算利润＝工程结算收入－工程结算成本－工程结算税金及附加

Explanatory Notes on Main Statistical Indicators

Statistical Unit in Construction refers to corporate enterprise engaged in the construction of buildings and structures and in the installation of equipment. A corporate construction enterprise should meet the following 3 requirements:①being set up in line with relevant legal basis, having its full name, organization and location, and capable of taking civil liabilities;② independently possessing and using its assets and assuming its liabilities, and entitled to sign contracts with other institutions; and ③ making independent accounts of its profits and losses, and capable of compiling its own balance sheet

Gross Output Value of Construction refers to total of construction products and services, expressed in money terms, produced or rendered by construction and installation enterprises during a given period of time. It includes:

(1) Output value of construction projects: the value of projects covered by the project budgets;

(2) Output value of installation projects: the value of the installation of equipment, (excluding the value of the equipment to be installed);

(3) Other output values: the output value of construction industry apart from that of construction projects and installation projects. It includes: output value of repair of buildings and structures; output value of non-standard equipment manufacturing; overhead expenses received by contracted enterprises from the sub-contracted enterprises and the completed output value of construction activities for which there is no clear definition.

a. Output value of repair of buildings and structures: the value created through the repairs of buildings or structures. It does not include the value of buildings or structures being repaired and the value of the repair of production equipment;

b. Output value of manufactured non-standard equipment: the value of non-standard production equipment, including raw materials and manufacturing cost, made for the construction project (i.e., chemical plant; kettles or tanks used by refineries; various fillers, triangle tanks, valves used by mines). It also includes the output value of equipment manufactured by subsidiary workshops.

Floor Space of Buildings Under Construction refers to floor space of buildings under construction during the reference period, including newly started buildings, buildings started earlier and continued during the reference period, and buildings suspended earlier but restarted during the reference period, buildings completed during the reference period, and buildings under construction and then suspended during the reference period.

Floor Space of Buildings Completed refers to the floor space of buildings that are completed in the reference period in accordance with the requirements of the design, up to the standard for putting them into use, and have been checked and accepted by concerned departments as qualified ones.

Total Number of Machinery and Equipment Owned by the End of Year refers to the number of machines and equipment owned by the enterprises, and listed as the fixed assets of the enterprises by the end of the year, including machinery and equipment for construction, production and transportation.

Total Power of Machinery and Equipment Owned by the End of Year refers to the total power of machinery and equipment owned by the enterprises, and listed as the fixed assets of the enterprises by the end of the year, including machinery and equipment for construction, production and transportation. The power of the machinery is calculated on basis of the designed or verified capacity, covering the power of the machinery/equipment and the separate power equipment serving the machinery/equipment (such as electric motors), but excluding welders, transformers and boilers. The unit used for the calculation of power is kilowatt, with horsepower converted to kilowatt by 1 horsepower＝0.735 kilowatt.

Income from Settlement of Projects refers to the income received by the construction enterprise from the contracted project through settlement procedures, and other charges to the contractee as operational costs in addition to the value of the project, such as temporary facility fee, labor insurance premium, moving cost of construction equipment, as well as various types of claims to the contractee.

Profit from Settlement of Projects refers to profit realized through settled projects. It is calculated with the following formula:

Profit from Settlement of Projects＝Income from Settlement of Projects－Settled Cost－Settled Taxes and Other Cost.

15

交通运输、邮电通讯和规上服务业

TRANSPORTATION, POSTAL AND TELECOMMUNICATIONS AND ABOVE DESIGNATED SIZE OF SERVICE INDUSTRY

资料整理：孙亚非　雷海清　雷永兰　万奕含

简要说明

一、本篇资料的主要内容

本篇资料反映全省规模以上服务业经营情况及主要财务状况，交通运输业和邮电通讯业发展的基本状况。

二、本篇资料的统计范围

全省境内全部规模以上服务业企业，交通运输业和邮电通讯业。

规模以上服务业企业划分标准为：年营业收入2000万元及以上服务业法人单位，包括：交通运输、仓储和邮政业，信息传输、软件和信息技术服务业，水利、环境和公共设施管理业，卫生等行业。年营业收入1000万元及以上服务业法人单位，包括：租赁和商务服务业，科学研究和技术服务业，教育，以及物业管理、房地产中介服务、房地产租赁经营和其他房地产业等行业。年营业收入500万元及以上服务业法人单位，包括：居民服务、修理和其他服务业，文化、体育和娱乐业，社会工作等行业。

三、本篇的资料来源和统计调查方法

本篇资料中规模以上服务业企业统计数据主要是根据规模以上服务业统计年度报表中有关资料整理汇总的；交通运输资料分别来源于中国铁路南昌局集团有限公司、省交通厅、东方航空公司江西分公司、省公安厅交警总队，邮电通信业资料来源于省通信管理局和省邮政管理局。

Brief Introduction

Ⅰ.Main Contents

Data in this chapter reflect the development and financial situation of all enterprises above designated size of service industry, and the basic conditions of transport, postal and telecommunication in Jiangxi province.

Ⅱ.Scope of Statistics

Statistics cover all enterprises above designated size service industry and transport, postal and telecommunication within the province.

Criteria for enterprises above designated size of service industry are as follows: annual business revenue over 20 million yuan in transport, storage and postal services, information transfer, software and information technology services, administration of water, environment and public facilities, health care service. Annual business revenue over 10 million yuan in leasing and commercial services, scientific research and polytechnic services, education, and estate management, real estate intermediary services, real estate leasting operation, other real estate services. Annual business revenue over 5 million yuan in resident, repair and other services, culture, sports and entertainment, social work.

III. Sources of Data and Methods of Survey

The data on enterprises statistics in this chapter are compiled mainly on the basis of the relevant data in the annual services statistics reporting forms. Data on transportation are from China Railway Nanchang Group Co.,Ltd, Department of Transportation of Jiangxi Province, The branch of China Eastern airlines Co.,Ltd.,Jixnagxi, and Traffic Police corps of Jiangxi Province. Data on postal and telecommunication services come from Jiangxi Provincial Communication Administration, and Jiangxi Provincial Postal Administration.

15-1 运输线路长度
Length of Transportation Routes

单位：公里 (km)

指标	Item	1978	1980	1990	2000	2010	2017	2018	2019	2020
铁路营业里程	Length of Railways in Operation	1184	1335	1581	2197	2734	4137	4134	4535	4941
公路通车里程	Length of Highways	30245	29651	33203	60292	140597	162285	161941	209131	210642
等级公路	Expressway and Class I to IV Highways		12096	18561	34999	101455	134862	135442	195458	205122
#高速公路	Expressway				421	3088	5916	5931	6144	6234
一级公路	Class Ⅰ			15	314	1386	2917	2601	2765	3070
二级公路	Class Ⅱ		169	1105	6471	9340	10837	11613	11862	12320
三级公路	Class Ⅲ		521	2156	5581	6670	13165	14338	15764	17638
等外公路	Highways Below Class IV		17559	14642	25293	39142	27422	26499	13673	5520
内河通航里程	Length of Navigable Inland Waterways	6630	4937	4937	5537	5638	5638	5716	5716	5716
等级航道	Standard Waterways				2343	2349	2349	2427	2427	2427
等外航道	Substandard Waterways				3194	3289	3289	3289	3289	3289

15-2 交通运输工具年末实有数
Possession of Transportation Facilities at Year-end

指标	Item	1990	2000	2010	2016	2017	2018	2019	2020
民用汽车合计(辆)	Total Civil Motor Vehicles (unit)	110432	247000	1476011	4073587	4733337	5443919	6074227	6617811
#载货汽车	Trucks	74424	131147	401679	603327	651280	731868	794179	911226
载客汽车	Passenger Vehicles	29473	100794	956480	3363902	3981039	4614506	5186049	5671390
专项作业车	Special-operation Vehicles								35195
摩托车(辆)	Motorcycles(unit)	51630	891179	4172862	2289407	2283359	2324674	2595358	2986723
汽车挂车(辆)	Trailers (unit)	5209	1190	39684	78732	98763	109877	117442	128615
运输船舶(艘)	Transport Vessels (unit)	8687	4856	4221	3293	3062	2708	2386	2273
机动船(艘)	Motor Vessels (unit)	8051	4511	4184	3284	3060	2706	2384	2271
(净载重量吨)	(Dead Weight Tonnage)	333989	356441	1962783	2227266	2371268	2524237	2541705	3474738
(客位)	(Number of Seats)	13362	16172	11811	12276	11982	11835	13360	13893
驳　船(艘)	Barges (unit)	636	345	37	9	2	2	2	2
(净载重量吨)	(Dead Weight Tonnage)	76267	74504	17560	5541	1730	1730	1730	1730
补充资料:	Supplementary Information:								
汽车驾驶员(人)	Drivers (person)	168842	791545	3911886	12384569	13105742	13760852	14458165	14905068

注：1.2020年，交通管理部门对民用汽车统计指标和统计口径进行调整：取消“其他汽车”，新增“专项作业车”。原“其他汽车”中三轮汽车、低速货车纳入“载货汽车”统计。

2.专项作业车指装置有专用设备或器具，用于专项作业的汽车。专项作业车往年纳入“其他汽车”统计，2020年设立“专项作业车”单项统计指标。

a) In 2020, the statistical indicators and statistical caliber of civil vehicles are adjusted by Traffic Administrative Department.“Other vehicles” is cancelled and “special operation vehicles” is added. Three-wheeled vehicles and low-speed trucks in the original "other vehicles" are now classified in "trucks".

b) Special operation vehicles refer to vehicles equipped with special equipment or appliances for special operation purposes. In previous years, special operation vehicles were included in the statistics of "other vehicles". A single statistical index of "special operation vehicles" is set up in 2020.

15-3 公路里程年底到达数(2020年)
Length of Highways at Year-end (2020)

单位：公里 (km)

地区	Region	合计 Total	等级公路 Expressway and Class I to IV Highways	高速公路 Expressway	一级 Class Ⅰ
全省	**Provincial Total**	**210642**	**205122**	**6234**	**3070**
南昌市	Nanchang	11890	11519	428	234
景德镇市	Jingdezhen	5478	5386	199	130
萍乡市	Pingxiang	9336	9101	122	96
九江市	Jiujiang	23996	23306	690	376
新余市	Xinyu	5045	4900	130	199
鹰潭市	Yingtan	5468	5131	101	88
赣州市	Ganzhou	45196	44132	1559	518
吉安市	Ji'an	30544	29635	763	421
宜春市	Yichun	27272	26862	806	441
抚州市	Fuzhou	19290	18783	756	104
上饶市	Shangrao	27127	26367	681	463

15-3 续表 continued

单位：公里 (km)

地区	Region	二级 Class Ⅱ	三级 Class Ⅲ	四级 Class Ⅳ	等外公路 Highway Below Class IV
全省	**Provincial Total**	**12320**	**17638**	**165859**	**5520**
南昌市	Nanchang	657	1007	9193	372
景德镇市	Jingdezhen	518	626	3912	92
萍乡市	Pingxiang	621	806	7456	235
九江市	Jiujiang	1322	1828	19091	690
新余市	Xinyu	301	447	3824	145
鹰潭市	Yingtan	179	611	4152	337
赣州市	Ganzhou	2466	3240	36349	1064
吉安市	Ji'an	1827	2127	24497	909
宜春市	Yichun	1670	2340	21606	409
抚州市	Fuzhou	1199	1764	14960	507
上饶市	Shangrao	1559	2843	20820	760

15-4 全社会运输量
Total Freight Traffic and Passenger Traffic

指　标	Item	2012	2013	2014	2015	2016	2017	2018	2019	2020
货物运输量(万吨)	**Freight Traffic (10 000 tons)**	**127020**	**135036**	**151773**	**130279**	**138068**	**154359**	**174184**	**150860**	**157167**
民　航	Civil Aviation	1.5	4.0	5.7	6.3	6.3	6.4	9.1	13.0	19
铁　路	Railways	5384	5077	4821	3943	4296	4787	5046	4963	4553
公　路	Highways	113703	121279	137784	115436	122877	138074	157646	135554	141899
水　运	Waterways	7931	8676	9162	10894	10889	11492	11483	10331	10697
内　河	Inland Waterways	7426	8152	8655	10417	10498	11132	11131	9967	10200
沿　海	Coastal	490	508	498	477	391	360	352	363	497
旅客运输量(万人)	**Passenger Traffic (10 000 persons)**	**84459**	**65747**	**68728**	**63404**	**63924**	**64413**	**62419**	**59704**	**43186**
民　航	Civil Aviation	219	681.1	930	985	1050	1415	1734	1846	1273
铁　路	Railways	6335	6944.8	7839.6	8458.3	9249	10224	11131	11728	8157
公　路	Highways	77650	57915	59676	53687	53364	52506	49302	45933	33643
水　运	Waterways	255	206.6	282	274	261	267.5	253	198	113
内　河	Inland Waterways	255	206.6	282	274	261	267.5	253	198	113

注：1.2015年交通运输部开展全国公路、水路运输小样本抽样调查，对公路、水路运输统计口径进行了调整，与往年数据不可比。(下表同)
2.2019年交通运输部开展全国公路货物运输量专项调查，对公路运输统计口径进行了调整，与往年数据不可比。(下表同)
3.2020年起，铁路数据采用国家统计局反馈数据，与往年不可比。(下表同)

a) The sample survey on highways and waterways was carried out by The Ministry of Transports in 2015.Statistical caliber was adjusted according to the survey.Therefore,data of 2015 are not comparable to previous years. The same applies to the following table.
b) In 2019, the Ministry of transport carried out a special survey on the National Highway freight traffic volume, and adjusted the statistical caliber of highway transportation, which was not comparable with the data of previous years. The same applies to the following table .
c) In 2020, data on railway traffic are feedback from the National Bureau of Statistics.Therefore, data of 2020 are not comparable to previous years. The same applies to the following tables.

15-5 全社会运输周转量
Total Freight Ton-kilometers and Passenger-kilometers

指　标	Item	2013	2014	2015	2016	2017	2018	2019	2020
货物周转量(万吨公里)	**Freight Ton-kilometers (10 000 ton-km)**	**36460456**	**38299712**	**37532370**	**38975513**	**42170685**	**45282985**	**38587772**	**40107905**
铁　路	Railways	6186600	5412900	4969574	5147759	5322426	5302489	5630825	4973003
公　路	Highways	28290235	30733082	30227179	31474970	34329546	37599405	30403181	32470914
水　运	Waterways	1983621	2153730	2335617	2352784	2518713	2381091	2553766	2663988
内　河	Inland Waterways	1430470	1518022	1825577	1839798	1950843	1952621	2078738	2113641
沿　海	Coastal	485999	601710	510040	512986	567870	428470	475028	550347
旅客周转量(万人公里)	**Passenger-Kilometers (10 000 passenger-km)**	**9306886**	**9713303**	**9538100**	**9706448**	**10002942**	**9937261**	**9842391**	**6313543**
铁　路	Railways	6226300	6545000	6687232	6879899	7226626	7324229	7397188	4502923
公　路	Highways	3076941	3164601	2847402	2823139	2772918	2609677	2442452	1808853
水　运	Waterways	3645	3702	3466	3410	3398	3355	2751	1767
内　河	Inland Waterways	3645	3702	3466	3410	3398	3355	2751	1767

15-6 铁路、港口主要指标
Main Indicators of Railways and Ports

指标	Item	2010	2015	2018	2019	2020
铁路	**Railway Transport**					
货车周转时间(天)	Turning Around Time of Freight Cars Locomotives (day)	2.6	2.6	2.4	2.3	2.2
平均每日装车数(辆)	Average Daily Loading Coaches (coach)	2454	1774	2407	2467	2253
货车平均静载重(吨)	Average Static Load of Freight Cars Locomotives (ton)	62.2	61.1	57.9	55.7	57.0
货物列车旅行速度(公里/小时)	Running Speed of Freight Trains (km/hour)	30.7	35.4	39.1	39.1	41.8
货运机车平均日产量(万吨公里)	Average Daily Ton-kilometers of Freight Locomotives (10 000 ton-km)	109.7	104.5	114.2	113.8	115.1
内燃机车每万吨公里耗油(公斤)	Oil Consumption of Diesel Locomotives per 10 000 ton-km (kg)	30.0	35.5	38.2	38.7	39.0
南昌直属站	**Nanchang Station**					
货物发送量(万吨)	Volume of Freight Dispatched (10 000 tons)	12.4	0.3	0.5	0.5	0.5
旅客发送量(万人)	Number of Passenger Dispatched (10 000 persons)	1860.7	2817.5	3620.7	3792.8	2551.1
平均每日装车数(车)	Daily Loading Coach (coach)	5.2	0.1	0.4	0.3	0.2
平均每日卸车数(车)	Daily Unloading Coach (coach)	34.8	6.3	3.5	3.3	2.0
向塘直属站	**Xiangtang Station**					
货物发送量(万吨)	Volume of Freight Dispatched (10 000 tons)	21.2	23.7	27.6	40.4	98.8
旅客发送量(万人)	Number of Passenger Dispatched (10 000 persons)	63.4	52.2	44.7	46.0	30.4
平均每日装车数(车)	Daily Loading Coach (coach)	10.9	12.4	25.4	44.6	105.8
平均每日卸车数(车)	Daily Unloading Coach (coach)	21.9	21.6	38.3	36.2	87.0
#向塘西站平均每日办理车数(车)	Daily Transaction Coach (coach)	12495	12851	14070	15066.6	13744
鹰潭直属站	**Yingtan Station**					
货物发送量(万吨)	Volume of Freight Dispatched (10 000 tons)	397.5	377.6	338.5	301.8	316.4
旅客发送量(万人)	Number of Passenger Dispatched (10 000 persons)	459.9	516.1	493.6	489.3	326.6
平均每日装车数(车)	Daily Loading Coach (coach)	188.9	171.8	158.8	140.7	142.2
平均每日卸车数(车)	Daily Unloading Coach (coach)	240.4	305.6	279.6	278.9	287.6
#鹰潭站平均每日办理车数(车)	Daily Transaction Coach (coach)	8773	9264	9999	9225.5	8088
港口	**Ports**					
九江港货物吞吐量(万吨)	Volume of Freight Handled in Jiujiang Port (10 000 tons)		10424.9	11688.0	12333.4	12046.8
南昌港货物吞吐量(万吨)	Volume of Freight Handled in Nanchang Port (10 000 tons)		3054.5	2883.5	3826.6	4865.9

注：1.因统计口径发生变化，对“平均每日装车数”和“货车平均静载重”两个指标的往期数据进行了修订。
2.2020年起，九江港、南昌港统计数据采用省交通部门提供数据，并对往期数据进行了修订。

a) Due to the change of statistical caliber, the previous data of "Average Daily Loading Coaches" and " Average Static Load of Freight Cars Locomotives" were revised.

b)The data on Jiujiang Port and Nanchang Port after 2020 are from Department of Transportation of Jiangxi.The data of previous years are adjusted accordingly.

15-7 邮政电信业务主要指标
Principal Indicators of Postal and Telecommunication Services

指　标	Item	2000	2010	2015	2018	2019	2020
邮政业务总量(亿元)	Business Volume of Postal Services (100 Million yuan)	5.45	36.85	69.70	176.64	230.18	311.34
电信业务总量(亿元)	Business Volume of Telecommunication Services (100 Million yuan)	75.9	661.2	549.4	1609.2	2835.6	3539.8
邮路总长度(公里)	Length of Postal Routes (km)	119905	98020	56291	83278	135000	113000
农村投递路线总长度(公里)	Length of Rural Delivery Routes (km)	118555	97950	90019	90190	93500	90200
邮政汽车(辆)	Postal Cars (unit)	1098	2060	1295	5628	5604	2384
函　件(万件)	Number of Letters (10 000 pcs)	14010	17971	3632	2764	1684	1184
包　裹(万件)	Package (10 000 pcs)	247	121	83	45	43	37
报刊累计数(万份)	Total Number of Newspapers and Magazines (10 000 copies)	48881	54433	57351	51533	52941	53164
快递业务量(万件)	Pieces of Express Mail Services (10 000 pcs)	283	2351	23472	61930	77720	112004
固定电话用户(万户)	Number of Fixed Telephone Subscribers (10 000 Subscribers)	354.1	709.6	568.4	465.4	457.5	482.4
移动电话用户(万户)	Number of Mobile Telephone Subscribers (10 000 Subscribers)	140	1811	3056	4044	4157	4249
互联网宽带用户数(万户)	Number of Broadband Subscribers of Internet (10 000 Subscribers)	27.0	253.4	442.0	1323.4	1448.8	1510.5
长途光缆线路长度(公里)	Length of Long-distance Optical Cable Lines (km)		21201	21115	28385	31537	33442
本地中继线光缆线路长度(公里)	Length of Local Optical Cable Lines (km) (circuit)		247494	454666	697004	660872	757038

注：2016年起“电信业务总量”按2015年不变单价计算；“邮路总长度”包含了邮政速递物流的数据；“互联网宽带用户数”包含了中国移动的数据。

a) Since 2016,calulation of business volume of telecommunications based on the conscant price of 2015; length of EMS's routes is included in length of postal routes;number of CMCC Subscribers are included in number of Broadband Subscribers of Internet.

15-8 各设区市交通运输工具年末实有数(2020年)

Possession of Transportation Facilities at Year-end by Region (2020)

地区	Region	民用汽车合计(辆) Total Civil Motor Vehicles (unit)	载货汽车 Trucks	载客汽车 Passenger Vehicles	专项作业车 Special-operation Vehicles	摩托车(辆) Motorcycles (unit)	汽车挂车(辆) Trailers (unit)	运输船舶(艘) Transport Vessels (unit)
全省	**Provincial Total**	**6617811**	**911226**	**5671390**	**35195**	**2986723**	**128615**	**2273**
南昌市	Nanchang	1258667	82726	1170371	5570	9082	5718	142
景德镇市	Jingdezhen	250787	24556	224972	1259	70451	4226	22
萍乡市	Pingxiang	270448	30823	238479	1146	196447	4495	
九江市	Jiujiang	685069	77328	604720	3021	230897	5140	503
新余市	Xinyu	208898	32304	175452	1142	148328	10821	77
鹰潭市	Yingtan	158285	22226	134631	1428	50481	9173	53
赣州市	Ganzhou	1174464	178662	986860	8942	1417149	4581	92
吉安市	Ji'an	566117	88390	475062	2665	201969	11266	361
宜春市	Yichun	858406	203515	650305	4586	223459	51850	601
抚州市	Fuzhou	420160	70475	347358	2327	202648	14623	83
上饶市	Shangrao	755158	98971	653416	2771	231092	6722	339

注：同15-2表。

a) Same as table 1502.

15-9 邮政电信业务主要指标(2020年)

Principal Indicators of Postal and Telecommunication Services by Region (2020)

地区	Region	年末邮政局数(所) Number of Postal Offices at Year-end (unit)	邮政业务总量(亿元) Business Volume of Postal Services (100 million yuan)	电信业务总量(亿元) Business Volume of Telecommunications (100 million yuan)	固定电话年末用户数(万户) Fixed Telephone Subscribers at Year-end(10 000 subscribers)	移动电话年末用户数(万户) Number of Mobile Telephone Subscribers at Year-end (10 000 subscribers)	互联网宽带接入用户数(万户) Number of Broadband Subscribers of Internet (10 000 subscribers)
全省	**Provincial Total**	**1920**	**311.3**	**3539.8**	**482.4**	**4249.4**	**1510.5**
南昌市	Nanchang	164	112.3	702.7	91.5	727.3	275.2
景德镇市	Jingdezhen	59	13.7	141.9	14.4	162.3	62.3
萍乡市	Pingxiang	59	8.1	134.9	23.1	178.8	67.8
九江市	Jiujiang	240	29.4	376.4	65.0	446.3	170.6
新余市	Xinyu	48	14.5	105.0	11.7	128.6	48.0
鹰潭市	Yingtan	46	6.8	85.9	13.3	106.2	41.5
赣州市	Ganzhou	376	39.4	687.9	92.5	814.5	261.8
吉安市	Ji'an	259	22.4	275.0	37.5	396.9	142.0
宜春市	Yichun	204	19.8	359.8	47.9	451.4	153.3
抚州市	Fuzhou	215	17.4	245.0	19.7	306.6	112.4
上饶市	Shangrao	250	27.7	425.5	66.1	530.6	175.8

15-10 规模以上服务业单位数及营业收入(2020年)

Number and Business Revenue of Enterprises above Designated Size of Service Industry (2020)

类别	Type	企业单位数(个) Number of Enterprises (unit)	营业收入(万元) Business Revenue (10 000yuan)
总计	**Total**	**4749**	**30623237**
按登记注册类型及隶属关系分组	**By Registration Status and Jurisdiction of Management**		
内资企业	Domestic Funded Enterprises	4708	29489144
国有企业	State-owned Enterprises	184	2381251
集体企业	Collective-owned Enterprises	16	44526
股份合作企业	Cooperative Enterprises	9	23525
联营企业	Joint Ownership Enterprises	6	26593
有限责任公司	Limited Liability Corporations	1130	10678648
股份有限公司	Share-holding Corporations Limited	107	2404383
私营企业	Private Enterprises	3082	13446263
其他企业	Other Enterprises	174	483955
港、澳、台商投资企业	Enterprises with Funds from Hong Kong,Macao and Taiwan	22	266724
外商投资企业	Foreign Funded Enterprises	19	867370
#国有控股企业	State-hilding Holding Enterprises	565	9966589
按行业分组	**Grouped by Sector**		
铁路运输业	Railway Transport	7	241681
道路运输业	Road Transport	1327	8958780
水上运输业	Water Transport	56	478154
航空运输业	Air Transport	6	194434
管道运输业	Pipeline Transport		
多式联运和运输代理业	Multimodal Transport and Transport Agent Industry	19	207554
装卸搬运和仓储业	Loading, Unloading Removel and Storage	103	1404798
邮政业	Postal	50	1108277
电信、广播电视和卫星传输服务	Telecommunications, Broadcasting Television and Satellite Transmissic	71	3812836
互联网和相关服务	Internet and Related Services	89	2040368
软件和信息技术服务业	Software and Information Technology Services	193	1233315
物业管理业	Property Management	131	458876
房地产中介服务业	Real Estate Intermediary Services	39	121143
房地产租赁经营	Real Estate Leasing Operation	93	388425
其他房地产业	Other Real Estate		
租赁业	Leasing	122	512023
商务服务业	Business Services	757	3435829
研究和试验发展	Research and Experimental Development	12	24615
专业技术服务业	Polytechnic Services	327	1792131
科技推广和应用服务业	Services of Science and Technology Promotion and Application	38	130008
水利管理业	Management of Water Conservancy	2	61688
生态保护和环境治理业	Ecological Protection and Environmental Management	17	65313
公共设施管理业	Management of Public Facilities	135	644937
土地管理业	Land Managemetn Industry	8	154691
居民服务业	Resident Services	99	223846
机动车、电子产品和日用产品修理业	Repair to Motor,Electronic Products and Household Products	125	192485
其他服务业	Other Services	44	69565
教育	Education	265	823851
卫生	Health Care	192	912437
社会工作	Social Work	31	34510
新闻和出版业	Journalism and Publishing Activities	26	375645
广播、电视、电影和影视录音制作业	Broadcasting, Television, Movies and Video Recording	112	129162
文化艺术业	Cultural and Art Activities	48	109708
体育	Sports Activities	30	33421
娱乐业	Entertainment	175	248732
按地区分组	**By Region**		
南昌市	Nanchang	1034	9567993
景德镇市	Jingdezhen	168	975510
萍乡市	Pingxiang	89	605171
九江市	Jiujiang	520	2866245
新余市	Xinyu	92	340822
鹰潭市	Yingtan	185	1421808
赣州市	Ganzhou	568	2674736
吉安市	Ji'an	566	2431005
宜春市	Yichun	512	2671980
抚州市	Fuzhou	344	2306544
上饶市	Shangrao	670	4760268

15-11 规模以上服务业企业主要财务指标(2020年)

单位：万元

类　　别	Type	资产总计 Total Assets	流动资产合计 Total Current Assets
总　　计	Total	**125759604**	**40789676**
按登记注册类型及隶属关系分组	By Registration Status and Jurisdiction of Management		
内资企业	Domestic Funded Enterprises	**124363100**	**40563711**
国有企业	State-owned Enterprises	6613051	3501930
集体企业	Collective-owned Enterprises	72613	26719
股份合作企业	Cooperative Enterprises	18971	11501
联营企业	Joint Ownership Enterprises	32698	9862
有限责任公司	Limited Liability Corporations	92116163	28440335
股份有限公司	Share-holding Corporations Limited	14736425	2282112
私营企业	Private Enterprises	9857186	5933101
其他企业	Other Enterprises	915994	358151
港、澳、台商投资企业	Enterprises with Funds from Hong Kong,Macao and Taiwan	538605	121601
外商投资企业	Foreign Funded Enterprises	857899	104364
#国有控股企业	State-hilding Holding Enterprises	106218520	30455719
按行业分组	**Grouped by Sector**		
铁路运输业	Railway Transport	7802320	606937
道路运输业	Road Transport	54063277	9097685
水上运输业	Water Transport	584188	269167
航空运输业	Air Transport	1107708	330939
管道运输业	Pipeline Transport		
多式联运和运输代理业	Multimodal Transport and Transport Agent Industry	75809	43142
装卸搬运和仓储业	Loading, Unloading Removel and Storage	3337632	2760886
邮政业	Postal	624375	406670
电信、广播电视和卫星传输服务	Telecommunications, Broadcasting Television and Satellite Transmission	5784963	903488
互联网和相关服务	Internet and Related Services	1300599	1132795
软件和信息技术服务业	Software and Information Technology Services	1567630	1021920
物业管理业	Property Management	734341	527277
房地产中介服务业	Real Estate Intermediary Services	105131	82698
房地产租赁经营	Real Estate Leasing Operation	10718778	4774894
其他房地产业	Other Real Estate		
租赁业	Leasing	372075	236286
商务服务业	Business Services	10183317	6337223
研究和试验发展	Research and Experimental Development	77619	55809
专业技术服务业	Polytechnic Services	12790324	5552340
科技推广和应用服务业	Services of Science and Technology Promotion and Application	233441	108236
水利管理业	Management of Water Conservancy	206673	156613
生态保护和环境治理业	Ecological Protection and Environmental Management	134415	71180
公共设施管理业	Management of Public Facilities	5304172	2526440
土地管理业	Land Managemetn Industry	2964373	919109
居民服务业	Resident Services	324548	192642
机动车、电子产品和日用产品修理业	Repair to Motor,Electronic Products and Household Products	72462	42069
其他服务业	Other Services	30814	22683
教育	Education	1207111	535802
卫生	Health Care	1189854	631810
社会工作	Social Work	90064	33071
新闻和出版业	Journalism and Publishing Activities	733433	577785
广播、电视、电影和影视录音制作业	Broadcasting, Television, Movies and Video Recording	183579	103924
文化艺术业	Cultural and Art Activities	329708	125441
体育	Sports Activities	487663	230492
娱乐业	Entertainment	1037213	372225

Main Financial Indicators of Enterprises above Designated Size of Service Industry (2020)

(10 000 yuan)

固定资产原价 Original Value of Fixed Assets	负债合计 Total Liabilities	所有者权益合计 Total Owners` Equities	营业收入 Business Revenue	营业成本 Business Cost	税金及附加 Taxes and Other Charges	营业利润 Business Profits	利润总额 Total Profits	本年应交增值税 Valued-Added Payable
55452997	**73827763**	**51931841**	**30623237**	**24745410**	**175641**	**1624214**	**1818410**	**705781**
53492797	**72824605**	**51538495**	**29489144**	**23998407**	**173578**	**1395974**	**1589882**	**676275**
3057485	4041024	2572027	2381251	1979932	9266	168308	187196	52150
25371	52139	20474	44526	36854	778	697	744	814
10793	8162	10809	23525	20169	138	636	604	754
18619	24489	8209	26593	19670	60	3339	3147	52
34673594	55331689	36784474	10678648	8615662	65291	523506	581148	217061
11156733	6507122	8229304	2404383	1824160	7854	69511	84726	43906
3989836	6342541	3514644	13446263	11162156	89952	597763	698526	361009
560366	517440	398554	483955	339805	240	32214	33793	529
637030	323935	214670	266724	214856	2056	1032	2147	6103
1323169	679224	178676	867370	532146	8	227208	226381	23404
47086658	61384284	44834236	9966589	7934923	58192	512864	581142	194161
4954396	3020368	4781953	241681	319727	422	-165501	-164331	1753
33222301	31950240	22113037	8958780	7745328	67219	242741	354924	279761
347053	370770	213418	478154	403692	2282	36904	38331	15581
913710	484913	622794	194434	220330	522	-42769	-45402	4097
37211	43985	31824	207554	208504	229	5710	5803	655
575619	2938281	399352	1404798	1588632	1755	3397	11434	4412
368821	504697	119678	1108277	988879	2723	-10074	-11768	3267
8297234	3199382	2585581	3812836	2471310	4259	661353	651949	104106
98318	1057655	242944	2040368	1390209	3270	92324	104390	23638
113260	778534	789096	1233315	873317	6485	95892	102946	47412
128296	550379	183962	458876	325494	3918	33683	35743	16316
9580	67322	37809	121143	70529	715	5834	6268	3941
2036949	6384933	4333845	388425	212140	18485	17036	14077	10942
135246	272560	99515	512023	444448	6911	23328	26497	17522
509807	6338289	3845028	3435829	3220673	20469	184563	207237	69160
9723	26902	50717	24615	15943	162	929	1390	219
529121	8076619	4713705	1792131	1319614	12537	138588	153397	58436
65487	115308	118134	130008	89630	721	15374	18218	2129
24853	70825	135848	61688	51546	273	3371	3230	2169
25820	64834	69582	65313	45434	323	10337	10645	1791
741944	2995255	2308917	644937	407525	7081	55424	62314	9315
118105	1220949	1743424	154691	112839	2388	23546	23703	710
66460	168753	155795	223846	143477	1269	24378	24659	4266
27147	33582	38880	192485	149950	2078	18316	19364	3385
8749	16114	14700	69565	61841	432	1252	1280	1789
681074	645042	562069	823851	522990	2241	75812	78225	5244
615578	787949	401905	912437	671469	981	35164	31955	1595
54186	46066	43997	34510	21567	18	2954	3172	128
107796	269599	463834	375645	262060	1687	40257	46076	4565
69901	115380	68200	129162	94723	1070	4703	5445	2063
163665	274294	55414	109708	86270	804	-10354	-9167	1965
38800	290358	197304	33421	25641	207	-1822	1721	266
356789	647630	389583	248732	179680	1709	1567	4685	3186

15-12 各地区规模以上服务业企业主要财务指标(2020年)

Main Financial Indicators of Enterprises above Designated Size of Service Industry by Region (2020)

单位：万元 (10 000 yuan)

地 区	Region	资产总计 Total Assets	流动资产合计 Total Current Asstes	固定资产原价 Original Value of Fixed Assets	负债合计 Total Liabilities	所有者权益合计 Total Owners` Equities	营业收入 Business Revenue
全 省	**Provincial Total**	**125759604**	**40789676**	**55452997**	**73827763**	**51931841**	**30623237**
南昌市	Nanchang	82535713	19580351	38660216	46490249	36045464	9567993
景德镇市	Jingdezhen	912808	360817	584011	576943	335864	975510
萍乡市	Pingxiang	2175348	606248	1048033	992469	1182879	605171
九江市	Jiujiang	4269278	2051082	2309595	2673363	1595915	2866245
新余市	Xinyu	528521	211734	371210	249379	279142	340822
鹰潭市	Yingtan	1974622	1416769	543050	1244975	729647	1421808
赣州市	Ganzhou	9326989	3460810	4303305	5924533	3402457	2674736
吉安市	Ji'an	4935895	2166167	1549483	2418175	2517721	2431005
宜春市	Yichun	11482301	7085199	2419498	7694708	3787593	2671980
抚州市	Fuzhou	3058441	1385313	1489373	1900100	1158342	2306544
上饶市	Shangrao	4246325	2387536	1959791	2908743	1337582	4760268

15-12 续表 continued

单位：万元 (10 000 yuan)

地 区	Region	营业成本 Business Cost	税金及附加 Taxes and Other Charges	营业利润 Business Profits	利润总额 Total Profits	本年应交增值税 Valued-Added Payable
全 省	**Provincial Total**	**24745410**	**175641**	**1624214**	**1818410**	**705781**
南昌市	Nanchang	7556280	43767	449864	512333	190161
景德镇市	Jingdezhen	828971	6302	42854	50301	31845
萍乡市	Pingxiang	482533	2224	21656	27557	16575
九江市	Jiujiang	2244103	19403	252390	260414	59550
新余市	Xinyu	262159	2276	23839	25095	11366
鹰潭市	Yingtan	1225768	12257	25135	34543	37166
赣州市	Ganzhou	2002961	16646	223754	240238	30792
吉安市	Ji'an	2139751	22183	168740	181287	63502
宜春市	Yichun	2362714	15294	143033	150674	65231
抚州市	Fuzhou	2103847	13975	63602	93723	100426
上饶市	Shangrao	3482689	20870	308329	341946	99168

主要统计指标解释

铁路营业里程 指办理客货运输业务的铁路正线总长度。凡是全线或部分建成双线及以上的线路，以第一线的实际长度计算；复线、站线、段管线、岔线和特别用途线以及不计算运费的联络线都不计算营业里程。铁路营业里程是反映铁路运输业基础设施发展水平的重要指标，也是计算客货周转量、运输密度和机车车辆运用效率指标的基础资料。

公路里程 也称"公路通车里程"，是指实际达到《公路工程[WTB2]技术标准 JTJ01-88》规定的等级公路，并经主管部门的正式验收支付使用的公路里程数。它包括大中城市的郊区公路以及通过小城镇街道的公路里程，也包括桥梁、渡口的长度，但不包括城市的街道以及厂矿、林区和农业生产用道的里程。两条或多条公路共同经由同一路段，只计算一次，不重复计算里程长度。公路里程是反映公路建设发展规模的重要指标，也是计算运输网密度等指标的基础资料。

内河航道里程 也称"内河通航里程"，是指在枯水季节水深在０.３米及以上，能通航运输船舶及排筏的天然河流、湖泊水库、运河及通航渠道的长度。包括全年季节性通航累计三个月以上的航道，但不包括仅供零散流放竹木排的河道。内河航道里程是反映内河水运网规模、水平和发展情况的主要指标。

货（客）运量 指运输业实际运送的货物（旅客）数量。货运按吨计算，客运按人计算。货物不论运输距离长短，货物类别，均按实际重量统计；旅客不论行程远近或票价多少，均按一人一次作为客运量统计。半票价、小孩票，也按一人统计。货（客）运量是反映运输业为国民经济和人民生活服

务的数量指标，也是制定和检查运输生产计划、研究运输展规模和速度的重要指标。

货物（旅客）周转量 指运输业运送的货物（旅客）数量与其相应运输距离的乘积之总和，通常以吨公里和人公里为计算单位。计算货物周转量通常按发出站与到达站之间的最短距离，也就是计费距离计算。它是反映运输业生产总成果的重要指标，也是编制和检查运输生产计划、计算运输效率、劳动生产率以及核算运输单位成本的主要基础资料。

铁路货运机车平均日产量 指平均每台货运机车在一昼夜内所完成的总重吨公里数。它既包括载运货物的重量，也包括车辆本身的自重，它是从时间和牵引能力两方面反映了机车运用效率的综合性指标。计算公式为：

$$货运机车平均日产量=\frac{货运总重吨公里数}{货运机车台日数}$$

邮电业务总量 指以货币表现的邮电部门为用户传递信息和提供其他邮电服务的总量。它用各种邮电分类业务量，如函件件数、电报份数、长话张数、市内电话和农村电话的年均户数、订销报刊累计份数等，分别乘以相应的不变单价加总后再加上出租电路和设备的收入、代用户维护电话交换机和线路等设备的收入、其他业务收入求得。邮电业务总量综合反映了一定时期邮电工作的总成果，是研究邮电业务量构成和发展趋势的重要指标。

Explanatory Notes on Main Statistical Indicators

Length of Railways in Operation refers to the total length of the trunk line for passenger and freight transportation (including both full operation and temporary operation). The calculation is based on the actual length of the first line if this line has a full or partial double (or more). Not included are double tracks, station sidings, tracks under the charge of stations, branch lines, special-purpose lines and non-payable connecting lines. The length of railways in operation is an important indicator to show the development of the infrastructure of railway transport. It is also essential data to calculate volume of passenger freight transport, traffic density and utilization efficiency of locomotives and carriages.

Length of Highways refers to the length of highways which are built in conformity with the grades specified by the highway engineering standard [Highways WTBZ-Technical Standard JTJ01-88]formulated by the Ministry of Communications, and have been formally checked and accepted by the departments of highways and put into use. The length of highways includes that of the suburb highways at large and medium-sized cities, highways passing through streets at small cities and towns, and also the length of bridges and ferry piers. It does not include the length of streets in big and medium-sized cities and highways built for the production purpose at factories, mines, forest areas and agricultural areas. If two or more highways go the same section of the way, the length of the section is only calculated for once and no duplication is allowed. The length of highways is an indicator to show the development of the scale of highway construction and to provide essential information to calculate the transport network density.

Length of Navigable Inland Waterways is an indicator reflecting the size and development of inland water network. It refers to the length of the natural rivers, lakes, reservoirs, canals, and ditches open to navigation during a given period, which enables transportation by ships and rafts. It includes the channels open to navigation for over an accumulated period of 3 months in a year, yet this does not include the river courses which are only used to float odd logs and bamboo rafts. This indicator can reflect the scale, level and development situation of the inland waterway network.

Freight (Passenger) Traffic refers to the volume of freight (passenger) transported with various means within a specific period of time. This indicator reflects the service of the transport industry towards the national economy and people's living conditions, as well as an important indicator used in formulating and monitoring transport production plans and research into the scale and pace of transport development. Freight transport is calculated in tons and passenger traffic is calculated in terms of number of persons. Freight transport is calculated in terms of the actual weight of the goods and takes no account of the type of freight and distance of travel. Passenger traffic is calculated by the principle that one person can be counted only once in one trip and takes no account of the travelling distance and ticket price. The passengers who travel with a half price ticket or a child's ticket is also calculated as one person.

Freight Ton-kilometres (Passenger-kilometres) refers to the sum of the product of the volume of transported cargo (passengers) multiplied by the transport distance. It is an important indicator to reflect the achievement of the transportation industry. This is an important indicator to show the total results of the transport industry; to prepare and examine the transport plan; and to serve as the main basic data for calculating the efficiency, labour productivity and unit cost of transport. Normally, the shortest distance between the departure station and the destination station (i.e., the payable distance) is the basis in calculating the freight ton-kilometres.

Average Daily Haul of Freight Locomotives refers to the average total ton-kilometres accomplished by each freight transport locomotive over one day and night during a given period of time. It includes both the weight of the goods carried and the dead weight of the train itself. It is a comprehensive indicator reflecting the locomotive efficiency in terms of both time and the pulling force.

$$\text{Average Daily Haul of Freight Transport Locomotive (Ton-kilometre)} = \frac{\text{Total Ton-kilkmetres of Freight}}{\text{Daily Number of Freight Transport Locomotive}}$$

Business Volume of Post and Telecommunications refers to the total amount of postal and telecommunication services, expressed in value terms, provided by the post and telecommunications departments for society. Postal and telecommunication services can be classified as letters, parcels, remittance, issue of newspapers and magazines, fast mail service, express mail service, savings deposits, stamps for collection, facsimiles, long-distance telephone service, leasing of telephone lines, mobile telephone service, data transmission, income from leasing, maintenance, etc. The accounting approach is to multiply the service products of all types with their average unit price (constant price) to get the total business value, and to add to it income from other services such as leasing of telephone lines and equipment and maintenance of telephone switchboards and lines on behalf of customers. This indicator reflects the overall results of postal and telecommunication services during a given period, and is important for studying the composition of business service and the trend of development of postal and telecommunication services.

16

国内贸易和旅游

DOMESTIC TRADE AND TOURISM

资料整理：王杨帆　尹琼楠　刘　兴　仲　麒

简要说明

一、本篇资料的主要内容

本篇资料主要反映全省国内贸易基本情况、零售市场的发展和批发和零售业商品流转情况、住宿和餐饮业经营情况以及主要财务状况；旅游的历年概况等。主要内容包括：社会消费品零售总额及其分组指标；城乡个体私营批发零售贸易、住宿餐饮业基本情况；限额以上批发和零售业、住宿和餐饮业基本情况、商品流转和经营情况、财务状况；亿元商品交易市场成交情况；旅游统计资料等。

二、本篇资料的统计范围

从事批发和零售业、住宿和餐饮业的法人企业、产业活动单位和个体户，以及年成交额在亿元以上的商品交易市场。

根据国家统计局对社会消费品零售总额指标调整的要求，我们对社会消费品零售总额进行了调整，即：1993年以后社会消费品零售总额指标不包括农业生产资料；1997年以后社会消费品零售总额指标不包括居民购买住房；2003年以后社会消费品零售总额指标不包括有各种经济类型的制造业法人企业、产业活动单位和个体工业，直接售给城乡居民（包括本企业职工）和社会集团的商品以及农民在田间地头出售的农产品。

限额以上批发和零售业、住宿和餐饮业统计限额标准：批发业，年主营业务收入2000万元及以上；零售业，年主营业务收入500万元及以上；住宿业、餐饮业，年主营业务收入200万元及以上。

国际旅游和国内旅游资料。

三、本篇的资料来源

本篇资料国内贸易部分是江西省统计局贸易外经处根据国家统计局制定的《批发和零售业、住宿和餐饮业统计报表制度》进行搜集和加工整理而得；城乡个体私营批发零售贸易、住宿餐饮业基本情况资料由省工商局提供；旅游资料来自省旅游局。

四、本篇的统计调查方法

本篇资料中限额以上批发和零售业、住宿和餐饮业法人企业资料和限额以下批发和零售业、住宿和餐饮企业及个体户的资料采用全面调查和抽样调查的方法取得；国际、国内旅游收入和旅游人数等指标采取抽样调查方法取得。

Brief Introduction

I. Main Contents

Data in this chapter reflect the development for the whole province of domestic market, development of retail trade, and circulation of commodities through wholesale and retail trades, and the operation, management and financial situation of hotels catering services and annual tourism. Main contents include total retail sales of consumer goods and its indicators by group; the basic conditions of private enterprises in wholesale and retail trades and catering services in urban and rural areas; the basic statistics of the wholesale and retail trades, hotels and catering services above designated size; circulation of commodities (in operation and financial terms); turnover of large commodity transaction markets with transaction over 100 million yuan; statistical information of tourism.

II. Scope of Statistics

This chapter Included corporation enterprises, economic active establishments and self-employed individuals of wholesale and retail trades; hotels and catering services and large commodity markets with transaction value over 100 million yuan.

Based on requests from national bureau of statistics, we adjusted datas of total retail sales of consumer goods since 1993, this indicator does not include means of agricultural production; since 1997, this indicator does not include purchase of houses by residents. Since 2003, this indicator does not include commodities sold to urban and rural households (including their own employees) and institutions directly by manufacturing corporations, establishments and individual manufacturers, nor farm products sold by farmers in the fields.

Criteria for wholesale and retail sale trades, hotels and catering services above designated size are as follows: wholesale trade, wholesale trade with annual principal business sales over 20 million yuan; retail trade, with annual principal business sales over 5 million yuan. The statistical unit of enterprises of hotel and catering services above the designated size is the annual income of main business at and over 2 million yuan.

Statistical information of home and aboard tourism.

III. Sources of Data

Data on domestic trade in this chapter are collected and processed in accordance with The Statistical Reporting Form System on Wholesale and Retail Trades, Hotels and Catering Services of the National Bureau of Statistics by the Department of Trade and External Economic Relations of Jiangxi Provincial Bureau of Statistics. Data on private enterprises in wholesale and retail trades and catering services in urban and rural areas are provided by Industry and Commerce Bureau of Jiangxi Province. Data on tourism are provided by Tourism Bureau of Jiangxi Province.

IV. Methods of Survey

Data on basic conditions for all corporate enterprises of wholesale and retail trades, hotels and catering services above designated size and enterprises and individual enterprises below the designated size are collected through comprehensive reporting form system and sample surveys. Data are reported to their next higher level. Data on private enterprises in wholesale and retail trades and catering services in urban and rural areas are offered by Jiangxi Administration for Industry and Commerce. Data on revenue and population of home and aboard tourism are collected from sample surveys.

16-1 社会消费品零售总额
Total Retail Sales of Consumer Goods

单位：万元 (10 000 yuan)

年 份 Year	社会消费品零售总额 Total Retail Sales of Consumer Goods	按所在地分 Grouped by Location		
		市 City	县 County	县以下 Below County Level
1980	454837	136117	124878	193842
1985	857101	284121	241686	331294
1990	1519351	565455	416650	537246
1991	1691914	652942	452991	585981
1992	1976150	773815	552926	649409
1993	2436197	993276	647603	795318
1994	3309488	1417590	842239	1049659
1995	4108625	1754824	1032896	1320905
1996	4904426	2136075	1160310	1608041
1997	5585484	2509674	1328683	1747127
1998	6050877	2783772	1416479	1850626
1999	6504678	3024481	1504438	1975759
2000	7048677	3336519	1597858	2114300
2001	7633414	3689149	1712064	2232201
2002	8327099	4062171	1867732	2397196
2003	9232088	4553077	2066072	2612939
2004	10744928	5545548	2358081	2841299
2005	12448931	6449814	2737685	3261432
2006	14481923	7594410	3170514	3716999
2007	17189295	9097512	3736589	4355194
2008	21417862	11464236	4583190	5370436
2009	24844266	13305829	5317196	6221240

16-1 续表 continued

单位: 万元 (10 000 yuan)

年 份 Year	社会消费品零售总额 Total Retail Sales of Consumer Goods	按所在地分 Grouped by Location		
		城 镇 City and Town	城 区 County Proper	乡 村 Below County Level
2010	33619205	28716971	14614792	4902234
2011	40568061	34499930	17705183	6068131
2012	47304341	40288589	20861469	7015752
2013	54247060	46387518	25350871	7859542
2014	61558885	52854919	28362972	8703965
2015	69395207	59290812	31187097	10104395
2016	78235168	64759249	41703594	13475919
2017	88433249	73226241	47828018	15207007
2018	90457400	76508966	44151945	13948434
2019	100680523	86420874	45874082	14259649
2020	103717748	87465516	51560569	16252232
南 昌 市 Nanchang	24527389	22296509	15401894	2230881
景德镇市 Jingdezhen	4677226	3975622	3419019	701604
萍 乡 市 Pingxiang	3322965	2734800	1422096	588165
九 江 市 Jiujiang	11961009	9526057	6370872	2434953
新 余 市 Xinyu	3419502	2998594	1985393	420908
鹰 潭 市 Yingtan	3431193	2975539	2651823	455654
赣 州 市 Ganzhou	16844786	15104590	2201144	1740193
吉 安 市 Ji'an	8750911	5934712	4554711	2816199
宜 春 市 Yichun	9096082	7670756	4521879	1425326
抚 州 市 Fuzhou	5392622	4524938	2618060	867684
上 饶 市 Shangrao	12294064	9723399	6413677	2570665

注：2010年国家统计制度作了修订，社会消费品零售总额统计分组发生变化。

a) The classification of Total Rotal Retail Sales of Consumer God has been adjusted due to the modification of the national statistical system in 2010.

16-2 限额以上批发零售贸易法人企业商品购进、销售、库存总额(2020年)

单位：万元

指　　标	Item	法人企业(个) Number of Corporation(unit)	购进总额 Total Purchases	#进　口 Imports
总　计	**Total**	**5963**	**67502556**	**877936**
批发业	**wholesale Trade**	**2080**	**45618289**	**427122**
按登记注册类型分	**By Types of Registration**			
内资企业	Domestic Funded Enterprises	2068	45039444	406424
国有企业	State-owned Enterprises	56	4255583	
集体企业	Collective-owned Enterprises	8	24628	
有限责任公司	Limited Liability Corporations	445	20887776	192406
国有独资公司	State Sole Funded Corporations	9	180641	
其他有限责任公司	Other Limited Liability Corporations	436	20707135	192406
股份有限公司	Share-holding Corporations Ltd.	40	2127421	64652
私营企业	Private Enterprises	1512	17724990	149366
#私营有限责任公司	Private Limited Liability Corporations	1436	17376411	143303
私营股份有限公司	Private Share-holding Corporations Ltd.	21	144594	
其他企业	Other Enterprises	6	17640	
港澳台商投资企业	Enterprises with Funds from Hong Kong, Macao and Taiwan	7	438225	20698
港澳台商独资企业	Enterprises with Sole Funds	5	134834	
港澳台商投资股份有限公司	Share-holding Corporations Ltd. with Funds	2	303391	20698
外商投资企业	Foreign Funded Enterprises	5	140620	
#中外合资经营企业	Joint-venture Enterprises	2	29766	
外资企业	Enterprises with Sole Foreign Funds	2	110853	
按国民经济行业分	**By Sector**			
农、林、牧产品批发业	Wholesale of Farm Produce and Livestock Products	108	832940	10472
食品、饮料及烟草制品批发业	Wholesale of Food, Beverages and Tobaccos	240	4876675	2544
#米、面制品及食用油批发业	Wholesale of Rice, Flour and Edible Oil	33	410331	2392
烟草制品批发业	Whole of Tobaccos	11	3432177	
纺织、服装及家庭用品批发业	Wholesale of Textiles, Garments and Daily Consumer Articles	132	1448577	14390
#服装批发业	Wholesale of Garments	28	287263	13925
家用电器批发业	Wholesale of Household Electrical Appliances	40	756529	
文化、体育用品及器材批发业	Wholesale of Culture, Sports Appliances and Equipments	51	445810	
医药及医疗器材批发业	Wholesale of Medicines and Medical Appliances	381	7733211	42736
矿产品、建材及化工产品批发业	Wholesale of Mineral Products, Building Materials and Chemical Products	767	21642669	99781
#煤炭及制品批发业	Wholesale of Coal and Related Products	86	2255375	
石油及制品批发业	Wholesale of Petrolem and Related Products	47	1799685	62
金属及金属矿批发业	Wholesale of Metal Materials	196	13106686	74848
建材批发业	Wholesale of Building Materials	287	3481268	685
化肥批发业	Wholesale of Chemical Fertilizer	36	220070	2
机械设备、五金交电及电子产品批发业	Wholesale of Machinery, Hardware and Electronic Equipment	289	6550984	72484
#汽车批发业	Wholesale of Motor Vehicles	83	1685457	1690
计算机、软件及辅助设备批发业	Wholesale of Computer, Software and Assistant Appliances	24	136060	
贸易经纪与代理	Trade Broker and Agency	33	504940	120064
其他批发业	Other Wholesale not Classified Elsewhere	79	1582483	64652

Total Purchases, Sales and Inventory of Enterprise above Designated Size in Wholesale and Retail Sale Trades (2020)

(10 000 yuan)

销售总额 Total Sales	批发 Wholesale Trade	#出口 Exports	零售 Retail Trade	年末库存总额 Inventory (year-end)
79929220	**50319048**	**2671651**	**29364092**	**5153960**
53697358	**47996158**	**2648459**	**5466324**	**2657174**
52142669	47319853	2416357	4587940	2630783
6307485	6062909	6441	240696	289758
29917	19038		8475	1509
22435227	21287353	2069748	1129372	1225603
178421	109190		69231	16750
22256806	21178163	2069748	1060141	1208853
3471894	1539927	31852	1931966	192877
19877256	18391547	308316	1276739	919578
19491681	18049038	308316	1236177	859778
160504	133672		25179	30307
18602	16915		568	747
481060	458346	193720	22714	16814
146593	130178	2500	16414	10940
334467	328167	191220	6300	5874
1073630	217960	38382	855670	9577
46876	46876	38382		6418
117591	81459		36132	3159
941308	840749	27368	99296	179079
6985114	6667810	4978	302839	414784
435471	388996		42595	110630
5138858	5138784		74	160020
1483146	1271661	143482	210708	196569
287606	211871	60986	75735	41671
774156	716721		57435	119285
491453	459289	56213	32164	46289
9557371	8964004	110707	528520	939477
25130910	21328644	57733	3724222	631475
2456578	2298307	5557	131646	31507
4280640	992914		3275530	152923
13264962	13173930	3955	66299	225843
4017477	3810833	4484	200620	135178
241745	226964		7967	22529
6851197	6480343	2138408	350315	203599
1765704	1573053	192430	177014	95964
148492	122521		25970	10387
533770	494522	48017	36685	12843
1723089	1489138	61553	181575	33059

16-2 续表

单位：万元

指标	Item	法人企业（个） Number of Corporation(unit)	购进总额 Total Purchases	#进口 Imports
零售业	**Retail Trade**	**3883**	**21884267**	**450814**
按登记注册类型分	**By Types of Registration**			
内资企业	Domestic Funded Enterprises	3844	20407458	293502
国有企业	State-owned Enterprises	28	195671	
股份合作企业	Cooperative Enterprises	4	17047	
有限责任公司	Limited Liability Corporations	581	7629890	79939
国有独资公司	State Sole Funded Corporations	8	85789	
其他有限责任公司	Other Limited Liability Corporations	573	7544101	79939
股份有限公司	Share-holding Corporations Ltd.	31	475218	4608
私营企业	Private Enterprises	3177	12032646	208955
私营独资企业	Private-funded Enterprises	168	244611	
私营合伙企业	Private Share-holding Corporations Ltd.	41	51024	523
私营有限责任公司	Private Limited Liability Corporations	2940	11334923	208432
私营股份有限公司	Private Share-holding Corporations Ltd.	28	402088	
其他企业	Other Enterprises	17	22770	
港澳台商投资企业	Enterprises with Funds from Hong Kong, Macao and Taiwan	18	818861	72003
#与港澳台商合资经营企业	Joint-venture Enterprises	4	128880	
港澳台商独资企业	Enterprises with Sole Funds	14	689981	72003
外商投资企业	Foreign Funded Enterprises	21	657948	85310
中外合资经营企业	Joint-venture Enterprises	4	42155	12040
外资企业	Enterprises with Sole Foreign Funds	15	601412	68445
按国民经济行业分	**By Sector**			
综合零售业	Integrated Retail	477	3477983	3122
#百货零售业	Retail of General Merchandise	243	2163004	2099
超级市场零售业	Retail of Supermarkets	186	1133930	500
食品、饮料及烟草制品专门零售业	Retail of Food, Beverages and Tobaccos	416	1264936	3661
纺织、服装及日用品专门零售业	Special Retail of Textiles, Garments and Daily Consumer Articles	159	357293	
#服装零售业	Retail of Garments	61	188509.4	
文化、体育用品及器材专门零售业	Retail of Culture, Sports Appliances and Equipments	104	947311	4793
#图书、报刊零售业	Wholesale of Books, Newspapers and periodicals	12	687704	
医药及医疗器材专门零售业	Retail of Medicines and Medical Appliances	138	787093	3547
#西药药品零售业	Retail of Western Medicines	81	634629	
汽车、摩托车、燃料及零配件专门零售业	Retail of Motor Vehicles, Motorcycles, Fuel and Parts	1328	10319328	412091
#汽车零售业	Retail of Motor Vehicles	1115	9131153	392522
机动车燃料零售业	Retail of Fuel of Motor Vehicles	132	922118.3	
家用电器及电子产品专门零售业	Special Retail of Household Electric Appliances and Electronic Products	488	1512910	1400
#家用电器零售业	Retail of Household Electric Appliances	266	906304	900
计算机、软件及辅助设备零售业	Retail of Computer, Software and Assistant Appliances	112	235022	500
通讯设备零售业	Retail of Communication Equipments	52	190209.7	
五金、家具及室内装修材料专门零售业	Special Retail of Hardware, Furniture and Decoration Materials	335	490603	3190
货摊、无店铺及其他零售业	Non-shop and Other Retails	438	2726810	19011

continued

(10 000 yuan)

销售总额 Total Sales				年末库存总额 Inventory (year-end)
	批发 Wholesale Trade	#出口 Exports	零售 Retail Trade	
26231862	**2322890**	**23192**	**23897769**	**2496786**
24533771	2303477	23192	22219090	2381374
186351	12040		174311	10639
319401	21751		297650	5066
9379877	879959	269	8498535	978387
89859			89859	9489
9290018	879959	269	8408676	968898
615937	5264		610673	254087
13968845	1382516	22923	12576508	1129110
277228	34257		242971	27690
59775	1415		57595	2435
13190250	1265707	22923	11915486	1059681
441593	81137		360455	39305
25946	1292		24653	1602
1022961	902		1022059	42729
132355.8			132355.8	4079.3
890606	902		889703	38650
675130	18510		656620	72683
51335	17544		33791	5288
607860	966		606894	65678
4422327	111657		4310484	480678
2778884	41591		2737294	319551
1411620	8805		1402815	130178
1536425	213546		1322129	77567
504536	124688	9026	379848	41162
204906.1	33390.7	8381.5	171515.4	17260
1281867	402684	12829	879183	144822
952230	337333		614897	85244
1108020	196876		910127	433146
875214	111425		763789	418469
12096992	622999		11473993	962473
9973975	234498		9739477	898968
1824336.1	377580.3		1446755.8	39776.7
1707914	264657	500	1441783	120993
976942	99636		876870	88365
316345	53883	500	262463	15013
211319.6	87884.9		122396.4	13216.4
584520	122746	22	455967	39885
2989261	263037	815	2724255	196060

16-3 限额以上批发零售贸易法人企业主要财务指标(2020年)

单位：万元

类　　别	Type	流动资产合计 Total Current Assets
总　　计	**Total**	**33371680**
批发业	**Wholesale Trade**	**22652692**
按登记注册类型分	**By Types of Registration**	
内资企业	Domestic Funded Enterprises	20628500
国有企业	State-owned Enterprises	2242540
集体企业	Collective-owned Enterprises	6756
有限责任公司	Limited Liability Corporations	10020370
国有独资公司	State Sole Funded Corporations	234966
其他有限责任公司	Other Limited Liability Corporations	9785404
股份有限公司	Share-holding Corporations Ltd.	1638923
私营企业	Private Enterprises	6715537
#私营独资企业	Private-funded Enterprises	48428
私营有限责任公司	Private Limited Liability Corporations	6548194
港澳台商投资企业	Enterprises with Funds from Hong Kong, Macao and Taiwan	198542
#港澳台商独资企业	Enterprises with Sole Funds	71483
外商投资企业	Foreign Funded Enterprises	1825651
#中外合资经营企业	Joint-venture Enterprises	58618
外资企业	Enterprises with Sole Foreign Funds	53391
按国民经济行业分	**By Sector**	
农、林、牧产品批发业	Wholesale of Farm Produce and Livestock Products	331146
食品、饮料及烟草制品批发业	Wholesale of Food, Beverages and Tobaccos	2773545
#米、面制品及食用油批发业	Wholesale of Rice, Flour and Edible Oil	324025
烟草制品批发业	Wholesale of Tobaccos	1506545
纺织、服装及家庭用品批发业	Wholesale of Textiles, Garments and Daily Consumer Articles	962245
#服装批发业	Wholesale of Garments	107767
家用电器批发业	Wholesale of Household Electrical Appliances	603048
文化、体育用品及器材批发业	Wholesale of Culture, Sports Appliances and Equipments	213961
医药及医疗器材批发业	Wholesale of Medicines and Medical Appliances	4528175
矿产品、建材及化工产品批发业	Wholesale of Mineral Products, Building Materials and Chemical Products	10004367
#煤炭及制品批发业	Wholesale of Coal and Related Products	1089324
石油及制品批发业	Wholesale of Petrolem and Related Products	3067838
金属及金属矿批发业	Wholesale of Metal Materials	3843189
建材批发业	Wholesale of Building Materials	1613630
化肥批发业	Wholesale of Chemical Fertilizer	75435
机械设备、五金交电及电子产品批发业	Wholesale of Machinery, Hardware and Electronic Equipment	2615740
#汽车批发业	Wholesale of Motor Vehicle	574465
计算机、软件及辅助设备批发业	Wholesale of Computer, Software and Assistant Appliances	82368
贸易经纪与代理	Trade Broker and Agency	374025
其他批发业	Other Wholesale not Classified Elsewhere	849489

Main Financial Indicators on Enterprise above Designated Size in Wholesale and Retail Sale Trade (2020)

(10 000 yuan)

固定资产合计 Total Fixed Assets	固定资产原价 Original Value of Fixed Assets	资产总计 Total Assets	负债合计 Total Liabilities	所有者权益合计 Total Owners' Equities
2670259	**5316410**	**43734055**	**31548866**	**12113074**
1567920	**2884392**	**28273467**	**20917337**	**7280404**
1462745	2726889	25873760	19054345	6743689
222014	499829	3187793	1320970	1900366
1798	2262	8497	3734	4710
630061	1074250	11874583	9714362	2158028
17518	47033	276510	185583	90927
612543	1027217	11598074	9528779	2067101
302548	522625	3055359	2097172	908226
301950	622585	7738527	5913648	1768014
6221	9850	59469	39409	20060
293349	608160	7538489	5772631	1709761
25013	36268	240254	168706	71548
14878	20057	88722	48187	40534
80162	121234	2159452	1694285	465167
3203	4678	132480	16571	115909
		53429	12572	40857
88886	226702	600858	333656	265731
293736	626375	3389057	1488105	1894493
59914	130045	454666	428727	24621
161763	354561	1739960	269234	1470726
15132	24074	1004669	813928	190072
1642	3408	117941	89215	28726
2806	7336	625036	521091	103945
7985	16761	240862	136912	103950
190935	341661	5072444	3989157	1060985
874645	1487911	13636449	10379724	3223142
400084	659140	2416737	1706728	704299
396272	658620	4947796	3557466	1376964
32420	52616	4064785	3610783	455037
33081	71620	1750209	1195548	541393
4873	9443	86553	63568	22581
66374	116745	2859865	2577313	279412
30421	52084	719088	689893	28135
652	1019	83150	58698	24194
1787	4192	384603	338934	45280
28438	39971	1084660	859607	217341

16-3 续表1

单位：万元

类 别	Type	流动资产合计 Total Current Assets
零售业	**Retail Trade**	**10718987**
按登记注册类型分	**By Types of Registration**	
内资企业	Domestic Funded Enterprises	10353797
国有企业	State-owned Enterprises	485570
股份合作企业	Cooperative Enterprises	10732
有限责任公司	Limited Liability Corporations	4936068
国有独资公司	State Sole Funded Corporations	35602
其他有限责任公司	Other Limited Liability Corporations	4900466
股份有限公司	Share-holding Corporations Ltd.	334417
私营企业	Private Enterprises	4573761
私营独资企业	Private-funded Enterprises	67846
私营合伙企业	Private Partnership Enterprises	14883
私营有限责任公司	Private Limited Liability Corporations	4092702
私营股份有限公司	Private Share-holding Corporations Ltd.	398330
其他企业	Other Enterprises	5477
港澳台商投资企业	Enterprises with Funds from Hong Kong, Macao and Taiwan	161544
#与港澳台商合资经营企业	Joint-venture Enterprises	26110
港澳台商独资企业	Enterprises with Sole Funds	135434
外商投资企业	Foreign Funded Enterprises	203646
中外合资经营企业	Joint-venture Enterprises	13324
外资企业	Enterprises with Sole Foreign Funds	184451
按国民经济行业分	**By Sector**	
综合零售业	Integrated Retail	1366166
#百货零售业	Retail of General Merchandise	911187
超级市场零售业	Retail of Supermarkets	375646
食品、饮料及烟草制品专门零售业	Retail of Food, Beverages and Tobaccos	618246
纺织、服装及日用品专门零售业	Special Retail of Textiles, Garments and Daily Consumer Articles	265384
#服装零售业	Retail of Garments	177635
文化、体育用品及器材专门零售业	Retail of Culture, Sports Appliances and Equipments	1770211
#图书、报刊零售业	Wholesale of Books, Newspapers and periodicals	1040149
医药及医疗器材专门零售业	Retail of Medicines and Medical Appliances	488425
#西药药品零售业	Retail of Western Medicines	406574
汽车、摩托车、燃料及零配件专门零售业	Retail of Motor Vehicles, Motorcycles, Fuel and Parts	3260224
#汽车零售业	Retail of Motor Vehicles	2894949
机动车燃料零售业	Retail of Fuel of Motor Vehicles	268093
家用电器及电子产品专门零售业	Special Retail of Household Electric Appliances and Electronic Products	684768
#家用电器零售业	Retail of Household Electric Appliances	325654
计算机、软件及辅助设备零售业	Retail of Computer, Software and Assistant Appliances	139376
通讯设备零售业	Retail of Communication Equipments	41583
五金、家具及室内装修材料专门零售业	Special Retail of Hardware, Furniture and Decoration Materials	391422
货摊、无店铺及其他零售业	Non-shop and Other Retails	1874142

continued

(10 000 yuan)

固定资产合计 Total Fixed Assets	固定资产原价 Original Value of Fixed Assets	资产总计 Total Assets	负债合计 Total Liabilities	所有者权益合计 Total Owners' Equities
1102339	**2432018**	**15460588**	**10631529**	**4832670**
1054322	2296529	14657619	9894867	4766362
14371	21913	1458463	797530	658938
	65006	152002	72927	79075
436946	849605	6352463	4580219	1761719
5931	10254	46571	30797	15774
431015	839351	6305892	4549422	1745946
17841	80407	450455	363581	84143
581474	1273906	6224910	4070076	2173888
10033	27195	95784	47531	47821
4693	13169	30002	9734	19631
459521	1040703	5461576	3728306	1753393
107228	192840	637548	284505	353043
2748	4174	10415	4527	5708
21047	67888	553893	509989	43904
3738	7539	34761	24765	9996
17309	60349	519132	485224	33908
26970	67601	249076	226672	22404
72	4651	14857	24790	-9933
25710	61609	226942	199810	27132
290575	706965	2501099	1917034	577051
148020	402840	1655246	1352603	299849
126021	274760	706602	480794	221938
145972	236021	940293	377603	555363
29022	61448	426343	302626	119281
22669	45286	317494	241145	74214
117664	186823	3066619	1510998	1555314
92370	139642	1315626	499507	816119
19712	52258	651341	474902	169671
14605	43204	556753	408958	143979
397572	926669	4631045	3355906	1260335
297570	673460	3768972	2804107	950983
78134	211069	724291	455031	269261
19793	54499	755526	547502	200740
10916	32328	356705	265572	84803
3373	8346	165205	97132	67612
1230	6281	47502	29025	17985
15706	38919	457195	370487	145290
66323	168417	2031127	1774472	249625

16-3 续表2

单位：万元

类　　别	Type	营业收入 Revenue from Business
总　计	**Total**	**73223008**
批发业	**Wholesale Trade**	**48821360**
按登记注册类型分	**By Types of Registration**	
内资企业	Domestic Funded Enterprises	47398556
国有企业	State-owned Enterprises	5652380
集体企业	Collective-owned Enterprises	30896
有限责任公司	Limited Liability Corporations	20329352
国有独资公司	State Sole Funded Corporations	208630
其他有限责任公司	Other Limited Liability Corporations	20120722
股份有限公司	Share-holding Corporations Ltd.	3098111
私营企业	Private Enterprises	18266327
#私营独资企业	Private-funded Enterprises	157774
私营有限责任公司	Private Limited Liability Corporations	17910912
港澳台商投资企业	Enterprises with Funds from Hong Kong, Macao and Taiwan	465880
#港澳台商独资企业	Enterprises with Sole Funds	134363
外商投资企业	Foreign Funded Enterprises	956925
#中外合资经营企业	Joint-venture Enterprises	51838
外资企业	Enterprises with Sole Foreign Funds	105767
按国民经济行业分	**By Sector**	
农、林、牧产品批发业	Wholesale of Farm Produce and Livestock Products	905266
食品、饮料及烟草制品批发业	Wholesale of Food, Beverages and Tobaccos	6376765
#米、面制品及食用油批发业	Wholesale of Rice, Flour and Edible Oil	420334
烟草制品批发业	Wholesale of Tobaccos	4597392
纺织、服装及家庭用品批发业	Wholesale of Textiles, Garments and Daily Consumer Articles	1335195
#服装批发业	Wholesale of Garments	245937
家用电器批发业	Wholesale of Household Electrical Appliances	691234
文化、体育用品及器材批发业	Wholesale of Culture, Sports Appliances and Equipments	464837
医药及医疗器材批发业	Wholesale of Medicines and Medical Appliances	8508910
矿产品、建材及化工产品批发业	Wholesale of Mineral Products, Building Materials and Chemical Products	22872491
#煤炭及制品批发业	Wholesale of Coal and Related Products	2323310
石油及制品批发业	Wholesale of Petrolem and Related Products	3835735
金属及金属矿批发业	Wholesale of Metal Materials	11973868
建材批发业	Wholesale of Building Materials	3691181
化肥批发业	Wholesale of Chemical Fertilizer	232777
机械设备、五金交电及电子产品批发业	Wholesale of Machinery, Hardware and Electronic Equipment	6273979
#汽车批发业	Wholesale of Motor Vehicles	1614732
计算机、软件及辅助设备批发业	Wholesale of Computer, Software and Assistant Appliances	132420
贸易经纪与代理	Trade Broker and Agency	513290
其他批发业	Other Wholesale not Classified Elsewhere	1570628

continued

(10 000 yuan)

营业成本 Cost of Business	营业税金及附加 Taxes and Other Charges on Business	营业利润 Profits	利润总额 Total Profits	本年应交增值税 Valued Added Payable
65082331	**850943**	**2042137**	**2126325**	**958201**
43627988	**751320**	**1398749**	**1489149**	**860035**
42385820	749279	1321452	1411415	857550
4101354	620982	637913	651121	195107
27025	501	949	949	622
18956898	36402	360131	387925	315975
192227	519	5597	10487	1693
18764671	35884	354534	377438	314282
2818971	22580	61403	56688	66845
16461682	68767	260617	314293	278984
140300	1689	1964	3639	5721
16146567	65979	256625	306091	265458
416362	796	4026	4791	1728
121900	261	1991	1773	1456
825806	1245	73271	72943	757
27156	12	12050	12457	98
103354	66	873	951	448
832559	1378	15635	23279	2131
4695059	621402	695393	703113	200873
388397	998	149	6856	4930
3187109	616002	588168	587092	185244
1272309	10110	-2089	-1063	5989
242780	245	-8462	-7995	1091
659354	9384	1435	1437	2860
422725	940	16433	16247	2084
6728851	31813	261400	281134	203125
21731613	59555	344570	377130	354762
2164650	12492	60766	69990	42040
3418816	24652	138537	136427	72068
11772232	8275	20284	31577	166888
3427879	10489	111039	121052	57894
219691	754	1935	2780	1236
5994079	20794	32343	39078	27905
1538923	1516	-7457	-3917	1657
120161	123	2275	2367	118
482483	464	11946	12976	1818
1468310	4864	23118	37256	61349

16-3 续表3

单位：万元

类　　别	Type	营业收入 Revenue from Business
零售业	**Retail Trade**	**24401647**
按登记注册类型分	**By Types of Registration**	
内资企业	Domestic Funded Enterprises	22816324
国有企业	State-owned Enterprises	173296
股份合作企业	Cooperative Enterprises	317873
有限责任公司	Limited Liability Corporations	8634458
国有独资公司	State Sole Funded Corporations	87087
其他有限责任公司	Other Limited Liability Corporations	8547371
股份有限公司	Share-holding Corporations Ltd.	613505
私营企业	Private Enterprises	13014504
私营独资企业	Private-funded Enterprises	269206
私营合伙企业	Private Partnership Enterprises	56945
私营有限责任公司	Private Limited Liability Corporations	12249355
私营股份有限公司	Private Share-holding Corporations Ltd.	438999
其他企业	Other Enterprises	25941
港澳台商投资企业	Enterprises with Funds from Hong Kong, Macao and Taiwan	961515
#与港澳台商合资经营企业	Joint-venture Enterprises	120798
港澳台商独资企业	Enterprises with Sole Funds	840717
外商投资企业	Foreign Funded Enterprises	623808
中外合资经营企业	Joint-venture Enterprises	47807
外资企业	Enterprises with Sole Foreign Funds	561599
按国民经济行业分	**By Sector**	
综合零售业	Integrated Retail	4226231
#百货零售业	Retail of General Merchandise	2630726
超级市场零售业	Retail of Supermarkets	1380617
食品、饮料及烟草制品专门零售业	Retail of Food, Beverages and Tobaccos	1451301
纺织、服装及日用品专门零售业	Special Retail of Textiles, Garments and Daily Consumer Articles	475604
#服装零售业	Retail of Garments	205331
文化、体育用品及器材专门零售业	Retail of Culture, Sports Appliances and Equipments	1291871
#图书、报刊零售业	Wholesale of Books, Newspapers and periodicals	980651
医药及医疗器材专门零售业	Retail of Medicines and Medical Appliances	1063543
#西药药品零售业	Retail of Western Medicines	844616
汽车、摩托车、燃料及零配件专门零售业	Retail of Motor Vehicles, Motorcycles, Fuel and Parts	11078881
#汽车零售业	Retail of Motor Vehicles	9181658
机动车燃料零售业	Retail of Fuel of Motor Vehicles	1627525
家用电器及电子产品专门零售业	Special Retail of Household Electric Appliances and Electronic Products	1511275
#家用电器零售业	Retail of Household Electric Appliances	837473
计算机、软件及辅助设备零售业	Retail of Computer, Software and Assistant Appliances	295869
通讯设备零售业	Retail of Communication Equipments	201655
五金、家具及室内装修材料专门零售业	Special Retail of Hardware, Furniture and Decoration Materials	538756
货摊、无店铺及其他零售业	Non-shop and Other Retails	2764185

continued

(10 000 yuan)

营业成本 Cost of Business	营业税金及附加 Taxes and Other Charges on Business	营业利润 Profits	利润总额 Total Profits	本年应交增值税 Valued Added Payable
21454343	**99623**	**643388**	**637176**	**98166**
20054117	95568	611948	602882	43346
160713	829	1515	6957	4691
281854	514	15730	14700	193
7598492	29349	230358	211604	-80597
81446	180	1556	1654	1257
7517047	29169	228802	209950	-81854
535937	4750	4848	5223	5135
11419196	60074	357733	362630	113683
234366	1435	12573	13034	2072
47427	390	4493	4480	671
10815409	55605	302252	304247	106194
321994	2644	38415	40869	4746
22403	8	1473	1481	17
852710	2269	17424	19644	5046
108179	265	1798	2141	1223
744531	2004	15626	17503	3823
547516	1786	14016	14650	49775
42577	28	-398	-170	339
493469	1339	12971	13374	49318
3556506	22001	86862	77386	37815
2233943	11304	52720	40761	22294
1170154	9330	11185	13662	11881
1176186	5896	86597	91054	9672
339335	6456	26397	27837	13158
145315	3132	15465	16389	6642
997326	5221	113596	105743	27208
741295	2088	110316	99567	23665
824156	4571	45594	50134	16912
667634	3384	38329	40907	12695
10260548	36438	168659	172661	-44323
8552081	29641	103450	108371	-70143
1469187	6178	50780	49615	24005
1364033	7810	15144	15090	10887
752547	6197	6405	6425	6032
259648	897	9003	8780	2946
188683	333	1667	1720	1132
464356	3475	20306	13848	7749
2471899	7755	80234	83423	19089

16-4 限额以上餐饮法人企业主要财务指标(2020年)

单位：万元

类别	Type	流动资产合计 Total Current Assets	固定资产合计 Total Fixed Assets	固定资产原价 Original Value of Fixed Assets
总计	**Total**	**439742**	**249128**	**460775**
按登记注册类型分组	**By Types of Registration**			
内资企业	Domestic Funded Enterprises	426981	236508	430097
国有企业	State-owned Enterprises	21328	3875	7416
股份合作企业	Cooperative Enterprises	2952	44	798
有限责任公司	Limited Liability Corporations	148977	85875	148444
其他有限责任公司	Other Limited Liability Corporations	145347	85812	147040
股份有限公司	Share-holding Corporations Ltd.	627		700
私营企业	Private Enterprises	252685	146637	272557
私营独资企业	Private-funded Enterprises	24206	25419	40047
私营合伙企业	Private Partnership Enterprises	7854	12171	16360
私营有限责任公司	Private Limited Liability Corporations	219820	108803	215639
私营股份有限公司	Private Share-holding Corporations Ltd.	805	244	511
港澳台商投资企业	Enterprises with Funds from Hong Kong, Macao and Taiwan	3450	5119	10118
#与港澳台商合资经营企业	Joint-venture Enterprises			
港澳台商独资企业	Enterprises with Sole Funds	3450	5119	10118
外商投资企业	Foreign Funded Enterprises	9310	7501	20560
外资企业	Enterprises with Sole Foreign Funds	4982	5941	17261
外商投资股份有限公司	Foreign Investment Share-holding Corporations Ltd.			
按国民经济行业分组	**By Sector**			
正餐服务业	Dinner	403213	235488	426576
快餐服务业	Snack	7509	7318	21339

Main Financial Indicators on Enterprises above Designated Size in Catering Services (2020)

(10 000 yuan)

资产总计 Total Assets	负债合计 Total Liabilities	所有者权益合计 Total Owners' Equities	营业收入 Revenue from Business	营业成本 Cost of Business	营业税金及附加 Taxes and Other Charges on Business	营业利润 Profits	营业外收入 Other Income	利润总额 Total Profits
987514	**626699**	**358670**	**655926**	**406208**	**5377**	**35800**	**7105**	**40409**
940720	594676	343899	567441	359790	5292	26494	6967	31116
26564	20896	5433	13952	6418	39	-243	156	-96
2997	4228	-1232	564	183	4	-76	27	-49
324793	258879	65787	120262	89960	1441	191	3711	3540
318698	254676	63996	118626	88569	1440	905	3690	4237
793	104	640	748	596	4	-118		159
584777	310395	272650	431118	262175	3788	26677	3073	27497
92424	25985	66317	42051	24513	385	5176	79	5230
23425	6993	16432	20249	14085	329	2462	8	2465
467284	277049	188623	366734	222404	3069	18725	2955	19461
1645	367	1278	2085	1173	5	314	32	341
12860	12506	354	2033	681	43	-96	30	-66
12860	12506	354	2033	681	43	-96	30	-66
33934	19517	14417	86453	45738	43	9402	108	9360
27695	17274	10421	82712	43966	42	9290	101	9251
913416	571162	340159	531641	338475	4979	22548	6229	27789
35333	20729	14554	93141	51834	104	9724	136	9704

16-5 限额以上住宿法人企业主要财务指标(2020年)

单位：万元

类　　别	Type	流动资产合计 Total Current Assets	固定资产合计 Total Fixed Assets	固定资产原价 Original Value of Fixed Assets
总　　计	**Total**	**1062043**	**849355**	**1649097**
按登记注册类型分组	**By Types of Registration**			
内资企业	Domestic Funded Enterprises	1039235	832922	1589195
国有企业	State-owned Enterprises	51586	81268	149280
联营企业	Associated Enterprises	231	2014	3029
有限责任公司	Limited Liability Corporations	339259	322876	627740
其他有限责任公司	Other Limited Liability Corporations	309898	310047	579153
股份有限公司	Share-holding Corporations Ltd.	1847	4231	10827
私营企业	Private Enterprises	645329	422181	797624
私营独资企业	Private-funded Enterprises	22371	4871	29601
私营合伙企业	Private Partnership Enterprises	9510	9345	17334
私营有限责任公司	Private Limited Liability Corporations	610698	406552	742847
私营股份有限公司	Private Share-holding Corporations Ltd.	2750	1413	7841
其他企业	Other Enterprises	984	353	695
港澳台商投资企业	Enterprises with Funds from Hong Kong, Macao and Taiwan	17002	14124	44453
与港澳台商合资经营企业	Joint-venture Enterprises	628	1126	3064
港澳台商独资企业	Enterprises with Sole Funds	16374	12998	41389
外商投资企业	Foreign Funded Enterprises	5806	2309	15449
中外合资经营企业	Joint-venture Enterprises	4463	14	9599
外资企业	Enterprises with Sole Foreign Funds	1314	2295	5850
按国民经济行业分组	**By Sector**			
旅游饭店	Tourism Hotel	764146	717350	1334849
一般旅馆	General Hotel	217194	91450	222010
其他住宿服务	Other Residential Services	79337	38232	85807

Main Financial Indicators on Enterprises above Designated Size of Hotels (2020)

(10 000 yuan)

资产总计 Total Assets	负债合计 Total Liabilities	所有者权益合计 Total Owners' Equities	营业收入 Revenue from Business	营业成本 Cost of Business	营业税金及附加 Taxes and Other Charges on Business	营业利润 Profits	营业外收入 Other Income	利润总额 Total Profits
3036808	**2105573**	**909043**	**779838**	**404541**	**12880**	**-29543**	**9844**	**-22140**
2944610	2035897	886521	756224	393725	12513	-28359	9564	-21217
232556	58858	162998	56301	29264	948	-7956	2971	-5227
2362	2151	211	3797	413	92	453		453
1190666	831159	358208	255859	129658	6005	-17970	3366	-16114
1093056	751458	340299	239023	122680	5980	-16740	3276	-14465
12679	8346	3745	2945	1601	60	132	26	158
1505364	1135270	360487	437048	232708	5406	-3088	3201	-558
60373	45567	14807	17663	9832	191	1465	12	1178
19950	2455	17323	7725	4754	95	1242	7	1243
1417016	1083685	323896	403990	213332	5071	-6557	3148	-3768
8025	3564	4461	7670	4790	50	763	33	789
984	113	871	272	82	2	72		72
71148	46135	25012	15641	7694	326	305	131	424
1957	89	1869	714	219	9	-234	48	-186
69190	46047	23144	14926	7475	318	539	83	611
21050	23540	-2490	7974	3122	41	-1489	149	-1348
10378	10572	-194	2173	910	28	-722	41	-683
10643	12939	-2296	5188	1753	13	-769	108	-667
2302990	1670080	632019	474987	236959	4881	-39484	6880	-34022
542548	328373	199877	215027	116571	3345	4942	2262	6812
181620	102222	72395	85427	48672	4633	4557	695	4756

16-6 限额以上住宿业经营情况(2020年)
Basic Conditions of Enterprises above Designated Size of Hotels (2020)

单位：万元 (10 000 yuan)

类别	Type	法人企业(个) Number of Corporation (unit)	从业人数(人) Persons Employed (person)	营业额 Business Revenue	#客房收入 Revenue from Hotel Rooms	#餐费收入 Revenue from Meals	#商品销售收入 Revenue from Commodities
总计	**Total**	**795**	**40478**	**786150**	**435397**	**292272**	**19239**
按登记注册类型分	**By Types of Registration**						
内资企业	Domestic Funded Enterprises	783	39352	762139	422963	281317	18927
国有企业	State-owned Enterprises	50	3234	55878	22684	31478	537
联营企业	Associated Enterprises	1	15	3797	1391	1924	343
有限责任公司	Limited Liability Corporations	151	11981	243559	115695	96723	7444
其他有限责任公司	Other Limited Liability Corporations	143	11140	232606	111406	92363	7406
股份有限公司	Share-holding Corporations Ltd.	8	158	3031	2413	466	132
私营企业	Private Enterprises	572	23912	455581	280635	150590	10458
私营独资企业	Private-funded Enterprises	33	1052	18946	13098	5275	534
私营合伙企业	Private Partnership Enterprises	15	429	7950	5194	2415	177
私营有限责任公司	Private Limited Liability Corporations	516	22081	421003	258513	139172	9667
私营股份有限公司	Private Share-holding Corporations Ltd.	8	350	7682	3831	3728	80
其他企业	Other Enterprises	1	52	293	144	136	13
港澳台商投资企业	Enterprises with Funds from Hong Kong, Macao and Taiwan	7	630	16109	7045	8855	74
与港澳台商合资经营企业	Joint-venture Enterprises	1	85	756	250	431	
港澳台商独资企业	Enterprises with Sole Funds	6	545	15352	6795	8424	74
外商投资企业	Foreign Funded Enterprises	5	496	7902	5389	2100	237
中外合资经营企业	Joint-venture Enterprises	2	142	2173	1463	375	237
外资企业	Enterprises with Sole Foreign Funds	2	258	5116	3471	1565	
按国民经济行业分	**By Sector**						
旅游饭店	Tourism Hotel	373	24805	468959	238285	193788	14370
一般旅馆	General Hotel	340	11894	224432	152437	62922	3107
其他住宿服务	Other Residential Hotel	63	3588	88193	41386	34478	1598

16-7 限额以上餐饮法人企业经营情况(2020年)

Basic Conditions of Enterprises above Designated Size of Catering Services (2020)

单位：万元 (10 000 yuan)

类别	Type	法人企业(个) Number of Corporation (unit)	从业人数(人) Persons Employed (person)	营业额 Business Revenue	#客房收入 Revenue from Hotel Rooms	#餐费收入 Revenue from Meals	#商品销售收入 Revenue from Commodities
总计	**Total**	**793**	**32591**	**662759**	**65974**	**571383**	**18886**
按登记注册类型分	**By Types of Registration**						
内资企业	Domestic Funded Enterprises	783	28593	569341	64788	479789	18247
国有企业	State-owned Enterprises	12	983	13964	1751	11514	557
股份合作企业	Cooperative Enterprises	1	72	574		408	30
有限责任公司	Limited Liability Corporations	116	4781	115746	23619	85192	4011
其他有限责任公司	Other Limited Liability Corporations	112	4578	114105	23394	83776	4011
股份有限公司	Share-holding Corporations Ltd.	4	58	766		765	
私营企业	Private Enterprises	648	22621	437493	39418	381255	13508
私营独资企业	Private-funded Enterprises	91	2106	43653	5466	37267	389
私营合伙企业	Private Partnership Enterprises	39	1029	20677	3103	17062	477
私营有限责任公司	Private Limited Liability Corporations	510	19366	371092	30850	324857	12640
私营股份有限公司	Private Share-holding Corporations Ltd.	8	120	2071		2069	1
港澳台商投资企业	Enterprises with Funds from Hong Kong, Macao and Taiwan	4	123	1911	961	950	
与港澳台商合资经营企业	Joint-venture Enterprises						
港澳台商独资企业	Enterprises with Sole Funds	4	123	1911	961	950	
外商投资企业	Foreign Funded Enterprises	6	3875	91507	225	90644	639
外资企业	Enterprises with Sole Foreign Funds	3	3703	87576		87575	1
外商投资股份有限公司	Foreign Investment Share-holding Corporations Ltd.						
按国民经济行业分组	**By Sector**						
正餐服务业	Dinner	740	26895	533044	65146	445358	17044
快餐服务业	Snack	22	4281	97991		97795	152

16-8 各地区限额以上批发零售贸易法人企业主要指标(2020年)

Main Indicators of Enterprises above Designated Size of Wholesale and Retail Trades by Region (2020)

地 区	Region	法人企业(个) Number of Corporation (unit)	批发企业 Wholesale Trade	零售企业 Retail Trade	产业活动单位(个) Number of Economic Active Units (unit)	年末从业人数(人) Persons Employed (person)	销售合计(万元) Total Purchase Value (10 000 yuan)
全 省	**Provincial Total**	**5963**	**2080**	**3883**	**7214**	**255851**	**79929220**
南昌市	Nanchang	1393	751	642	2846	91550	41544127
景德镇市	Jingdezhen	232	51	181	224	6401	1488633
萍乡市	Pingxiang	174	37	137	545	8209	1472713
九江市	Jiujiang	577	144	433	614	20684	4575773
新余市	Xinyu	134	54	80	56	5106	1454870
鹰潭市	Yingtan	214	67	147	112	7045	3259380
赣州市	Ganzhou	730	162	568	1175	29495	7028416
吉安市	Ji'an	723	142	581	575	23063	4349430
宜春市	Yichun	670	282	388	403	32474	6870798
抚州市	Fuzhou	302	92	210	471	9963	2453266
上饶市	Shangrao	814	298	516	193	21861	5431814

16-8 续表 continued

单位: 万元 (10 000 yuan)

地 区	Region	批发额 Wholesale Value	#出口 Exports	零售额 Retail Value	营业收入 Revenue from Business	营业成本 Cost of Business	营业税金及附加 Taxes and Other Charges on Business	营业利润 Profits
全 省	**Provincial Total**	**50319048**	**2671651**	**29364092**	**73223008**	**65082331**	**850943**	**2042137**
南昌市	Nanchang	29596230	2385138	11916505	37579065	34628621	174523	658365
景德镇市	Jingdezhen	679961	1739	785182	1396069	1222902	30733	45507
萍乡市	Pingxiang	756365	48308	716123	1355701	1180561	32327	62080
九江市	Jiujiang	1764722	15	2790484	4181710	3618182	100346	183076
新余市	Xinyu	821356		631013	1361909	1204255	24941	42166
鹰潭市	Yingtan	2520724	17756	728196	3072357	2827359	19917	52374
赣州市	Ganzhou	2931104	37822	4086501	6482108	5486187	112895	268987
吉安市	Ji'an	2120010	2801	2175992	4057841	3373342	72942	158175
宜春市	Yichun	4833234	83240	1958010	6280528	5063230	93848	299784
抚州市	Fuzhou	1292251	22107	1155586	2316536	1962963	59606	70675
上饶市	Shangrao	3003092	72725	2420500	5139184	4514730	128865	200949

16-9 各地区限额以上住宿餐饮法人企业主要指标(2020年)
Main Indicators of Enterprises above Designated Size of Hotels and Catering Services by Region (2020)

地区	Region	法人企业(个) Number of Corporation (unit)	住宿企业 Hotels	餐饮企业 Catering Services	产业活动单位(个) Number of Economic Active Units (unit)	年末从业人数(人) Persons Employed (person)	营业额(万元) Business Revenue (10 000 yuan)	#客房收入 Revenue from Hotel Rooms
全　省	**Provincial Total**	**1594**	**798**	**796**	**412**	**73976**	**1448909**	**501371**
南昌市	Nanchang	236	150	86	267	17244	336843	89432
景德镇市	Jingdezhen	89	48	41	20	3701	59186	24102
萍乡市	Pingxiang	63	18	45	13	2102	31220	9352
九江市	Jiujiang	239	95	144	18	9666	302847	105388
新余市	Xinyu	33	13	20		2824	48529	14148
鹰潭市	Yingtan	51	34	17	6	2404	28516	14005
赣州市	Ganzhou	208	96	112	32	11413	193341	65150
吉安市	Ji'an	227	97	130	23	6527	125923	47937
宜春市	Yichun	172	82	90	13	7064	105417	40772
抚州市	Fuzhou	64	32	32		2859	35190	15857
上饶市	Shangrao	212	133	79	20	8172	181897	75227

16-9 续表 continued

单位：万元 (10 000 yuan)

地区	Region	餐费收入 Revenue from Meals	商品销售收入 Revenue from Commodities	营业收入 Revenue from Business	营业成本 Cost of Business	营业税金及附加 Taxes and Other Charges on Business	营业利润 Profits
全　省	**Provincial Total**	**863655**	**38125**	**1435765**	**810749**	**18257**	**6257**
南昌市	Nanchang	224058	6628	335818	154998	2381	-6934
景德镇市	Jingdezhen	32833	208	60875	28235	251	1458
萍乡市	Pingxiang	18256	3426	29038	15654	208	-848
九江市	Jiujiang	174980	8727	291757	193590	7056	15047
新余市	Xinyu	33927	33	50327	27903	543	2475
鹰潭市	Yingtan	12996	1191	41373	19628.7	459	-1825
赣州市	Ganzhou	122008	4030	189568	104386	1573	-4541
吉安市	Ji'an	72921	3394	121362	85624	1669	-4522
宜春市	Yichun	57788	3955	102251	56666	1032	1888
抚州市	Fuzhou	18419	194	35143	20722	303	-2126
上饶市	Shangrao	95470	6339	178254	103342	2783	6184

16-10 亿元以上商品交易市场摊位成交额情况(2020年)
Turnover of Commodity Exchange Markets of Transaction Value over 100 Million Yuan (2020)

类　　别	Classification	年末出租摊位数(个) Number of Rented Booths at Year-end (unit)	成交额(万元) Turnover (10 000 yuan)
全　省	**Total**	**91849**	**18334495**
#食品类	Food	25280	9057312
#粮油类	Grain and Oil	3004	1213550
肉禽蛋类	Meat,Poultry and Eggs	3416	1409983
水产品类	Aquatic Products	2267	1155127
蔬菜类	Vegetables	8144	2813509
干鲜果品类	Dried and Fresh Melons and Fruits	3613	2172365
饮料类	Beverages	894	145724
烟酒类	Tobacco and Liquor	1098	251918
服装、鞋帽、针纺织品类	Clothing,shoes,Hats and Textiles	16957	839812
#服装类	Clothing	8416	389062
鞋帽类	Footwear and Hats	4231	232568
针纺织品类	Knitwear and Textiles	4310	218182
化妆品类	Cosmetics	335	48108
金银珠宝类	Gold silver and Jeweller	127	60640
日用品类	Articles for Daily Use	5162	184478
五金、电料类	Hardware & Electrical Materials	1388	381785
体育、娱乐用品类	Sports & Recreational Articles	1286	31988
书报杂志类	Newspapers and Magazines	124	10451
电子出版物及音像制品类	E-journal and Video Products	141	274429
家用电器和音像器材类	Household Appliances and Video Equipments	2030	185149
中西药品类	Traditional Chinese and Western Medicine	527	1025488
#西药类	Western Medicine	42	17555
中草药及中成药类	Traditional Chinese	396	990488
文化办公用品类	Cultural and official Goods	818	59493
家俱类	Furniture	12073	2180642
通讯器材类	Communication Appliances	78	69723
煤炭及制品类	Coal and Coal Products		
木材及制品类	Wood and Wooden Products	728	56176
化工材料及制品类	Raw Chemical Materials and Related Products	235	35060
#化肥类	Fertilizer	9	9020
金属材料类	Metal Materials	928	63653
建筑及装潢材料类	Building and Decoration Materials	14582	1176576
机电产品及设备类	Mechanical & Electrical Products	684	461592
#农机类	Agricultural Machinery	124	169689
汽车类	Automobile	1561	1436728
种子饲料类	Seed and Feedstuff	98	9367
棉麻类	Cotton and Hemp		
其他类	Others	4715	288203

16-11 各地区亿元以上商品交易市场基本情况(2020年)
Basic Statistics on Commodity Exchange Markets of Transaction Value over 100 Million Yuan by Region (2020)

地区	Region	市场数量(个) Number of Markets (unit)	总摊位数(个) Number of Booths (unit)	年末出租摊位数(个) Number of Rented Booths at Year-end (unit)	营业面积(平方米) Operating Area (sq.m)	成交额(万元) Turnover (10 000 yuan)
全省	**Provincial Total**	**107**	**105718**	**91849**	**8429948**	**18334495**
南昌市	Nanchang	25	33081	31130	1914856	5294427
景德镇市	Jingdezhen	5	8024	7638	596108	753888
萍乡市	Pingxiang	4	3171	3149	131900	330935
九江市	Jiujiang	13	6547	4886	1405156	1567640
新余市	Xinyu	1	1500	368	100010	29600
鹰潭市	Yingtan	6	2653	2336	407399	593458
赣州市	Ganzhou	16	20481	15846	2143480	5444815
吉安市	Ji'an	5	5918	5836	311968	648473
宜春市	Yichun	5	4307	3877	173084	2238336
抚州市	Fuzhou	4	2800	2392	58402	159176
上饶市	Shangrao	23	17236	14391	1187585	1273747

16-12 旅游业发展情况
Basic Statistics on Tourism

年份 Year	旅游总收入(亿元) Total Tourism Earnings (100 million yuan)	为全省地区生产总值(%) As Percentage of the Province's GDP (%)	为全省地区生产总值中第三产业(%) As Percentage of Tertiary Industry in the Province's GDP (%)
1991	4.30	0.90	3.04
1992	4.81	0.84	2.79
1993	5.31	0.73	2.47
1994	6.33	0.67	2.14
1995	8.39	0.72	2.14
1996	50.15	3.56	10.27
1997	79.35	4.94	13.64
1998	81.64	4.75	12.35
1999	111.29	6.00	15.03
2000	134.60	6.72	16.47
2001	161.40	7.42	18.27
2002	191.10	7.80	19.65
2003	197.47	7.02	18.84
2004	240.81	7.09	19.75
2005	320.02	8.12	23.20
2006	390.89	8.32	24.85
2007	463.67	8.03	24.09
2008	559.38	8.07	23.67
2009	675.61	8.85	25.53
2010	818.32	8.72	26.30
2011	1105.93	9.55	28.48
2012	1402.59	10.95	31.66
2013	1896.06	13.26	37.19
2014	2649.70	16.91	45.67
2015	3637.65	21.68	54.30
2016	4993.29	27.15	63.51
2017	6435.09	31.84	72.05
2018	8145.12	35.86	75.71
2019	9656.38	39.00	82.11
2020	5422.70	21.10	43.85

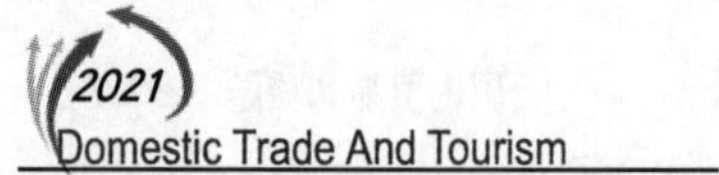

16-13 国际旅游收入情况
Income from International Tourism

单位：万美元 (USD 10 000)

指　标	Item	2005	2010	2015	2017	2018	2019
合　计	**Total**	**10395**	**34630**	**56700**	**62992**	**74538**	**86538**
长途交通	Long Distance Transportation	3618	11324	20374	20661	10137	9865
民　航	Civil Aviation	1653	7792	11657	11401	6336	4154
铁　路	Railway	676	1420	3121	3213	745	433
汽　车	Highway	468	1281	1938	2142	3056	5279
轮　船	Waterway	821	831	3659	3905		
游　览	Sightseeing	322	1281	2204	2646	5814	7442
住　宿	Accommodation	1279	3498	5617	7244	13566	14365
餐　饮	Food and Beverage	1092	3047	3938	5102	14535	16875
娱　乐	Entertainment	665	2009	2025	2079	3205	4673
购　物	Shopping	1715	9281	16272	18268	19827	25875
邮电通讯	Post and Communication Services	374	623	1191	1134	596	173
市内交通	Local Transportation	187	693	1235	1323	522	260
其　他	Others	1143	2874	3844	4535	6336	7010

16-14 入境旅游情况
Oversea Visitor Arrivals

指　　标	Item	2005	2010	2015	2018	2019	2020
旅游人数(人次)	**Number of Oversea Visitor Arrivals (person-time)**	**372513**	**1140792**	**1552833**	**1917812**	**1971659**	**129658**
外国人	Foreigners	136270	399449	448810	572490	611402	44408
#印度尼西亚	Indonesia	1982	12251	11954	20098	18003	1360
日　本	Japan	23945	34956	25124	47576	44414	3231
马来西亚	Malaysia	3639	12113	15124	25746	24271	1965
菲律宾	Philippines	1794	8320	7156	15857	15213	1083
新加坡	Singapore	8271	20249	22060	31375	30698	2206
韩　国	Korea Rep.	10809	36240	49150	53260	64087	5798
泰　国	Thailand	1716	4271	22337	19992	24303	1327
英　国	United Kingdom	11543	21613	23449	35048	33103	2281
德　国	Germany	5943	21689	18913	22011	22442	2016
法　国	France	6488	15299	21765	29117	28871	2059
意大利	Italy	3320	9132	11883	14772	15703	1528
西班牙	Spain	3757	5551	5219	7181	9228	481
瑞　典	Sweden	1131	6705	6704	5720	7072	538
瑞　士	Switzerland	364	6748	7505	7840	8783	783
俄罗斯	Russia	2329	16502	17110	12132	16271	979
加拿大	Canada	4380	10886	20105	23579	23558	1887
美　国	United States	27235	52339	43509	47011	47445	3522
澳大利亚	Australia	4622	11888	15616	16351	19515	1048
新西兰	New Zealand	1486	2911	8428	10869	12458	661
港澳同胞	Chinese Compatriots from Hong Kong and Macao	154885	534537	825395	988287	965430	62066
台湾同胞	Chinese Compatriots fromTaiwan Province	81358	206806	278628	357035	394827	23184
旅游外汇收入(万美元)	**Foreign Exchange Earnings from International Tourism (USD 10 000)**	**10395**	**34630**	**56700**	**74538**	**86538**	**3738.91**

注：外国人包括了华侨人数。2015年后入境旅游者人数为入境过夜游客人数，不包括一日游人数。

a) Overseas Chinese are included in oversea vistors.Since 2015, the number of oversea visitors refers to overnight visitors, excluding one-day-tour visitors.

16-15 各地区旅游情况(2020年)
Basic Statistics on Tourism by Region (2020)

地 区	Region	入境游客（万人次）Number of Oversea Visitor Arrivals (10 000 person-times)	国际旅游外汇收入（万美元）Foreign Exchange Earnings from International Tourism (USD 10 000)	国内游客（万人次）Number of Domestic Visitors (10 000 person-times)	国内旅游收入（亿元）Earnings from Domestic Tourism (100 million yuan)	星级饭店数（个）Number of Star-rated Hotel (unit)
全 省	**Provincial Total**	**12.97**	**3738.91**	**55681.76**	**5420.12**	**293**
南昌市	Nanchang	2.84	874.70	8856.12	1008.31	45
景德镇市	Jingdezhen			2247.45	363.39	9
萍乡市	Pingxiang	0.24	64.12	2104.26	229.92	7
九江市	Jiujiang	2.02	557.24	8300.88	1006.88	40
新余市	Xinyu	0.31	100.30	2462.29	164.75	4
鹰潭市	Yingtan	0.27	87.72	2500.58	245.39	8
赣州市	Ganzhou	2.15	557.11	7788.33	660.61	67
吉安市	Ji'an	0.73	172.16	5062.10	345.77	30
宜春市	Yichun	1.21	433.86	6899.32	514.79	26
抚州市	Fuzhou	0.97	247.45	4104.97	386.89	20
上饶市	Shangrao	2.24	644.26	7008.99	493.41	37

注：按照《旅游统计调查制度》测算方法，全省国内旅游接待人数=各设区市国内旅游接待人数之和÷平均游览设区市数，因此各设区市国内旅游人数之和略大于全省国内旅游人数。全省国内旅游收入=各设区市国内旅游收入之和。

a) According to the calculation method of the tourism statistical survey system, the number of domestic tourists in the province = the sum of the number of domestic tourists in each city divided into districts ÷ the average number of cities divided into districts. Therefore, the sum of the number of domestic tourists in each city divided into districts is slightly greater than the number of domestic tourists in the province. Domestic tourism revenue of the whole province = the sum of domestic tourism revenue of all districts and cities.

16-16 全省“春节、五一、十一”旅游情况
Tourism by Region in Spring Festival, May Day or National Day Holidays

年份	旅游人数（万人次）Number of Visitors (10 000 person-times)			旅游收入（万元）Tourism Earnings (10 000 yuan)		
	春节 Spring Festival	五一 Labor Day	十一 National Day	春节 Spring Festival	五一 Labor Day	十一 National Day
2005	196.10	519.40	580.30	67754	205469	175259
2006	249.52	632.60	699.70	81259	247132	219200
2007	300.40	762.80	826.60	95121	310087	271900
2008	210.75	377.40	996.27	58049	138669	334200
2009	274.90	447.00	1226.60	72517	171901	419537
2010	321.90	539.20	1398.40	104459	211204	512439
2011	443.40	700.30	1777.40	143631	293357	701800
2012	550.94	912.30	2405.70	196974	429481	1018597
2013	685.00	1092.70	2469.90	262467	515316	1150264
2014	877.78	1411.29	3232.21	354596	684200	1603200
2015	1182.99	1858.95	3937.01	526292	970100	2036600
2016	1639.87	2473.83	5360.34	761814	1340700	2925800
2017	2210.65	3005.90	6087.21	1093209	1722600	3685600
2018	2623.82	3383.17	5639.55	1455249	1999500	3415900
2019	2690.25	3982.26	6261.61	1587200	2392900	3880300
2020		2895.41	6809.75		1538300	3988100

主要统计指标解释

批发业 指批发商向批发、零售单位及其他企事业、机关单位批量销售生活用品和生产资料的活动，以及从事进出口贸易和贸易经纪与代理的活动。批发商可以对所批发的货物拥有所有权，并以本单位、公司的名义进行交易活动；也可以不拥有货物的所有权，而以中介身份做代理销售商。还包括各类商品批发市场中固定摊位的批发活动。

零售业 指百货商店、超级市场、专门零售商店、品牌专卖店、售货摊等主要面向最终消费者（如居民等）的销售活动。包括以互联网、邮政、电话、售货机等方式的销售活动，还包括在同一地点，后面加工生产，前面销售的店铺（如前店后厂的面包房）。不包括：谷物、种子、饲料、牲畜、矿产品、生产用原料、化工原料、农用化工产品、机械设备（乘用车、计算机及通信设备等除外）等生产资料的销售（列入批发业）；非零售单位附带的零售活动，如汽车修理单位销售汽车零件（列入单位主业所对应的行业类别中）；商业零售单位所在商厦的物业管理（列入物业管理）；商业零售单位所在的商品市场、商业大厦的市场管理活动（列入市场管理）。

批发和零售业商品购进、销售、库存额 指各种登记注册类型的批发和零售业企业(单位)以本企业(单位)为总体的，从国内、国外市场购进的商品总量，销售和出口的商品总量，库存的商品总量等情况。该指标可以反映商品流转过程中商品的购进、销售、库存之间的比例关系和存在的问题。

商品购进额 指从本企业以外的单位和个人购进（包括从国外直接进口）作为转卖或加工后转卖的商品金额（含增值税）。商品购进包括：（1）从工农业生产者、批发和零售业企业、住宿和餐饮业企业、出版社或报社的出版发行部门和其他服务业企业购进的商品；（2）从机关团体、事业单位购进的商品；（3）从海关、市场管理部门购进的缉私和没收的商品；（4）从居民收购的废旧商品等。不包括：（1）企业为本单位自身经营用，不是作为转卖而购进的商品，如材料物资、包装物、低值易耗品、办公用品等；（2）未通过买卖行为而收入的商品，如接受其他部门移交的商品、借入的商品、收入代其他单位保管的商品、其他单位赠送的样品、加工回收的成品等；（3）经本单位介绍，由买卖双方直接结算，本单位只收取手续费的业务；（4）销售退回和买方拒付货款的商品；（5）商品溢余。

商品销售额 指对本单位以外的单位和个人出售的商品金额（包括售给本单位消费用的商品，含增值税）。商品销售包括（1）售给城乡居民和社会集团消费用的商品；（2）售给农业、工业、建筑业、运输邮电业、服务业、公用事业等国民经济各行业用于生产、经营用的商品，包括售予批发和零售业作为转卖或加工后转卖的商品；（3）对国（境）外直接出口的商品。不包括：（1）未通过买卖行为付出的商品，如随机构变动移交给其他企业单位的商品、借出的商品、归还受其他单位委托代保管的商品、付出的加工原料和赠送给其他单位的样品等；（2）经本单位介绍，由买卖双方直接结算，本单位只收取手续费的业务；（3）购货退回的商品；（4）商品损耗和损失；（5）出售本单位自用的废旧物资。

商品库存额 指报告期末各种登记注册类型的批发和零售业企业(单位)已取得所有权的商品。它反映批发和零售业企业(单位)的商品库存情况和对市场商品供应的保证程度。商品库存包括：(1)存放在批发和零售业经营单位(如门市部、批发站、采购站、经营处)的仓库、货场、货柜和货架中的商品；(2)挑选、整理、包装中的商品；(3)已记入购进而尚未运到本单位的商品，即发货单或银行承兑凭证已到而货未到的商品；(4)寄放他处的商品，如因购货方拒绝付款而暂时存在购货方的商品；(5)委托其他单位代销(未作销售或调出)尚未售出的商品；(6)代其他单位购进尚未交付的商品。不包括：所有权不属于本单位的商品；委托外单位加工的商品；外贸企业代理其他单位从国外进口尚未付给订货单位的商品；代国家物资储备部门保管的商品等。

连锁总店（总部） 指负责连锁企业资源（商号、商誉、经营模式、服务标准、管理模式等等）的开发、配置、控制或使用等功能的企业核心管理机构。连锁经营是指经营同类商品或服务，使用统一商号的若干店铺，在同一总店（总部）的管理下，采取统一采购或特许经营等方式，实现规模效益的组织形式，包括直营连锁、特许连锁和自愿连锁三种形式。其中，直营连锁是指连锁店铺由连锁公司全资或控股开设，在总部的直接控制下，开展统一经营的连锁经营形式；特许连锁是指拥有注册商标、企业标志、专利、专有技术等经营资源的企业（特许人），以合同形式将其拥有的经营资源许可其他经营者（被特许人）使用，被特许人按合同约定在统一的经营模式下开展经营，并向特许人支付特许经营费用的连锁经营形式；自愿连锁是指若干个店铺或企业自愿组合起来，在不改变各自资产所有权关系的情况下，以同一个品牌形象面对消费者，以共同进货为纽带开展的连锁经营形式。

亿元以上商品交易市场 指年成交额在亿元及以上的商品交易市场。商品交易市场是指经有关部门和组织批准设立，有固定场所、设施，有经营管理部门和监管人员，若干市场经营者入内，常年或实际开业三个月以上，集中、公开、独立地进行生活消费品、生产资料等现货商品交易以及提供相关服务的交易场所，包括各类消费品市场、生产资料市场等。

住宿业 指有偿为顾客提供临时住宿的服务活动。不包括提供长期住宿场所的活动，如出租房屋、公寓等（列入房地产开发经营）。

餐饮业 指在一定场所，对食物进行现场烹饪、调制，并出售给顾客主要供现场消费的服务活动。

营业额 指住宿和餐饮业单位在经营活动中因提供服务或销售商品等取得的收入。包括：客房收入、餐费收入、商品销售额和其他收入。其中，客房收入指住宿和餐饮业单位在经营活动中因提供住宿服务取得的收入。餐费收入指住宿和餐饮业单位因为顾客提供就餐服务取得的收入，包括经烹饪、调制加工后出售的各种食品，如主食、炒菜、凉拌菜等的收入。

社会消费品零售总额 指企业（单位、个体户）通过交易直接售给个人、社会集团非生产、非经营用的实物商品金额，以及提供餐饮服务所取得的收入金额。个人包括城乡居民和入境人员，社会集团包括机关、社会团体、部队、学校、企事业单位、居委会或村委会等。

旅游人数

(1)**入境游客** 指报告期内来中国（大陆）观光、度假、探亲访友、就医疗养、购物、参加会议或从事经济、文化、体育、宗教活动的外国人、港澳台同胞等游客(即入境旅游人数)。统计时，入境游客按每入境一次统计 1 人次。入境旅游人数包括入境过夜游客和入境一日游游客。

(2)**国内游客** 指在报告期内在中国（大陆）观光游览、度假、探亲访友、就医疗养、购物、参加会议或从事经济、文化、体育、宗教活动的中国（大陆）居民人数，其出游的目的不是通过所从事的活动谋取报酬。统计时，国内游客按每出游一次统计 1 人次。

国际旅游(外汇)收入 指入境游客在中国（大陆）境内旅行、游览过程中用于交通、参观游览、住宿、餐饮、购物、娱乐等全部花费。

国内旅游收入 指国内游客在国内旅行、游览过程中用于交通、参观游览、住宿、餐饮、购物、娱乐等全部花费。

星级饭店 指设备、设施、服务符合《旅游饭店星级的划分与评定》（GB/T14308-2003），通过相关旅游管理部门评定，并取得星级饭店称号的饭店（含预备星级饭店）。

Explanatory Notes on Main Statistical Indicators

Wholesale Trade refers to the activities of wholesaler selling at wholesale commodities for daily use and capital goods to enterprises of wholesale and retail trades and other enterprises, institutions and government offices, including the activities of wholesaler engaged in import and export and acting as a trade agent. The wholesaler may have the right of ownership over the commodities of wholesale and trade in the name of its owns or a company, the wholesaler may not have the right of ownership, only acts an agent. The wholesale trade also include the activities of wholesaler at the fixed stalls of the wholesale market of different commodities.

Retail Trade refers to the activities of department store, supermarket, franchised store, brand store, retail stall and on-the-spot-making-selling store selling commodities to the final consumers (citizens) by any means including internet, post, telephone, sales machine. Retail trade excludes the activities of sales of capital goods such a grain, seed, feed, livestock, mineral products, raw material for production, industrial chemicals, chemical products for farm, machine and equipment (vehicle, computer and communication equipment), and the activities of supplementary sales of non-retailer such as the sales of spare parts of car repair business (listed as branch in correspondence with principle business), property management of buildings of retail units (listed as property management); market management of commercial markets and buildings of retail units (listed as market management) .

Purchase, Sales and Stock of Commodities by Wholesale and Retail Trades refer to the total volume of commodities purchased, total volume of sales and exports, and the stock of commodities by wholesale and retail enterprises (establishments) of different status of registration from domestic and overseas markets. This indicator reflects the relationship among purchase, sales and stock of commodities in the circulation of goods and reveals the existing problems.

Total Purchases of Commodities refer to the total value of purchases of commodities by enterprises (establishments) from other establishments or individuals (including direct import from abroad) for the purpose of re-selling, either with or without further processing of the commodities purchased. The commodities include: (1) commodities purchased from agricultural and industrial producer, wholesaler, retailer, publishing house and other service business; (2) commodities purchased from institutions and government departments; (3) confiscated goods purchased from the customs authorities or market management agencies; (4) second-hand goods and wastes purchased from residents; The commodities exclude 1. commodities purchased by enterprises (establishments) for use in their own business operation, commodities obtained without buying or selling procedures such as materials, consumable goods of low value, office appliance, etc. 2. received goods without trading, such as goods handed over from others, borrowed goods, preserved goods for others, donated goods from others, processed and retrieved goods, etc. 3. goods of direct settlement between buyer and seller with handling fees introduced by others, 4. goods returned or refused to pay by the buyer, 5. excessive goods.

Total Sales of Commodities refer to value of commodities sold by the establishments to other establishments and individuals (including goods sold for self consumption, including the value-added tax). The commodities include: (1) commodities sold to urban and rural residents and social groups for their consumption; (2) commodities sold to establishments in all industries for their production and operation, including agriculture, industry, construction, transportation, post and telecommunications, catering services, and public utility including commodities sold to wholesale and retail establishments for re-selling, with or without further processing; and (3) commodities for direct export to abroad. Excluded are (1) extended commodities without trading, such as goods handed over to other enterprises and institutions because of the change of organizations, lent goods, returned goods preserved for others, extended processing materials and samples donated to others, (2) goods of direct settlement between buyer and seller with handling fees introduced by others, 3. goods returned after purchase, (4) damaged and spoiled goods, (5) waste and used goods of self use,

Total Stock of Commodities refers to total commodities possessed by wholesaler and retailer of various types of registration status at the end of the reference period, reflecting the commodity stock level of various wholesaler and retailer and the potential for market supply. It includes: (1) commodities located in storage, garages, counters, and shelves of operating places of wholesale and retail trades (such as sale stores, wholesale centers, procurement stations and operating offices); (2) commodities in the process of being selected, sorted, and packed; (3) commodities not arrived but recorded as purchase in the account, i.e. commodities not arrived but payment receipts for the commodities from the sellers or the banks arrived; (4) commodities deposited in other places rather than places mentioned above, for instance: commodities in the hold of purchasers temporarily due to the refusal of payment; (5) commodities entrusted to other units to sell but not sold yet; (6) commodities purchased for other units but not delivered yet. Commodities not included as stock are those not owned by the enterprises (units), commodities on commission for processing, imported commodities of agency of foreign trade enterprise but not yet delivered to ordering units and finally those put in stock on behalf of the state material reserves units.

Chain Head Stores (headquarter) refer to the core leading stores responsible for development, allocation, administration and utilization of resources (name of stores, brand of stores, operation model, service standard, management way, etc.) of chain stores. Chain stores refers to the stores engaged in providing homogeneous commodities or services, with the central leadership of head store (headquarters) and guided by common policies, conduct centralized purchase and distributed selling of commodities, in order to gain better efficiency through standardized operation. The chain stores include regular chain stores, franchise chain stores and voluntary chain stores.

Regular Chain store refers to chain stores that are invested or controlled by the headquarters. They operate under direct and unified management from the headquarters.

Franchise chain store refers to the chain stores (franchisees) which are franchised with operation resources such as trade marks, names, patent and operation know-how by the franchisors in form of contract and pay the operation fees to the franchisors.

Voluntary chain store refers to the stores operate jointly on the voluntary bases while maintaining their status of independent legal entities with full ownership of their assets. They sell goods of same brand from same channel of resource to the consumers.

Large Commodity Markets with Transaction Value over 100 Million Yuan refers to the commodity markets with an annual transaction at and above 100 million. The commodity market refers to the markets approved and managed by related departments, where there are fixed sites, facilities, managers and administration offices, where there are a certain number of traders to operate for three month and above or all the year, where the commodities including the articles for daily consumption and capital goods and services are traded in a centralized, independent and open way. Such market includes markets of daily goods and market of capital goods, etc.

Hotel Services refer to the charged accommodation services provided to customers, excluding the long term accommodation service activities such as rental housing and apartments(it is under real estate development and management).

Catering Services refer to the activities of enterprises providing on-the-spot services of selling food cooked and prepared to the customer in certain sites

Business Revenue refers to revenue of hotels and catering services received from providing services or selling commodities through business activities, including income from hotels, from catering services, from selling of commodities and from other services. Income from hotels refers to income of hotels and catering services by providing lodging services through business activities. Income from catering services refers to income of hotels and catering services by providing catering services, including selling of cooked or prepared foods, such as staple food, cooked dishes, or cold dishes.

Total Retail Sales of Consumer Goods refer to the amount obtained by enterprises (units, self-employed individuals) through direct sales of non-production and non-business physical commodity to individuals, social institutions, and revenue from providing catering services. Individuals include rural and urban households, population from abroad, social institutions include government agencies, social organizations, military units, schools, institutions, neighborhood (village) committees.

Number of Tourists

(1) **Visitor arrivals** refer to the number of tourists of foreigners, Chinese compatriots from Hong Kong, Macao and Taiwan who come to China (mainland) within the reference period for sight-seeing, vacation, visiting relatives, medical treatment, shopping, attending conference, or to engage in economic, cultural, sports and religious activities. Each entry of one visitor counts as one person-time. Visitor arrivals include both overnight-trippers and day-trippers.

(2) Number of domestic tourists refers to the number of Chinese (mainland) residents who travel within China (mainland) for sight-seeing, vacation, visiting relatives, medical treatment, shopping, attending conference, or to engage in economic, cultural, sports and religious activities. In compiling statistics, each time of travelling is counted as one person-time.

Foreign Exchange Earnings from International Tourism refer to the total expenditure of foreigners, overseas Chinese, Chinese compatriots from Hong Kong, Macao and Taiwan during their stay in the mainland of China on transportation, sighting, accommodation, food, shopping and entertainment.

Income from Domestic Tourism refer to expenditure of domestic tourists on transportation, sighting, accommodation, food, shopping and entertainment while they travel.

Star-rated Hotels refer to hotels rated with stars as assessed by the relevant tourism authorities according to GB/T14308-2003 standard with reference to their infrastructure, facilities and service levels.

17

金融业

FINANCIAL INDUSRY

◆ 415/424

资料整理：钟灵毓　雷海清

简要说明

本篇资料主要反映全省金融、保险、证券等方面的基本情况。

金融资料由中国人民银行南昌中心支行提供。

保险业务资料由江西银保监局提供。

证券资料由江西证监局提供。

Brief Introduction

The data in this chapter show the basic conditions of local government banking, insurance and stocks of the whole province.

The data on banking are provided by Nanchang Branch of the People's Bank of China.

The data on insurance are provided by Jiangxi Banking and Insurance Regulatory Bureau.

The data on stocks are provided by Securities Regulatory Bureau of Jiangxi Province.

17-1 金融机构本外币信贷资金平衡表年末余额(2020年)

Balance Sheet of Credit Funds of RMB and Foreign Currency of Financial Institutions at Year-end (2020)

单位：万元 (10 000 yuan)

指　　标	Item	年末余额 Balance	比年初增减 Over Beginning of Year	比年初增长(%) Growth Rate (%)
各项存款	**Total Deposits**	**439129463**	**47375843**	**12.1**
境内存款	Domestic Deposits	438720982	47175253	12.0
住户存款	Resident Deposits	228119111	30753772	15.6
活期存款	Current Deposits	86300757	9462220	12.3
定期及其他存款	Fixed and Other Deposits	141818354	21291552	17.7
非金融企业存款	Deposits of Non-financial Enterprises	131517435	15378490	13.2
活期存款	Current Deposits	69313820	5395780	8.4
定期及其他存款	Fixed and Other Deposits	62203615	9982710	19.1
广义政府存款	Generalized Government Deposits	71727740	4174118	6.2
财政性存款	Fiscal Deposits	15593160	2886336	22.7
机关团体存款	Deposits of Non-profit Institutions	56134580	1287782	2.3
非银行业金融机构存款	Deposits of Non-banking Financial Institutions	7356695	-3131126	-29.9
境外存款	Overseas Deposits	408481	200590	96.5
各项贷款	**Total Loans**	**416676792**	**59708296**	**16.7**
境内贷款	Demestic Loans	416102675	59836201	16.8
住户贷款	Resident Loans	163017817	19293422	13.4
短期贷款	Short-term Loans	42792229	4881465	6.5
中长期贷款	Medium and long-term Loans	120225588	14411957	16.1
企(事)业单位贷款	Loans from enterprises (Institutions)	252374476	40532779	19.1
短期贷款	Short-term Loans	67026065	11155083	20.0
中长期贷款	Medium and long-term Loans	158334911	24170644	18.0
票据融资	Bill financing	25438155	5776965	29.4
融资租赁	Financial Lease	1355391	-514709	-27.5
各项垫款	Various Advances	219954	-55204	-20.1
非银行业金融机构贷款	Loans of Non-banking Financial Institutions	710383	10000	1.4
境外贷款	Overseas Loans	574117	-127905	-18.2

注：本表统计口径包括中国人民银行、政策性银行、国有独资商业银行、邮政信汇局、其他商业银行、农村合作银行、城市信用社、农村信用社、信托投资公司、财务公司等金融机构。后同。

a) The statistical scope in the table includes the People's Bank of China, policy banks, state-owned commercial banks, postal savings bureau, other commercial banks, rural cooperative banks, urban credit cooperatives, rural credit cooperatives, financial trust and investment companies, finance companies and other financial institutions. The same applies to the following tables.

17-2 金融机构人民币信贷资金平衡表年末余额(2020年)
Balance Sheet of Credit Funds of Financial Institutions at Year-end (2020)

单位：万元 (10 000 yuan)

指标	Item	年末余额 Balance	比年初增减 Over Beginning of Year	比年初增长(%) Growth Rate (%)
各项存款	**Total Deposits**	**436081666**	**46556404**	**12.0**
境内存款	Domestic Deposits	435891644	46514272	11.9
住户存款	Resident Deposits	227411088	30752356	15.6
活期存款	Current Deposits	85929515	9422956	12.3
定期及其他存款	Fixed and Other Deposits	141481572	21329400	17.8
非金融企业存款	Deposits of Non-financial Enterprises	129428454	14648767	12.8
活期存款	Current Deposits	68108154	5196663	8.3
定期及其他存款	Fixed and Other Deposits	61320301	9452104	18.2
广义政府存款	Generalized Government Deposits	71700175	4243779	6.3
财政性存款	Fiscal Deposits	15593160	2886336	22.7
机关团体存款	Deposits of Non-profit Institutions	56107014	1357443	2.5
非银行业金融机构存款	Deposits of Non-banking Financial Institutions	7351927	-3130630	-29.9
境外存款	Overseas Deposits	190022	42132	28.5
各项贷款	**Total Loans**	**414091501**	**59153955**	**16.7**
境内贷款	Demestic Loans	414080977	59177586	16.7
住户贷款	Resident Loans	163016149	19295703	13.4
短期贷款	Short-term Loans	42790602	4883732	6.5
中长期贷款	Medium and long-term Loans	120225548	14411971	16.1
企(事)业单位贷款	Loans from enterprises (Institutions)	250354445	39871882	18.9
短期贷款	Short-term Loans	65873146	10628523	19.2
中长期贷款	Medium and long-term Loans	157509724	24032404	18.0
票据融资	Bill financing	25438155	5776965	29.4
融资租赁	Financial Lease	1355391	-514709	-27.5
各项垫款	Various Advances	178029	-51300	-22.4
非银行业金融机构贷款	Loans of Non-banking Financial Institutions	710383	10000	1.4
境外贷款	Overseas Loans	10524	-23630	-69.2

17-3 各地区金融机构(含外资)本外币信贷主要指标(2020年)

Main Indicators on RMB and Foreign Currency Trust of Financial Institutions (Foreign-Capital Included) by Region (2020)

单位：亿元 (100 million yuan)

地　区	Region	各项存款 Savings Deposits in Various Forms			各项贷款 Loans in Various Forms		
		年末余额 Balance	比年初增减 Over Beginning of Year	增长(%) Growth Rate (%)	年末余额 Balance	比年初增减 Over Beginning of Year	增长(%) Growth Rate (%)
全　省	**Provincial Total**	**43912.95**	**4737.58**	**12.1**	**41667.68**	**5970.83**	**16.7**
南昌市	Nanchang	13676.82	1580.02	13.1	16005.62	1958.30	13.9
景德镇市	Jingdezhen	1486.52	191.83	14.8	1123.82	171.35	18.0
萍乡市	Pingxiang	1445.42	108.31	8.1	1194.38	197.78	19.8
九江市	Jiujiang	4174.06	350.62	9.2	3507.83	572.24	19.5
新余市	Xinyu	1389.32	106.74	8.3	1123.86	156.30	16.2
鹰潭市	Yingtan	1019.50	122.64	13.7	966.67	189.50	24.4
赣州市	Ganzhou	6030.38	586.69	10.8	5772.39	940.29	19.5
吉安市	Ji'an	3515.47	363.91	11.5	2657.69	431.27	19.4
宜春市	Yichun	4079.42	462.83	12.8	3164.92	465.49	17.2
抚州市	Fuzhou	2562.31	312.63	13.9	2266.00	383.96	20.4
上饶市	Shangrao	4484.70	566.38	14.5	3648.58	511.16	16.3

17-4 财产保险公司主要指标

Main Indicators of Property Insurance Companies

单位：万元 (10 000 yuan)

指　标	Item	保费收入 Premium Income		赔款支出 Indemnity Expenditure	
		2019	2020	2019	2020
合　计	**Total**	**3069033**	**3329275**	**1717623**	**1910331**
企业财产保险	Enterprise Property Insurance	50125	51485	47187	47559
机动车辆保险	Motor Vehicle Insurance	2107865	2166153	1135718	1169476
货物运输保险	Freight Transport Insurance	12060	14493	5542	4699
责任保险	Liability Insurance	118825	154956	59448	74971
信用保证保险	Credit Insurance	117585	133743	55620	88870
农业保险	Agriculture Insurance	161872	205865	88428	120304
其它财产保险	Other Insurance	500701	602579	325679	404452

17-5 人寿保险公司主要指标
Main Indicators of Life Insurance Companies

单位：万元 (10 000 yuan)

指　标	Item	2014	2015	2016	2017	2018	2019	2020
原保险保费收入	**Premium of Primary Insurance**	**2544629**	**3372161**	**4135346**	**4922223**	**4836839**	**5282872**	**5949364**
寿险小计	Life Insurance in Total	1533897	1489765	1712066	2315342	1866118	1986421	2542832
普通寿险	Ordinary Life Insurance	708121	711855	822691	1432132	576424	749868	1084411
分红寿险	Participating Life Insurance	816392	767550	877721	870399	1277569	1224444	1446621
投资联结保险	Investment-linked Life Insurance	155	153	114	112	113	116	119
万能寿险	Universal Life Insurance	9229	10207	11540	12698	12013	11993	11681
年金保险	Annuities Insurance	692137	1460478	1767520	1840503	1946199	1967147	1919164
意外伤害险	Accident Insurance	63162	63815	73158	82401	103256	111634	123651
健康险	Health Insurance	255434	358102	582602	683979	921266	1217670	1363717
赔付支出	**Payment**	**658874**	**922922**	**1055501**	**966602**	**1145437**	**1090017**	**1201902**
赔款支出	Claim	68799	124142	183381	187894	293111	390250	410186
死伤医疗给付	Medical benefits for deatn & injury	48762	56595	66687	85197	105810	133555	160286
满期给付	Expire Payment	483762	643882	689364	548255	539669	382280	455273
年金给付	Annuities Payment	57551	98303	116068	145255	206846	183933	176157

17-6 各地区保险业务情况(2020年)
Statistics on Insurance Business Conditions by Region (2020)

单位：万元 (10 000 yuan)

地区	Region	全部业务 Total Insurance Business		财产保险公司业务 Property Insurance Business		人身保险公司业务 Life Insurance Business	
		保费收入 Premium Income	比上年增长(%) Growth Rate over Preceding year (%)	保费收入 Premium Income	比上年增长(%) Growth Rate over Preceding year (%)	保费收入 Premium Income	比上年增长(%) Growth Rate over Preceding year (%)
全省	**Provincial Total**	**9278638**	**11.1**	**3329275**	**8.5**	**5949364**	**12.6**
南昌市	Nanchang	2678872	19.1	819666	13.2	1859206	21.9
景德镇市	Jingdezhen	251576	9.9	96169	4.2	155407	13.8
萍乡市	Pingxiang	314922	9.1	121818	8.3	193104	9.6
九江市	Jiujiang	801563	10.8	302499	9.4	499064	11.7
新余市	Xinyu	287421	8.4	91766	7.6	195656	8.8
鹰潭市	Yingtan	202569	9.9	77778	11.5	124791	8.9
赣州市	Ganzhou	1458168	6.5	548702	3.6	909466	8.4
吉安市	Ji'an	812184	8.5	290639	9.5	521545	7.9
宜春市	Yichun	1045394	6.1	407628	8.1	637766	4.8
抚州市	Fuzhou	520368	10.6	219810	8.7	300558	12.1
上饶市	Shangrao	898565	7.7	345769	4.6	552796	9.8

17-6 续表 continued

单位：万元 (10 000 yuan)

地区	Region	保险密度(元) Density of Insurance (yuan)			保险深度(%) Depth of Insurance (%)		
		全部业务 Total Insurance Business	财产险 Property Insurance	人身险 Life Insurance	全部业务 Total Insurance Business	财产险 Property Insurance	人身险 Life Insurance
全省	**Provincial Total**	**2053.84**	**736.94**	**1316.90**	**3.61**	**1.30**	**2.32**
南昌市	Nanchang	4322.06	1322.44	2999.62	4.66	1.43	3.24
景德镇市	Jingdezhen	1554.29	594.15	960.14	2.63	1.00	1.62
萍乡市	Pingxiang	1742.01	673.84	1068.16	3.27	1.26	2.00
九江市	Jiujiang	1739.93	656.62	1083.30	2.47	0.93	1.54
新余市	Xinyu	2396.92	765.27	1631.65	2.87	0.92	1.95
鹰潭市	Yingtan	1757.64	674.86	1082.78	2.06	0.79	1.27
赣州市	Ganzhou	1630.24	613.45	1016.79	4.00	1.51	2.49
吉安市	Ji'an	1808.99	647.35	1161.64	3.74	1.34	2.40
宜春市	Yichun	2077.83	810.20	1267.63	3.75	1.46	2.29
抚州市	Fuzhou	1433.04	605.33	827.71	3.31	1.40	1.91
上饶市	Shangrao	1382.98	532.17	850.81	3.42	1.32	2.11

注：保险密度=年保费收入/国民年平均人口；保险深度=年保费收入/年国内生产总值。

a) Density of insurance=the annualy premium income/the national annual average population.
Depth of insurance=the annualy premium income/the annual gross domestic product.

17-7 江西省上市公司数量
Number of Listed Companies of Jiangxi

单位：个　　　　(unit)

地　区	Region	2012	2013	2014	2015	2016	2017	2018	2019	2020
全　省	**Total**	**33**	**33**	**32**	**35**	**37**	**39**	**42**	**43**	**55**
南昌市	Nanchang	17	16	16	17	19	19	20	20	22
景德镇市	Jingdezhen	3	3	2	4	4	4	4	4	5
萍乡市	Pingxiang	1	1	1	1	1	1	1	1	2
九江市	Jiujiang									1
新余市	Xinyu	2	2	2	2	2	3	4	4	4
鹰潭市	Yingtan	2	2	2	2	2	2	2	2	2
赣州市	Ganzhou	2	3	3	3	3	3	4	4	5
吉安市	Ji'an								1	2
宜春市	Yichun	2	2	2	2	2	3	3	3	4
抚州市	Fuzhou	1	1	1	1	1	1	1	1	2
上饶市	Shangrao	3	3	3	3	3	3	3	3	6

17-8 股票发行量和筹资额
Issued Share and Raised Capital

年份 Year	股票发行量(亿股) Issued Share (100 million shares)	A股 A Shares	H股 H Shares	B股 B shares	股票筹资额(亿元) Raised Capital (100 million yuan)	A股 A Shares	配股 Rights Issued	B股 B Shares
2012	7.98	4.90	3.08		65.35	60.48		4.87
2013	4.03	4.03			33.63	33.63		
2014	5.60	5.60			37.27	37.27	5.66	
2015	7.31	7.31			81.46	81.46	5.90	
2016	17.03	17.03			191.56	191.56		
2017	10.68	10.68			68.72	68.72	6.4	
2018	6.16	4.16	2		70.26	42.07		
2019	2.78	2.78			28.67	28.67		
2020	20.59	20.59			215.43	215.43		

17-9 江西省证券市场基本情况
Jiangxi General Statistics on Securities Markets

指标	Item	2016	2017	2018	2019	2020
证券法人公司(个)	Securities corporation(unit)	2	2	2	2	2
证券营业部(个)	Security Exchange(unit)	317	319	321	318	353
证券投资者开户数(万户)	Securities Investors Accounts Established (10 000 units)	468.72	573.22	635.00	736.66	822.39
A股成交金额(亿元)	Total Turnover of A shares (100 million yuan)	39988.21	32415.27	24805.54	37629.91	55503.05
B股成交金额(亿元)	Total Turnover of B shares (100 million yuan)	17.89	9.96	6.63	6.28	7.34
上市公司总股本(亿股)	Total Share Capital of Listed Companies (100 million shares)	323.34	337.22	364.57	376.73	461.81
A股	A shares	306.03	319.90	345.25	373.29	453.18
B股	B shares	3.44	3.44	3.44	3.44	8.63
流通股本(亿股)	Negotiable shares (100 million shares)	265.14	294.94	321.41	347.56	362.36
股票市价总值(亿元)	Total Market Capitalization (100 million yuan)	4159.46	4131.87	3084.96	3913.25	6768.51
A股	A shares	3968.03	3951.30	2927.06	3894.73	6615.86
B股	B shares	59.14	36.75	23.67	18.52	152.65
股票流通市值(亿元)	Negotiable Market Capitalization (100 million yuan)	3440.30	3476.22	2591.87	3440.10	4723.80
A股	A shares	3254.81	3295.65	2433.96	3421.58	4702.49
B股	B shares	59.14	36.75	23.67	18.52	21.31
期货投资者开户数(万户)	Future Investors Accounts Established (10 000 units)	3.85	4.66	4.93	5.17	5.82
期货总成交量(万手)	Trading Volume of Future (10 000 pieces)	4151.16	2840.34	2403.11	3133.48	4160.74
期货总成交额(亿元)	Trading Turnover of Future (100 million yuan)	19871.43	18271.84	19109.74	28120.71	35260.36

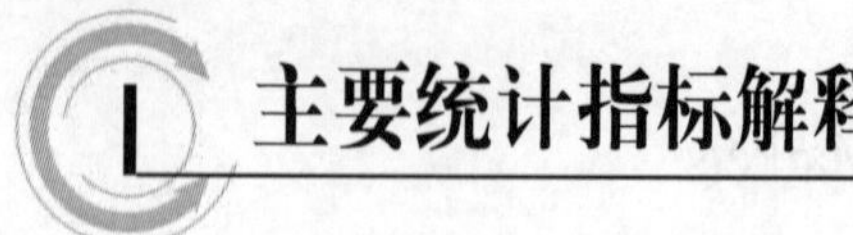

主要统计指标解释

各项存款　指单位、个人、财政部门在保留资金或货币所有权的条件下，以不可流通的存单或类似凭证为依据，确保名义本金不变暂时让渡资金使用权所存入金融机构的款项，包括单位存款、个人存款、国库定期存款、临时存款、邮政储蓄银行老协议存款、外汇储备委托贷款资金、非存款类金融机构存放款项等。

各项贷款　指金融机构在保留资金或货币所有权的条件下，以不可流通的借款凭证或类似凭证为依据，暂时让渡资金使用权所形成的债权，包括信用卡及账户透支、个人经营和消费贷款、单位经营贷款、固定资产贷款、并购贷款、贸易融资、融资租赁、各项垫款、票据融资以及拆放非存款类金融机构款项等。

保险金额　指保险人承担赔偿或者给付保险金责任的最高限额。

保费　指投保人为取得保险人在约定范围内所承担赔偿责任而支付给保险人的费用。

赔偿　指保险人根据保险合同的规定，向被保险人支付的赔偿保险责任损失的金额。

Explanatory Notes on Main Statistical Indicators

Various Deposits refers to the money deposited in financial institutions by units, individuals and financial departments on the basis of non-negotiable certificates of deposit or similar certificates to ensure the invariable nominal principal and temporarily transfer the right to use funds under the condition of retaining the ownership of funds or currency. It includes corporate deposits, individual deposits, Treasury time deposits, temporary deposits, deposits under the old agreement of postal savings banks, funds for entrusted loans of foreign exchange reserves, funds deposited by non-deposit financial institutions, etc.

Various Loans refers to the creditor's rights formed by the temporary transfer of the right to use funds by financial institutions on the basis of non-negotiable loan certificates or similar certificates under the condition of retaining capital or currency ownership. Including credit card and account overdraft, personal business and consumer loans, unit business loans, fixed assets loans, merger and acquisition loans, trade financing, financial leasing, advances, bill financing and the release of non-deposit financial institutions, etc.

Amount Insured refers to the maximum that the insurant will get for the claim of the case insured.

Premium is the fee paid by the insurant to the insurer to obtain the obligation of compensation from the insurance within the agreed terms.

Settled Claim is the compensation paid by the insurer to the insurant in accordance with the insurance contract

18

房地产开发

REAL ESTATE DEVELOPMENT

简要说明

房地产开发统计资料的主要内容包括：全省房地产开发经营方面的基本情况，包括11个设区市的主要房地产开发统计数据。如：房地产开发投资额、房屋施工面积、房屋竣工面积、商品房销售面积、商品房销售额、房地产开发投资资金来源等。

房地产开发统计范围包括有房地产开发经营活动的全部房地产开发经营业法人单位。

资料来源：根据国家统计局制定的《房地产开发统计报表制度》搜集资料，由省统计局固定资产投资处整理汇总。

统计调查方法：由各级统计部门采取全面调查方法，执行企业一套表，由企业网上直报。

Brief Introduction

Main Contents of Real Estate Statistic: Data in this chapter show the general situation and the development of real estate. They cover the situation of real estate of the 11 municipalities in the whole Jiangxi Province. The data include the value of real estate development, floor space under construction, floor space completed, floor space sold, value of house sold, the source of funds for the development.

The scope of the development of real estate statistics covers all corporate units with development and operating activities engaged in real estate development.

Sources of Data: Data on Real Estate Statistic are collected in accordance with the Reporting Form System of the Development of Real Estate Statistics stipulated by the National Bureau of Statistics and provided by Fixed Assets Investment Division of Jiangxi Provincial Bureau of Statistics.

Methods of Survey: Comprehensive survey methodology is adopted by statistical department at all levels. Data are reported by enterprises through the online data-report system.

18-1 房地产开发与经营主要指标
Main Indicators of Enterprises for Real Estate Development

指　　标	Item	2019	2020
房地产开发投资增速(%)	**Growth Rates of Total Investment in Real Estate Development (%)**	**3.0**	**6.2**
按登记注册类型分	Grouped by Registration Status		
内　资	Domestic Funded	3.6	4.1
#国　有	State-owned Units	57.2	-25.5
集　体	Collective-owned Units		
股份合作	Cooperative Units		
联　营	Joint Ownership Units		
有限责任公司	Limited liability Enterprises	23.3	0.2
股份有限公司	Share-holding Corporations Ltd.	-14.7	-53.8
私　营	Private Enterprises	-12.0	15.4
其　他	Others		23846.7
港澳台商投资	Enterprises with Funds from Hong Kong, Macao and Taiwan	22.9	81.2
外商投资	Foreign Funded	-84.7	329.5
按构成分	Grouped by Use of Funds		
建筑工程	Construction	-1.6	14.0
安装工程	Installation	-21.7	-4.2
设备工器具购置	Purchase of Equipment and Instruments	28.2	15.4
其他费用	Others	24.4	-7.4
#土地购置费	Total value of Land Purchased	24.4	-1.2
按工程用途分	Grouped by Use of Projects		
住　宅	Residential Buildings	6.1	7.2
办公楼	Office Buildings	-10.2	43.7
商业营业用房	Houses for Bussiness Use	-5.9	-2.0
其　他	Others	-2.5	-3.8

18-1 续表 continued

指 标	Item	2000	2010	2015	2019	2020
企业个数(个)	**Number of Enterprises (unit)**	**539**	**2141**	**2187**	**2666**	**2855**
本年新增固定资产(万元)	**Newly Increased Fixed Assets this Year (10 000 yuan)**	**294124**	**3898732**	**6676396**	**7987123**	**8511116**
土地开发(万平方米)	**Land Space Developed (10 000 sq.m)**					
本年购置土地面积	Land Space Purchased this Year	287.81	777.15	542.89	562.62	551.99
资金来源(万元)	**Sources of Funds (10 000 yuan)**					
本年资金来源小计	Sources of Funds This Year	444086	10081606	21013298	34205737	37778809
国内贷款	Domestic Loans	71414	1464036	2308154	4187368	3759022
#银行贷款	Bank Loans		1412902	2063823	3402360	3189884
非银行金融机构贷款	Non-banking Financial Institutions Loans		51134	244331	785008	569138
利用外资	Foreign Investment	33925	28979	61412	903	14437
自筹资金	Self-raising Funds	134697	3912925	7307833	8873755	9055657
其他资金来源	Others	202730	4675666	11335899	894998	585941
定金及预收款	Deposit and Prepayment	164019	2542706	5852983	11753839	13177959
个人按揭贷款	Individual Mortgage Loans		1460827	4479961	8494874	11185793
房屋施工、竣工和销售、出租情况(万平方米)	**Floor Space of Buildings Under Construction and Completed, On Sale and for Rent (10 000 sq.m)**					
房屋施工面积	Floor Space under Construction	896.62	7229.94	15293.60	23556.98	23580.80
#新开工面积	Started this Year	490.92	2344.98	3704.87	5862.57	5301.79
房屋竣工面积	Floor Space of Buildings Completed	402.80	1817.74	1907.89	2230.76	2238.50
商品房销售面积	Floor Space of Commercialized Buildings Sold	286.69	2469.73	3478.23	6458.86	6732.71
商品房销售额(万元)	Total Sales of Commercialized Buildings(10 000 yuan)	272008	7764058	18636712	47104220	52227807
商品房出租面积	Floor Space of Commercialized Buildings for Rent	4.67	23.66	5.96	1.21	4.11
商品房待售面积	Floor Space of Commercialized Bulidings Lying Idle	102.90	357.99	1496.06	818.32	803.45

18-2 房地产开发房屋施工、竣工、销售与出租情况(2020年)

Buildings under Construction, Completed, Sold and for Rent of Real Estate Development (2020)

指　　标	Item	合 计 Total	住 宅 Residential Budildings	#90平方米及以下住房 Housing of 90 Square Metres and Below
房屋施工面积(平方米)	Floor Space under Construction (sq.m)	235807954	178912243	18566300
#新开工面积	Started This Year	53017880	41700848	3359200
房屋竣工面积(平方米)	Floor Space If Buildings Completed (sq.m)	22385020	17444778	2522185
房屋竣工价值(万元)	Value of Buildings Completed (10 000 yuan)	6472456	4909834	675706
商品房销售面积(平方米)	Floor Space of Commercialized Buildings Sold (sq.m)	67327138	58530532	3972569
#现房销售面积	Floor Space of Marketable Housing Sold	6405373	4863658	391568
期房销售面积	Floor Space of Future Marketable Housing Sold	60921765	53666874	3581001
出租房屋面积(平方米)	Floor Space for Rent (sq.m)	41113		
不可销售面积(平方米)	Floor Space Unsalable (sq.m)	1074269	324434	132430
待售面积(平方米)	Floor Space Lying Idle (sq.m)	8034544	4089193	364585
商品房销售额(万元)	Total Sales of Commercialized Buildings (10 000 yuan)	52227807	44251945	3677957
#现房销售额	Sale of Marketable Housing	4362402	3223744	302270
期房销售额	Sale of Future Marketable Housing	47865405	41028201	3375687

18-2 续表 continued

指　　标	Item	#144平方米及以上住房 Housing of 144 Square Metres and Above	办公楼 Office Buildings	商业营业用房 Houses for Bussiness Use	其 他 Others
房屋施工面积(平方米)	Floor Space under Construction (sq.m)	19928058	6227660	27416059	23251992
#新开工面积	Started This Year	3928674	1113117	5079244	5124671
房屋竣工面积(平方米)	Floor Space Completed (sq.m)	2264689	662029	2075189	2203024
房屋竣工价值(万元)	Value of Buildings Completed (10 000 yuan)	842176	305420	712580	544622
商品房销售面积(平方米)	Floor Space of Commercialized Buildings Sold (sq.m)	6063981	1480178	5546224	1770204
#现房销售面积	Floor Space of Marketable Housing Sold	958285	187134	1018077	336504
期房销售面积	Floor Space of Future Marketable Housing Sold	5105696	1293044	4528147	1433700
出租房屋面积(平方米)	Floor Space for Rent (sq.m)			37238	3875
不可销售面积(平方米)	Floor Space Unsalable (sq.m)	25680	6253	107423	636159
待售面积(平方米)	Floor Space Lying Idle (sq.m)	841663	193753	2806461	945137
商品房销售额(万元)	Total Sales of Commercialized Buildings (10 000 yuan)	5721947	1345170	5678379	952313
#现房销售额	Sale of Marketable Housing	960996	166169	840058	132431
期房销售额	Sale of Future Marketable Housing	4760951	1179001	4838321	819882

18-3 按登记注册类型分的房地产开发投资增速(2020年)

单位: %，万元

指　　标	Item	合　计 Total	内　资 Domestic Funds	国　有 State-owned
投资增速(%)	**Growth Rates of Total Investment (%)**	**6.2**	**4.1**	**-25.5**
按构成分	Grouped by Use of Funds			
建筑工程	Construction	14.0	12.9	-28.2
安装工程	Installation	-4.2	-5.0	-18.2
设备工器具购置	Purchase of Equipment and Instruments	15.4	13.4	-75.9
其他费用	Others	-7.4	-11.9	-20.8
按工程用途分	Grouped by Use of Projects			
住　宅	Residential Buildings	7.2	4.6	-48.2
#90平方米及以下住房	Housing of 90 Square Metres and below	7.9	4.3	-37.1
144平方米及以上住房	Housing of 144 Square Metres and Above	4.8	-0.1	594.6
办公楼	Office Buildings	43.7	45.5	
商业营业用房	Houses for Bussiness Use	-2.0	-1.8	133.1
其　他	Others	-3.8	-6.6	652.4
本年资金来源(万元)	**Total Sources of Funds (10 000 yuan)**			
上年末结余资金	Surplus Funds Last Year	11234496	10639464	111689
本年资金来源小计	Sources of Funds This Year	37778809	36304801	150173
国内贷款	Domestic Loans	3759022	3556327	17900
#银行贷款	Bank Loans	3189884	3027789	17900
非银行金融机构贷款	Non-banking Financial Institutions Loans	569138	528538	
利用外资	Foreign Investment	14437		
自筹资金	Self-raising Funds	9055657	8630297	101666
其他资金来源	Others	585941	584312	1250
定金及预收款	Deposit and Advance Payment	13177959	12821404	22617
个人按揭贷款	Individual Mortgage Loans	11185793	10712461	6740

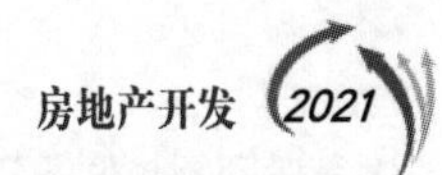

Growth Rates of Investment in Real Estate Development by Registration Status (2020)

(% , 10 000 yuan)

股份有限公司 Share-holding Corporations Ltd.	私营 Private	其他内资 Others	港澳台商投资 Funds from Hong Kong, Macao and Taiwan	外商投资 Foreign Funded
-53.8	**15.4**	**23846.7**	**81.2**	**329.5**
-8.8	22.1		46.0	218.2
-38.1	12.8		43.3	124.5
-57.4	30.5		249.5	-17.1
-97.0	-1.3	12453.3	218.9	465.8
-64.9	17.2		85.3	445.8
-64.2	20.7		-12.2	1038.7
-37.3	3.1		672.1	-98.2
-68.9	23.7		-30.5	
9.8	4.6		-7.9	-83.8
6.9	17.8	-100.0	220.7	-9.7
348487	4534605	30	282264	312768
699397	17396417	36632	1317269	156739
25413	1856183		162695	40000
24713	1650584		162095	
700	205599		600	40000
			14437	
92173	4539837	36632	412667	12693
10600	277462		1629	
303695	5653620		326288	30267
267516	5069315		399553	73779

18-4 各地区房地产开发和经营指标(2020年)

指　　标	Item	全　省 Total	南 昌 市 Nanchang	景德镇市 Jingdezhen
企业个数(个)	**Number of Enterprises (unit)**	**2855**	**558**	**84**
投资额和新增固定资产投资额增速(%)	**Gorwth Rate of Investment And Newly Increased Fixed Assets Investment (%)**	**6.2**	**6.4**	**15.3**
按登记注册类型分	Grouped by Registration Status			
内　资	Domestic Funded	4.1	1.9	12.6
#国　有	State-owned	-25.5	840.0	
集　体	Collective-owned			
有限责任公司	Limited liability Enterprises	0.2	-0.9	
股份有限公司	Share-holding Corporations Ltd.	-53.8	-66.3	67.5
私营	Private Enterprises	15.4	25.3	106.3
其他内资	Others	23846.7		
港澳台商投资	Enterprises with Funds from Hong Kong, Macao and Taiwan	81.2	85.5	
外商投资	Foreign Funded	329.5	731.2	
按构成分	Grouped by Use of Funds			
建筑工程	Construction	14.0	23.5	29.1
安装工程	Installation	-4.2	-14.2	-42.2
设备工器具购置	Purchase of Equipment and Instruments	15.4	17.0	-57.6
其他费用	Others	-7.4	-6.8	6.5
#土地购置费	Total Value of Land Purchased	-1.2	2.5	11.5
按工程用途分	Grouped by Use of Projects			
住　宅	Residential Buildings	7.2	4.1	35.5
#90平方米及以下住房	Housing of 90 Square Metres and Below	7.9	18.0	8.8
144平方米及以上住房	Housing of 144 Square Metres and Above	4.8	8.7	22.4
办公楼	Office Buildings	43.7	60.5	122.2
商业营业用房	Houses for Bussiness Use	-2.0	-1.7	-11.6
其　他	Others	-3.8	2.4	-29.6
本年新增固定资产(万元)	**Newly Increased Fixed Assets this Year (10 000 yuan)**	**8511116**	**3774409**	**139407**
土地开发情况(平方米)	**Land Space Developed (sq.m)**			
本年购置土地面积	Land Space Purchased this Year	5519946	2285388	11478
资金来源(万元)	**Source of Funds (10 000 yuan)**			
本年资金来源小计	**Source of Funds this Year (10 000 yuan)**	**37778809**	**13472740**	**938219**
国内贷款	Domestic Loans	3759022	2264869	51111
#银行贷款	Bank Loans	3189884	1872038	16111
非银行金融机构贷款	Non-banking Financial Institutions Loans	569138	392831	35000
利用外资	Foreign Investment	14437		
自筹资金	Self-raising Funds	9055657	4096263	192508
其他资金来源	Others	585941	174100	12066
定金及预付款	Deposit and Prepayment	13177959	3955698	336893
个人按揭贷款	Individual Mortgage Loans	11185793	2981810	345641
房屋施工、竣工和销售、出租情况(平方米)	**Floor Space of Buildings Under Construction and Completed, on Sale and for Rent (sq.m)**			
房屋施工面积	**Floor Space of Buildings under Construction**	**235807954**	**60689491**	**6137960**
住　宅	Residential Buildings	178912243	42386581	5124196
#90平方米及以下住房	Housing of 90 Square Metres and Below	18566300	9622755	568811
144平方米及以上住房	Housing of 144 Square Metres and Above	19928058	5115767	988730
办公楼	Office Buildings	6227660	4083236	39020
商业营业用房	Houses for Bussiness Use	27416059	6562342	347684
其　他	Others	23251992	7657332	627060

Development and Operating Indicators on Real Estate by Region (2020)

萍乡市 Pingxiang	九江市 Jiujiang	新余市 Xinyu	鹰潭市 Yingtan	赣州市 Ganzhou	吉安市 Ji'an	宜春市 Yichun	抚州市 Fuzhou	上饶市 Shangrao
107	**385**	**83**	**89**	**511**	**196**	**266**	**235**	**341**
-10.3	**4.4**	**14.9**	**-1.9**	**2.8**	**11.3**	**8.3**	**11.5**	**7.6**
-10.3	3.8	18.1	-1.9	3.0	11.1	6.7	11.5	6.3
		22.8		-92.7	-67.3			
-19.6	-1.3	64.5	-3.6	13.9	17.6	-0.8	17.2	-8.2
-86.2	-50.7	-100.0	-92.5	90.5	-14.8	27.3	47.5	-78.2
4.1	21.3	2.1	10.8	2.7	12.9	13.0	3.8	21.7
	271.2			-66.8	100.6	187.6		113.8
				142.6				
-8.4	0.8	17.9	-11.8	9.1	21.7	6.2	14.8	20.2
14.7	22.0	16.2	-48.8	-4.0	26.9	14.4	-3.9	18.8
5.4	89.0	26.9	11.9	-23.2	12.2	30.5	26.5	36.5
-35.1	4.3	-30.2	53.1	-10.7	-50.1	14.0	-0.9	-26.6
-62.1	-8.7	-100.0	113.3	7.0	-66.3	25.8	6.0	-47.0
-10.8	3.3	24.0	6.5	6.8	12.6	10.4	12.6	11.7
-63.7	-37.8	73.2	-61.6	11.4	7.3	3.7	73.9	-22.4
-38.9	-0.2	32.7	-16.1	7.9	-4.1	35.5	-14.6	-9.3
-39.2	158.6	-99.8	-93.1	-30.4	-22.6	62.5	-65.4	81.3
-13.3	3.4	5.0	-53.8	-4.8	8.6	1.7	20.5	-6.1
-1.0	25.9	-49.6	34.4	-8.7	10.6	-11.7	-5.3	-15.2
103731	**280851**	**379776**	**324181**	**1285668**	**615830**	**781030**	**172454**	**653779**
	284950	57250	155956	817178	398463	289268	499932	720083
809682	**2999740**	**545466**	**869691**	**6406517**	**1786358**	**3545414**	**2927322**	**3477660**
45224	211914	8840	75860	518769	85769	162097	176877	157692
45224	204130	8840	74398	459289	78269	134097	163476	134012
	7784		1462	59480	7500	28000	13401	23680
						13447		990
113990	730962	83226	185198	1307790	359001	571011	641142	774566
8117	13241	4058	15270	65726	60952	114404	35410	82597
332256	960445	232646	309942	2054757	702548	1450257	1412597	1429920
310095	1083178	216696	283421	2459475	578088	1234198	661296	1031895
10530810	**27748405**	**6896768**	**6662406**	**42504736**	**14531409**	**20805358**	**17507363**	**21793248**
7507553	23146010	5261234	5011879	31581512	11042045	16849938	13915851	17085444
709748	1542372	560504	390732	1341344	522952	1281059	1013684	1012339
1185276	1566146	1080050	579767	3295745	1140600	2054227	920140	2001610
73189	663781	33263	72997	542793	78082	223474	235017	182808
1545142	2434972	894059	791958	5671855	1555377	2534867	2330479	2747324
1404926	1503642	708212	785572	4708576	1855905	1197079	1026016	1777672

18-4 续表

指　　标	Item	全　省 Total	南昌市 Nanchang	景德镇市 Jingdezhen
房屋新开工面积（平方米）	**Floor Space Started this Year (sq.m)**	**53017880**	**10878461**	**1947820**
住　宅	Residential Buildings	41700848	7734455	1747523
#90平方米及以下住房	Housing of 90 Square Metres and Below	3359200	1519520	145604
144平方米及以上住房	Housing of 144 Square Metres and Above	3928674	1306748	221257
办公楼	Office Buildings	1113117	782066	1058
商业营业用房	Houses for Bussiness Use	5079244	1011217	31222
其　他	Others	5124671	1350723	168017
房屋竣工面积（平方米）	**Floor Space of Buildings Completed (sq.m)**	**22385020**	**8462735**	**404559**
住　宅	Residential Buildings	17444778	6228990	368862
#90平方米及以下住房	Housing of 90 Square Metres and Below	2522185	1883598	24577
144平方米及以上住房	Housing of 144 Square Metres and Above	2264689	757059	102036
办公楼	Office Buildings	662029	598176	183
商业营业用房	Houses for Bussiness Use	2075189	841249	11610
其　他	Others	2203024	794320	23904
竣工房屋价值（万元）	**Value of Buildings Completed (10 000 yuan)**	**6472456**	**2735707**	**110180**
住　宅	Residential Buildings	4909834	1851853	104288
#90平方米及以下住房	Housing of 90 Square Metres and Below	675706	499993	6524
144平方米及以上住房	Housing of 144 Square Metres and Above	842176	384035	50634
办公楼	Office Buildings	305420	287689	45
商业营业用房	Houses for Bussiness Use	712580	382078	2781
其　他	Others	544622	214087	3066
商品房销售面积（平方米）	**Floor Space of Commercialized Buildings Sold (sq.m)**	**67327138**	**17708267**	**2040231**
住　宅	Residential Buildings	58530532	13672444	1934225
#90平方米及以下住房	Housing of 90 Square Metres and Below	3972569	2257436	82067
144平方米及以上住房	Housing of 144 Square Metres and Above	6063981	2010654	263213
办公楼	Office Buildings	1480178	1183775	1190
商业营业用房	Houses for Bussiness Use	5546224	2206144	37217
其　他	Others	1770204	645904	67599
商品房销售额（万元）	**Total Sales of Commercialized Buildings Sold (10 000 yuan)**	**52227807**	**19439446**	**1296063**
住　宅	Residential Buildings	44251945	14855994	1257548
#90平方米及以下住房	Housing of 90 Square Metres and Below	3677957	2548207	50031
144平方米及以上住房	Housing of 144 Square Metres and Above	5721947	2919641	161880
办公楼	Office Buildings	1345170	1168627	158
商业营业用房	Houses for Bussiness Use	5678379	3010344	26326
其　他	Others	952313	404481	12031
商品房出租面积（平方米）	**Floor Space for Rent (sq.m)**	**41113**	**26314**	
住　宅	Residential Buildings			
#90平方米及以下住房	Housing of 90 Square Metres and Below			
144平方米及以上住房	Housing of 144 Square Metres and Above			
办公楼	Office Buildings			
商业营业用房	Houses for Bussiness Use	37238	26314	
其　他	Others	3875		
商品房待售面积（平方米）	**Floor Space Lying Idle (sq.m)**	**8034544**	**1320479**	**376481**
住　宅	Residential Buildings	4089193	659474	254644
#90平方米及以下住房	Housing of 90 Square Metres and Below	364585	67471	36508
144平方米及以上住房	Housing of 144 Square Metres and Above	841663	152544	92729
办公楼	Office Buildings	193753	117288	
商业营业用房	Houses for Bussiness Use	2806461	451789	81630
其　他	Others	945137	91928	40207

continued

萍乡市 Pingxiang	九江市 Jiujiang	新余市 Xinyu	鹰潭市 Yingtan	赣州市 Ganzhou	吉安市 Ji'an	宜春市 Yichun	抚州市 Fuzhou	上饶市 Shangrao
1683668	**5144422**	**974978**	**1702411**	**10546662**	**3259992**	**6566065**	**4966773**	**5346628**
1265292	4548187	838099	1454605	7697857	2617281	5235011	4065304	4497234
40099	219855	33916	2944	169505	85891	572682	312878	256306
229076	107764	137335	117423	512270	188820	320906	245560	541515
10415	98827			153995	27620	9682	1317	28137
89334	286481	122903	148552	1226229	282820	896129	529421	454936
318627	210927	13976	99254	1468581	332271	425243	370731	366321
399555	**736445**	**1246541**	**973851**	**3301154**	**1711575**	**2797893**	**613450**	**1737262**
295665	658918	961342	633114	2632752	1364411	2452352	451785	1396587
47408	14977	56067	20661	181735	33414	210255	7881	41612
34866	133026	266257	16 687	194937	103861	249380	68 852	337728
		17	276	30356	30586	1054		1381
59103	62763	149455	71592	294122	124974	221194	112218	126909
44787	14764	135727	268869	343924	191604	123293	49447	212385
99797	**178372**	**374243**	**265593**	**943424**	**477681**	**676746**	**131285**	**479428**
75224	162649	274429	173344	752739	408722	590550	114768	401268
6000	3287	20973	4030	45691	4589	70813	1612	12194
9811	30309	73927	4 795	53783	28866	60781	1 620	143615
		1	550	9361	6826	546		402
13716	13250	59525	16689	91937	26682	59245	12170	34507
10857	2473	40288	75010	89387	35451	26405	4347	43251
2214842	**8257064**	**1240721**	**1633985**	**12040197**	**3141925**	**6427768**	**5400862**	**7221276**
2066549	7497242	1124400	1521545	10620775	2949188	5857481	4881268	6405415
102710	171432	118460	31580	242808	76118	453361	158197	278400
380074	452332	241972	175913	874344	282369	561573	184359	637178
939	89752		1079	58414	20640	19273	22100	83016
110615	484204	73171	106769	900079	132858	520777	458511	515879
36739	185866	43150	4592	460929	39239	30237	38983	216966
1204663	**5250727**	**778688**	**991049**	**8515822**	**2101633**	**4155247**	**3695794**	**4798675**
1097865	4732980	696109	908843	7503994	1965068	3737400	3276755	4219389
53312	130379	65193	18705	172879	44891	310042	99449	184869
219468	227207	167445	97025	702157	158184	431603	140570	496767
679	52663		420	42241	8654	10264	15470	45994
92834	356871	64466	79606	722908	107597	395380	385597	436450
13285	108213	18113	2180	246679	20314	12203	17972	96842
				10494				**4305**
				10494				430
								3875
503437	**662777**	**419180**	**220641**	**985031**	**929394**	**674798**	**432715**	**1509611**
236470	371314	129213	49245	383714	505996	379711	231312	888100
61652	38671	4903	15404	17398	14435	23925	4395	79823
72277	14265	27147	16457	65608	154726	67917	10576	167417
1000	35766				498	434	17133	21634
234680	208111	187365	163765	455857	229940	288618	178471	326235
31287	47586	102602	7631	145460	192960	6035	5799	273642

主要统计指标解释

房地产业 是指从事房地产开发、建设、经营、租赁及维修等活动的经济部门。按照国民经济行业划分的规定，房地产业包括房地产开发与经营、房地产管理和房地产经纪与代理业三部分内容。

房地产开发业 是房地产业的一个重要组成部分，是指进行商品房屋建设和土地开发及经营活动的企业和单位。

房地产开发投资额 是以货币形式表现的房地产开发企业（单位）在一定时期内进行房屋建设及土地开发所完成的工作量及有关费用的总称。

建筑工程 指各种房屋、建筑物的建造工程，又称建筑工作量。这部分投资额必须兴工动料，通过施工活动才能实现。

安装工程 指各种设备、装置的安装工程，又称安装工作量。

设备、工器具购置 指工业企业生产的产品转化为固定资产的购置活动，包括建设单位或企、事业单位购置或自制的，达到固定资产标准的设备、工具、器具的价值。

商品住宅 指房地产开发企业(单位)建设并出售、出租给使用者，仅供居住用的房屋。

别墅、高档公寓 指建筑造价和销售价格明显高于一般商品住宅的商品住宅。别墅一般指地处郊区，独立成栋的商品住宅；高档公寓一般指地处市内高尚社区，高层或多层的商品住宅。别墅、高档公寓的确定标准：一是经有房地产投资计划审批权的主管部门审批建设的别墅、高档公寓开发项目；二是销售价格高于当地同等地段商品住宅平均销售价格一倍以上的别墅、公寓开发项目。该指标可以分析房地产投资结构，反映高收入家庭商品住宅的供求平衡情况。

办公楼 指企业、事业、机关、团体、学校、医院等单位使用的各类办公用房(又称写字楼)。

本年新增固定资产 指在报告期已经完成建造和开发过程并交付使用的房屋和土地开发面积的价值。指房地产开发公司进行开发经营活动的最终成果，即为社会提供的固定资产，而且是在报告期内新增加的。不是反映房地产开发企业本身固定资产的增加。

上年末结余资金 指上年资金来源中没有形成投资额而结余的资金。包括尚未用到工程上去的材料价值、未开始安装的需要安装设备价值及结存的现金和银行存款等。可根据有关财务数字填报。上年末结余资金不能出现负数，即不能把上年应付工程、材料款作为上年末结余资金的负数来处理。

本年资金来源小计 指房地产开发企业(单位)实际拨入的，用于房地产开发的各种货币资金。包括国内贷款、利用外资、自筹资金和其他资金。

国内贷款 指报告期房地产开发企业(单位)向银行及非银行金融机构借入的用于房地产开发与经营的各种国内借款，包括银行利用自有资金及吸收的存款发放的贷款、上级主管部门拨入的国内贷款、国家专项贷款(包括煤代油贷款、劳改煤矿专项贷款等)，地方财政专项资金安排的贷款、国内储备贷款、周转贷款等。

银行贷款 指向各商业银行、政策性银行借入的用于房地产开发与经营的各项贷款。

利用外资 指报告期收到的用于房地产开发与经营的境外资金(包括外国及港澳台地区)，包括外商直接投资、对外借款(外国政府贷款、国际金融组织贷款、出口信贷、外国银行商业贷款、对外发行债券和股票)及外商其他投资(包括补偿贸易和加工装配由外商提供的设备价款、国际租赁)。不包括我国自有外汇资金(包括国家外汇、地方外汇、留成外汇、调剂外汇和中国银行自有资金发行的外汇贷款等)。各类外资按报告期的外汇牌价(中间价)折成人民币“万元”计算。

自筹资金 指各地区、各部门及企事业单位筹集用于房地产开发与经营的预算外资金。

其他资金来源 指在报告期收到的除以上各种资金之外其他用于房地产开发与经营的资金。包括国家预算内资金、债券、社会集资、个人资金、无偿捐赠的资金及用征地迁移补偿费、移民费等进行房地产开发的资金。

房屋施工面积 指报告期内施工的全部房屋建筑面积。包括本期新开工的面积和上年开工跨入本期继续施工的房屋面积，以及上期已停建在本期恢复施工的房屋面积。本期竣工和本期施工后又停建缓建的房屋面积仍包括在施工面积中，多层建筑应填各层建筑面积之和。

房屋竣工面积 指报告期内房屋建筑按照设计要求已全部完工，达到住人和使用条件，经验收鉴定合格或达到竣工验收标准，可正式移交使用的各栋房屋建筑面积的总和。

竣工房屋价值 指在报告期内竣工房屋本身的建造价值。竣工房屋的价值一般按房屋设计和预算规定的内容计算。包括竣工房屋本身的基础、结构、屋面、装修以及水、电、卫等附属工程的建筑价值，也包括作为房屋建筑组成部分而列入房屋建筑工程预算内的设备(如电梯、通风设备等)的购置和安装费用；不包括厂房内的工艺设备、工艺管线的购置和安装，工艺设备基础的建造；办公和生活用家具的购置等费用；购置土地的费用；迁移补偿费和场地平整的费用及城市建设配套投资。竣工房屋价值一般按结算价格计算。

出租房屋面积 指在报告期期末房屋开发单位出租的商品房屋的全部面积。

商品房销售面积 指报告期内出售商品房屋的合同总面积(即双方签署的正式买卖合同中所确定的建筑面积)。由现房销售建筑面积和期房销售建筑面积两部分组成。

商品房销售额 指报告期内出售商品房屋的合同总价款(即双方签署的正式买卖合同中所确定的合同总价)。该指标与商品房销售面积同口径，由现房销售额和期房销售额两部分组成。

待售面积 指报告期末已竣工的可供销售或出租的商品房屋建筑面积中，尚未销售或出租的商品房屋建筑面积，包括以前年度竣工和本期竣工的房屋面积，但不包括报告期已竣工的拆迁还建、统建代建、公共配套建筑、房地产公司自用及周转房等不可销售或出租的房屋面积。

本年购置土地面积 指在本年内通过各种方式获得土地使用权的土地面积。

Explanatory Notes on Main Statistical Indicators

Real Estate Industry refers to those engaged in real estate development, construction, management, leasin and maintenance activities in the sectors of the economy. In accordance with the provisions of the national economy sectors, the real estate industry including real estate development and management, property management and real estate brokers and agents part of the contents of the three.

Real Estate Development Industry is an important component of real estate industry ,refers to enterprises and units engaged in housing construction and land development and management.

Value of Real Estate Development Investment is in the form of money in real estate development enterprises (units) in a certain period for housing construction and land development by the workload and related costs.

Construction refers to the construction of houses and buildings, also called work volume of construction. This part of investment can only be realized under construction.

Installation refers to the installation of various kinds of equipment and instruments, also called work volume of installation.

Purchase of Equipment and Instruments Purchase of equipment and instruments refers to the total value of equipment, tools, and instruments purchased or self-produced which come up to the cut-off point for fixed assets by the construction units or investing enterprises or institutions.

Residential Buildings refers to buildings built and sold, least to users, only used for living .

Villas、High-grade Apartments refers to commercial houses whose construction costs and marketing prices are significantly higher than ordinary housing. Villas are independent structures generally located in the suburbs; high-grade apartments are multi-story buildings located in elegant urban neighborhoods. Criteria for villas and high-grade apartments include:1）projects for the construction of villas or high-grade apartments have to be approved by comprtent departments in charge of real estate development and investment plans, and 2)prices for projects on villas or high-grade apartments are higher by over 100% compared with the average prices of ordinary commercial housing projects in similar location. This indicator helps to analyze the investment structure of the real estate industry and the demand and supply of housing for high-income households.

Office Buildings refer to office space for enterprise, business, institutions, organizations, schools, hospitals and other units .

Newly Increased Fixed Assets This year refer to the newly increased value of fixed assets, constructed or purchased, that have been transferred to the investors. This is an indicator that demonstrates the results of investment in fixed assets in monetary terms, and an important indicator to reflect the speed of construction and to calculate the efficiency of investment.

Surplus Funds Last Year refers to the surplus funds which didn't form the investment in fixed assets in the sources of funds in previous year. It includes material values that will be used in the projects, facilities values that must be and will be installed, and surplus cashes and deposits in bank.

Sources of Funds This Year refers to the monetary funds received by investing enterprises during the reference period for the purpose of investment in fixed assets. It includes funds from domestic loans, foreign investment, self-raised funds, and others.

Domestic Loans refer to loans of various forms borrowed by investing units from banks and non-bank financial institutions during the reference period, including loans issued by banks from their self-owned funds and deposit, loans appropriated by higher responsible authorities, special loans by government (including loan for substituting petroleum with coal, special loan for reform-through-labour coal mines), loans arranged by local government from special funds, domestic reserve loan, and working loan, etc.

Bank Loans refer to loans for real estate development and management brought from commercial banks and policy banks.

Foreign Funded refers to foreign funds received during the reference period for investment in fixed assets (covering equipment, materials and technology), including foreign direct investment, foreign borrowings (loans from foreign governments and international financial institutions, export credit, commercial loans from foreign banks, issuance of bonds and stocks overseas), and other foreign investment (covering facilities' funds provided by foreign investment by compensation trade and processing & assembly, as well as international lease).

Self-raising Funds refer to extra-budgetary funds for investment in fixed assets received by investing units from central government ministries, local governments, enterprises and institutions during the reference period.

Others Sources of Funds refer to funds for investment in fixed assets received from the sources other than those listed above, including funds raised from social and individuals, through donations, and funds transferred from other units.

Floor Space under Construction refer to total floor space of all buildings under construction during the reference period, including floor space of newly started buildings during the reference period, floor space of construction extended from the previous period to the current period, and floor space of construction suspended during the previous period and resumed in the current period. Floor space of construction completed in the current period, and floor space of construction started and then suspended in the current period are also included in the floor space under construction of the current year.

Floor Space Completed refers to the floor space of all buildings completed in the reference period, which have been appraised and accepted (or come up to the designed standards) and have been transferred to owner units.

Value of Buildings Completed refer to the intrinsic construction value of buildings completed in the reference period. It is figured by the rules of buildings design and budget, which not only includes the construction value of foundations, structure, furnishings, subsidiary projects such as water, electricity, toilet, etc. but also includes purchase and installation expenditures of facilities (such as lift, ventilation, etc.) listed into buildings budget as component of building construction. It excludes the purchase and installation of technical facilities, leads and lines in factories, construction of technical facilities' basis, expenditures of environment projects such as water, eructate, electricity, toilet, road projects, wall fended to earth outside, purchase of furniture in office or house, purchase of lands, as well as expenditures of move compensation and land leveling etc.

Floor Space of Buildings for rent refer to the total area for rent in the end of the reference period.

Floor Space of Commercialized Buildings Sold refer to total contracted area of commercialized housing (i.e. area of floor space as designated in the formal contracts signed by both sides) during the reference time. It constitutes floor space of completed housing and floor space of future housing.

Total Sales of Commercialized Buildings Sold refer to the total contracted value (i.e. value of sales/purchase for selling/purchase of commercialized housing as designated in the contract signed by both sides) during the reference time. This indicator has the same coverage as the area of commercialized housing sold, which constitutes floor space of completed housing and floor space of housing yet to be completed.

Floor Space Lying Idle refer to the area has not yet sold or rent, including the housing area completed in the current period the previous year, but does not include demolition re-construction, united construction and the building of agents, public supporting the construction, real estate companies, such as swing space for personal use and not for sale or rental of housing area. has been completed in the reporting period.

Land Space Purchased This Year refer to the land area accessible by various means in current year.

19

科技、教育、文化

SCI-TECH, EDUCATION AND CULTURE

资料整理：王惠媗　许　谞　冯晓晖　尹功龙

简要说明

本篇资料主要分为科技、教育、文化、新闻出版、广播电视四部分。

科技统计资料主要内容包括：地方企事业单位专业技术人员情况；独立核算的科研机构、高校及各类企事业单位的科技活动人员、科技成果及奖励等情况；专利申请和授权情况；技术市场技术合同成交情况；科协系统科技活动情况等。

科技统计范围：包括全社会有科技活动的企事业单位，具体为：规模限额以上企业、独立核算的科研机构、普通高等学校以及国民经济其他行业中有研发活动的企业（单位）等。资料来源:全省科技综合资料、各类企业科技资料由省统计局调查提供；独立核算的科研机构资料、技术市场资料由省科技厅调查提供；高校科技活动资料由省教育厅调查提供；国防科研机构资料由省工信委调查提供；专业技术人员资料由省人力资源保障厅调查提供；科协系统科技活动资料由省科协调查提供；专利由省知识产权局调查提供。统计调查方法：规模（限额）限额以上企业、独立核算的科研机构、高校的科技活动资料采用全数调查取得。

教育统计资料包括研究生教育、高等教育(普通教育本专科、成人教育本专科)、中等教育(高中阶段教育和初中阶段教育)、初等教育(小学)、学前教育、特殊教育(盲聋哑和弱智儿童学校)等资料。主要指标包括学校数、在校学生数、招生数、毕业生数、教职工数和专任教师数等。资料来源于省教育厅，其中技工学校资料来源于省人力资源和社会保障厅。

文化统计资料主要包括艺术表演团体、艺术表演场所、公共图书馆、博物馆、文化馆、文化站、文物、文化产业、新闻出版、广播电视等资料，资料来源于省文化和旅游厅、省广播电视局。

新闻出版、广播电视资料主要包括各类报纸杂志、图书出版数量、全省广播电台、电视台数量、广播电视人口覆盖率、有线电视人口覆盖等资料。资料来源于省新闻出版局、省广播电视局。

Brief Introduction

This chapter covers four parts: technology, education, culture, and radio film and television.

Data on technology mainly include: condition of professional scientific and technological personnel of local state-owned enterprises and institutions; scientific and technological institutions with independent accounting system, scientific and technological personnel in universities and colleges and various enterprises or institutions, activities of R&D and scientific and technological achievements and prizes; condition on applied and certified patent applications domestically and overseas; the situation of signed technological contracts on technological market; scientific and technological activities within scientific and technological system.

Statistical scope of science and technology: enterprises and institutions with scientific and technological activities, including industrial enterprises above designed size, scientific and technological institutions with independent accounting system, universities and colleges enterprises with scientific and technological activities in other national economic industries. Sources of data are listed as follows. Scientific and technological data on provincial level and various enterprises are prepared and provided by Jiangxi Bureau of Statistics. Data on scientific and technological institutions with independent accounting system and technological markets are prepared and provided by Jiangxi Bureau of Science and Technology. Data on scientific and technological activities in universities and colleges are prepared and provided by Jiangxi Provincial Department of Education. Data on scientific research institutions for defense are prepared and provided by Jiangxi Department of Industry and Information Technology. Data on the number of scientific and technological personnel are prepared and provided by Jiangxi Department of Human Resources and Social Security. Data on the scientific and technological activities are prepared and provided by Jiangxi Science Association. Data on supervision and checking of the products quality and patents are prepared and provided by Jiangxi Intellectual Property Office. Statistical methodology: data on industrial enterprises above designated size, scientific and technological institutions with independent accounting system and scientific and technological activities of universities and colleges are collected through comprehensive reporting system.

Data on education cover the situations on postgraduates, higher education (universities and colleges), secondary education (senior and junior high schools), elementary education (primary schools), preschool education, special education (schools for the blind, deaf-mutes, and the retarded) on education.

The main indicators cover the number of schools, the number of student enrollment, the number of new enrollment, the number of graduates, the number of staff and workers, and the number of full-time teachers. The data are mainly prepared and provided by Bureau of Education. Data on the technical training schools are prepared and provided by the Bureau of Labor and Social Security.

Data on culture industry cover art performance troupes, art performance places, public libraries, museums, culture centers, culture satiations, relics, publishing and broadcasting. Data source from Jiangxi Bureau of Culture and Tourism, The Administration of Press, Publication, Radio, Film and Television of Jiangxi Province, The Bureau of Statistics of Jiangxi Province.

Data on press, publication and broadcasting mainly include publication of newspapers, magazines and books, number of radio and television stations, TV and radio coverage rate of population. Data are prepared and provided by Jiangxi Bureau of Press and Publication, Jiangxi Bureau of Broadcasting and Television.

19-1 R&D 经费内部支出
R&D Internal Expenditure

年份 Year	R&D经费内部支出(万元) R&D Internal Expenditure (10 000 yuan)	企业 Enterprises	#规模以上工业企业 Industrial Enterprises above Designated Size	科研机构 Science Institutions	高等院校 High Educations	其他 Others	R&D经费内部支出与GDP比值 Proportion of R&D Internal Expenditure in GDP (%)
2005	288244	219157	210844	34437	32253	2397	
2010	860691	671849	659161	93819	74108	20915	0.91
2011	967529	783482	769834	82488	79950	21609	0.82
2012	1136552	939633	925985	90599	85676	20644	0.88
2013	1354972	1115772	1106443	122711	95126	21363	0.94
2014	1531114	1295464	1284642	114192	100738	20720	0.97
2015	1731820	1484984	1474968	122029	103843	20964	1.04
2016	2073091	1813485	1797561	130051	103038	26517	1.13
2017	2558030	2244897	2216865	152315	135412	25406	1.28
2018	3106906	2730419	2677714	185337	159222	31928	1.37
2019	3843094	3296754	3202151	251305	245564	49472	1.55
2020	4307188	3634753	3460219	352406	248617	71412	1.68

19-2 R&D情况(2020年)
Basic Statistics on R&D (2020)

项目	Item	总计 Total	企业 Enterprises	#规模以上工业企业 Industrial Enterprises above Designated Size	科研机构 Science Institutions	高等院校 High Educations	其他 Others
有R&D活动单位(个)	R&D Institutions (unit)	5746	5357	5081	98	164	127
R&D人员(人)	R&D Personnel (person)	180854	148485	140173	6770	21374	4225
#研究人员	Research Personnel	66945	41286	37954	5225	18104	2330
全时人员	Full-time	128151	112467	105960	5541	7465	2678
非全时人员	Non Full-time	52703	36018	34213	1229	13909	1547
R&D人员折合全时当量(人年)	Full-time Equivalent of R&D Personnels (person-year)	124326	107163	100473	5906	8461	2796
R&D经费内部支出(万元)	R&D Interal Expenditure (10 000 yuan)	4307188	3634753	3460219	352406	248617	71412
日常性支出	Routine	3741224	3275756	3108509	226335	184708	54426
#人员劳务费	Labour	1049924	851286	757675	100711	70159	27768
资产性支出	Asset	565964	358997	351711	126071	63909	16987
#仪器和设备	Instruments and Facilities	448412	352438	345267	43867	40592	11515
政府资金	Government Funded	591910	56635	52648	340714	143376	51185
企业资金	Enterprises Funded	3687084	3577698	3407511	670	94003	14712
境外资金	Overseas Fund	368	209	5	5	152	2
其他资金	Other Funds	27827	211	55	11018	11086	5513
R&D经费外部支出(万元)	R&D External Expenditure (10 000 yuan)	185926	115218	111649	65481	4062	1165

19-3 R&D项目(课题)情况(2020年)
R&D Projects (2020)

指标	Item	项目(课题)数(项) Number of Projects (item)	项目(课题)参加人员折合全时当量(人年) Full-time Equivalent of Project Personnel (person-year)	研究人员 Research Personnel	项目(课题)经费内部支出(万元) Expenditure (10 000 yuan)
总　计	**Total**	**54694**	**116490**	**35248**	**4048101**
企　业	Enterprises	24517	101101	22678	3697909
#规模以上工业企业	Enterprises Industrial above Designated Size	23056	93955	20379	3530352
科研机构	Science Institutions	1374	5240	4275	190170
高等院校	High Educations	28289	8464	7273	128540
其　他	Others	514	1685	1022	31483

19-4 研究机构情况(2020年)
Scientific Research Institutions (2020)

指标	Item	机构数(个) Number of Institutions (unit)	R&D人员(人) R&D Personnel (person)	#博士毕业 Doctor Graduates	#硕士毕业 Master Graduates	R&D经费支出(万元) Expenditure on R&D Activities (10 000 yuan)	科研用仪器设备原价(万元) Prime Cost of Research Instruments (10 000 yuan)
总　计	**Total**	**5053**	**101177**	**3523**	**8536**	**3803067**	**3208574**
企　业	Enterprises	4346	89286	658	4565	3370353	2609717
#规模以上工业企业	Enterprises Industrial above Designated Size	4090	85791	632	4313	3259880	2531586
科研机构	Science Institutions	119	6770	633	2516	352406	174335
高等院校	High Educations	558	4156	1991	1220	62872	400060
其　他	Others	30	965	241	235	17436	24462

19-5 规模以上工业企业R&D情况
R&D Activities of Industrial Enterprises above Designated Size

指　　标	Item	2019	2020
企业基本情况	**Basic Statistics**		
企业数(个)	Number of Industrial Enterprises above Designated Size (unit)	13045	14363
#有R&D活动企业数	Enterprises with R&D Activties	4335	5081
#有研发机构企业数	Enterprises with Reserach Institutions	3467	4090
R&D活动人员情况	**R&D Personnel**		
R&D人员合计(人)	R&D Personnel (person)	122207	140173
#参加项目人员	Project Participated	113533	130816
管理和服务人员	Management and Service Personnel	8674	9357
#女性	Female	27738	32497
#研究人员	Researchers	35193	37954
#全时人员	Full-time	94455	105960
非全时人员	Non Full-time	27752	34213
R&D人员折合全时当量合计(人年)	Full-time Equivalent of R&D Personnel (person-year)	85032	100473
#研究人员	Researchers	24521	26947
#基础研究人员	Basic Research	10	59
应用研究人员	Applied Research	1508	7933
试验发展人员	Experimental Research	83514	98366
R&D活动经费支出情况	**R&D Expenditure**		
R&D经费内部支出合计(万元)	R&D Interal Expenditure (10 000 yuan)	3202151	3460219
#经常费支出	Routine	3000154	3108509
#人员劳务费	Labour	605933	757675
资产性支出	Asset	201997	351711
土建工程	Building Projects	14086	6444
仪器和设备	Instruments and Facilities	187911	345267
#基础研究支出	Basic Research	395	839
应用研究支出	Applied Research	46524	73936
试验发展支出	Experimental Research	3155233	3385444
#政府资金	Government Funded	171878	52648
企业资金	Enterprises Funded	3030229	3407511
境外资金	Overseas Fund	44	5
其他资金	Other funds		55
R&D经费外部支出合计(万元)	R&D External Expenditure (10 000 yuan)	85580	111649
#对境内研究机构支出	to Domestic Research Institutions	24619	16865
对境内高等学校支出	to Domestic Higher Education	8500	10649
对境内企业支出	to Domestic Enterprises	44538	81407
对境外支出	to Foreign Institutions	7924	2727
全部R&D项目情况	**R&D Projects**		
项目数(个)	R&D Projects (unit)	18645	23056
项目人员折合全时当量(人年)	Participants (person-year)	79088	93955
项目经费内部支出	Expenditure (10 000 yuan)	3333370	3530352
企业办研发机构情况	Scientific Research Institutions		
期末机构数	Institutions (unit)	3757	4380

19-5 续表 continued

指　　标	Item	2019	2020
机构人员合计(人)	Personnel (person)	98622	108641
#博士毕业	Doctors	1075	837
硕士毕业	Masters	6611	5749
机构经费支出(万元)	Expenditure on S&T Institutions (10 000 yuan)	3344295	3730822
期末仪器和设备原价(万元)	Equipment (10 000 yuan)	2326650	2531586
科技活动产出及相关情况	**S&T Output**		
自主知识产权情况	**Proprietary Intellectual Property Rights**		
专利申请数(件)	Numbers of Patent Applications (unit)	27813	30838
#发明专利	Inventions	5768	6949
期末有效发明专利数(件)	Numbers of Patent Applications Granted (unit)	13328	18715
#已被实施	Implemented	8224	11531
专利所有权转让及许可数(件)	Ownership Transfer of Patent and License (unit)	470	47429
专利所有权转让与许可收入(万元)	Revenue from Ownership Transfer of Patent and License (10 000 yuan)	5760	88272
新产品开发、生产及销售情况	**New Products Development, Production and Sale**		
新产品开发项目数(个)	New Products (unit)	20589	23138
新产品开发经费支出(万元)	Expenditure on New Products Development (10 000 yuan)	4584841	4669998
新产品销售收入(万元)	Sale Revenue of New Products (10 000 yuan)	63281504	72213414
#出口	Exports	8088637	9353771
其他情况	**Others**		
发表科技论文(篇)	Number of S&T Paper Published (piece)	1657	1882
期末拥有注册商标(件)	Registered Trademarks Owned at Year-end (unit)	12140	14311
形成国家或行业标准(个)	National and Industrial Standards (item)	410	433
其他情况	**Others**		
政府相关政策落实情况	Government Policy Implementation		
使用来自政府部门的科技活动资金(万元)	S&T Funds from Government (10 000 yuan)	80993	2350388
研究开发费用加计扣除减免税(万元)	Tax Reliefs of R&D Expenditure Additional Deduction (10 000 yuan)	364340	471759
高新技术企业减免税(万元)	Tax Reliefs of High-tech Enterprises (10 000 yuan)	377931	455961
技术获取和技术改造情况(万元)	Technology Acquisition and Renovation (10 000 yuan)	875717	960644
引进境外技术经费支出(万元)	Expenditure for Acquisition of Foreign Technology (10 000 yuan)	26983	18146
引进技术的消化吸收经费支出(万元)	Expenditure for Assimilation of Technology (10 000 yuan)	2632	2050
购买境内技术经费支出(万元)	Expenditure for Purchase of Domestic Technology (10 000 yuan)	120861	63056
技术改造经费支出(万元)	Expenditure for Technical Renovation (10 000 yuan)	725241	877391

注：使用来自政府部门的科技活动资金指标口径有变化。

a) The statistic caliber of S&T funds from government is adjusted.

19-6 各地区规模以上工业企业R&D情况(2020年)

Main Statistics on R&D of Industrial Enterprises above Designated Size by Region (2020)

地　区	Region	有R&D活动单位数 (个) Enterprises with R&D Activties (unit)	R&D人员 (人) R&D Personnel (person)	R&D内部经费支出 (万元) R&D Interal Expenditure (10 000 yuan)
全　省	**Provincial Total**	**5081**	**140173**	**3460219**
南昌市	Nanchang	461	23788	700102
景德镇市	Jingdezhen	140	5562	145142
萍乡市	Pingxiang	330	9553	125622
九江市	Jiujiang	690	16934	404528
新余市	Xinyu	97	5450	161832
鹰潭市	Yingtan	162	5451	236930
赣州市	Ganzhou	1002	18041	435834
吉安市	Ji'an	601	18573	289687
宜春市	Yichun	650	16253	380362
抚州市	Fuzhou	378	8582	208322
上饶市	Shangrao	570	11986	371857

19-7 地方企事业单位专业技术人员(一)
Professional Technical Personnel in Local Institutions and Enterprises (I)

单位：人 (person)

类 别	Type	2000	2005	2010	2015	2017	2018	2019	2020
总 计	**Total**	**693530**	**693932**	**695946**	**729989**	**742119**	**740891**	**762586**	**779255**
工程技术人员	Engineering	91360	74607	67728	77911	79024	77174	77664	81641
农业技术人员	Agriculture	19470	19733	20391	18337	16410	16413	16180	16235
卫生技术人员	Health Care	99631	110834	119861	127305	125981	124816	127860	128033
科学研究人员	Scientific Research	2333	3840	2840	2719	3544	4539	4462	3832
教学人员	Teaching	360818	399404	414664	441951	449171	437166	451050	465969
其他人员	Others	119918	85514	70462	61766	67989	80783	85370	83545

注：本表中事业单位专业技术人员不包含聘用人员。表19-8同。

a) Personnel contracts are not included in institution personnel in this table.The same applies to table 19-8.

19-8 地方企事业单位专业技术人员(二)
Professional Technical Personnel in Local Institutions and Enterprises (II)

类 别	Type	人 数 (人) Personnel (person)		比 重 (%) Percentage (%)		平均每万人口专业技术人员（人） Professional Technical Staff per 10 000 Population (person)		平均每万在岗职工专业技术人员（人） Professional Technical Staff per 10 000 Staff and Workers (person)	
		2019	2020	2019	2020	2019	2020	2019	2020
总 计	**Total**	**765286**	**779255**	**100.0**	**100.0**	**164**	**172**	**1880**	**1890**
工程技术人员	Engineering	77664	81641	10.1	10.5	17	18	191	198
农业技术人员	Agriculture	16180	16235	2.1	2.1	3	4	40	39
卫生技术人员	Health Care	127860	128033	16.7	16.4	27	28	314	311
科学研究人员	Scientific Research	4462	3832	0.6	0.5	1	1	11	9
教学人员	Teaching	451050	465969	58.9	59.8	97	103	1108	1130
其他人员	Others	85370	83545	11.2	10.7	18	18	210	203

19-9 地方企事业单位分行业专业技术人员(2020年)
Professional Technical Personnel in Local Institutions and Enterprises by Sector (2020)

单位：人 (person)

行业	Sector	合计 Total	事业单位 Institutions	企业单位 Enterprises
总 计	**Total**	**779255**	**699996**	**79259**
农林牧渔业	Agriculture, Forestry, Animal Husbandry and Fishery	**23269**	21119	2150
采矿业	Mining	**10902**	34	10868
制造业	Manufacturing	**18716**	117	18599
电力、热力、燃气及水生产和供应业	Production and Supply of Electric Power, Gas and Water	**4310**	102	4208
建筑业	Construction	**11709**	2101	9608
批发和零售业	Wholesale and Retail Trade	**942**	83	859
交通运输、仓储和邮政业	Transport, Storage and Post	**14703**	6958	7745
住宿和餐饮业	Hotel and Catering	**479**	203	276
信息传输、软件和信息技术服务业	Information Transmission, Computer Services and Software	**1122**	994	128
金融业	Financial Intermediation	**16687**	1830	14857
房地产业	Real Estate	**2708**	1450	1258
租赁和商务服务业	Leasing and Business Services	**2514**	367	2147
科学研究和技术服务业	Scientific Research, Technical Service and Geologic Prospecting	**17962**	16518	1444
水利、环境和公共设施管理业	Management of Water Conservancy, Environment and Public Facilities	**12913**	12116	797
居民服务、修理和其他服务业	Services to Households and Other Services	**2139**	876	1263
教育	Education	**465578**	465535	43
卫生和社会工作	Health and Social Work	**127765**	127752	13
文化、体育和娱乐业	Culture, Sports and Entertainment	**20271**	17388	2883
公共管理、社会保障和社会组织	Public Management, Social Welfare and Social Organization	**24566**	24453	113
国际组织	International Organization			

注：本表中事业单位专业技术人员不包含聘用人员。表19-10同。

a) Contract personnel are not included in institution personnel in this table.The same applies to table 19-10.

19-10 地方企业单位专业技术人员(一)(2020年)
Professional Technical Personnel in Local Enterprises (I) (2020)

单位：人 (person)

类别	Type	合计 Total	高级职务 Senior	#正高级职务 High Senior	中级职务 Middle	初级职务 Junior	未聘任专业技术职务 Un-titled
总　计	**Total**	**79259**	**7105**	**493**	**21413**	**32635**	**18106**
按学历分	**by Schooling**						
研究生	Postgraduate	5686	1126	120	2236	819	1505
大学本科	Undergraduate	42377	5060	344	11926	15831	9560
大学专科	Junior College	20681	632	18	5423	10399	4227
中　专	Junior Secondary School	5173	169	11	1105	2884	1015
高中及以下	Senior Secondary School and below	5342	118		723	2702	1799
按年龄分	**by Age**						
35岁及以下	35 and below	31558	317	3	6063	13557	11621
36岁至40岁	36-40	11543	1078	18	3767	4658	2040
41岁至45岁	41-45	11779	1244	41	3714	5045	1776
46岁至50岁	46-50	11021	1568	107	3510	4538	1405
51岁至54岁	51-54	7192	1483	140	2353	2714	642
55岁及以上	55 and over	6166	1415	184	2006	2123	622

19-11 地方企业单位专业技术人员(二)(2020年)
Professional Technical Personnel in Local Enterprises (II) (2020)

单位：人 (person)

类别	Type	合计 Total	工程技术人员 Engineering	农业技术人员 Agriculture	卫生技术人员 Health Care	科学研究人员 Scientific Research	教学人员 Teaching	其他 Others
总　计	**Total**	**79259**	**42236**	**582**	**1308**	**142**	**410**	**34581**
按学历分	**by Schooling**							
研究生	Postgraduate	5686	2927	8	32	20	35	2664
大学本科	Undergraduate	42377	21851	73	776	67	210	19400
大学专科	Junior College	20681	11403	148	374	26	129	8601
中　专	Junior Secondary School	5173	2978	131	85	23	18	1938
高中及以下	Senior Secondary School and below	5342	3077	222	41	6	18	1978
按年龄分	**by Age**							
35岁及以下	35 and below	31558	18934	123	398	79	98	11926
36岁至40岁	36-40	11543	6276	87	115	32	64	4969
41岁至45岁	41-45	11779	5576	113	263	17	64	5746
46岁至50岁	46-50	11021	4791	114	256	12	55	5793
51岁至54岁	51-54	7192	3500	66	168		62	3396
55岁及以上	55 and over	6166	3159	79	108	2	67	2751

19-12 地方事业单位专业技术人员(2020年)
Professional Technical Personnel in Local Institutions (2020)

单位：人 (person)

类 别	Type	合 计 Total	工程技术人员 Engineering	农业技术人员 Agriculture	卫生技术人员 Health Care	科学研究人员 Scientific Research	教学人员 Teaching	其 他 Others
总 计	**Total**	**699996**	**39405**	**15653**	**126725**	**3690**	**465559**	**48964**
按学历分	**by Schooling**							
博士研究生	Doctoral Students	11425	108	6	1060	694	9455	102
硕士研究生	Postgraduate Students	38526	2792	471	8158	1029	24207	1869
大学本科	Undergraduate	371811	22258	6307	59081	1464	257619	25082
大学专科	Junior College	210485	10554	5947	39721	389	137798	16076
中 专	Junior Secondary School	58856	2881	2358	16687	97	32451	4382
高中及以下	Senior Secondary School and below	8893	812	564	2018	17	4029	1453
按年龄分	**by Age**							
35岁及以下	35 and below	268735	12819	4059	44886	1135	192218	13618
36岁至40岁	36-40	113692	7182	2943	22952	739	70100	9776
41岁至45岁	41-45	104579	6630	2861	20583	594	64701	9210
46岁至50岁	46-50	93323	5226	2540	17587	412	59890	7668
51岁至54岁	51-54	68595	4106	1714	12031	338	44817	5589
55岁至59岁	55-59	50907	3441	1535	8638	463	33728	3102
60岁及以上	60and over	165	1	1	48	9	105	1

19-13 科学研究和技术服务业单位情况(2020年)

Main Statistics on Institutions of Scientific Research and Technical Services (2020)

类别	Type	机构数(个) Number of Institutions (unit)	从业人员总数(人) Total Number of Employees (person)	#科技活动人员 Personnel Engaged in S&T Activities	经费收入总额(万元) Total Income (10 000 yuan)	经费内部支出总额(万元) Internal Expenditure (10 000 yuan)	#科技经费内部支出 S&T Expenditure
总计	**Total**	**259**	**13270**	**9256**	**571723**	**506153**	**396619**
按隶属关系分	**Grouped by Jurisdiction of Management**						
中央部门属	Central-department Administratied	3	395	273	18258	19219	17596
地方部门属	Local-department Administratied	234	12322	8539	532816	469308	363446
省级部门属	Provincial-department Administratied	66	6378	4595	338641	297931	243649
地市级部门属	Municipal-departments Administratied	59	2365	1725	74725	68405	54180
按单位性质分	Grouped by Nature of Unit						
事业单位	Institution	237	12717	8812	551074	488526	381041
民办非企业	People-Run Non-Enterprise Unit	22	553	444	20649	17627	15578
按国民经济行业分	**Grouped by Sector**						
农、林、牧、渔业	Agriculture, Forestry, Animal Husbandry and Fishery	95	3846	2562	92095	93936	79298
采矿业	Mining	8	1384	491	34230	29646	12065
制造业	Manufacturing	32	1780	1518	71411	56951	48359
建筑业	Construction	2	173	43	6934	6857	1101
交通运输、仓储和邮政业	Transport, Storage and Post	1	310	47	17313	24720	2512
信息传输、软件和信息技术服务业	Information Transmission, Software and Information Technical Service	3	114	112	2274	3272	3124
科学研究和技术服务业	Scientific Research and Technical Service	103	4623	3735	299280	245599	214748
水利、环境和公共设施管理业	Management of Water Conservancy, Environment and Public Facilities	6	544	465	30970	26515	25644
教育	Education	2	57	45	1440	1468	517
卫生、社会工作	Health and Social Affairs	7	439	238	15776	17190	9253
文化、体育和娱乐业	Culture, Sports and Entertainment						
按学科领域分	**Grouped by Field of Study**						
自然科学领域	Natural Science	23	1438	722	54238	39454	23132
农业科学领域	Agriculture Science	122	4649	3205	125876	128108	110049
医学科学领域	Medical Science	17	1077	809	55463	45551	34961
工程科学与技术领域	Engineering Science and Technology	79	5581	4042	321174	277760	215531
社会、人文科学领域	Social and Human Science	18	525	478	14972	15281	12947
按地区分	**Grouped by Region**						
南昌市	Nanchang	82	7633	5524	317281	286550	215632
景德镇市	Jingdezhen	12	534	359	8242	9966	7575
萍乡市	Pingxiang	12	251	206	5627	7015	6255
九江市	Jiujiang	23	745	637	20139	19323	16735
新余市	Xinyu	3	277	153	12234	10793	9037
鹰潭市	Yingtan	7	50	47	1177	976	958
赣州市	Ganzhou	28	1088	673	137782	108360	98236
吉安市	Ji'an	27	937	658	25827	24339	18035
宜春市	Yichun	8	268	223	5774	6355	5835
抚州市	Fuzhou	34	569	329	12496	12775	9273
上饶市	Shangrao	23	918	447	25145	19703	9049

注：科技活动人员不含外聘流动学者和在读研究生。

a) Transient scholars and master candidates are not included in personnel engaged in S&T activities.

19-14 高等学校科技人力资源情况(2020年)
Basic Statistics on Higher Education for Human Resource (2020)

单位：人 (person)

类 别	Type	合 计 Total	高 级 Senior	中 级 Medium	初 级 Junior	技术员 Technician	辅助人员 Assistant
总 计	**Total**	**28530**	**9867**	**12820**	**5504**	**210**	**129**
按学科分	**Grouped by Field of Study**						
自然科学	Natural Science	6311	2587	2878	813	20	13
工程与技术	Engineering and Technology	14381	5081	6539	2567	140	54
医药科学	Medical Science	5959	1651	2587	1662	14	45
农业科学	Agricultural Science	1019	396	502	114	6	1
其 他	Others	860	152	314	348	30	16
按学历分	**Grouped by Schooling**						
博士研究生	Doctor-graduate	6968	3307	3436	187	38	
硕士研究生	Post-graduate	10974	2411	5322	3170	71	
大学本科	Undergraduate	9456	3947	3577	1831	101	
大学专科	Junior College	1046	187	455	300		104
中专及以下	Secondary Technical School and below	86	15	30	16		25

注：本表数据为高校理工院校。表19-15同。

a) The data refers to polytechnic colleges in this table.The same applies to table 19-15.

19-15 高等学校科技项目情况(2020年)
Statistics on Scientific Projects in Schools of Higher Education (2020)

类 别	Type	课题数(项) Number of Project (item)	当年投入(万元) Input This Year (10 000 yuan)	当年支出经费(万元) Expenditures This Year (10 000 yuan)	当年投入人员(人年) Staff Input This Year (person-year)	高级职务 Senior Title	中级职务 Middle Title	初级职务 Junior Title	其 他 Others
总 计	**Total**	**14162**	**175436**	**132904**	**7122.2**	**2700.0**	**3375.1**	**982.4**	**64.7**
基础研究	Basic Research	7379	71196	56104	3663.1	1324.0	1770.9	533.5	34.7
应用研究	Applied Research	3936	35648	31850	1911.9	753.9	859.4	272.8	25.8
试验发展	Experimental Development	424	16437	8424	190.5	70.4	87.6	31.4	1.1
R&D成果应用	R&D Production Application	663	21924	12995	310.3	138.1	131.3	40.1	0.8
其他科技服务	Other Scientific Services	1760	30231	23531	1046.4	413.6	525.9	104.6	2.3

19-16 科协系统科技活动情况(2020年)
Basic Statistics on S&T Activities of S&T Associations (2020)

指　　标	Item	科协合计 Total Number of Associations	省科协 Provincial Associations	市科协 Prefectural Associations	县科协 County Associations	省学会合计 Total Number of Learned Societies
机构与人员	**Number of Associations or Academic Societies and Personnel**					
机构数(个)	Number of Associations (unit)	240	1	11	98	130
人员数(人)	Number of Personnel (person)	1746	36	125	467	1118
举办学术交流活动	**Academic Exchange**					
次　　数(次)	Number of Academic Meetings (time)	151	10	26	8	107
参加人数(人次)	Number of Participants (person-time)	28041	3980	3895	290	19876
科普活动	**S&T Popularization Activities**					
科普宣讲活动(次)	Number of S&T Popularization Lectures (time)	366		12	198	156
受众人次(万人次)	Number of Participants (10 thousand person-time)	126.7		25.7	32.9	68.1
科普展览次数(次)	Number of S&T Popularization Exhibitions (time)	121	5	7	92	17
参观人次(万人次)	Number of Participants (10 thousand person-time)	36.3	11.3	13.6	10.5	0.9
出　　版	**S&T Media**					
科技期刊种数(种)	Number of S&T Journals (kind)	52	2	3	14	33
科技期刊年发行总数(万册)	Printed Copies (10 000 copies)	48	2.8	1.6	3.2	40.4

19-17 技术市场基本情况
Basic Statistics on Technology Market

类别	Type	项数(项) Item (item)			成交额(万元) Transation Value (10 000 yuan)		
		2018	2019	2020	2018	2019	2020
总计	**Total**	**3024**	**2799**	**4086**	**1158095**	**1486137**	**2334290**
按签订的技术合同类别分	**Grouped by Signed Technological Contracts**						
技术开发合同	Technological Development Contract	1113	1138	1565	412303	497843	777278
技术转让合同	Technological Transfer Contract	234	229	461	125865	191520	368415
技术咨询合同	Technological Consultation Contract	361	326	521	109687	134531	141859
技术服务合同	Technological Service Contract	1316	1106	1539	510239	662244	1046738

19-18 专利申请受理量和授权量
Patents Application Examined and Granted

单位：项 (unit)

类别	Type	受理量 Number of Patent Applications Examined					授权量 Number of Patent Applications Granted				
		2000	2005	2010	2015	2020	2000	2005	2010	2015	2020
总计	**Total**	**1557**	**2815**	**6307**	**36936**	**114299**	**1072**	**1361**	**4351**	**24161**	**80239**
按种类分	**Grouped by Types**										
发明	Inventions	267	713	1968	5721	22269	67	142	411	1639	4407
实用新型	Utility Models	806	1280	2947	18621	66528	690	717	2588	13408	51326
外观设计	Designs	484	822	1392	12594	25502	315	502	1352	9114	24506
按申请者分	**Grouped by Applicants**										
个人	Individuals	1303	2180	2960	13938	40611	854	1089	2313	8615	24706
大专院校	Universities and Colleges	6	62	855	4072	9971	6	12	428	2558	6581
科研单位	Research Institutions	18	19	90	494	1495	11	11	58	250	709
工矿企业	Industrial and Mining Enterprises	222	546	2375	18197	61527	193	247	1539	12671	47846
机关团体	Government Agencies and Organizations	8	8	27	235	695	8	2	13	67	397

19-19 获国家级、省级科技奖项数
National-level and Provincial-level S&T Awards

单位：项 (unit)

类　别	Type	2005	2010	2015	2017	2018	2019	2020
国家级科学技术奖	National-level S&T Advancement Award	4	8	12	2	4	10	
省级奖项合计	Total Provincial-level Awards	79	102	108	106	150	148	146
特别贡献奖	Special Contribution Award			1				
国际合作奖	International Cooperation Award				2			
自然科学奖	Natural Science Award	8	11	14	20	45	50	47
一等奖	First Prize	1	2		1	8	9	6
二等奖	Second Prize	3	3	6	9	13	16	17
三等奖	Third Prize	4	6	8	10	24	25	24
技术发明奖	Technology Invention Award	2	5	14	7	14	8	7
一等奖	First Prize	1	1	1	1	3		2
二等奖	Second Prize		1	6	2	2	6	1
三等奖	Third Prize	1	3	7	4	9	2	4
科技进步奖	S&T Advancement Award	69	86	79	77	91	90	92
一等奖	First Prize	4	5	7	14	11	14	15
二等奖	Second Prize	17	19	31	20	34	28	24
三等奖	Third Prize	48	62	41	43	46	48	51

19-20 各类全日制学校基本情况(2020年)
Total Enrollment of Full-time Schools by Type of School (2020)

单位：人 (person)

类　别	Type	学校数（所）Number of Schools (unit)	在校学生数 Total Enrollment	招生数 New Enrollment	毕业生数 Graduates	教职工数 Teachers and Staff	#专任教师 Full-time Teachers
研究生	Post-graduates		51251	20093	13261		6613
普通高等学校	Regular Institutions of Higher Education	105	1241984	421926	309211	90593	65300
普通中专学校	Regular Specialized Secondary Schools	98	292767	116020	58972	10859	8369
普通中学	Regular Secondary Schools	2715	3308657	1070835	1019753	255777	210673
高　中	Senior Secondary Schools	519	1104548	385087	332836	102573	65211
初　中	Junior Secondary Schools	2196	2204109	685748	686917	153204	145462
职业高中	Secondary Vocational Schools	137	148691	60247	46933	8392	5672
技工学校	Technical Schools	93	175313	73299	44477	14088	12052
小　学	Primary Schools	7199	4063050	617763	682445	212596	242233
幼儿园	Kindergartens	16330	1700285	685861	601883	181262	111150
特殊教育学校	Special Education Schools	95	40167	6743	7825	2136	1922
工读学校	Schools for Juvenile Delinquents	1	280	177	199	45	42

注：研究生指标的学校数和教职工数已包含在普通高等学校中。

a) Number of schools, teachers and staff of regular institutions of higher education includes those of post graduates.

19-21 各类全日制学校在校学生数
Total Enrollment of Full-time Schools by Type of School

类 别	Type	1980	1990	2000	2010	2018	2019	2020
研 究 生(人)	Post-graduates (person)	58	479	2118	21313	39272	44600	51251
普通高等学校(人)	Regular Institutions of Higher Education (person)	35623	56608	144293	816484	1054400	1134950	1241984
普通中专学校(人)	Regular Specialized Secondary Schools (person)	40800	61675	160022	238744	209801	241879	292767
普通中学(万人)	Regular Secondary Schools (10 000 persons)	154.86	181.06	259.22	273.96	307.83	325.60	330.87
高 中	Senior Secondary Schools	28.01	26.23	38.53	73.96	100.84	105.54	110.45
初 中	Junior Secondary Schools	126.85	154.83	220.69	199.99	206.99	220.07	220.41
职业中学(万人)	Secondary Vocational Schools (10 000 persons)	0.51	11.69	12.71	36.69	13.71	13.84	14.87
高 中	Senior Secondary Schools	0.15	9.17	10.72	36.64	13.71	13.84	14.87
初 中	Junior Secondary Vocational Schools	0.36	2.52	1.99	0.05			
技工学校(人)	Technical Schools (person)	13370	34237	34617	169564	139437	154222	175313
小 学(万人)	Primary Schools (10 000 persons)	529.30	450.44	422.68	426.02	421.22	411.44	406.31
幼 儿 园(万人)	Kindergartens (10 000 persons)	30.61	36.26	62.06	123.51	161.31	165.79	170.03
特殊教育学校(人)	Special Education Schools (person)	485	1195	13142	23741	33788	37644	40167

19-22 各类全日制学校毕业生数
Graduates in Full-time Schools by Type of School

类 别	Type	1980	1990	2000	2010	2018	2019	2020
研 究 生(人)	Post-graduates (person)		215	409	4568	10091	10621	13261
普通高等学校(人)	Regular Institutions of Higher Education (person)	3363	13616	24449	225943	310976	303308	309211
普通中专学校(人)	Regular Specialized Secondary School (person)	11296	21040	45776	70542	70666	65859	58972
普 通 中 学(万人)	Regular Secondary Schools (10 000 persons)	34.82	49.02	73.79	79.92	88.09	96.27	101.98
高 中	Senior Secondary Schools	15.83	8.39	9.19	26.25	30.45	32.69	33.28
初 中	Junior Secondary Schools	18.99	40.63	64.60	53.68	57.64	63.58	68.69
职 业 中 学(万人)	Secondary Vocational Schools (10 000 persons)	0.12	3.03	4.62	11.30	3.51	4.27	4.69
高 中	Senior Secondary Vocational Schools	0.08	2.39	3.88	11.27	3.51	4.27	4.69
初 中	Junior Secondary Vocational Schools	0.04	0.64	0.74	0.03			
技 工 学 校(人)	Technical Schools (person)	297	9457	14740	51359	38979	39195	44477
小 学(万人)	Primary Schools (10 000 persons)	60.89	86.02	85.61	67.85	73.16	76.53	68.24
特 殊 教 育(人)	Special Education Schools (person)	65	98	1073	2476	5188	7058	7825

19-23 普通高等学校分学科学生情况(2020年)
Basic Statistics on Students in Regular Institutions of Higher Education by Field of Study (2020)

单位：人 (person)

类别	Type	在校学生数 Total Enrollment	招生数 New Enrollment	毕业生数 Graduates
总计	**Total**	**1241984**	**421926**	**309211**
#女	#Female	**603323**	**205305**	**154816**
本科	Undergraduate Course	**610232**	**178266**	**134251**
#女	#Female	311745	90529	68594
哲学	Philosophy	154	52	77
经济学	Economics	29254	7553	8116
法学	Law	21088	6727	4297
教育学	Education	30586	10317	5322
文学	Literature	63174	19016	13469
历史学	History	3060	871	655
理学	Science	33362	9284	7551
工学	Engineering	186618	53803	41966
农学	Agriculture	7071	1979	1771
医学	Medicine	48975	13507	9530
管理学	Management	102330	30101	25505
艺术学	Art	77041	20981	15992
职业本科	Vocational Undergraduate	7519	4075	
专科	Specialized Undergraduate Courses	**631752**	**243660**	**174960**
#女	#Female	**291578**	**114776**	**86222**
农林牧渔大类	Farming,Forestry, Husbandry and Fishing	13162	4862	2144
资源环境与安全大类	Resource, Environment and Safety	5865	2319	1400
能源动力与材料大类	Energy, Power and Material	9430	3360	1699
土木建筑大类	Civil Construction	46925	17571	13177
水利大类	Water Conservation	2838	1115	605
装备制造大类	Equipment Manufacturing	57670	20850	16566
生物与化工大类	Bio-science and Chemical Engineering	1293	453	599
轻工纺织大类	Light and Textile Industry	2711	1158	818
食品药品与粮食大类	Food, Medicine and Grain	3154	1322	882
交通运输大类	Transportation	21841	8307	7685
电子信息大类	Electronic Information	107771	42903	24434
医药卫生大类	Medicine and Health	63384	25374	20207
财经商贸大类	Finance and Commerce	110234	39866	32961
旅游大类	Tourism	9662	3191	3583
文化艺术大类	Culture and Art	40028	16657	9460
新闻传播大类	Journalism and Communication	5305	2299	1153
教育与体育大类	Education and Sport	108709	43556	33616
公安与司法大类	Public Security and Judiciary	10669	3973	2859
公共管理与服务大类	Public Affairs and Services	11101	4524	1112

注：本表中学生数不含在成人高校接受普通高等教育的学生数。

a) Students taking regular higher education in adult higher educaton are not included in students of regular institutions of higher education.

19-24 普通中专学校分科学生数(2020年)

Number of Students in Regular Specialized Secondary School by Field of Study (2020)

单位：人 (person)

类别	Type	毕业生数 Graduates	招生数 New Enrollment	#招收应届毕业生数 This Year's Graduates	#招收初中毕业生数 Junior Middle School Graduates	在校学生数 Total Enrollment
总计	**Total**	**58353**	**115336**	**109708**	**109617**	**290344**
#女	Female	32439	56695	54163	54097	146222
农林牧渔类	Farming, Forestry,Husbandry and Fishing	1107	1672	1623	1623	4590
资源与环境类	Resources and Environment	183	276	270	270	719
能源与新能源类	Energy and New Energy	1	17	11	11	78
土木水利类	Civil and Hydraulic Engineering	1761	3056	3011	3005	7214
加工制造类	Manufacturing	4811	11189	10526	10526	28079
石油化工类	Petrochemical Industry	221	332	331	331	924
轻纺食品类	Textile and Food	107	375	369	369	823
交通运输类	Communication & Transportation	4824	7578	7061	7057	20966
信息技术类	Information Technologies	8705	30355	29076	29075	67320
医药卫生类	Medicine and Health	12542	16692	15693	15692	45705
休闲保健类	Recreation and Health Care	233	638	622	622	1433
财经商贸类	Finance Economics and Trade	5966	13558	12416	12414	33819
旅游服务类	Tourism and Service	1545	3423	3298	3268	9142
文化艺术类	Culture and Arts	1676	4261	4021	3992	9944
体育与健身	Physical Fitness	553	773	767	766	2270
教育类	Education	13236	19935	19451	19436	53230
司法服务类	Legal Service	370	538	503	501	1662
公共管理与服务类	Public Affairs and Services	349	442	434	434	1660
其他	Others	163	226	225	225	766

注:普通中等专业学校在校学生数包含了在普通高校接受普通中专教育的学生数。

a) Number of students in regular specialized secondary school includes regular specialized secondary education in regular institutions of higher education.

19-25 各地区普通中专教育基本情况(2020年)

Basic Statistics on Regular Specialized Secondary School by Region (2020)

单位：人 (person)

地区	Region	学校数(所) Number of Schools (unit)	毕业生数 Graduates	招生数 New Enrollment	在校学生数 Total Enrollment	教职工数 Teachers and Staff	#专任教师 Full-time Teachers
全省	**Provincial Total**	**97**	**58353**	**115336**	**290344**	**10781**	**8294**
南昌市	Nanchang	26	20089	26638	73131	2817	2040
景德镇市	Jingdezhen	5	1611	4545	9358	471	364
萍乡市	Pingxiang	4	3711	5296	15936	633	411
九江市	Jiujiang	10	4758	12048	30013	1149	898
新余市	Xinyu	3	1563	3803	11212	416	275
鹰潭市	Yingtan	3	1818	4418	8868	418	246
赣州市	Ganzhou	13	9471	18778	49672	1836	1644
吉安市	Ji'an	13	5733	9724	22930	948	750
宜春市	Yichun	5	4121	11254	27202	727	603
抚州市	Fuzhou	5	1588	5631	10740	427	392
上饶市	Shangrao	10	3890	13201	31282	939	671

19-26 各地区普通中学基本情况(2020年)
Basic Statistics on Regular Secondary Schools (2020)

单位：人 (person)

类别	Type	学校数(所) Number of Schools (unit)	在校学生数 Total Enrollment	初中 Junior Secondary Schools	高中 Senior Secondary School	招生数 New Enrollment	初中 Junior Secondary Schools
全省	**Provincial Total**	**2713**	**3307102**	**2203035**	**1104067**	**1070303**	**685368**
#女	Female		**1487521**	**988812**	**498709**	**482673**	**307479**
南昌市	Nanchang	304	321771	209614	112157	107378	67245
景德镇市	Jingdezhen	102	117112	78713	38399	38799	25632
萍乡市	Pingxiang	110	112712	75393	37319	36709	23577
九江市	Jiujiang	290	331907	214732	117175	105179	66083
新余市	Xinyu	39	81731	53893	27838	26095	16812
鹰潭市	Yingtan	93	88257	60361	27896	30172	19631
赣州市	Ganzhou	486	710028	477440	232588	227226	145546
吉安市	Ji'an	324	354092	244378	109714	116734	77836
宜春市	Yichun	269	381317	253298	128019	125448	82494
抚州市	Fuzhou	233	276037	183403	92634	87635	54716
上饶市	Shangrao	463	532138	351810	180328	168928	105796
赣江新区	Ganjiang New Area	2	1555	1074	481	532	380

注：初中各项指标中均含职业初中数据。

a) Data on junior secondary vocational schools are included in junior secondary vocational schools.

19-26 续表 continued

单位：人 (person)

类别	Type	高中 Senior Secondary Schools	毕业学生数 Graduates	初中 Junior Secondary Schools	高中 Senior Secondary Schools	教职工数 Teachers and Staff	#专任教师 Full-time Teachers
全省	**Provincial Total**	**384935**	**1019190**	**686630**	**332560**	**255642**	**210541**
#女	Female	**175194**	**456012**	**306687**	**149325**	**121123**	**93285**
南昌市	Nanchang	40133	101770	66051	35719	32121	21915
景德镇市	Jingdezhen	13167	34951	23250	11701	8747	7415
萍乡市	Pingxiang	13132	35805	24225	11580	10693	8088
九江市	Jiujiang	39096	101254	66380	34874	23960	20434
新余市	Xinyu	9283	25192	16762	8430	5896	5112
鹰潭市	Yingtan	10541	26305	18836	7469	7574	5806
赣州市	Ganzhou	81680	222943	151304	71639	51046	44725
吉安市	Ji'an	38898	102907	70302	32605	28068	23001
宜春市	Yichun	42954	117839	78629	39210	28725	24772
抚州市	Fuzhou	32919	84891	57867	27024	20028	17420
上饶市	Shangrao	63132	165333	113024	52309	38784	31853
赣江新区	Ganjiang New Area	152	563	287	276	135	132

19-27 中等职业学校基本情况(2020年)
Basic Statistics on Vocational Secondary Education by Type of School (2020)

单位：人 (person)

类　　别	Type	毕业生数 Graduates	招 生 数 New Enrollment	在校学生数 Total Enrollment	教职工数 Teachers and Staff	#专任教师 Full-time Teachers
总　计	**Total**	**107960**	**177094**	**445493**	**20905**	**15573**
#女	Female	**53981**	**81662**	**207597**	**10364**	**7992**
全日制	Full-time	107408	176267	443294		
非全日制	Part-time	552	827	1227		
按办学类型分:	Grouped by School Types					
普通中等专业学校	Regular Specialized Secondary School	58972	116020	292767	10859	8369
成人中等专业学校	Adult Specialized Secondary School	2055	827	4035	1654	1532
职业高中学校	Vocational Junior Secondary School	46933	60247	148691	8392	5672
按举办部门分:	Grouped by Administrative Department					
中央部门	Central Department	54	25	98	29	14
地方部门	Regional Department	83137	125374	327629	14801	11996
教育部门	Educational Department	53728	91653	229468	10659	9165
其他部门	Other departmeise	29409	33721	98161	4142	2831
地方企业	Local Enterprise					
民　办	Private-run	24769	51695	117766	6075	3563

19-28 各地区职业高中基本情况(2020年)
Basic Statistics on Vocational Secondary Schools by Region (2020)

单位：人 (person)

地　区	Region	学校数(所) Number of Schools (unit)	毕业生数 Graduates	招生数 New Enrollment	在校学生数 Total Enrollment	教职工数 Teachers and Staff	#专任教师 Full-time Teachers
全　省	**Provincial Total**	**137**	**46933**	**60247**	**148691**	**8392**	**5672**
#女	Female		20793	24102	58923	4097	2907
南昌市	Nanchang	16	4818	7114	15492	1101	596
景德镇市	Jingdezhen	4	852	731	1818	92	86
萍乡市	Pingxiang	12	2227	2703	8695	523	348
九江市	Jiujiang	13	4019	2513	4925	493	351
新余市	Xinyu	6	2671	6055	13802	949	727
鹰潭市	Yingtan	5	859	670	3561	152	117
赣州市	Ganzhou	31	16352	23054	52342	2832	1821
吉安市	Ji'an	13	3109	4029	11058	529	345
宜春市	Yichun	7	3744	3024	9991	580	475
抚州市	Fuzhou	11	2563	3920	9463	392	343
上饶市	Shangrao	19	5719	6434	17544	749	463

19-29 职业高中分科学生情况(2020年)
Students of Senior Secondary Vocational School by Field of Study (2020)

单位: 人 (person)

类　　别	Type	毕业生数 Graduates	招 生 数 New Enrollment	在校学生数 Total Enrollment
总　　计	**Total**	**46933**	**60247**	**148691**
#女	Female	20793	24102	58923
农林牧渔类	Farming, Forestry, Husbandry and Fishing	1030	801	2263
土木水利类	Civil and Hydraulic Engineering	815	727	2108
加工制造类	Manufacturing	2791	4092	11341
石油化工类	Petrochemical Industry	27		19
轻纺食品类	Textile and Food	87	291	642
交通运输类	Communication & Transportation	7244	7877	20353
信息技术类	Information Technologies	15147	19592	50143
医药卫生类	Medicine and Health	72	1156	1422
休闲保健类	Recreation and Health Care	52	618	955
财经商贸类	Finance Economics and Trade	4161	7038	15024
旅游服务类	Tourism and Service	1834	2675	6016
文化艺术类	Culture, Arts and Physical Education	1262	2503	5375
体育与健身类	Physical Fitness	253	295	848
教育类	Education	8223	6718	17724
司法服务类	Legal Service	2380	4334	10456
管理与服务类	Public Affairs and Services	1492	1454	3603
其他	Others	63	76	399

19-30 小学、特殊教育基本情况(2020年)
Basic Statistics on Primary Schools, Special Education (2020)

单位：人 (person)

类别	Type	学校数(所) Number of Schools (unit)	毕业生数 Graduates	招生数 New Enrollment	在校学生数 Total Enrollment	教职工数 Teachers and Staff	专任教师 Full-time Teachers
小学	Primary Schools	**7199**	**682445**	**617763**	**4063050**	**212596**	**242233**
#女	Female		306578	282765	1846645	148441	172208
民办	Non-public	52	36123	19799	162872	2127	1804
按城乡分	Grouped by Residence						
城区	Cities	862	197504	205921	1282931	54842	67359
镇区	Counties and Towns	1875	331422	275532	1867631	89887	102003
乡村	Rural Areas	4462	153519	136310	912488	67867	72871
按地区分	Grouped by Region						
南昌市	Nanchang	445	67321	72655	435424	17802	25910
景德镇市	Jingdezhen	308	25522	23275	150507	7344	8255
萍乡市	Pingxiang	351	23581	23701	151274	7883	9069
九江市	Jiujiang	566	65216	59485	386034	20367	22984
新余市	Xinyu	80	16780	16309	104634	5699	6143
鹰潭市	Yingtan	212	20005	14820	106216	4944	6150
赣州市	Ganzhou	1555	144830	128904	841831	46932	50501
吉安市	Ji'an	648	78219	71116	471361	23499	26449
宜春市	Yichun	785	82064	70213	481296	26243	29014
抚州市	Fuzhou	639	54153	49139	333333	18481	20466
上饶市	Shangrao	1609	104429	87784	599090	33285	37175
赣江新区	Ganjiang New Area	1	325	362	2050	117	117
特殊教育	Special Education	95	7825	6743	40167	2136	1922

19-31 平均每万人口在校学生数
Number of Students per 10 000 Population by Level

指标	Item	1980	1990	2000	2010	2018	2019	2020
各类学校在校学生占全省人口比重(%)	Schools of All Types of Students in the Proportion of the Population of the Province (%)	21.21	17.28	17.57	22.34	23.71	24.35	25.06
平均每万人口在校学生数	Number of Students Per 10 000 population by Level							
普通高等学校(人)	Regular Institutions of Higher Education (person)	10.91	14.98	35.29	187.98	283.02	309.53	353.26
中等学校(人)	Secondary Education (person)	491.67	530.97	702.41	788.66	789.76	839.36	868.58
中等专业学校	Specialized Secondary Schools	12.48	16.18	38.57	53.57	46.48	53.56	64.78
普通中学	Regular Secondary Schools	473.55	475.13	624.84	614.71	682.01	721.00	732.10
职业中学	Vocational Secondary Schools	1.55	30.68	30.65	82.33	30.37	30.65	32.90
技工学校	Technical Schools	4.09	8.98	8.35	38.05	30.89	34.15	38.79
小学(人)	Primary Schools (person)	1618.56	1182.05	1018.85	955.90	933.25	911.08	899.03

注：1.普通高等学校包括研究生。后同。

2.因七人普人口数据修订，2018-2019年数据有变动。

a) The number of regular institutions of higher education includes the number of post-graduates. The same applies to the tables following.

b) Data from 2018 to 2019 are adjusted based on Seventh National Census in 2020.

19-32 初中毕业生、小学毕业生升学率
Proportion of Students Entering into Junior and Senior Secondary Schools

年 份 Year	初 中 Junior Secondary School			小 学 Primary School		
	毕业生数 (万人) Graduates (10 000 persons)	高级中等学校招生数(万人) New Enrollment of Senior Secondary Schools (10 000 persons)	升学率 (%) Rate of Entering the Higher School (%)	毕业生数 (万人) Graduates (10 000 persons)	初级中等学校招生数(万人) New Enrollment of Junior Secondary Schools (10 000 persons)	升学率 (%) Rate of Entering the Higher School (%)
1978	41.77	20.69	49.53	72.03	56.36	78.25
1979	39.55	21.36	54.01	61.41	45.49	74.08
1980	19.03	10.78	56.65	60.89	41.23	67.71
1981	33.88	15.22	44.92	64.86	41.13	63.41
1982	31.71	12.40	39.10	67.30	39.89	59.27
1983	29.99	12.64	42.15	69.90	41.20	58.94
1984	28.75	14.26	49.60	67.85	42.58	62.76
1985	30.04	13.42	44.67	71.75	45.50	63.41
1986	34.07	14.68	43.09	76.41	50.10	65.57
1987	37.32	15.14	40.57	83.68	52.55	62.80
1988	40.35	15.46	38.31	88.94	54.07	60.79
1989	41.18	14.88	36.13	86.96	53.83	61.90
1990	41.27	15.88	38.48	86.02	56.65	65.86
1991	43.41	16.38	37.73	85.44	57.66	67.49
1992	45.83	17.10	37.31	79.45	57.18	71.97
1993	47.51	18.36	38.64	71.50	57.87	80.94
1994	48.44	19.26	39.76	67.99	58.23	85.64
1995	46.99	20.57	43.78	70.05	63.08	90.04
1996	51.27	20.96	40.88	73.70	68.44	92.86
1997	55.51	21.38	38.52	77.20	72.88	94.39
1998	59.55	21.99	36.92	80.35	75.70	94.21
1999	62.28	25.53	40.99	83.90	78.57	93.65
2000	65.34	26.57	40.67	85.61	81.23	94.89
2001	65.49	30.53	46.62	85.47	81.00	94.77
2002	67.15	38.81	57.80	82.15	81.25	98.91
2003	68.66	43.30	63.06	75.74	75.96	100.29
2004	72.42	48.69	67.23	67.68	67.72	100.06
2005	74.32	57.88	77.88	64.88	64.53	99.46
2006	69.48	57.63	82.94	53.84	53.54	99.44
2007	62.06	54.81	88.32	54.28	54.73	100.82
2008	60.09	55.90	93.03	65.48	66.83	102.06
2009	51.90	51.67	99.56	69.48	69.69	100.30
2010	53.68	49.05	91.37	67.85	68.39	100.80
2011	63.12	57.52	91.13	66.79	67.56	101.15
2012	65.18	56.26	87.08	67.01	65.59	97.88
2013	62.60	52.11	83.24	65.59	61.06	93.09
2014	55.11	45.41	82.40	59.65	59.47	99.70
2015	55.65	52.55	94.43	59.39	60.07	101.14
2016	57.45	51.65	89.90	63.27	64.58	102.07
2017	56.66	49.87	88.02	67.84	68.63	101.16
2018	57.64	52.20	90.56	73.16	74.06	101.23
2019	63.58	58.89	92.62	76.53	76.87	100.44
2020	68.69	56.14	81.72	68.24	68.57	100.49

注：高级中等学校招生人数包括中等职业教育学校、技工学校和高中招生数。

a) The number of new enrollment of senior secondary schools includes the number of secondary vocational educations, technician training schools and senior secondary schools.

19-33 幼儿园基本情况
Basic Statistics on Kindergartens

单位：人 (person)

年份 Year	幼儿园数（所） Number of Kindergartens (unit)	入园幼儿数 New Enrollment	在园幼儿数 Total Enrollment	教职工数 Teachers and Staff	#教师 Teachers
1978	2104		105914	6278	4159
1979	3854		172476	8304	6509
1980	7204		306055	13565	11184
1981	6364		300231	14366	11853
1982	5488		300630	15638	12693
1983	1857		296400	16000	12923
1984	4987		310300	15257	13454
1985	5208		323021	14778	12998
1986	5866	190318	318347	17744	14147
1987	5406	194370	329718	18229	14259
1988	4547	182034	327540	18471	14579
1989	4520	187932	330680	18953	14574
1990	4827	208294	362621	19798	15492
1991	4141	283249	394487	20013	15780
1992	4490	294967	450005	21050	16983
1993	3856	337689	491055	21365	17271
1994	4123		505530	21058	17755
1995	4600	419190	525330	22284	18976
1996	5084	462715	584601	23757	19822
1997	5986	496134	609026	26124	21764
1998	6626	518683	619048	26879	22321
1999	7602	514200	626009	29179	24124
2000	6573	500453	620624	26472	21154
2001	2894	428073	488380	18519	12335
2002	3469	475561	574756	21526	14275
2003	4478	504672	633073	26515	17612
2004	4370	507222	658093	28406	18228
2005	4870	526960	716760	32367	20742
2006	5848	594627	806287	37453	24235
2007	6245	648555	881690	41853	27093
2008	6620	649104	924488	47920	30447
2009	8326	728337	1123138	60102	39541
2010	8518	812046	1235056	69186	43349
2011	9431	894446	1455048	86222	52895
2012	10560	902810	1521149	94067	57338
2013	11485	944893	1563241	102917	61588
2014	11448	946767	1593532	111715	67360
2015	11870	946900	1662501	123459	73221
2016	14071	568461	1590431	116440	75438
2017	14952	680354	1609422	125150	81868
2018	15368	666442	1613091	139260	89133
2019	15958	608004	1657888	165264	102539
2020	16330	685861	1700285	181262	111150

19-34 按城乡、按地区分幼儿园基本情况(2020年)
Basic Statistics on Kindergartens by Residence and Region (2020)

单位：人 (person)

类别	Type	园数(所) Number of Kindergarten (unit)	入园幼儿数 New Enrollment	在园幼儿数 Total Enrollment	离园幼儿数 Dropout	教职工数 Teachers and Staff	#教师 Teachers
全省	**Provincial Total**	**16330**	**685861**	**1700285**	**601883**	**181262**	**111150**
#女	Female		315863	782274	275170	171996	109072
民办	Non-public	8620	302341	803369	302266	95378	57421
按城乡分	**Grouped by Residence**						
城区	City area	3443	217015	539498	167330	66125	39244
镇区	Town area	5876	316506	795024	274456	81067	50650
乡村	Village	7011	152340	365763	160097	34070	21256
按地区分	**Grouped by Region**						
南昌市	Nanchang	1052	82812	202144	60304	24058	14086
景德镇市	Jingdezhen	612	25102	58577	21029	6323	3888
萍乡市	Pingxiang	742	27780	68810	24498	9317	5219
九江市	Jiujiang	1601	73636	167585	56922	17975	10113
新余市	Xinyu	349	20065	49048	15810	5321	3048
鹰潭市	Yingtan	447	16266	38274	14828	5078	2724
赣州市	Ganzhou	3538	138506	352548	127437	34864	22855
吉安市	Ji'an	2358	83934	192431	69787	19011	11835
宜春市	Yichun	1695	79529	199548	73923	20927	12733
抚州市	Fuzhou	1034	50520	134333	46467	16567	10415
上饶市	Shangrao	2900	87299	236492	90855	21765	14202
赣江新区	Ganjiang New Area	2	412	495	23	56	32

19-35 成人教育基本情况
Basic Statistics on Adult Educations

单位：人 (person)

类别	Type	1990	2000	2010	2018	2019	2020
成人高等教育	**Adult Institutions of Higher Education**						
成人高校数(所)	Number of Schools (unit)	28	18	9	8	8	8
在校学生数	Total Enrollment	37525	85953	120348	183738	218269	303325
招生数	New Enrollment	14191	39761	47336	73522	84799	137222
毕业生数	Graduates	11156	20461	37056	50657	49329	51092
教职工数	Teachers and Staff	4732	4015	2302	902	875	839
#专任教师	Full-time Teachers	2165	1875	1445	632	615	567
成人中等专业学校	**Adult Specialized Secondary School**						
在校学生数	Total Enrollment	28215	27552	12907	8169	5198	4035
招生数	New Enrollment	11318	7839	5422	2337	1021	827
毕业生数	Graduates	6822	12946	5214	2881	3569	2055

注：成人高等教育在校学生数、招生数、毕业生数包括普通高等学校举办的成人教育学生数。

a) The number of total enrollment, new enrollment, graduates of adult institutions of higher education include the number of institutions of higher education.

19-36 文化事业机构与人员数
Number of Institutions and Staff Personnel for Cultural Undertakings

指　标	Item	1980	1990	2000	2010	2019	2020
机构数(个)	**Number of Institutions (unit)**						
艺术表演团体	Art Performance Troupes	118	86	79	103	335	380
#公有制艺术表演团体	Public Ownership					83	79
艺术表演场馆	Art Performance Venues						77
#公有制艺术表演场馆	Public Ownership					45	42
公共图书馆	Libraries	49	104	104	108	114	114
文 化 馆	Cultural Centers	102	101	101	103	118	120
文 化 站	Cultural Stations	637	1983	1887	1719	1736	1739
#乡镇综合文化站	Village and Town					1598	1594
艺术展览创作机构	Art Exhibition and Creation Institutions					45	46
#美术馆	Gallery					42	43
艺术教育业	Art Education Institutions					2	2
文化科研机构	Art Research Institutions					14	13
文化市场经营机构(不包括非公有制院团和场馆)	Cultural Market Management Institutions					5857	3942
文化行政主管部门	Cultural Administrative Departments					115	115
其他文化机构	Other Culture Institutions					48	47
#文化市场执法机构	Enforcing Authorities of Art Market					3	3
博 物 馆	Museums	52	82	81	102	143	172
文物保护管理机构	Agencies of Cultural Relics Preservation						66
文物科研机构	Scientific and Research Historical Relics Agencies				2	2	2
文物行政部门	Administrative Departments of Cultural Relics Preservation						24
其他文物机构	Other Historical Relics Agencies		1	2	2	27	2
人员数(人)	**Number of Staff (person)**						
艺术表演团体	Art Performance Troupes	7747	4384	3949	4082	8891	10334
#公有制艺术表演团体	Public Ownership					2381	2153
艺术表演场馆	Art Performance Venues						1514
#公有制艺术表演场馆	Public Ownership					656	709
公共图书馆	Libraries					1372	1387
文 化 馆	Cultural Centers	1434	1484	1486	1664	1853	1891
文 化 站	Cultural Stations	862	3635	2594	2296	4498	4324
#乡镇综合文化站	Village and Town					4053	3841
艺术展览创作机构	Art Exhibition and Creation Institutions					417	397
#美术馆	Gallery					395	372
艺术教育业	Art Education Institutions					312	330
文化科研机构	Art Research Institutions					308	302
文化市场经营机构(不包括非公有制院团和场馆)	Cultural Market Management Institutions					59697	23739
文化行政主管部门	Cultural Administrative Departments					3213	3150
其他文化机构	Other Culture Institutions					803	905
#文化市场执法机构	Enforcing Authorities of Art Market					48	54
博 物 馆	Museums	764	1134	1324	1917	3341	4033
文物保护管理所(文物保护管理机构)	Agencies of Historical Relics Preservation	292	510	242	217	393	469
文物科研机构	Scientific and Research Historical Relics Agencies				44	75	110
文物行政部门	Administrative Departments of Cultural Relics Preservation						278
其他文物机构	Other Historical Relics Agencies		280	292	316	407	126

注：1.从2013年起艺术馆表演团体包括市场艺术团体。
2.从2014年起，文化馆包含群众艺术馆。

a) Mass art centers have been included in cultural centers since 2013.

b) Market art performance troupes have been included in art performance troupes since 2014.

19-37 各地区文化事业单位数(2020年)
Number of Institutions for Cultural Undertakings by Region (2020)

单位: 个 (unit)

地 区	Region	艺术表演团体 Art Performance Troupes	艺术表演场馆 Art Performance Venues	公共图书馆 Public Libraries	#总藏量(万册) Total Collections (10 000 copies)	博物馆 Museums	文物保护管理机构 Agencies of Cultural Relics Preservation
全 省	**Provincial Total**	**380**	**77**	**114**	**2857.01**	**172**	**66**
省 级	Provincial	6	6	1	418.18	1	
南昌市	Nanchang	55	4	10	254.21	25	4
景德镇市	Jingdezhen	5	4	5	138.63	20	3
萍乡市	Pingxiang	8	3	6	186.19	8	4
九江市	Jiujiang	26	10	15	371.57	19	11
新余市	Xinyu	1	1	3	89.63	3	1
鹰潭市	Yingtan	15	3	4	52.81	9	5
赣州市	Ganzhou	65	10	19	491.11	19	11
吉安市	Ji'an	20	7	15	298.52	20	5
宜春市	Yichun	34	17	11	169.42	13	8
抚州市	Fuzhou	104	4	12	207.29	12	8
上饶市	Shangrao	41	8	13	179.45	23	6

注: 文物保护管理所包括其它文物机构。
a) Data on agency of historical relics preservations include data on other historical relics institutions.

19-38 文化产业机构基本情况(2020年)
Basic Statistics on Cultural Industry Institutions (2020)

单位: 个 (unit)

指 标	Item	合计 Total	文化部门 Culture Department	其他部门 Other Departments
总 计	**Total**	**6861**	**2531**	**4330**
文化合计	Cultural Industry	6595	2297	4298
艺术业	Art Industry	457	104	353
图书馆业	Museum Industry	114	114	
群众文化业	Mass Art Industry	1859	1859	
艺术展览创作机构	Art Exhibition and Creation Institutions	46	46	
文化和旅游部门教育机构	Culture and Tourism Education Institutions	2	2	
文化和旅游科研机构	Culture and Tourism Research Institutions	13	13	
文化市场经营业	The Cultural Market	3942		3942
文化行政主管部门	Cultural Administrative Departments	115	115	
其他文化机构	Other Cultural Institutions	47	44	3
文物合计	Cultural Relic Industry	266	234	32

注: 艺术业包括艺术表演团体和艺术表演场馆。
a)Art performance troupes and venues are included in art industry.

19-39　文化产业从业人员基本情况(2020年)
Basic Statistics on Personnel of Cultural Industry (2020)

单位：人　　　　(person)

指　　标	Item	合　计 Total	#正高级职　称 Senior Title	#副高级职　称 Sub-senior Title	中级职称 Middle Title	文化部门 合　计 Cultural Department	#正高级职　称 Senior Title	#副高级职　称 Sub-senior Title	中级职称 Middle Title
总　　计	**Total**	**53289**	**172**	**763**	**2799**	**19549**	**156**	**732**	**2669**
文化合计	Cultural Industry	48273	97	579	2119	15161	93	566	2033
艺术业	Art Industry	11848	33	210	755	2475	29	197	669
图书馆业	Museum Industry	1387	13	81	379	1387	13	81	379
群众文化业	Mass Art Industry	6215	14	134	609	6215	14	134	609
艺术展览创作机构	Art Exhibition and Creation Institutions	397	7	25	50	397	7	25	50
文化和旅游部门教育机构	Culture and Tourism Education Institutions	330	11	63	102	330	11	63	102
文化和旅游科研机构	Culture and Tourism Research Institutions	302	13	40	146	302	13	40	146
文化市场经营业	The Cultural Market	23739							
文化行政主管部门	Cultural Administrative Departments	3150				3150			
其他文化机构	Other Cultural Institutions	905	6	26	78	905	6	26	78
文物合计	Cultural Relic Industry	5016	75	184	680	4388	63	166	636

19-39　续表　continued

单位：人　　　　(person)

指　　标	Item	#其他部门 合　计 Others	#正高级职称 Senior Title	#副高级职称 Sub-senior Title	中级职称 Middle Title
总　　计	**Total**	**33740**	**16**	**31**	**130**
文化合计	Cultural Industry	33112	4	13	86
艺术业	Art Industry	9373	4	13	86
图书馆业	Museum Industry				
群众文化业	Mass Art Industry				
艺术展览创作机构	Art Exhibition and Creation Institutions				
文化和旅游部门教育机构	Culture and Tourism Education Institutions				
文化和旅游科研机构	Culture and Tourism Research Institutions				
文化市场经营业	The Cultural Market	23739			
文化行政主管部门	Cultural Administrative Departments				
其他文化机构	Other Cultural Institutions				
文物合计	Cultural Relic Industry	628	12	18	44

19-40 文化产业机构人员情况(2020年)
Statistics on Personnel of Cultural Industry Institutions (2020)

单位：人 (person)

指　标	Item	合　计 Total	文化部门 Culture Department	其他部门 Other Departments
总　计	**Total**	**48568**	**38567**	**10001**
文化合计	Cultural Industry	43552	34179	9373
艺术业	Art Industry	11848	2475	9373
图书馆业	Museum Industry	1387	1387	
文化馆	Mass Art Industry	1891	1891	
文化和旅游部门教育机构	Culture and Tourism Education Institutions	330	330	
文化和旅游科研机构	Culture and Tourism Research Institutions	302	302	
文化市场经营业	The Cultural Market	23739	23739	
文化行政主管部门	Cultural Administrative Departments	3150	3150	
其他文化机构	Other Cultural Institutions	905	905	
文物合计	Cultural Relic Industry	5016	4388	628

19-41 报纸、期刊、图书出版种数
Copies of Publication of Newspapers, Periodicals and Books

单位：种 (kind)

指　标	Item	1980	1990	2000	2010	2017	2018	2019	2020
报　纸	Newspapers Published	6	28	65	63	69	68	66	65
综合报	General Newspapers	2	18	28	29	28	28	27	26
专业报	Special Newspapers	4	10	37	34	41	40	39	39
期　刊	Magazines Published	84	141	167	163	165	165	165	165
综　合	General Magazines	6	1	1	5	5	5	6	6
哲学、社会科学	Philosophy and General Social Sciences	10	33	52	39	44	43	48	48
自然科学、技术	Natural Sciences and Technology	47	63	78	71	70	70	69	69
文化、教育	Culture and Education	9	27	21	29	29	28	32	32
少年儿童读物	Children's Books	2	3	7	7	6	7	8	8
文学、艺术	Literature and Art	10	13	8	10	9	10	10	10
画　刊	Picture Books		1		2	2	2	2	2
图　书	Books	362	1264	2158	3869	7982	8242	8337	9437
#课　本	Textbooks	134	329	583	689	327	407	413	376

注：根据中宣部统计报表口径，少儿期刊和画刊为其中项，在填报2019年数据时，进行相应调整。表19-42同。

a) According to the statistical caliber of Publicity Department of Communist Party of China, children's periodicals and picture magazines are sub-items. The data for 2019 were adjusted accordingly.The same applies to table 19-42.

19-42 报纸、期刊、图书出版数量
Pieces of Newspapers, Periodicals and Books Published

单位: 万份 (10 000 copies)

指　　标	Item	1980	1990	2000	2005	2010	2018	2019	2020
报　　纸	Newspapers Published	17048	58930	39929	62263	70449	88317	79462	75566
综合报	General Newspapers	16506	38936	33273	56059	60771	39689	33908	31476
专业报	Special Newspapers	542	19994	6657	6204	9678	48628	45554	44090
期　　刊	Magazines Published	584	2714	9060	5623	7060	7435	7589	7959
综　　合	General Magazines	23	54	2	48	46	63	57	23
哲学社会科学	Philosophy and General Social Sciences	18	933	3239	755	577	650	1874	1903
自然科学技术	Natural Sciences and Technology	119	241	830	506	576	240	184	195
文化、教育	Culture and Education	210	679	2401	1143	1696	1480	5282	5625
少年儿童读物	Children's Books	30	417	1850	2416	3715	4760	1354	1476
文学艺术	Literature and Art	184	384	738	667	420	203	192	213
画　　刊	Picture Books		6		89	30	39	40	22
图　　书	Books	8474	19216	20300	16907	16039	24587	24955	27050
#课　　本	Textbooks	4861	10935	10490	9953	6945	7740	9050	9234

19-43 广播、电视事业基本情况
Basic Statistics on Radio and Television Stations

指　　标	Item	1980	2000	2010	2017	2018	2019	2020
融媒体中心(广播电视台)(座)	Convergence Media Center (Broadcasting and TV Stations (set)					99	96	97
公共广播节目套数(套)	Public Broadcasting Programs (set)	3	72	103	108	105	104	99
全年广播剧播出时间(小时)	Time of Radio Seplay Programs (Hours)							32931
中短波转播发射台(座)	FM&AM Radio Broadcasting Stations (set)	17	15	16	22	24	25	21
广播综合人口覆盖率(%)	General Radio Coverage of Population (%)	38.5	89.49	96.78	98.35	98.54	98.62	99.07
#乡村广播综合人口覆盖率(%)	General Radio Coverage of Village Population (%)			96.23	97.87	98.18	98.42	98.92
公共电视节目套数(套)	Public TV Programs (set)		42	113	112	122	123	128
全年电视剧播出部数(部)	Pieces of TV Series Broadcast (piece)			9318	9266	8958	8517	9146
全年电视剧播出集数(集)	Episodes of TV Series Broadcast (episode)			247239	265626	254637	268511	228719
全年电视动画片播出部数(部)	Pieces of Cartoons Broadcast (piece)			782				1535
全年电视动画片播出集数(集)	Episodes of Cartoons Broadcast (episode)			28192				44715
电视发射机部数(座)	TV Transmission Facilities (set)	58	493	301	223	211	298	271
电视综合人口覆盖率(%)	General TV Coverage of Household (%)	50.5	92.67	97.96	98.89	99.09	99.14	99.51
#乡村综合电视人口覆盖率	General TV Coverage of Village Populaiotn			97.55	98.43	98.77	98.94	99.37

注：1.1995年以前中短波广播发射台数是指广播发射台及转播台数。
　　2.2000年以前电视台是指无线电视台，2001年无线电视台与有线电视台合并。

a) Before 1995, the number of FM&AM Radio Broadcasting Stations referred to the number of radio broadcasting stations and transmission stations.
b) Before 2000, the number of TV Stations referred to the number of Wireless TV. Wirless TV and CATV merged in 2001.

19-44 各地区广播电视主要统计指标(2020年)
Basic Statistics on Radio and Television by Region (2020)

地　区	Region	融媒体中心(广播电视台)(座) Convergence Media Center (Broadcasting and TV Stations (set)	中、短波转播发射台(座) Medium and short wave broadcast transmitters (set)	调频、电视转播发射台(座) FM & TV Broadcast Transmitters (set)	广播综合人口覆盖率(%) Radio &TV Coverage of Population (%)	电视综合人口覆盖率(%) General TV Coverage of Household (%)
全　省	**Provincial Total**	**97**	**21**	**144**	**99.07**	**99.51**
省本级	Provincial Level	1		2	-	-
南昌市	Nanchang	5		36	100	100
景德镇市	Jingdezhen	3	2	10	100	100
萍乡市	Pingxiang	4	1	4	99.74	99.99
九江市	Jiujiang	13	2	19	97.90	98.94
新余市	Xinyu	3	1	3	99.97	99.97
鹰潭市	Yingtan	3	1	1	99.28	99.36
赣州市	Ganzhou	19	8	25	96.95	98.45
吉安市	Ji'an	12	1	9	100	100
宜春市	Yichun	10	2	13	99.29	99.49
抚州市	Fuzhou	12	2	13	99.72	99.88
上饶市	Shangrao	12	1	9	100	100

19-45 各部门、各地区广播电视主要经济指标(2020年)
Basic Statistics on Radio and Television by Region and Department (2020)

地　区	Region	从业人员(人) Number of Employees (person)	总收入(万元) Total Income (10 000 yuan)	实际创收收入(万元) Actual Income (10 000 yuan)	广告收入(万元) Advertisement (10 000 yuan)	有线电视网络收入(万元) Cable TV Network (10 000 yuan)	新媒体业务收入(万元) New Media Business (10 000 yuan)	广播电视节目销售收入(万元) Sales Revenue of Broadcasting and TV Programs (10 000 yuan)
全　省	**Provincial Total**	**20199**	**678252**	**374350**	**107793**	**160297**	**18534**	**19002**
省本级	Provincial Level	9307	315781	290341	75768	147167	16932	
南昌市	Nanchang	1947	56681	28317	9330	9317	679	741
景德镇市	Jingdezhen	656	10284	1839	1839			
萍乡市	Pingxiang	674	17991	7012	2588		4	3025
九江市	Jiujiang	1474	43035	6931	4662	595	870	
新余市	Xinyu	494	13000	10045	1733			8121
鹰潭市	Yingtan	252	6144	405	405			
赣州市	Ganzhou	1602	106482	4080	3825		8	92
吉安市	Ji'an	948	22994	2565	1956	558		
宜春市	Yichun	1018	29771	5282	2958	199	3	
抚州市	Fuzhou	726	22561	5655	768	1427	38	
上饶市	Shangrao	1101	33528	11878	1961	1034		7023

19-46 测绘地理信息生产完成情况

Statistics on Projects Completed by Surveying and Mapping Departments

年 份 Year	大地测量 Geodesy		测图合计 (幅) Mapping (unit)	地图数字化 (幅) Digital Map (unit)	地图编制 Cartography		
	GPS测量 (点) Global Positioning System Survey (point)	水准测量 (公里) Leveling (kilometer)			地形图 (幅) Topographic Map (unit)	专题地图 (幅/册) Special Map (unit/volume)	地图集 (册) Atlas (volume)
2001	528	336	1941	1416	440	61	2
2002	500	481	2219	1091		372	
2003	189	100	2068	1887		23	1
2004	796	5031	3051	2754		44	
2005	576	800	2509			36	
2006	1840	200	6418	999		35	
2007	1940	286	6127	288	10	30	1
2008	2150	400	13360	286	41	33	1
2009	632	1978	5114		25	607	2
2010	1009	2022	6971	4579	58	66	1
2011	62	943	3104	2078	194		
2012	462	1281	19767		16	210	1
2013	658	327	6469		5	42	
2014	60	3500	31722		3	35	
2015	100	7000	1046		1	21	2
2016	280	4600	1762		3	40	2
2017	180	1500	1810		3	44	1
2018	66		2186		14	48	1
2019	66		2602			131	5
2020	66	314	4437		2	48	2

19-47 地理信息成果提供情况

Statistics on Output of Surveying and Mapping Materials

年 份 Year	地形图合计 (张) Topographic Map (unit)	1:10 000 (scale)	1:50 000 (scale)	大地成果(点) Geodetic Results (point)	遥感影像成果(片) Aerial Photograph (piece)	挂 图(张) Wall Map (unit)	地 图 集 (册) Atlas (volume)
2000	8904	7266	1638	377	281		
2001	10704	8785	1919	1611		66	217
2002	8294	7287	1007	173	120	40	48
2003	10048	8656	1392	47372	8411		
2004	5868	3959	1909	563	29000		
2005	5815	4231	1584	1327	48126	5	
2006	7926	5058	2868	17010	15865	112	20
2007	15035	12754	2281	24221	22631		
2008	17352	15336	2016	7929	12355		
2009	5523	4909	614	5554	22803		
2010	5469	4441	1028	31121	5329	628	731
2011	8153	7498	655	3687	7994	12	15
2012	10444	9162	1282	8992	52354	1035	79
2013	2886	2440	446	4880	133567	951	1500
2014	2940	2648	244	2598	120734	1700	2648
2015	6408	5328	1080	2641	364834	10	540
2016	3531	3078	410	2395	107643	600	1240
2017	2222	1910	275	1995	132718	700	500
2018	2372	2029	343	3083	141379	951	300
2019	2443	2291	126	4533	29638	1888	290
2020	10888	10610	278	2504		1250	4485

注：航摄成果指标从2014年起调整为以遥感影像成果为统计指标，以平方千米作计量单位。

a) After 2014, aerial photograph refers to remote sensing image photograph, measuring in the unit of sq.km.

19-48 各地区产品质量监督检查情况(2020年)
Results of Supervision and Sampling Check on the Quality of Products by Region (2020)

地 区	Region	抽查产品(种) Production Supervised (kind)	抽查企业(家) Number of Enterprises Supervised (unit)	抽查产品(批) Production Supervised (time)	不合格产品(批) Production Unqualified (time)
全 省	**Provincial Total**	**472**	**7089**	**11167**	**948**
省本级	Provincial level	100	2653	3455	177
南昌市	Nanchang	12	497	673	90
景德镇市	Jingdezhen	8	169	343	2
萍乡市	Pingxiang	29	213	262	53
九江市	Jiujiang	61	679	2402	173
新余市	Xinyu	36	210	386	51
鹰潭市	Yingtan	51	214	285	30
赣州市	Ganzhou	43	769	1236	128
吉安市	Ji'an	56	378	451	70
宜春市	Yichun	25	566	706	109
抚州市	Fuzhou	20	265	369	19
上饶市	Shangrao	31	476	599	46

注：抽查产品合计相加不等于总数。

a) The subtotal of production supervised is not equal to the gross total.

主要统计指标解释

R&D 指为增加知识存量（也包括有关人类、文化和社会的知识）以及设计已有知识的新应用而进行的创造性、系统性工作。根据企业相关会计准则规定，研究是指为获取并理解新的科学或技术知识而进行的独创性的有计划调查。开发是指在进行商业性生产或使用前，将研究成果或其他知识应用于某项计划或设计，以生产出新的或具有实质性改进的材料、装置、产品等。

基础研究 指一种不预设任何特定应用或使用目的的实验性或理论性工作，其主要目的是为获得（已发生）现象和可观察事实的基本原理、规律和新知识。其成果通常表现为提出一般原理、理论或规律，并以论文、著作、研究报告等形式为主。包括纯基础研究和定向基础研究。纯基础研究是不追求经济或社会效益，也不谋求成果应用，只是为增加新知识而开展的基础研究。定向基础研究是为当前已知的或未来可预料问题的识别和解决而提供某方面基础知识的基础研究。

应用研究 指为获取新知识，达到某一特定的实际目的或目标而开展的初始性研究。应用研究是为了确定基础研究成果的可能用途，或确定实现特定和预定目标的新方法。其研究成果以论文、著作、研究报告、原理性模型或发明专利等形式为主。

试验发展 指利用从科学研究、实际经验中获取的知识和研究过程中产生的其他知识，开发新的产品、工艺或改进现有产品、工艺而进行的系统性研究。其研究成果以专利、专有技术，以及具有新颖性的产品原型、原始样机及装置等形式为主。

专业技术人员 指报告期内在专业技术岗位工作的或在管理岗位上工作具有专业技术职务（资格）的人员总数。

专业技术类别 指在中央职称改革工作领导小组批转的二十九个专业技术职务试行条例和中共中央办公厅、国务院办公厅关于转发《企业思想政治工作人员专业职务试行条例》的基础上，将事业、企业单位的专业技术人员归并为：工程技术人员（含民航飞行技术人员、船舶技术人员），农业技术人员，科学研究人员（含自然科学研究、社会科学研究及实验技术人员），卫生技术人员，教学人员（含高等院校、中等专业学校、技工学校、中学、小学），经济人员，会计人员，统计人员，翻译人员，图书、档案、文博人员，新闻、出版人员，律师、公证人员，播音人员，工艺美术人员，体育人员，艺术人员及政工人员，共十七个专业技术职务类别。

专利申请数 指调查单位在报告年度向国内外知识产权行政部门提出专利申请并被受理后，按规定缴足申请费，符合进入初步审查阶段条件的件数。专利是专利权的简称，是对发明人的发明创造经审查合格后，由专利主管部门依法授予发明人和设计人对该项发明创造享有的专有权，包括发明、实用新型和外观设计三种。

专利授权数 指报告年度由国内外知识产权行政部门向调查单位授予专利权的件数。

普通高等学校 指按照国家规定的设置标准和审批程序批准举办的，通过全国普通高等学校统一招生考试，招收高中毕业生为主要培养对象，实施高等教育的全日制大学、独立设置的学院和高等专科学校、高等职业学校和其他机构。

成人高等学校 指按照国家规定的设置标准和审批程序批准举办的，通过全国成人高等学校统一招生考试，招收具有高中毕业或同等学历的在职从业人员为主要培养对象，利用函授、业余、脱产等多种形式对其实施高等学历教育的学校。包括职工高等学校、农民高等学校、管理干部学院、教育学院、独立函授学院、广播电视大学、其他机构等。其他机构是承担国家成人招生计划任务不计校数的机构。

文化事业机构 指从事专业文化工作和为专业文化工作服务的独立建制的单位。不包括这些单位另外举办独立核算的其他机构和各部门的业余文化组织。该指标主要反映文化事业机构发展规模水平。

艺术表演团体 指从事戏曲、音乐、舞蹈、杂技等专业艺术表演，有独立帐户的单位，不包括半工半艺、半农半艺和民间职业剧团。该指标主要反映专业艺术表演团体发展规模水平。

艺术表演观众人数 指售票、包场演出或民族地区免费演出的艺术表演观众人次数，不包括彩排审查和内部观摩演出的观看人次数。该指标主要反映观看专业艺术表演团体演出的效益规模。

Explanatory Notes on Main Statistical Indicators

Research and Development (R&D) refers to systematic and creative activities in the field of science and technology aiming at increasing the knowledge and using the knowledge for new application. According to the relevant provisions of the relevant accounting standards for enterprises, research refers to the planned survey development for the purpose of the acquiring and understanding of new scientific or technical knowledge. Development refers to the application of research results or other knowledge to a plan or design to produce new or substantially improved material device products before commercial production or use.

Basic Research refers to experimental or theoretical work undertaken primarily to acquire new knowledge of the underlying foundations of phenomena and observable facts, without any particular application or use in view. Basic research usually formulates hypotheses, theories or laws, and its results are mainly released or disseminated in the form of scientific papers or monographs or research reports. Basic research includes pure basic research and directed basic research. Pure basic research does not pursue economic or social benefits, nor does it seek the application of results. It is only basic research carried out to increase new knowledge. Directional basic research is the basic research that provides some basic knowledge for the identification and solution of the current known or future predictable problems

Applied Research refers to original investigation undertaken in order to acquire new knowledge. It is directed primarily towards a specific, practical aim or objective. Purpose of the applied research is to identify the possible uses of results from basic research, or to explore new (fundamental) methods or new approaches. Results of applied research are expressed in the form of scientific papers, monographs, fundamental models or invention patents.

Experimental Development refers to systematic work, drawing on knowledge gained from research and practical experience and producing additional knowledge, which is directed to producing new products or processes or to improving existing products or processes. Results of experimental development activities are embodied in patents, exclusive technology, and mono-type of new products or equipment.

Professional and Technical Personnel refer to persons engaged in professional and technical work or in the management of professional and technical activities.

Category of Professional Technical Positions refers to the merging of the professional and technical personnel of public institutions on the basis of the provisional Regulations on the transfer of 29 professional and technical posts approved by the Central Leading Group for Professional Title Reform and the Provisional Regulations of the General Office of the CPC Central Committee and the General Office of the State Council on the transfer of professional and political personnel of enterprises for trial implementation. Professional technology personnel is categorized into Divided into: engineering and technical personnel (including the civil aviation flight personnel ship technical personnel), agricultural technical personnel, scientific research personnel (including natural science and social science research and experimental technical personnel), health technicians, teaching staff (including secondary specialized schools in colleges and universities vestibule school middle school or primary school), economic personnel, accountants, statisticians, translators, book file wenbo personnel, press and publication, attorney notarial personnel, service personnel, arts and crafts, sports, art and political work personnel, a total of 17 categories of professional technical position.

Patent Applied refers to the number of cases in which an investigating entity, after submitting an application for patent to the intellectual property administrative department at home and abroad in the reporting year and having been accepted, pays the application fee in full according to the provisions and meets the requirements for entering the preliminary examination stage. Patent is an abbreviation for the patent right and refers to the exclusive right of ownership by the inventors or designers for the creation or inventions, given from the patent offices after due process of assessment and approval in accordance with the Patent Law. Patents are granted for inventions, utility models and designs.

Patent Granted refers to the number of patents granted to investigating units by intellectual property administrative departments at home and abroad in the reporting year.

Regular Institutions of Higher Education refers to a full-time university, an independently established college or college, a junior college or college, a higher vocational school or any other institution that carries out higher education by passing the uniform entrance examination for ordinary institutions of higher learning nationwide in accordance with the establishment standards and examination and approval procedures set by the State and enrolling senior high school graduates as its main training objects.

Institutions of Higher Learning for Adults refer to educational establishments, set up in line with relevant rules approved by the government, enrolling staff and workers with senior secondary school or equivalent education, and providing higher education courses in many forms of correspondence, spare time, or full time for adults. Professionals thus trained receive a qualification equivalent to graduates studying regular courses at regular universities, colleges and professional colleges. Institutions of higher learning for adults include schools of higher education for staff and workers, schools of higher education for peasants, colleges for management cadres, pedagogical colleges, independent correspondence colleges, Radio and TV universities and other educational establishments. Other educational establishments have undertakings to enrol adult students but not enumerated in the schools under the State Plan.

Enrolment Rate of Primary School Age Children refers to the proportion of school age children enrolled at schools to the total number of school age children both in and outside schools (including retarded children, but excluding blind, deaf and mute children). The formula is:

Cultural Institutions refer to units which have their own organizational system and independent accounting system and specialize in cultural work or service cultural work. They do not include other establishments run by these units with separate accounting system and amateur cultural groups established by various departments. The statistics reflect the scale and level of development of institutions engaged in cultural undertakings.

Art Troupes refer to the troupes which are engaged in drama, opera, music, dance, acrobatics or other art performance, have independent accounts with banks and have self-supporting accounting system. Troupes which are engaged partly in industrial or agricultural activities, partly in art performance and the professional troupes organized by the mass are not included. The statistics reflect the scale and level of development of professional art troupes nationally.

Number of Audience at Art Performance refers to the number of spectators at commercial shows, privately organized shows or free shows given in ethnic minority areas, and does not include the number of spectators at rehearsals and internal viewings. This indicator mainly reflects the scale and effects of viewing of performances given by professional art troupes across the country.

20

卫生、体育、社会福利和其他

PUBLIC HEALTH, SPORTS, SOCIAL WELFARE AND OTHERS

简要说明

本篇资料主要分为卫生、体育、社会福利及其他四部分。

卫生统计资料主要包括卫生机构、人员、床位数、医院门诊诊疗人次及入院人数、医院住院治疗情况、医院病床使用等，资料由省卫生健康委员会整理提供。

体育统计资料包括举办运动会次数、全民健身活动人数、健身设施和俱乐部、国际国内比赛中获奖情况、少年儿童业余体校情况等，资料由省体育局整理提供。

社会福利及其他统计资料主要包括社会福利企事业机构、人员情况、优抚、福利类收养情况、社会救济、城镇社区服务、社会捐赠、福利彩票发行、婚姻登记情况等，由省民政厅整理提供。社会活动参与包括全省人大代表和政协委员情况、工会组织情况、共青团组织情况、妇联系统组织情况，资料分别由省人大、省政协、省总工会、团省委、省妇联整理提供。

公检法司包括律师、公证、调解工作情况和各类事故伤亡情况，资料分别由省司法厅、省安全生产监督管理局整理提供。

Brief Introduction

Data in this chapter present statistics on four sectors: public health, sports, social welfare, and other statistic data.

Data on public health cover the number of institutions, personnel, hospital beds, number of patients admitted and treated, ho spital inpatient treatment, use of hospital beds. The data are prepared and provided by the Heath Commission of Jiangxi Province.

Data on sports cover the number of games held, mass sports, the number of fitness facilities and clubs, domestic and international competition prizes, and amateur sports schools. The data are prepared and provided by Jiangxi Sport Bureau.

Data on social welfare and other statistic data cover condition of institutions and personnel, budget, social welfare relief, urban welfare facilities, social donations, lottery, and marriage registration. Data are prepared and provided by the Civil Administration Office in Jiangxi Province. Data on participation (covering mainly information on representatives to Provincial People's Congress, CPPCC Provincial Committee, and Trade Unions Communist Youth League, Women's Federations) are prepared and provided by the Provincial People's Congress, CPPCC Provincial Committee, the Provincial Federation of Trade Unions, Provincial Party Committee and Provincial Women's Federation.

Data on public security cover statistics on lawyers, notarization and mediation, and various accidents casualties. The data are prepared and provided by the Department of Justice of Jiangxi Province and The Bureau of Safe Production Supervision and Administration of Jiangxi Province.

20-1 卫生机构、床位及人员数
Number of Health Institutions, Beds and Personnel

年份 Year	机构数(个) Number of Institutions (unit)	#医院卫生院 Hospitals and Health Centers	床位数(张) Number of Beds (unit)	#医院卫生院 Hospitals and Health Centers	人员数(人) Number of Personnels (person)	#卫生技术人员 Medical Technical Personnel	#医生 Doctor
1978	5178	2107	72289	65237	87018	70247	30430
1979	5268	2157	74314	67398	92090	73868	31054
1980	5373	2189	76924	69716	97831	79014	32675
1981	5474	2195	78630	70876	111364	90812	37021
1982	5615	2199	81011	72471	115000	93392	38578
1983	5624	2205	82098	72963	119748	97661	40628
1984	5587	2217	82623	73510	126059	100673	40865
1985	5538	2206	84134	75203	127679	102209	43322
1986	5597	2221	86431	76779	131342	105401	45012
1987	5614	2234	89227	79304	134846	108065	46109
1988	5583	2253	90151	80342	138238	111765	48801
1989	5613	2283	92194	82059	141587	114402	50525
1990	5632	2305	92274	82601	144583	116786	51994
1991	5632	2308	92745	83190	146418	117903	51893
1992	5620	2321	93291	83619	147375	118708	52304
1993	5389	2276	93315	82625	147217	118318	52619
1994	5432	2304	94372	83911	149247	120503	54212
1995	5423	2313	93669	83625	151246	122649	55095
1996	7966	2302	88509	81323	147057	118700	50876
1997	8056	2310	90251	82489	148605	120072	51864
1998	7972	2305	91641	83349	149356	121119	52498
1999	7953	2298	91230	82326	152264	122321	53147
2000	8048	2282	90930	83300	151985	123192	54437
2001	7594	2266	91091	83484	151518	122858	53717
2002	11286	2146	90019	83817	139076	114513	46756
2003	11401	2083	85537	79790	141287	117755	49289
2004	12080	2047	84036	78211	141244	118196	46468
2005	10664	2007	85086	79292	138697	115986	46093
2006	10210	2032	88260	81585	142682	119761	51436
2007	9456	2028	94862	85502	153238	126598	51828
2008	8229	2036	105156	93890	168472	139764	55187
2009	7102	2077	123086	104700	176720	146990	56325
2010	7172	2092	127915	103075	184139	154733	59264
2011	7121	2131	136512	132319	196317	166069	62888
2012	7137	2134	157660	142436	210887	179797	67168
2013	7250	2140	174299	158096	269848	190234	70276
2014	38873	2158	186857	170042	280681	201327	74605
2015	38557	2201	197873	184120	291571	210946	76814
2016	38266	2349	209085	195277	301698	220979	79183
2017	37791	2259	233513	214206	317816	235773	83652
2018	36546	2311	249510	229276	325803	247204	87277
2019	37029	2403	267187	246733	348413	267917	96437
2020	36716	2452	285797	265356	367527	286089	104897

注：1.从1996年起卫生年报统计口径变动，机构数中包括个体机构。
2.2002年卫生年报统计口径调整，数据变化较大。后同。
3.2007年卫生年报统计口径变动。后同。
4.从2013起卫生技术人员数据不包括乡村医生和卫生员。后同。
5.从2014年起机构合计中包括村卫生室。

a) Statistical standards in health report have been adjusted since 1996. Individual institutions have been included in total number of institutions.
b) Statistical standards in health report have been adjusted since 2002, causing data fluctuation among years. The same applies to the following tables.
c) Statistical standards in health report have been adjusted since 2007. The same applies to the following tables.
d) Village doctors and assistant nurses have not been included in technical personnel in health institutions since 2013 The same applies to the following tables.
e) Village clinics have been included in health institutions since 2014.

20-2 各类卫生机构、床位、人员数(2020年)
Number of Health Institutions, Beds and Personnel by Type (2020)

类别	Type	机构数(个) Total (unit)	#国有 State-owned	床位数(张) Beds (unit)	#国有 State-owned	人员数(人) Personnel (person)	#卫生技术人员 Medical Technical Personnel
总计	**Total**	**36716**	**3107**	**285797**	**224463**	**367527**	**286089**
医院	**Hospital**	**858**	**319**	**206819**	**152670**	**207277**	**177455**
#综合医院	General Hospital	532	191	138393	104522	145137	125240
中医医院	Hospital Specialized in Traditional Chinese Medicine	117	87	33308	30227	35034	30673
中西医结合医院	Hospital of Integrated Traditional Chinese with Western Medicine	14	5	2070	1219	2623	2319
专科医院	Specialized Hospital	191	36	32783	16702	24336	19116
护理院	Nursing Hospital	4		265		147	107
基层医疗卫生机构	**Health Care Institutions at Grassroot Level**	**35214**	**2206**	**62348**	**56767**	**122489**	**78191**
社区卫生服务中心(站)	Community Health Service Center	596	254	3647	2735	9492	8298
卫生院	Heath Centers	1594	1474	58537	54002	51992	45664
村卫生室	Village Clinic	27440	297			45368	9653
门诊部	Outpatient Department	453	12	164	30	4197	3526
诊所、卫生所、医务室	Clinic, Medical Center, Nursing Station	5131	169			11440	11050
专业公共卫生机构	**Professional Public Health Institutions**	**564**	**542**	**15365**	**13966**	**34432**	**28485**
疾病预防控制中心	Disease Prevention & Control Center	152	150			5636	4553
专科疾病防治院(所、站)	Specialized Disease Prevention &Treatment Institute	110	99	3794	2718	3226	2576
健康教育所(站、中心)	Health Education Center	8	8			105	37
妇幼保健院(所、站)	Maternity and Child Care Center	114	111	11565	11242	21435	18444
急救中心(站)	Emergency Center	15	15	6	6	546	329
采供血机构	Institution for Blood Collection and Supplyment	20	14			1255	952
卫生监督所	Health Supervision Institution	111	111			2071	1513
计划生育技术服务机构	Birth Control Service Institution	34	34			158	81
其他卫生机构	**Other Health Care Institutions**	**80**	**40**	**1265**	**1060**	**3329**	**1958**
疗养院	Sanatoriums	4	2	1265	1060	182	74
医学科学研究机构	Research Institution of Medical Science	5	5			395	238
医学在职培训机构	Medical-service Training Institution	3	3			16	3
临床检验中心	Clinical Laboratory Institution	4				490	214
其他	Other Health Institutions	64	30			2246	1429

注：1.本表人员合计中包括乡村医生和卫生员。
2.不含乡镇卫生院在村卫生室工作的执业(助理)医师、注册护士数。

a) Village doctors and assistant nurses are included in personnels.

b) Licensed (assistant) physicians and nurses of country health stations working in village health stations are not included in personels.

20-3 卫生机构人员数
Number of Personnel in Health Institutions

单位：人 (person)

类　　别	Type	1990	1995	2000	2010	2017	2018	2019	2020
总　　计	**Total**	**144583**	**151246**	**151985**	**184139**	**317816**	**325803**	**348413**	**367527**
卫生技术人员	Medical Technical Personnel	116786	122649	123192	154733	235773	247204	267917	286089
执业医师	Certified Doctors	51994	55095	54437	50737	70081	73290	80429	86733
执业助理医师	Certified Assistant Doctors				8527	13571	13987	16008	18164
注册护士	Registerd Nurses	1774	1227	1764	57703	104128	110828	120412	129283
药剂师(士)	Pharmacists	1237	1057	611	12223	14552	14714	15265	15724
技师(士)	Technical Personnel				10584	15959	16553	17576	18589
#检验师	Chemist	891	677	444	7229	11064	11445	12027	12797
其　他	Others	5921	5914	4351	14959	17482	17832	18229	17596
其他技术人员	Other Technical Personnel	1229	2329	4340	6523	9162	9253	10341	11342
管理人员	Managerial Personnel		4464	5004	7644	9445	9564	11134	11436
工勤技能人员	Ground Skilled Staff	10498	10812	12903	15239	20010	20221	21727	22876
乡村医生和卫生员	Village Doctors and Health Workers					43422	39561	37287	35715
平均每千人中有卫生技术人员	Number of Medical Technical Personnel Per 1000 Population	3.06	3.02	2.97	3.47	5.23	5.48	5.93	6.33
#医生	Doctors	1.36	1.36	1.31	1.33	1.85	1.93	2.14	2.32

注：1.本表总数中不包含村卫生室人员、乡村医生和卫生人员，2007年卫生统计口径改变,故指标有所变化。
2.2015年起本表总数中包括了村卫生室人员、乡村医生和卫生人员。
3.因七人普人口数据修订，2017-2019年平均每千人卫生技术人员及医生数有变动。

a) Village clinic staff, rural doctors and health workers are not included in total. The statistical standard has changed since 2007 and the indicators has changed accordingly.
b) Staff of village clinics, village doctors and health workers have been included in provincial total since 2015.
c) Number of medical technical personnel per 1000 population from 2017 to 2019 is adjusted based on Seventh National Census.

20-4 各地区卫生事业基本情况(2020年)
Basic Statistics on Health Institutions by Region (2020)

地　区	Region	机构数(个) Total (unit)	#医院、卫生院 Hospitals and Health Centers	床位数(张) Number of Beds (unit)	#医院、卫生院 Hospitals and Health Centers	人员数(人) Number of Personnel (person)
全　省	**Provincial Total**	**36622**	**2452**	**285797**	**265356**	**367527**
南昌市	Nanchang	2684	230	44206	42025	63146
景德镇市	Jingdezhen	1138	73	9583	9025	13280
萍乡市	Pingxiang	1412	78	12796	11559	17715
九江市	Jiujiang	2663	260	28966	25020	38542
新余市	Xinyu	1214	52	7138	6509	9655
鹰潭市	Yingtan	848	62	7003	6726	8470
赣州市	Ganzhou	8640	451	54077	50385	65506
吉安市	Ji'an	4365	303	28869	27305	32355
宜春市	Yichun	4456	268	34958	31556	40620
抚州市	Fuzhou	2665	271	18768	17897	29160
上饶市	Shangrao	6537	404	39433	37349	49078

注：1. 人员数包括乡村医生和卫生员。
2. 医院卫生院机构数不包括村卫生室和门诊部机构数。
a) Village doctors and assistant nurses are included in personnel.
b) Hospital institutes number does not include the number of village clinics and outpatient departments.

20-5 各地区卫生技术人员数(2020年)
Technical Personnel in Health Institutions by Region (2020)

单位：人　(person)

地　区	Region	合计 Total	医生 Doctors	执业医师 Certified Doctors	执业助理医师 Certified Assistant Doctors	注册护士 Registerd Nurses	其他 Others
全　省	**Provincial Total**	**286089**	**104897**	**86733**	**18164**	**129283**	**51909**
南昌市	Nanchang	50754	17854	16425	1429	24267	8633
景德镇市	Jingdezhen	10640	3832	3171	661	4830	1978
萍乡市	Pingxiang	14033	4913	4127	786	6757	2363
九江市	Jiujiang	29576	11238	9486	1752	12979	5359
新余市	Xinyu	7763	2811	2417	394	3707	1245
鹰潭市	Yingtan	6372	2565	2015	550	2586	1221
赣州市	Ganzhou	52428	18852	15085	3767	23565	10011
吉安市	Ji'an	24700	9223	7406	1817	10596	4881
宜春市	Yichun	31094	11365	9448	1917	14013	5716
抚州市	Fuzhou	22623	9123	7028	2095	9930	3570
上饶市	Shangrao	36106	13121	10125	2996	16053	6932

注：其他卫生技术人员中包括药师(士)、技师(士)和见习医师等。
a) Pharmacists, technical personnel, and interns are included in other technical personnel.

20-6 各类医院机构、床位及人员数(2020年)
Beds and Personnel in Health Institutions by Specialization (2020)

类别	Type	机构数(个) Number of Institutions (unit)	床位数(张) Number of Beds (unit)	人员数(人) Number of Personnel (person)	#卫生技术人员 Medical Technical Personnel	执业医师 Certified Doctors	执业助理医师 Certified Assistant Doctors
总　计	**Total**	**858**	**206819**	**207277**	**177455**	**53360**	**3926**
综合医院	General Hospital	532	138393	145137	125240	37308	2670
中医医院	Hospital Specialized in Traditional Chinese Medicine	117	33308	35034	30673	10203	725
中西医结合医院	Hospital of Integrated Traditional Chinese with Western Medicine	14	2070	2623	2319	741	63
专科医院	Specialized Hospital	191	32783	24336	19116	5073	464
口腔医院	Stomatological Hospital	17	179	952	713	277	50
眼科医院	Ophtalmology Hospital	16	1339	2052	1523	460	59
耳鼻喉科医院	Otolaryngology Hospital	2	156	192	126	17	5
肿瘤医院	Tumor Hospital	3	2796	2519	2227	675	10
血液病医院	Hematopathy Hospital	1	40	38	32	3	2
妇产(科)医院	Obstetrics and Gynecology Hospital	12	720	1208	800	221	18
儿童医院	Children's Hospital	1	1319	1798	1610	500	2
精神病医院	Psychiatry Hospital	63	18852	7476	5822	1249	141
传染病医院	Hospital for Infectious Diseases	4	1451	1592	1265	319	6
皮肤病院	Dermatology Hospital	5	322	747	587	179	4
结核病医院	Tuberculosis Hospital	2	920	964	835	225	9
骨科医院	Orthopedics Hospital	16	1377	1224	989	233	66
康复医院	Rehabilitation Hospital	7	582	427	332	103	17
美容医院	Plastic Surgery Hospital	10	194	665	410	150	9
其他专科医院	Other Specialized Hospitals	32	2536	2482	1845	462	66
护理院	Nursing Hospital	4	265	147	107	35	4

20-7 各类医疗机构病床使用情况(2020年)
Bed Utilization of Medical Institutions (2020)

类别	Type	实际占用总床日数(床日) Actual Number of Bed-opening Days (Bed-Occupying day)	出院者占总床日数(日) Total Number of Bed-occupying Days (day)	病床周转次数(次) Hospital Bed Turnover (time)	病床工作日(日) Hospital Bed Using Days (day)	病床使用率(%) Utilization Rate (%)	平均住院日(日) Average Staying Days in Hospital (day)
总计	**Total**	**68687364**	**65429369**	**29.6**	**253.0**	**69.32**	**8.1**
医院	**Hospital**	**54589037**	**52480500**	**29.5**	**276.2**	**75.67**	**9.0**
综合医院	General Hospital	35891889	35070720	32.9	269.8	73.92	8.0
中医医院	Hospital Specialized in Traditional Chinese Medicine	9319235	8906055	29.9	285.0	78.07	9.1
中西医结合医院	Hospital of Integrated Traditional Chinese with Western Medicine	469806	439035	25.2	264.7	72.52	9.8
专科医院	Specialized Hospital	8859327	8021637	14.1	296.3	81.18	19.0
口腔医院	Stomatological Hospital	10754	12035	16.2	106.0	29.05	7.3
眼科医院	Ophtalmology Hospital	188333	180554	29.8	149.4	40.92	4.8
耳鼻喉科医院	Otolaryngology Hospital	49243	42603	61.3	315.7	86.48	4.5
肿瘤医院	Tumor Hospital	889532	868833	30.6	318.1	87.14	10.2
血液病医院	Hematopathy Hospital						∞
妇产(科)医院	Obstetrics and Gynecology Hospital	68272	67024	18.3	101.6	27.83	5.5
儿童医院	Children's Hospital	373078	365664	46.0	282.1	77.28	6.0
精神病医院	Psychiatry Hospital	5779613	5063729	4.7	334.1	91.55	62.7
传染病医院	Hospital for Infectious Diseases	388638	378638	17.9	271.2	74.31	14.7
皮肤病医院	Dermatology Hospital	61014	61087	23.4	189.1	51.82	8.1
结核病医院	Tuberculosis Hospital	296007	295703	24.8	327.2	89.63	13.2
骨科医院	Orthopedics Hospital	231249	208017	22.7	195.7	53.61	7.8
康复医院	Rehabilitation Hospital	118528	92857	13.8	230.3	63.10	13.1
美容医院	Plastic Surgery Hospital	2443	2483	10.7	29.4	8.07	2.8
其他专科医院	Other Specialized Hospitals	402623	382410	24.0	222.0	60.81	8.8
护理院	Nursing Hospital	48780	43053	7.1	200.9	55.04	24.9
基层医疗卫生机构	**Health Care Institutions at Grassroot Level**	**10736107**	**9730583**	**29.0**	**185.1**	**50.70**	**5.8**
社区卫生服务中心(站)	Health Service Center for Community	336820	260683	13.5	113.1	30.98	6.5
卫生院	Heath Centers	10399287	9469900	29.8	188.9	51.77	5.8
专业公共卫生机构	**Professional Public Health Institutions**	**3233220**	**3092675**	**34.3**	**217.9**	**59.71**	**6.1**
专科疾病防治院(所、站)	Specialized Disease Prevention & Treatment Institute	684585	631955	11.9	198.1	54.26	15.3
妇幼保健院(所、站)	Maternity and Child Care Center (Station)	2548635	2460720	41.1	224.0	61.36	5.3
#妇幼保健院	Maternity and Child Care Center	2377034	2309004	42.9	229.8	62.95	5.2
其他医疗卫生机构	**Other Health Care Institutions**	**129000**	**125611**	**23.98**	**135.3**	**37.06**	**5.5**
疗养院	Sanitarium	129000	125611	24.0	135.3	37.06	5.5

20-8 各类医疗机构门诊诊疗情况(2020年)
Out-patient Clinics in Hospitals in Medical Institutions (2020)

类别	Type	诊疗人次(人次) Visits (person-time)	#门、急诊 Clinics	互联网诊疗人次数(人) Online Visits (person)	观察室留观病例数(人) Cases in Observation Room (person)	健康检查人数(人) Health Examine (person)
总计	**Total**	**220203825**	**211418012**	**173448**	**844755**	**12838998**
医院	**Hospital**	**74786885**	**72573875**	**99566**	**449307**	**4862036**
综合医院	General Hospital	54414995	52900209	96247	321305	2583550
中医医院	Hospital Specialized in Traditional Chinese Medicine	14054120	13495634	909	100144	2033773
中西医结合医院	Hospital of Integrated Traditional Chinese with Western Medicine	822721	768082	2	824	62599
专科医院	Specialized Hospital	5484106	5399075	2408	27034	182114
口腔医院	Stomatological Hospital	547230	545103	2301	100	15551
眼科医院	Ophtalmology Hospital	618778	618778		78	28013
耳鼻喉科医院	Otolaryngology Hospital	47709	47709			
肿瘤医院	Tumor Hospital	344998	315340	60		31860
血液病医院	Hematopathy Hospital	61185	61185			
妇产(科)医院	Obstetrics and Gynecology Hospital	229031	227609		728	2511
儿童医院	Children's Hospital	1111403	1111403		12439	6507
精神病医院	Psychiatry Hospital	807704	789064		174	11075
传染病医院	Hospital for Infectious Diseases	333727	333727	6	12	51171
皮肤病医院	Dermatology Hospital	553244	553244	1	13306	7000
结核病医院	Tuberculosis Hospital	198115	198115	40		8911
骨科医院	Orthopedics Hospital	151257	140032		98	15331
康复医院	Rehabilitation Hospital	31060	23777			1276
美容医院	Plastic Sergury Hospital	75652	72068			800
其他专科医院	Other Specialized Hospitals	373013	361921		99	2108
护理院	Nursing Hospital	10943	10875			
基层医疗卫生机构	**Health Care Institutions at Grassroot Level**	**133472293**	**127195075**	**73882**	**375418**	**6833671**
社区卫生服务中心(站)	Health Service Center for Community	7304528	6828908	2400	123813	1048951
卫生院	Heath Centers	34547325	32847307	71482	251605	5741000
村卫生室	Village Clinic	71157587	67374547			
门诊部	Outpatient Department	1692787	1567354			43720
诊所、医务室、护理站	Clinic, Medical center,Nursing Station	18770066	18576959			
专业公共卫生机构	**Professional Public Health Institutions**	**11935608**	**11641670**		**20030**	**1143291**
专科疾病防治院(所、站)	Specialized Disease Prevention & Treatment Institute	922848	887116		2569	26249
妇幼保健院(所、站)	Maternity and Child Care Center (Station)	10857923	10599717		17461	1117042
#妇幼保健院	Maternity and Child Care Center	10055390	9820406		17461	1006752
急救中心(站)	Emergency Center	154837	154837			
其他医疗卫生机构	**Other Health Care Institutions**	**9039**	**7392**			
疗养院	Sanitarium	9039	7392			

20-9 各类医疗机构住院治疗情况(2020年)
Basic Statistics on Inpatients Treatments in Medical Institutions (2020)

类别	Type	入院人数(人) Inpatients (person)	出院人数(人) Out-patients (person)	住院病人手术人次(人次) Inpatients Operation (person-time)	病死率(%) Fatality Rate (%)	每床出院人数(人) Patients Discharged per Bed (person)	每百门急诊的入院人数(人) Number of Admissions Per 100 Outpatient Emergency Treatment (person)
总计	**Total**	**8081516**	**8037421**	**1838211**	**0.21**	**28.1**	**6.5**
医院	**Hospital**	**5859856**	**5825609**	**1704275**	**0.28**	**28.2**	**8.1**
综合医院	General Hospital	4393906	4380553	1361645	0.30	31.7	8.3
中医医院	Hospital Specialized in Traditional Chinese Medicine	982973	976461	183683	0.22	29.3	7.3
中西医结合医院	Hospital of Integrated Traditional Chinese with Western Medicine	44674	44724	11043	0.47	21.6	5.8
专科医院	Specialized Hospital	436087	422139	147904	0.21	12.9	8.1
口腔医院	Stomatological Hospital	1639	1647	1251		9.2	0.3
眼科医院	Ophtalmology Hospital	37819	37633	24156	0.17	28.1	6.1
耳鼻喉医院	Otolaryngology Hospital	9697	9567	7239		61.3	20.3
肿瘤医院	Tumor Hospital	85485	85475	13108	0.51	30.6	27.1
妇产(科)医院	Obstetrics and Gynecology Hospital	12187	12282	4134		17.1	5.4
儿童医院	Children's Hospital	60589	60804	44541	0.04	46.1	5.5
精神病医院	Psychiatry Hospital	82228	80790	3962	0.10	4.3	10.4
传染病医院	Hospital for Infectious Diseases	26188	25712	12949	0.62	17.7	7.8
皮肤病医院	Dermatology Hospital	7549	7548	835		23.4	1.4
结核病医院	Tuberculosis Hospital	22427	22406	1165	0.46	24.4	11.3
骨科医院	Orthopedics Hospital	26943	26761	9953		19.4	19.2
康复医院	Rehabilitation Hospital	7223	7110	514	0.01	12.2	30.4
美容医院	Plastic Sergury Hospital	1379	889	915		4.6	1.9
其他专科医院	Other Specialized Hospitals	54734	43515	23182	0.04	17.2	15.1
护理院	Nursing Hospital	2216	1732		4.50	6.5	20.4
基层医疗卫生机构	**Health Care Institutions at Grassroot Level**	**1687250**	**1680491**		**0.02**	**27.0**	**4.2**
社区卫生服务中心	Health Service Center for Community	40549	40306		0.02	11.1	0.6
卫生院	Heath Centers	1644552	1638036		0.02	28.0	5.0
门诊部	Outpatient Department	2149	2149			13.1	
专业公共卫生机构	**Professional Public Health Institutions**	**511530**	**508450**	**133936**	**0.03**	**33.1**	**4.5**
专科疾病防治院(所、站)	Specialized Disease Prevention & Treatment Institute	41763	41185	97	0.01	10.9	4.7
妇幼保健院(所、站)	Maternity and Child Care Center (Station)	469767	467265	133839	0.03	40.4	4.4
#妇幼保健院	Maternity and Child Care Center	446225	443910	129575	0.03	42.5	4.5
其他医疗卫生机构	**Other Health Care Institutions**	**22880**	**22871**			**18.1**	**309.5**
疗养院	Sanitarium	22880	22871			18.1	309.5

20-10 各地区医疗卫生机构门诊诊疗情况(2020年)
Out-patient Clinics in Medical Institutions by Region (2020)

地 区	Region	诊疗人次(人次) Visits (person-time)	#门、急诊 Outpatient and Emergency Treatment	观察室留观病人(人) Patients in Observation Room (person)	健康检查人数(人) Health Examine (person)	急诊病死率(%) Fatality Rate among Emergency Admissions (%)	观察室病死率(%) Observation Room Mortality (%)
全 省	**Provincial Total**	**220203825**	**211418012**	**844755**	**12838998**	**0.04**	**0.04**
南昌市	Nanchang	26915945	26114483	134637	2545684	0.04	
景德镇市	Jingdezhen	6692417	6542444	72169	423762	0.04	0.01
萍乡市	Pingxiang	9172888	8721530	69240	446955	0.02	
九江市	Jiujiang	25434209	23942111	86575	1351482	0.04	0.03
新余市	Xinyu	6239045	5954368	37160	378311		
鹰潭市	Yingtan	5270534	5201040	7633	187644	0.07	
赣州市	Ganzhou	44691132	43080512	155456	2670375	0.08	0.04
吉安市	Ji'an	22386339	21484245	76631	1393423	0.03	0.11
宜春市	Yichun	25059652	23590596	167481	1312710	0.03	0.03
抚州市	Fuzhou	17773489	17310209	23760	643844	0.01	0.10
上饶市	Shangrao	30568175	29476474	14013	1484808	0.03	0.39

20-11 各地区医院病床使用情况(2020年)
Utilization of Hospital Beds by Region (2020)

地 区	Region	病床工作日(日) Hospital Bed Utilization(day)			病床使用率(%) Utilization Rate (%)			出院者平均住院日(日) Average Staying Days in Hospital (day)		
		合计 Total	公立 Public	民营 Private	合计 Total	公立 Public	民营 Private	合计 Total	公立 Public	民营 Private
全 省	**Provincial Total**	**276.2**	**288.4**	**238.5**	**75.7**	**79.0**	**65.4**	**9.0**	**8.9**	**9.6**
南昌市	Nanchang	279.3	286.8	225.5	76.5	78.6	61.8	9.6	9.4	13.4
景德镇市	Jingdezhen	271.1	274.8	263.7	74.3	75.3	72.2	9.7	9.1	11.7
萍乡市	Pingxiang	303.7	334.4	242.8	83.2	91.6	66.5	8.9	8.6	9.6
九江市	Jiujiang	293.1	297.2	247.4	80.3	81.4	67.8	9.5	9.4	10.8
新余市	Xinyu	272.2	276.9	255.8	74.6	75.9	70.1	10.4	10.1	12.6
鹰潭市	Yingtan	246.8	246.0	248.0	67.6	67.4	68.0	10.3	8.6	16.7
赣州市	Ganzhou	267.8	286.9	208.9	73.4	78.6	57.2	8.6	8.5	9.0
吉安市	Ji'an	276.7	285.4	238.4	75.8	78.2	65.3	8.4	8.1	10.4
宜春市	Yichun	275.4	287.0	237.1	75.5	78.6	65.0	9.6	9.9	8.6
抚州市	Fuzhou	247.0	265.1	208.3	67.7	72.6	57.1	7.7	7.4	9.0
上饶市	Shangrao	285.7	304.1	263.4	78.3	83.3	72.2	8.5	8.5	8.5

20-12 各地区医疗卫生机构住院治疗情况(2020年)
Basic Statistics on Inpatients Treatments by Region (2020)

地 区	Region	入院人数(人) Inpatients (person)	出院人数(人) Out-patients (person)	住院病人手术人次(人次) Inpatients Operation (person-time)	病死率(%) Fatality Rate (%)	每床出院人数(人) Out-patients per bed (person)	每百门急诊的入院人数(人) Number of Admissions Per 100 Outpatient Emergency Treatment (person)
全 省	**Provincial Total**	**8081516**	**8037421**	**1838211**	**0.2**	**28.1**	**6.5**
南昌市	Nanchang	1135774	1134990	505269	0.3	25.7	5.5
景德镇市	Jingdezhen	255055	252947	67072	0.1	26.4	8.1
萍乡市	Pingxiang	433702	417654	90021	0.1	32.7	7.6
九江市	Jiujiang	841318	836643	177918	0.2	28.9	6.9
新余市	Xinyu	153062	152924	31682	0.3	21.4	4.1
鹰潭市	Yingtan	147870	147411	31888	0.1	21.1	6.3
赣州市	Ganzhou	1565861	1558988	322445	0.4	28.8	5.9
吉安市	Ji'an	970089	968874	117100	0.2	33.6	8.4
宜春市	Yichun	938195	933506	222854	0.1	26.7	6.9
抚州市	Fuzhou	508653	506602	85980	0.2	27	5.2
上饶市	Shangrao	1131937	1126882	185982	0.1	28.6	8.0

20-13 各地区城镇社区服务情况(2020年)
Basic Statistics on Urban Community Service by Region (2020)

单位：个 (unit)

地 区	Region	城镇社区服务设施 Urban Community Service Facilities	社区服务志愿者组织数 Voluntary Organizations for Community Services
全 省	**Provincial Total**	**22657**	**712**
南昌市	Nanchang	2201	67
景德镇市	Jingdezhen	958	44
萍乡市	Pingxiang	1077	55
九江市	Jiujiang	2173	62
新余市	Xinyu	497	28
鹰潭市	Yingtan	439	18
赣州市	Ganzhou	3972	111
吉安市	Ji'an	2918	79
宜春市	Yichun	2713	86
抚州市	Fuzhou	2243	63
上饶市	Shangrao	3466	99

20-14 体育事业基本情况
Basic Statistics on Sports

指　　标	Item	1990	2000	2010	2016	2017	2018	2019	2020
村级农民体育健身工程(个)	Village-Level Mass Sports Project (unit)				246	290	240	348	243
乡镇体育健身工程(个)	Township Mass Sports Project (unit)				35	11	28	23	22
青少年俱乐部(个)	Youth Club (unit)			108	159	174	176	183	190
等级裁判员发展人数(人)	Ranked Referees Developed (person)	2008	2223	567	1609	659	691	1079	624
等级运动员发展人数(人)	Ranked Athletes Developed (person)								1862
在国际国内比赛中获奖牌数(枚)	Medals Won in International and National Competitions								60
金　牌	Gold	28	25	36	45	74	93	171	18
银　牌	Silver	33	27	26	55	75	100	170	14
铜　牌	Bronze	29	19	33	44	56	104	203	28

注：村级农民体育健身工程、乡镇农民体育健身工程为当年新增数量。
a) Village-level mass sports projects, township mass sports projects refer to those of new-added projects.

20-15 少年儿童业余体育学校基本情况
Basic Statistics on Amateur Sports School for Children and Adolescents

指　　标	Item	1990	2000	2010	2016	2017	2018	2019	2020
学　校　数(所)	Number of Schools (unit)	133	105	89	95	103	90	107	92
在校学生数(人)	Total School Enrollments (person)	7122	7417	10113	16373	13362	15947	15456	18238
专职教练员人数(人)	Full-time Coaches (person)	400	439	462	612	584	626	688	624
#专科以上	Above Specialized Courses		238	410	592	562	584	648	598

20-16 历届全省人民代表大会的代表人数

Number of Deputies to All the Previous Provincial People's Congresses

届别	Congress	年份 Year	代表总数(人) Total Number of Deputies (person)	#女代表 Female Deputies	占代表总数(%) As Percentage to Total Deputies (%)	#少数民族代表 Ethnic Minority Deputies	占代表总数(%) As Percentage to Total Deputies (%)
一 届	First Congress	1954	404				
二 届	Second Congress	1958	500	76	15.2		
三 届	Third Congress	1963	613	129	21.0	7	1.1
五 届	Fifth Congress	1978	1200	261	21.8	9	0.8
六 届	Sixth Congress	1983	958	184	19.2	17	1.8
七 届	Seventh Congress	1988	583	99	17.0	15	2.6
八 届	Eighth Congress	1993	615	108	17.6	12	2.0
九 届	Ninth Congress	1998	603	136	22.6	11	1.8
十 届	Tenth Congress	2003	604	146	24.2	14	2.3
十一届	Eleventh Congress	2008	608	148	24.3	16	2.6
十二届	Twelfth Congress	2013	609	148	24.3	21	3.4
十三届	Thirteenth Congress	2018	607	161	26.5	23	3.8

注：1968年1月成立的江西省革命委员会作为江西省第四届人民代表大会的届次计算。

a) Revolutionary Committee of Jiangxi Province which was founded in Jun.1968 is complied as 4th Provincial People's Congresses.

20-17 历届全省政治协商会议的委员人数

Number of Deputies to All the Previous Provincial People's Political Consultative Conferences

届别	Congress	年份 Year	委员总数(人) Total Number of Deputies (person)	#中国共产党委员 Deputies from the Communist Party of China	占委员总数(%) As Percentage to Total Deputies (%)	#少数民族委员 Ethnic Minority Deputies	占委员总数(%) As Percentage to Total Deputies (%)
一 届	First Congress	1955	159	50	31.5	6	3.8
二 届	Second Congress	1959	571	227	39.8	11	1.9
三 届	Third Congress	1964	601	266	44.3	10	1.7
四 届	Fourth Congress	1978	752	340	45.3	12	1.6
五 届	Fifth Congress	1983	760	259	34.1	17	2.2
六 届	Sixth Congress	1988	755	258	36.0	22	2.9
七 届	Seventh Congress	1993	704	281	39.9	17	2.4
八 届	Eighth Congress	1998	649	274	42.2	19	2.9
九 届	Ninth Congress	2003	683	273	40.0	16	2.4
十 届	Tenth Congress	2008	690	276	40.0	13	1.9
十一届	Eleventh Congress	2013	691	275	39.8	11	1.6
十二届	Twelfth Congress	2018	591	235	39.8	9	1.5

20-18 工会组织情况
Basic Statistics on Trade Unions

年 份 Year	工会基层组织数（万个） Number of Grassroot Trade Unions (10 000 units)	全省已建工会组织的基层单位的职工和会员人数（万人）Membership and Staff and Workers in Grassroot Trade Unions (10 000 persons)				工会专职工作人员人数（万人） Full-time Staff (10 000 persons)
		职工人数 Staff and Workers	#女职工 Female	会员人数 Membership	#女会员 Female	
1980	1.28	193.33	57.67	162.17		0.70
1985	1.78	260.16	90.84	229.87	77.46	1.55
1986	1.87	265.37	90.04	234.39	79.74	1.28
1987	1.95	274.43	96.85	243.38	84.88	1.29
1988	2.01	283.54	101.39	250.24	89.69	1.29
1989	2.10	293.33	102.66	260.64	93.71	1.45
1990	2.14	299.93	107.36	271.76	97.41	1.56
1991	2.16	305.12	111.02	278.47	100.88	1.60
1992	2.19	311.86	115.47	282.70	102.99	1.66
1993	2.14	300.12	111.29	272.28	99.72	1.58
1994	2.14	312.54	116.58	289.86	102.84	1.61
1995	2.01	306.17	112.10	281.77	100.15	0.91
1996	2.14	318.51	120.94	286.57	107.94	1.37
1997	1.76	243.00	91.08	222.57	81.72	1.40
1998	1.70	251.32	94.22	232.77	86.34	1.18
1999	1.56	242.01	88.92	230.59	80.78	1.16
2000	1.82	267.12	82.61	237.31	74.71	1.79
2001	3.84	288.89		273.76		1.79
2002	2.21	513.82	152.96	363.01	116.65	1.44
2003	2.24	288.55	100.68	260.36	92.68	1.04
2004	3.08	373.30	116.26	347.41	109.06	0.97
2005	3.77	391.00	139.14	375.89	131.48	1.11
2006	4.11	459.93	157.68	438.81	149.97	1.32
2007	4.60	517.76	158.07	495.92	151.9	1.55
2008	5.17	572.04	203.97	551.60	199.17	1.80
2009	5.54	600.01	218.20	581.00	212.82	2.60
2010	5.92	647.36	242.81	611.04	231.69	3.80
2011	6.48	673.36	250.61	646.86	240.67	5.42
2012	7.37	736.82	274.40	714.60	266.37	5.93
2013	7.73	750.77	276.69	730.94	270.54	4.49
2014	7.92	777.48	288.63	755.33	283.07	5.13
2015	8.23	821.84	306.30	788.59	298.61	4.69
2016	8.37	853.88	316.80	820.01	309.50	4.85
2017	8.65	891.92	324.72	861.73	320.38	5.18
2018	8.84	903.99	329.05	871.13	325.03	5.39
2019	8.84	904.12	332.68	874.02	328.73	5.42
2020	8.70	884.35	326.49	854.12	322.35	5.30

注：2001年为工会四季度报表数据,空白指标数据未作统计。

a) Partial statistics were missing in the year 2001.

20-19 共青团组织情况
Basic Statistics on the Communist Youth League

年份 Year	基层团支部（万个）Grassroot CYL Branch (10 000 units)	共青团员（万人）CYL Members (10 000 persons)	#女团员 Female	团干部（人）League Cadre (person)
1978	11.10	133.22	49.87	4342
1981	8.75	123.62	46.22	5323
1982	6.47	124.05	45.27	5713
1983	6.26	126.96	46.66	5839
1984	6.12	131.67	46.23	5903
1985	6.48	152.69	53.00	6473
1986	6.64	169.37	56.83	6729
1987	6.75	183.48	60.62	6542
1988	6.78	181.34	58.23	6337
1989	6.88	161.66	50.39	6074
1990	6.75	162.03	53.60	6725
1991	6.77	160.19	55.06	7156
1992	6.39	157.53	52.54	6821
1993	6.55	156.32	53.66	6801
1994	10.31	238.38	83.32	10339
1995	10.40	248.42	85.93	8752
1996	12.00	219.78	81.46	7855
1997	11.13	222.37	78.98	9759
1998	8.52	212.80	72.73	7909
1999	6.98	187.68	68.39	7362
2000	6.80	187.98	68.53	7015
2001	6.83	182.30	68.27	6627
2002	7.49	191.29	79.50	7444
2003	3.83	194.10	42.81	7444
2004	6.15	213.63	68.73	15680
2005	6.41	246.62	71.42	10370
2006	6.42	248.61	72.41	10370
2007	6.42	248.71	72.41	10370
2008	6.42	248.79	72.42	10470
2009	6.53	250.75	83.57	11812
2010	6.51	240.12	81.76	11756
2011	5.81	440.17	181.54	12888
2012	9.38	247.90	82.10	10146
2013	9.71	245.86	81.42	9714
2014	9.75	245.93	81.54	188736
2015	10.22	244.36	81.44	195307
2016	9.71	238.00	80.26	90736
2017	8.90	227.88	79.86	85712
2018	9.14	221.41	77.52	91552
2019	7.21	245.53	126.00	271206
2020	9.51	244.31	127.41	254548

注：1.2011年共青团员数含驻赣部队团员及省外流动团员。

2.从2014年起不统计专职团干部。只统计团干部数。2014年以前的数是专职团干部。

a) CYL in the PLA Garrison Force and migrating CYL has been in cluded in the number of CYL since 2011.

b) Statistical system of league cadre has been adjusted to full-time cadres since 2014.

20-20 妇联系统组织情况
Basic Statistics on Women's Federations

单位：个 (unit)

年 份 Year	省、市县妇联组织 Provincial,City and County Women's Federation	乡镇妇联 Township Women's Federation	街道妇联 Subdistrict Women's Federation	村级妇联 Village Women's Federation	社区妇联 Community Women's Federation
2015	112	1455	190	17975	2984
2016	100	1422	188	17913	1993
2017	121	1422	153	16261	3074
2018	112	1404	155	16685	3293
2019	109	1438	163	16770	3293
2020	111	1444	161	16966	3405

20-21 各地区福利彩票发行情况(2020年)
Statistics on Welfare Lottery by Region (2020)

地 区	Reigon	机构数(个) Number of Institutions (unit)	年末职工人数(人) Number of Staff and Workers at Year-end (person)	收 入(万元) Revenues (10 000 yuan)	支 出(万元) Expenditures (10 000 yuan)
全 省	**Provincial Total**	**12**	**271**	**23535.79**	**21931.04**
省本级	Provincial	1	43	15704.58	14285.12
南昌市	Nanchang	1	32	1753.15	1692.21
景德镇市	Jingdezhen	1	12	381.48	370.18
萍乡市	Pingxiang	1	15	427.03	419.90
九江市	Jiujiang	1	23	639.68	620.27
新余市	Xinyu	1	9	439.18	434.41
鹰潭市	Yingtan	1	10	324.66	323.86
赣州市	Ganzhou	1	37	1119.45	1086.34
吉安市	Ji'an	1	21	541.69	532.25
宜春市	Yichun	1	24	794.63	781.53
抚州市	Fuzhou	1	21	680.96	665.53
上饶市	Shangrao	1	24	729.30	719.44

20-22 社会福利事业基本情况
Basic Statistics on Social Welfare

指　　标	Item	2019	2020
提供住宿的社会服务机构(个)	**Residental Institutions of Social Service (unit)**	**1748**	**1883**
#老年人与残疾人服务机构(个)	Service Institutions for The Elderly and The Disabled (unit)	1670	1808
#社会福利院	Social Welfare Homes	89	89
光荣院	Homes for Disabled Veterans		
养老服务机构	Residental Institutions for Aging Population	1581	1719
#农村养老服务机构	Rural Residental Institutions for Aging Population	1178	1358
精神卫生社会福利机构(个)	Mental Health Social Welfare Institutions(unit)	4	3
儿童福利机构(个)	Child Welfare Institutions (unit)	14	12
其他提供住宿的社会服务机构(个)	Other Residental Institutions of Social Service (unit)	60	60
年末在院人数(人)	**Number of Persons Housed at Year-end (person)**		**84173**
老年人与残疾人服务机构人数	Service Institutions for The Elderly and The Disabled	123665	82514
#社会福利院人数	Social Welfare Homes	12084	8428
光荣院人数	Homes for Disabled Veterans		
养老服务机构人数	Residental Institutions for Aging Population	120945	82514
#农村养老服务机构人数	Rural Residental Institutions for Aging Population	96793	47053
精神卫生社会福利机构人数(人)	Number of Persons in Mental Health Social Welfare Institutions (person)	860	893
儿童福利机构人数(人)	Number of Persons in Child Welfare Institutions (person)	1590	490

20-23 社会保障情况
Statistics on Social Security

单位：万人 (10 000 persons)

年份 Year	养老保险 Pension Insurance 职工人数 Number of Staff and Workers	养老保险 Pension Insurance 离退休、退职人数 Number of Retired Persons	失业保险 Unemployment Insurance 参加失业保险人数 Number of Staff and Workers Joining Unemployment Insurance	失业保险 Unemployment Insurance 领取失业保险金人数 Number of Beneficiaries of Unemployment Insurance	职工基本医疗保险参保人数 Number of Staff and Workers Joining Medical Care Insurance
1990	178.70	36.42	153.96		
1991	188.77	37.07	158.29	0.01	
1992	193.28	40.71	167.15	0.08	
1993	198.29	43.61	166.60	0.16	
1994	197.73	45.17	170.92	0.43	
1995	193.26	45.57	183.44	0.14	
1996	197.29	47.00	183.03	0.56	
1997	197.16	48.94	152.24	0.39	
1998	235.67	64.06	182.76	0.80	
1999	246.50	66.72	209.60	0.96	
2000	254.85	71.58	231.59	0.81	61.44
2001	256.60	77.26	234.53	2.52	71.62
2002	257.13	82.65	226.67	5.16	125.77
2003	262.51	88.44	215.54	5.91	188.21
2004	271.83	99.92	226.56	10.18	250.42
2005	281.96	105.47	230.74	10.61	276.74
2006	303.34	111.63	241.05	9.98	313.34
2007	356.53	118.50	251.46	8.73	403.42
2008	421.87	128.46	266.29	6.79	503.16
2009	446.02	135.91	275.47	6.41	515.12
2010	462.08	145.52	265.33	10.69	532.13
2011	484.31	168.72	263.48	8.83	535.85
2012	518.26	189.12	267.44	7.86	546.76
2013	547.14	207.05	271.06	3.74	569.94
2014	562.81	221.08	271.75	2.43	579.21
2015	587.86	235.24	281.49	2.84	584.97
2016	672.74	284.56	282.64	3.14	591.62
2017	697.57	307.67	286.25	3.33	558.70
2018	719.72	333.10	287.98	3.32	573.73
2019	748.50	348.41	289.68	3.37	579.04
2020	806.72	360.69	292.1	3.53	599.03
南昌市 Nanchang	158.39	64.09	65.20	0.86	131.96
景德镇市 Jingdezhen	30.66	16.36	13.13	0.16	35.32
萍乡市 Pingxiang	37.32	19.70	16.20	0.37	28.72
九江市 Jiujiang	73.90	34.67	35.47	0.35	60.24
新余市 Xinyu	24.36	11.61	11.86	0.17	20.13
鹰潭市 Yingtan	18.04	8.63	9.60	0.18	15.22
赣州市 Ganzhou	103.73	41.26	38.00	0.63	69.96
吉安市 Ji'an	68.95	25.84	23.82	0.15	43.35
宜春市 Yichun	80.78	37.76	27.33	0.30	48.81
抚州市 Fuzhou	63.12	24.79	21.68	0.20	35.53
上饶市 Shangrao	95.62	41.85	29.81	0.16	52.81

20-24 劳动人事争议仲裁基本情况(2020年)
Basic Statistics on Arbitration of Labor Disputes (2020)

指　　标	Item	合 计 Total	#国 有 企 业 State-owned Enterprises	集 体 企 业 Collective-owned Enterprises	港澳台及外资企业 Enterprises with Funds from Hong Kong, Macao&Taiwan and Foreign Funded Enterprises	私 营 企 业 Private Enterprises
案件受理情况	**Cases Accepted**					
案件数(件)	Number of Cases (case)	15447	457	254	352	14044
#劳动者申请案件数	Number of Cases Appealed by Laborers	14806	406	234	312	13556
劳动者当事人人数(人)	Number of Laborers Involved (person)	18203	458	254	354	16796
争议原因(件)	**Causes of Disputes (case)**					
#劳动报酬	Labor Remunerations	4314	185	104	80	3920
社会保险	Social Insurance	3104	92	63	95	2818
解除、终止劳动合同	Termination of Labor Contracts	4839	76	23	58	4589
案件处理情况(件)	**Case Settled (case)**					
结案案件数	Number of Cases Settled	15324	448	254	347	13930
用人单位胜诉	Lawsuits Won by Units	1480	135	38	66	1212
劳动者胜诉	Lawsuits Won by Laborers	5877	187	104	118	5279
双方部分胜诉	Lawsuits Won by Both Parties	5697	69	69	93	5376
其他	Others	2270	57	43	70	2063
期末累计未结案数	Accumulated Cases Unsettled at the End of Period	592	15	7	9	545

20-25 律师、公证及调解工作基本情况
Basic Statistics on Lawyers, Notarization and Mediation

指　　标	Item	2015	2016	2017	2018	2019	2020
律师工作	**Lawyers**						
律师事务所(个)	Number of Law Offices (unit)	408	443	469	478	519	583
律　　师(人)	Number of Lawyers (person)	4488	4935	5585	6267	7269	8962
基层法律服务所(个)	Grassroot Legal Service Agencies (unit)	624	602	568	563	526	500
基层法律工作者(人)	Personnel of Grassroot Legal Affairs (person)	1864	1892	2124	2076	1969	1702
担任法律顾问(家)	Legal Adivisors (unit)	14176	15874	19002	17751	18587	31957
民事案件代理(件)	Agent of Civil Cases (case)	47107	20929	62921	61082	72202	84237
行政案件代理(件)	Agent of Adminmstrative Action (case)	531	1042	2596	3141	3724	3095
刑事诉讼辩护及代理(件)	Defender and Agent of Criminal Cases (case)	14085	14878	14189	21304	24756	19344
非诉讼法律事务(件)	Agent of Non-Litigious Legal Affairs (case)	13127	15119	16255	19837	13537	12769
公证工作	**Notarization**						
公证处(个)	Number of Notary Offices (unit)	112	112	119	111	112	112
#涉外公证处	Number of Foreign-related Notary Offices	56	59	67	72	76	76
公证人员(人)	Notarial Personnel (person)	693	713	740	799	798	866
#公证员	Notaries	345	339	325	329	324	339
公证员助理(人)	Assistant Notaries (person)	201	227	290	331	329	369
办理公证文书(件)	Number of Notarized Documents (case)	164779	190037	255240	243057	239076	206518
国内公证文书	Number of Domestic Notarization	122366	147687	213956	201125	191028	182513
涉外公证文书	Number of Foreign-related Notarization	37887	38233	36439	38673	44540	22464
港台澳公证文书	Number of Hong Kong,Macao, Taiwan Notarization	4526	4117	4845	3259	3508	1541
人民参与和促进法治工作	**Persons Participating in and Promoting Law and Justice**						
司法所(个)	Number of Judicial Offices (unit)	1707	1709	1709	1619	1607	1592
司法人员(人)	Judicial Personnel (person)	3491	3469	3533	3357	3413	5016
#有政法专项编制公务员	Public Servant in Politics and Law System within Budgeted Posts	2528	2445	2470	2353	2208	1407
代表协助基层政府处理纠纷(件)	Representatives Assisting Grassroot Governments to handle Civil Disputes	37430	40207	37127	30424	31655	7011
人民调解委员会(万个)	Number of People's Mediation Committees (10 000 units)	2.43	2.46	2.47	2.41	2.41	2.35
调解人员(万人)	Number of Mediators (10 000 persons)	11.14	11.34	11.12	10.57	10.49	9.97
调解案件总数(万件)	Number of Cases Mediated(10 000 case)	18.75	17.97	11.15	18.81	17.57	16.97
#调解成功率(%)	Success Rate (%)	97.71	97.96	98.16	97.43	97.04	97.89

20-26 婚姻登记情况
Statistics on Marriages and Divorces

年 份 Year	准予登记结婚 (对) Total Number of Registered Marriage (couple)	初 婚 (人) First Marriage (person)	再 婚 (人) Re-marriage (person)	离 婚 (对) Divorces (couple)
1978	159661	150186		7387
1979	127242	239747	14737	6844
1980	148365	284253	12477	10200
1981	210132	402171	18093	5717
1982	213296			6487
1983	174610			4791
1984	223765			5666
1985	232469	453632	11306	11113
1986	231917	453021	10813	11241
1987	258275	504338	12212	12473
1988	250353	488228	12478	14063
1989	283406	551914	13075	16391
1990	334773	652052	17494	17637
1991	261054	508724	13384	17376
1992	255777	496201	15353	17682
1993	236384	458275	14493	19291
1994	249091	483833	14349	18979
1995	260573	502791	18355	19751
1996	271049	526016	16082	20037
1997	272364	525087	19641	21087
1998	278088	539122	17054	21502
1999	289370	558788	17454	26935
2000	295766	570202	18296	24229
2001	293852	548757	35569	26090
2002	283391	540779	21617	31762
2003	269708	507607	27805	29700
2004	296058	560260	28418	39897
2005	295282	553628	36936	39441
2006	315513	594219	36807	45291
2007	356154	665248	47060	51240
2008	391221	719684	62758	56030
2009	408061	738330	77792	45495
2010	361099	695884	26134	48891
2011	373001	703739	42263	54360
2012	421144	781537	60751	60006
2013	393733	713805	73661	70247
2014	371233	658658	83808	72909
2015	306158	527676	84640	79099
2016	302014	508278	95750	86405
2017	358601	593777	123425	102568
2018	330641	543471	117811	107456
2019	295407	468118	122696	115492
2020	273026	431297	114755	109680

注：1.1978、1979年和1981年至1984年离婚对数中未包括法院离婚数。

2.1999年以后华侨、港澳台居民登记结婚中未分初婚、再婚人数。后同。

a) Number of divorced couples in 1978, 1979, and from 1981 to 1984 did not include number of court divorces.

b) Since 1999, the number of registered marriage of overseas Chinese, Hong Kong, Macao residents has not distincted first-marriage and re-marriage. The same applies to the tables following.

20-27 各地区婚姻登记情况(2020年)
Number of Marriages and Divorces by Region (2020)

地 区	Region	登记结婚件数(对) Total Number of Registered Marriage (couple)	#内地居民 Registered Marriages of Mainland	登记结婚人数(人) Total Number of Registered Marriage (person)	初 婚 First Marriage	再 婚 Re-marriage	#恢复结婚件数(对) Resumption of Marriage (couple)	离婚登记(对) Divorces (couple)
全 省	**Provincial Total**	**273025**	**272715**	**546050**	**431295**	**114755**	**12470**	**109680**
南昌市	Nanchang	31846	31846	63692	48265	15427	2934	15235
景德镇市	Jingdezhen	9668	9668	19336	14171	5165	866	5074
萍乡市	Pingxiang	9316	9316	18632	14000	4632	383	4610
九江市	Jiujiang	27450	27450	54900	40050	14850	2205	14297
新余市	Xinyu	5099	5099	10198	7385	2811	444	2492
鹰潭市	Yingtan	7765	7765	15530	12175	3355	536	3163
赣州市	Ganzhou	51286	51286	102572	83141	19431	2507	19582
吉安市	Ji'an	23937	23937	47874	37437	10437	1249	9214
宜春市	Yichun	29449	29449	58898	46657	12241	1556	11674
抚州市	Fuzhou	26096	26096	52192	43243	8949	1340	8505
上饶市	Shangrao	50804	50804	101608	84301	17307	2250	15763

注：各设区加总不等于合计数，因为总数中没有包括省本级。

a) Since the number of marriages and divorces in the provincial level is not included in the number of provincial total, the number by region does not add up to the total.

20-28 各类事故伤亡情况
Basic Statistics on Accidents

指 标	Item	1990	2000	2010	2018	2019	2020
事故死亡总人数(人)	**Total (person)**		**4543**	**1924**	**1333**	**1316**	**1062**
#工矿商贸企业事故死亡人数	Mortality of Industry, Mining, Commerce and Trade Enterprises	396	531	233	265	301	255
农林牧渔业事故死亡人数	Mortality of Agriculture, Forestry, Animal husbandry and Fishery Accident					5	1
铁路运输业事故死亡人数	Mortality of Railway Traffic Accident		695	58	37	30	28
水上运输业事故死亡人数	Mortality of Water Traffic Accident		20	9	1	4	2
民航运输业事故死亡人数	Mortality of Civil Aviation Accident						1
道路运输业事故情况	**Traffic Accidents**						
起 数(起)	Traffic Accidents (case)	5326	17591	4126	1823	1778	1485
死亡人数(人)	Mortalities (person)	1387	3222	1603	989	976	775
受伤人数(人)	Injures (person)	3343	13988	4938	1679	1465	1246
经济损失(万元)	Losses Converted into Cash (10 000 yuan)	573	7225	4184	3165	6634	3984
火灾情况	**Fire Accidents**						
起 数(起)	Fire Accidents (case)	896	5354	4721	8630	9323	8721
死亡人数(人)	Mortalities (person)	63	93	21	45	32	23
受伤人数(人)	Injures (person)	87	137	11	17	30	27
经济损失(万元)	Losses Converted into Cash (10 000 yuan)	1139	4039	8074	20353	19636	20694

20-29 各地区工矿商贸企业事故、火灾、道路交通事故情况(2020年)

Industry, Mining, Commerce and Trade Enterprises Accidents, Fire Accidents and Traffic Accidents by Region (2020)

地 区	Region	工矿商贸企业事故死亡人数（人） Mortality of Industry, Mining,Commerce (person per 100 million) Accidents (person)	火 灾 Fire Accidents		
			起 数（起） Fire Accidents (case)	死 亡 人 数（人） Mortality (person)	受 伤 人 数（人） Injures (person)
全 省	**Provincial Total**	**255**	**8721**	**23**	**27**
南昌市	Nanchang	46	1689	7	7
景德镇市	Jingdezhen	5	362		1
萍乡市	Pingxiang	5	508		
九江市	Jiujiang	33	717	2	3
新余市	Xinyu	12	414		2
鹰潭市	Yingtan	2	330	1	1
赣州市	Ganzhou	35	869		2
吉安市	Ji'an	34	947	1	
宜春市	Yichun	25	1111	1	1
抚州市	Fuzhou	6	605	5	8
上饶市	Shangrao	52	1169	6	2

注：各地区工矿商贸企业事故死亡人数不包括省煤炭集团，故小于总计。

a) Number of mortality of mining and trading enterprise by region does not include the number of mortality of Provincial Coal Cooperation. therefore, the number by region does not add up to the total.

20-30 各地区安全生产四项相对控制指标情况(2020年)

Four Safe Production Relatively Control Targets by Region (2020)

地 区	Region	亿元GDP生产安全事故死亡率（人/亿元） 100Million GDP Production Safety Accidents Mortality Rate (person per 100 million)	工矿商贸企业从业人员10万人生产安全事故死亡率(人/10万) Production Safety Accidents Mortality Rate in Per Hundred Thousand Industry, Mining, Commerce and Trade Enterprises Employees (person per 100 thousand)	道路交通万车死亡率(人/万车) Traffic Accident Mortality Rate Per 10 Thousand Vehicles (person per 10 000 units)	煤矿百万吨死亡率（人/百万吨） Coal Mining Mortality Rate Per Million Tons (person per million tons)
全 省	**Provincial Total**	**0.04**	**1.41**	**2.01**	**1.59**
南昌市	Nanchang	0.03	0.47	1.68	
景德镇市	Jingdezhen	0.03	0.08	0.76	
萍乡市	Pingxiang	0.05	0.69	1.36	1.03
九江市	Jiujiang	0.05	9.26	5.66	
新余市	Xinyu	0.03	2.30	0.43	3.57
鹰潭市	Yingtan	0.02	0.43	2.40	
赣州市	Ganzhou	0.01	1.03	1.02	
吉安市	Ji'an	0.03	2.06	3.39	
宜春市	Yichun	0.03	1.25	1.09	1.77
抚州市	Fuzhou	0.02	0.45	1.71	
上饶市	Shangrao	0.04	1.54	2.49	

20-31 社会发展与妇女儿童基本情况
Basic Statistics on Social Development, Women and Children

指标	Item	2019	2020
卫生保健	**Health Care**		
出生人口性别比(以女孩为100)	Sex Ratio of Born Population (female=100)	113.03	
婴儿死亡率(‰)	Infant Mortality Rate (‰)	4.76	4.23
#城市	Urban	3.95	3.94
农村	Rural	4.97	4.30
5岁以下儿童死亡率(‰)	Mortality Rate Under 5 (‰)	7.27	6.64
#城市	Urban	5.68	5.10
农村	Rural	7.69	7.05
孕产妇死亡率(1/10万)	Maternal Mortality Rate (per 100 000 persons)	7.34	5.94
#城市	Urban	4.71	4.44
农村	Rural	9.23	6.99
当年报告艾滋病病毒感染例数(例)	HIV Infections Reported at Current Year (case)	1389	1791
#女性	Female	435	379
教育	**Education**		
学前三年毛入园率(%)	Enrollment of 3 years in Pre-primary Education (%)	83.73	87.62
初中阶段毛入学率(%)	Secondary School Gross Enrollment (%)	113.53	109.52
九年义务教育在校学生数(万人)	Enrollment of 9-year Compulsory Education (10000 person)	631.51	626.72
高中阶段毛入学率(%)	High School Gross Enrollment (%)	91.50	92.50
地区国家财政性教育支出(亿元)	Regional State Financial Expenditure on Education (100 million yuan)	1214.96	1317.30
一般公共预算教育经费(亿元)	General Public Budget Expenditure on Education (100 million yuan)	1194.26	1220.80
地区国家财政性教育支出占地区生产总值比例(%)	Proportion of Regional State Financial Expenditure on Education in GDP (%)	4.91	5.13
地区公共财政教育支出占一般公共预算支出比例(%)	Proportion of Education inExpenditure on General Public Services Expenditure (%)	18.65	18.31
就业与社会保障	**Employment and Social Insurance**		
女性就业人员(万人)	Female Employments (10 000 person)	985.1	950.2
城镇新增就业人员(万人)	Urban New Employments (10 000 person)	54.3	46.2
安全与法律保护	**Security and Legal Protection**		
火灾事故	Fire Accidents		
发生数(起)	Cases (case)	9323	8721
死亡人数(人)	Mortalities (person)	32	23
受伤人数(人)	Injures (person)	30	27
直接经济损失(万元)	Direct Losses Converted into Cash (10 000 yuan)	19636	20694
人口火灾发生率(1/10万)	Fire Accidents per 100 thousand person (case per 100 thousand person)	20.66	19.31

20-31 续表 continued

指 标	Item	2019	2020
破获强奸案件数(起)	Rape Cases Solved (case)	616	705
破获拐卖妇女案件数(起)	Abducting Women Cases Solved (case)	9	11
破获拐卖儿童案件数(起)	Abducting Children Cases Solved (case)	4	2
破获组织、强迫、引诱、容留、介绍妇女卖淫	Prostitution-involved Cases Solved (case)	639	359
治安案件查处数(起)	Public Security Cases Investigated (case)	342428	289794
妇女参政议政	**Women Empowerment**		
省级政府领导班子配有女干部的班子比例(%)	Rate of Women Cadres in Provincial Government Organs (%)	100.00	100.00
市级政府领导班子配有女干部的班子比例(%)	Rate of Women Cadres in Prefecture Government Organs (%)	91.91	90.90
县级政府领导班子配有女干部的班子比例(%)	Rate of Women Cadres in County Government Organs (%)	90.00	84.00
省级政府工作部门领导班子配有女干部的班子比例(%)	Rate of Women Cadres in Provincial Government Services (%)	44.44	44.44
市级政府工作部门领导班子配有女干部的班子比例(%)	Rate of Women Cadres in Prefecture Government Services (%)	48.56	49.60
市级政府领导班子正职中女干部比例(%)	Rate of Principal Women Cadres in Prefecture Government Organs (%)	0	0
县级政府领导班子正职中女干部比例(%)	Rate of Principal Women Cadres in County Government Organs (%)	7.69	8.60
省级政府工作部门领导班子配有正职女干部的班子比例(%)	Rate of Principal Women Cadres in Provincial Government Services (%)	13.89	11.11
市级政府工作部门领导班子配有正职女干部的班子比例(%)	Rate of Principal Women Cadres in Prefecture Government Services (%)	10.50	9.16
县级政府工作部门领导班子配有正职女干部的班子比例(%)	Rate of Principal Women Cadres in County Government Services (%)	10.97	11.72

主要统计指标解释

卫生机构 包括医疗机构、疾病预防控制中心(防疫站)、采供血机构、卫生监督及监测(检验)机构、医学科研和在职培训机构、健康教育所等。

医疗机构 包括医院、社区卫生服务中心(站)、疗养院、卫生院、门诊部、诊所(卫生所、医务室)、妇幼保健院(所、站)、专科疾病防治院(所、站)、急救中心(站)和临床检验中心。医疗机构分为非营利性医疗机构和营利性医疗机构。

医院 包括综合医院、中医医院、中西医结合医院、民族医院、各类专科医院和护理院。

卫生技术人员 指卫生机构中医生、护理人员 、药剂人员、检验人员等卫生技术人员。

医生 指在医疗、预防保健机构工作且取得《执业医师证书》的执业医师和执业助理医师。

社会福利事业单位 指集中收养社会孤老、残、幼的机构，包括由民政部门管理的社会福利院、儿童福利院、精神病人福利院和城镇集体举办的福利院及农村集体举办的敬老院以及优抚医院和具有收养能力的社区服务中心等。

社会福利事业单位收养人数 包括民政部门管理和城镇、农村集体举办的社会福利事业单位中收养的老人、少年儿童、缺乏生活自理能力的残疾人员和精神病人。

社会福利企业单位 指以安置城镇有一定劳动能力的盲、聋、哑和肢体残疾人员就业为目的，享受国家减免税待遇的国有或集体企业。包括福利工厂、福利商业和服务业、假肢厂和安置农场等单位。

律师 指依法取得律师执业证书，担任法律顾问，民事(刑事、行政)案件代理人、刑事案件辩护人、办理非诉讼业务，解答法律询问，代写法律事务文书等，为社会提供法律服务的人员。

公证人员 指在公证处工作的人员总称，包括公证处主任、副主任、公证员、公证员助理(助理公证员)和其他从事辅助性工作的人员。

公证文书 指公证处根据当事人申请，依照事实和法律，按照法定程序制作的，具有法律效力的司法证明文书。根据公证书用途和使用地，公证书分为国内公证书、国内经济公证书、涉外民事公证书、涉外经济公证书四类。

调解员 指在人民调解委员会担负调解民间纠纷工作的人员，包括调解委员会的委员和调解小组的调解员。

调解民间纠纷 指调解委员会按照法律规定，根据自愿原则，用说服教育的方法调解民间发生的有关民事权利和义务争执的件数，包括调解成功数和调解未成功数。

Explanatory Notes on Main Statistical Indicators

Health Care Institutions include: medical institutions, disease prevention and control centres (epidemic prevention stations), blood gathering and supplying institutions, health supervision and inspection (check up) institutions, medicinal scientific research and on-job training institutions, health education centres and so on.

Medical Organizations include: hospitals, health service centres (stations) in communities, sanatoria, health centres, out-patient clinics, clinics (health stations and infirmaries), maternity and child care agencies (centres and stations), special disease prevention and curing agencies (centres and stations), first aid centres (stations) and clinical inspection centres. Medical organizations are grouped by two types: profit-making and non-profit-making medical organizations.

Hospitals include: polyclinics, traditional Chinese medical hospitals, hospitals integrating traditional Chinese therapeutics and western therapeutics, ethnic hospitals, various specialist hospitals and nursing homes.

Medical Technical Personnel refers to doctors, nurses, pharmacists and laboratory technicians working in medical institutions.

Doctors refer to certified physicians and certified assistant physicians with certifications working in medical and health care and prevention agencies.

Social Welfare Institutions refer to institutions taking care of old people without children, handicapped people and orphans. They include social welfare institutions run by civil affairs departments, children welfare institutions, social welfare institutions for mental patients, collective-owned old people's homes in rural areas, convalescent homes and community service centers with the capacity of receiving those people. **Number of People Accommodated by Social Welfare Institutions** refers to the number of old people, children, totally dependent handicapped people and mental patients Accommodated by social welfare institutions run by civil affairs departments and those run by collective units in urban and rural areas.

Social Welfare Enterprises are collective-owned enterprises which employ the blind, deaf-mute, and physically disabled people who are able to work in cities and towns and enjoy exemption from State taxes. They include welfare plants, welfare commercial services, artificial limb plants and farms, etc.

Lawyers are certified legal workers according to law, and who are employed by legal counselling firms to act as legal advisers; agents in criminal or civil lawsuits; and defenders in criminal lawsuits; or to handle non-litigious legal affairs, to advise on matters of law or to write legal papers for others and provide service to the public.

Notary Personnel refers to people working for notary offices including: directors, deputy directors, notaries, assistant notaries and other people providing assistance.

Notary Documents refer to the judicial notary documents drawn up at the request of the interested party and are in accordance with facts and the law and following certain legal proceedings. According to usage and locality, notary documents are divided into the following 4 types: domestic notary documents, domestic economic notary documents, foreign-related civil notary documents and foreign-related economic notary documents.

Mediators refer to workers on people's mediation committees responsible for mediating in civil disputes and cases of slight infraction of the law. They include members of the mediation committees and mediators of mediation groups.

Mediation of Civil Disputes refers to number of cases made by mediation committees in mediating in civil disputes concerning civil rights and duties through persuasion and education in accordance with the provisions of law on a voluntary basis, so as to solve disputes by helping the parties involved come to an agreement and understanding, including those unsuccessful ones.

21

各省、自治区、直辖市主要经济指标

MAIN ECONOMIC INDICATORS OF PROVINCES, AUTONOMOUS REGIONS AND MUNICIPALITIES DIRECTLY UNDER THE CENTRAL GOVERNMENT

资料整理：杨钰婷　刘　兴

21-1 各省(市、区)按三次产业分法人单位数(2020年)
Number of Legal Entities by Three Strata of Industry of Provinces, Autonomous Regions and Municipalities (2020)

单位：个 (unit)

地区	Region	法人单位 Number of Legal Entities	第一产业 Primary Industry	第二产业 Secondary Industry	第三产业 Tertiary Industry
全国	**National Total**	**29389255**	**1827421**	**5904042**	**21657792**
北京	Beijing	1174904	6858	67254	1100792
天津	Tianjin	371124	10684	69170	291270
河北	Hebei	1456954	106861	379431	970662
山西	Shanxi	772765	97184	112411	563170
内蒙古	Inner Mongolia	439523	60334	69478	309711
辽宁	Liaoning	748782	50296	152619	545867
吉林	Jilin	237731	26302	38739	172690
黑龙江	Heilongjiang	344360	53748	50982	239630
上海	Shanghai	532762	5200	76033	451529
江苏	Jiangsu	2540015	41935	743879	1754201
浙江	Zhejiang	2277240	48515	593845	1634880
安徽	Anhui	1160828	96705	254409	809714
福建	Fujian	1156978	54003	221019	881956
江西	**Jiangxi**	**765836**	**77906**	**155567**	**532363**
山东	Shandong	2842426	127605	666397	2048424
河南	Henan	1652264	136573	281552	1234139
湖北	Hubei	1183265	67468	225063	890734
湖南	Hunan	831104	66175	138136	626793
广东	Guangdong	3526206	40563	795214	2690429
广西	Guangxi	754741	81140	99060	574541
海南	Hainan	140362	11535	17239	111588
重庆	Chongqing	642720	78978	86191	477551
四川	Sichuan	934554	93708	145612	695234
贵州	Guizhou	543603	108209	92893	342501
云南	Yunnan	741669	97737	105141	538791
西藏	Tibet	49889	2533	12397	34959
陕西	Shaanxi	689053	55017	134092	499944
甘肃	Gansu	302596	61979	35020	205597
青海	Qinghai	112136	18304	15464	78368
宁夏	Ningxia	133774	18974	19866	94934
新疆	Xinjiang	329091	24392	49869	254830

21-2 各省(市、区)生产总值(2020年)

Gross Regional Product of Provinces, Autonomous Regions and Municipalities (2020)

地区	Region	地区生产总值(亿元) Gross Regional Product (100 million yuan)	第一产业 Primary Industry	第二产业 Secondary Industry	第三产业 Tertiary Industry	地区生产总值指数(上年=100) Indices of Gross Regional Product (preceding year=100)	人均地区生产总值(元) Per Capita Gross Regional Product (yuan)	人均地区生产总值指数(上年=100) Indices of Per Capita Gross Regional Product (preceding year=100)
全国	**National Total**	**1015986**	**77754**	**384255**	**553977**	**102.3**	**72000**	**101.7**
北京	Beijing	36103	108	5716	30279	101.2	164889	101.2
天津	Tianjin	14084	210	4804	9069	101.5	101614	101.3
河北	Hebei	36207	3880	13597	18730	103.9	48564	103.6
山西	Shanxi	17652	947	7675	9030	103.6	50528	103.7
内蒙古	Inner Mongolia	17360	2025	6868	8467	100.2	72062	100.5
辽宁	Liaoning	25115	2285	9401	13429	100.6	58872	101.1
吉林	Jilin	12311	1553	4326	6432	102.4	50800	104.1
黑龙江	Heilongjiang	13698	3438	3484	6777	101.0	42635	103.4
上海	Shanghai	38701	104	10289	28308	101.7	155768	101.4
江苏	Jiangsu	102719	4537	44226	53956	103.7	121231	103.5
浙江	Zhejiang	64613	2169	26413	36031	103.6	100620	102.0
安徽	Anhui	38681	3185	15672	19824	103.9	63426	103.6
福建	Fujian	43904	2732	20329	20843	103.3	105818	102.5
江西	**Jiangxi**	**25691**	**2242**	**11085**	**12365**	**103.8**	**56871**	**103.8**
山东	Shandong	73129	5364	28612	39153	103.6	72151	103.1
河南	Henan	54997	5354	22875	26768	101.3	55435	100.9
湖北	Hubei	43443	4132	17024	22288	95.0	74440	96.4
湖南	Hunan	41781	4240	15938	21603	103.8	62900	103.7
广东	Guangdong	110761	4770	43450	62541	102.3	88210	101.1
广西	Guangxi	22157	3556	7108	11492	103.7	44309	102.9
海南	Hainan	5532	1136	1055	3341	103.5	55131	102.0
重庆	Chongqing	25003	1803	9992	13207	103.9	78170	103.1
四川	Sichuan	48599	5557	17571	25471	103.8	58126	103.4
贵州	Guizhou	17827	2540	6212	9075	104.5	46267	104.0
云南	Yunnan	24522	3599	8288	12635	104.0	51975	103.7
西藏	Tibet	1903	151	798	954	107.8	52345	106.1
陕西	Shaanxi	26182	2268	11363	12552	102.2	66292	101.9
甘肃	Gansu	9017	1198	2852	4967	103.9	35995	104.2
青海	Qinghai	3006	334	1144	1528	101.5	50819	101.0
宁夏	Ningxia	3921	338	1609	1974	103.9	54528	103.1
新疆	Xinjiang	13798	1981	4744	7072	103.4	53593	102.0

注：本表绝对量按当年价格计算，指数按不变价格计算。

a) Date in value terms in this table are calculated at current prices while the indices are calculated at constant prices.

21-3 各省(市、区)年末总人口

Total Population at Year-end of Provinces, Autonomous Regions and Municipalities

单位：万人 (10 000 persons)

地区	Region	2013	2014	2015	2016	2017	2018	2019	2020
全国	**National Total**	**136726**	**137646**	**138326**	**139232**	**140011**	**140541**	**141008**	**141178**
北京	Beijing	2125	2171	2188	2195	2194	2192	2190	2189
天津	Tianjin	1410	1429	1439	1443	1410	1383	1385	1387
河北	Hebei	7288	7323	7345	7375	7409	7426	7447	7461
山西	Shanxi	3535	3528	3519	3514	3510	3502	3497	3492
内蒙古	Inner Mongolia	2455	2449	2440	2436	2433	2422	2415	2405
辽宁	Liaoning	4365	4358	4338	4327	4312	4291	4277	4259
吉林	Jilin	2668	2642	2613	2567	2526	2484	2448	2407
黑龙江	Heilongjiang	3666	3608	3529	3463	3399	3327	3255	3185
上海	Shanghai	2448	2467	2458	2467	2466	2475	2481	2487
江苏	Jiangsu	8192	8281	8315	8381	8423	8446	8469	8475
浙江	Zhejiang	5784	5890	5985	6072	6170	6273	6375	6457
安徽	Anhui	5988	5997	6011	6033	6057	6076	6092	6103
福建	Fujian	3885	3945	3984	4016	4065	4104	4137	4154
江西	**Jiangxi**	**4476**	**4480**	**4485**	**4496**	**4511**	**4513**	**4516**	**4519**
山东	Shandong	9746	9808	9866	9973	10033	10077	10106	10153
河南	Henan	9573	9645	9701	9778	9829	9864	9901	9937
湖北	Hubei	5798	5816	5850	5885	5904	5917	5927	5775
湖南	Hunan	6600	6611	6615	6625	6633	6635	6640	6644
广东	Guangdong	11270	11489	11678	11908	12141	12348	12489	12601
广西	Guangxi	4731	4770	4811	4857	4907	4947	4982	5013
海南	Hainan	920	936	945	957	972	982	995	1008
重庆	Chongqing	3011	3043	3070	3110	3144	3163	3188	3205
四川	Sichuan	8109	8139	8196	8251	8289	8321	8351	8367
贵州	Guizhou	3632	3677	3708	3758	3803	3822	3848	3856
云南	Yunnan	4641	4653	4663	4677	4693	4703	4714	4721
西藏	Tibet	317	325	330	340	349	354	361	365
陕西	Shaanxi	3804	3827	3846	3874	3904	3931	3944	3953
甘肃	Gansu	2537	2531	2523	2520	2522	2515	2509	2502
青海	Qinghai	571	576	577	582	586	587	590	592
宁夏	Ningxia	666	678	684	695	705	710	717	720
新疆	Xinjiang	2285	2325	2385	2428	2480	2520	2559	2585

注：本表数据根据年度人口抽样调查推算。全国数据包括中国人民解放军现役军人数，但不包括香港、澳门特别行政区和台湾地区数据；分省数据中未包括中国人民解放军现役军人数。

a) Data in the table are estimated on the basis of the annual national sample surveys of population. National total includes military personnel of the Chinese People's Liberation Army, and excludes population of Hong Kong SAR, Macao SAR and Taiwan. Population by region does not include military personnel of the Chinese People's Liberation Army.

21-4 各省(市、区)年末城镇人口比重
Proportion of Urban Population at Year-end of Provinces, Autonomous Regions and Municipalities

单位：% (%)

地　区	Region	2013	2014	2015	2016	2017	2018	2019	2020
全　国	**National Total**	**54.49**	**55.75**	**57.33**	**58.84**	**60.24**	**61.50**	**62.71**	**63.89**
北　京	Beijing	86.39	86.50	86.71	86.76	86.93	87.09	87.35	87.55
天　津	Tianjin	82.29	82.55	82.88	83.27	83.57	83.95	84.31	84.70
河　北	Hebei	48.02	49.36	51.67	53.87	55.74	57.33	58.77	60.07
山　西	Shanxi	52.88	54.30	55.87	57.27	58.59	59.85	61.29	62.53
内蒙古	Inner Mongolia	59.82	60.97	62.09	63.40	64.60	65.51	66.46	67.48
辽　宁	Liaoning	66.45	67.05	68.05	68.87	69.49	70.26	71.21	72.14
吉　林	Jilin	55.74	56.81	57.64	58.75	59.71	60.85	61.63	62.64
黑龙江	Heilongjiang	58.04	59.22	60.47	61.09	61.90	63.46	64.62	65.61
上　海	Shanghai	89.60	89.30	88.53	89.00	89.10	89.13	89.22	89.30
江　苏	Jiangsu	64.39	65.70	67.49	68.93	70.18	71.19	72.47	73.44
浙　江	Zhejiang	63.94	64.96	66.32	67.72	68.91	70.02	71.58	72.17
安　徽	Anhui	47.87	49.31	50.97	52.62	54.29	55.65	57.02	58.33
福　建	Fujian	60.80	61.99	63.22	64.39	65.78	66.98	67.87	68.75
江　西	**Jiangxi**	**49.04**	**50.55**	**52.30**	**53.99**	**55.70**	**57.34**	**59.07**	**60.44**
山　东	Shandong	53.46	54.77	56.97	59.13	60.79	61.46	61.86	63.05
河　南	Henan	43.60	45.05	47.02	48.78	50.56	52.24	54.01	55.43
湖　北	Hubei	54.51	55.73	57.18	58.57	59.88	61.00	61.83	62.89
湖　南	Hunan	47.63	48.98	50.79	52.70	54.62	56.09	57.45	58.76
广　东	Guangdong	68.09	68.62	69.51	70.15	70.74	71.81	72.65	74.15
广　西	Guangxi	45.11	46.54	47.99	49.24	50.59	51.82	52.98	54.20
海　南	Hainan	52.28	53.30	54.91	56.70	58.04	59.13	59.37	60.27
重　庆	Chongqing	58.29	59.74	61.47	63.33	65.00	66.61	68.24	69.46
四　川	Sichuan	44.96	46.51	48.27	50.00	51.78	53.50	55.36	56.73
贵　州	Guizhou	37.89	40.24	42.96	45.56	47.76	49.54	51.48	53.15
云　南	Yunnan	39.99	41.21	42.93	44.64	46.29	47.44	48.67	50.05
西　藏	Tibet	23.93	26.23	28.87	31.57	33.38	33.80	34.51	35.73
陕　西	Shaanxi	51.57	53.01	54.74	56.39	58.07	59.65	61.28	62.66
甘　肃	Gansu	40.50	42.28	44.24	46.07	48.12	49.69	50.70	52.23
青　海	Qinghai	49.29	50.84	51.67	53.55	55.45	57.27	58.78	60.08
宁　夏	Ningxia	52.84	54.82	56.98	58.74	60.95	62.15	63.63	64.96
新　疆	Xinjiang	44.94	46.79	48.78	50.42	51.90	54.01	55.51	56.53

注：本表数据根据年度人口抽样调查推算。

a) Data in the table are estimated on the basis of the annual national sample surveys of population.

21-5 各省(市、区)固定资产投资(不含农户)增长速度
Growth Rate of Investment in Fixed Assets (Excluding Rural Households) of Provinces, Autonomous Regions and Municipalities

单位：% (%)

地 区	Region	2017	2018	2019	2020
全 国	**National Total**	**7.2**	**5.9**	**5.4**	**2.9**
北 京	Beijing	5.3	-5.4	-2.5	2.2
天 津	Tianjin	0.5	-4.9	13.1	3.0
河 北	Hebei	5.3	5.7	6.5	3.2
山 西	Shanxi	6.3	5.7	9.3	10.6
内蒙古	Inner Mongolia	-7.2	-28.3	6.7	-1.5
辽 宁	Liaoning	0.1	3.9	0.3	2.6
吉 林	Jilin	1.4	1.4	-16.2	8.3
黑龙江	Heilongjiang	6.2	-4.7	6.3	3.6
上 海	Shanghai	7.2	5.2	5.1	10.3
江 苏	Jiangsu	7.5	5.5	5.1	0.3
浙 江	Zhejiang	8.6	7.2	10.0	5.4
安 徽	Anhui	11.0	11.8	9.2	5.1
福 建	Fujian	13.9	11.5	5.9	-0.4
江 西	**Jiangxi**	**12.3**	**11.1**	**9.2**	**8.2**
山 东	Shandong	7.3	3.8	-8.2	3.6
河 南	Henan	10.4	8.1	8.0	4.3
湖 北	Hubei	11.0	10.9	10.7	-18.8
湖 南	Hunan	13.1	10.0	10.1	7.6
广 东	Guangdong	13.5	10.7	11.1	7.2
广 西	Guangxi	12.8	10.7	9.6	4.2
海 南	Hainan	10.1	-12.5	-9.2	8.0
重 庆	Chongqing	9.5	7.0	5.6	3.9
四 川	Sichuan	10.6	10.2	8.6	2.8
贵 州	Guizhou	20.1	15.8	0.9	3.2
云 南	Yunnan	18.0	11.6	8.5	7.7
西 藏	Tibet	23.8	9.9	-2.2	5.4
陕 西	Shaanxi	14.6	10.4	2.5	4.1
甘 肃	Gansu	-40.3	-3.9	6.6	7.8
青 海	Qinghai	10.5	7.3	5.0	-12.2
宁 夏	Ningxia	3.0	-18.2	-10.3	4.0
新 疆	Xinjiang	20.0	-25.2	2.5	16.2

21-6 各省(市、区)建筑业总产值和房屋建筑面积(2020年)
Total Output Value of Construction and Floor Space of Buildings Constructed of Provinces, Autonomous Regions and Municipalities (2020)

地区	Region	总产值(亿元) Total Output Value (100 million yuan)	施工面积(万平方米) Floor Space under Construction (10 000 sq.m)	#新开工面积 Floor Space Started This Year	竣工面积(万平方米) Floor Space Completed (10 000 sq.m)	#住宅 Residential Buildings
全国	**National Total**	**263947.0**	**1494743.4**	**512409.3**	**384819.8**	**259080.2**
北京	Beijing	12905.9	88593.7	23714.2	9588.1	5908.4
天津	Tianjin	4388.2	15234.5	3922.1	2453.4	1651.4
河北	Hebei	5948.1	35081.6	11764.5	7316.0	5145.8
山西	Shanxi	5113.6	19965.8	7010.1	4944.8	2979.8
内蒙古	Inner Mongolia	1134.4	7016.7	3089.6	1411.0	1085.2
辽宁	Liaoning	3816.2	16234.9	5426.3	4021.3	2877.7
吉林	Jilin	2005.8	8447.3	4430.1	2892.8	2282.7
黑龙江	Heilongjiang	1206.4	3285.4	1645.6	923.4	691.5
上海	Shanghai	8277.0	53798.6	13548.0	8150.8	4845.2
江苏	Jiangsu	35251.6	267407.7	93079.8	77802.9	57034.4
浙江	Zhejiang	20938.6	180786.2	54452.0	40742.2	22588.5
安徽	Anhui	9365.1	49377.0	17414.8	14441.8	9719.5
福建	Fujian	14117.8	82579.1	26866.8	18202.3	12919.1
江西	**Jiangxi**	**8649.2**	**34235.5**	**16582.8**	**13911.9**	**8422.8**
山东	Shandong	14947.3	86160.1	32079.5	21309.6	14512.7
河南	Henan	13122.6	65956.9	22979.4	19412.4	13892.4
湖北	Hubei	16136.1	85268.2	32487.0	26559.5	17899.4
湖南	Hunan	11863.8	67978.8	25938.9	21235.3	14354.1
广东	Guangdong	18429.7	91890.6	29175.6	19264.2	12871.3
广西	Guangxi	5853.2	28695.3	8453.3	8295.8	4935.6
海南	Hainan	391.4	1823.7	489.3	299.5	164.8
重庆	Chongqing	8975.0	38122.6	15007.7	14050.1	10502.6
四川	Sichuan	15612.7	67655.2	28123.2	22572.8	16419.8
贵州	Guizhou	4080.2	17167.5	5998.2	3951.7	2781.9
云南	Yunnan	6724.8	20128.8	7514.1	6238.4	4006.7
西藏	Tibet	294.7	477.2	247.3	205.1	155.6
陕西	Shaanxi	8501.1	37555.1	10758.5	7311.2	4833.2
甘肃	Gansu	2049.3	10903.3	3815.3	2382.8	1537.2
青海	Qinghai	512.2	927.6	328.9	355.7	217.0
宁夏	Ningxia	641.8	2107.7	1012.9	757.0	361.8
新疆	Xinjiang	2693.1	9881.0	5053.8	3816.2	1482.3

21-7 各省(市、区)房地产开发企业投资、土地购置面积和成交价款(2020年)
Investment of Enterprises for Real Estate Development, Land Space Purchased and Transaction Value of Land of Provinces, Autonomous Regions and Municipalities (2020)

地区	Region	房地产开发投资(亿元) Investment of Enterprises for Real Estate Development (100 million yuan)	#住宅 Residential Buildings	#办公楼 Office Buildings	#商业营业用房 House for Business Use	#其它 Others	土地购置面积(万平方米) Land Space Purchased (10 000 sq.m)	土地成交价款(亿元) Transaction Value of Land (100 million yuan)
全国	**National Total**	**141442.9**	**104445.7**	**6494.1**	**13076.1**	**17427.0**	**25536.3**	**17268.8**
北京	Beijing	3938.7	2317.1	313.4	237.6	1070.6	147.1	741.3
天津	Tianjin	2608.5	2084.8	50.2	175.3	298.2	267.1	321.3
河北	Hebei	4601.1	3746.7	116.7	342.1	395.5	693.4	221.1
山西	Shanxi	1830.4	1431.8	40.3	148.6	209.7	602.5	200.3
内蒙古	Inner Mongolia	1176.5	907.2	7.7	118.1	143.5	430.3	100.6
辽宁	Liaoning	2978.9	2303.2	40.6	315.2	319.8	718.7	352.2
吉林	Jilin	1460.8	1047.9	70.5	165.3	177.1	485.1	158.1
黑龙江	Heilongjiang	982.9	702.1	17.6	154.5	108.8	418.7	119.0
上海	Shanghai	4698.7	2418.8	833.1	559.9	887.0	270.7	352.9
江苏	Jiangsu	13171.3	10416.0	379.1	1019.7	1356.4	2388.2	2245.6
浙江	Zhejiang	11413.7	8089.6	479.7	802.2	2042.1	2042.8	2916.6
安徽	Anhui	7042.3	5636.8	145.2	701.7	558.6	2981.9	1367.6
福建	Fujian	6026.8	4372.1	214.6	482.0	958.2	598.5	653.2
江西	**Jiangxi**	**2378.1**	**1808.8**	**98.6**	**316.9**	**153.8**	**552.0**	**278.8**
山东	Shandong	9450.5	7296.4	426.0	795.7	932.4	2465.8	1054.6
河南	Henan	7782.3	6453.0	208.5	639.3	481.5	831.3	506.7
湖北	Hubei	4888.9	3715.4	271.6	447.2	454.7	710.8	475.7
湖南	Hunan	4880.4	3615.1	175.3	605.2	484.8	922.0	320.8
广东	Guangdong	17312.7	11910.4	1523.3	1468.6	2410.5	1565.3	2369.1
广西	Guangxi	3845.6	2983.5	71.4	287.6	503.1	1434.5	523.3
海南	Hainan	1341.7	946.4	70.8	165.7	158.8	47.5	24.5
重庆	Chongqing	4352.0	3189.1	89.5	446.2	627.2	812.9	320.0
四川	Sichuan	7315.3	5330.1	296.7	828.7	859.8	988.0	620.7
贵州	Guizhou	3418.7	2572.3	67.5	426.6	352.3	348.6	170.6
云南	Yunnan	4505.2	3317.6	153.0	494.5	540.1	1055.3	361.1
西藏	Tibet	165.5	118.5	7.5	23.8	15.7	15.4	7.9
陕西	Shaanxi	4404.4	3225.4	243.2	414.3	521.4	413.8	204.9
甘肃	Gansu	1355.6	1010.3	34.9	153.9	156.6	204.7	57.4
青海	Qinghai	421.3	292.3	11.1	55.4	62.5	111.4	37.8
宁夏	Ningxia	433.3	308.6	4.1	61.9	58.7	172.9	49.3
新疆	Xinjiang	1260.9	878.4	32.4	222.4	127.7	839.1	135.8

21-8 各省(市、区)房地产开发企业房屋施工、竣工面积(2020年)

Floor Space of Buildings under Construction and Floor Space of Buildings Completed of Provinces, Autonomous Regions and Municipalities (2020)

单位：万平方米 (10 000 sq.m)

地区	Region	房屋施工面积 Floor Space of Buildings under Construction	#住宅 Residential Buildings	#新开工面积 Floor Space Started This Year	#住宅 Residential Buildings	房屋竣工面积 Floor Space of Buildings Completed	#住宅 Residential Buildings
全国	**National Total**	**926759.2**	**655557.7**	**224433.1**	**164328.5**	**91218.2**	**65910.0**
北京	Beijing	13918.6	6715.3	3006.6	1716.4	1545.7	728.5
天津	Tianjin	12034.5	8518.2	2161.9	1566.7	1634.5	1256.4
河北	Hebei	31408.4	24276.1	10232.2	7979.1	2367.2	1871.2
山西	Shanxi	21937.8	16419.9	5795.6	4468.4	1481.2	1131.7
内蒙古	Inner Mongolia	15311.0	10780.0	3287.8	2485.5	841.3	614.2
辽宁	Liaoning	24002.8	17800.3	4404.1	3396.9	1848.2	1440.8
吉林	Jilin	12340.6	8524.1	2662.4	1906.8	964.9	697.3
黑龙江	Heilongjiang	11261.9	8132.6	2222.0	1673.3	1438.0	1115.9
上海	Shanghai	15740.3	7712.3	3440.6	1756.4	2877.8	1627.6
江苏	Jiangsu	67889.5	51020.1	17672.8	13538.2	11151.0	8272.6
浙江	Zhejiang	56725.1	36070.4	15875.5	10443.7	6692.7	4266.8
安徽	Anhui	44974.6	33686.7	11785.6	9243.7	5100.9	3874.4
福建	Fujian	34556.8	22929.8	6638.0	4549.0	3804.1	2403.1
江西	**Jiangxi**	**23580.8**	**17891.2**	**5301.8**	**4170.1**	**2238.5**	**1744.5**
山东	Shandong	79791.9	58913.6	20204.1	15063.7	9325.9	7172.5
河南	Henan	58438.2	44943.2	14114.2	11371.0	5412.8	4278.1
湖北	Hubei	35419.4	26598.1	8452.6	6514.2	2646.8	2166.1
湖南	Hunan	40757.4	30017.0	10916.2	8307.2	3963.9	2962.0
广东	Guangdong	91642.4	62695.1	18407.8	12574.0	7763.7	5573.3
广西	Guangxi	32184.1	23779.1	7877.6	5912.3	2129.2	1561.9
海南	Hainan	8588.9	5895.8	1064.9	677.2	687.5	547.0
重庆	Chongqing	27368.2	18241.8	5947.7	4106.6	3774.3	2585.3
四川	Sichuan	50755.5	33706.2	13939.7	9631.1	4545.9	3073.7
贵州	Guizhou	26922.7	18390.1	5441.1	4009.2	862.3	568.1
云南	Yunnan	25801.3	17482.4	7538.1	5286.8	1637.8	1163.0
西藏	Tibet	945.3	684.0	222.8	145.7	28.0	15.5
陕西	Shaanxi	28358.3	20702.4	5796.9	4488.4	1745.6	1301.3
甘肃	Gansu	11328.3	7824.4	3534.1	2620.7	881.4	655.0
青海	Qinghai	2943.5	2021.9	923.2	652.3	153.6	99.5
宁夏	Ningxia	5562.7	3633.1	1039.2	784.8	772.3	513.5
新疆	Xinjiang	14268.4	9552.6	4526.0	3289.4	901.5	629.2

21-9 各省(市、区)房地产开发企业商品房销售面积、销售额和待售面积(2020年)

Floor Space and Total Sale of Commercialized Buildings Sold, and Floor Space of Commercialized Buildings for Sale of Provinces, Autonomous Regions and Municipalities (2020)

地区	Region	商品房销售面积(万平方米) Floor Space of Commercialized Buildings Sold (10 000 sq.m)	#住宅 Residential Buildings	商品房销售额(亿元) Total Sale of Commercialized Buildings Sold (100 million yuan)	#住宅 Residential Buildings	商品房待售面积(万平方米) Floor Space of Commercialized Buildings for Sale (10 000 sq.m)	#住宅 Residential Buildings
全国	**National Total**	**176086.2**	**154878.5**	**173612.7**	**154567.0**	**49849.8**	**22379.2**
北京	Beijing	970.9	733.6	3656.8	3131.3	2454.2	881.9
天津	Tianjin	1307.0	1220.7	2113.6	2001.0	823.6	437.7
河北	Hebei	6028.4	5572.2	4950.4	4597.9	905.2	599.8
山西	Shanxi	2685.3	2549.5	1885.9	1753.4	785.4	464.5
内蒙古	Inner Mongolia	2045.9	1867.5	1365.5	1242.6	970.4	552.1
辽宁	Liaoning	3743.2	3447.3	3366.3	3114.1	2902.0	1863.9
吉林	Jilin	1831.2	1653.6	1381.5	1238.2	1112.7	608.8
黑龙江	Heilongjiang	1494.4	1349.9	1064.2	946.1	1598.1	920.0
上海	Shanghai	1789.2	1434.1	6047.0	5268.8	2535.7	688.9
江苏	Jiangsu	15427.0	13855.7	19408.9	18027.3	4285.9	1987.3
浙江	Zhejiang	10250.3	8832.4	17145.0	15584.8	2214.8	680.6
安徽	Anhui	9534.1	8695.4	7346.1	6760.9	1541.7	666.1
福建	Fujian	6607.2	5210.0	7497.7	6343.3	1807.4	479.4
江西	**Jiangxi**	**6732.7**	**5853.1**	**5222.8**	**4425.2**	**803.5**	**408.9**
山东	Shandong	13271.7	11904.7	11065.6	10109.6	2533.4	1435.2
河南	Henan	14100.7	12831.2	9364.4	8402.5	2628.5	1721.7
湖北	Hubei	6587.8	5960.1	6087.9	5447.3	1198.2	617.6
湖南	Hunan	9437.4	8506.7	5947.1	5223.6	1333.8	641.2
广东	Guangdong	14908.3	12930.7	22572.5	19829.6	5978.5	2625.4
广西	Guangxi	6729.0	6007.4	4251.5	3803.6	1281.2	668.8
海南	Hainan	751.5	626.2	1232.1	1048.9	570.6	411.5
重庆	Chongqing	6143.5	4814.5	5071.3	4293.2	2082.1	390.4
四川	Sichuan	13257.7	10902.4	10394.3	8767.0	2093.5	478.4
贵州	Guizhou	5552.5	4929.9	3224.2	2760.7	557.4	186.3
云南	Yunnan	4857.3	4175.9	3969.9	3452.0	1159.5	470.8
西藏	Tibet	93.3	81.6	83.9	72.0	31.7	7.1
陕西	Shaanxi	4452.1	3902.4	4375.3	3755.8	592.8	262.4
甘肃	Gansu	1967.9	1863.8	1293.4	1205.4	598.9	312.3
青海	Qinghai	469.7	420.6	383.3	343.4	134.1	53.2
宁夏	Ningxia	1095.5	971.9	698.4	626.3	993.1	330.8
新疆	Xinjiang	1963.7	1773.6	1145.8	991.1	1342.1	526.2

21-10 各省(市、区)社会消费品零售总额
Total Retail Sales of Consumer Goods of Provinces, Autonomous Regions and Municipalities

单位：亿元 (100 million yuan)

地 区	Region	2015	2016	2017	2018	2019	2020
全 国	**National Total**	**286588**	**315806**	**347327**	**377783**	**408017**	**391981**
北 京	Beijing	12272	13135	13934	14422	15064	13716
天 津	Tianjin	3963	4188	4210	4231	4218	3583
河 北	Hebei	9368	10191	11139	11974	12986	12705
山 西	Shanxi	5345	5699	6059	6523	7031	6746
内蒙古	Inner Mongolia	4104	4416	4643	4852	5051	4760
辽 宁	Liaoning	8365	8597	8696	9113	9671	8961
吉 林	Jilin	3572	3813	3992	4074	4213	3824
黑龙江	Heilongjiang	4471	4794	5077	5275	5604	5092
上 海	Shanghai	11606	12588	13700	14875	15848	15933
江 苏	Jiangsu	26710	29613	32818	35473	37673	37086
浙 江	Zhejiang	18911	20917	23121	25162	27344	26630
安 徽	Anhui	11191	12663	14329	16156	17862	18334
福 建	Fujian	12273	13703	15394	17178	18897	18626
江 西	**Jiangxi**	**6420**	**7199**	**8118**	**9046**	**10068**	**10372**
山 东	Shandong	21551	23482	25528	27480	29251	29248
河 南	Henan	15476	17275	19289	21268	23476	22503
湖 北	Hubei	14848	16602	18520	20598	22722	17985
湖 南	Hunan	11241	12500	13794	15134	16684	16258
广 东	Guangdong	30327	33303	36599	39767	42952	40208
广 西	Guangxi	5772	6350	7038	7664	8201	7831
海 南	Hainan	1409	1547	1729	1853	1951	1975
重 庆	Chongqing	7668	8728	9769	10705	11632	11787
四 川	Sichuan	13834	15520	17404	19341	21343	20825
贵 州	Guizhou	4925	5652	6449	7105	7468	7833
云 南	Yunnan	6391	7223	8195	9197	10158	9793
西 藏	Tibet	477	539	619	712	773	746
陕 西	Shaanxi	6859	7681	8611	9510	10213	9606
甘 肃	Gansu	2737	2984	3206	3436	3700	3632
青 海	Qinghai	695	770	843	900	949	877
宁 夏	Ningxia	1040	1131	1254	1330	1399	1301
新 疆	Xinjiang	2770	3005	3250	3429	3617	3063

21-11 各省(市、区)网上零售额(2020年)
Online Retail Sales of Provinces, Autonomous Regions and Municipalities (2020)

地 区	Region	网上零售额(亿元) Online Retail Sales (100 million yuan)	比上年增长(%) Growth Rate (%)	其中：实物网上零售额(亿元) Online Retail Sales in Goods (100 million yuan)	比上年增长(%) Growth Rate (%)
全 国	**National Total**	**117601**	**11**	**97590**	**15**
北 京	Beijing	9704	10	7704	18
天 津	Tianjin	1747	-24	1510	-23
河 北	Hebei	2736	16	2505	18
山 西	Shanxi	684	28	430	36
内蒙古	Inner Mongolia	418	12	267	37
辽 宁	Liaoning	1500	10	1271	18
吉 林	Jilin	495	9	326	14
黑龙江	Heilongjiang	576	8	418	13
上 海	Shanghai	11992	14	10129	21
江 苏	Jiangsu	10602	10	9233	14
浙 江	Zhejiang	17800	9	14068	10
安 徽	Anhui	2776	20	2375	24
福 建	Fujian	5693	18	5088	19
江 西	**Jiangxi**	**1642**	**8**	**1375**	**8**
山 东	Shandong	4613	14	4043	18
河 南	Henan	2744	24	2280	29
湖 北	Hubei	2867	2	2449	5
湖 南	Hunan	1977	18	1591	22
广 东	Guangdong	25782	10	22321	11
广 西	Guangxi	934	24	615	38
海 南	Hainan	394	22	194	91
重 庆	Chongqing	1180	13	870	26
四 川	Sichuan	3743	11	3088	24
贵 州	Guizhou	492	19	317	29
云 南	Yunnan	907	19	618	41
西 藏	Tibet	117	35	43	62
陕 西	Shanxi	1174	16	905	29
甘 肃	Gansu	330	21	171	49
青 海	Qinghai	116	13	36	28
宁 夏	Ningxia	209	10	63	40
新 疆	Xinjiang	309	28	213	36

21-12 各省(市、区)货物进出口总额
Total Value of Imports and Exports of Goods of Provinces, Autonomous Regions and Municipalities

地区	Region	亿元人民币 RMB 100 million			亿美元 USD 100 million		
		2018	2019	2020	2018	2019	2020
全国	**National Total**	**305008**	**315627**	**321557**	**46224**	**45779**	**46463**
北京	Beijing	27186	28690	23216	4125	4165	3350
天津	Tianjin	8080	7346	7341	1226	1066	1059
河北	Hebei	3553	4002	4410	539	580	638
山西	Shanxi	1369	1448	1506	208	210	219
内蒙古	Inner Mongolia	1035	1097	1043	157	159	151
辽宁	Liaoning	7558	7259	6544	1146	1053	945
吉林	Jilin	1363	1303	1280	207	189	185
黑龙江	Heilongjiang	1750	1867	1537	264	271	222
上海	Shanghai	34012	34054	34828	5157	4939	5032
江苏	Jiangsu	43793	43383	44500	6639	6295	6428
浙江	Zhejiang	28512	30838	33808	4324	4472	4879
安徽	Anhui	4142	4737	5406	628	687	780
福建	Fujian	12346	13309	14036	1874	1931	2027
江西	**Jiangxi**	**3162**	**3510**	**4010**	**482**	**509**	**578**
山东	Shandong	19303	20471	22009	2924	2970	3184
河南	Henan	5512	5715	6655	828	825	969
湖北	Hubei	3486	3946	4294	528	572	621
湖南	Hunan	3076	4340	4874	465	628	705
广东	Guangdong	71602	71488	70845	10845	10366	10236
广西	Guangxi	4104	4696	4861	623	682	703
海南	Hainan	848	906	933	127	132	135
重庆	Chongqing	5221	5792	6513	790	839	942
四川	Sichuan	5947	6790	8082	899	984	1168
贵州	Guizhou	501	453	547	76	66	79
云南	Yunnan	1971	2324	2680	299	337	389
西藏	Tibet	48	49	21	7	7	3
陕西	Shaanxi	3513	3515	3772	533	510	545
甘肃	Gansu	395	380	373	60	55	54
青海	Qinghai	48	38	23	7	5	3
宁夏	Ningxia	249	241	123	38	35	18
新疆	Xinjiang	1325	1641	1484	200	237	214

21-13 各省(市、区)货物进口额
Total Value of Imports of Goods of Provinces, Autonomous Regions and Municipalities

地区	Region	亿元人民币 RMB 100 million			亿美元 USD 100 million		
		2018	2019	2020	2018	2019	2020
全国	**National Total**	**140880**	**143254**	**142231**	**21357**	**20784**	**20556**
北京	Beijing	22313	23517	18561	3384	3414	2680
天津	Tianjin	4872	4328	4266	737	629	616
河北	Hebei	1311	1632	1889	199	237	273
山西	Shanxi	559	641	629	85	93	91
内蒙古	Inner Mongolia	656	721	694	99	105	100
辽宁	Liaoning	4343	4129	3892	658	599	561
吉林	Jilin	1037	979	989	157	142	143
黑龙江	Heilongjiang	1456	1517	1176	220	220	170
上海	Shanghai	20347	20329	21103	3085	2949	3051
江苏	Jiangsu	17140	16171	17056	2599	2347	2465
浙江	Zhejiang	7337	7762	8628	1113	1126	1247
安徽	Anhui	1756	1952	2245	266	283	325
福建	Fujian	4733	5026	5561	719	729	803
江西	**Jiangxi**	**939**	**1014**	**1090**	**142**	**147**	**157**
山东	Shandong	8735	9341	8955	1323	1356	1294
河南	Henan	1933	1959	2580	290	283	376
湖北	Hubei	1234	1460	1592	187	212	230
湖南	Hunan	1051	1263	1568	159	183	227
广东	Guangdong	28896	28072	27347	4380	4072	3953
广西	Guangxi	1929	2098	2153	295	305	311
海南	Hainan	550	562	657	82	82	95
重庆	Chongqing	1827	2079	2326	277	301	336
四川	Sichuan	2614	2886	3428	396	419	496
贵州	Guizhou	163	126	115	25	18	17
云南	Yunnan	1123	1286	1162	170	187	168
西藏	Tibet	19	11	8	3	2	1
陕西	Shaanxi	1434	1642	1842	217	238	266
甘肃	Gansu	250	249	287	38	36	42
青海	Qinghai	17	17	11	3	3	2
宁夏	Ningxia	69	92	36	10	13	5
新疆	Xinjiang	237	390	386	36	57	56

21-14 各省(市、区)货物出口额
Total Value of Exports of Goods of Provinces, Autonomous Regions and Municipalities

地　区	Region	亿元人民币 RMB 100 million			亿美元 USD 100 million		
		2018	2019	2020	2018	2019	2020
全　国	**National Total**	**164128**	**172374**	**179326**	**24867**	**24995**	**25906**
北　京	Beijing	4872	5172	4655	741	751	670
天　津	Tianjin	3208	3018	3075	488	438	444
河　北	Hebei	2242	2371	2522	340	344	365
山　西	Shanxi	810	807	877	123	117	127
内蒙古	Inner Mongolia	378	377	349	57	55	50
辽　宁	Liaoning	3214	3130	2652	488	454	383
吉　林	Jilin	326	324	291	49	47	42
黑龙江	Heilongjiang	294	350	361	44	51	52
上　海	Shanghai	13665	13725	13725	2071	1990	1981
江　苏	Jiangsu	26653	27212	27444	4040	3948	3963
浙　江	Zhejiang	21175	23076	25180	3210	3346	3633
安　徽	Anhui	2386	2785	3161	362	404	456
福　建	Fujian	7613	8283	8474	1155	1202	1224
江　西	**Jiangxi**	**2223**	**2496**	**2920**	**339**	**362**	**421**
山　东	Shandong	10568	11130	13055	1601	1614	1890
河　南	Henan	3579	3756	4075	538	542	593
湖　北	Hubei	2252	2486	2702	341	360	391
湖　南	Hunan	2025	3077	3306	305	445	479
广　东	Guangdong	42707	43415	43498	6465	6295	6284
广　西	Guangxi	2176	2598	2708	328	377	392
海　南	Hainan	298	344	276	45	50	40
重　庆	Chongqing	3394	3713	4187	514	538	605
四　川	Sichuan	3333	3904	4654	504	565	672
贵　州	Guizhou	338	327	432	51	47	62
云　南	Yunnan	848	1037	1519	128	150	221
西　藏	Tibet	29	37	13	4	5	2
陕　西	Shaanxi	2079	1873	1930	316	272	279
甘　肃	Gansu	146	131	86	22	19	12
青　海	Qinghai	31	20	12	5	3	2
宁　夏	Ningxia	180	149	87	27	22	13
新　疆	Xinjiang	1089	1250	1099	164	180	158

21-15 各省(市、区)电力消费量

Electricity Consumption of Provinces, Autonomous Regions and Municipalities

单位：亿千瓦小时 (100 million kWh)

地区	Region	2014	2015	2016	2017	2018	2019	2020
北京	Beijing	937.1	952.7	1020.3	1066.9	1142.4	1166.4	1140.0
天津	Tianjin	794.4	800.6	807.9	805.6	855.1	878.4	874.6
河北	Hebei	3314.1	3175.7	3264.5	3441.7	3665.7	3856.1	3933.9
山西	Shanxi	1822.6	1737.2	1797.2	1990.6	2160.5	2261.9	2341.7
内蒙古	Inner Mongolia	2416.7	2542.9	2605.0	2891.9	3353.4	3653.0	3900.5
辽宁	Liaoning	2038.7	1984.9	2037.4	2135.5	2302.4	2401.5	2423.4
吉林	Jilin	667.8	652.0	667.6	703.0	750.6	780.4	805.4
黑龙江	Heilongjiang	859.4	869.0	896.6	928.6	973.9	995.6	1014.4
上海	Shanghai	1369.0	1405.5	1486.0	1526.8	1566.7	1568.6	1576.0
江苏	Jiangsu	5012.5	5114.7	5458.9	5807.9	6128.3	6264.4	6373.7
浙江	Zhejiang	3506.4	3553.9	3873.2	4192.6	4532.8	4706.2	4829.7
安徽	Anhui	1585.2	1639.8	1795.0	1921.5	2135.1	2300.7	2427.5
福建	Fujian	1855.8	1851.9	1968.6	2112.7	2313.8	2402.3	2483.0
江西	**Jiangxi**	**1018.5**	**1087.3**	**1182.5**	**1294.0**	**1428.8**	**1535.7**	**1626.8**
山东	Shandong	4223.5	5117.0	5390.7	5430.2	6083.9	6218.7	6939.8
河南	Henan	2919.6	2879.6	2989.2	3166.2	3417.7	3364.2	3391.9
湖北	Hubei	1656.5	1665.2	1763.1	1869.0	2071.4	2214.3	2144.2
湖南	Hunan	1430.9	1447.6	1495.7	1581.5	1745.2	1864.3	1929.3
广东	Guangdong	5235.2	5310.7	5610.1	5959.0	6323.4	6695.9	6926.1
广西	Guangxi	1308.0	1334.3	1359.6	1444.9	1703.0	1907.3	2025.3
海南	Hainan	251.9	272.4	287.3	305.0	326.8	354.9	362.1
重庆	Chongqing	867.2	875.4	924.9	996.5	1118.8	1160.3	1186.5
四川	Sichuan	2014.8	1992.4	2101.0	2205.2	2459.5	2635.8	2865.2
贵州	Guizhou	1173.7	1174.2	1241.8	1384.9	1482.1	1540.7	1586.1
云南	Yunnan	1529.4	1438.6	1410.5	1538.1	1679.1	1812.3	2025.7
西藏	Tibet	34.0	40.5	49.2	58.2	69.0	77.6	82.5
陕西	Shaanxi	1226.0	1221.7	1357.1	1494.7	1594.2	1912.3	1740.9
甘肃	Gansu	1095.5	1098.7	1065.2	1164.4	1289.5	1288.0	1375.7
青海	Qinghai	723.2	658.0	637.5	687.0	738.3	716.5	742.0
宁夏	Ningxia	848.8	878.3	886.9	978.3	1064.8	1083.9	1038.2
新疆	Xinjiang	1900.2	2160.3	2316.5	2542.8	2686.5	2867.6	2998.3

21-16 各省(市、区)一般公共预算收入
General Public Budget Revenue of Provinces, Autonomous Regions and Municipalities

单位：亿元 (100 million yuan)

地区	Region	2015	2016	2017	2018	2019	2020
地方合计	**National Total**	**83002**	**87239**	**91469**	**97903**	**101081**	**100124**
北京	Beijing	4724	5081	5431	5786	5817	5484
天津	Tianjin	2667	2724	2310	2106	2410	1923
河北	Hebei	2649	2850	3234	3514	3739	3826
山西	Shanxi	1642	1557	1867	2293	2348	2297
内蒙古	Inner Mongolia	1964	2016	1703	1858	2060	2051
辽宁	Liaoning	2127	2200	2393	2616	2652	2656
吉林	Jilin	1229	1264	1211	1241	1117	1085
黑龙江	Heilongjiang	1166	1148	1243	1283	1263	1152
上海	Shanghai	5520	6406	6642	7108	7165	7046
江苏	Jiangsu	8029	8121	8172	8630	8802	9059
浙江	Zhejiang	4810	5302	5804	6598	7049	7248
安徽	Anhui	2454	2673	2812	3049	3183	3216
福建	Fujian	2544	2655	2809	3007	3053	3079
江西	**Jiangxi**	**2166**	**2151**	**2247**	**2373**	**2487**	**2508**
山东	Shandong	5529	5860	6099	6485	6527	6560
河南	Henan	3016	3153	3407	3766	4042	4155
湖北	Hubei	3006	3102	3248	3307	3389	2512
湖南	Hunan	2515	2698	2758	2861	3007	3009
广东	Guangdong	9367	10390	11320	12105	12655	12922
广西	Guangxi	1515	1556	1615	1681	1812	1717
海南	Hainan	628	638	674	753	814	816
重庆	Chongqing	2155	2228	2252	2266	2135	2095
四川	Sichuan	3355	3389	3578	3911	4071	4258
贵州	Guizhou	1503	1561	1614	1727	1767	1787
云南	Yunnan	1808	1812	1886	1994	2074	2117
西藏	Tibet	137	156	186	230	222	221
陕西	Shaanxi	2060	1834	2007	2243	2288	2257
甘肃	Gansu	744	787	816	871	850	875
青海	Qinghai	267	239	246	273	282	298
宁夏	Ningxia	373	388	418	437	424	419
新疆	Xinjiang	1331	1299	1467	1531	1578	1477

注：本表数据为地方财政本级收入。

a) Data in the table refer to public budget revenue of local governments.

21-17 各省(市、区)一般公共预算支出
General Public Budget Expenditure of Provinces, Autonomous Regions and Municipalities

单位：亿元 (100 million yuan)

地区	Region	2015	2016	2017	2018	2019	2020
地方合计	**National Total**	**150336**	**160351**	**173228**	**188196**	**203743**	**210492**
北京	Beijing	5738	6407	6825	7471	7408	7116
天津	Tianjin	3232	3699	3283	3103	3556	3151
河北	Hebei	5632	6050	6639	7726	8309	9022
山西	Shanxi	3423	3429	3756	4284	4711	5111
内蒙古	Inner Mongolia	4253	4513	4530	4831	5101	5268
辽宁	Liaoning	4482	4577	4879	5338	5745	6002
吉林	Jilin	3217	3586	3726	3790	3933	4127
黑龙江	Heilongjiang	4021	4227	4641	4677	5012	5449
上海	Shanghai	6192	6919	7548	8352	8179	8102
江苏	Jiangsu	9688	9982	10621	11657	12574	13682
浙江	Zhejiang	6646	6974	7530	8630	10053	10082
安徽	Anhui	5239	5523	6204	6572	7392	7471
福建	Fujian	4002	4275	4684	4833	5078	5215
江西	**Jiangxi**	**4413**	**4617**	**5111**	**5668**	**6387**	**6666**
山东	Shandong	8250	8755	9258	10101	10740	11231
河南	Henan	6799	7454	8216	9218	10164	10383
湖北	Hubei	6133	6423	6801	7258	7970	8439
湖南	Hunan	5729	6339	6869	7480	8034	8403
广东	Guangdong	12828	13446	15037	15729	17298	17485
广西	Guangxi	4066	4442	4909	5311	5851	6155
海南	Hainan	1239	1376	1444	1691	1859	1974
重庆	Chongqing	3792	4002	4336	4541	4848	4894
四川	Sichuan	7498	8009	8695	9708	10348	11201
贵州	Guizhou	3939	4262	4613	5030	5949	5723
云南	Yunnan	4713	5019	5713	6075	6770	6974
西藏	Tibet	1381	1588	1682	1971	2188	2208
陕西	Shaanxi	4376	4389	4833	5302	5719	5934
甘肃	Gansu	2958	3150	3304	3772	3952	4155
青海	Qinghai	1515	1525	1530	1647	1864	1933
宁夏	Ningxia	1138	1255	1373	1419	1438	1483
新疆	Xinjiang	3805	4138	4637	5012	5315	5454

注：本表数据为地方财政本级支出。

a) Data in the table refer to public budget expenditure of local governments.

21-18 各省(市、区)各类价格指数(2020年)

Price Indices of Provinces, Autonomous Regions and Municipalities (2020)

(上年=100) (preceding year=100)

地区	Region	居民消费价格指数 Consumer Price Indices	农业生产资料价格指数 Price Indices for Means of Agricultural Production	农产品生产者价格指数 Producer Price Indices for Farm Products
全国	**National Total**	**102.5**	**106.1**	**115.0**
北京	Beijing	101.7		110.9
天津	Tianjin	102.0		114.9
河北	Hebei	102.1	104.3	111.5
山西	Shanxi	102.9	108.1	109.4
内蒙古	Inner Mongolia	101.9	103.2	111.0
辽宁	Liaoning	102.4	104.9	108.1
吉林	Jilin	102.3	100.0	117.1
黑龙江	Heilongjiang	102.3	103.7	118.5
上海	Shanghai	101.7		106.7
江苏	Jiangsu	102.5	105.7	107.5
浙江	Zhejiang	102.3	106.1	107.3
安徽	Anhui	102.7	104.8	115.6
福建	Fujian	102.2	103.3	102.3
江西	**Jiangxi**	**102.6**	**107.2**	**111.0**
山东	Shandong	102.8	105.6	108.7
河南	Henan	102.8	103.6	116.8
湖北	Hubei	102.7	106.4	118.1
湖南	Hunan	102.3	103.5	123.3
广东	Guangdong	102.6	108.8	104.7
广西	Guangxi	102.8	109.7	115.5
海南	Hainan	102.3	104.4	112.8
重庆	Chongqing	102.3		113.6
四川	Sichuan	103.2	120.9	116.1
贵州	Guizhou	102.6	112.2	122.6
云南	Yunnan	103.6	106.7	120.2
西藏	Tibet	102.2	99.6	
陕西	Shaanxi	102.5	104.6	112.3
甘肃	Gansu	102.0	100.7	106.6
青海	Qinghai	102.6	109.0	122.6
宁夏	Ningxia	101.5	103.8	113.1
新疆	Xinjiang	101.5	106.2	111.0

21-19 各省(市、区)全体居民人均可支配收入
Per Capita Disposable Income of Households of Provinces, Autonomous Regions and Municipalities

单位：元 (yuan)

地区	Region	2015	2016	2017	2018	2019	2020
全国总计	**National Total**	**21966**	**23821**	**25974**	**28228**	**30733**	**32189**
北京	Beijing	48458	52530	57230	62361	67756	69434
天津	Tianjin	31291	34074	37022	39506	42404	43854
河北	Hebei	18118	19725	21484	23446	25665	27136
山西	Shanxi	17854	19049	20420	21990	23828	25214
内蒙古	Inner Mongolia	22310	24127	26212	28376	30555	31497
辽宁	Liaoning	24576	26040	27835	29701	31820	32738
吉林	Jilin	18684	19967	21368	22798	24563	25751
黑龙江	Heilongjiang	18593	19838	21206	22726	24254	24902
上海	Shanghai	49867	54305	58988	64183	69442	72232
江苏	Jiangsu	29539	32070	35024	38096	41400	43390
浙江	Zhejiang	35537	38529	42046	45840	49899	52397
安徽	Anhui	18363	19998	21863	23984	26415	28103
福建	Fujian	25404	27608	30048	32644	35616	37202
江西	**Jiangxi**	**18437**	**20110**	**22031**	**24080**	**26262**	**28017**
山东	Shandong	22703	24685	26930	29205	31597	32886
河南	Henan	17125	18443	20170	21964	23903	24810
湖北	Hubei	20026	21787	23757	25815	28319	27881
湖南	Hunan	19317	21115	23103	25241	27680	29380
广东	Guangdong	27859	30296	33003	35810	39014	41029
广西	Guangxi	16873	18305	19905	21485	23328	24562
海南	Hainan	18979	20653	22553	24579	26679	27904
重庆	Chongqing	20110	22034	24153	26386	28920	30824
四川	Sichuan	17221	18808	20580	22461	24703	26522
贵州	Guizhou	13697	15121	16704	18430	20397	21795
云南	Yunnan	15223	16720	18348	20084	22082	23295
西藏	Tibet	12254	13639	15457	17286	19501	21744
陕西	Shaanxi	17395	18874	20635	22528	24666	26226
甘肃	Gansu	13467	14670	16011	17488	19139	20335
青海	Qinghai	15813	17302	19001	20757	22618	24037
宁夏	Ningxia	17329	18832	20562	22400	24412	25735
新疆	Xinjiang	16859	18355	19975	21500	23103	23845

21-20 各省(市、区)全体居民人均消费支出
Per Capita Consumption Expenditure of Households of Provinces, Autonomous Regions and Municipalities

单位：元 (yuan)

地 区	Region	2015	2016	2017	2018	2019	2020
全国总计	**National Total**	**15712**	**17111**	**18322**	**19853**	**21559**	**21210**
北 京	Beijing	33803	35416	37425	39843	43038	38903
天 津	Tianjin	24162	26129	27841	29903	31854	28461
河 北	Hebei	13031	14247	15437	16722	17987	18037
山 西	Shanxi	11729	12683	13664	14810	15863	15733
内蒙古	Inner Mongolia	17179	18072	18946	19665	20743	19794
辽 宁	Liaoning	17200	19853	20463	21398	22203	20672
吉 林	Jilin	13764	14773	15632	17200	18075	17318
黑龙江	Heilongjiang	13403	14446	15577	16994	18111	17056
上 海	Shanghai	34784	37458	39792	43351	45605	42536
江 苏	Jiangsu	20556	22130	23469	25007	26697	26225
浙 江	Zhejiang	24117	25527	27079	29471	32026	31295
安 徽	Anhui	12840	14712	15752	17045	19137	18877
福 建	Fujian	18850	20167	21249	22996	25314	25126
江 西	**Jiangxi**	**12403**	**13259**	**14459**	**15792**	**17650**	**17955**
山 东	Shandong	14578	15926	17281	18780	20427	20940
河 南	Henan	11835	12712	13730	15169	16332	16143
湖 北	Hubei	14316	15889	16938	19538	21567	19246
湖 南	Hunan	14267	15750	17160	18808	20479	20998
广 东	Guangdong	20976	23448	24820	26054	28995	28492
广 西	Guangxi	11401	12295	13424	14935	16418	16357
海 南	Hainan	13575	14275	15403	17528	19555	18972
重 庆	Chongqing	15140	16385	17898	19248	20774	21678
四 川	Sichuan	13632	14839	16180	17664	19338	19783
贵 州	Guizhou	10414	11932	12970	13798	14780	14874
云 南	Yunnan	11005	11769	12658	14250	15780	16792
西 藏	Tibet	8246	9319	10320	11520	13029	13225
陕 西	Shaanxi	13087	13943	14900	16160	17465	17418
甘 肃	Gansu	10951	12254	13120	14624	15879	16175
青 海	Qinghai	13611	14775	15503	16557	17545	18284
宁 夏	Ningxia	13816	14965	15350	16715	18297	17506
新 疆	Xinjiang	12867	14066	15087	16189	17397	16512

21-21 各省(市、区)城镇居民人均可支配收入

Per Capita Disposable Income of Urban Households of Provinces, Autonomous Regions and Municipalities

单位：元　　(yuan)

地　区	Region	2015	2016	2017	2018	2019	2020
全国总计	**National Total**	**31195**	**33616**	**36396**	**39251**	**42359**	**43834**
北　京	Beijing	52859	57275	62406	67990	73849	75602
天　津	Tianjin	34101	37110	40278	42976	46119	47659
河　北	Hebei	26152	28249	30548	32977	35738	37286
山　西	Shanxi	25828	27352	29132	31035	33262	34793
内蒙古	Inner Mongolia	30594	32975	35670	38305	40782	41353
辽　宁	Liaoning	31126	32876	34993	37342	39777	40376
吉　林	Jilin	24901	26530	28319	30172	32299	33396
黑龙江	Heilongjiang	24203	25736	27446	29191	30945	31115
上　海	Shanghai	52962	57692	62596	68034	73615	76437
江　苏	Jiangsu	37173	40152	43622	47200	51056	53102
浙　江	Zhejiang	43714	47237	51261	55574	60182	62699
安　徽	Anhui	26936	29156	31640	34393	37540	39442
福　建	Fujian	33275	36014	39001	42121	45620	47160
江　西	**Jiangxi**	**26500**	**28673**	**31198**	**33819**	**36546**	**38556**
山　东	Shandong	31545	34012	36789	39549	42329	43726
河　南	Henan	25576	27233	29558	31874	34201	34750
湖　北	Hubei	27051	29386	31889	34455	37601	36706
湖　南	Hunan	28838	31284	33948	36698	39842	41698
广　东	Guangdong	34757	37684	40975	44341	48118	50257
广　西	Guangxi	26416	28324	30502	32436	34745	35859
海　南	Hainan	26356	28453	30817	33349	36017	37097
重　庆	Chongqing	27239	29610	32193	34889	37939	40006
四　川	Sichuan	26205	28335	30727	33216	36154	38253
贵　州	Guizhou	24580	26743	29080	31592	34404	36096
云　南	Yunnan	26373	28611	30996	33488	36238	37500
西　藏	Tibet	25457	27802	30671	33797	37410	41156
陕　西	Shaanxi	26420	28440	30810	33319	36098	37868
甘　肃	Gansu	23767	25693	27763	29957	32323	33822
青　海	Qinghai	24542	26757	29169	31515	33830	35506
宁　夏	Ningxia	25186	27153	29472	31895	34328	35720
新　疆	Xinjiang	26275	28463	30775	32764	34664	34838

21-22 各省(市、区)城镇居民人均消费支出
Per Capita Consumption Expenditure of Urban Households of Provinces, Autonomous Regions and Municipalities

单位：元 (yuan)

地 区	Region	2015	2016	2017	2018	2019	2020
全国总计	**National Total**	**21392**	**23079**	**24445**	**26112**	**28063**	**27007**
北 京	Beijing	36642	38256	40346	42926	46358	41726
天 津	Tianjin	26230	28345	30284	32655	34811	30895
河 北	Hebei	17587	19106	20600	22127	23483	23167
山 西	Shanxi	15819	16993	18404	19790	21159	20332
内蒙古	Inner Mongolia	21876	22744	23638	24437	25383	23888
辽 宁	Liaoning	21557	24996	25379	26448	27355	24849
吉 林	Jilin	17973	19166	20051	22394	23394	21623
黑龙江	Heilongjiang	17152	18145	19270	21035	22165	20397
上 海	Shanghai	36946	39857	42304	46015	48272	44839
江 苏	Jiangsu	24966	26433	27726	29462	31329	30882
浙 江	Zhejiang	28661	30068	31924	34598	37508	36197
安 徽	Anhui	17234	19606	20740	21523	23782	22683
福 建	Fujian	23520	25006	25980	28145	30946	30487
江 西	**Jiangxi**	**16732**	**17696**	**19244**	**20760**	**22714**	**22134**
山 东	Shandong	19854	21495	23072	24798	26731	27291
河 南	Henan	17154	18088	19422	20989	21972	20645
湖 北	Hubei	18192	20040	21276	23996	26422	22885
湖 南	Hunan	19501	21420	23163	25064	26924	26796
广 东	Guangdong	25673	28613	30198	30924	34424	33511
广 西	Guangxi	16321	17268	18349	20159	21591	20907
海 南	Hainan	18448	19015	20372	22971	25317	23560
重 庆	Chongqing	19742	21031	22759	24154	25785	26464
四 川	Sichuan	19277	20660	21991	23484	25367	25133
贵 州	Guizhou	16914	19202	20348	20788	21402	20587
云 南	Yunnan	17675	18622	19560	21626	23455	24569
西 藏	Tibet	17022	19440	21088	23029	25637	24927
陕 西	Shaanxi	18464	19369	20388	21966	23514	22866
甘 肃	Gansu	17451	19539	20659	22606	24454	24615
青 海	Qinghai	19201	20853	21473	22998	23799	24315
宁 夏	Ningxia	18984	20364	20219	21977	24161	22379
新 疆	Xinjiang	19415	21229	22797	24191	25594	22952

21-23 各省(市、区)农村居民人均可支配收入

Per Capita Disposable Income of Rural Households of Provinces, Autonomous Regions and Municipalities

单位：元 (yuan)

地区	Region	2015	2016	2017	2018	2019	2020
全国总计	**National Total**	**11422**	**12363**	**13432**	**14617**	**16021**	**17131**
北京	Beijing	20569	22310	24240	26490	28928	30126
天津	Tianjin	18482	20076	21754	23065	24804	25691
河北	Hebei	11051	11919	12881	14031	15373	16467
山西	Shanxi	9454	10082	10788	11750	12902	13878
内蒙古	Inner Mongolia	10776	11609	12584	13803	15283	16567
辽宁	Liaoning	12057	12881	13747	14656	16108	17450
吉林	Jilin	11326	12123	12950	13748	14936	16067
黑龙江	Heilongjiang	11095	11832	12665	13804	14982	16168
上海	Shanghai	23205	25520	27825	30375	33195	34911
江苏	Jiangsu	16257	17606	19158	20845	22675	24198
浙江	Zhejiang	21125	22866	24956	27302	29876	31930
安徽	Anhui	10821	11720	12758	13996	15416	16620
福建	Fujian	13793	14999	16335	17821	19568	20880
江西	**Jiangxi**	**11139**	**12138**	**13242**	**14460**	**15796**	**16981**
山东	Shandong	12930	13954	15118	16297	17775	18753
河南	Henan	10853	11697	12719	13831	15164	16108
湖北	Hubei	11844	12725	13812	14978	16391	16306
湖南	Hunan	10993	11930	12936	14093	15395	16585
广东	Guangdong	13360	14512	15780	17168	18818	20143
广西	Guangxi	9467	10359	11325	12435	13676	14815
海南	Hainan	10858	11843	12902	13989	15113	16279
重庆	Chongqing	10505	11549	12638	13781	15133	16361
四川	Sichuan	10247	11203	12227	13331	14670	15929
贵州	Guizhou	7387	8090	8869	9716	10756	11642
云南	Yunnan	8242	9020	9862	10768	11902	12842
西藏	Tibet	8244	9094	10330	11450	12951	14598
陕西	Shaanxi	8689	9396	10265	11213	12326	13316
甘肃	Gansu	6936	7457	8076	8804	9629	10344
青海	Qinghai	7933	8664	9462	10393	11499	12342
宁夏	Ningxia	9119	9852	10738	11708	12858	13889
新疆	Xinjiang	9425	10183	11045	11975	13122	14056

21-24 各省(市、区)农村居民人均消费支出

Per Capita Consumption Expenditure of Rural Households of Provinces, Autonomous Regions and Municipalities

单位：元 (yuan)

地 区	Region	2015	2016	2017	2018	2019	2020
全国总计	**National Total**	**9223**	**10130**	**10955**	**12124**	**13328**	**13713**
北 京	Beijing	15811	17329	18810	20195	21881	20913
天 津	Tianjin	14739	15912	16386	16863	17843	16844
河 北	Hebei	9023	9798	10536	11383	12372	12644
山 西	Shanxi	7421	8029	8424	9172	9728	10290
内蒙古	Inner Mongolia	10637	11463	12184	12661	13816	13594
辽 宁	Liaoning	8873	9953	10787	11455	12030	12311
吉 林	Jilin	8783	9521	10279	10826	11457	11864
黑龙江	Heilongjiang	8391	9424	10524	11417	12495	12360
上 海	Shanghai	16152	17071	18090	19965	22449	22095
江 苏	Jiangsu	12883	14428	15612	16567	17716	17022
浙 江	Zhejiang	16108	17359	18093	19707	21352	21555
安 徽	Anhui	8975	10287	11106	12748	14546	15024
福 建	Fujian	11961	12911	14003	14943	16281	16339
江 西	**Jiangxi**	**8486**	**9128**	**9870**	**10885**	**12497**	**13579**
山 东	Shandong	8748	9519	10342	11270	12309	12660
河 南	Henan	7887	8587	9212	10392	11546	12201
湖 北	Hubei	9803	10938	11633	13946	15328	14472
湖 南	Hunan	9691	10630	11534	12721	13969	14974
广 东	Guangdong	11103	12415	13200	15411	16949	17132
广 西	Guangxi	7582	8351	9437	10617	12045	12431
海 南	Hainan	8210	8921	9599	10956	12418	13169
重 庆	Chongqing	8938	9954	10936	11977	13112	14140
四 川	Sichuan	9251	10192	11397	12723	14056	14953
贵 州	Guizhou	6645	7533	8299	9170	10222	10818
云 南	Yunnan	6830	7331	8027	9123	10260	11069
西 藏	Tibet	5580	6070	6691	7452	8418	8917
陕 西	Shaanxi	7901	8568	9306	10071	10935	11376
甘 肃	Gansu	6830	7487	8030	9065	9694	9923
青 海	Qinghai	8566	9222	9903	10352	11343	12134
宁 夏	Ningxia	8415	9138	9982	10790	11465	11724
新 疆	Xinjiang	7698	8277	8713	9421	10318	10778

21-25 各省(市、区)农林牧渔业总产值及增长速度(2020年)

Gross Output Value and Growth Rate of Agriculture, Forestry, Animal Husbandry and Fishery of Provinces, Autonomous Regions and Municipalities (2020)

地区	Region	农林牧渔业总产值(亿元) Total Gross Output Value (100 million yuan)	#农业 Farming	#林业 Forestry	#牧业 Animal Husbandary	#渔业 Fishery	农林牧渔业总产值比上年增长(%) Growth Rate (%)
全国	**National Total**	**137782**	**71748**	**5962**	**40267**	**12776**	**3.4**
北京	Beijing	263	108	98	45	4	-6.7
天津	Tianjin	476	229	16	145	68	1.4
河北	Hebei	6742	3413	255	2310	243	3.5
山西	Shanxi	1936	1076	137	606	7	5.8
内蒙古	Inner Mongolia	3472	1699	90	1603	28	1.8
辽宁	Liaoning	4583	2057	121	1605	617	3.0
吉林	Jilin	2976	1232	72	1547	41	1.8
黑龙江	Heilongjiang	6438	4044	192	1913	116	2.6
上海	Shanghai	280	138	15	55	51	-7.0
江苏	Jiangsu	7953	4102	173	1316	1774	2.0
浙江	Zhejiang	3497	1594	190	473	1131	1.7
安徽	Anhui	5681	2525	387	1900	543	2.7
福建	Fujian	4901	1818	391	1141	1373	3.3
江西	**Jiangxi**	**3821**	**1690**	**368**	**1125**	**473**	**2.7**
山东	Shandong	10191	5168	214	2572	1432	3.0
河南	Henan	9956	6245	127	2856	118	2.7
湖北	Hubei	7304	3493	245	1865	1157	0.7
湖南	Hunan	7512	3365	428	2722	478	4.1
广东	Guangdong	7902	3769	414	1778	1582	4.0
广西	Guangxi	5913	3269	437	1424	508	5.0
海南	Hainan	1821	875	121	357	391	2.4
重庆	Chongqing	2749	1596	126	872	107	5.0
四川	Sichuan	9216	4702	380	3614	288	5.6
贵州	Guizhou	4359	2782	294	1019	61	6.5
云南	Yunnan	5921	2902	429	2315	104	5.8
西藏	Tibet	234	104	4	120	0	8.2
陕西	Shanxi	4057	2807	117	893	30	3.5
甘肃	Gansu	2104	1424	32	495	2	5.2
青海	Qinghai	507	189	12	295	4	4.7
宁夏	Ningxia	703	398	11	247	19	3.6
新疆	Xinjiang	4316	2936	66	1038	27	4.7

注：本表绝对数按当年价格计算，增长速度按可比价格计算。

a) Date in value terms in this table are calculated at current prices while the growth rate is calculated at constant prices.

21-26 各省(市、区)农村贫困人口(2010年标准)

Rural Poverty Population (2010 Standard) of Provinces, Autonomous Regions and Municipalities

单位：万人 (10 000 persons)

地区	Region	2014	2015	2016	2017	2018	2019
全国	**National Total**	**7017**	**5575**	**4335**	**3046**	**1660**	**551**
北京	Beijing	.	.	.	.	.	.
天津	Tianjin	.	.	.	.	.	.
河北	Hebei	320	241	188	124	63	.
山西	Shanxi	269	223	186	133	74	16
内蒙古	Inner Mongolia	98	76	53	37	14	.
辽宁	Liaoning	117	86	59	39	24	.
吉林	Jilin	81	69	57	41	26	9
黑龙江	Heilongjiang	96	86	69	50	27	.
上海	Shanghai	.	.	.	.	.	.
江苏	Jiangsu	61	.	.	.	.	.
浙江	Zhejiang	45	.	.	.	.	.
安徽	Anhui	371	309	237	158	67	.
福建	Fujian	50	36	23	.	.	.
江西	**Jiangxi**	**276**	**208**	**155**	**107**	**63**	**.**
山东	Shandong	231	172	140	60	.	.
河南	Henan	565	463	371	277	168	51
湖北	Hubei	271	216	176	114	67	.
湖南	Hunan	532	434	343	232	105	42
广东	Guangdong	82	47	.	.	.	.
广西	Guangxi	540	452	341	246	140	51
海南	Hainan	50	41	32	23	7	.
重庆	Chongqing	119	88	45	21	13	.
四川	Sichuan	509	400	306	212	98	52
贵州	Guizhou	623	507	402	295	173	53
云南	Yunnan	574	471	373	279	179	66
西藏	Tibet	61	48	34	20	13	4
陕西	Shaanxi	350	288	226	169	83	17
甘肃	Gansu	417	325	262	200	121	46
青海	Qinghai	52	42	31	23	10	5
宁夏	Ningxia	45	37	30	19	9	4
新疆	Xinjiang	212	180	147	113	64	20

注：1."."表示数值较小，统计上不显著。

2.2020年我国现行农村贫困标准下的农村贫困人口全部脱贫。

a) "." in the table refers to minimum number, and is statistically insignificant.

b) Till the Year 2020, all rural poverty population under China's current rural poverty standard has been lifted out of poverty.

21-27 各省(市、区)规模以上工业企业主要经济指标(一)(2020年)
Main Indicators of Industrial Enterprises above Designated Size of Provinces, Autonomous Regions and Municipalities (I) (2020)

单位：亿元 (100 million yuan)

地区	Region	营业收入 Business Revenue	营业成本 Business Cost	销售费用 Selling Expenses	管理费用 Administrative Expenses	财务费用 Financial Expenses	利润总额 Total Profits
全国	**National Total**	**1061433.6**	**890435.0**	**30480.2**	**55318.4**	**11585.9**	**64516.1**
北京	Beijing	23283.5	19273.9	1214.3	1248.1	261.2	1785.0
天津	Tianjin	18627.4	15981.6	433.2	873.8	120.7	961.3
河北	Hebei	42110.1	36729.4	939.1	1562.0	547.2	2038.1
山西	Shanxi	20673.3	16946.8	619.9	1153.5	704.9	963.8
内蒙古	Inner Mongolia	16640.4	13337.7	450.2	669.9	425.0	1315.1
辽宁	Liaoning	29215.3	24782.7	731.4	1345.0	432.2	1286.7
吉林	Jilin	13147.0	10791.4	558.6	717.8	128.2	567.1
黑龙江	Heilongjiang	9825.8	8392.4	290.6	561.6	152.0	279.1
上海	Shanghai	38595.2	31094.8	1420.2	2850.9	90.6	2810.2
江苏	Jiangsu	122206.8	102659.6	3673.2	7072.8	968.8	7365.3
浙江	Zhejiang	77695.4	64378.1	2356.0	4876.3	902.9	5544.6
安徽	Anhui	37925.9	32268.4	965.7	1849.5	367.7	2294.2
福建	Fujian	55475.4	47990.5	1268.5	2176.2	390.6	3470.1
江西	**Jiangxi**	**37909.2**	**32764.9**	**733.4**	**1428.5**	**272.0**	**2438.1**
山东	Shandong	84270.4	72890.4	2038.2	3586.9	975.9	4282.9
河南	Henan	47292.7	41076.3	983.0	1717.7	602.0	2544.7
湖北	Hubei	40743.5	34080.0	1195.3	2012.3	350.2	2519.0
湖南	Hunan	38339.9	31193.4	1214.0	2650.7	357.1	2032.7
广东	Guangdong	146856.9	121581.9	5021.4	9985.9	1033.8	9286.9
广西	Guangxi	17639.6	15309.0	378.3	609.4	202.8	876.0
海南	Hainan	2089.6	1607.4	116.0	94.3	32.0	132.2
重庆	Chongqing	22529.6	19172.5	633.3	1121.1	173.1	1318.8
四川	Sichuan	45250.1	37557.2	1444.1	1941.3	511.5	3197.7
贵州	Guizhou	8832.3	6417.2	297.1	442.0	196.9	1029.4
云南	Yunnan	14550.3	11400.8	377.3	589.2	290.8	1005.4
西藏	Tibet	322.0	250.5	15.0	28.1	9.6	18.9
陕西	Shaanxi	23435.3	19000.3	576.9	1080.7	347.1	1942.3
甘肃	Gansu	7290.3	6136.6	131.4	249.9	159.7	284.3
青海	Qinghai	2421.0	2005.5	45.9	120.3	100.3	93.1
宁夏	Ningxia	4713.0	3958.3	84.1	200.6	174.9	203.9
新疆	Xinjiang	11526.3	9405.2	274.6	502.5	304.4	629.1

注：本表为快报数据。

a) The data in the table are from preliminary reporting form.

21-28 各省(市、区)规模以上工业企业主要经济指标(二)(2020年)

Main Indicators of Industrial Enterprises above Designated Size of Provinces, Autonomous Regions and Municipalities (II) (2020)

单位：亿元 (100 million yuan)

地区	Region	亏损企业亏损总额 Total Loss of Loss-making Enterprises	流动资产合计 Total Current Assets	应收账款 Accounts Receivable	存货 Inventories	产成品 Finished Goods	资产总计 Total Assets	负债合计 Total Liabilities
全国	**National Total**	**9855.1**	**631504.6**	**164128.6**	**122330.6**	**46018.6**	**1267550.2**	**710582.5**
北京	Beijing	291.6	21093.8	4517.3	2788.8	1063.0	55276.9	23838.7
天津	Tianjin	298.7	10487.2	2731.6	2172.2	785.6	21375.9	11623.7
河北	Hebei	392.8	23688.9	5034.0	4569.3	1626.8	49838.6	30024.8
山西	Shanxi	521.5	18396.3	3552.8	2182.0	869.4	45287.9	32458.5
内蒙古	Inner Mongolia	340.5	10899.6	2281.5	1674.5	559.6	32420.1	19231.2
辽宁	Liaoning	613.4	20077.9	4282.2	4315.6	1450.2	40050.9	24944.8
吉林	Jilin	429.5	7386.9	1531.9	1592.4	594.9	17202.5	9049.9
黑龙江	Heilongjiang	281.5	7613.3	1605.3	1462.8	441.0	17074.9	10213.4
上海	Shanghai	346.7	27915.2	7434.5	5277.7	1874.4	47965.7	22934.3
江苏	Jiangsu	999.7	77201.8	25624.2	15599.0	6228.7	130201.4	68845.0
浙江	Zhejiang	510.6	53235.9	15757.5	10303.2	4119.8	95438.3	52090.3
安徽	Anhui	199.6	21575.6	7000.7	4027.8	1616.1	41720.7	23803.2
福建	Fujian	183.0	21159.9	5065.9	4659.4	1888.9	41501.5	20908.1
江西	**Jiangxi**	**112.4**	**14266.7**	**3630.5**	**3209.7**	**1219.7**	**28392.1**	**15241.5**
山东	Shandong	730.9	52936.0	11519.1	10724.3	4451.8	99591.1	62190.8
河南	Henan	336.1	24499.4	5728.0	4525.1	1611.1	51497.5	29360.3
湖北	Hubei	327.0	20813.6	5050.0	4090.0	1524.1	43851.7	22859.0
湖南	Hunan	213.8	14964.7	4357.9	3220.4	1177.4	31437.0	16168.4
广东	Guangdong	1018.0	89625.4	25669.5	17992.7	6680.7	149406.7	82985.5
广西	Guangxi	119.3	10074.9	2321.7	2072.3	805.7	20114.3	12965.1
海南	Hainan	28.2	1556.8	322.6	227.9	75.1	3438.0	1813.0
重庆	Chongqing	150.5	11389.0	3620.9	1982.1	758.8	22307.8	12707.7
四川	Sichuan	217.0	21929.0	5647.3	4244.3	1539.7	50336.2	27646.1
贵州	Guizhou	158.7	7201.9	1182.9	1343.0	350.0	16315.1	9876.2
云南	Yunnan	162.3	8503.4	1519.7	2354.9	614.0	22613.9	12689.2
西藏	Tibet	34.1	476.4	65.8	44.5	17.2	1998.6	992.6
陕西	Shaanxi	229.8	14626.0	3042.0	2498.9	1038.5	37394.3	20307.6
甘肃	Gansu	99.5	4273.4	977.6	983.5	266.2	11529.6	6805.2
青海	Qinghai	100.3	2100.0	487.3	313.9	100.8	6892.4	4679.8
宁夏	Ningxia	108.5	3344.7	773.7	543.4	209.1	10553.2	6565.3
新疆	Xinjiang	299.6	8191.3	1792.9	1335.1	460.5	24525.4	14763.5

21-29 各省(市、区)货运量和货物周转量(2020年)

Freight Traffic and Freight Ton-kilometers of Provinces, Autonomous Regions and Municipalities (2020)

地区	Region	货运量(万吨) Freight Traffic (10 000 tons)	#铁路 Railways	#公路 Highways	#水运 Waterways	货物周转量(亿吨公里) Freight Ton-kilometers (100 million ton-km)	#铁路 Railways	#公路 Highways	#水运 Waterways
全国	**National Total**	**4735566**	**445761**	**3426413**	**761630**	**202069**	**30372**	**60172**	**105834**
北京	Beijing	22203	414	21789		1033	767	266	
天津	Tianjin	52519	11124	32261	9134	2600	518	640	1442
河北	Hebei	247323	30806	211942	4575	13730	4972	8103	655
山西	Shanxi	190232	92002	98206	24	5712	2927	2785	0
内蒙古	Inner Mongolia	170547	61545	109002		4431	2543	1889	
辽宁	Liaoning	167341	23975	138569	4797	5421	1297	2548	1576
吉林	Jilin	44848	6574	38274		1865	570	1295	
黑龙江	Heilongjiang	48662	12603	35521	538	1585	840	694	51
上海	Shanghai	138839	494	46051	92294	32795	16	685	32095
江苏	Jiangsu	275209	7118	174624	93467	10890	327	3525	7039
浙江	Zhejiang	300276	4500	189582	106194	12324	231	2210	9883
安徽	Anhui	374503	7735	243529	123239	10242	734	3412	6096
福建	Fujian	140698	4543	91137	45018	9014	181	1022	7812
江西	**Jiangxi**	**157149**	**4553**	**141899**	**10697**	**4011**	**497**	**3247**	**266**
山东	Shandong	316831	31393	267230	18208	10377	1602	6784	1990
河南	Henan	219939	11157	193632	15150	8833	2160	5573	1101
湖北	Hubei	160422	5363	114346	40713	5295	915	1640	2740
湖南	Hunan	200878	4592	176442	19844	2602	856	1351	395
广东	Guangdong	344439	9510	231170	103759	27211	282	2524	24405
广西	Guangxi	187444	9269	145323	32852	4160	754	1487	1919
海南	Hainan	20670	1135	6853	12682	3683	17	41	3625
重庆	Chongqing	121692	2194	99679	19819	3527	201	1055	2271
四川	Sichuan	171896	7771	157598	6527	2861	952	1618	292
贵州	Guizhou	86444	5801	79412	1231	1265	618	610	38
云南	Yunnan	121058	4919	115620	519	1580	471	1102	7
西藏	Tibet	4091	52	4039		157	40	117	
陕西	Shaanxi	165260	49056	116057	147	3697	1866	1831	1
甘肃	Gansu	67239	5966	61272	1	2517	1496	1020	
青海	Qinghai	14291	3456	10835		415	290	125	
宁夏	Ningxia	42850	8634	34216		698	215	484	
新疆	Xinjiang	57814	17509	40305		1708	1217	491	

21-30 各省(市、区)入境旅游情况

Development of Overseas Visitor Arrivals of Provinces, Autonomous Regions and Municipalities

地 区	Region	入境游客（万人次） Number of Overseas Visitor Arrivals (10 000 Person-times)			外汇收入（万美元） Foreign Exchange Earnings from International Tourism (USD 10 000)		
		2017	2018	2019	2017	2018	2019
北 京	Beijing	392.56	400.41	376.90	512981	551639	519247
天 津	Tianjin	79.21	58.96	56.10	375147	110985	118254
河 北	Hebei	91.01	98.86	97.08	57869	64667	74023
山 西	Shanxi	67.00	71.35	76.22	35014	37798	40995
内蒙古	Inner Mongolia	184.83	188.08	195.83	124556	127210	134009
辽 宁	Liaoning	278.85	287.70	294.14	177806	173958	173903
吉 林	Jilin	148.43	143.75	136.58	76579	68585	61496
黑龙江	Heilongjiang	103.88	109.16	110.69	47958	53706	64593
上 海	Shanghai	719.33	742.04	734.69	669865	726139	824351
江 苏	Jiangsu	370.10	400.85	399.46	419472	464836	474356
浙 江	Zhejiang	589.06	456.76	467.11	358644	259579	266824
安 徽	Anhui	351.09	370.75	379.74	288078	318757	338769
福 建	Fujian	691.74	513.55	566.03	758803	282821	339845
江 西	**Jiangxi**	**174.69**	**191.78**	**197.17**	**62992**	**74538**	**86538**
山 东	Shandong	440.52	422.00	404.22	317404	329282	341314
河 南	Henan	155.89	167.25	180.35	66155	72323	94696
湖 北	Hubei	368.14	405.11	450.02	210474	237969	265416
湖 南	Hunan	322.28	365.08	466.95	129537	152041	225087
广 东	Guangdong	3654.52	3748.06	3731.39	1996040	2051174	2052131
广 西	Guangxi	512.44	562.33	623.96	239563	277773	351128
海 南	Hainan	111.95	126.36	143.59	68102	77052	97237
重 庆	Chongqing	224.85	279.98	297.11	194759	218989	252483
四 川	Sichuan	336.17	369.82	414.78	144654	151165	202379
贵 州	Guizhou	32.40	39.69	47.18	28327	31763	34503
云 南	Yunnan	667.69	706.08	739.02	355033	441800	514736
西 藏	Tibet	34.35	47.62	54.19	19751	24709	27907
陕 西	Shaanxi	383.74	437.14	465.72	270440	312666	336765
甘 肃	Gansu	7.88	10.01	19.82	2086	2830	5905
青 海	Qinghai	7.02	6.92	7.31	3829	3613	3336
宁 夏	Ningxia	6.53	8.82	12.66	3763	5587	6932
新 疆	Xinjiang	77.41	99.30	34.67	81081	94637	45400

注：2020年数据暂未反馈。

a) The data on 2020 are not available yet.

2020 年江西统计调查大事记

1 月

1 月 8 日 江西总队报送的《停车场建设稳步推进 缓解“停车难”仍需多方发力--江西停车场建设调研报告》获省委副书记、省长易炼红，时任省委常委、常务副省长毛伟明，副省长吴忠琼批示。

1 月 9 日 省统计局党组书记、局长万庆胜赴上饶市信州区走访慰问困难群众和困难企业。

1 月 12 日 省统计局召开全省统计工作会议。

1 月 12 日 省统计局在南昌滨江大会堂举办 2020 年全省统计系统“坚守统计初心，践行时代使命”文艺汇演。

1 月 18 日 江西总队报送的《国家统计局江西调查总队 2019 年工作总结及明年工作思路》获省委副书记、省长易炼红批示。

1 月 19 日 国家统计局江西调查总队在南昌召开全省统计调查工作会议。

1 月 21 日 省统计局、国家统计局江西调查总队与省政府新闻办联合召开“2019 年全省经济运行情况”新闻发布会。

1 月 29 日 江西总队印发《关于扎实做好调查队系统新型冠状病毒感染肺炎疫情防控工作的通知》，1 月 30 日印发《充分发挥机关党组织战斗堡垒作用和党员干部先锋模范作用 为打赢疫情防控阻击战提供坚强政治保证的通知》，全面部署全省调查队系统系统疫情防控工作。

2 月

2 月 3 日 省统计局召开党组（扩大）会议专题研究部署全省统计部门防控新型冠状病毒感染的肺炎疫情工作。

2 月 4 日 省统计局报送的《立足疫情防控 着眼经济恢复》获省委书记刘奇，省委副书记、省长易炼红等省领导批示。

2 月 7 日 江西总队报送的《2019 年我省居民收入增幅居全国第 13 位》得到省委书记刘奇批示。

2 月 11 日 江西总队报送的《全省群众生活必需品供应充足 面临四方面问题值得重点关注》得到省长易炼红，省委常委、副省长吴晓军批示。

2 月 17 日 省统计局报送的《疫情对我省投资的影响及建议》获省委常委、副省长吴晓军批示。

2 月 18 日 江西总队印发《关于进一步严明纪律做好疫情防控期间各项工作的通知》，对疫情期间各项工作提出更加明确的要求。

2 月 18 日 江西总队报送的《我省企业全面复工复产存在四难》得到省长易炼红批示。

2 月 18 日 江西总队报送的《疫情影响下中小企业生产经营困难与呼声》得到省委书记刘奇，省长易炼红，省委常委、副省长吴晓军批示。

2 月 19 日 江西总队报送的《多种疫情叠加下赣猪禽养殖面临考验》得到省长易炼红、副省长胡强批示。

2 月 19 日 江西总队报送的调查报告江西总队报送的《受疫情影响，江西物流企业营运存在“四难”》得到委常委、副省长吴晓军批示。

2 月 21 日 省统计局报送的《抓好企业复工复产是当前工业经济的首要任务》获省长易炼红，省委常委、副省长吴晓军等省领导批示。

2 月 24 日 省统计局报送的《当前疫情对江西服务业企业的影响》获省委书记刘奇，省委副书记、省长易炼红等省领导批示。

2 月 26 日 省统计局报送的《江西口罩生产基本情况简析》获省委常委、副省长吴晓军批示。

3 月

3月 江西总队印发《国家统计局江西调查队系统统计行政处罚自由裁量规则》《国家统计局江西调查总队统计违纪违法案件移送制度（试行）》《江西调查队系统查处统计违法案件情况报告工作规定（试行）》《江西调查队系统统计行政执法检查记录规则（试行）》《江西调查队系统全面推行行政执法公示制度执法全过程记录制度重大执法决定法制审核制度实施方案》等5个文件，规范行政行为；印发《房地产价格调查工作规程及数据质量管控规范》严防房地产价格调查风险。

3月2日 共同战"疫"！省统计局组织爱心献血。

3月3日 省统计局报送的《预计一季度我省社会消费品零售额下降20%以上》获省委书记刘奇，省委副书记、省长易炼红等省领导批示。

3月4日 省统计局报送的《从统计指标看江西发展亮点》获副省长胡强批示。

3月5日 省统计局召开地区生产总值核算暨经济形势分析会。

3月6日 省统计局报送的《从用电量看疫情对我省经济的影响》获省委常委、副省长吴晓军批示。

3月11日 省统计局报送的《关于国家核实我省2019年GDP数据的有关情况和几点建议》、《关于全国地区生产总值统一核算工作会议精神及国家统一核算我省2019年GDP数据有关情况的汇报》分别获省委书记刘奇和省长易炼红批示；报送的《2018年我省文化及相关产业增加值占GDP比重为3.8%》获省委常委、宣传部长施小琳批示。

3月12日 省统计局报送的《2019年我省社会消费品零售总额突破万亿》获省长易炼红和副省长吴忠琼批示。

3月16日 江西总队印发《2020年统计调查重点工作任务清单》分解年度重点工作。

3月17日 省统计局报送的《受疫情影响我省规模以上工业生产大幅下降》获省委书记刘奇，省委副书记、省长易炼红等省领导批示。

3月17日 省统计局报送的《疫情影响下我省1-2月社会消费品运行情况》获省委书记刘奇，省委副书记、省长易炼红等省领导批示。

3月17日 江西总队与省扶贫办共同组织召开江西省脱贫攻坚普查工作电视电话动员调度会议，部署脱贫攻坚普查工作。

3月18日 省委常委、副省长吴晓军主持召开省第七次全国人口普查领导小组第一次全体会议。

3月19日 省统计局报送的《当前工业补缺口要高度重视卷烟生产》获省委书记刘奇，省委副书记、省长易炼红等省领导批示。

3月20日 省统计局召开全省统计法治工作视频会议。

3月24日 省委书记刘奇专门听取江西总队统计调查工作汇报。

3月25日 副省长、省脱贫攻坚普查领导小组组长胡强听取江西总队关于脱贫攻坚普查工作的汇报。

3月26日 省第七次全国人口普查领导小组办公室召开第一次主任办公会议。3月5-17日 江西总队报送的《疫情影响下房企自救与困难并存 期盼政府更多支持》《疫情对我省劳动密集型企业冲击较大》《受疫情影响我省2月食品价格高位上涨》《新冠肺炎疫情影响下 我省农户春耕备耕的三忧四盼》《疫情对节后劳动力就业"三大影响"突出》《企业稳岗招聘帮扶政策显效 仍存"三难"》《当前我省失业保险金申领面临四方面问题及相关建议》《工作情况汇报呈阅件》等8篇文章，分别获得省委、省政府领导批示。

3月31日 省统计局报送的《江西决胜全面建成小康社会成就、短板、展望与建议》获省长易炼红批示。

3月31日 省统计局报送的《疫情催生"宅经济"电子商务危中有机》获省长易炼红和副省长吴晓军、吴忠琼批示。

3月31日 省统计局报送的《疫情对我省铜产业的影响及措施建议》获省长易炼红、常务副省长殷美根批示。

4月

4月1日 江西召开脱贫攻坚普查领导小组第一次全体会议，研究部署全省脱贫攻坚普查工作。

4月10日 江西省人民政府办公厅下发《关于进一步加强和改进住户调查工作的通知》,全面推进住户调查工作。

4月10日 江西总队报送的《早稻生产全面发力 但农民仍有"三忧"》获省委书记刘奇、副省长胡强批示。

4月15日 省统计局党组书记、局长万庆胜赴定点帮扶贫困村调研脱贫攻坚工作。

4月17日 江西省信息科技学校开展脱贫攻坚活动。

4月21日 省统计局与省政府新闻办联合召开一季度全省经济运行情况新闻发布会。

4月21日 省统计局召开2020年全面从严治党工作会议。

4月22日 省统计局党组成员、副局长喻滨赴婺源参加省第七次全国人口普查现场登记与部门行政记录比对试点启动暨宣传动员仪式。4月1日 省委副书记、省长易炼红专门听取江西总队统计调查工作汇报。

4月24日 江西省人民政府召开全省居民可支配收入统计调查工作会商协调会，省委副书记、省长易炼红对会议作出批示。

5月

5月 江西总队印发《国家统计局江西调查队系统干部教育培训管理办法》《工业生产者价格调查工作规程及数据质量管控规范》，加强管理。

5月1至11日 江西总队报送的《畜禽养殖"变中趋稳" 疫情影响瓶颈待破》《当前生猪出栏价格上涨的原因及思考》《一季度江西城镇就业压力上升 后期回稳迹象明显》《江西首季农产品价格猛涨40.5%》《农资价格持续上涨 对种粮不利影响值得关注》《江西农民工返岗就业率上升面临"四重"压力需关注》等6篇文章，分别获得省委、省政府领导批示。

5月11日 副省长胡强听取了江西总队关于脱贫攻坚普查工作的专题汇报。

5月11日 江西总队在省政府召开的当前粮食生产和收储等重点工作调度会上作专题发言。

5月12日 省统计局党组成员、副局长曾永生赴南山村主持局驻村工作队负责人轮换仪式。

5月27日 省委常委、南昌市委书记吴晓军到省统计局走访指导。

5月30日至6月1日 江西省七人普综合试点动员启动仪式暨现场登记观摩活动在兴国举办。

6月

6月 江西总队联合省发改委、省统计局、省商务厅、省医保局和省工信厅五部门下发了《关于认真做好价格统计调查基期轮换工作的通知》文件，着力推进价格统计调查基期轮换工作。

6月1日 省统计局专题传达学习全国两会精神和全省领导干部会议精神。

6月1至23日 江西总队报送的《2020年一季度我省贫困地区农村居民收入保持增长 消费略有下降》《复产增养全面提速 稳产保供举措需再加码》获副省长胡强批示。

6月3日 江西召开省脱贫攻坚普查领导小组第二次全体会议，部署全省脱贫攻坚普查工作，领导小组组长、副省长胡强主持会议并讲话。

6月12日 省统计局党组书记、局长万庆胜专程赴寻乌县，看望第四批国家统计局对口帮扶工作组一行。

6月12日 江西省第七次全国人口普查现场登记与部门行政记录比对试点总结会议在婺源召开。

6月17日 省统计局报送的《当前我省规上工业生产增速持续回升压力加大》获省委书记刘奇和省长易炼红批示。

6月19日 省统计局报送的《全省体育产业规模实力稳步提升》获省委书记刘奇和省长易炼红批示。

6月30日 江西召开全省脱贫攻坚普查电视电话会，再部署、再动员。副省长胡强出席会议并讲话。

7月

7月1日 省统计局召开纪念建党99周年表彰大会暨党课报告会。

7月3日 省统计局报送的《关于今年以来月度退库590户工业企业存续状态核查情况的报告》获省长易炼红批示。

7月3至25日 江西总队报送的《关于国家脱贫攻坚普查电视电话会议精神和贯彻落实情况的汇报》《上半年我省城乡居民收入复苏向好破浪前行 下半年增收形势既要乐观更需谨慎》《江西生猪稳产保供情况调研分析》分别获得省委、省政府领导批示。

7月9日 江西总队印发《国家统计局江西调查队系统领导干部廉政档案管理办法（试行）》，加强对领导干部的管理和监督。

7月17日 《江西省志·统计调查志》初审会在南昌举行。

7月20日 省统计局报送的《消费品市场快速回暖 完全恢复仍需努力》获省长易炼红批示。

7月20日 江西省脱贫攻坚普查领导小组组长、副省长胡强深入普查点临川区罗针镇罗针村，指导普查现场登记工作。

7月21日 省统计局报送的《统筹疫情防控和经济社会发展成效显著上半年全省经济稳步向常态化复苏》获省委常委、秘书长赵力平批示。

7月24日 省统计局报送的《上半年全省GDP增长0.9%》获省长易炼红批示。

7月25日 省统计局报送的《2020年上半年江西农业经济形势分析》获副省长胡强批示。

7月27日 江西省统计局成立防汛救灾党员突击队驰援抗洪一线。

7月28日 省统计局报送的《上半年全省一套表新增“四上”单位数量减少退库压力不容忽视》获省委书记刘奇、省长易炼红批示。

7月29日 江西省召开第七次全国人口普查电视电话会议。

7月30日 省统计局青年干部理论学习小组举办红色家书诵读分享会。

7月30日 省统计局报送的《上半年全省一套表新增单位和退出单位数量分析》获省委书记刘奇、省长易炼红、常务副省长殷美根批示。

7月31日 省统计局组织慰问我局防汛党员突击队。

7月31日 省统计局召开全局领导干部会议传达学习贯彻省委十四届十一次全体（扩大）会议精神。

8月

8月1至24日 江西总队报送的《江西老旧小区改造实施情况专题调研报告》《上半年江西商品住宅成交量“√型”震荡 价格总体平稳 预期看涨比率逐步回升》《江西居民社区商业恢复九成 小商铺生存现三困境》《畜禽养殖产能有效恢复，提质发展前路犹长》《暴雨洪涝影响显现后期生产压力犹存》《洪涝灾害重创早稻生产，灾后恢复期盼政府助力》《当前我省粮补政策面临的问题及对策》《单改双持续发力，洪灾未改早稻增产趋势》等7篇调研报告分别获得省委、省政府领导批示。

8月4日 省委常委、常务副省长殷美根走访国家统计局。

8月6日 省统计局党组书记、局长万庆胜赴兴国参加全省第七次全国人口普查综合试点总结会议并调研经济形势。

8月12日 省统计局党支部与省公安厅督察总队党支部联合开展以“重温红色历史 坚定理想信念”为主题的党日活动。

8月14日 全省统计法治工作座谈会在南昌召开，省委常委、常务副省长殷美根主持会议并讲话。

8月17日 省统计局报送的统计分析报告《乘风破浪 发展提速——上半年文化产业发展情况》获得省委常委、宣传部长施小琳同志的批示。

8月18日 省统计局报送的统计分析报告《关爱失能失智老人 完善长护险制度体系》获省政府副省长胡强批示。

8月21日至9月3日 国家统计局2020年第4统计督察组进驻江西省开展统计督察。

8月22日 国家统计局党组成员、副局长毛有丰赴赣州调研，并看望国家统计局对口帮扶寻乌县工作组的同志。

8月28日 省统计局报送的《2019年全省“三新”经济增加值相当于GDP的比重为16.1%》获省委书记刘奇和常务副省长殷美根批示。

8月31日 省统计局报送的《2019年全省研发投入情况》获省委书记刘奇、省长易炼红等省领导批示。

9月

9月17日 省统计局报送的《江西生产性服务业发展现状分析》获省委书记刘奇，省长易炼红、常务副省长殷美根、副省长吴忠琼等省领导批示。

9月21日 江西总队召开党组暨巡察工作领导小组会议，正式启动2020年第二轮巡察工作。

9月22日 省统计局报送的《8月我省规上工业增加值增速回落分析》获省委书记刘奇批示。

9月22日 国家统计局统计教育培训中心主任余芳东一行到省信息科技学校调研。

9月23日 江西省统计学会第九次会员代表大会在南昌召开。

9月27日 江西省第十一届“中国统计开放日”暨第七次全国人口普查宣传月启动仪式在南昌成功举办。

9月27日 江西总队与江西省统计局联合举办第十一届 “中国统计开放日”活动，助力第七次全国人口普查宣传。

10月

10月1至29日 江西总队报送的《江西房屋租金减免疏压解困及时有效 政策合力仍需给力》《外贸企业寒冬求生 转内销喜忧参半--江西外贸企业出口转内销专题调研报告》《假日经济回温 喜忧各自不同》获省委、省政府领导批示。

10月12日 省统计局报送的统计分析报告《江西省蔬菜产业实现跨越式发展，路在何方？——基于对赣州市16个县市区蔬菜产业情况调研》获省政府副省长胡强批示。

10月21日 省统计局与省政府新闻办联合召开2020年前三季度全省经济运行情况新闻发布会。

10月22日 省统计局党组成员、副局长曾永生深入南山村看望慰问扶贫干部。

10月23日 省统计局二级巡视员金绮率队赴局定点帮扶贫困村开展爱心捐赠活动。

10月30日 省统计局报送的《关于国家统计局要求江铜集团统计数据解捆上报的情况汇报》获副省长吴忠琼批示。

10月30日 江西省召开第七次全国人口普查登记工作动员视频会议。

11月

11月1日零时 省统计局党组书记、局长万庆胜参加第七次全国人口普查标准时点，宁吉喆局长与各地人普办值守人员的视频连线活动。

11月1至18日 江西总队报送的《前三季度我省城乡居民收入继续加快恢复 打好全年收官战仍需全力以赴》《我省青年群体失业比例有所上升》和一篇消费价格调查信息获省委、省政府领导批示。

11月2日 江西省委书记刘奇、省长易炼红分别参加人口普查登记。

11月2日 省统计局报送的《前三季度全省GDP增长2.5%》获省委书记刘奇和副省长吴忠琼批示。

11月3日 省统计局召开全局领导干部会议传达学习贯彻党的十九届五中全会和全省领导干部会议精神。

11月6日 省统计局报送的《关于国务院人口普查登记工作动员视频会议精神及我省人口普查工作情况汇报》获常务副省长殷美根批示。

11月9日 省统计局报送的《前三季度江西农业生产增速低于全国平均水平应引起重视》获省政府副省长胡强批示。

11月7日至9日 省统计局参加江西省第六届全民健身运动会暨省直机关羽毛球比赛成绩突出。

11月10至13日 省纪委省监委驻审计厅纪检监察组组长罗伟华，赴赣州督导第七次全国人口普查登记工作。

11月13日 江西总队印发《关于进一步加强专题调研工作的通知》，进一步提高专题调研工作标准化、规范化水平。

11月20日 全省统计干部统计知识培训班在南昌举办。

11月16日至18日 国家统计执法证（江西考区）培训考试班在南昌举办。

11月25日 省统计局党组成员、副局长、省人普办主任喻滨看望慰问因公殉职人口普查员家属。

11月26日 全省统计系统办公室主任业务培训会在南昌召开。

12月

12月 江西总队获“全省绩效管理考核优秀单位”称号，并荣立集体三等功。

12月1日至2日 省统计局举办中共江西省统计局党组中心组理论学习（扩大）会暨读书班。

12月2至30日 江西总队报送的《我省外出劳动力以第二产业为主》《我省农民工提前返乡潮迹象出现》《我省农民工目前务工状态满意度呈两极分化》《新时代“江西老表”民生新期待——“民生新期待”快速调查报告》获省委书记刘奇批示。

12月3日 以“健康生活、快乐工作”主题，省统计局举办第二届趣味运动会。

12月4日 江西省第四次全国经济普查总结表彰会在南昌召开。

12月11日 省统计局承担的全国统计科学研究重点项目《新经济发展指数及指标体系实证研究》（立项编号：2018LZ15）圆满结项。

12月15日 全省2020年统计法治宣传活动在南昌举行。

12月21日 省统计局报送的《江西产业集聚度分析与推动集聚集群发展研究》获省委《参阅信息》转发并被省委书记刘奇批示；《推进供给侧改革 提升“江西独好”旅游几点思考建议》获省人大副主任朱虹肯定性批示。

12月22至23日 江西总队召开务虚会，积极谋划2021年重点工作。

12月24日 国家统计局总工程师文兼武一行赴江西省统计局调研统计数据质量和统计信息化建设工作。

12月23日至24日 全省统计工作座谈会在萍乡召开。

12月31日 省统计局2019年度绩效考核取得优异成绩。

中国统计出版社有限公司最新图书简目

（仅供参考，以实际出版为准）

统计资料

中国统计年鉴　中国统计摘要　中国第三产业统计年鉴
中国第三次全国农业普查综合资料　国际统计年鉴　金砖国家联合统计手册
中国-东盟国家统计手册　中国农村统计年鉴　中国县域统计年鉴
中国农产品价格调查年鉴　中国城市统计年鉴　中国价格统计年鉴
中国贸易外经统计年鉴　中国零售和餐饮连锁企业统计年鉴　中国商品交易市场统计年鉴
大中型批发零售和住宿餐饮企业统计年鉴　中国住户调查年鉴　中国工业统计年鉴
中国环境统计年鉴　中国能源统计年鉴　中国建筑业统计年鉴
中国房地产统计年鉴　中国投资领域统计年鉴　长江经济带发展统计年鉴
中国人口和就业统计年鉴　中国劳动统计年鉴　中国社会统计年鉴
中国科技统计年鉴　中国高技术产业统计年鉴　全国企业创新调查年鉴
中国文化及相关产业统计年鉴　中国妇女儿童状况统计资料　中国青年发展状况统计年鉴
中国基本单位统计年鉴　中国教育统计年鉴　中国教育经费统计年鉴
中国民族统计年鉴　中国残疾人事业统计年鉴　中国电力统计年鉴

省级综合统计年鉴系列

北京 天津 河北 山西 内蒙古 辽宁 吉林 黑龙江 上海 江苏 浙江 安徽 福建 江西 山东 河南 湖北 湖南 广东 广西 海南 重庆 四川 贵州 云南 西藏 陕西 甘肃 青海 宁夏 新疆 新疆生产建设兵团

市(县)级综合统计年鉴系列

滨海新区 石家庄 唐山 邯郸 邢台 保定 承德 沧州 衡水 太原 大同 晋城 晋中 长治 忻州 朔州 临汾 运城 阳泉 吕梁 呼和浩特 包头 鄂尔多斯 赤峰 大连 长春 四平 延吉 延边 哈尔滨 齐齐哈尔 黑龙江垦区 浦东新区 南京 无锡 徐州 常州 苏州 南通 淮安 盐城 扬州 镇江 宿迁 江阴 丹阳 海门 张家港 通州 如东 杭州 宁波 绍兴 台州 温州 金华 嘉兴 湖州 丽水 舟山 合肥 安庆 福州 厦门 漳州 宁德 龙岩 莆田 泉州 三明 南平 思明 南昌 上饶 抚州 赣州 九江 景德镇 宁都 济南 青岛 枣庄 潍坊 聊城 郑州 洛阳 三门峡 南阳 商丘 平顶山 信阳 济源 武汉 宜昌 十堰 荆州 荆门 咸宁 黄冈 长沙 广州 东莞 惠州 深圳 汕尾 珠海 南宁 桂林 柳州 防城港 贵港 梧州 玉林 钦州 海口 三亚 儋州 成都 贵阳 毕节 黔南 昆明 文山 德宏 西安 安康 延安 汉中 渭南 商洛 榆林 银川 兰州 庆阳 乌鲁木齐

调查年鉴系列

天津 内蒙古 上海 河南 湖北 湖南 广西 重庆 四川 云南 甘肃 宁夏 南宁 桂林 贵港 昆明

统计方法应用/实用手册

Python数据分析基础（第二版）　非参数统计（第五版）　现代金融投资统计分析（第四版）
国民经济核算初级教程（第二版）　国民经济核算教程（第五版）　概率统计基础
全国统计专业技术资格考试系列考试用书：统计业务知识（第四版修订版）　统计业务知识学习指导与习题
全国统计专业技术资格考试系列考试用书：统计相关知识（第四版）　统计相关知识学习指导与习题

统计通俗读物/统计科普图书

领导干部统计知识问答（第二版）　统计公文写作及会议办理实用手册　大数据在统计工作中的应用案例汇编
中国国民经济核算知识问答（修订版）　地区生产总值核算国际比较研究　新中国统计制度方法的发展与改革

重点图书

第七次全国人口普查年鉴　第四次全国经济普查地图集　中国经济普查年鉴2018
新编英汉汉英统计大词典　中国国民经济核算体系2016　国民经济行业分类注释
挑大学选专业2020—考研择校指南　挑大学选专业2020—高考志愿填报指南　中华医学统计百科全书